Kohlhammer

Praktische Theologie heute

Herausgegeben von

Stefan Altmeyer
Christian Bauer
Moritz Emmelmann
Kristian Fechtner
Thomas Klie
Helga Kohler-Spiegel
Benedikt Kranemann
Isabelle Noth
Teresa Schweighofer
Birgit Weyel

Band 198

Britta Lauenstein

Bibeltexte in Leichter Sprache

Intentionen – Arbeitsweisen – Herausforderungen

Verlag W. Kohlhammer

Als Dissertation angenommen am Institut für Evangelische Theologie der Fakultät für Kulturwissenschaften der Universität Paderborn am 19.4.2023.

Diese Veröffentlichung wurde gefördert von
der Evangelischen Kirche in Deutschland,
der Evangelischen Kirche im Rheinland,
der Evangelischen Kirche von Westfalen,
der Deutschen Bibelgesellschaft,
der Rheinischen Bibelgesellschaft,
der Stiftung Sozialer Protestantismus und
der Lebenshilfe Schleswig-Holstein.

1. Auflage 2024

Alle Rechte vorbehalten
© W. Kohlhammer GmbH, Stuttgart
Gesamtherstellung: W. Kohlhammer GmbH, Stuttgart

Print:
ISBN 978-3-17-044498-0

E-Book-Format:
pdf: 978-3-17-044499-7

Für den Inhalt abgedruckter oder verlinkter Websites ist ausschließlich der jeweilige Betreiber verantwortlich. Die W. Kohlhammer GmbH hat keinen Einfluss auf die verknüpften Seiten und übernimmt hierfür keinerlei Haftung.

Dieses Werk einschließlich aller seiner Teile ist urheberrechtlich geschützt. Jede Verwendung außerhalb der engen Grenzen des Urheberrechts ist ohne Zustimmung des Verlags unzulässig und strafbar. Das gilt insbesondere für Vervielfältigungen, Übersetzungen, Mikroverfilmungen und für die Einspeicherung und Verarbeitung in elektronischen Systemen.

Inhaltsverzeichnis

Geleitwort von Klaus Eberl 15

Vorwort 17
Vorbemerkungen 18
Dank 20

1. Einleitung 22
   1.1 Was ist Leichte Sprache? 22
       1.1.1 Definition 22
       1.1.2 Intentionen und Funktionen Leichter Sprache 23
       1.1.3 Zielgruppen Leichter Sprache 26
       1.1.4 Die Regeln für Leichte Sprache 26
   1.2 Quellenbasis dieser Arbeit 29
   1.3 Beiträge aus der Forschung 32
       1.3.1 Leichte Sprache interdisziplinär 32
       1.3.2 Leichte Sprache und Bibel 40
       1.3.3 Leichte Sprache in der Theologie
             und in der Religionsdidaktik 47
       1.3.4 Leichte Sprache im Gottesdienst und in religiöser Rede 51
       1.3.5 Aktuelle Forschungsprojekte Leichte Sprache und Bibel 57
   1.4 Beiträge aus der Praxis 59
       1.4.1 Katechese 59
       1.4.2 Gottesdienste und Andachten in Gemeinden 62
       1.4.3 Kirchraumpädagogik 65
       1.4.4 Persönliche Glaubenspraxis 65
       1.4.5 Zwischenfazit 66
   1.5 Fragestellung dieser Arbeit 67
   1.6 Ziel und Vorgehensweise dieser Arbeit 67

2. Kontexte 70
   2.1 Teilhabe I: Verständlichkeit im Kontext Inklusion 70
       2.1.1 Sprache als wesentlicher Faktor des Mensch-Seins 71
       2.1.2 Teilhabe als Menschenrecht 78
       2.1.3 Verständliche Sprache als Schlüssel zur Teilhabe 80

Inhaltsverzeichnis

	2.1.4	Das Recht auf sprachliche Zugänglichkeit und die Geschichte der Leichten Sprache	89
	2.1.5	Die Grenzen von Leichter Sprache	95
	2.1.6	Leichte Sprache als Entmündigung? – Das Dilemma zwischen Ermöglichung von Teilhabe und Paternalismus	97
2.2	Teilhabe II: Verständlichkeit und Bibel		98
	2.2.1	Das Christentum als Übersetzungsreligion	98
	2.2.2	Kommunikation des Evangeliums	108
	2.2.3	Elementarisierung biblischer Inhalte	113
	2.2.4	Zielgruppenorientierte Bibelübersetzungen	116
	2.2.4.1	‚Gerechte' und ‚sensible' Bibelübersetzungen	117
	2.2.4.2	Bibeln für bestimmte Zielgruppen	124
	Exkurs:	Übersetzung oder Bearbeitung	125
	2.2.4.2	Bibeln für bestimmte Zielgruppen (Fortsetzung)	132
	2.2.4.3	Exemplarische Auswahl von Bibeltexten für die Zielgruppe Menschen mit kognitiven oder sprachlichen Einschränkungen	136
	2.2.5	Angemessenheit als pragmatisches Kriterium für Bibeltexte in Leichter Sprache	149
3.	Teilhabe am Evangelium		156
3.1	Teilhabe am Evangelium in fünf Dimensionen		156
	3.1.1	Die biblische Dimension	157
	3.1.2	Die Dimension der Zugänglichkeit und der Selbstbestimmtheit	162
	3.1.3	Die Dimension der Bildung und der religiösen Sprachfähigkeit	166
	3.1.4	Die Dimension der Gemeinschaft und der Spiritualität	169
	3.1.5	Die Dimension der Teilgabe	172
3.2	Bibeltexte in Leichter Sprache und ihr Anteil an der Teilhabe am Evangelium		176
	3.2.1	Bibeltexte in Leichter Sprache und die biblische Dimension	177
	3.2.2	Bibeltexte in Leichter Sprache und die Dimension der Zugänglichkeit und der Selbstbestimmtheit	178
	3.2.3	Bibeltexte in Leichter Sprache und die Dimension der Bildung und der Sprachfähigkeit	180
	3.2.4	Bibeltexte in Leichter Sprache und die Dimension der Gemeinschaft und der Spiritualität	182
	3.2.5	Bibeltexte in Leichter Sprache und die Dimension der Teilgabe	182

4. Die Übersetzungslandschaft im deutschsprachigen Raum .. 184

- 4.1 Vorbemerkungen 184
  - 4.1.1 Die Auswahl der Gruppen 184
  - 4.1.2 Quellen 185
  - 4.1.3 Das Raster für die Beschreibung 185
- 4.2 Lebenshilfe Bremen 188
  - 4.2.1 Die Beteiligten 190
  - 4.2.2 Regeln und Definition 194
  - 4.2.3 Rahmenbedingungen 194
  - 4.2.4 Veröffentlichung 196
  - 4.2.5 Intention und Zielgruppe 197
  - 4.2.6 Arbeitsprozess 198
  - 4.2.7 Problemanzeigen und (Selbst-)Kritik 198
  - 4.2.8 Entwicklungen und aktueller Stand des Projekts 200
- 4.3 Offene Bibel 200
  - 4.3.1 Die Beteiligten 201
  - 4.3.2 Regeln und Definition 202
  - 4.3.3 Rahmenbedingungen 203
  - 4.3.4 Veröffentlichung 203
  - 4.3.5 Intention und Zielgruppe 205
  - 4.3.6 Arbeitsprozess 206
  - 4.3.7 Problemanzeigen und (Selbst-)Kritik 207
  - 4.3.8 Entwicklungen und aktueller Stand des Projekts 208
- 4.4 Deutscher Evangelischer Kirchentag 209
  - 4.4.1 Die Beteiligten 209
  - 4.4.2 Regeln 214
  - 4.4.3 Rahmenbedingungen 216
  - 4.4.4 Veröffentlichung 217
  - 4.4.5 Intention und Zielgruppe 221
  - 4.4.6 Arbeitsprozess 224
  - 4.4.7 Problemanzeigen und (Selbst-)Kritik 227
  - 4.4.8 Entwicklungen und aktueller Stand des Projekts 230
- 4.5 „Leicht gesagt!" 231
  - 4.5.1 Die Beteiligten 231
  - 4.5.2 Regeln und Definition 234
  - 4.5.3 Rahmenbedingungen 235
  - 4.5.4 Veröffentlichung 237
  - 4.5.5 Intention und Zielgruppe 238
  - 4.5.6 Arbeitsprozess 240
  - 4.5.7 Problemanzeigen und (Selbst-)Kritik 241
  - 4.5.8 Entwicklungen und aktueller Stand des Projekts 242

Inhaltsverzeichnis

4.6	Evangelium in Leichter Sprache	244
	4.6.1 Die Beteiligten	244
	4.6.2 Regeln und Definition	247
	4.6.3 Rahmenbedingungen	248
	4.6.4 Veröffentlichung	249
	4.6.5 Intention und Zielgruppe	252
	4.6.6 Arbeitsprozess	253
	4.6.7 Problemanzeigen und (Selbst-)Kritik	256
	4.6.8 Entwicklungen und aktueller Stand des Projekts	257
4.7	Büro für Leichte Sprache Diakonie Mark-Ruhr Teilhabe und Wohnen gGmbH (vormals Netzwerk Diakonie)	258
	4.7.1 Die Beteiligten	259
	4.7.2 Regeln und Definition	260
	4.7.3 Rahmenbedingungen	261
	4.7.4 Veröffentlichung	264
	4.7.5 Intention und Zielgruppe	264
	4.7.6 Arbeitsprozess	265
	4.7.7 Problemanzeigen und (Selbst-)Kritik	265
	4.7.8 Entwicklungen und aktueller Stand des Projekts	266
4.8	Diakonische Stiftung Wittekindshof	266
	4.8.1 Die Beteiligten	267
	4.8.2 Regeln und Definition	267
	4.8.3 Rahmenbedingungen	268
	4.8.4 Veröffentlichung	269
	4.8.5 Intention und Zielgruppe	269
	4.8.6 Arbeitsprozess	270
	4.8.7 Problemanzeigen und (Selbst-)Kritik	271
	4.8.8 Entwicklungen und aktueller Stand des Projekts	271
4.9	Zwischenfazit	272

5. Innensichten ... 274

5.1	Forschungsfrage und Forschungsdesign	274
	5.1.1 Forschungsfrage	274
	5.1.2 Forschungsdesign	275
	5.1.3 Fragestellung der Analyse	279
5.2	Umgang mit den besonderen Herausforderungen bei der Übersetzung von Bibeltexten in Leichte Sprache – Ergebnisse der Befragung	282
	5.2.1 Texttreue am Beispiel Verneinungen	282
	5.2.1.1 *Zusammenfassung*	282
	5.2.1.2 *Explikation*	285

5.2.1.3	*Fazit*	287
5.2.2	Bildhafte Sprache	288
5.2.2.1	*Zusammenfassung*	288
5.2.2.2	*Explikation*	292
5.2.2.3	*Fazit*	294
5.2.3	Deutungsmacht und Interpretationsspielraum	295
5.2.3.1	*Zusammenfassung*	295
5.2.3.2	*Explikation*	304
5.2.3.3	*Fazit*	311
5.2.4	Übergreifende/Weiterführende Themen	312
5.2.4.1	*Dialog*	312
5.2.4.2	*Die Bedeutung von Leichter Sprache für Multiplikator*innen*	314

6. Außensichten: Kritik an Bibeltexten in Leichter Sprache 316

6.1	Allgemeine Kritik an Leichter Sprache	317
	6.1.1 Kritik an der Form von Leichter Sprache	317
	6.1.2 Kritik an den Regeln	318
	6.1.3 Kritik an der Deutungsmacht der Übersetzenden	320
	6.1.4 Kritik an der Qualitätssicherung	321
	6.1.5 Kritik an der Ansprache der Rezipient*innen	322
	6.1.6 Kritik an der Praxis der Prüfung	322
	6.1.7 Kritik an den Illustrationen zu Texten in Leichter Sprache	323
6.2	Kritik an kommunikativen Bibelübersetzungen	325
	6.2.1 Positive Beurteilung kommunikativer Bibelübersetzungen	326
	6.2.2 Grundsätzliche Kritik an kommunikativen Bibelübersetzungen	327
	6.2.3 Kritik an einzelnen Übersetzungsentscheidungen	329
6.3	Kritik an Bibeltexten in Leichter Sprache	335
	6.3.1 Verfälschung	335
	6.3.2 Moralisierung	337
	6.3.3 Banalisierung	338
	6.3.4 Zerstörung von ‚schöner Sprache'	338
	6.3.5 Kritik an den Illustrationen von Bibeltexten	339
6.4	Ertrag für aktuelle und zukünftige Bibelübersetzungen in Leichte Sprache	341

7. Perikopenvergleich 343

7.1	Perikopenauswahl und Vergleichsparameter	343
7.2	Psalm 23	345
	7.2.1 Formale Vergleichsparameter und grammatische Analyse	350

	7.2.1.1	Formale Textanalyse mit dem Natural Language Toolkit (NLTK)	350
	7.2.1.2	Vergleich einiger Aspekte des Layouts und der Veröffentlichung	355
	7.2.2	Vergleich der fünf LS-Texte mit einem der Ausgangstexte	356
	7.2.2.1	Auslassungen, Zusätze, Zusammenfassungen, Änderungen der Reihenfolge	356
	7.2.2.2	Verhältnis zum jeweiligen Ausgangstext	358
	7.2.3	Regel trifft Inhalt: Umgang mit Verneinung, Sprachbildern, Deutungsmacht	367
	7.2.3.1	Verneinung am Beispiel von Vers 1b und 4a	367
	7.2.3.2	Bildhafte Sprache am Beispiel des Hirtenbildes (Vers 1-4)	368
	7.2.3.3	Deutungsmacht am Beispiel ausgewählter Verse	372
7.3		Die Geburtsgeschichte Jesu nach Lukas (Lk 2,1-20, bes. 8-20)	382
	7.3.1	Formale Vergleichsparameter und grammatische Analyse	393
	7.3.1.1	Formale Textanalyse mit dem Natural Language Toolkit (NLTK)	393
	7.3.1.2	Vergleich einiger Aspekte des Layouts und der Veröffentlichung	396
	7.3.2	Vergleich der fünf LS-Texte mit einem der Ausgangstexte	397
	7.3.2.1	Auslassungen, Zusätze, Zusammenfassungen, Änderungen der Reihenfolge	398
	7.3.2.2	Verhältnis zum jeweiligen Ausgangstext	403
	7.3.3	Regel trifft Inhalt: Umgang mit Verneinung und Deutungsvielfalt	414
	7.3.3.1	Verneinung am Beispiel von Vers 7 und 10	414
	7.3.3.2	Deutungsvielfalt am Beispiel ausgewählter Verse	416
7.4		Fazit	427

8. Offene Fragen und Forschungsdesiderate ... 429

- 8.1 Vollausgabe einer Bibel in Leichter Sprache? ... 429
- 8.2 Internationaler Vergleich ... 430
- 8.3 Religiöse Literalität ... 431
- 8.4 Bedeutung von Klang, Resonanz und Stimme ... 432
- 8.5 Paratexte ... 432
- 8.6 Illustrationen zu Bibeltexten in Leichter Sprache ... 432
- 8.7 Leichte Lieder ... 434
- 8.8 Leichte Sprache im Gottesdienst (Liturgie, Gebet, Predigt) ... 436
- 8.9 Theologisieren in oder mit Leichter Sprache ... 437
- 8.10 Inklusive bzw. Partizipative Forschung ... 438

9. Schlussfazit und Ausblick ... 439

10. Literatur ... 445

Anhang

Online verfügbar unter

(https://dl.kohlhammer.de/978-3-17-044498-0)

Anhang A: Regelsynopse

Anhang B: Fragebogen zur Übersetzungspraxis von Bibeltexten in Leichter Sprache

Anhang C: Öffentlicher Teil der Interviews

Anhang D: Anonymisierter Teil der Interviews

Anhang E: Auswertung der Expert*innen-Interviews nach Mayring

Anhang F: Perikopenvergleich Formaler Teil (NLTK-Analyse)

Anhang G: Bibelstellenregister aller bis 2023 in Leichte Sprache übertragenen Texte

Abkürzungsverzeichnis

AGoFF	Ständiger Ausschuss für Abendmahl, Gottesdienst, Fest und Feier des Deutschen Evangelischen Kirchentags
AT	Ausgangstext
BA	Bachelor of Arts
B/N	Berger/Nord 2005 siehe Lit.Verz.
BIGS	Bibel in gerechter Sprache
BITV 2.0	Barrierefrei-Informationstechnik-Verordnung 2.0
BL	Britta Lauenstein
BLS01-07	Synonym für anonymisiertes Interview zum Thema Leichte Sprache (Bibel-in-Leichter-Sprache-Interview 01-07)
B.Sc.	Bachelor of Science
Buber	Buber/Rosenzweig 1992 siehe Lit.Verz.
CABito	Barrierefreies Informations-, Kommunikations- und Bildungsmedium der Caritas Augsburg Betriebsträger gGmbH
CJD	Christliches Jugenddorfwerk Deutschland
CPH	Akademie Caritas-Pirckheimer-Haus gGmbH Nürnberg
DEKT	Deutscher Evangelischer Kirchentag
DEKT LS	Leichte-Sprache-Version eines Bibeltextes der Arbeitsgruppe des DEKT
DMR	Diakonie Mark-Ruhr
DSW	Diakonische Stiftung Wittekindshof
EKD	Evangelische Kirche in Deutschland
EKiBa	Evangelische Kirche in Baden
EKiR	Evangelische Kirche im Rheinland
EKK	Evangelisch-Katholischer Kommentar zum Neuen Testament
EKvW	Evangelische Kirche von Westfalen
ELKN	Evangelisch-Lutherische Kirche in Norddeutschland
EÜ 1980	Einheitsübersetzung von 1980
g.B.	mit geistiger Behinderung
GEKE	Gemeinschaft Evangelischer Kirchen in Europa
Gidion	Leichte-Sprache-Version eines Bibeltextes von Anne Gidion
GNB	Gute Nachricht Bibel
Herv.	Hervorhebung (i.O. = im Original)
HNT	Handbuch zum Neuen Testament
Hfa	Hoffnung für alle
HGANT	Handbuch theologischer Grundbegriffe zum Alten und Neuen Testament
Hofm	Leichte-Sprache-Version eines Bibeltextes von Michael Hofmann et al.
ILSMH	International League of Societies for Persons with Mental Handicaps (Vorgängerorganisation von Inclusion Europe)
KA3	Arbeit mit Konfirmand*innen aus der 3. Klasse
KA7/8	Arbeit mit Konfirmand*innen aus der 7. und 8. Klasse
KA8	Arbeit mit Konfirmand*innen aus der 8. Klasse
KathB	Katholisches Bibelwerk, stellvertretend verwendet für das Projekt Evangelium in Leichter Sprache
Kirchentag	Deutscher Evangelischer Kirchentag
KTÜ	Kirchentagsübersetzung
LHB	Lebenshilfe Bremen
LEO	Level-One-Studie
LeiGoLo	Leichtes Gotteslob
LeiSa	Studie Leichte Sprache im Arbeitsleben, Universität Leipzig
LG	Leicht gesagt (Gidion et al. 2013, siehe Lit.Verz.)
Lit.Verz.	Literaturverzeichnis
LS	Leichte Sprache

LThK	Lexikon für Theologie und Kirche	RGG⁴	Lexikonreihe Religion in Geschichte und Gegenwart, 4. Auflage (siehe Lit.Verz.)
LUT84	Die Bibel in der Übersetzung Martin Luthers in der revidierten Fassung von 1984	STTS	Stuttgart-Tübingen-Tagset
		UEK	Union Evangelischer Kirchen in Deutschland
MA	Master of Arts		
NAP	Nationaler Aktionsplan	VEDD	Verband Evangelischer Diakonen-, Diakoninnen- und Diakonatsgemeinschaften Deutschland e.V.
NGÜ	Neue Genfer Übersetzung		
NLB	Neues Leben Bibel		
NLTK	Natural Language Toolkit		
NN	Nicht nominiert	VELKD	Vereinigte Evangelisch-Lutherische Kirche Deutschlands
NT	Neues Testament		
OB LS	Leichte-Sprache-Version eines Bibeltextes der Offenen Bibel	VHS	Volkshochschule
		WiReLex	Wissenschaftlich-Religionspädagogisches Lexikon im Internet (wirelex.de)
OB SF	Studienfassung eines Bibeltextes der Offenen Bibel		
ÖKT	Ökumenischer Kirchentag	ZBK	Zürcher Bibelkommentare
ÖTBK	Ökumenischer Taschenbuchkommentar zum Neuen Testament	ZT	Zieltext

Geleitwort

Mit Britta Lauensteins Dissertation zu „Bibeltexten in Leichter Sprache" liegt eine facettenreiche Grundlegung zum Begriff der Teilhabe am Evangelium vor. Darüber hinaus gibt sie einen Überblick über die Übersetzungslandschaft von Bibeltexten in Leichter Sprache, stellt sich den damit verbundenen Herausforderungen und präsentiert eine Fülle von Beispielen.

Als ehemaliger Autor von Bibelarbeiten in Leichter Sprache beim Deutschen Evangelischen Kirchentag und als Verantwortlicher für die Bildungsarbeit der Kirche habe ich lange auf eine so gründliche Bearbeitung dieses zentralen Themas der Inklusion gewartet.

Inklusion bedeutet, dass alle Menschen selbstbestimmt und gleichberechtigt miteinander leben können, unabhängig davon, ob sie behindert oder nicht behindert sind. In einer kirchlichen Orientierungshilfe wird sie beschrieben als „Kunst des Zusammenlebens sehr verschiedener Menschen"[1]. Offenbar gelingt dieses Kunstwerk nicht von selbst. Denn Menschen sind unterschiedlich, haben verschiedene Bedürfnisse, Kompetenzen, Einschränkungen und Ressourcen. Die sollen zur Geltung kommen.

Vielfalt soll als Bereicherung erlebt werden! Damit geht es der Inklusion um einen gesellschaftlichen Entwicklungsprozess, der nicht nur die Lebenslagen von Menschen mit Behinderungen in den Blick nimmt. Jeder und jede ist einzigartig und wichtig.

Leichte Sprache ist ein zentrales Instrument der Inklusion. Wir denken bei der Beseitigung von Barrieren meist an Treppen, Bordsteine u.a.m. – viel größer und hartnäckiger sind jedoch Hindernisse der Sprache. Leichte Sprache fördert barrierefreie Kommunikation, indem sie Satzbau, Wortschatz und Grammatik regelgerecht reduziert. Es handelt sich um eine komplexe und anspruchsvolle Vermittlungsaufgabe, nicht um eine Simplifizierung des Inhalts. Damit eröffnet Leichte Sprache einen weiten Horizont: die Möglichkeit zur selbstbestimmten Information sowie zur gesellschaftlichen Teilhabe. Ziel ist die Mündigkeit des Menschen, auch der Menschen mit intellektuellen Einschränkungen.

Die Dissertation von Britta Lauenstein legt den Fokus auf Biblische Texte. Vielen Menschen sind diese Texte vertraut in der Übersetzung Martin Luthers. Sie zeichnet sie sich durch eine stilbildende Ästhetik aus, die zugleich Nähe erlaubt und eine gewisse heilige Distanz bewahrt. Der Anspruch an jede Übersetzung ist hoch. Denn Christen glauben: *„Jesus Christus, wie er uns in der Heiligen Schrift bezeugt wird, ist das eine Wort Gottes, das wir zu hören, dem wir im Leben und im*

---

[1] AHRENS, SABINE et al., Da kann ja jede(r) kommen, 8

Sterben zu vertrauen und zu gehorchen haben."[2] Die „Heilige Schrift" handelt von der Menschenfreundlichkeit Gottes, von seinem Zuspruch und Anspruch. Sie ist das Buch für den Dialog mit Gott.

Die Kommunikation des Evangeliums ist nicht an die Übersetzung Martin Luthers gebunden. Für viele Menschen ist diese Übersetzung trotz aller Revisionen eher eine Verstehensbarriere. Elementarisierung tut Not. Und im Kontext der Elementarisierung ist Leichte Sprache ein wichtiges Werkzeug. Die Kirche ist in ihrem Kern eine Erzählgemeinschaft. Aber schon lange ist die Traditionskette unterbrochen, in der eine Generation der nächsten die zentralen Inhalte des Glaubens und die damit verbundenen Geschichten, Texte und Einsichten weitergibt. Wird die Bibel zu einem weitgehend unbekannten Buch, weil sie keinen Sitz mehr im Leben der Menschen hat oder ihre Inhalte nicht verstanden werden, können biblische Texte nicht mehr als Deutungsmuster ihrer Wirklichkeit dienen. Gottes Gegenüber sind mündige Menschen, die Verantwortung für sich selbst und für andere übernehmen wollen. Insbesondere Menschen mit intellektuellen Einschränkungen wird häufig diese Fähigkeit abgesprochen. Die liturgisch streng geformte Sprache des Gottesdienstes oder die vielfach ausgrenzende Praxis der Konfirmation bahnen nur höchst selten Wege zur religiösen Partizipation. Leichte Sprache kann in diesem Kontext der Alphabetisierung dienen, nicht nur für Menschen mit Behinderungen, sondern auch für viele Menschen ohne religiöse Sozialisation. Die „Kunst des Zusammenlebens" in Kirchengemeinden oder im Quartier würde dadurch nachhaltig gefördert.

Es ist konsequent, dass Britta Lauenstein am Ende einen hoffnungsvollen Ausblick wagt: *„Bibeltexte in Leichter Sprache leisten einen maßgeblichen Beitrag zu allen Dimensionen der Teilhabe am Evangelium und wirken somit am Reich Gottes schon jetzt mit."*[3]

im Januar 2024
Klaus Eberl
Oberkirchenrat i.R. der EKiR

---

[2] EVANGELISCHE KIRCHE IN DEUTSCHLAND (Hg.), Barmer Theologische Erklärung 1934, These 1
[3] S. 444.

Vorwort

Im Jahr 2003 (als es den Begriff der Leichten Sprache erst in einigen Insiderkreisen gab) saß ich in einem Gemeindegottesdienst neben einem Konfirmanden, und wir sangen zusammen Choräle. Lukas, der Konfirmand, sang mehr schlecht als recht mit, unterbrach nach kurzer Zeit seine Mitsingversuche, schaute mich von der Seite an und sagte: „Ich versteh kein Wort von dem, was ich da singe." Ich fragte: „Soll ich dir's übersetzen?" „Ja", bat Lukas. Also übersetzte ich fortan simultan die gesungenen alten Choralworte von Adelers Fittichen bis Zion. Manches mit einem Wort erklärbar, manches mit einem halben Roman. In mir entstand die Idee, eine Art Wörterbuch „chörälisch – konfirmandisch" zu schreiben. Das Projekt kam – vor allem aus Zeitgründen – nie zustande. Mein Wunsch nach Verständlichmachung auch alter Texte, besonders in kirchlichen Zusammenhängen, blieb.

Auch in meiner langjährigen Arbeit in der Jugendarbeit des CVJM Herne (2000-2015) gab es fast immer die Notwendigkeit, Texte leicht verständlich zu formulieren. Der soziale Brennpunkt Herne-Mitte erforderte neben einem offenen Haus, in dem sich jede*r willkommen fühlt, auch eine Sprache, die alle verstehen können. Darüber hinaus fehlten in der gemeindepädagogischen Arbeit immer wieder passende Bibelübersetzungen, die leicht genug zu verstehen waren und dennoch theologisch den Ansprüchen genügten. Also behalf ich mir mit eigenen Paraphrasen. Auch das lange bevor ich den Begriff Leichte Sprache zum ersten Mal hörte.

Dann das Schlüsselerlebnis für diese Dissertation: Leichte Sprache beim Deutschen Evangelischen Kirchentag. Durch meine langjährige Mitarbeit im Ständigen Ausschuss für Abendmahl, Gottesdienst, Fest und Feier (AGoFF; 2003-2022) durfte ich miterleben, wie die Leichte Sprache als Konzept und Begriff beim Kirchentag Fuß fasste.

Nicht zuletzt war ich familiär durch meine drei wissbegierigen Kinder immer wieder herausgefordert, theologische Fragen verständlich zu beantworten. Besonders mein jüngster Sohn (* 2011) konfrontierte mich schon im Alter von drei Jahren regelmäßig mit Fragen wie: „Hat Gott wirklich alle Menschen lieb? Und wenn ja, warum passiert dann manchen was Schlimmes?" Auch wenn Leichte Sprache ausdrücklich keine Kindersprache ist, war es hier notwendig, die Antwort (oder manchmal auch die Nicht-Beantwortung) leicht verständlich zu formulieren.

Diese Zugänge führten in mir zu dem Wunsch, die Verbreitung und Anwendung der Leichten Sprache im religionspädagogischen Bereich näher zu betrachten und zu analysieren. Die Grundfrage nach der Möglichkeit der Verbreitung und Anwendung der Leichten Sprache im religionspädagogischen Bereich spitzte sich bald auf den Bereich Bibeltexte zu:

Was passiert, wenn besondere Texte, also Bibeltexte, auf eine besondere Form von Sprache, also Leichte Sprache, treffen? Welche Problemlagen ergeben sich daraus für die Übersetzung von Bibeltexten in Leichte Sprache? Inwieweit ist die Übersetzungslandschaft im deutschsprachigen Raum bislang dokumentiert und erforscht?

Vorbemerkungen

Sprache des Textes

Auch wenn es in dieser Arbeit um Leichte Sprache geht, ist sie in wissenschaftlicher Sprache verfasst. Nur so kann sie der Fachlichkeit gerecht werden und einen angemessenen Diskurs ermöglichen.

Es ist geplant, in einem möglichst partizipativ angelegten Folgeprojekt die zentralen Aussagen dieser Arbeit in Leichter Sprache zu veröffentlichen. Damit sollen die Ergebnisse meiner Forschung einem möglichst großen Kreis von Menschen auch jenseits wissenschaftlicher Sprache zugänglich gemacht werden.

Zitate von Menschen mit Lernschwierigkeiten

Von Juni 2016 bis Februar 2018 habe ich nebenberuflich im Büro für Leichte Sprache der Evangelischen Stiftung Volmarstein in Wetter/Ruhr gearbeitet. Dort habe ich verschiedene Texte in Leichte Sprache übersetzt und mit der Prüfgruppe aus der Werkstatt der Stiftung geprüft. Bei religiösen Themen haben wir besonders viel über den Nutzen von Leichter Sprache und Gott und die Welt geredet und diskutiert. Drei Mitglieder der Prüfgruppe werden in dieser Arbeit zitiert. Aus Datenschutzgründen wurden ihre Namen mit den Initialen abgekürzt.

Zitate aus den Expert*innen-Interviews

Die Inhalte der Expert*innen-Interviews wurden teils zur Veröffentlichung unter dem Klarnamen, teils zur anonymisierten Veröffentlichung freigegeben. Im (online verfügbaren) Anhang findet sich das Interviewmaterial entsprechend nach öffentlich (Anhang C) und anonymisiert (Anhang D) geordnet wieder. Die Zitation aus den anonymisierten Teilen erfolgt anders als bei den Literaturverweisen und den Zitaten aus den öffentlichen Teilen des Materials direkt im Text, da dies die Zuordnung erleichtert. Dies betrifft besonders Kapitel 5. Die angegebenen Zahlen bei Zitaten aus dem Interviewmaterial sind Zeilenangaben, die sich auf die Anhänge C und D beziehen.

Abkürzungen und Begrifflichkeiten

Bei den Abkürzungen biblischer Bücher richte ich mich nach RGG, 4. Auflage (RGG⁴). Für alle anderen Abkürzungen findet sich ein Abkürzungsverzeichnis am Anfang des Buches.

Einige lange Bezeichnungen werden durch Buchstabenkürzel oder einen verkürzten Namen ersetzt. So steht der Begriff ‚Kirchentag' oder die Abkürzung DEKT immer für den ‚Deutschen Evangelischen Kirchentag'. Auch diese Verkürzungen finden sich im Abkürzungsverzeichnis.

Die Verwendung des Begriffs **Übersetzung** im Zusammenhang mit Bibeltexten in Leichter Sprache hat sich zunehmend als problematisch erwiesen. Seine Verwendung erfolgt mit Vorsicht und immer vor dem Hintergrund der Gesamtdiskussion um die Begriffe Übersetzung, Übertragung und Bearbeitung (Vgl. Exkurs im Kapitel 2.2.4.2). In zusammengesetzten Begriffen wie Übersetzungslandschaft, Übersetzungsregeln oder Übersetzendengruppen wird der Begriff um des allgemeinen Sprachgebrauchs und der Verständlichkeit willen beibehalten. Die Worte ‚Übertragungslandschaft', ‚Übertragungsregeln' oder ‚Übertragungsgruppen' und die entsprechenden Wortschöpfungen mit dem Begriff ‚Bearbeitung' sind im Sprachgebrauch im Zusammenhang mit Leichter Sprache nicht üblich, auch wenn sie in Bezug auf Bibeltexte in Leichter Sprache u.U. präziser wären.

Als begriffliches Gegenüber zur ‚**Leichten Sprache**' wird in dieser Arbeit an einigen Stellen der Begriff ‚**schwere Sprache**' verwendet. Dabei steht das Adjektiv ‚schwer' synonym für schwer verständlich oder zu schwierig formuliert, was je nach Fähigkeiten und Wissensstand der Rezipient*innen sowohl Alltags- als auch Fachsprache bezeichnen kann.

Hinsichtlich der Verwendung der Begrifflichkeiten **Altes und Neues Testament** möchte ich noch eine kurze Bemerkung machen. Ich verwende diese Begrifflichkeiten ebenfalls aufgrund ihrer Geläufigkeit im allgemeinen Sprachgebrauch in dem Wissen, dass die Worte alt und neu missverständlich aufgefasst werden können. Ich betone daher an dieser Stelle ausdrücklich, dass in meinen Augen das Neue Testament das Alte nicht ablöst, ersetzt oder ungültig macht, sondern im Sinne des Alten und Neuen Bundes die Erkenntnisse und Inhalte der hebräischen Bibel ergänzt werden und das ‚Volk Gottes' auf alle Menschen ausgeweitet wird. Die **Bibeltexte** sind in der Regel in der Übersetzung Luther 2017 zitiert, bei Abweichungen ist dies vermerkt.

Auch zum Begriff **Religionspädagogik** vorab einige Worte. Ich gehe von einem sehr weit gefassten Verständnis dieses Begriffs aus. Keinesfalls lässt er sich auf den Religionsunterricht oder die katechetische Arbeit beschränken, sondern umfasst auch die Gemeindepädagogik mit. Ich verstehe Religionspädagogik am ehesten als Wissenschaft von der Kommunikation des Evangeliums mit folgenden zentralen Fragen: Wie kann ich mit anderen Menschen von Gott reden? Wie kann ich verständlich von Gott reden? Wie gelingt es mir „*Hunger [...] zu nähren*"[1], der durch Brot allein nicht zu stillen ist? Was kann ich tun, wenn es mit reden nicht getan ist? Was bewirke ich eigentlich durch das Reden von Gott? Welche geistlichen und bildungspolitischen Verantwortlichkeiten stehen hinter dem Begriff der Religionspädagogik?

Theologie und Pädagogik sehe ich als zentrale Bezugswissenschaften für die Religionspädagogik an. Religionspädagogische Aspekte können daher ihren Schwerpunkt sowohl in der einen als auch in der anderen Wissenschaft haben. Wenn ich in dieser Dissertation von Theologie spreche, denke ich immer gleichzeitig (religions-)pädagogisch, der Schwerpunkt ist dann allerdings auf der theologischen Seite. Stehen Bildung und Erziehung im Vordergrund, ist der pädagogische Schwerpunkt entsprechend größer, der theologische Bezug bleibt aber immer im Hinterkopf.

Dank

Diese Dissertation konnte nur von mir geschrieben werden, weil ich auf vielfältige Weise unterstützt wurde.

So danke ich Prof. (em.) Dr. Martin Leutzsch und Prof. Dr. Harald Schroeter-Wittke für die Betreuung dieser Arbeit als Dissertation und der Universität Paderborn für die Möglichkeit, diese zu schreiben.

Prof. (em.) Dr. Fritz-Rüdiger Volz danke ich für die grundlegende Motivation und Information zu diesem Dissertationsvorhaben und für die fortwährende Erweiterung meines Horizonts.

Durch die Teilnahme am Programm „Mentoring für Doktorandinnen" der Universität Paderborn 2016/2017 konnte ich darüber hinaus wertvolle Erkenntnisse für meine Dissertation und mein Leben gewinnen. Dank daher an Dr. Julia Steinhausen und Team und an meine Mit-Mentees.

Durch Dr. Felicitas Held aus dem Arbeitskreis Gemeindepädagogik habe ich besonders im letzten Jahr dieser Arbeit motivatorische und fachliche Unterstützung erhalten.

Ich danke allen, die in der Praxis mit Leichter Sprache zu tun haben und mich mit ihren Erfahrungen und ihrem Wissen unterstützt und begleitet haben, allen voran Annika Nietzio vom Büro für Leichte Sprache in Volmarstein. Ihre Fachlichkeit als Mathematikerin und Linguistin war für mich auch beim formalen Vergleich der Perikopen außerordentlich hilfreich.

Mein Dank gilt auch den Menschen, die in Leichter Sprache von Gott erzählen und mich an ihren Erfahrungen haben teilhaben lassen, hier besonders Anne Gidion, Prof. (em.) Dr. Günter Ruddat, Dr. Marion Keuchen, Mandy Brösner und Michael Hofmann.

---

[1] BEUSCHER, BERND, Set me free, 53.

Dank

Ich danke den Expertinnen und Experten, die in den Interviews mitgewirkt haben, und ihren Teams und Organisationen für ihre Verdienste um die Leichte Sprache.

Für umfassende, schnelle und kompetente Hilfe bei der Recherche und Beschaffung von Literatur danke ich Dr. Christine Möller und ihrem Team der Diözesanbibliothek in Osnabrück. Franziska Hirschmann danke ich für das gewissenhafte Lektorat der fertigen Arbeit und meiner studentischen Hilfskraft Finja Schult für die Hilfe beim Layout des Manuskripts für die Veröffentlichung.

Dem Kohlhammer-Verlag, besonders in Person von Florian Specker, danke ich für die kompetente und ausgesprochen freundliche Begleitung.

Der Evangelischen Kirche in Deutschland (EKD), der Evangelischen Kirche von Westfalen (EKvW), der Evangelischen Kirche im Rheinland (EKiR), der Stiftung Sozialer Protestantismus (im Besonderen in Person von Klaus Eberl, dem ich auch für das Geleitwort danke), der Deutschen Bibelgesellschaft und der Ev. Bibelgesellschaft im Rheinland sowie André Delor von der Lebenshilfe Schleswig-Holstein danke ich für die Druckkostenzuschüsse, die diese Veröffentlichung finanziell unterstützt haben.

Vor allem aber danke ich meinem Mann Andreas für die Zeit, die Geduld und das ‚Rücken-Freihalten' in den Jahren der Entstehung dieser Arbeit.

1. Einleitung

Die Einleitung führt zunächst in das Konzept ‚Leichte Sprache' ein (Kap. 1.1), beschreibt in Kapitel 1.2 die Quellenbasis dieser Arbeit, gefolgt von einem Kapitel über den aktuellen Forschungsstand (Kap. 1.3) und Beiträge aus der Praxis (Kap.1.4), aus dem in Kapitel 1.5 die Fragestellung dieser Arbeit abgeleitet wird. Ziel und Vorgehensweise werden in Kapitel 1.6 vorgestellt.

1.1 Was ist Leichte Sprache?

In diesem Kapitel wird Leichte Sprache vor allem aus sprachwissenschaftlicher Sicht betrachtet. Demnach werden zunächst die Definition und die Abgrenzung vom Konzept der ‚Einfachen Sprache' vorgenommen (Kap. 1.1.1) und im Anschluss die Intentionen und Funktionen (Kap. 1.1.2) sowie die Zielgruppen (Kap. 1.1.3) beschrieben. Die Einführung in Leichte Sprache schließt mit einem Kapitel zu den Regeln ab (Kap. 1.1.4). Auf die Geschichte der Leichten Sprache wird später im Kapitel 2.1.4 im Zusammenhang mit Teilhabe als Menschenrecht und der Bedeutung von Sprache für die Umsetzung dieses Rechts eingegangen.

1.1.1 Definition

Die Sprachwissenschaftlerin Christiane Maaß von der Forschungsstelle für Leichte Sprache in Hildesheim definiert Leichte Sprache in ihrem Regelbuch von 2015 folgendermaßen:

> *„Leichte Sprache ist **eine Varietät des Deutschen**, die im Bereich **Satzbau und Wortschatz systematisch reduziert** ist. Ebenso systematisch ist die **Reduktion mit Bezug auf das Weltwissen**, das für die Lektüre vorausgesetzt wird. Außerdem zeichnen sich Leichte-Sprache-Texte durch eine besondere Form der **visuellen Aufbereitung** aus."*[1]

Sie klassifiziert Leichte Sprache also als Sprachvarietät des Deutschen und damit nicht als künstliche oder kontrollierte Sprache. Die Reduktion des Wortschatzes und der Grammatik folgt den aus der Praxis entstandenen Regeln.[2] In den Regeln geht es größtenteils um die Reduktion von Wortschatz und Grammatik, aber auch um die Reduktion des Weltwissens. Weltwissen wird bei Leichter Sprache in nur sehr geringem Maße vorausgesetzt. Viele Begriffe und Zusammenhänge,

---

[1] MAAß, CHRISTIANE, Leichte Sprache. Regelbuch, 11f, Herv. im Original.
[2] Vgl. ebd., 12f.

die in standarddeutschen Texten vorausgesetzt werden, werden in Texten in Leichter Sprache erst eingeführt und mit Beispielen belegt.[3] In allen Regelwerken finden sich zudem ausführliche Regeln zur visuellen Aufbereitung, die zu einer einheitlichen Art der Darstellung von Leichte-Sprache-Texten führen und ihre Erkennbarkeit als Texte in Leichter Sprache auf den ersten Blick erhöhen.[4]

An einigen Stellen wird der Begriff ‚Einfache Sprache' synonym zum Begriff ‚Leichte Sprache' gebraucht,[5] v.a. in der Anfangsphase der Leichten Sprache oder im umgangssprachlichen Gebrauch außerhalb der Fachdiskussion. Vielen Menschen ist nicht klar, dass sich hinter ‚Leicht' und ‚Einfach' unterschiedliche Konzepte verbergen. Der synonyme Gebrauch der beiden Begriffe ist nach heutigem Stand nicht mehr zulässig. Leichte Sprache ist ein Konzept mit klaren Regeln (vgl. Kap. 1.1.4). Im Gegensatz dazu hat einfache Sprache keine klaren Regeln.[6] ‚Einfache Sprache' gilt als *„Begriff für das Varietätenspektrum zwischen Leichter Sprache und Standardsprache".*[7]

1.1.2 Intentionen und Funktionen Leichter Sprache

„Mit uns reden. Nicht über uns."[8] So beschreibt ‚Mensch zuerst', eine der ersten Selbstbestimmungsorganisationen für Menschen mit Lernschwierigkeiten in Deutschland, in ihrer Kurzübersicht über die Geschichte der Leichten Sprache den Sinn der Leichten Sprache. Mit diesen wenigen Worten werden die beiden zentralen Intentionen der Leichten Sprache deutlich: Barrierefreie Kommunikation und selbstbestimmte Information.

Barrierefreie Kommunikation

„Leichte Sprache wird als eine Form barrierefreier Kommunikation verstanden, mit der Texte sprachlich und inhaltlich zugänglich gemacht werden können"[9], formuliert die Projektgruppe „Leichte Sprache im Arbeitsleben (LeiSA)" der Universität Leipzig

---

3   Vgl. ebd., 13.
4   Vgl. BREDEL, URSULA; MAAß, CHRISTIANE, Duden Leichte Sprache, 502 u. 509.
5   Vgl. GIDION, ANNE, Selig bist du (Nordelbische Stimmen), 29. Vgl. Bredel, Ursula; Maaß, Christiane, Duden Leichte Sprache, 56f.
6   VGL. GIDION, ANNE, Leichte Sprache im Gottesdienst (Bad Herrenalb).
7   BREDEL, URSULA; MAAß, CHRISTIANE, Duden Leichte Sprache, 527.
8   MENSCH ZUERST - NETZWERK PEOPLE FIRST DEUTSCHLAND E.V, Geschichte, 1.
9   PROJEKTGRUPPE LEISA, Leichte Sprache im Arbeitsleben; vgl. auch FRÖHLICH, WALBURGA; CANDUSSI, KLAUS, Informationsbarrieren, 9; BOCK, BETTINA M.; LANGE, DAISY, Was ist eigentlich Leichte Sprache?, 63.

und stimmt darin mit Walburga Fröhlich[10] und Klaus Candussi[11] sowie der Sprachwissenschaftlerin Bettina Bock überein. Durch die Verringerung der sprachlichen Barrieren will Leichte Sprache Teilhabe ermöglichen, Bildungschancen steigern und Verständnis-Brücken bauen (zu Inhalten und zwischen den Menschen).

Die **Möglichkeit zur selbstbestimmten Information** ist die zweite Intention von Leichter Sprache. *„Mündig ist nur, wer sich informieren kann"*,[12] schreibt Friedemann Schulz von Thun schon 1981. Nur das sei demokratieförderlich.[13]

Aus diesen Intentionen von Leichter Sprache lassen sich drei Hauptfunktionen ableiten: Partizipation, Lernfunktion und Brückenfunktion.

Partizipation

Gesellschaftliche Teilhabe hängt maßgeblich von einer allgemein verständlichen, klaren Sprache ab. Es besteht allgemein Konsens darüber, dass der Zugang zu Information und Kommunikation ein allgemeines Recht für alle Menschen der Gesellschaft darstellt. Außerdem ist klar, dass besonders Menschen mit kognitiven oder sensorischen Einschränkungen nicht zu allen Informationen, v.a. in der Schriftform, (für sie) verständlichen Zugang haben.[14] Nach Bredel und Maaß gehört die Überwindung von Sprachbarrieren zu den auslösenden Faktoren zur Entwicklung von Leichter Sprache. Mit Leichter Sprache solle allen Gesellschaftsmitgliedern eine umfassende Teilhabe an gesellschaftlichen Prozessen ermöglicht werden.[15]

Lernfunktion

Leichte Sprache sorgt dafür, dass Menschen etwas lernen und die Leselust gesteigert wird. Das ist unabhängig vom Bildungsstand: Egal ob ein Bundestagsabgeordneter die Sitzungsunterlagen lieber in Leichter Sprache liest als im Original[16], oder ob es zu dem Phänomen kommt, dass Prüfgruppen regelmäßig neue

---

[10] Österreichische Sozialarbeiterin, Supervisorin und Organisationsberaterin, Mitbegründerin der Sozialorganisation atempo und Konzeptentwicklerin des capito-Konzepts für Leichtes Lesen.
[11] Österreichischer Musikwissenschaftler, Sozialmanager, Organisationsentwickler, Mitbegründer der Sozialorganisation atempo und Konzeptentwickler des capito-Konzepts für Leichtes Lesen.
[12] SCHULZ VON THUN, FRIEDEMANN, Miteinander reden: Störungen und Klärungen, 140.
[13] Vgl. ebd.; vgl. auch CENTRUM FÖR LÄTTLÄST, Ett dokument om lättläst, 4–5
[14] Vgl. STEFANOWITSCH, ANATOL, Leichte Sprache, komplexe Wirklichkeit, 11; SEITZ, SIMONE, Leichte Sprache? Keine einfache Sache, 3.
[15] Vgl. BREDEL, URSULA; MAAß, CHRISTIANE, Duden Leichte Sprache, 56–58.
[16] Vgl. KELLERMANN, GUDRUN, Leichte und Einfache Sprache – Versuch einer Definition, 7f.

Mitglieder brauchen, weil sie sonst durch den hohen Lerneffekt nicht mehr als repräsentativ für die Zielgruppe gelten können:[17] Leichte Sprache bildet.

Auch wenn der Leichten Sprache ihr statischer Charakter vorgeworfen wird und eine mehrstufige Gestaltung des sprachlichen Niveaus vermisst wird,[18] ist doch nicht von der Hand zu weisen, dass es durch Leichte Sprache zu einem Lerneffekt kommt. Dieser Lerneffekt ist sowohl inhaltlich als auch sprachlich festzustellen. Bredel und Maaß führen den Zusammenhang zwischen leichter Perzipierbarkeit und der Lesemotivation ins Feld und leiten daraus die Lernfunktion ab: Demnach könne Leichte Sprache durch ihr hohes Maß an Perzipierbarkeit die Lesemotivation besonders bei leseschwachen Menschen erhöhen und damit einen wichtigen Beitrag zur Alphabetisierung leisten. Im besten Falle erreichen die Lernenden durch Leichte Sprache ein höheres Niveau des Deutschen.[19] Ein Ausbleiben dieser Steigerung ist jedoch meines Erachtens nicht als Misserfolg zu werten. Leichte Sprache bietet gerade auch für die Menschen, deren kognitive Möglichkeiten begrenzt sind, auch ohne eine merkbare Steigerung des persönlichen Niveaus Zugangsmöglichkeit zu Informationen.

Brückenfunktion

Texte in Leichter Sprache sind Zusatzangebote zu den Ausgangstexten. Sie können auch vorübergehende Verständnishilfen sein, die eine Brücke zum Verständnis schwierigerer Texte bilden.[20] In diesem Sinne sprechen Bock und Lange von Leichter Sprache als „*Vermittlungsvarietät*",[21] basierend auf dem Streben nach Barrierefreiheit und dem Grundgedanken der Partizipation. Um die Brückenfunktion zu erfüllen, müssen Leichte-Sprache-Texte so konstruiert sein, dass sie es ermöglichen, Ausgangstext und Leichte-Sprache-Text parallel nutzen zu können. Dies ist aber nur so lange möglich, wie Ausgangs- und Zieltext die gleiche Struktur aufweisen und die Übersetzenden nicht von ihrem Recht Gebrauch machen, zur Erhöhung der Perzipierbarkeit die Reihenfolge im Text stark zu verändern oder starke Kürzungen vorzunehmen.[22]

Bredel und Maaß formulieren aus diesen Funktionen heraus folgende konzeptionelle Entscheidung für den Übersetzungsprozess:

> „Im Zusammenhang mit der Partizipationsfunktion müssen Texte in Leichter Sprache möglichst exhaustiv sein, also möglichst alle Informationen aus dem Ausgangstext enthalten. Die Lernfunktion macht es zwingend erforderlich, dass die Texte in Leichter Sprache keine ziel-

---

17 Vgl. FRÖHLICH, WALBURGA; CANDUSSI, KLAUS, Informationsbarrieren, 35.
18 Vgl. ERHARDT, KLAUDIA; GRÜBER, KATRIN, Teilhabe, 67ff.
19 Vgl. BREDEL, URSULA; MAAß, CHRISTIANE, Duden Leichte Sprache, 56ff.
20 Vgl. BOCK, BETTINA M.; LANGE, DAISY, Was ist Leichte Sprache?, in: CANDUSSI, KLAUS; FRÖHLICH, WALBURGA (Hrsg.): Leicht Lesen, 63–79, 68f.
21 Ebd., 73.
22 Vgl. BREDEL, URSULA; MAAß, CHRISTIANE, Duden Leichte Sprache, 56ff.

sprachenfernen Konstruktionen enthalten. Die Brückenfunktion verweist auf eine möglichst weitgehende Nähe von Ausgangs- und Zieltext, damit eine parallele Nutzung möglich ist."[23]

Die Brückenfunktion spielt auch bei der Übersetzung von Bibeltexten eine große Rolle.

1.1.3 Zielgruppen Leichter Sprache

Bredel und Maaß unterscheiden zwischen primären und sekundären Zielgruppen Leichter Sprache.

Zu den **primären Zielgruppen** zählen alle diejenigen, die aus den unterschiedlichsten Gründen auf Leichte Sprache angewiesen sind und sonst keinen oder nur eingeschränkten Zugriff auf allgemein- oder fachsprachliche Texte haben. Sie brauchen Leichte-Sprache-Texte für ein selbstbestimmtes Leben und eine möglichst umfassende Teilhabe an der Gesellschaft. Bei näherer Betrachtung der primären Zielgruppen ergeben sich zwei inhaltliche Schwerpunkte: Zum einen sind es Menschen, die Probleme mit der Komplexität der deutschen Sprache haben und bei denen sich die Ursache der Probleme nicht beheben lässt (Menschen mit kognitiven Einschränkungen sowie Lern- und Leseschwierigkeiten). Zum anderen sind es Menschen, die die deutsche Sprache (noch) nicht vollständig erworben haben (nichtdeutsche Muttersprachige und Gehörlose). Für diese Menschen stellt Leichte Sprache eine Übergangslösung dar.[24]

Zu den **sekundären Zielgruppen** gehören alle, die Leichte Sprache nutzen, obwohl sie auch Zugriff und Verständnismöglichkeiten schwierigerer Texte haben. Auch explizite Expert*innen benutzen Leichte Sprache, z.B. in der Interaktion mit den primären Zielgruppen. Dazu gehören auch die Übersetzer*innen .[25] Zu den sekundären Zielgruppen gehören außerdem die Multiplikator*innen in Handlungsfeldern, in denen Leichte Sprache nötig und hilfreich ist.

1.1.4 Die Regeln für Leichte Sprache

Im Laufe der Zeit haben sich drei Regelwerke für Leichte Sprache etabliert, die alle aus der Praxis kommen und an deren Entstehung keine Sprach- oder Translationswissenschaftler*innen beteiligt waren.[26] 2009 erschien das Regelwerk von Inclusion Europe, veröffentlicht im Rahmen des Programms „Pathways".[27] 2011 trat die Barrierefreie Informationstechnik-Verordnung (BITV 2.0) mit ausführ-

---

[23] BREDEL, URSULA; MAASS, CHRISTIANE, Duden Leichte Sprache, 57f.
[24] Vgl. ebd.
[25] Vgl. ebd., 139.
[26] Vgl. BREDEL, URSULA; MAASS, CHRISTIANE, Duden Leichte Sprache, 82.
[27] INCLUSION EUROPE, Informationen für alle.

lich formulierten Regeln in Kraft.[28] 2014 veröffentlichte das Bundesministerium für Arbeit und Soziales den Ratgeber „Leichte Sprache." Für diese Regeln (in Leichter Sprache) ist das Netzwerk Leichte Sprache verantwortlich.[29] Die Regeln dieser drei Regelwerke weisen Gemeinsamkeiten und Unterschiede auf.[30] 17 Regeln stimmen in allen Regelwerken überein. Zwischen dem Regelwerk von Inclusion Europe und dem Netzwerk Leichte Sprache (die in dieser Arbeit vorrangig zur Anwendung kommen) stimmen weitere 18 Regeln überein.[31]

Die konvergierenden Regeln sind die prägenden und charakteristischen Regeln für Leichte Sprache. Sie betreffen die visuelle und mediale Gestaltung, die Wortwahl, den Satzbau, die Semantik und Regeln zum Text (hier in Auswahl):

Visuelle und mediale Gestaltung:

– größere Schriftgröße (Referenzgröße mind. Arial 14 pt)
– größerer Zeilenabstand
– nur ein Satz pro Zeile
– linksbündig
– Bilder

Wortwahl

– leicht verständliche Wörter
– kurze Wörter
– möglichst keine Fremdwörter
– keine Abkürzungen
– keine Metaphern

Grammatik

– kein Passiv
– kein Konjunktiv
– kein Genitiv

---

[28] BITV 2.0 - Verordnung zur Schaffung barrierefreier Informationstechnik nach dem Behindertengleichstellungsgesetz (Barrierefreie-Informationstechnik-Verordnung BITV 2.0).
[29] Vgl. BUNDESMINISTERIUM FÜR ARBEIT UND SOZIALES (Hrsg.), Leichte Sprache Ratgeber.
[30] Vgl. BREDEL, URSULA; MAAß, CHRISTIANE, Duden Leichte Sprache, 82.
[31] Vgl. ebd.

Satzbau

- nur Hauptsätze
- keine Negation

Text

- konsistente Bezeichnungen für ‚gleiche Dinge'
- relevante Informationen am Anfang
- Änderungen der Reihenfolge und Kürzungen sind erlaubt.[32]

Der genaue Wortlaut der drei Regelwerke in Form einer Synopse (zitiert aus dem Duden Leichte Sprache) befindet sich im (digital verfügbaren) Anhang (Anhang A).

Prüfung und Qualitätssicherung

Zu den Regeln von Inclusion Europe und vom Netzwerk Leichte Sprache gehört auch die Verpflichtung zur Prüfung der Zieltexte durch die Zielgruppe.[33] Insgesamt stellt sich als problematisch dar, dass der Begriff ‚Leichte Sprache' nicht geschützt ist und frei verwendet werden kann. Durch die Einführung von Qualitätssiegeln gibt es die Möglichkeit, Texte in Leichter Sprache zertifizieren zu lassen und damit bestimmte Standards zu garantieren. Grundlegend ist für den ganzen europäischen Sprachraum das Logo von Inclusion Europe (vgl. Kap. 2.1.4), das verwendet werden darf, wenn sich die Übersetzenden den Regeln von Inclusion Europe verpflichten. Es ist keine spezielle Fortbildung für die Übersetzenden erforderlich.[34]

Im deutschen Sprachraum gibt es vier weitere Qualitätssiegel: Das Gütesiegel für LeichtLesen von der österreichischen Agentur Capito (in den Abstufungen A1, A2 und B1)[35], das Qualitätssiegel vom Netzwerk Leichte Sprache[36] und das Prüfsiegel der Forschungsstelle Leichte Sprache Hildesheim.[37] Die Qualitätssiegel von Inclusion Europe, Capito und Netzwerk Leichte Sprache sehen im Rahmen der jeweils veröffentlichten Regeln eine Prüfung durch (ausgebildete) Vertreter*innen der Zielgruppe vor.[38] Die Prüfsiegel von Capito und dem Netzwerk

---

[32] Vgl. ebd., 89.
[33] Vgl. zur Übersicht BREDEL, URSULA; MAAß, CHRISTIANE, Duden Leichte Sprache, 116
[34] Vgl. INCLUSION EUROPE, Easy-to-read-Logo.
[35] Vgl. CAPITO NETZWERK (Hrsg.), Qualitätsstandard für barrierefreie Information, 5.
[36] Vgl. NETZWERK LEICHTE SPRACHE (Hrsg.), Qualität.
[37] Vgl. BREDEL, URSULA; MAAß, CHRISTIANE, Duden Leichte Sprache, 137
[38] Vgl. die Fußnoten 35-37

Leichte Sprache dürfen nicht frei verwendet werden. Das Prüfsiegel von Capito steht nur Capito-Partner*innen zur Verfügung.[39] Für das Siegel des Netzwerks kann eine Nutzungslizenz erworben werden.[40] Die Forschungsstelle Hildesheim vergibt das Prüfsiegel Leichte Sprache nur an Texte, die von der Forschungsstelle selbst geprüft wurden. Die Prüfung erfolgt nicht durch eine Prüfgruppe aus Personen der Zielgruppen sondern durch Korrektor*innen, die nach der europäischen Norm DIN EN-15038 arbeiten. Zudem kann das Logo Leichte Sprache der Forschungsstelle als Kennzeichnung eines Textes in Leichter Sprache frei verwendet werden. Die Verwendung ist weder an einen Nachweis der Einhaltung der Regeln, eine Übersendung des Textes an die Forschungsstelle Leichte Sprache noch an die Beteiligung durch Menschen aus der Zielgruppe gebunden. Es stellt eine niedrigschwellige und kostenlose Möglichkeit zur Kennzeichnung von Leichte-Sprache-Texten dar.[41] Dieses Logo macht keine Aussage über die Qualität der Leichten Sprache.

1.2 Quellenbasis dieser Arbeit

Gegenstand dieser Arbeit sind Bibeltexte in Leichter Sprache, die zwischen 2010 und 2019 veröffentlicht wurden. Dazu werden auch die entsprechenden Paratexte und Begleitpublikationen untersucht. Das veröffentlichte Material wird durch eigenes empirisches Material und nicht veröffentlichte interne Texte ergänzt. Ein eigenes Kapitel ist der Kritik der Leichten Sprache und dabei besonders der Kritik an Bibeltexten in Leichter Sprache gewidmet.

Eine umfassende Beschreibung der Übersetzungslandschaft von Bibeltexten in Leichter Sprache gibt es bisher nicht. Angesiedelt zwischen Linguistik, Verständlichkeitsforschung, Translationswissenschaft und Theologie ist keine der genannten Wissenschaften allein zuständig. Leichte Sprache und Bibeltexte sind ein neues Thema, die ersten Veröffentlichungen (2010) liegen zum Erscheinungszeitpunkt dieses Buches gerade einmal 14 Jahre zurück. Bisher hat sich niemand des Themas ausführlich angenommen. Einzelne Paratexte zu Übersetzungen geben erste Aufschlüsse zu den genannten Fragen. Genauere Analysen oder Vergleiche fehlen.

Folgende Quellen von Bibeltexten in Leichter Sprache und zugehörigen Paratexten wurden dieser Arbeit zugrunde gelegt:

---

[39] Vgl. CAPITO NETZWERK (Hrsg.), Qualitätsstandard für barrierefreie Information, 6
[40] SCHMITT, MARINA, Schulungen und Qualität in der Leichten Sprache, 38f.
[41] Vgl. FORSCHUNGSSTELLE LEICHTE SPRACHE (Hrsg.), Prüfsiegel.

- Die Lebenshilfe Bremen hat 2010 mit der Weihnachtsgeschichte in Leichter Sprache[42] den ersten Bibeltext in Leichter Sprache veröffentlicht, dem vier weitere Veröffentlichungen folgten: Ostergeschichte[43] (2014), Josefsgeschichte[44] (2014), Schöpfung und Arche Noah[45] (2015) sowie Geschichten von Jesus[46] (2016).
- Neben den Paratexten in den Veröffentlichungen gibt es einen weiteren bilanzierenden und analysierenden Text zur Entstehung dieser Texte: In den Katechetischen Blättern 4/17 (Themenheft Leichte Sprache) schreibt der katholische Theologe Martin Merkens[47] von den „Bibelgeschichten in Leichter Sprache"[48]. Ergänzend sind einzelne Artikel in Zeitschriften erschienen, z.B. in Publik Forum 8/2014.[49]
- Seit 2010 existieren der Verein und das damit verbundene Internetprojekt „Offene Bibel",[50] bei dem nach dem Wiki-Prinzip der Beteiligungsmöglichkeit für alle Interessierten Bibeltexte zunächst aus den hebräischen, aramäischen und griechischen Ausgangstexten in eine Studienfassung mit Übersetzungsalternativen und zahlreichen Erklärungen, dann in eine Lesefassung in hochsprachlichem Deutsch und in Leichte Sprache übersetzt werden. Das Projekt entwickelt sich stetig weiter. Die Texte in Leichter Sprache durchlaufen verschiedene Stadien. Ziel ist ein von der Zielgruppe geprüfter Text in Leichter Sprache. Die Internetseite gibt detailliert und transparent Aufschluss über die Arbeitsweisen.[51]
- Der Deutsche Evangelische Kirchentag veröffentlicht seit 2013 Bibeltexte in Leichter Sprache. Über Entstehung der Übersetzungen und Hintergründe ist nur wenig bekannt. In den Paratexten zu den Textveröffentlichungen gibt es Hinweise auf beteiligte Personen. Es sind keine begleitenden Veröffentlichungen bekannt.
- 2013 erschien das Buch „Leicht gesagt. Biblische Lesungen und Gebete zum Kirchenjahr"[52], herausgegeben von den evangelischen Theolog*innen Anne Gidion, Jochen Arnold und Raute Martinsen als Band 22 der Reihe „gemeinsam gottesdienst gestalten" des Evangelischen Zentrums für Gottesdienst und Kirchenmusik im Michaeliskloster in Hildesheim. In der Einleitung be-

---

[42] LEBENSHILFE BREMEN E.V., Die Weihnachts-Geschichte in Leichter Sprache.
[43] DIES., Die Oster-Geschichte in Leichter Sprache.
[44] DIES., Die Geschichte über Josef in Leichter Sprache.
[45] DIES., Gott macht die Welt. Gott rettet Menschen und Tiere.
[46] DIES., Geschichten von Jesus in Leichter Sprache.
[47] Martin Merkens leitet das Referat Seelsorge für Menschen mit Behinderungen im Bischöflichen Generalvikariat Münster und war theologischer Berater des Projekts der Lebenshilfe Bremen.
[48] MERKENS, MARTIN, Bibel-Geschichten in Leichter Sprache, 267–269.
[49] HOLLENBACH, MICHAEL, Weg vom Bibel-Sprech.
[50] OFFENE BIBEL E.V., Verein.
[51] OFFENE BIBEL E.V., Ziele.
[52] GIDION, ANNE; ARNOLD, JOCHEN; MARTINSEN, RAUTE (Hrsg.), Leicht gesagt!

schreiben Anne Gidion und Raute Martinsen die Arbeit an diesem Buch und die Hintergründe der Übersetzungen. Dieses Buch wird ergänzt durch weitere Veröffentlichungen zum Thema Leichte Sprache im Gottesdienst, v.a. von Anne Gidion.[53] Es gibt auch kritische Stimmen zu dieser Veröffentlichung.[54]

— Auf katholischer Seite begann Ende 2013 das Projekt „Evangelium in Leichter Sprache", das zunächst online[55], ab 2016 auch in Form eines Lektionars, das Evangelium der jeweiligen Sonntage der Lesejahre A[56], B[57] und C[58] veröffentlicht hat. In der Internetpräsenz des Projekts und später jeweils im Vorwort der drei Lektionare, die mit dem Titel „Bibel in Leichter Sprache" veröffentlicht wurden, gibt es Hinweise zur Entstehung und zu den Hintergründen der Übersetzungen in Leichte Sprache. Diese Übersetzungen finden Erwähnung in den Katechetischen Blättern 4/2017, wo die katholischen Theologen Dieter Bauer und Claudio Ettl in dem Beitrag „Frohe Botschaft – ganz leicht"[59] einen Einblick in die Arbeit und ihre Hintergründe geben. Die Zeitschrift Publik Forum berichtet in der Ausgabe 14/2014[60] über die Franziskanerin Schwester M. Paulis Mels, die neben Claudio Ettl und Dieter Bauer zum Team des Katholischen Bibelwerkes gehört. Auf der Homepage www.evangelium-in-leichter-sprache.de findet sich ein umfassender Pressespiegel.[61]

— Weitere Bibeltexte in Leichter Sprache tauchen nur sporadisch und eher zufällig auf, z.B. in den Aufsätzen des katholischen Religionspädagogen David Faßbender zu Leichter Sprache im Religionsunterricht.[62] In mehreren Büros für Leichte Sprache gab und gibt es interne Veröffentlichungen von Bibeltexten in Leichter Sprache, beispielsweise in der Diakonie Mark-Ruhr oder in der Diakonischen Stiftung Wittekindshof. Für diese Arbeit wurde mir unveröffentlichtes Material der beiden genannten Einrichtungen zur Verfügung gestellt.

— Es gibt eine überschaubare Anzahl von Andachtsbüchern in Leichter Sprache mit einzelnen Bibelversen oder kurzen Perikopen, z.B. „Du bist Gott wichtig"[63] von dem Sonderschullehrer und Religionspädagogen Jörg Konter-

---

53 Exemplarisch: GIDION, ANNE, Im weiten Raum, 69–84.
54 Exemplarisch: VÖGELE, WOLFGANG, Leichte Sprache – Schwerarbeit.
55 KATHOLISCHES BIBELWERK E. V., STUTTGART; CARITAS-PIRCKHEIMER-HAUS (CPH) NÜRNBERG, Evangelium in Leichter Sprache.
56 BAUER, DIETER; ETTL, CLAUDIO; MELS, SCHWESTER M. PAULIS, Bibel in Leichter Sprache (Lesejahr A).
57 DIES., Bibel in Leichter Sprache (Lesejahr B).
58 DIES., Bibel in Leichter Sprache (Lesejahr C).
59 BAUER, DIETER; ETTL, CLAUDIO, Frohe Botschaft - ganz leicht?!, 263–266.
60 HOLLENBACH, MICHAEL, Die Pionierin, 34.
61 BAUER, DIETER, Pressespiegel.
62 Exemplarisch: FASSBENDER, DAVID, Barrierefreie Bibel, 259–265.
63 KONTERMANN, JÖRG, Du bist Gott wichtig.

mann und „Gott sei Dank" von einem katholisch geprägten Team, bestehend aus Dieter Bauer, Claudia Ebert, Tobias Haas und Wolfgang Weiß.[64]
- Die Evangelische Kirche in Baden führte von 2014-2017 das Projekt „Leichte Sprache – ein Beitrag zur Inklusion" durch, in dem es auch um Bibeltexte in Leichter Sprache ging. Es wurden 12 Psalmtexte sowie sieben weitere Texte online veröffentlicht. Schwerpunkt des Projekts war aber hier die Umsetzung und Anwendung von Leichter Sprache im gemeindlichen Alltag.[65] Die Übersetzung von Psalm 23 wird in Kapitel 7.2 berücksichtigt.
- Weitere Literatur (Aufsätze, Zeitschriften- und Zeitungsartikel, Internetseiten) wurden in den Analysen bis zum Jahr 2019 berücksichtigt. In Einzelfällen wurden vor der Drucklegung Aktualisierungen vorgenommen, v.a. im Bereich „Aktueller Stand der Projekte" und „Aktuelle Forschungen".
- Eine Übersicht aller zwischen 2010 und 2023 veröffentlichten und verfügbaren Bibeltexte in Leichter Sprache befindet sich im online verfügbaren Anhang (Anhang G).[66]

Es ist wahrscheinlich, dass im Arbeitsalltag der Verkündigungsarbeit in Kirchengemeinden und in der Diakonie besonders mit Menschen mit Behinderungen eine Vielzahl weiterer Texte existiert, die aber weder veröffentlicht werden noch miteinander vernetzt sind. Aus Österreich und aus der Schweiz sind keine Veröffentlichungen von Bibeltexten in Leichter Sprache bekannt.

1.3 Beiträge aus der Forschung

Die wissenschaftliche Beschäftigung mit Leichter Sprache ist interdisziplinär. Diese Eigenschaft führt dazu, dass unter der Federführung einer Wissenschaft immer auch andere Wissenschaften beteiligt sind.

1.3.1 Leichte Sprache interdisziplinär

Leichte Sprache ist aus der Praxis entstanden und wird erst seit wenigen Jahren wissenschaftlich begleitet. Die wissenschaftliche Begleitung ist bisher sprachwissenschaftlich geprägt, findet aber stets Ergänzung durch andere Wissenschaften wie z.B. Soziologie, Pädagogik, Kommunikationswissenschaft oder Politikwissenschaft.

---

[64] BAUER, DIETER et al. (Hrsg.), Gott sei Dank.
[65] www.ekiba.de/leichtesprache.
[66] Die nach 2019 veröffentlichten Bibeltexte wurden für diese Publikation ergänzt.

Einzelne Wissenschaftler*innen begannen im Rahmen ihres Fachgebiets über Leichte Sprache zu forschen und veröffentlichten im Februar 2014 erste Fachartikel in der Beilage „Aus Politik und Zeitgeschichte" zur Wochenzeitung „Das Parlament". Dies waren Simone Seitz (Inklusive Pädagogik, Uni Bremen),[67] Gudrun Kellermann (Empirische Soziologie, Uni Erlangen-Nürnberg), Anatol Stefanowitsch (Struktur des heutigen Englisch, Uni Berlin), Valentin Aichele (Monitoring-Stelle zur UN-BRK, Berlin), Sven Nickel (Sprach- und Literaturdidaktik, Funktionaler Analphabetismus, Uni Bremen) und Bettina Fackelmann (Kommunikationsberaterin, Organizational Communication, Ifrane/Marokko).[68]

2015 veröffentlichte das österreichische Herausgebendenduo Klaus Candussi und Walburga Fröhlich das Buch „Leicht Lesen. Der Schlüssel zur Welt"[69]. Dieses Buch widmet sich den Fragen, wie Leichte Sprache gebildet wird, wie sie wirkt und welche Bedeutung sie für die Gesellschaft im deutschsprachigen Raum hat.[70] Das Buch bezeichnen die Herausgebenden als „Diskursbuch",[71] das sich an einer „umfassenden Standortbestimmung"[72] versucht. Die Herausgebenden verstehen das Buch als einen ersten Aufschlag der Fachdiskussion und betonen die dynamische Weiterentwicklung des Themas.[73]

Inhaltlich geht es um die sprachwissenschaftliche Einordnung, die Rechtssicherheit und Brauchbarkeit von Leichte-Sprache-Texten, das Potential für gesellschaftliche Veränderungen und den Vergleich mit Leichter Sprache in anderen europäischen Ländern.[74] Für den Themenbereich Bibeltexte in Leichter Sprache sind die Aufsätze von Klaus Candussi/Walburga Fröhlich[75] (Mitbegründer*in der Sozialorganisation atempo und des Leicht-Lesen-Konzepts capito, Universität Graz), Johannes Schädler/Martin F. Reichstein[76] (Inklusionsforschung, Universität Siegen), Bettina M. Bock/Daisy Lange[77] (Verständlichkeitsforschung und Sprachdidaktik, Universität Leipzig), Susanne Gross[78] (Erziehungswissenschaft, capito Bodensee), Helmut Ebert[79] (Linguistik, Universität Bonn), Leealaura Leskelä[80] (Linguistik, Universität Helsinki) und Anne Gidion[81]

---

67 Alle Angaben zu Universitäten und Fachgebieten beziehen sich im Folgenden immer auf den Stand der gerade behandelten Publikation.
68 BUNDESZENTRALE FÜR POLITISCHE BILDUNG (Hrsg.), Leichte und Einfache Sprache (APuZ).
69 CANDUSSI, KLAUS; FRÖHLICH, WALBURGA (Hrsg.), Leicht Lesen, Wien 2015.
70 Vgl. DIES., Vorwort (Leicht Lesen), 7.
71 Ebd.
72 Ebd., 8.
73 Vgl. ebd.
74 Vgl. ebd.
75 FRÖHLICH, WALBURGA; CANDUSSI, KLAUS, Informationsbarrieren.
76 SCHÄDLER, JOHANNES; REICHSTEIN, MARTIN F., „Leichte Sprache" und Inklusion.
77 BOCK, BETTINA M.; LANGE, DAISY, Was ist eigentlich Leichte Sprache?.
78 GROSS, SUSANNE, Regeln und Standards, 81–105.
79 EBERT, HELMUT, Leichte Sprache.
80 LESKELÄ, LEEALAURA, Von Selko zu Leicht Lesen.
81 GIDION, ANNE, Leichte Sprache als ein Weg zur religiösen Rede.

(ev. Theologin, Hamburg) relevant. Die Inhalte werden in dieser Arbeit im Kapitel 2 berücksichtigt.

Die Beiträge des Buches „Leicht lesen. Der Schlüssel zur Welt" sind alle auch in Leichte oder Einfache Sprache (Sprachniveau B1) übersetzt und im Buch enthalten. Die Übersetzungen sind entweder von den Autor*innen selbst oder von der österreichischen Agentur capito verfasst.[82] Eine solche ‚Doppelstruktur' von Leichter und wissenschaftlicher Sprache innerhalb eines Buches ist sonst nur selten anzutreffen.[83]

Am 1.1.2014 wurde die Forschungsstelle für Leichte Sprache an der Universität Hildesheim gegründet.[84] Hier forscht seitdem ein Team von Linguistinnen (Christiane Maaß, Ursula Bredel, Isabel Rink, Christiane Zehrer) über die Regeln der Leichten Sprache. Die Forschungsstelle arbeitet mit der Zielgruppe der prälingual gehörlosen Menschen und setzt dadurch einen spezifischen Fokus auf Ziel, Zweck und Wirkung von Leichter Sprache.[85]

Christiane Maaß veröffentlichte 2015 ein Regelbuch. Darin sind die bestehenden Regeln der Leichten Sprache erstmals sprachwissenschaftlich reflektiert, überarbeitet und ergänzt.[86] Im April 2016 folgte ein umfassendes Grundlagenwerk zur Leichten Sprache: Der Duden Leichte Sprache, verfasst von Christiane Maaß und Ursula Bredel. Hier werden theoretische Grundlagen und Übersetzungshilfen für die Praxis in einem bis dahin noch nicht erreichten Umfang dargestellt.[87] Die letzte Veröffentlichung (Stand April 2022) der Forschungsstelle war das „Handbuch Barrierefreie Kommunikation"[88], 2018 herausgegeben von Christiane Maaß und Isabel Rink. Für das Forschungsfeld Bibeltexte in Leichter Sprache sind die Kapitel „Leichte Sprache"[89] (Ursula Bredel/Christiane Maaß)

---

[82] Vgl. CANDUSSI, KLAUS; FRÖHLICH, WALBURGA, Vorwort (Leicht Lesen), 8.

[83] Das Buch „Inklusiv gleich gerecht?", herausgegeben von Seitz, Finnern, Korf und Scheidt 2012 hat eine Parallelveröffentlichung in Leichter Sprache (herausgegeben durch die Bundesvereinigung Lebenshilfe e.V.): „Ist Inklusion gerecht? Inklusionsforschung in leichter [sic!] Sprache", ebenfalls herausgegeben von Seitz, Finnern, Korf und Scheidt 2013. Im wissenschaftlichen Bereich gibt es darüber hinaus noch im Themenheft Katechetische Blätter 4/17 eine Übersetzung des ersten Fachartikels von Joachim Frank; „Aufhören, ‚Kirchisch' zu sprechen – (wie) geht das?" (244-247) durch www.leichte-sprache-sachsen.de unter dem Titel „Die Kirche soll aufhören, kirchisch zu sprechen. Wie geht das?" (248-252). Auch die Veröffentlichung zum LeiSa-Projekt „ ‚Leichte Sprache' – Kein Regelwerk" von Bettina M. Bock von 2019 bietet in derselben Veröffentlichung parallel zu den Kapiteln in wissenschaftlicher Sprache jeweils Zusammenfassungen in Leichter Sprache, die durch rote Pfeile oder Balken gekennzeichnet sind (z.B. S.12).

[84] Vgl. MAAß, CHRISTIANE, Leichte Sprache Regelbuch, 29.

[85] Vgl. MAAß, CHRISTIANE; RINK, ISABEL; ZEHRER, CHRISTIANE, Leichte Sprache in der Sprach- und Übersetzungswissenschaft, 58ff.

[86] Vgl. MAAß, CHRISTIANE, Leichte Sprache Regelbuch.

[87] Vgl. BREDEL, URSULA; MAAß, CHRISTIANE, Duden Leichte Sprache.

[88] MAAß, CHRISTIANE; RINK, ISABEL (Hrsg.), Handbuch Barrierefreie Kommunikation.

[89] BREDEL, URSULA; MAAß, CHRISTIANE, Leichte Sprache.

und „Übersetzen in Leichte Sprache"[90] (Christiane Maaß) relevant. Im Aufsatz „Leichte Sprache" wird in sechs Abschnitten die Entstehung und Entwicklung des Konzepts Leichte Sprache referiert und in großen Linien nachgezeichnet. Der Aufsatz „Übersetzen in Leichte Sprache" von Christiane Maaß bietet eine Einführung in das Konzept Leichte Sprache zu den Oberbegriffen „Leichte Sprache als verständlichkeitsoptimierte Varietät des Deutschen", intralinguale Übersetzung, äquivalenzorientierte Übersetzung und Zielsituations-Orientierung. Erkenntnisse aus diesem Artikel werden in Kapitel 2 dieser Arbeit wieder aufgenommen.

Fast ein Jahr nach der Gründung der Forschungsstelle Leichte Sprache in Hildesheim wurde an der Universität Leipzig im November 2014 das Projekt „Leichte Sprache im Arbeitsleben" (LeiSA) unter der Leitung von Bettina M. Bock, Ulla Fix und Daisy Lange ins Leben gerufen.

> „Ziel der LeiSA-Studie ist es, zu erforschen wie Leichte Sprache im Arbeitsumfeld die Teilhabemöglichkeiten von Menschen mit Lernschwierigkeiten verbessern kann. (...) Ziel des Forschungsprojektes ist die Erstellung eines Qualifizierungsprogramms für Arbeitnehmer und Arbeitgeber, das u.a. einen linguistisch abgesicherten Leitfaden zur Texterstellung und -überprüfung sowie konkrete didaktische Hinweise zum Einsatz von Leichter Sprache enthält."[91]

Im Zuge dieser Forschung veröffentlichten Bettina M. Bock, Ulla Fix und Daisy Lange 2017 „‚Leichte Sprache' im Spiegel theoretischer und angewandter Forschung", in dem grundlegende (interdisziplinäre) Aspekte, analytische und empirische Zugänge sowie nationale und internationale Anwendungsfelder und Adressat*innen beschrieben werden. Auch wenn diese Veröffentlichung von 2017 zeitlich vor der Veröffentlichung des „Handbuchs Barrierefreie Kommunikation" (2019) liegt, sind die Forschungsergebnisse aktueller, detaillierter und ertragreicher und werden daher im Folgenden ausführlich beschrieben. Grundsätzlich werden in diesem Sammelwerk im Nachgang zu einer Konferenz mit dem Titel „‚Leichte Sprache' im Spiegel theoretischer und angewandter Forschung" (April 2016 in Leipzig) Aufsätze und Forschungskurzberichte der Konferenzbeteiligten zusammengeführt. Dabei wird die Interdisziplinarität der Erforschung des Phänomens ‚Leichte Sprache' betont.[92] Auf der Konferenz behandelte Themen der linguistischen Forschung sind drei Bereichen zuzuordnen. Im ersten Teil wird interdisziplinär über das Gesamtkonzept Leichte Sprache diskutiert. Im zweiten Teil geht es unter der Überschrift „Analytische Zugänge" um soziale und pragmatische Relevanz von Leichte-Sprache-Texten. Im dritten Teil werden dann empirische Zugänge beschrieben. In Teil 4 geht es schließlich um nationale und internationale Anwendungsfelder und Adressat*innen.

Der Ertrag für das Forschungsfeld Bibeltexte in Leichter Sprache liegt v.a. in den Erkenntnissen der empirischen Forschung zur Verständlichkeit von Alexan-

---

[90] MAAß, CHRISTIANE, Übersetzen in Leichte Sprache.
[91] PROJEKTGRUPPE LEISA, Leichte Sprache im Arbeitsleben.
[92] Vgl. BOCK, BETTINA M.; LANGE, DAISY; FIX, ULLA, Das Phänomen „Leichte Sprache", 11ff.

der Lasch sowie den Betrachtungen von Ulla Fix zur Frage nach der Textsorte des Ausgangstextes.[93] Gerade in der Verständlichkeitsforschung bestehen Forschungsdesiderate, was die tatsächliche Verbesserung der Verständlichkeit durch die Leichte-Sprache-Regeln angeht. Darauf wird in den ersten wissenschaftlichen Abhandlungen über Leichte Sprache immer wieder hingewiesen.[94] Nach Meinung des Germanisten und Sprachwissenschaftlers Alexander Lasch lässt sich durch neuere empirische Forschung nachweisen, dass mehrere in den Regeln der Leichten Sprache verbotene Verb- und Zeitformen (morphosyntaktische Merkmale) durchaus verstanden werden. Dies gilt besonders für Vorgangspassiv, Konditional- und Kausalsätze, Negationen sowie die Verwendung des Präteritum.[95] Lasch plädiert für mehrere „*Varietäten der Verständlichkeit*"[96] und betont, dass zu leichte Texte ebenso ungeeignet seien wie zu schwierige. Die Varietäten der Verständlichkeit müssten über fließende Übergänge verfügen und von starren Regelwerken absehen, um größere Gestaltungsspielräume zu schaffen.[97]

Von großer Relevanz ist der Beitrag von Ulla Fix „‚Schwere' Texte in ‚Leichter Sprache'"[98]. Am Beispiel des Grimmschen Märchens Sterntaler und der Geburtsgeschichte Jesu (Lk 2) nach Luther 1984 bzw. in der Übersetzung des Katholischen Bibelwerks macht sie die Bedeutung des Erhalts von Textsortenmerkmalen und die Notwendigkeit von ‚Zumutungen' deutlich. Zunächst stellt sie fest: „*Auch der schlichteste Text ist bei aller Einfachheit eine komplexe Äußerung*"[99] und erfordere ein gewisses Maß an kognitiver Leistung. Nach Fix folgen die meisten Übersetzungen in Leichter Sprache dem ‚Prinzip des Vermeidens', was größtmögliche Vereinfachung bedeute. Diesem Prinzip müsse unbedingt das ‚Prinzip des Zumutens' gegenübergestellt werden. Wie Alexander Lasch sieht auch Fix Gefahren in zu leichten Texten. Schwere Begriffe dürften durchaus eingeführt werden, um die Rezipient*innen herauszufordern und den Lerneffekt zu erhöhen.[100] Nicht nur Kohärenz und Kohäsion seien wichtig für das Verstehen eines Textes, sondern auch die höheren Ebenen der Textbetrachtung: Über die thematische Entfaltung und die kognitiven Strukturen (Frames, Scripts) bis hin zu den Textsorten mit ihrer kulturellen Geprägtheit. Gerade die oberste Ebene habe eine besondere Funktion im Sprachverstehen.[101] Im weiteren Verlauf vergleicht Fix u.a. die Geburtsgeschichte Jesu in der Übersetzung Luther 1984 mit der Ver-

---

[93] Der ebenfalls relevante Text von Bock und Lange geht im weiter unten beschriebenen LeiSA-Projektbericht auf.
[94] Exemplarisch: Vgl. BOCK, BETTINA M.; LANGE, DAISY, Was ist Leichte Sprache?, 73.
[95] Vgl. LASCH, ALEXANDER, Zum Verständnis, 296ff.
[96] Ebd., 296.
[97] Vgl. ebd., 296ff.
[98] FIX, ULLA, „Schwere" Texte in „Leichter Sprache".
[99] Ebd., 164.
[100] Vgl. ebd., 163f.
[101] Vgl. ebd., 166f.

sion des Katholischen Bibelwerks. Fix arbeitet mit Bezug auf die Germanistin und Luther-Forscherin Birgit Stolt[102] Merkmale heraus, die für Bibeltexte typisch sind und ihnen den Charakter der Ansprache, des Trostes, der Öffnung zum Transzendenten und der Erkenntnis des Jenseitigen im Diesseitigen geben. Als solche Merkmale oder Signale benennt sie Luthers Wendung ‚Es begab sich aber…' als Signal für das Geschehen aus der Heilsgeschichte, die Verwendung des Partikelwortes ‚aber' als strukturierendes Element, die Einleitungsformel ‚siehe' als Hinweis auf transzendentes Geschehen und Parallelismen bei Aufforderungen, die die Wirkung der Aufforderung verstärken. Solche Merkmale sind bisher in Leichte-Sprache-Bibeltexten nicht zu finden, wie sie am Beispiel der Weihnachtsgeschichte in der Version des Katholischen Bibelwerks nachweist. Fix fordert, diese Signalwirkung auch in Bibeltexten in Leichter Sprache zu nutzen und solche Signalwörter und -wendungen einzuführen, auch wenn sie keinen direkten Inhalt vermitteln.[103]

Da diese Erkenntnisse zeitlich erst nach den in Kapitel 7.3 verglichenen Versionen der Geburtsgeschichte Jesu veröffentlicht wurden, hatte keine der Übersetzendengruppen die Möglichkeit, dies in den bisher vorliegenden Texten umzusetzen. Als Anregung für zukünftige Übersetzungen werden sie im Schlussfazit (Kap. 9) noch einmal aufgenommen.

Die Sprachwissenschaftlerin Julia Kuhlmann hat schon vor 2014 unabhängig von den zu dem Zeitpunkt erst entstehenden Forschungszentren zu Leichter Sprache mit dem Schwerpunkt Korpuslinguistik[104] geforscht und geschrieben. In ihrem Fazit bilanziert sie, dass der Blick auf Leichte Sprache linguistisches Neuland sei, eine Umformulierung nie allen Aspekten des Textes Rechnung tragen könne und die Regeln unbedingt einer Überarbeitung und einer Gewichtung bedürften. Es sei nicht sinnvoll und auch nicht möglich, alle Regeln gleichberechtigt anzuwenden.[105] Diese Erkenntnis zur Bedeutung der Gewichtung der Regeln spielt auch bei der Übersetzung von Bibeltexten eine wichtige Rolle.

Lohnenswert ist noch ein Blick auf das Sammelwerk „Sprache und Partizipation in Geschichte und Gegenwart"[106] von Bettina M. Bock und Philipp Dreesen (Hrsg.). Die Erforschung von Parallelen zwischen politischer und religiöser Bildung[107] wäre gerade in Bezug auf Leichte Sprache und die religionspädagogische und -didaktische Umsetzung spannend, gehört aber in ein anderes Forschungsfeld. Die Gedanken zu Simplifizierung vs. Elementarisierung werden im Rahmen der Kontexte (Kap. 2) aufgenommen.

---

[102] STOLT, BIRGIT, Martin Luthers Rhetorik des Herzens.
[103] Vgl. FIX, ULLA, „Schwere" Texte in „Leichter Sprache", 178f.
[104] KUHLMANN, JULIA, Ein sprachwissenschaftlicher Blick.
[105] Vgl. ebd., 90–92.
[106] BOCK, BETTINA M.; DREESEN, PHILIPP (Hrsg.), Sprache und Partizipation.
[107] Vgl. besonders DIES., Zur Einleitung: Sprache und Partzipation; DÖNGES, CHRISTOPH; STEGKEMPER, JAN MARKUS; WAGNER, MICHAEL, Sprache als Barriere.

Neueste Regelforschung

Neueste Forschungsergebnisse (Stand April 2022) zum Regelwerk der Leichten Sprache liefert die Leipziger Forschungsgruppe mit den Ergebnissen ihrer bereits erwähnten LeiSA-Studie. Diese Studie wurde im Januar 2018 beendet. Die Ergebnisse wurden 2019 in dem Buch „Leichte Sprache – Kein Regelwerk", herausgegeben von Bettina M. Bock, veröffentlicht.[108] Bock spricht sich dafür aus, die bisherigen Regeln eher als ‚Faustregeln' zu behandeln denn als strikte Normen.[109] Sie problematisiert schon in früheren Texten die Geltung der gleichen Regeln für die unterschiedlichsten Textarten:

> „Alle Textsorten und sprachlichen Register sollen durch die Anwendung eines bestimmten Sets an Regeln so modifiziert werden können, dass sich die Chancen der Adressatenkreise auf kommunikative und informelle Teilhabe verbessern. Anschaulich gesagt: Eine Bedienungsanleitung würde dann nach denselben universellen Regeln verständlich gemacht werden müssen wie ein Bibeltext [...] Schon die Frage aber, was Verstehen und Verstandenhaben bei einer Bedienungsanleitung heißt und was es bei einem Bibeltext heißt, verweist auf sehr verschiedene Anforderungen."[110]

Dieser Grundtenor, die Notwendigkeit unterschiedlicher Regeln für unterschiedliche Textsorten, zieht sich auch durch die Ergebnisse der LeiSA-Studie. Bock formuliert fünf Angemessenheitsfaktoren für ‚gute' Leichte Sprache[111]
— die Leser*innen (adressatenbezogen)
— der Zweck des Textes (funktional/kommunikationsbereichsbezogen)
— der Inhalt des Textes (sachlich-inhaltlich)
— die Lese-Situation (bezogen auf situative Merkmale)
— der*die Autor*in und Auftraggeber*in (senderbezogen)[112]

Aus der Tatsache, dass, was „als ‚gute' und ‚angemessene' Formulierung gilt, [...] von Fall zu Fall und von Text zu Text variieren [kann,]"[113] folgt der Schluss: „Verständlichkeit ist relativ."[114] Der Begriff der Angemessenheit wird in Kapitel 2.2.5 ausführlich behandelt und die Erkenntnisse von Bock werden aufgenommen.

Für die Forschungsfragen zur Regelinterpretation in dieser Dissertation sind die Ergebnisse der empirischen Untersuchungen der LeiSa-Studie zu der Wirksamkeit der Regeln von besonderer Relevanz. Zunächst wurde mit Hilfe einer Korpusanalyse überprüft, inwieweit Leichte-Sprache-Texte den Regeln der Leichten Sprache entsprechen. Im zweiten Teil der Untersuchungen wurden

---

[108] Dieses Buch weist eine Doppelstruktur Vereinfachte Sprache/Wissenschaftliche Sprache auf. Die Seiten mit vereinfachter Sprache sind durch größere Schrift und markante Pfeile und die Farbe Rot zu erkennen.
[109] Vgl. BOCK, BETTINA M., „Leichte Sprache" – Kein Regelwerk, 19.
[110] BOCK, BETTINA M.; LANGE, DAISY; FIX, ULLA, Das Phänomen „Leichte Sprache", 16f.
[111] Vgl. BOCK, BETTINA M., „Leichte Sprache" – Kein Regelwerk, 15.
[112] Ebd. und Schaubild auf S. 17
[113] Ebd., 19.
[114] Ebd., 16.

mittels partizipativer Forschung einzelne Regeln der Leichten Sprache auf ihre Wirksamkeit überprüft.[115]

An dieser Stelle ist darauf hinzuweisen, dass die qualitativen Expert*innen-Interviews dieser Arbeit bereits vor Erscheinen auch dieser Forschungsergebnisse durchgeführt wurden. Interessant ist es, zu sehen, ob und inwieweit die Praxis der Übersetzer*innen die empirischen Ergebnisse vorwegnimmt oder andere Wege und Lösungen gefunden werden.

Bock untersucht die Regeln unter dem Aspekt der Verständlichkeitsförderung und kommt zu folgenden Ergebnissen:
— Leichte Texte brauchen Leichte Wörter. Als Leichte Wörter kann man häufig vorkommende Wörter bezeichnen, allerdings sind auch seltene Wörter unter bestimmten Umständen bekannt und nicht schwer. Maßgeblich sind hierbei Zielgruppe und Kontext.
— Die Verständlichkeit eines Textes ist vom Kontext abhängig, es müsste eigentlich für verschiedene Textsorten verschiedene Regeln geben.[116]
— ‚Leichte' Sätze sollen laut den Regeln der Leichten Sprache auf Passiv, Negation und Nebensätze verzichten. Auch diese Regeln sind nicht für jeden Kontext sinnvoll. Allgemein lässt sich sagen: Je komplizierter Grammatik und Syntax sind, desto schwerer verständlich ist der Satz. Es wurde nachgewiesen, dass Negation schwieriger zu verstehen ist als Passiv. Dennoch sind generelle Verbote nicht sinnvoll, da ein bestimmtes Maß die Verständlichkeit nicht beeinträchtigt. Das Maß hängt immer von der Zielgruppe, dem Inhalt und dem Verwendungskontext ab.
— Das Verbot von Nebensätzen erscheint nach den Forschungsergebnissen ebenfalls überdenkenswert. Konstruktionen mit Konditionalsätzen und Kausalsätzen und auch andere Nebensätze sind verständlich, solange es keine Schachtelsätze sind.[117] Die satzverbindende Funktion von Konjunktionen (weil, wenn) erleichtert laut der Studie sogar das Satz- und Textverstehen.[118]
— Ein gewisses Risiko birgt die Verwendung von Pronomen, da der Bezug uneindeutig sein kann.[119]
— Die Erkenntnis, dass eine Verwendung in Maßen nicht zu Unverständlichkeit führt, gilt auch für den Genitiv.[120]
— Die Einhaltung der Regeln weist sogar gewisse Nachteile für die Verständlichkeit auf: Die grundsätzliche Erkennbarkeit des Textes (Textsorte, Text-

---

[115] Vgl. ebd., 29.33.
[116] Vgl. ebd., 35–39.
[117] Vgl. ebd., 46–53.
[118] Diese Erkenntnis ist auch schon in der Veröffentlichung „Ett dokument om lättläst" des Centrum för lättläst in Schweden nachzulesen: Vgl. CENTRUM FÖR LÄTTLÄST, Ett dokument om lättläst, 12–13.
[119] Vgl. BOCK, BETTINA M., „Leichte Sprache" – Kein Regelwerk, 46–53.
[120] Vgl. ebd., 54–57.

intention) wird durch Leichte Sprache sogar erschwert, weil für alle Sorten die gleichen Regeln gelten. Das erfordert einen Metatext zu Beginn des Leichte-Sprache-Textes, der über die Textsorte und -intention Auskunft gibt. Das Layout sollte so erkennbar wie möglich gestaltet werden, was aber bei Regelkonformität ebenfalls sehr begrenzt ist.[121] Beispiele aus anderen Ländern zeigen, dass dies nicht so sein muss.[122]
Als letzte Veröffentlichung im Bereich „Leichte Sprache interdisziplinär" kann zum Zeitpunkt November 2022 das Buch „Leichte Sprache verstehen", herausgegeben vom Netzwerk Leichte Sprache, angesehen werden, das 2021 erschienen ist.[123] Das Buch ist als Handbuch für die Praxis zu verstehen und bietet für das Thema dieser Arbeit keine neuen Erkenntnisse.

1.3.2 Leichte Sprache und Bibel

In diesem und den folgenden Kapiteln geht es nicht um die Veröffentlichung *von* Bibeltexten in Leichter Sprache,[124] sondern um wissenschaftliche Veröffentlichungen *über* Bibeltexte in Leichter Sprache, einerseits zum Übersetzungsvorgang und andererseits zu den theologischen bzw. religionspädagogischen Verwendungszusammenhängen. Die Bibelwissenschaft und die Translationswissenschaft haben das Thema Leichte Sprache bisher kaum aufgegriffen. Dies verwundert nicht, weil Bibelübersetzungen (außer den antiken) nicht zum Forschungsgegenstand der Bibelwissenschaft gehören. Die substanziellen Arbeiten zu Bibelübersetzungen stammen eher aus der Sprachwissenschaft. Dennoch lassen sich einige Texte über das Übersetzen von Bibeltexten in Leichte Sprache finden. Die hier behandelten Texte umfassen den Zeitraum 2011-2019.

Die ersten Veröffentlichungen waren auf evangelischer Seite von Anne Gidion. Sie hat seit 2011 immer wieder Texte über und in Leichter Sprache veröffentlicht. Gidions Schwerpunkt ist die religiöse Rede, und Bibeltexte in Leichter Sprache sind in Zusammenhängen von Predigt und Liturgie ein Teil davon. Einzelne Aspekte der Übersetzungsthematik sind immer wieder Thema in ihren Aufsätzen. Dabei geht sie besonders auf folgende Aspekte ein:
– Bildhafte Sprache[125]
– Tradition vs. Verständlichkeit[126]

---

[121] Vgl. ebd., 58–79.
[122] Ebd., 74.
[123] Vgl. Netzwerk Leichte Sprache e.V. (Hrsg.), Leichte Sprache verstehen.
[124] Dies folgt im Kapitel 4, in dem Übersetzendengruppen und Veröffentlichungen vorgestellt werden.
[125] Gidion, Anne, Leichte Sprache als ein Weg zur religiösen Rede; Holch, Christine, Heiliges Rauschen; Gidion, Anne, Im weiten Raum.
[126] Gidion, Anne, Leichte Sprache als ein Weg zur religiösen Rede; Mattausch, Birgit, „Nicht alles, was man nicht versteht, ist Poesie"; Schneider, Andrea, Leicht und schön gesagt!;

- Ästhetik und Ethik[127]
- Gewichtung bestimmter Regeln[128]
- Leichte Sprache als Korrektiv für die eigene Theologie[129]
- Deutungshoheit (Offenheit vs. Eindeutigkeit)[130]
- Übersetzung oder Übertragung[131]

Eine genaue Analyse ihrer Veröffentlichungen ist in Kapitel 4.5 zu finden. Dabei liegt der besondere Fokus auf ihrem gemeinsam mit Raute Martinsen verfassten Vorwort in „Leicht gesagt! Biblische Lesungen und Gebete zum Kirchenjahr in Leichter Sprache" von 2013 und den Paratexten zu diesem Übersetzungsprojekt.

Auf katholischer Seite hat sich seit Ende 2013 das Projekt „Evangelium in Leichter Sprache" entwickelt.[132] Zunächst auf den Internetseiten des Katholischen Bibelwerks, ab 2015 unter der eigenen Internetadresse „evangelium-in-leichter-sprache.de" wurden und werden die Evangeliumstexte passend zum Kirchenjahr (nach katholischer Leseordnung) veröffentlicht. Ansätze einer wissenschaftlichen Reflexion zum Übersetzungsprozess waren online unter der Rubrik „Allgemeine Hinweise zum Projekt"[133] zu finden. 2016 erschienen diese Hinweise auch im Vorwort zur gedruckten Ausgabe der „Bibel in Leichter Sprache. Lesejahr A"[134], gefolgt von Lesejahr B[135] 2017 und C[136] 2018. Begleitend sind zahlreiche Artikel in Fachzeitschriften erschienen, in denen besonders exegetische Exaktheit, schwierige Begriffe und bildhafte Sprache, aber auch die Beteiligung der Prüfenden und der Verwendungszusammenhang thematisiert werden. Auch dieses Projekt wird in Kapitel 4 bzw. im Unterkapitel 4.6 mit allen Paratexten und begleitenden Veröffentlichungen genau beschrieben und vorgestellt.

HOLCH, CHRISTINE, Heiliges Rauschen; GIDION, ANNE, Im weiten Raum der Leichten Sprache; DIES., Überlegungen zur Leichten Sprache; DIES., Selig bist du, wenn du weißt, wie du sprichst (Themenheft Gottesdienst).

[127] GIDION, ANNE, Leichte Sprache als ein Weg zur religiösen Rede; MATTAUSCH, BIRGIT, „Nicht alles, was man nicht versteht, ist Poesie"; GIDION, ANNE, Überlegungen zur Leichten Sprache.

[128] MATTAUSCH, BIRGIT, „Nicht alles, was man nicht versteht, ist Poesie"; SCHNEIDER, ANDREA, Leicht und schön gesagt!; HOLCH, CHRISTINE, Heiliges Rauschen; GIDION, ANNE, Im weiten Raum; DIES., Selig bist du, wenn du weißt, wie du sprichst (Themenheft Gottesdienst).

[129] MATTAUSCH, BIRGIT, „Nicht alles, was man nicht versteht, ist Poesie"; GIDION, ANNE, Überlegungen zur Leichten Sprache.

[130] Ebd.; GIDION, ANNE, Verstehen leicht gemacht; DIES., Selig bist du, wenn du weißt, wie du sprichst (Themenheft Gottesdienst).

[131] SCHNEIDER, ANDREA, Leicht und schön gesagt!; GIDION, ANNE, Im weiten Raum der Leichten Sprache; GIDION, ANNE, Verstehen leicht gemacht; DIES., Selig bist du, wenn du weißt, wie du sprichst (Themenheft Gottesdienst).

[132] HOLLENBACH, MICHAEL, Die Pionierin.

[133] BAUER, DIETER, Allgemeine Hinweise zum Projekt.

[134] BAUER, DIETER; ETTL, CLAUDIO; MELS, SCHWESTER M. PAULIS, Bibel in Leichter Sprache. Lesejahr A.

[135] DIES., Bibel in Leichter Sprache. Lesejahr B.

[136] DIES., Bibel in Leichter Sprache. Lesejahr C.

Ein Aufsatz von David Faßbender, Religionspädagoge und Förderschullehrer mit Förderschwerpunkten Geistige Entwicklung und Lernen, erschien 2014 im Pastoralblatt für die Diözesen Aachen, Berlin, Hildesheim, Köln und Osnabrück unter dem Titel „Barrierefreie Bibel"[137]. Faßbender betont in diesem Artikel religiöse Teilhabe aller Menschen als Grundanliegen der Kirche und weist Bibeltexten dabei einen hohen Stellenwert zu. Seine Zielgruppe sind Menschen mit Lernschwierigkeiten, deren besondere Bedürfnisse durch Bibeltexte in Leichter Sprache berücksichtigt werden sollen.[138] Nach einem kurzen Abriss über das Prinzip der Leichten Sprache und einer Regelübersicht kommt er auf die Besonderheiten für Bibeltexte in Leichter Sprache zu sprechen. Er nennt zehn Punkte, denen besondere Bedeutung zukomme, was dazu führt, dass er Abweichungen von den allgemeinen Regeln für Leichte Sprache empfiehlt:[139]

- Fachbegriffe und weniger gebräuchliche Wörter: Bibeltexte in Leichter Sprache können auf religiöse Fachbegriffe und weniger gebräuchliche Wörter nicht verzichten. Sie müssen angemessen erklärt werden.
- Vergangenheitsform: Die bibeltypische Zeitform ist das Präteritum. Dies sollte beibehalten werden.[140]
- Geschlechtergerechte und geschlechtsneutrale Sprache: Eindeutige Formulierungen und gute Verständlichkeit sind höher zu bewerten als Geschlechtergerechtigkeit. Der Sinnzusammenhang der jeweiligen Bibelstelle spielt eine entscheidende Rolle.
- Bildliche Sprache: Ein Bibeltext in Leichter Sprache kann nicht auf Redewendungen, Bilder, Metaphern und Symbole verzichten. Bibeltexte in Leichter Sprache eröffnen immer einen Dialog, durch den es möglich ist, mögliche Missverständnisse aufzuklären und auch bei bildlicher Sprache Verständlichkeit zu erlangen.
- Zahlen und Zeichen: Durch die biblische Zahlensymbolik ist das Beibehalten der Zahlen unerlässlich. Bei der Zeichenverwendung, z.B. Versnummern, kann auch auf eine Angabe in der Überschrift ausgewichen werden, statt jeden Vers mit einer Zahl zu versehen.
- Rhetorische Fragen: Rhetorische Fragen werden in der Bibel bewusst als Stilmittel eingesetzt. Hier kann das Phänomen, dass Menschen mit Lernschwierigkeiten auch auf Rhetorische Fragen antworten wollen, erneut als Einstieg in ein Gespräch über den Bibeltext angewandt werden.
- Querverweise: Verknüpfungen zu anderen Stellen in der Bibel, auf die ein Text Bezug nimmt, sollten auch bei Texten in Leichter Sprache nicht fehlen. Sie gehören aber nicht in den Text, sondern eher ans Ende oder in das nachfolgende Gespräch.

---

[137] Faßbender, David, Barrierefreie Bibel.
[138] Vgl. ebd., 259.
[139] Vgl. ebd., 261f.
[140] Faßbender bezieht sich hier allein auf die narrativen Texte der Bibel und lässt Texte mit anderen Zeitformen außer Acht.

- Auslassen von Informationen: Die volle religiöse Teilhabe erfordert auch eine Gesamtausgabe der Bibel in Leichter Sprache. Angefangen bei den Evangelien sollte Ziel sein, die Bibel in ihrer Gesamtheit zugänglich zu machen. Die bisherigen Auswahltexte sollten nur der Anfang sein.
- Illustrationen: Illustrationen gehören zu Texten in Leichter Sprache dazu. Bei Bibeltexten sollte beachtet werden, dass Illustrationen eine weitere Informationsquelle darstellen, die verarbeitet werden muss, und dass Illustrationen immer eine Interpretation des Textes durch den Künstler oder die Künstlerin darstellen.
- Besonderheiten bei Bibeltexten mit liturgischer Bedeutung: Bibeltexte wie das Vater Unser, die in der Liturgie einen besonderen Stellenwert haben, sollten zwar auch übersetzt werden, im Gottesdienst aber parallel zu den traditionellen Texten verwendet werden und so liturgisches Lernen ermöglichen.[141]

Am Beispiel der Zachäusgeschichte erläutert Faßbender die Schritte einer Übertragung in Leichte Sprache. Faßbender versteht die Übertragung als Übersetzung, *„selbst dann, wenn als Grundlage dieser Übersetzung ein Text in derselben Sprache zugrundeliegt. Hierbei gilt das Kriterium: Den Text so weit verändern wie notwendig und so weit belassen wie möglich."*[142] In der zugehörigen Anmerkung führt er aus:

> *„Aufgrund ihrer Ausbildung sind sonderpädagogisch tätige Personen zumeist nicht der biblischen Ursprachen mächtig, so dass hier eine Übertragung aus einer bestehenden deutschen Übersetzung angenommen wird, auch wenn dies selbstverständlich nicht als Idealfall angesehen werden kann."*[143]

Bei der Übersetzung kommt es laut Faßbender auf eine gründliche Exegese, die Analyse der Zielgruppe, die eigentliche Übersetzung, die Überprüfung durch Menschen mit Lernschwierigkeiten und die entsprechenden Nachbesserungen des Textes an.[144] Der Artikel schließt mit einer Version der Zachäusgeschichte in Leichter Sprache,[145] wobei nicht klar wird, wer diese Übersetzung verfasst hat und wie die weiteren Entstehungs- und Verwendungszusammenhänge dieser Übersetzung sind. Es wird nicht erwähnt, ob die Textfassung in Leichter Sprache von einer Prüfgruppe geprüft oder an anderer Stelle veröffentlicht wurde. Die Verwendung von Bibeltexten in Leichter Sprache im (inklusiven) Religionsunterricht und ein weiterer Artikel von Faßbender aus dem Jahr 2021[146] werden in Kapitel 1.3.3 aufgenommen.

---

[141] Vgl. ebd.
[142] Ebd., 263.
[143] Ebd., 265, Anmerkung 9.
[144] Vgl. ebd., 263.
[145] Vgl. ebd.
[146] DERS., Leichte Sprache?.

Die „Katechetischen Blätter" widmen dem Thema Leichte Sprache das ganze Heft 4/2017. Ein großer Teil der bis zu diesem Zeitpunkt bekannten Erkenntnisse zu Übersetzung und Anwendung von Bibeltexten in Leichter Sprache werden in diesem Heft zusammengetragen.

Aspekte der Übersetzung sind Thema der Beiträge von Dieter Bauer und Claudio Ettl vom Katholischen Bibelwerk: „Frohe Botschaft – ganz leicht?!"[147] und Martin Merkens, dem theologischen Berater der Lebenshilfe Bremen: „Bibel-Geschichten in Leichter Sprache".[148] Bauer und Ettl weisen auf die besondere Herausforderung bei der Übersetzung hin, dass Bibeltexte besondere Texte seien, die auf etwas abzielten, was über den menschlichen Verstand hinausginge. Dazu würden viele Bilder und Vergleiche genutzt. Für solche Texte reiche normale Sprache schon nicht aus, umso schwieriger sei die Übertragung in Leichte Sprache.[149] Bauer und Ettl sind maßgeblich am Projekt „Evangelium in Leichter Sprache" beteiligt. Ihre Erkenntnisse werden in Kapitel 4.6 ausführlich beschrieben.

Martin Merkens, katholischer Theologe und Leiter des Referats Seelsorge für Menschen mit Behinderungen im Bischöflichen Generalvikariat Münster, beschreibt in seinem Beitrag „Bibel-Geschichten in Leichter Sprache"[150] das Kooperationsprojekt der Lebenshilfe Bremen, aus dem die bereits genannten fünf Veröffentlichungen von Bibelgeschichten in Leichter Sprache hervorgegangen sind.[151] Der Beitrag von Merkens wird in Kapitel 4.2 aufgenommen.

Ein weiterer Aufsatz soll noch Erwähnung finden: „Bibel – Bilder – Barrierefrei" von Marion Keuchen, zum Zeitpunkt des Erscheinens Privatdozentin für Ev. Religionspädagogik an der Universität Paderborn. Sie hat 2016 über „Bildkonzeptionen in Bilder- und Kinderbibeln"[152] habilitiert und forscht seit mehreren Jahren über ‚Leichte Bilder' mit dem Schwerpunkt Bibeltexte in Leichter Sprache. Ihr Text eröffnet noch ein weiteres Forschungsfeld von Bibeltexten in Leichter Sprache: Wie gestaltet man passende Bilder zu diesen Bibeltexten? Was sind Leichte Bilder? In ihrem Text formuliert Keuchen erste Ansätze zur Bearbeitung dieser Fragen. Sie beschreibt zunächst die Gestaltung von Bildern zu bisherigen Bibeltexten in Leichter Sprache und die optische Ergänzung von gebärdeten Bibeltexten und nimmt auch Bezug auf Illustrationen von Kinderbibeln. Die Formulierung von Kriterien zu Erstellung und Gestaltung Leichter Bilder

---

[147] BAUER, DIETER; ETTL, CLAUDIO, Frohe Botschaft - ganz leicht?!
[148] MERKENS, MARTIN, Bibel-Geschichten in Leichter Sprache.
[149] Vgl. BAUER, DIETER; ETTL, CLAUDIO, Frohe Botschaft - ganz leicht?!, 264.
[150] MERKENS, MARTIN, Bibel-Geschichten in Leichter Sprache.
[151] LEBENSHILFE BREMEN E.V., Die Weihnachts-Geschichte in Leichter Sprache; DIES., Die Geschichte über Josef in Leichter Sprache; DIES., Die Oster-Geschichte in Leichter Sprache; DIES., Gott macht die Welt. Gott rettet Menschen und Tiere; DIES., Geschichten von Jesus in Leichter Sprache.
[152] KEUCHEN, MARION, Bild-Konzeptionen.

steckt noch in den Anfängen.¹⁵³ Die Bilderfrage ist bei allen Texten in Leichter Sprache stark diskutiert. Im Kritik-Kapitel 6 gibt es ein Unterkapitel dazu (Kap. 6.3.5). Als Forschungsdesiderat ist das Thema in Kapitel 8.6 benannt.

Im Jahr 2017 erschien der bereits referierte Aufsatz von Ulla Fix (vgl. Kap. 1.3.1). 2019 ist in der Zeitschrift für Pastoraltheologie ein Aufsatz von Monika E. Fuchs und Nils Neumann (Professorin und Professor für Theologie an der Leibniz Universität Hannover) erschienen, in dem unter dem Titel „Bibeltexte in leichter [sic!] Sprache zwischen Unterkomplexität und Exklusivität"¹⁵⁴ Grundzüge der Leichten Sprache vorgestellt werden, die Umsetzung anhand des Gleichnisses vom Barmherzigen Samariter diskutiert wird und daraus Leitlinien für eine gelingende Praxis abgeleitet werden.¹⁵⁵ Dabei verzichten Fuchs und Neumann auf eine Entfaltung der Begriffe Unterkomplexität und Exklusivität aus dem Titel. Nach einer kurzen Einführung in die Grundzüge der Leichten Sprache unter der Überschrift „Was ist Leichte Sprache?", kommen sie auf Bibeltexte in Leichter Sprache zu sprechen und erwähnen zunächst die Kritikpunkte einer zu großen Zielgruppe und den Vorwurf der Unterkomplexität, die allerdings mehr in den Fußnoten, als im Text konkretisiert werden. Bibeltexte in Leichter Sprache könnten – je nach Perspektive – ebenso als Türöffner wie als unzulässige Vereinfachung gesehen werden.¹⁵⁶ Im zweiten Teil „Übersetzen und Übertragen" geht es zunächst um die Diskussion darüber, inwieweit Bibeltexte in Leichter Sprache Übersetzungen oder Übertragungen sind. Fuchs und Neumann stellen fest, dass keine Übersetzung von Bibeltexten frei von Interpretation sei und Interpretation daher nicht als Kriterium herangezogen werden dürfe, um zwischen Übertragung und Übersetzung zu unterscheiden.¹⁵⁷ Ihr Fazit: *„Eine gelungene Übersetzung muss erstens dem Ausgangstext gerecht werden und gleichzeitig zweitens die Verstehensmöglichkeiten der Zielgruppe berücksichtigen."*¹⁵⁸ Im dritten Teil „Konkretion: Der Barmherzige Samariter" vergleichen Fuchs und Neumann die Perikope Lk 10, 25-37, *„da dies einer der wenigen Texte ist, die in drei verbreiteten Fassungen in Leichter Sprache vorliegen."*¹⁵⁹ Mit den drei Fassungen sind Übersetzungen der Perikope von Kees de Kort, Anne Gidion und dem Katholischen Bibelwerk gemeint, die im Folgenden miteinander verglichen werden. In Bezug auf Kees de Kort werden allerdings einige entscheidende Aspekte nicht erwähnt: Die Texte, die unter dem Namen Kees de Kort veröffentlicht wurden, sind im Original auf Niederländisch und gar nicht von Kees de Kort verfasst. Kees de Kort hat nur die Bilder gemalt. Es ist unklar, auf welchem Text die deutsche Übersetzung beruht. Es könnte sich sowohl um eine Übersetzung aus dem Nie-

---

153   Vgl. KEUCHEN, MARION, Bibel - Bilder - Barrierefrei, 257.
154   FUCHS, MONIKA E.; NEUMANN, NILS, Bibeltexte in Leichter Sprache.
155   Vgl. ebd., 272.
156   Vgl. ebd., 274f.
157   Vgl. ebd., 276f.
158   Ebd., 277.
159   Ebd.

derländischen also auch um eine Übersetzung des Bibeltextes aus der Ausgangssprache handeln. Die Texte in den Veröffentlichungen unter dem Namen Kees de Kort als Beispiele für Bibeltexte in Leichter Sprache zu präsentieren, die bereits 1968 erschienen sind, also rund 30 Jahre vor der Einführung der Leichten Sprache in Deutschland, ist trotz des Hinweises auf die geschichtliche Vorzeitigkeit in meinen Augen nicht zulässig. Es gibt zudem keinen Bezug zur Kees-de-Kort-Forschung von Christine Reents et al.[160] Bei diesen Texten spielen außerdem die Bilder eine entscheidende Rolle, was in dem Text von Fuchs und Neumann gänzlich unbeachtet bleibt. Die Vorarbeit dieser Texte auf dem Weg zu Bibeltexten in Leichter Sprache bleibt unbestritten. Im letzten Abschnitt 4. „Fazit: Hinweise für eine gelingende Praxis" fassen Fuchs und Neumann die Ergebnisse ihres Vergleichs noch einmal zusammen. Alle drei Fassungen lassen etwas vom Ausgangstext aus (wobei der Ausgangstext vorher nicht Gegenstand der Analyse war) und fügen an verschiedenen Stellen Erläuterungen hinzu. Jede Textversion interpretiert (wie jede Bibelübersetzung), keine überschreitet theologisch vertretbare Grenzen.[161] Für die Praxis bedeutet das: „*Bibeltexte in Leichter Sprache zu formulieren bleibt ‚Work in Progress' [sic!].*"[162] Gerade dies eröffne die Chance zum Dialog, zur weiteren Bearbeitung, zur gemeinsamen Suche nach noch treffenderen und/oder verständlicheren Formulierungen und ermögliche das gemeinsame inklusive Lernen.[163]

Als vorerst letzter Beitrag aus der Forschung findet sich im Vorwort des von Katharina Heyden und Henrike Manuwald 2019 herausgegebenen Sammelwerks „Übertragungen heiliger Texte in Judentum, Christentum und Islam"[164] eine Randbemerkung zum Thema Bibeltexte in Leichter Sprache. In ihrer Einführung gehen Heyden und Manuwald auf das Spannungsverhältnis zwischen dem Anspruch des biblischen Grundtextes auf Unveränderlichkeit und dem Bemühen um Vermittlung ein.[165] Die Autorinnen nehmen im Folgenden Bezug auf die Übersetzungsprojekte der „Offenen Bibel" und des Katholischen Bibelwerks. Sie weisen darauf hin, dass beim Projekt der Offenen Bibel dieselben inhaltlichen Entscheidungen bei der Übersetzung zugrunde gelegt werden wie bei der dort ebenfalls erstellten Studienfassung, um sicherzustellen, dass es zu einer adäquaten Übersetzung der Anliegen der biblischen Urtexte kommt[166] und kommen für die Texte des Katholischen Bibelwerks zu dem Schluss, dass „*die Funktionsäquivalenz angesichts der textexternen Norm, dass Inklusion anzustreben sei, offenbar höher gewertet wird als andere Äquivalenzrelationen.*"[167] In weiteren Verlauf des Buches werden

---

[160] REENTS, CHRISTINE; MELCHIOR, CHRISTOPH, Die Geschichte der Kinder- und Schulbibel.
[161] Vgl. ebd., 285f.
[162] Ebd., 286.
[163] Vgl. ebd.
[164] HEYDEN, KATHARINA; MANUWALD, HENRIKE (Hrsg.), Übertragungen heiliger Texte.
[165] Vgl. ebd., 4.
[166] Vgl. ebd., vgl. auch www.offene-bibel.de
[167] Ebd., 5.

die Spielräume bei der Übertragung ‚heiliger Texte' (Tanach, christliche Bibel, Koran) in andere Sprachen oder in den Medien ausgelotet, auf Leichte oder einfache Sprache wird aber nicht weiter eingegangen.

Es wird deutlich, dass es bisher nur in Ansätzen zu einem wissenschaftlichen Diskurs zu Bibeltexten in Leichter Sprache gekommen ist.

1.3.3 Leichte Sprache in der Theologie und in der Religionsdidaktik

In der theologischen Wissenschaft ist Leichte Sprache bisher allenfalls als Randthema zur Sprache gekommen.

In den Katechetischen Blättern 4/17 ist Stefan Altmeyer unter der Überschrift „Was wahr ist, ist auch leicht zu sagen – oder?" der bisher einzige, der einen Aufsatz zum Thema Theologie in Leichter Sprache verfasst hat. In seinem problemorientierten Zugang bezieht er sich auf Hubertus Halbfas,[168] Erik Flügge[169] und Bruno Latour,[170] zieht die von ihm geleitete Untersuchung Katechese 2025[171] und sein eigenes Buch „Fremdsprache Religion"[172] und einschlägige Literatur zu den Regeln in Leichter Sprache[173] zu Rate. Aus dieser Mischung zieht er folgende Schlüsse, damit aus einer Theologie der Leichten Sprache eine persönliche und ‚Leichte' Theologie wird: Nach Altmeyer ist und bleibt Katechese ein zentrales Anliegen der Kirche. Die Kirche müsse aber in ihrer Sprache verständlicher werden, um bei den Menschen anzukommen; der Religionsunterricht sei also als eine Art Sprachunterricht zu verstehen. Eigentlich solle Wahrheit auch leicht zu sagen sein, doch schon an der Frage nach der Wahrheit schieden sich die Geister und so konzentriert sich Altmeyer darauf, die Dinge ‚leicht zu sagen' – mit Hilfe der Leichten Sprache. Diese sei zwar zunächst für Menschen mit Lernschwierigkeiten entstanden, doch könnten angesichts der kirchlichen Sprachkrise eigentlich nur alle von besserer Verständlichkeit profitieren. Übersetzungen in Leichte Sprache seien dabei in jeder Hinsicht notwendig, aber nicht hinreichend, um die Menschen wirklich zu erreichen.[174] *„Eine religiöse Sprache, die hauptsächlich erklärt oder aber informiert, ist entweder zu kompliziert oder zu leicht. Vor allem aber ist sie gar kein religiöses Sprechen."*[175] Menschen zu erreichen sei eine

---

[168] HALBFAS, HUBERTUS, Fundamentalkatechetik.
[169] FLÜGGE, ERIK, Der Jargon der Betroffenheit.
[170] LATOUR, BRUNO, Jubilieren.
[171] ALTMEYER, STEFAN, Katechese 2025.
[172] DERS., Fremdsprache Religion?.
[173] BREDEL, URSULA; MAAß, CHRISTIANE, Duden Leichte Sprache; MAAß, CHRISTIANE, Leichte Sprache Regelbuch; DWORSKI, ANJA, Leichte Sprache; BUNDESZENTRALE FÜR POLITISCHE BILDUNG (Hrsg.), Leichte und Einfache Sprache (APuZ).
[174] Vgl. ALTMEYER, STEFAN, Was wahr ist, ist auch leicht zu sagen, 259–261.
[175] Ebd., 261.

Frage der Beziehung und so könnten katechetische Inhalte nur durch religiöses Sprechen, im Dialog, getragen von einer partizipativen Haltung, wirksam bei den Menschen ankommen.[176]

Altmeyer kommt zu dem Schluss, dass solche gemeinsamen Prozesse verhinderten, dass etwas als Wahrheit verkündet werde, was als Wahrheit immer schon feststehe und nur noch übersetzt werden müsse. Theologie und Kirche könnten von Leichter Sprache lernen, dass religiöses Sprechen nur als Dialog in einer gleichberechtigten Beziehung geschehen könne.[177]

Erstmals Eingang in eine theologische Tagung fand das Thema Leichte Sprache 2018 bei der Tagung „Theologie in Übersetzung", die im Februar 2018 an der Universität Augsburg stattfand. In dem dazu erschienenen Tagungsband „Theologie in Übersetzung? Religiöse Sprache und Kommunikation in heterogenen Kontexten"[178] ist ein Beitrag von Stefan Altmeyer, Julia Baaden und Andreas Menne abgedruckt mit dem Titel: „Übersetzen im Religionsunterricht. Von Bruno Latour und Jürgen Habermas zu einer Didaktik der Leichten Sprache."[179] Altmeyer, Baaden und Menne setzen sich in ihrem Beitrag mit dem Thema Übersetzen auseinander. Ausgehend von den Thesen von Bruno Latour und Jürgen Habermas gelangen sie zu der Bedeutung von Übersetzung mittels Leichter Sprache als Möglichkeit zur Teilhabe, um diesen Gedankengang dann durch ein Praxisprojekt Gestalt annehmen zu lassen.[180] Übersetzen sei seit jeher eine Grundaufgabe religiöser Tradition und es liege in ihrem Interesse zur eigenen Selbsterhaltung und Entwicklung, die gleichen Inhalte immer wieder neu zu vermitteln. Unter Bezug auf Latour sehen die Autoren und die Autorin die Verantwortung, das entsprechende Vokabular in Kenntnis zu bringen, nicht nur bei den Rezipient*innen, sondern und vor allem auch bei den Vermittlungsverantwortlichen religiöser Traditionen. Dabei reiche es nicht aus, Informationen zu vermitteln, etwas immer wieder zu wiederholen oder Inhalte wissenschaftlich zu erklären. Eine Übersetzung sei dann gelungen, wenn Fragen nach individueller und sozialer Relevanz, Bedeutung und Geltung beantwortet und eine Beziehung in der Spannung der Pole Nähe und Distanz entstehe.[181] Übersetzen sei der Normalfall in der pluralen Gesellschaft und schaue man mit den Augen von Habermas auf diesen Umstand, brauche man keine Dolmetscher zum Übersetzen, sondern ausgehend von der Theorie des kommunikativen Handelns könnten auch Übersetzungen nur kooperativ gelingen. Verständigung und Verständlichkeit seien nur im Diskurs möglich. Auch in religiösen Bezügen gingen wir davon aus, verstanden werden zu können und uns verständlich machen zu können. Dies sei jedoch eine anspruchsvolle Aufgabe, bei der uns Übersetzungs-

---

[176] Vgl. ebd., 260–262.
[177] Vgl. ebd.
[178] VAN OORSCHOT, FRIEDERIKE; ZIERMANN, SIMONE (Hrsg.), Theologie in Übersetzung.
[179] ALTMEYER, STEFAN; BAADEN, JULIA; MENNE, ANDREAS, Übersetzen im Religionsunterricht.
[180] Vgl. ebd., 143ff.
[181] Vgl. ebd., 144–147.

arbeit zumindest ein Stück weit helfen könne, um die Chancen zur vollen Teilhabe am Diskurs für alle Beteiligten zu erhöhen.[182] Leichte Sprache wird als Mittel zur Teilhabe angesehen und, Habermas zugrunde legend, auch von Altmeyer, Baaden und Menne als geeigneter Weg zur Verständlichmachung eingeschätzt. Leichte Sprache sei mit ihrer maximalen Verständlichkeit und ihrer maximalen Explizitheit ein geeignetes Instrument zur Teilhabe und Teilgabe, also zur Inklusion. Allerdings müsse bei Leichter Sprache, die ursprünglich zur verständlichen Informationsvermittlung geschaffen wurde, darauf geachtet werden, dass die von Latour formulierten Forderungen nach der Schaffung von Beziehungen ebenfalls zum Tragen kämen. Zugleich mit der Vereinfachung müsse es zu Elementarisierung kommen.[183] *„[...] Eine Übersetzung im qualitativen Sinne der Verständigung und Vergegenwärtigung kann nur gemeinsam und im Dialog entstehen."*[184] Zur konkreten Anwendung im Religionsunterricht kommen diese Überlegungen einmal durch die Verwendung von Bibeltexten in Leichter Sprache. Über diese unmittelbare Anwendung hinaus stellen die Autoren und die Autorin das Konzept „Sag's doch einfach!... In deinen eigenen Worten"[185] vor. Religiöse Sprachkompetenz wird hier durch eigene Übersetzungsarbeit gefördert. Die Schüler*innen werden selbst zu Expert*innen einer verständlichen „Sprache für Religiöses".[186]

Im Bereich Religionsunterricht sind noch einmal besonders die Forschungsergebnisse des katholischen Religionspädagogen David Faßbender zu beachten. In seinen Aufsätzen (v.a. „Voll schwer?! Bibeltexte in Leichter Sprache für den inklusiven RU"[187] von 2017 und „Leichte Sprache? Wege zu einer inklusiven Arbeit mit biblischen Texten im Unterricht"[188] von 2021) richtet er seinen Fokus auf die Verwendung von Bibeltexten in Leichter Sprache im (inklusiven) Religionsunterricht.

In dem Aufsatz von 2021 konkretisiert Faßbender die allgemeinen Funktionen von Leichter Sprache für den Religionsunterricht in der Sekundarstufe I. Die Partizipationsfunktion sieht er besonders dadurch herausgefordert, allen Schüler*innen im inklusiven Religionsunterricht die selbständige und vollumfängliche Erschließung und das Verständnis von Bibeltexten zu ermöglichen. Dabei sei darauf zu achten, dass der Informationsgehalt des Zieltextes in einem möglichst hohen Maß dem des Ausgangstextes entspreche.[189] Um die Lernfunktion ange-

---

[182] Vgl. ebd., 147–151.
[183] Vgl. ebd., 151–154.
[184] Ebd., 154.
[185] Vgl. hierzu auch ALTMEYER, STEFAN; KRAFT, JULIA, Sag's doch einfach (Katechetische Blätter) und KRAFT, JULIA; ALTMEYER, STEFAN, Sag'sdoch einfach (Internetseite des Projekts)
[186] Vgl. ALTMEYER, STEFAN; BAADEN, JULIA; MENNE, ANDREAS, Übersetzen im Religionsunterricht, 154–156.
[187] FASSBENDER, DAVID, Voll schwer?!.
[188] DERS., Leichte Sprache?.
[189] Vgl. ebd., 233.

messen erfüllen zu können, ist es nach Faßbender notwendig, dass Leichte-Sprache-Texte als Übergangstexte zu Texten mit höherem Sprachniveau bis hin zu den Texten der Einheitsübersetzung und der Lutherbibel verstanden werden. Zur allgemeinen Steigerung der Rezeptionskompetenz regt Faßbender eine Intensivierung der Zusammenarbeit mit dem Fach Deutsch an.[190] Mit der Perspektive der Annäherung an die Ausgangstexte sieht Faßbender auch die Brückenfunktion als erfüllbar an. Um diese noch mehr zu befördern, rät Faßbender, bei der Auswahl der Leichte-Sprache Texte auf eine große Nähe zum Ausgangstext zu achten, damit eine parallele Nutzung möglich wird.[191] Auch die Lernfunktion für das Fach Religion kann durch Bibeltexte in Leichter Sprache erfüllt oder gefördert werden. Mit Riegert und Musenberg plädiert Faßbender für den zusätzlichen Einsatz von Bibeltexten in Leichter Sprache als Bereicherung für den Unterricht.[192] Die Umsetzung dieser Funktionen setzt die Erfüllung einiger didaktischer Kriterien voraus, die Faßbender schon 2017 formuliert hat:
1. Grundsätzlich muss der Text den Bedürfnissen der Nutzer*innen und ihren Möglichkeiten angepasst werden.
2. Der Anspruch, etwas Neues lernen zu können, muss erhalten bleiben. Das heißt, der Text muss Lernhürden beinhalten, die die Schüler*innen herausfordern, aber nicht überfordern. In den Bereichen Geschichte, Glauben, Sprache und Ethik kann so ein Lerneffekt erzielt werden.
3. Die Schüler*innen erschließen den Text in der Gruppe und nicht in Allein-Lektüre. Das bedeutet, dass der Text mit Hilfe der Lehrkraft oder der Mitschüler*innen bearbeitet und verstanden werden kann. Es liegt nicht am Einzelnen, den Text allein zu verstehen.
4. Der Text in Leichter Sprache und der Ausgangstext werden oft parallel verwendet. Das bedeutet, dass einige schwerere Begriffe beibehalten werden müssen, damit sich allen Schüler*innen die gleichen oder ähnliche Fragen stellen.[193]

Als Methode im Unterricht bietet sich nach Faßbender auch die Methode des Theologisierens mit Kindern an, die die theologische Sprachfähigkeit von Kindern ernst nimmt und durch eine bestimmte Art zu fragen und die Kinder fragen zu lassen, Lern- und Erkenntnisfortschritte auf Seiten der Lehrer*innen wie der Schüler*innen erzielt. Dafür ist eine vertrauensvolle Atmosphäre, in der die Schüler*innen sich trauen, Fragen zu stellen und ihre Meinung zu formulieren, notwendig.[194] Faßbender schlägt vor, selbst Texte in Leichte Sprache zu übertragen, empfiehlt aber auch die Verwendung der Texte des Katholischen Bibelwerks.[195]

---

[190] Vgl. ebd., 233f.
[191] Vgl. ebd., 233.
[192] Vgl. ebd., 234.
[193] Vgl. FASSBENDER, DAVID, Voll schwer?!, 278f.
[194] Vgl. ebd., 277–280.
[195] Vgl. DERS., Leichte Sprache?, 236.

1.3.4 Leichte Sprache im Gottesdienst und in religiöser Rede

Aus dem Bereich Gottesdienst und Andacht gibt es mehrere praxisorientierte Veröffentlichungen. Hier sind die Aufsätze und Beiträge von Anne Gidion und Interviews mit ihr wegweisend. Ihre Aufsätze nehmen besonders die religiöse Rede in den Blick. Dabei geht es immer wieder auch um Bibeltexte, aber hauptsächlich in ihrer Verwendung in Predigt und Liturgie. Die erste Veröffentlichung „Selig bist du, wenn du weißt, wie du sprichst" erschien 2010 im Heft „Thema Gottesdienst"[196], gemeinsam herausgegeben von den Gottesdienststellen der EKBO und EKiR und 2011 in einer nur leicht abgeänderten Version in der Zeitschrift Nordelbische Stimmen[197] sowie in der von Alexander Deeg und Dietrich Sagert herausgegebenen Reihe „Evangelische Predigtkultur. Zur Erneuerung der Kanzelrede."[198] In dieser ersten Veröffentlichung geht es um den Nutzen von Leichter Sprache im Gottesdienst. Anne Gidion stellt in den Vordergrund, dass Leichte Sprache ein Korrektiv für die Verständlichkeit sein kann:

> „In Gottesdiensten mit erwachsenen Menschen mit geistigen Behinderungen kann es ein gutes Korrekturmoment sein, die Sprache im Gottesdienst auf ihre Verstehbarkeit und gedankliche Zugänglichkeit zu überprüfen."[199]

Das korrigierende Moment bezieht sich dabei nicht nur auf die Verständlichkeit für die Hörenden, sondern auch für die eigene Theologie. Anne Gidion schreibt:

> „,Leichte Sprache' als Korrektur für die eigenen Gedanken und Formulierungen in Predigt und Gebeten ist dabei zusätzlich für mich zu einem Verfahren geworden, das mich seither begleitet."[200]

Biblische Texte gewönnen durch ihre Übertragung in Leichte Sprache an Zugänglichkeit, an Hörbarkeit, an Klarheit.[201] Damit eröffneten sie mehr Menschen den Zugang zum Gottesdienst und damit im Idealfall zur Erfahrung des Wortes Gottes. Menschen im Herzen anzusprechen, das sei das Ziel. Leichte Sprache im Gottesdienst anzuwenden, koste Zeit. Doch diese Investition lohne sich, wenn dadurch Menschen angesprochen würden, die sich sonst nicht angesprochen fühlten.[202] Dem Vorurteil, Leichte Sprache stigmatisiere die Menschen der Zielgruppe, setzt Gidion selbstbewusst entgegen: „,Leichte Sprache' wird damit

---

[196] GIDION, ANNE, Selig bist du, wenn du weißt, wie du sprichst (Themenheft Gottesdienst).
[197] DIES., Selig bist du, wenn du weißt, wie du sprichst. (Nordelbische Stimmen).
[198] DIES., Selig bist du, wenn du weißt, wie du sprichst. (Evangelische Predigtkultur).
[199] GIDION, ANNE, Selig bist du, wenn du weißt, wie du sprichst (Themenheft Gottesdienst), 31.
[200] Ebd., 33.
[201] Vgl. ebd., 35.
[202] Vgl. ebd.

nicht zum Stigma der Angesprochenen, sondern zum Markenzeichen eines Gottesdienstes."[203]

2010 meldet sich auch die katholische Seite erstmals zu Wort. Andreas Poschmann[204] veröffentlicht in „Gottesdienst 22. Information und Handreichung der Liturgischen Institute Deutschlands, Österreichs und der Schweiz" einen Aufsatz mit dem Titel: „Nur was verstanden wird... ‚Leichte Sprache' – eine Anregung für die Liturgie" erste Gedanken zu Liturgie in Leichter Sprache. Er fordert eine allgemein verständliche(re) Sprache im Gottesdienst und erkennt in Leichter Sprache eine Möglichkeit zur Umsetzung. Für ihn stehen die Adressat*innen eines Textes im Mittelpunkt. Leichte Sprache sei dabei nicht dazu da, das Sprachniveau unzulässig zu senken, sondern sei ein Appell an den Absendenden, die Adressat*innen situationsgerecht im Blick zu haben. Die Kirche könne durch Leichte Sprache nur gewinnen.[205] Die Betonung des Aspekts, eine neue Möglichkeit des Zugangs zu bieten, ist auch der Schwerpunkt in Anne Gidions Aufsatz „Verstehen leicht gemacht", der auf der Homepage der Hannoverschen Landeskirche 2013 veröffentlicht wurde.[206]

2013 wurde auch das Buch „Leicht gesagt. Biblische Lesungen und Gebete zum Kirchenjahr in Leichter Sprache"[207] veröffentlicht. Dieses Buch bildet das zentrale Werk der Übersetzendengruppe um Anne Gidion, das in Kapitel 4.5 ausführlich untersucht wird. 2013 erschien außerdem der Aufsatz „Im weiten Raum der Leichten Sprache" als Fortsetzung des bereits erwähnten „Selig bist du, wenn du weißt, wie du sprichst" (s.o.) in dem von Kathrin Oxen und Dietrich Sagert veröffentlichten Buch „Mitteilungen. Zur Erneuerung evangelischer Predigtkultur". Dieser Text wurde in den Folgejahren mehrmals leicht verändert an anderer Stelle veröffentlicht: 2014 unter dem Titel „Leichte Sprache im Gottesdienst" in der Zeitschrift „Heiliger Dienst" und 2015 unter dem Titel „‚Leichte Sprache' als ein Weg zur religiösen Rede" in einem der ersten Sammelwerke mit wissenschaftlichen Aufsätzen über Leichte Sprache: „Leicht Lesen. Schlüssel zur Welt" von Candussi und Fröhlich.[208] Diese drei Aufsätze sind in großen Teilen identisch, im ersten Teil auch mit der Einleitung aus dem Buch „Leicht gesagt". Hier geht es um den Widerspruch zwischen dem Anspruch der Leichten Sprache auf Verständlichkeit bei gleichzeitiger Wahrung der Möglichkeit, dass Glaube Geheimnis sein und bleiben kann. Am Beispiel von Predigt und Liturgie zeigt Gidion auf, dass es *„nicht um eine lückenlose Verstehbarkeit, nicht um Trivialisierung und niedriges Niveau [geht]. Es geht [...] darum, in religiöser Sprache im Gottesdienst und*

---

[203] Ebd., 34.
[204] Referatsleiter im Deutschen Liturgischen Institut in Trier und Autor in ARNOLD; GIDION; MARTINSEN „Leicht gesagt".
[205] Vgl. POSCHMANN, ANDREAS, Nur was verstanden wird, 181.183.
[206] GIDION, ANNE, Verstehen leicht gemacht.
[207] GIDION, ANNE; ARNOLD, JOCHEN; MARTINSEN, RAUTE (Hrsg.), Leicht gesagt.
[208] GIDION, ANNE, Leichte Sprache als ein Weg zur religiösen Rede.

darüber hinaus Raum zu schaffen für das Andere."[209] Sie macht deutlich, dass Gottesdienste und v.a. die Sprache des Gottesdienstes nicht barrierefrei im weiteren Sinne sind. Die Forderung nach Barrierefreiheit betreffe auch die religiöse Rede. Der christliche Gottesdienst sei eine hochkomplexe und voraussetzungsreiche Angelegenheit und bedürfe neuer Zugangsmöglichkeiten.[210] Leichte Sprache diene dazu, „Erfahrungswege auszulösen und zur eigenen Sprache zu ermutigen."[211] Die Schwierigkeit, sich sprachlich im richtigen Maße zwischen Verständlichkeit und Vertrautheit zu bewegen, sei dabei ein Thema sowohl für liturgische Stücke wie das Vater Unser als auch für bekannte Bibeltexte.[212]

Noch etwas weiter geht Gidion in ihrem 2015 im Herrnhuter Boten erschienenen Aufsatz „Überlegungen zur Leichten Sprache in Predigt (und Liturgie)".[213] Hier verbindet sie Ethik und Ästhetik und eröffnet damit ein weiteres Themenfeld.

> „Leichte Sprache ist ein Werkzeug. Und Leichte Sprache kann eine Orientierungshilfe sein in dem Zwischenraum zwischen Ethik und Ästhetik, in dem Predigt und Liturgie immer schon sind. Denn Leichte Sprache kommt aus einer ethischen Forderung und [trifft] auf ein Feld, das ohne Ethik nicht zu denken ist. Und zugleich trifft sie auf eine Form, die aus anderen Formen gewachsen ist."[214]

Gidion begründet die Verwendung von Leichter Sprache nun auch theologisch als Entscheidung für die Außenseiter*innen:

> „Leichte Sprache ist zugleich eine theologische Entscheidung. Der Gott, der in den biblischen Geschichten überliefert ist und in Wort und wirkt, ist einer, den genau die Menschen interessieren, die nicht sowieso dazu gehören."[215]

Auch die Diskrepanz zwischen Verständlichkeitsanspruch und Geheimnis des Glaubens wird noch einmal thematisiert: Geheimnis bleibe Geheimnis, aber was man sagen könne, werde verständlich gesagt:

> „Predigt in Leichter Sprache sagt: Vieles von Gott ist mir fremd. Aber was ich weiß, das teile ich mit Euch. Ich kenne nur diese Seite. Vom Land auf der anderen Seite habe ich gehört. Und ich möchte Euch davon erzählen.
> Leichte Sprache sagt ganz nebenbei: Was Du wirklich verstanden hast, kannst Du auch direkt sagen. Und was Du nicht verstehst – da tu auch nicht so."[216]

---

[209] Ebd., 205.
[210] Vgl. ebd., 202.
[211] GIDION, ANNE, Im weiten Raum der Leichten Sprache, 83.
[212] DIES., Leichte Sprache als ein Weg zur religiösen Rede, 203.
[213] GIDION, ANNE, Überlegungen zur Leichten Sprache.
[214] Ebd., o.S.
[215] Ebd.
[216] Ebd.

Im Internet finden sich darüber hinaus drei Interviews. Das Interview mit dem Titel „Heiliges Rauschen" führte Christine Holch 2013 für die Novemberausgabe der Zeitschrift Chrismon. In diesem Interview wird die Brücke von der Zielgruppe Menschen mit Lernschwierigkeiten zu Kirchenfernen geschlagen. Leichte Sprache sei sinnvoll, um Menschen den Zugang zum Gottesdienstgeschehen zu ermöglichen.

> *„Sie [Leichte Sprache] erleichtert den Einstieg, damit ich überhaupt etwas erfahren kann. Menschen wollen ja etwas begreifen. Als Gottesdienstbesucherin merke ich, im Gottesdienst wird über etwas verhandelt, was mich eigentlich interessiert, aber ich finde keinen Zugang. Das ist nicht einladend."*[217]

Gidion sieht noch viele Gelegenheiten, wo vermeintliche Kirchenferne in die Kirche kommen, sei es zu einer Taufe, einer Trauung oder Beerdigung. An diesen markanten Lebenspunkten spiele die Kirche dann doch immer noch eine Rolle und genau in solchen Gottesdiensten liege die Chance auch für Leichte Sprache.[218] Gidion plädiert nicht nur für die Verwendung verständlicher Sprache im Gottesdienst, sondern für eine veränderte Haltung generell: Weg von sich selbst und den eigenen Selbstverständlichkeiten hin zum anderen.[219]

2015 wurde ein weiteres Interview mit Anne Gidion, geführt von Birgit Mattausch, auf der Internetseite des Gottesdienstinstituts der Nordkirche veröffentlicht. Der Titel „Nicht alles, was man nicht versteht, ist Poesie"[220] weist auf den inhaltlichen Schwerpunkt hin, der den Gedanken von Ethik und Ästhetik fortführt. Gidion nimmt eine *„Sehnsucht nach Verstehen"*[221] bei den Menschen wahr, sowohl auf der Laien- wie auf der professionellen Ebene. Gidion betont den Umstand, dass eine Übersetzung in Leichte Sprache nie endgültig fertig sei und immer weiterentwickelt werde. Leichte Sprache biete die Chance eines neuen Zugangs zum für die einen Altvertrauten und für den anderen zum Unbekannten.[222]

Das bisher letzte und unter dem Titel „Leicht und schön gesagt" veröffentlichte Interview ist eine Transkription eines Interviews im Deutschlandfunk am 6. Mai 2018, das Andrea Schneider mit Anne Gidion geführt hat. Hier betont Gidion neben der notwendigen Haltung, den anderen im Mittelpunkt zu sehen statt sich selbst noch einmal den gottesdienstlichen Anspruch, *„von seinem Gedanken her erstmal für alle"* [223] zu sein: *„Das Evangelium oder die Botschaft vom lebendigen Gott, Bundesgott, Jesus Christus an meiner Seite ist per se eine nicht exklusive."*[224]

---

[217] HOLCH, CHRISTINE, Heiliges Rauschen.
[218] Vgl. ebd., 3.
[219] Vgl. ebd.
[220] MATTAUSCH, BIRGIT, „Nicht alles, was man nicht versteht, ist Poesie".
[221] Ebd.
[222] Vgl. ebd.
[223] SCHNEIDER, ANDREA, Leicht und schön gesagt.
[224] Ebd.

2016 erschien in der Zeitschrift „Praxis Gemeindepädagogik" ein Aufsatz von Dirk Schliephake mit dem Titel „Die unendliche Leichtigkeit der Sprache. Chancen und Grenzen von Leichter Sprache in der Gemeinde." Schliephake beschreibt den Erfolg von Leichter Sprache trotz mancher Einwände und Bedenken und stellt in seinem Aufsatz die Chancen von Leichter Sprache zur Teilhabe und Teilgabe aller Menschen in den Vordergrund.[225] Schliephake schreibt:

> „Teilhabe am Glauben soll ermöglicht werden durch Teilgabe an einer verständlichen Sprache. Dadurch öffnen sich immer wieder neue Erfahrungs- und Kommunikationsräume für das Evangelium. Leichte Sprache aktiviert Ressourcen. Leichte Sprache stärkt und erweitert Kompetenzen für ein gelingendes Miteinander und für eine inklusive Gemeinde."[226]

Für Schliephake liegt die große Chance Leichter Sprache darin, durch sie „*erfahrungssatt und emotional*"[227] erzählen zu können. Mit einem Literaturhinweis[228] und praktischen Beispielen für das Erzählen biblischer Geschichten in Leichter Sprache schließt der Aufsatz.

In den Printpublikationen aus dem Themenbereich Inklusion in der Gemeinde spielt Leichte Sprache keine große Rolle. Zwei positive Ausnahmen bilden das Buch von Cornelia Jager „Gottesdienst ohne Stufen"[229] von 2018 und das Sammelwerk von Jochen Arnold und Christian Schwarz „Gottesdienste zum Elementaren Kirchenjahr und zu den Kasualien in Leichter Sprache"[230] aus der Reihe GottesdienstPraxis Serie B, Arbeitshilfen für die Gestaltung von Gottesdiensten zu Kasualien, Feiertagen und besonderen Anlässen von 2019.

Cornelia Jager widmet in ihrem Buch dem Bereich Sprache im Gottesdienst mit knapp 100 Seiten fast ein Drittel des Gesamtumfangs. Jager thematisiert zunächst den Begriff der Kommunikation und betont die Wichtigkeit von Kommunikation als menschliches Grundbedürfnis. Nur durch Kommunikation (verbal und non-verbal) entstünden Beziehung und Gemeinschaft. Die Art der Kommunikation habe entscheidenden Einfluss auf das Gelingen oder Misslingen von Inklusion.[231] Gelingende Kommunikation brauche Barrierefreiheit, die dafür sorge, dass Menschen nicht aufgrund einer Beeinträchtigung von der Kommunikation ausgeschlossen würden. Leichte Sprache diene dazu, Verstehensbarrieren zu vermindern und erleichtere damit die Kommunikation. Dies gelte auch und besonders für Kirchengemeinden und dort im Gottesdienst, der der zentrale Begegnungsraum der Gemeinde sei.[232] Nach einer ausführlichen Regelbeschrei-

---

[225] Vgl. SCHLIEPHAKE, DIRK, Die unendliche Leichtigkeit der Sprache, 8.
[226] Ebd.
[227] Ebd., 10.
[228] DERS., Kindergottesdienst in Leichter Sprache.
[229] JAGER, CORNELIA, Gottesdienst ohne Stufen.
[230] SCHWARZ, CHRISTIAN; ARNOLD, JOCHEN (Hrsg.), Elementares Kirchenjahr.
[231] Vgl. JAGER, CORNELIA, Gottesdienst ohne Stufen. Ort der Begegnung für Menschen mit und ohne geistige Behinderung (Behinderung - Theologie - Kirche: Beiträge zu diakonisch-caritativen Disability Studies, Jg. 11), Stuttgart 2018, 116.
[232] Vgl. ebd., 116–118.

bung,[233] die Jager durch selbst formulierte Beispiele aus der Gemeindearbeit veranschaulicht, folgt ein Gang durch den Gottesdienst und die genaue Beschreibung ausgewählter liturgischer Elemente: Freie Begrüßung, liturgische Eröffnung, Kyrie und Gloria, Fürbitten und Vater Unser. Jedes liturgische Element wird entfaltet durch die Betrachtung biblisch-historischer Aspekte, theologischer Aspekte, Relevanz für den Gottesdienst, (Vorüberlegungen zur) Gestaltung, Konkretion, befolgter Regeln der Leichten Sprache und (falls erforderlich) weiterer Erläuterungen. Im Abschnitt Konkretion werden Textbeispiele in Leichter Sprache durch Erläuterungen zur Durchführung ergänzt.[234] Die hier enthaltenen Textbeispiele in Leichter Sprache beinhalten keine Bibeltexte in Leichter Sprache. Sie bieten aber eine Fülle von Anregungen zur Gestaltung ‚Leichter Liturgie'. Jager ergänzt diese Ausführungen zu gesprochener Sprache durch zwei weitere Unterkapitel zu nonverbaler Kommunikation und zu Gebärdensprache.[235]

Jochen Arnold und Christian Schwarz eröffnen in ihrer Arbeitshilfe[236] eine große Vielfalt sprachlicher Gestaltungsmöglichkeiten in zwölf zum Kirchenjahr passenden Gottesdiensten, ergänzt durch die Hochfeste Weihnachten, Ostern und Pfingsten und Kasualgottesdienste zu Taufe, Konfirmation, Trauung und Beerdigung. Die Autor*innen des Sammelwerks[237] präsentieren jeden Gottesdienst mit liturgischen und biblischen Texten in Leichter Sprache.[238] Im Vorwort äußern sich Arnold und Schwarz zur Intention des Buches:

„Es geht [...] darum, Anregungen für gottesdienstliches Leben in Leichter Sprache zu geben. Dabei machen wir ein urevangelisches Anliegen stark, wonach Gottesdienst von allen verstanden und damit auch aktiv mitgefeiert werden soll."[239]

Leichte Sprache wird in den Dienst der Menschen gestellt:

„Es geht also mit Leichter Sprache im Gottesdienst nicht um eine neue Form von political correctness, sondern um das stringente evangelische Zusammenspiel von Verkündigung und Leben, von Liturgie und Diakonie - aus Liebe zu den Menschen. Unsere Überzeugung ist: Gottesdienste gewinnen so an Prägnanz und Klarheit in der Botschaft und an Deutlichkeit in der Sprache."[240]

---

[233] Ebd. 118-124.
[234] Ebd. 124-194.
[235] Ebd. 194.208-219.
[236] SCHWARZ, CHRISTIAN; ARNOLD, JOCHEN (Hrsg.), Elementares Kirchenjahr.
[237] Jochen Arnold, Anne Gidion, Emilia Handke, Monika Lehmann-Etzemüller, Ruth Magsig, Birgit Mattausch, Ute Niethammer, Elisabeth Rabe-Winnen, Christian Schwarz und Ronny Willersinn.
[238] Die Bibeltexte in Leichter Sprache aus diesem Buch werden im weiteren Verlauf dieser Arbeit nicht weiter untersucht. Ihre Entstehung wird nicht näher erläutert. Es ist unklar, ob sie einer Prüfung durch die Zielgruppe unterzogen wurden.
[239] ARNOLD, JOCHEN; SCHWARZ, CHRISTIAN, Vorwort (Elementares Kirchenjahr), 7.
[240] Ebd., 8.

Ertrag für diese Arbeit

Leichte Sprache hat Eingang in den Bereich der Praktischen Theologie gefunden. Gerade in der heutigen Zeit, in der die Sprache der Kirche immer mehr als Fremdsprache wahrgenommen wird, bietet Leichte Sprache eine Möglichkeit, ganz neu bzw. einen neuen, frischen Zugang zu finden. Der Zugang gilt für die Sprache im Gottesdienst genauso wie für andere religions- und gemeindepädagogische Arbeitsfelder. Verständlichkeit wird als Basis gelingender Kommunikation angesehen und findet durch die Verwendung Leichter Sprache eine mögliche Umsetzung. Bibeltexte in Leichter Sprache spielen immer wieder eine Rolle, sind aber in den meisten Handlungsfeldern nicht von entscheidender Bedeutung. Zentrale Begriffe sind die der Teilhabe und Teilgabe. Darauf werde ich später ausführlich zurückkommen (vgl. Kap. 3, besonders 3.1.5).

Mit Worten von Anne Gidion soll dieses Kapitel abgeschlossen werden:

„Ich bin jedenfalls der festen Überzeugung, dass alle in der Verkündigung und in der Liturgie Tätigen immer wieder neu die Aufgabe haben, eine Sprache zu finden, die Ohren und Herzen öffnet. Und wenn ‚Leichte Sprache' dazu beitragen kann, ist sie im Gottesdienst genau am richtigen Ort."[241]

1.3.5 Aktuelle Forschungsprojekte Leichte Sprache und Bibel

Aktuell gibt es mehrere laufende Forschungsprojekte zum Thema Leichte Sprache und Bibel:

Der katholische Theologe Claudio Ettl plant als unmittelbar Beteiligter ein Dissertationsprojekt zum Projekt „Evangelium in Leichter Sprache" des Katholischen Bibelwerks. Hierzu gibt es zum aktuellen Zeitpunkt (Juli 2023) keine näheren Informationen. Seine letzte bekannte Veröffentlichung ist der Artikel „Bibel in Leichter Sprache"[242] im Internetlexikon WiReLex von Februar 2022. Hier gibt er einen groben Überblick über Leichte Sprache und ihre Regeln im Allgemeinen und Bibeltexte in Leichter Sprache im Besonderen, wobei der Schwerpunkt auf den Eigenheiten biblischer Texte liegt und den Chancen und Grenzen ihrer Übersetzung in Leichte Sprache. Abschließend werden vier Übersetzungsprojekte (Lebenshilfe Bremen, Offene Bibel, Evangelische und Ökumenische Kirchentage sowie Katholikentage und das Evangelium-in-Leichter-Sprache-Projekt des Katholischen Bibelwerks) exemplarisch vorgestellt. Aufgrund der Kürze des Artikels werden die Inhalte nur kurz angerissen.[243] Ettl legt einen Schwer-

---

[241] GIDION, ANNE, Leichte Sprache als ein Weg zur religiösen Rede, 209.
[242] ETTL, CLAUDIO, Artikel: Bibel in Leichter Sprache (WiReLex).
[243] Vgl. ebd.

punkt auf die Arbeitsweisen des Katholischen Bibelwerks,[244] wie sie in dieser Arbeit in Kapitel 4.6 ausführlich dargestellt werden. Daher wird an dieser Stelle nicht weiter darauf eingegangen.

Die evangelische Theologin Marion Keuchen forscht über Bilder zu Bibeltexten in Leichter Sprache u.a. in Zusammenarbeit mit Dieter Bauer vom Katholischen Bibelwerk. Ihre Forschung wird in Kapitel 8.6 beschrieben.

Anne Gidion, deren bisherige Veröffentlichungen bereits in Kapitel 1.3.4 erwähnt wurden und deren Projekt „Leicht gesagt" ausführlich in Kapitel 4.5 beschrieben wird, hat 2023 ihre Dissertation in Evangelischer Theologie zum Thema Leichte Sprache in der Liturgie abgeschlossen. Der Titel der Dissertation lautet „Leichter beten. Leichte Sprache in der Liturgie. Argumente, Anschauungen, Auswirkungen" und hat ihren Schwerpunkt in der Untersuchung der Auswirkungen Leichter Sprache auf die liturgische Sprache. Es werden Auswirkungen des Primats der Verständlichkeit auf das Paradigma der formalen Liturgik untersucht. Der Anspruch auf Barrierefreiheit und Verständlichkeit wird zur ‚liturgischen Situation' ins Verhältnis gesetzt. Hierbei dienen die Eröffnungsgottesdienste in Leichter Sprache des Deutschen Evangelischen Kirchentages und andere liturgiesprachliche Laborversuche als Material. Im Mittelpunkt steht pars pro toto das liturgische Stück des Tagesgebets als ‚gebetetes Dogma' und ‚Gottesdienst im Kleinen'. Die Arbeit rezipiert Liturgiken und setzt sie zu Inklusionskonzepten ins Verhältnis. Gefragt wurde auch nach der liturgiedidaktischen Nutzung Leichter Sprache für Aus-, Fort- und Weiterbildung. Das Projekt wurde am Fachgebiet Praktische Theologie an der Universität Rostock im Sommer 2022 eingereicht, die Betreuung lag bei Prof. Dr. Thomas Klie, das Zweitgutachten übernahm Prof. Dr. Alexander Deeg. Die Arbeit wurde im Mai 2023 als Dissertation angenommen und wird im Sommer 2024 bei Kohlhammer erscheinen.

Sonja Hillebrand promoviert seit 2019 an der Universität Osnabrück über Psalmen in Leichter Sprache. Dabei geht sie u.a. der Frage nach, inwieweit sich Psalmübersetzungen von anderen Bibelübersetzungen in Leichte Sprache unterscheiden, welche besonderen Herausforderungen bestehen und inwieweit Poesie in Leichter Sprache Ausdruck finden kann.

Lara Vanessa Westermeyer promoviert seit 2022 an der TU Dortmund zum Thema „Leibliche Lektüre als Zugang zu Inklusion" und erforscht, inwieweit Bibeltexte in Leichter Sprache durch ‚Leibliches Lesen' in ihrer Rezeption unterstützt werden können.

---

[244] Vgl. ebd.

1.4 Beiträge aus der Praxis

Einige der bereits in Kapitel 1.3 referierten Beiträge haben einen starken Praxisbezug, so dass eine scharfe Trennung zwischen Theorie und Praxis kaum vorzunehmen ist. In diesem Kapitel werden ergänzend einige Arbeitshilfen, Artikel oder Projekte vorgestellt, die ihren Schwerpunkt in der Praxis haben und dennoch Auswirkungen auf den Diskurs und diese Dissertation haben. Die Ausführungen sind nach Arbeitsfeldern der Religions- und Gemeindepädagogik geordnet.

1.4.1 Katechese

Kindergottesdienst

Der (evangelische) Kindergottesdienst gehört nicht zwingend zum primären Anwendungsbereich für Bibeltexte in Leichter Sprache. Leichte Sprache ist ursprünglich keine für Kinder entwickelte Sprache, da sich zum einen die Lebenswelten von Kindern von den Lebenswelten der Menschen der primären Zielgruppe stark unterscheiden und zum anderen Kindern im Allgemeinen komplizierte Satzstrukturen und Wörter zugemutet werden können. Kindgerechte Sprache hat oft einen pädagogischen Unterton und die allgemeine Anrede ist ‚du'. Im Layout gibt es bei Veröffentlichungen für die Zielgruppe Kinder viel mehr Möglichkeiten (z.B. in Bezug auf Töne, Farben oder Schriftarten) als bei Veröffentlichungen in Leichter Sprache.[245] Einige Aspekte von (Bibel-)Texten in Leichter Sprache ähneln allerdings den Eigenschaften kindgerechter Texte. Daher bieten sich (Bibel-)Texte in Leichter Sprache auch für die Verwendung im Kindergottesdienst an. Dies gilt v.a. für inklusive Zusammenhänge oder als leicht lesbarer Einstieg in die Lektüre biblischer Texte.

So widmet das Zentrum für Gottesdienst und Kirchenmusik der Hannoverschen Landeskirche dem Thema Leichte Sprache ein kleines Themenheft „Leichte Sprache im Kindergottesdienst" in der Reihe KIMIK – Kirche mit Kindern.[246] In diesem Heft werden zunächst einige strittige Fragen rund um die Leichte Sprache benannt und ihr Nutzen und ihre Notwendigkeit für das Arbeitsfeld Kindergottesdienst dargelegt.[247] Sprachliche Barrieren sollten auch Kindern gegenüber abgebaut und auch Kindern das Recht auf Verständlichkeit eingeräumt werden. Wie die Kirche selbst müsse sich auch die Sprache immer weiter

---

[245] Vgl. KELLERMANN, GUDRUN, Leichte und Einfache Sprache, 10.
[246] SCHLIEPHAKE, DIRK, Kindergottesdienst in Leichter Sprache. Die genaue Autor*innenschaft der Texte in LS ist unklar.
[247] Vgl. ebd., 3–8.

entwickeln.²⁴⁸ Der Autor Dirk Schliephake betont besonders den Wert der Leichten Sprache für biblische Texte:

> „**Leichte Sprache schenkt Zeit**, damit biblische Bilder als eigene innere Bilder zum Leuchten kommen.
> **Leichte Sprache lässt Raum**, um Metaphern in ihrer Tiefe zu entdecken. Erst in der Reduktion wird klar, wie groß und vielschichtig die Dinge wirklich sind.
> Einfache und klare Sätze **öffnen einen biblischen Textraum neu**. So können **eigene innere Bilder** entstehen unabhängig von jeder Ziel- und Altersgruppe.
> Leichte Sprache erleichtert allen, Lebenserfahrungen der biblischen Menschen mit eigenen **Lebenserfahrungen zu verweben**. Und in diesen Lebenserfahrungen Gottes Nähe und Güte zu erleben."²⁴⁹

Im weiteren Verlauf des Heftes werden die Regeln für Leichte Sprache anhand von Beispielen aus biblischen Geschichten, Beispielen aus dem Kindergottesdienstalltag und Gebetstexten veranschaulicht. Das Heft schließt mit Literaturhinweisen zur Leichten Sprache, darunter ein Hinweis auf „Leicht gesagt" von Anne Gidion et al.²⁵⁰

Inklusive Katechese

Um inklusive Katechese aus katholischer Perspektive geht es im Artikel von Annette Höing, Martin Merkens und Matthias Winter: „Fragen zum Glauben-Lernen in Leichter Sprache".²⁵¹ Die Autoren und die Autorin haben eine Fragenbox für die Vorbereitung einer inklusiven Katechese entwickelt, die keine Patentrezepte, aber eine Vielzahl von Anregungen zur Gestaltung liefert.²⁵² Theologisch geht es um die Frage, wie man Glauben lernen und lehren kann. Es soll Raum für Fragen und Gespräche über die möglichen Antworten geben. Katechese-Teams sollen die Kinder und Jugendlichen in ihren persönlichen Eigenheiten wahrnehmen und darauf eingehen können. Ziel ist es, eine einladende und gastfreundliche Gemeinde zu schaffen.²⁵³

*Firmunterricht und Arbeit mit Konfirmand*innen (KA7/8)*

Für die Arbeit mit Jugendlichen im Firmunterricht oder mit Konfirmand*innen werden hier exemplarisch eine Arbeitshilfe und eine Methode vorgestellt. Beide Beispiele sind katholisch geprägt.

---

[248] Vgl. ebd., 4f.
[249] Ebd., 7; Herv. im Original.
[250] Vgl. ebd., 24.
[251] MERKENS, MARTIN; HÖING, ANNETTE; WINTER, MATTHIAS, Fragen zum Glauben-Lernen.
[252] Vgl. ebd., 288f.
[253] Vgl. ebd.

a) „Du gefällst mir" – Inklusive Firmvorbereitung für Jugendliche mit und ohne Behinderung

Roland Weiß und Tobias Haas weisen in ihrer Arbeitshilfe zur inklusiven Firmvorbereitung auf die Notwendigkeit einer verständlichen Sprache hin:

> „Zu einer inklusiven Firmvorbereitung gehört eine Sprache, die möglichst alle verstehen. Deshalb sind die biblischen Texte in dieser Mappe an Kriterien angelehnt, die das ‚Netzwerk People First Deutschland e.V.' für leichte Sprache [sic!] entwickelt hat."[254]

Dieser grundlegende Gedanke der verständlichen Sprache zieht sich im Weiteren durch das gesamte Firmvorbereitungskonzept, ohne dass Leichte Sprache noch einmal explizit erwähnt wird. Alle Bibeltexte des Buches sind in von den Autoren formulierter einfacher Sprache abgedruckt.

b) Bibel-Teilen in Leichter Sprache

Als Methode für die Arbeit mit biblischen Texten bietet sich ab dem Alter von 12/13 Jahren das ‚Bibel-Teilen' an. Bibel-Teilen (Lectio divina) ist eine traditionelle Form des gemeinsamen Bibellesens, die u.a. auf die Emmausgeschichte zurückgeführt wird, wo Jesus die Jünger lehrt, die Worte der Schrift mit ihrem Leben zu verbinden und die im 12. Jh. von dem Kartäusermönch Guigo erstmals in eine verbindliche Form (Lesen – Meditieren – Gebet – Kontemplation – Aktion) gebracht wurde, die aber ab dem 16. Jh. in Vergessenheit geriet. Angestoßen durch das II. Vatikanische Konzil hat das Bibel-Teilen seit 1970 eine Wiederbelebung erfahren und wird seitdem wieder in vermehrter Form angewendet.[255]

Ziel des Bibel-Teilens ist es, „Bibel so zu lesen (lectio), dass sie zum lebendigen und bewegenden Wort Gottes (divina) wird."[256] Es haben sich verschiedene Formen des Bibel-Teilens entwickelt. Der Anleitung zum Bibel-Teilen in Leichter Sprache liegt die Lumko-Methode aus Südafrika (Bibel-Teilen in Sieben Schritten) zugrunde:

1. Einladen: In einem Gebet wird Jesus in der Gemeinschaft der Teilnehmenden begrüßt.
2. Lesen: Die Bibelstelle wird laut vorgelesen.
3. Verweilen: Einzelne Worte oder kurze Sätze werden ausgesucht und von den Teilnehmenden laut und betrachtend ausgesprochen. Am Ende kann noch einmal der ganze Text gelesen werden.
4. Schweigen: In einer Phase des Schweigens hört jeder auf den Text und was Gott ihm dazu zu sagen hat.
5. Teilen: Es findet ein Austausch statt, welche Worte den Einzelnen in welcher Weise angesprochen haben. Hier ist eine vertraute Gruppe von Vorteil.
6. Handeln: Es folgt ein Austausch über Handlungskonsequenzen, die sich aus dem Text ergeben haben. Das können ganz konkrete Verabredungen sein.

---

[254] Weiss, Roland; Haas, Tobias (Hrsg.), Du gefällst mir, 12.
[255] Vgl. Eltrop, Bettina, Lectio divina / Bibelteilen.
[256] Ebd., 483

7. Beten: Mit einem Gebet wird das Bibel-Teilen abgeschlossen.[257]

Die Anleitung zum Bibel-Teilen in Leichter Sprache wurde vom Bistum Münster veröffentlicht. Martin Merkens und Hans-Georg Hollenhorst haben eine Erklärung zum Konzept und die einzelnen Schritte in Leichte Sprache übersetzt. In Leichter Sprache heißen die sieben Schritte:

> „1. Jesus begrüßen [...]
> 2. Bibel lesen [...]
> 3. Angesprochen werden [...]
> 4. Still werden [...]
> 5. Von sich erzählen [...]
> 6. Was kann man tun? [...]
> 7. Beten oder singen"[258]

Das Bibel-Teilen geht von einem von allen Teilnehmenden lesbaren und verständlichen Bibeltext aus. In der Anleitung verweisen die Autoren auf die Texte des Katholischen Bibelwerks.[259]

1.4.2 Gottesdienste und Andachten in Gemeinden

Neben den Beiträgen von Anne Gidion gibt es noch einige weitere Veröffentlichungen zum Thema Gottesdienst und Leichte Sprache:

Arbeitshilfe der Nordkirche „Gottesdienst für alle. Impulse für einen inklusiven Gottesdienst"[260]

Diese Arbeitshilfe bietet einen fundierten Überblick über Hintergründe, Wirkfelder, die Besonderheiten der verschiedenen Zielgruppen und häufig gestellten Fragen. In Kapitel 8 „A-Z des inklusiven Gottesdienstes" findet sich Leichte Sprache unter den Stichworten ‚Atmosphäre' und ‚Sprache' wieder.

> *„Atmosphäre: Die Atmosphäre wird bestimmt u.a. durch Bewegung im Raum, Gesten, Stimmführung der Agierenden, Musik, Lieder, Inhalt, Licht und den Kirchraum. Sie gibt einerseits den Menschen Raum, andererseits hält sie das Gottesdienstgeschehen. Um dies zu erreichen, haben sich einige Dinge bewährt, z.B.: Ankommen bei Musik, Begrüßung an der Tür, Wechsel von Bewegung und Ruhe, sorgfältig erstellte Liedblätter, leichte [sic!] Sprache."*[261]

---

[257] Vgl. ebd., 486–488.
[258] MERKENS, MARTIN; HOLLENHORST, HANS-GEORG, Zusammen in der Bibel lesen, 1–2.
[259] Vgl. ebd., 2.
[260] NETZWERK KIRCHE INKLUSIV (Hrsg.), Gottesdienst für alle.
[261] Ebd., 31.

Beiträge aus der Praxis

> *„Sprache: Leichte Sprache ist keine Garantie für vertiefte Erfahrung im Gottesdienst. Aber sie hilft! Sie entschlackt theologische Schwurbel. Sie ermöglicht ein mitgehendes Hören. Ein Gedanke pro Satz, Beten in Hauptsätzen – das hilft der Seele, mitzuschwingen."*[262]

In Kapitel 9 finden sich Beispiele und Modelle für inklusive Gottesdienstformen. Die in den Beispielen verwendeten Bibeltexte sind in Leichter Sprache, ein Großteil der weiteren Texte ist ebenfalls in Leichter oder einfacher Sprache gehalten. Die Gottesdienstentwürfe sind so gestaltet, dass sie mit kleineren Anpassungen übernommen werden können.

Das Projekt „Leichte Sprache – ein Beitrag zur Inklusion" der Ev. Kirche von Baden

Die Evangelische Landeskirche von Baden (EKiBa) führte vom 1.6.2015 bis 31.5.2017 das Projekt „Leichte Sprache – ein Beitrag zur Inklusion" durch. Unter der Leitung von André Paul Stöbener von der Projektstelle Inklusion wurden die vier im Projekt formulierten Ziele umgesetzt, erreicht und zum Teil übertroffen. Als Ziel des Projekts wurde formuliert:

> *„Leichte Sprache können viele Menschen besser verstehen. Es geht bei der Leichten Sprache darum, die Teilhabemöglichkeiten von Menschen mit Unterstützungsbedarf durch barrierefreie Kommunikation zu ermöglichen. Sie hilft dabei, selbstbestimmt am kirchlichen Leben teilnehmen zu können.*
> *Zur Umsetzung dieses Ziels dienen folgende Teilziele und [...] Messgrößen:*
> *Z1: Erhöhung der Verständlichkeit von exemplarischen Verlautbarungen der Landeskirche in Baden*
> *Z2: Entwicklung von Unterstützungsleistungen für Pfarr-/Kirchengemeinden*
> *Z3: Feststellung der Chancen und Grenzen von Leichter Sprache für die Evangelische Landeskirche in Baden und Definition dessen, an welchen Stellen und in welchen Zusammenhängen zukünftig Leichte Sprache stärker oder als Standard benannt werden kann*
> *Z4: Bewusstseinsbildung und Akzeptanz für den Nutzen der Leichten Sprache und die Notwendigkeit barrierefreier Kommunikation (Öffentlichkeitsarbeit)"*[263]

Im Abschlussbericht wird die Zielerreichung detailliert beschrieben. Alle im Projektzeitraum entstandenen Materialien wurden auf der Internetseite ekiba.de/leichtesprache eingestellt. Besondere Aufmerksamkeit verdienen die Arbeitshilfe „Leicht gesagt – Leichte Sprache in der Kirchengemeinde"[264] und die im Projekt entstandenen Texte in Leichter Sprache,[265] die auf der Internetseite der Ev. Kirche in Baden abrufbar sind.

---

[262] Ebd., 33.
[263] STÖBENER, ANDRÉ PAUL; PROJEKTSTELLE INKLUSION DER EVANGELISCHEN LANDESKIRCHE BADEN, Abschlussbericht zum Projekt Leichte Sprache, 1.
[264] STÖBENER, ANDRÉ PAUL; EIGEL, SABINE, Leicht gesagt – Leichte Sprache in der Kirchengemeinde.
[265] https://www.ekiba.de/html/content/leichte_sprache_fuer_die_gemeindearbeit.html

Neben der Arbeitshilfe „Leicht gesagt - Leichte Sprache in der Kirchengemeinde" stehen mehrere Gottesdienstentwürfe zu besonderen Gottesdiensten im Lebenslauf (Taufe, Einschulung, Konfirmation, Trauung, Beerdigung) in Leichter Sprache zum Download bereit.[266] Unter der Rubrik „Leichte Sprache im Gottesdienst" gibt es weitere Materialien mit Bibeltexten in Leichter Sprache zur Passionszeit, zu einzelnen Perikopen und dem Ewigkeitssonntag.[267] Ausgewählte Psalmen (Monatspsalmen) sind unter der Rubrik „Psalmen in Leichter Sprache"[268] zu finden. Aus diesem Projekt wird Psalm 23 in Kapitel 7.2 näher untersucht.

Lebenszeichen – Andachtsblätter aus dem Bistum Limburg[269]

Das Bistum Limburg veröffentlicht auf der Internetseite www.lebenszeichen.bistumlimburg.de Impulsblätter mit dem Titel „Lebenszeichen", deren Sprache keine klare Unterscheidung zwischen Leichter und Einfacher Sprache macht und dementsprechend nicht immer den Regeln von Leichter Sprache folgt. Die Gestaltung als direkt weiterverwendbares Lied- und Textblatt lädt zur Nachahmung in den eigenen Zusammenhängen ein. Die Lieder von Jochen Straub sind sehr einfach gehalten und wurden speziell für dieses Format komponiert. Dadurch sind sie zwar nicht schon aus anderen Zusammenhängen bekannt, aber durch eine abrufbare Audioversion wird die Lernschwelle sehr niedrig gehalten. Es gibt mittlerweile auch ein Liederbuch und die Lieder auf einem USB-Stick zu kaufen.

> *„Lebenszeichen*
> *• sind religiöse Impulsblätter*
> *• erschließen verschiedene Themen*
> *• haben immer einen meditativen Text, eine Bibelstelle, einen Segen und ein Lied*
> *• eignen sich für Impulse bei Sitzungen, Meditationen, Gottesdiensten und vieles mehr*
> *• einfach nehmen und nutzen!"*[270]

Die Andachten sind nach den Rubriken Jahreskreis, Einzelthemen und Menschenzeichen angeordnet. Unter Jahreskreis finden sich Andachten zum Kirchenjahr, unter Einzelthemen Andachten zu Themen wie Barmherzigkeit, Segen oder Singen und unter Menschenzeichen Andachten zu Heiligen und herausragenden Menschen der katholischen Kirche. Die verwendeten Bibeltexte sind in Leichter Sprache und stammen größtenteils aus den Veröffentlichungen des Katholischen Bibelwerks. Darüber hinaus gibt es einige weitere Texte, z.B. Psalmen, deren Quelle nicht gekennzeichnet ist.

---

[266] EVANGELISCHE LANDESKIRCHE IN BADEN, Besondere Gottesdienste.
[267] EVANGELISCHE LANDESKIRCHE IN BADEN, Leichte Sprache im Gottesdienst.
[268] EVANGELISCHE LANDESKIRCHE IN BADEN, Psalmen in Leichter Sprache.
[269] BISTUM LIMBURG, Lebenszeichen.
[270] Ebd., o.S.

Beiträge aus der Praxis 65

1.4.3 Kirchraumpädagogik

Christoph Beuers, Kurt Weiers und Jochen Straub stellen in ihrem Buch „Vom Rand die Mitte sehen"[271] einen inklusiven Kirchraumführer vor. Hier werden die Elemente des Kirchen- oder Gottesdienstraums und andere kirchliche Begriffe in Leichter oder sehr einfacher Sprache erklärt. Dabei werden auch immer wieder Bibelstellen zitiert. An vielen Stellen gibt es allerdings keinen Verweis auf die Bibelstelle und keinen Verweis auf die Übersetzenden des Bibeltextes. Es kann davon ausgegangen werden, dass die Autoren hier selbst übersetzt haben. Straub betont in seinem dazu in den Katechtischen Blättern 4/17 erschienenen Aufsatz die Bedeutung von Leichter Sprache:

> *„Der Auftrag ist, viele Menschen mit der Botschaft Christi zu erreichen. Letzen Endes stellt sich sogar die Frage, ob unsere Basis vielmehr die Leichte Sprache sein muss, die dann für alle Menschen, die ‚mehr' wollen, in einer komplexen Weiterführung angeboten wird. [...] In meiner Wahrnehmung ist sowohl die Leichte Sprache als auch die Einfache Sprache nicht banal, sondern basal. [...] Die Notwendigkeit, das Elementare einer Kommunikation und einer Aussage in den Blick zu nehmen, verhindert sogar, dass Texte banal werden."*[272]

Bemerkenswert ist, dass dem Buch eine CD beigefügt ist, auf dem alle Texte des Buches ungeschützt zur Weiterbearbeitung verfügbar sind. So kann jede Gemeinde mit diesen Texten weiterarbeiten und einen eigenen Kirchenführer erstellen und mit eigenen Fotos ergänzen. Diese Idee kann auch in der religionspädagogischen Arbeit z.B. zur Erstellung eines eigenen Kirchenführers durch eine Gruppe umgesetzt werden.[273]

1.4.4 Persönliche Glaubenspraxis

Aus dem Bereich der persönlichen Glaubenspraxis sollen exemplarisch zwei Andachtsbücher mit Bibeltexten in Leichter Sprache genannt werden.

„Du bist Gott wichtig" von Jörg Kontermann[274]

Der Sonderpädagoge Jörg Kontermann hat 2014 das Andachtsbuch „Du bist Gott wichtig" veröffentlicht. Für jeden Tag des Jahres findet sich eine Andacht, die aus einer Fotografie, einer Aussage aus der Bibel, ihrer Bedeutung für unser Le-

---

[271] BEUERS, CHRISTOPH; STRAUB, JOCHEN; WEIGEL, KURT, Vom Rand die Mitte sehen.
[272] STRAUB, JOCHEN, Mit Gutem mehr Menschen erreichen, 276.
[273] Vgl. STRAUB, JOCHEN, Mit Gutem mehr Menschen erreichen, 274f.
[274] KONTERMANN, JÖRG, Du bist Gott wichtig.

ben und einem Gebet besteht. „*Die Andachten erzählen vom Leben von Jesus und anderen Menschen aus der Bibel. Sie zeigen: So kann ich mit Gott befreundet sein.*"[275]

Es ist besonders hervorzuheben, dass die Andachten keine Übersetzungen in Leichte Sprache sind, sondern direkt in Leichter Sprache geschrieben wurden. Die Bibelstellen sind eigene Übertragungen des Autors. Längere Perikopen sind auf mehrere Tage verteilt, könnten aber auch als ganze Geschichte gelesen werden. Symbole bei jeder Andacht weisen auf Bibeltext, Auslegung und Gebet hin. Die Texte sind nicht durch ein Prüfsiegel zertifiziert. Am Ende des Buches erleichtert ein Bibelstellenverzeichnis das Auffinden einzelner Perikopen.

„Gott sein Dank!" – Ein Buch für die Glaubenspraxis

Dieter Bauer, Claudia Ebert, Tobias Haas und Wolfgang Weiß (alle in der Tradition des katholischen Projekts Evangelium-in-Leichter-Sprache) haben 2020 ein Buch mit dem Titel „Gott sei Dank! Gebete, Geschichten, Gebärden, Lieder und Bilder für alle in Leichter Sprache" herausgegeben.[276] Dieses Buch eignet sich gleichermaßen für den Gebrauch in Familie oder Wohnumfeld wie in Gemeinde oder diakonischer Einrichtung.

Das Buch bietet eine Kombination aus (Gebets-)Texten in Leichter Sprache, Gebärden, Fotos von Tonskulpturen und (leichten) Liedern. Zu den Tageszeiten, zu Glaubensthemen und zu Gefühlen werden Beiträge zusammengestellt, die sowohl einzeln als auch in Kombination verwendet werden können und dadurch sehr inklusiv Menschen mit verschiedenen Fähigkeiten und Zugangsmöglichkeiten in Gebet und Andacht zusammenbringen können.

Das Buch ist großformatig und optisch und haptisch ansprechend gestaltet. Die abgedruckten Lieder können über einen QR-Code abgerufen und angehört werden.

1.4.5 Zwischenfazit

Die Beiträge aus der Praxis zeigen noch einmal auf, wie stark Leichte Sprache aus der Praxis kommt und sich in ihr und mit ihr weiter entwickelt. Der Wunsch nach Inklusion von Menschen mit Lern- oder anderen Zugangsschwierigkeiten ist bei allen Beteiligten handlungsleitend. Aus einigen Beiträgen lässt sich der Wunsch nach der Brückenfunktion von Leichter Sprache herauslesen: Leichte Sprache kann die Basis sein, mit der man beginnt und auf die man aufbaut.[277] In vielen Fällen steht die Leichte Sprache allerdings auch für sich und entfaltet ihren ganz eigenen Wert. Eine wissenschaftlich begleitete Reflexion steht in den

---

[275] Ebd., Rückseite des Buches.
[276] BAUER, DIETER et al. (Hrsg.), Gott sei Dank.
[277] Vgl. STRAUB, JOCHEN, Mit Gutem mehr Menschen erreichen, 276.

meisten Fällen noch aus, zum einen inhaltlich, aber auch in Bezug auf Verbreitung und Wirksamkeit. Es fällt zudem auf, dass Leichte Sprache in einigen religions- und gemeindepädagogischen Arbeitsfeldern sowie als Thema in der Ausbildung von Theolog*innen, Religions- und Gemeindepädagog*innen fehlt oder allenfalls am Rande vorkommt.

1.5 Fragestellung dieser Arbeit

Aus dem dargestellten Forschungsstand ergibt sich der Bedarf einer grundlegenden Darstellung der deutschsprachigen Übersetzungslandschaft für Bibeltexte in Leichter Sprache und einer Untersuchung der Übersetzungspraxis. Daraus ergeben sich folgende Forschungsfragen:

a) zur Übersetzungslandschaft zu den Themen Arbeitsweisen und Intentionen
– Wer übersetzt Bibeltexte in Leichte Sprache?
– Mit welcher Intention und für welche Zielgruppe wird übersetzt?
– Wie entstehen Bibeltexte in Leichter Sprache?
– Welche Auftraggeber*innen stehen dahinter und wie werden Bibeltexte in Leichter Sprache veröffentlicht?

b) zum Vorgang des Übersetzens von Bibeltexten in Leichte Sprache zum Thema Problemlagen
– Welche Problemlagen ergeben sich bei der Übersetzung von Bibeltexten nach den allgemeinen Regeln der Leichten Sprache?
– Welche Faktoren beeinflussen die Übersetzungsentscheidungen?

1.6 Ziel und Vorgehensweise dieser Arbeit

Ziel dieser Arbeit ist, ein Grundlagenwerk zur deutschsprachigen Übersetzungslandschaft für Bibeltexte in Leichter Sprache zu schaffen.

Schwerpunkte sind zum einen die genaue Betrachtung der Übersetzendengruppen und zum anderen die Untersuchung der Übersetzungspraxis. Dem geht eine theoretische Einordnung voraus, in der sich dem Thema Verständlichkeit zum einen aus der Perspektive der Inklusion und zum anderen aus theologischer Perspektive genähert wird.

Dazu wurde schon im Vorwort dargestellt, wie es zur Themenfindung gekommen ist. Es folgten in Kapitel 1.1 eine kurze Darstellung des Konzepts der Leichten Sprache und weitere einleitende Worte. Danach wurde die aktuelle wissenschaftliche Situation analysiert: Welche Fragen werden gerade in der Linguistik und den benachbarten Wissenschaften diskutiert? Welche Forschung gibt es bereits zu Bibeltexten in Leichter Sprache und inwieweit wird Leichte Sprache in der praktischen Theologie verhandelt? Welche Beiträge gibt es aus der religions- und gemeindepädagogischen Praxis? Mit der Darstellung der Forschungsfrage(n), des Ziels und der Vorgehensweise dieser Arbeit schließt das Kapitel ab.

Kapitel 2 weitet den Blick auf die Kontexte: Der Begriff der Verständlichkeit wird zunächst aus zwei Perspektiven entfaltet. Aus der Perspektive der Inklusionsdebatte geht es in Kapitel 2.1 um Barrierefreiheit in sprachlicher Hinsicht als Schlüssel zur gesellschaftlichen Teilhabe. Aus der Perspektive der Religionspädagogik/Praktischen Theologie geht es in Kapitel 2.2 unter der Überschrift Verständlichkeit und Bibel um Kommunikation mit dem Schwerpunkt Kommunikation des Evangeliums und den damit verbundenen Anspruch der Verständlichkeit desselben und um Elementarisierung. Ergänzend wird auf Bibelübersetzungen unter Berücksichtigung der Interessen, Rechte und Bedürfnisse bestimmter Zielgruppen eingegangen. Eine besondere Rolle spielt dabei die dis/ability-sensible Sicht auf Theologie und Bibel. Abschließend werden die Vorläufer von Bibeltexten in Leichter Sprache exemplarisch beschrieben. Das Kapitel schließt mit einem Blick auf den Begriff der Angemessenheit.

In Kapitel 3 wird der Begriff der Kommunikation des Evangeliums vor dem dargestellten Hintergrund der gesellschaftlichen Teilhabe zum Begriff der ‚Teilhabe am Evangelium' weiterentwickelt.

Kapitel 4 widmet sich der genauen Untersuchung der Übersetzungslandschaft von Bibeltexten in Leichter Sprache im deutschsprachigen Raum. Mit Hilfe eines detaillierten Rasters wird ermittelt, wer warum wie in wessen Auftrag mit welchem Hintergrund auf welche Weise wozu und für wen Bibeltexte in Leichte Sprache übersetzt, überträgt, transformiert oder nachdichtet und wie die Produkte veröffentlicht werden. Die zusammengetragenen Informationen werden hinsichtlich ihrer Relevanz für die Forschungsfrage bezüglich der Aspekte Intentionen, Arbeitsweisen und Hintergründe ausgewertet.

Um noch näher an den Übersetzungsprozess in den einzelnen Gruppen heranzukommen, wurden qualitative Expert*innen-Interviews mit je einem Mitglied der Übersetzendengruppen geführt. In Kapitel 5 werden das Forschungsdesign und die Fragestellung der Analyse dargelegt: Die Innensicht der Expert*innen auf ihre eigene Übersetzungsarbeit wird am Beispiel besonderer Herausforderungen ermittelt.

In Kapitel 6 erfolgt ein Perspektivwechsel zur Außensicht auf Bibeltexte in Leichter Sprache. Dazu wird zunächst die Kritik an der Leichten Sprache allgemein (fokussiert auf vor allem negative Kritik an der Übersetzungspraxis und den Regeln) und die Kritik an kommunikativen Bibelübersetzungen referiert, um dies dann explizit in (negativer) Kritik an Bibeltexten in Leichter Sprache zusammenzuführen.

Kapitel 7 geht in die Diskussion der gewonnenen Erkenntnisse durch den Vergleich exemplarisch ausgewählter Perikopen: Entsprechen die Übersetzun-

Ziel und Vorgehensweise dieser Arbeit

gen den Regeln in Leichter Sprache? Aus welchen Gründen und in welchem Ausmaß wird von den Regeln abgewichen? Inwieweit können die Texte exegetische Exaktheit bieten? Gibt es weitere Faktoren, die einen starken Einfluss auf den Zieltext haben?

Kapitel 8 benennt Forschungsdesiderate und weitergehende Themen.

Kapitel 9 beendet die Arbeit mit Schlussfazit und Ausblick.

2. Kontexte

Nachdem in Kapitel 1.3 der aktuelle Stand der Forschung und in 1.4 Impulse aus der Praxis aufgezeigt wurden, gilt es nun, das Thema dieser Arbeit in den entsprechenden Kontext zu stellen. ‚Teilhabe' ist hier der Schlüsselbegriff und wird im Folgenden zum einen aus der Perspektive der Inklusionsdebatte und zum anderen aus theologischer Perspektive entfaltet. Dabei kommt es zu einer Zuspitzung auf den Begriff der Verständlichkeit.

2.1 Teilhabe I: Verständlichkeit im Kontext Inklusion

Teilhabe ergibt sich als Schlüsselbegriff aus der Inklusionsdebatte. Dabei ist wichtig, klarzustellen, dass Inklusion nicht nur Randgruppen sondern alle betrifft.[1] Inklusion ist eine gesamtgesellschaftliche Utopie, bei der es nicht darum geht, bestimmte Gruppen am Rande der Gesellschaft besser in das bereits bestehende System zu integrieren. Das (revolutionäre) Potenzial der Inklusionsidee liegt darin, dass mit den zu Inkludierenden an der Gesellschaft gearbeitet wird, damit die Gesellschaft allen ein gelingendes Leben ermöglicht.[2] In einer solchen (zukünftigen) Gesellschaft gilt: *„Es ist normal, verschieden zu sein."*[3]

Kommunikation spielt dabei eine, wenn nicht die entscheidende Rolle für das Gelingen von Teilhabe. Kommunikation lebt von Sprache. Nur verständliche Sprache erlaubt Partizipation in Form von Teilhabe und Teilgabe, Mitbestimmung und Selbstbestimmung. Leichte Sprache hat sich als ein möglicher Weg zur Verbesserung und Ermöglichung von verständlicher(er) Sprache etabliert.

Zunächst wird in diesem Kapitel die Bedeutung von Sprache für das Menschsein anthropologisch begründet. Daraus abgeleitet wird das Recht auf Teilhabe als Menschenrecht formuliert, das den Staat in die Pflicht nimmt. Dann wird erläutert, inwieweit Sprache und Teilhabe zusammenhängen. Zum Schluss wird beschrieben, wie die gesetzliche Verankerung von verständlicher Sprache und die Geschichte der Leichten Sprache gegenseitig Einfluss genommen haben und so ein möglicher Weg zum Abbau sprachlicher Barrieren gefunden wurde.

---

[1] Vgl. EBERT, HELMUT, Leichte Sprache, 131.
[2] Vgl. BECKER, UWE, Die Inklusionslüge.
[3] Titel der Ansprache des damaligen Bundespräsidenten Richard von Weizsäcker bei der Eröffnungsveranstaltung der Tagung der Bundesarbeitsgemeinschaft Hilfe für Behinderte am 1. Juli 1993 im Gustav-Heinemann-Haus in Bonn.

2.1.1 Sprache als wesentlicher Faktor des Mensch-Seins

Die Betrachtung und Diskussion des Phänomens Leichte Sprache erfordert die Auseinandersetzung mit der Bedeutung der Sprache für den Menschen.

Ich habe Sprache, also bin ich?

Zu Beginn möchte ich grundsätzlich feststellen: Auch wenn es in dieser Arbeit, bedingt durch die Fragestellung, hauptsächlich um geschriebene und gesprochene Sprache geht, ist das Verständnis von Sprache (besonders im nun folgenden Kapitel) ein weitergehendes: Sprache ist nicht nur gesprochene Sprache, sondern umfasst auch sprachergänzende und sprachersetzende Kommunikationssysteme wie Körpersprache bzw. Gebärdensprache, lormen[4] oder ‚Unterstützte Kommunikation'. Jeder Mensch ist von Natur aus kommunikationsfähig und kommunikationsbedürftig und benutzt dazu ein Signalsystem zur Bedürfnisäußerung, zur gegenseitigen Verständigung und zur eigenen Reflexion. Auch Menschen, die aus unterschiedlichen Gründen nicht zur sichtbaren Reaktion auf oder zu aktiver Kommunikation fähig sind (z.B. Menschen im Wachkoma) oder darin schwerstbeeinträchtigt sind, sind Teil des menschlichen, von Sprache maßgeblich bestimmten Zusammenlebens und werden damit hier nicht ausgeschlossen.

Über die Jahrhunderte gab es stetig den Versuch, das Phänomen Sprache zu fassen und sie als wesentliches Merkmal des Menschseins zu beschreiben. Dabei reichen die Schlagworte vom ‚zôon lógon échon'[5] (Aristoteles)[6] bis zum ‚Language Animal' (Taylor),[7] dem ‚storytelling animal' (MacIntyre)[8] und dem ‚Homo narrans' (Fisher/Koschorke)[9].

Sprache ist ein wesentlicher Bestandteil des Mensch-Seins. *„Der Mensch ist das einzige Wesen, das Sprache hat"*[10] – schon Aristoteles beschreibt die Sprache als entscheidenden Unterschied zwischen Mensch und Tier. Der Mensch unterscheidet mit Hilfe von Sprache gut und böse, gerecht und ungerecht und verständigt sich über die Definition dieser Begrifflichkeiten.[11] Die entscheidende Voraussetzung aller Unterscheidungen zwischen Mensch und Tier ist die Sprachlichkeit des Menschen: Ob Reflexionsfähigkeit (Hegel), Vernunft (Kant) oder die Mitmenschlichkeit und die Mitgöttlichkeit (Heintel) – alles ist nur mit

---

[4] Lormen ist eine mit den Fingern, in die Hand des Gegenübers getippte Sprache, die die Kommunikation mit Taubblinden ermöglicht.
[5] [griech.] sprachliches Wesen.
[6] Zit. nach FLATSCHER, MATTHIAS; POSSELT, GERALD; SEITZ, SERGEJ, Sprachphilosophie, 37.
[7] TAYLOR, CHARLES, Das sprachbegabte Tier.
[8] Vgl. MACINTYRE, ALASDAIR, Verlust der Tugend, 26.
[9] Zit. nach KOSCHORKE, ALBRECHT, Wahrheit und Erfindung, 9.
[10] Zit. nach FLATSCHER, MATTHIAS; POSSELT, GERALD; SEITZ, SERGEJ, Sprachphilosophie, 37.
[11] Vgl. ebd.

und durch Sprache möglich.[12] Sprache hat dabei sowohl eine deskriptive als auch eine konstruktiv konstitutive Dimension.

Sprache ist deskriptiv.

Die deskriptive Dimension ist das Codieren und Weitergeben von Informationen, bzw. das Speichern von Informationen und Kenntnissen. Dies gründet auf allgemeingültige Bezeichnungen, Wortbedeutungen und Definitionen. Dieses kollektive Wissen wird an die nächste Generation weitergegeben und ist damit grundlegend für die Entwicklung menschlicher Kulturen und Techniken.[13]

Die Vermittlung von Informationen ist auch eine der ursprünglichen Funktionen von Leichter Sprache, zumindest wie sie im Verständnis der einschlägigen Vertreter dargestellt wird.[14]

Sprache ist konstruktiv konstitutiv.

Sprache hat aber auch eine konstruktiv konstitutive Dimension. Nach Johann Gottfried Herder gibt es keine sprachlichen Äußerungen ohne Hintergrund. Ein empirischer Atomismus, also die Zerteilung von Erfahrungen oder Wortbedeutungen in kleinste, unabhängige Stückchen, ist nicht umsetzbar. Sprache ist immer abhängig von Lebensform, Situation und dem persönlichen charakteristischen Hintergrund.[15]

Sprache kommt daher nicht ohne Verknüpfung mit dem Kontext aus. Dabei spielt die Konstruktion von Sätzen eine entscheidende Rolle. Erst der vollständige Satz gibt den einzelnen Wörtern ihre Bedeutung. Dieses Kontextprinzip der Wörter im Satz verbindet Gottlob Frege dann mit der Gesamtkomposition ihrer Verwendung (syntaktische Komposition). Dieses Kompositionalitätsprinzip wird auch als Frege-Prinzip bezeichnet und stellt die Grundlage der modernen analytischen (Sprach-) Philosophie dar.[16] Spätestens seit diesem ‚linguistic turn' Anfang des 20. Jahrhunderts gilt: *„Sprache wird selbst zur Bedingung der Möglichkeit von Erkenntnis."*[17]

---

[12] Vgl. HEINTEL, ERICH, Sprache/Sprachwissenschaft/Sprachphilosophie I. Sprachphilosophie (TRE), 733f.
[13] Vgl. TAYLOR, CHARLES, Das sprachbegabte Tier, 626.
[14] Vgl. im Besonderen FRÖHLICH, WALBURGA; CANDUSSI, KLAUS, Informationsbarrieren, 9–38.
[15] Vgl. TAYLOR, CHARLES, Das sprachbegabte Tier, 35ff.
[16] Vgl. ebd., 119.
[17] Ebd., 105.

Sprache schafft Bezug zur Welt.

Sprache hat sozio-historische und weltbildende Kraft. Nach Martin Heidegger kann die Frage nach dem Menschen nur dann angemessen gestellt werden, wenn seine gemeinschaftlich bestimmte Verfasstheit mit einbezogen wird.[18] Erich Heintel fasst zusammen: Der Zugang zur Welt erfolgt über Sprache. Der Mensch nimmt die Welt als sprachlich vermittelte Welt wahr; die Welt wird für den Menschen durch Sprache überhaupt erst greifbar. Der Mensch muss sich seinerseits ebendieser Sprache bedienen, um seine eigene Weltsicht zu artikulieren.[19]

Sprache ist das einzigartige Zusammenspiel der intellektuellen Fähigkeiten des Menschen, seine Sinnes- und Bewegungseindrücke zu kombinieren. Sprache verleiht dem Menschen die Möglichkeit, die Welt überschaubar zu machen und damit ordnen und einordnen zu können. Das befreit den Menschen von der Abhängigkeit von seinen Instinkten und akuten Situationen und unterscheidet ihn von allen anderen Lebewesen. Mit der Sprache erhält der Mensch die Möglichkeit, Dinge nur zu denken, aber nicht zu tun. Gleichzeitig kann er seine Worte jederzeit in die Tat umsetzen. Die Fähigkeit zum Denken ist gleichzeitig die Fähigkeit zum vorausschauenden Planen.

Sprache ist immer verfügbar, und die Fähigkeit zur Vorstellung von Dingen, Situationen und Gefühlen macht den Menschen unabhängig von der realen Situation. Damit entlastet Sprache den Menschen vom Hier und Jetzt. Sprache ermöglicht dem Menschen, mit der Welt umzugehen und schenkt ihm Fantasie und Vorstellungsvermögen, die Welt zu gestalten.[20]

Sprache ist Aktion und Interaktion.

„Die Sprache selbst ist kein Werk, sondern eine Tätigkeit."[21] Sprache findet immer in der Interaktion mit anderen Menschen statt. Der Mensch ist von Natur aus ein dialogisches Wesen und damit ein Beziehungswesen. Er ist auf andere Menschen in seinem Menschsein angewiesen.[22] „Der Mensch wird am Du zum Ich", hat Martin Buber 1923 formuliert.[23]

Charles Taylor formuliert diesen konstitutiven Aspekt von Sprache in zwei Schritten.

---

[18] Vgl. ebd., 189.
[19] Vgl. HEINTEL, ERICH, Sprache/Sprachwissenschaft/Sprachphilosophie I. Sprachphilosophie (TRE), 734.
[20] Vgl. GEHLEN, ARNOLD, Der Mensch, 48ff.
[21] Humboldt zit. nach FLATSCHER, MATTHIAS; POSSELT, GERALD; SEITZ, SERGEJ, Sprachphilosophie, 73.
[22] Vgl. ebd., 74.
[23] BUBER, MARTIN, Das dialogische Prinzip.

1. Das Artikulieren (und Reflektieren) von menschlichen oder auch metabiologischen[24] Bedeutungen;
2. das Artikulieren (und Reflektieren) von zwischenmenschlichen Verhältnissen.[25]

Sprache ist demnach unabdingbar für das zwischenmenschliche Miteinander.

Sprache ist schöpferisch.

Der konstitutive Aspekt von Sprache hat auch eine schöpferische Dimension:
- Sprache schafft Beziehungen und gesellschaftliche Ordnung.
- Sprache schafft Normen und Werte.
- Sprache dient der Wiederherstellung oder auch der Reform von Beziehungen, Ordnung, Normen und Werten.

Dies geschieht im Diskurs zwischen den Menschen.[26]

Sprache schafft Beziehungen.

Darüber hinaus vermittelt Sprache auch zwischen den Menschen. Dabei entsteht eine Verständnisgemeinschaft, in der sich die Gesprächspartner gegenseitig als ebensolche und damit als Subjekte anerkennen,[27] was den Dialog entweder eröffnet oder durch bewusste Verweigerung verhindert.[28]

Sprache ist also elementare Voraussetzung für Beziehungen, da diese auf Kommunikation aufbauen. Kommunikation besteht zu einem großen Teil auf sprachlicher Interaktion und ermöglicht schließlich den Diskurs. Diskurs findet immer mit mindestens zwei Meinungen oder Beteiligten statt und dient der Verifizierung der zur Debatte stehenden Aussagen. Durch den Diskurs und die Kommunikation kommt es zur Definition zwischenmenschlicher Verhältnisse, die dann im Verlauf etabliert und aufrechterhalten werden bzw. im Rahmen des sozialen Lebens benannt, gerechtfertigt oder auch in Frage gestellt und reformiert werden.[29]

Für die Entwicklung von Sprache haben die Beziehungen zwischen Menschen eine entscheidende Rolle gespielt, im Besonderen die Fähigkeit zu gemein-

---

[24] Metabiologische Bedeutungen sind Fragen nach dem Sinn des Lebens, nach den Anforderungen von Liebe, nach allen objektiv nicht erkennbaren und beschreibbaren Mustern und Zuständen (vgl. die folgende Fußnote).
[25] Vgl. TAYLOR, CHARLES, Das sprachbegabte Tier, 178–180.
[26] Vgl. ebd., 501ff.
[27] Judith Butler schreibt, dass es zur Subjektkonstitution des Menschen gehört, dass er von anderen als Subjekt angesprochen wird (vgl. FLATSCHER, MATTHIAS; POSSELT, GERALD; SEITZ, SERGEJ, Sprachphilosophie, 253).
[28] Vgl. HEINTEL, ERICH, Sprache/Sprachwissenschaft/Sprachphilosophie I. Sprachphilosophie (TRE), 734.
[29] Vgl. TAYLOR, CHARLES, Das sprachbegabte Tier, 626ff.

samer Aufmerksamkeit, die Fähigkeit zu Empathie und die Fähigkeit zur ‚Deutung' des Anderen.[30] Auch nach Meinung des Physikers und Linguisten Sverker Johansson sind Hilfsbereitschaft und Mitgefühl entscheidende Faktoren für die Entwicklung menschlicher Sprache.[31]

Ein weiteres menschliches Alleinstellungsmerkmal ist nach Taylor die Fähigkeit zum Spiel.[32] Ein wesentliches Kennzeichen des Spielens ist, dass es biologisch nicht notwendig ist, da es zum Überleben an sich nicht erforderlich ist.[33] Der Historiker Johan Huizinga entwickelte in den 1930er Jahren den Begriff des ‚Homo ludens'. In seinem gleichnamigen Buch[34] geht Huizinga davon aus, dass der Mensch seine kulturellen Fähigkeiten vor allem über das Spiel entwickelt. Das Spiel wird dabei zunächst als freie Handlung definiert, die die Möglichkeit bietet, außerhalb vom gewöhnlichen Leben Rollen und Verhaltensweisen zweckfrei zu erproben und sich für einen begrenzten Zeitraum nach bestimmten Regeln zu verhalten.[35] Dieses Spiel ist von den Gegebenheiten der Gesellschaft begrenzt und geht gleichzeitig über sie hinaus.[36] Der Mensch zeichnet sich also dadurch aus, dass er nach dem Sinn fragt. Sprache steht dem Menschen dabei einerseits als Artikulations-, Bewahrungs- und Weitergabe-Instrument zur Verfügung und verschafft ihm andererseits auch hier die Möglichkeit zur Reflexion und zum Diskurs.[37]

Albrecht Koschorke nimmt den Begriff des Homo ludens auf und bezieht ihn auf den Begriff des Homo narrans, der auf Walter Fisher (1987) zurückgeht und auch durch die Beschreibung des Menschen als ‚storytelling animal' von Alasdair MacIntyre geprägt wurde. Der Mensch kommuniziert demnach nicht nur durch das Erzählen von Geschichten, sondern schafft daraus auch sein Weltverständnis. Er bezieht dieses Weltverständnis eher aus diesen Geschichten als aus eigener Beobachtung. Die Geschichten dienen im positiven Sinne der Unterhaltung, der Bezwingung von Angst, der Sinnstiftung und der Orientierung, verfügen aber auch über die Möglichkeit zur gegensätzlichen Wirkung wie Sinnentzug, der Desorientierung, dem Schaffen und Verstärken von Ängsten und der Schaffung von Chaos.[38]

---

[30] Vgl. ebd., 631.
[31] Vgl. JOHANSSON, SVERKER, Språkets ursprung, 289.
[32] Anmerkung: Nur Menschen spielen wirklich. Alle Spiel-Aktivitäten von Tieren bezeichnet Taylor als Protospiel, also als evolutionäre Vorläufer des menschlichen Spiels. (vgl. die folgende Fußnote)
[33] Vgl. TAYLOR, CHARLES, Das sprachbegabte Tier, 632.
[34] HUIZINGA, JOHAN, Homo Ludens.
[35] Vgl. ebd., 22.
[36] Vgl. ebd., 30.
[37] Vgl. ebd.
[38] Vgl. KOSCHORKE, ALBRECHT, Wahrheit und Erfindung, 9–12.

Sprache schafft Wirklichkeit.

Die Bedeutung der Sprache geht noch weiter. Sprache ist selbst Handlung. John L. Austin war der erste Vertreter der Sprechakttheorie. Er unterscheidet (zunächst) konstative und performative Äußerungen, die einerseits beschreibend etwas feststellen (konstativ) und andererseits selbst Handlungen darstellen (performativ). Typische performative Äußerungen sind „Die Sitzung ist geschlossen" oder „Hiermit erkläre ich Sie zu Mann und Frau" oder auch „Im Namen des Gesetzes: Sie sind verhaftet". Das Kriterium für performative Äußerungen ist nicht mehr wahr oder falsch (wie bei den konstativen Äußerungen), sondern Erfolg oder Misserfolg[39], worüber nach Austin sechs Bedingungen entscheiden: Die gewählten Worte müssen zu einem gesellschaftlich anerkannten Verfahren gehören (A.1). Die betroffenen Personen und Umstände müssen auf das Verfahren passen (A.2). Das Verfahren muss korrekt (B.1) und vollständig (B.2) durchgeführt werden und die Beteiligten müssen das Gesagte auch wirklich meinen (Γ.1) und sich konsequent danach verhalten (Γ.2).[40] Wenn auch nur eine dieser Bedingungen nicht erfüllt oder manipuliert wird, ist der Sprechakt zum Scheitern verurteilt.[41] Auch Zwang oder Versehen machen Sprechakte ungültig, nichtig oder unwirksam, ebenso wie der Gebrauch der Worte, z.B. auf einer Bühne, oder das Geltendmachen eines Missverständnisses.[42] Eine genaue Definition, wann eine Aussage performativ ist, lässt sich allerdings nicht formulieren. Auch konstative Aussagen können Handlungen vollziehen und damit Sprechakte sein – es kommt auch hier immer auf den Zusammenhang an. Jede Äußerung hat damit einen konstativen und einen performativen Anteil.[43] Austin entwickelte daraus seine allgemeine Theorie der Sprechakte. Er unterscheidet drei Handlungsebenen: den lokutionären Akt, den illokutionären Akt und den perlokutionären Akt. Der lokutionäre Akt verleiht dem Gesagten Bedeutung, der illokutionäre Akt beinhaltet eine Kraft, die eine bestimmte Handlung vollzieht, und der perlukotionäre Akt erzielt eine bestimmte Wirkung und führt zu Konsequenzen aus dem Gesagten, wobei der illokutionäre Akt sprachliche Konventionen vollzieht, während der perlokutionäre Akt zwar mögliche Wirkungen intendiert, aber nicht garantiert.[44]

---

[39] Vgl. FLATSCHER, MATTHIAS; POSSELT, GERALD; SEITZ, SERGEJ, Sprachphilosophie.
[40] Vgl. ebd., 160f.
[41] Vgl. ebd., 161.
[42] Vgl. ebd., 162.
[43] Vgl. ebd., 165.
[44] Vgl. ebd., 167.

Sprache ist ambivalent.

Jede positive im Sinne von konstruktiver Eigenschaft von Sprache kann in ihr negatives Gegenteil umschlagen. Das Schöpferische schließt eine destruktive Dimension von Sprache mit ein. Ein Wort kann Pläne vereiteln, Träume platzen lassen, Kriege beginnen, Beziehungen beenden, Menschen ausgrenzen, Menschen verletzen. Die Diskussion um Fake News im Zusammenhang mit den weltumspannenden Krisen der letzten Jahre einerseits und Dauerthemen wie Antisemitismus und Rassismus andererseits sind deutliche Beispiele, dass Sprache nicht immer zum Wohle der Menschen und der Welt eingesetzt wird.[45] Umso wichtiger ist es, den letzten Aspekt zu betonen:

Sprache verleiht Macht und Verantwortung.

Judith Butler hat sich besonders mit dem Thema Macht durch Sprache beschäftigt. Sie sieht in der (seelischen) Verletzbarkeit des Menschen ein weiteres konstitutives Element, das dem Menschen noch einmal besondere Verantwortung zuschreibt. Die aus der Verletzlichkeit folgende Abwechslung von Stabilisierung und Destabilisierung eröffnet erst den Spielraum für Sprechen, Handeln und Verantwortung.[46] Wir sind verantwortlich für das, was wir mit Sprache tun. Wir sind verantwortlich dafür, was unsere Sprache bewirkt. Sprache hat viel mit Macht zu tun. Sprache ermächtigt oder erniedrigt. Sprache legt fest, wer als sprechendes Subjekt zählt.[47] Dieser Verantwortung kann sich niemand entziehen. Die Geschichte der Menschheit zeigt in vielfältiger Art und Weise den Zusammenhang von Sprache, Macht und Weltgeschehen.

Zwischenfazit:

Sprache (in ihrem weitesten Verständnis) ist ein wesentlicher Faktor des Mensch-Seins. Sprache ermöglicht Artikulation und Reflexion der Bezeichnung von Dingen und metabiologischen Bedeutungen. Sprache ist kreativ. Sprache ermöglicht dem Menschen vernunftgeleitetes Denken und Handeln und gibt dem Leben Sinn. Sprache ermöglicht Beziehung und Kommunikation und das Zusammenleben der Menschen in der jeweiligen Gesellschaft ebenso wie in der Welt. Sprache schafft Wirklichkeit. Sprache verleiht Macht und Verantwortung. Sprache ist ambivalent. Sie kann auch verwirren, desorientieren, Sinn rauben und Chaos schaffen. Sprache muss erlernt werden, um sie zu beherrschen und anzuwenden. Der Mensch muss sich in der Sprache genauso einrichten und zu-

---

[45] Exemplarisch: GÜMÜŞAY, KÜBRA, Sprache und Sein, HACKE, AXEL, Über den Anstand.
[46] Vgl. FLATSCHER, MATTHIAS; POSSELT, GERALD; SEITZ, SERGEJ, Sprachphilosophie, 246.
[47] Vgl. ebd., 250ff.

rechtfinden wie in der wirklichen Welt. Sprache kann damit auch eine Barriere sein, nämlich dann, wenn man sich in ihr und durch sie nicht zurechtfindet.

Ich habe Sprache, also bin ich – Mensch.

2.1.2 Teilhabe als Menschenrecht

Menschenrechte hat ein Mensch qua Geburt. Sie können weder erworben werden noch sind sie an bestimmte Eigenschaften oder Fähigkeiten gebunden. Damit können sie auch niemandem abgesprochen werden. Dies ist im Laufe der Geschichte dennoch oft geschehen und geschieht auch noch in der Gegenwart.[48] Besonders Menschen mit Behinderungen sind davon betroffen, dass ihnen bestimmte Menschenrechte bis heute nicht zugestanden werden. Dies wird oft mit ihren der Behinderung zugrunde liegenden gesundheitlichen Beeinträchtigungen bzw. mit der fehlenden rechtlichen Handlungsfähigkeit begründet.[49]

Um Menschen mit Behinderungen mit Nachdruck die Menschenrechte in vollem Umfang zuzusprechen, wurde die UN-Behindertenrechtskonvention (im Folgenden UN-BRK) formuliert. Als völkerrechtliches Dokument, das von Deutschland am 30. März 2007 unterzeichnet, am 24. Februar 2009 ratifiziert wurde und am 26. März 2009 in Kraft trat, ist die UN-BRK Bestandteil der deutschen Rechtsordnung im Rang eines einfachen Bundesgesetzes. Durch weitere Entscheidungen des Bundesverfassungsgerichts wurde die Wichtigkeit der UN-BRK noch weiter gestärkt. Sie hat damit einen hohen Stellenwert in der deutschen Rechtsordnung.[50]

Artikel 1 benennt als Zweck der Konvention unter anderem, *„den vollen und gleichberechtigten Genuss aller Menschenrechte und Grundfreiheiten durch alle Menschen mit Behinderungen zu [...] gewährleisten [...]."*[51]

In Artikel 3 finden sich die acht Prinzipien, die den Geist der UN-BRK weiter beschreiben: Achtung der Menschenwürde, Achtung der Entscheidungsfreiheit und Selbstbestimmung, Nicht-Diskriminierung, Partizipation und Inklusion, die Achtung und Anerkennung von Diversität, Chancengleichheit, Barrierefreiheit, Geschlechtergerechtigkeit und Achtung vor der Entwicklung von Kindern mit Behinderungen und ihrer Identität.[52]

Die UN-BRK leitet damit einen Paradigmenwechsel in der Wahrnehmung von Menschen mit Behinderung ein. Aus dem medizinischen Modell von Behin-

---

[48] Vgl. DEGENER, THERESIA, Völkerrechtliche Grundlagen und Inhalt der UN-BRK, 13.
[49] Vgl. ebd.
[50] Vgl. ebd., 11f.
[51] BEAUFTRAGTER DER BUNDESREGIERUNG FÜR DIE BELANGE BEHINDERTER MENSCHEN, Die UN-Behindertenrechtskonvention, 12.
[52] Vgl. ebd., 14f.

derung hat sich zunächst das soziale Modell entwickelt, aus dem nun ein menschenrechtliches Modell wurde. War beim medizinischen Modell vom *behinderten* Menschen die Rede, verlagert sich der Schwerpunkt nun auf den behinderten *Menschen*. Der behinderte Mensch ist handelndes Subjekt und nicht länger das zu behandelnde Objekt. Nicht der Mensch ist defizitär, sondern die Gesellschaft. Das menschenrechtliche Modell geht noch einen Schritt weiter. Es sieht die Menschenrechte als nicht teilbares Grundrecht wirklich aller Menschen an, also auch von schwer körperlich, kognitiv oder psychosozial beeinträchtigten Menschen. Es ist theoretisch verortet in den Menschenrechten und in den Disability Studies.[53] Jegliche Sonderwelten stehen durch die ihre systemimmanente Segregation und Zwang unter dem Verdacht der Menschenrechtsverletzung.[54]

Die UN-BRK geht davon aus, dass nicht der Mensch behindert ist, sondern dass die Gesellschaft den Menschen behindert. Der Staat ist dafür verantwortlich, Teilhabe zu ermöglichen, und zwar für jeden Menschen. Das bedeutet, dass jeder Mensch gleichberechtigt und gleich-gültig zum Zuge kommen muss.

Der Begriff der Teilhabe wird in der UN-BRK sehr umfassend verstanden: Schon in Artikel 1 taucht der Begriff auf. Artikel 1 Absatz 2 benennt als Zielgruppe der UN-BRK alle Menschen, die an der ‚vollen, wirksamen und gleichberechtigten Teilhabe an der Gesellschaft' gehindert werden.[55] In Artikel 3 wird als ausdrücklicher Grundsatz der UN-BRK formuliert: „*c) die volle und wirksame Teilhabe an der Gesellschaft und Einbeziehung in die Gesellschaft*"[56]

Artikel 9 trägt die Überschrift ‚Zugänglichkeit' bzw. ‚Barrierefreiheit' und benennt damit den ersten großen Bereich der Teilhabe:

> „*(1) Um Menschen mit Behinderungen ein selbstbestimmtes Leben und die volle Teilhabe in allen Lebensbereichen zu ermöglichen, treffen die Vertragsstaaten geeignete Maßnahmen mit dem Ziel, für Menschen mit Behinderungen gleichberechtigt mit anderen Zugang zur physischen Umwelt, zu Transportmitteln, Information und Kommunikation, einschließlich Informations- und Kommunikationstechnologien und -systemen, sowie zu anderen Einrichtungen und Diensten, die der Öffentlichkeit in städtischen und ländlichen Gebieten offenstehen oder für sie bereitgestellt werden, zu gewährleisten.*"[57]

Desweiteren umfasst Teilhabe: Zugang zur Justiz (Art. 13)[58], unabhängige Lebensführung (Art. 19)[59] inkl. Recht auf Assistenz, Einbeziehung in die Gemein-

---

[53] Vgl. DEGENER, THERESIA, Völkerrechtliche Grundlagen und Inhalt der UN-BRK, 17.
[54] Vgl. ebd.
[55] Vgl. BEAUFTRAGTER DER BUNDESREGIERUNG FÜR DIE BELANGE BEHINDERTER MENSCHEN, Die UN-Behindertenrechtskonvention, 12.
[56] Ebd., 14.
[57] Ebd., 21.
[58] Vgl. ebd., 25.
[59] Vgl. ebd., 29f.

schaft, daraus abgeleitet das *„Recht auf Inklusion"*,[60] Mobilität (Art. 20)[61], Bildung (Art. 24)[62], Teilhabe an allen Aspekten des Lebens, Teilhabe am politischen und öffentlichen Leben[63], Teilhabe am kulturellen Leben sowie an Erholung, Freizeit und Sport[64], daraus abgeleitet das Recht auf religiöses Leben.

Teilhabe und Inklusion sind eng miteinander verwobene Begriffe. Die Erziehungswissenschaftlerin Gudrun Wansing differenziert:

> *„Während der Inklusionsbegriff als Horizont des Möglichen auf gesellschaftliche Voraussetzungen für Teilhabe zielt, setzt Teilhabe stärker am aktiv handelnden Subjekt an und fokussiert dessen Blick auf gesellschaftliche Verhältnisse und individuelle Verwirklichungschancen."*[65]

Im Sinne dieser Differenzierung habe ich mich zur (hauptsächlichen) Verwendung des Begriffs ‚Teilhabe' entschieden.

2.1.3 Verständliche Sprache als Schlüssel zur Teilhabe

„Gesellschaftliche Teilhabe setzt die Begegnung zur Kommunikation, Zugang zu Informationen und die Möglichkeit, selbige auch zu verstehen, voraus."[66] Sprache spielt eine entscheidende Rolle in der Umsetzung des Rechts auf Teilhabe. Dieses Kapitel greift die Aspekte auf, die in Verbindung mit der Forschungsfrage relevant sind.

Die Gesellschaft[67] *ist zu einem großen Teil sprachlich.*

Der Ablauf gesellschaftlicher Prozesse ist fast immer mit Sprache verbunden. Teilhabe an der Gesellschaft ist daher zwingend an sprachliche Teilhabe gebunden.[68] Dabei geht es zum einen um das tatsächliche geschriebene oder gesprochene Wort, aber auch um eine innere Vorstellung über das menschliche Miteinander: *„Die Sprache der Gesellschaft lernen heißt, sich ein Vorstellungsmuster davon zu eigen machen, wie die Gesellschaft funktioniert und handelt [...]."*[69] Anatol Stefano-

---

[60] GRAUMANN, SIGRID, Menschenrechtsethische Überlegungen, 55.
[61] Vgl. BEAUFTRAGTER DER BUNDESREGIERUNG FÜR DIE BELANGE BEHINDERTER MENSCHEN, Die UN-Behindertenrechtskonvention, S. 30f
[62] Vgl. ebd., 35.
[63] Vgl. ebd., 44ff.
[64] Vgl. ebd., 44ff.
[65] WANSING, GUDRUN, Inklusionsbegriff, 21.
[66] FRÖHLICH, WALBURGA; CANDUSSI, KLAUS, Informationsbarrieren, 36.
[67] ‚Die Gesellschaft' bezieht sich hier vor allem auf die Gesellschaft in Deutschland. Einige grundlegende Annahmen sind allerdings auch auf andere Gesellschaftsformen und Sprachen anwendbar. Durch den Fokus dieser Arbeit auf die deutsche Sprache bleibt hier der deutsche bzw. der germanische Sprachraum die Bezugsgröße.
[68] Vgl. STEFANOWITSCH, ANATOL, Leichte Sprache, komplexe Wirklichkeit, 17.
[69] TAYLOR, CHARLES, Das sprachbegabte Tier, 49.

witsch schreibt, dass jenseits der Alltagssprache Sprache komplex werde (ohne näher auszuführen, was er unter Alltagssprache versteht und wo Komplexität von Sprache beginnt), und durch diese Komplexität bestimmte Gruppen von Menschen ausgeschlossen würden, die dieser Komplexität nicht mehr folgen könnten. Sprache müsse also bei Bedarf einfacher gestaltet werden, um Teilhabe zu ermöglichen.[70]

Teilhabe ist zum großen Teil abhängig von Sprache.

Gesellschaftliche Teilhabe hängt maßgeblich von einer allgemein verständlichen, klaren Sprache ab. Sprache ist dabei sowohl Voraussetzung als auch selbst ein Bestandteil von Teilhabe.[71] Es ist unstrittig, dass besonders Menschen mit kognitiven oder sensorischen Einschränkungen nicht zu allen Informationen, v.a. in der Schriftform, verständlichen Zugang haben.[72] Im Zuge von Inklusion und Teilhabe wird die Forderung nach Zugänglichkeit und Barrierefreiheit erhoben. Damit sind – wie schon die UN-BRK deutlich macht – auch gleichberechtigte Zugänge zu Informationen und Bildungsinhalten gemeint. Für Menschen, die mit der Alltags-, Amts- oder der Bildungssprache nicht zurechtkommen, ist die Teilhabe am Wissen der Gesellschaft erschwert, wenn nicht sogar unmöglich.[73]

Geringe Literalität ist ein unterschätztes Problem.

Literalität stellt in Deutschland ein unterschätztes Problem dar. Die LEO.Level-One Studie 2010[74] weist auf einen hohen Anteil von Menschen mit geringer Literalität in Deutschland hin:

> „Funktionaler Analphabetismus betrifft kumuliert mehr als vierzehn Prozent der erwerbsfähigen Bevölkerung (Lage auf Alpha- Level 1-3, 18-64 Jahre). Das entspricht einer Größenordnung von 7,5 Millionen Funktionalen Analphabet/inn/en in Deutschland. Davon wird bei Unterschreiten der Textebene gesprochen, d.h., dass eine Person zwar einzelne Sätze lesen oder schreiben kann, nicht jedoch zusammenhängende – auch kürzere - Texte. Betroffene Personen sind aufgrund ihrer begrenzten schriftsprachlichen Kompetenzen nicht in der Lage, am gesellschaftlichen Leben in angemessener Form teilzuhaben. So misslingt etwa auch bei einfachen Beschäftigungen das Lesen schriftlicher Arbeitsanweisungen."[75]

2018 wurde die Nachfolgestudie „Zweite Level-One-Studie 2018" (kurz LEO 2018) durchgeführt. Sie schreibt die Ergebnisse aus dem Jahr 2010 fort, widmet sich

---

[70] Vgl. STEFANOWITSCH, ANATOL, Leichte Sprache, komplexe Wirklichkeit, 17f.
[71] Vgl. BOCK, BETTINA M.; DREESEN, PHILIPP, Zur Einleitung: Sprache und Partzipation, 8.
[72] Vgl. STEFANOWITSCH, ANATOL, Leichte Sprache, komplexe Wirklichkeit, 11.
[73] Vgl. SEITZ, SIMONE, Leichte Sprache? Keine einfache Sache, 3.
[74] GROTLÜSCHEN, ANKE; RIEKMANN, WIBKE, LEO.Level-One Studie.
[75] Ebd., 2.

aber besonders konkreten Fragen der Teilhabe.[76] Der in der ersten Studie benutzte Begriff des ‚funktionalen Analphabetismus' wird aufgrund seines diskriminierenden Charakters und seiner Erklärungsbedürftigkeit durch den Begriff der ‚geringen Literalität' ersetzt.

Literalität meint dabei die Literalität der korrekten Rechtschreibung und schriftsprachlichen Konventionen, an die die öffentliche Verwaltung, Schulen und Universitäten gebunden sind und die dadurch als vermeintlich ‚richtige' Literalität in der deutschen Gesellschaft etabliert ist. Diese Literalität wird auch als ‚dominante Literalität' bezeichnet.[77] Im Vergleich zu den Ergebnissen von 2010 kommt die Studie zu dem Ergebnis, dass sich die Literalität Erwachsener verbessert hat. Nunmehr sind 12,1% (im Vergleich zu 14,5% 2010) in den Levels 1-3 (geringe Literalität) einzustufen, während 20,5% (im Vergleich zu 25,9% 2010) auf Level 4 (fehlerhaftes Schreiben) einzuordnen sind und 67,5% (im Vergleich zu 59,7% 2010) eine hohe Literalität aufweisen.[78]

Im Februar 2023 wurden weitere Ergebnisse in der Sonderreihe Edition ZfE der Zeitschrift für Erziehungswissenschaften unter dem Titel „Interdisziplinäre Analysen zur LEO-Studie 2018 – Leben mit geringer Literalität" veröffentlicht.[79]

Es bestätigt sich, was auch Ergebnis der PIAAC-Studie von 2012 war, in der zentrale Grundkompetenzen in der erwachsenen Bevölkerung untersucht wurden (Lesekompetenz, die alltagsmathematische Kompetenz und technologiebasiertes Problemlösen), von denen angenommen wird, dass sie für die erfolgreiche Teilhabe an der heutigen Gesellschaft von zentraler Bedeutung sind:[80]

> „Insgesamt zeigt sich, dass das Beherrschen der Landessprache in Deutschland wie auch in den meisten anderen Ländern mit höheren Schlüsselkompetenzen für die gesellschaftliche Teilhabe einhergeht."[81]

Der Zugang zur Sprache setzt ihre Verständlichkeit voraus.

Verständlichkeit von Sprache betrifft nicht nur, wie Sprache formuliert und dargeboten wird, sondern ist zu einem entscheidenden Anteil auch durch die Rezipient*innen bestimmt. „*Verstehen ‚ereignet' sich im Zusammenwirken von Text und Rezipient.*"[82] Verständlichkeit muss daher auf unterschiedlichen Ebenen betrachtet werden.[83] In Bezug auf gesprochene Sprache gibt es neben der Textebene eine Sender- und eine Empfängerebene. Bei schriftlichen Texten, die selbst gelesen werden, entfällt die Senderebene weitgehend, dafür kommt dem Layout eine zu-

---

[76] Vgl. GROTLÜSCHEN, ANKE u.a., LEO 2018, 3.
[77] Vgl. ebd., 4.
[78] Vgl. ebd., 6.
[79] Vgl. UNIVERSITÄT HAMBURG, Publikationen (LEO 2018)
[80] Vgl. RAMMSTEDT, BEATRICE u.a., PIAAC_Zusammenfassung, 3.
[81] Ebd., 26.
[82] EBERT, HELMUT, Leichte Sprache, 131.
[83] Vgl. KUHLMANN, JULIA, Ein sprachwissenschaftlicher Blick, 40f.

sätzliche Rolle zu. Bei vorgelesenen Texten spielt wiederum die Darbietung eine große Rolle.

Mit der Sender- und der Empfängerebene befasst sich das Vier-Ohren-Modell von Friedemann Schulz von Thun aus den 1970er und 1980er Jahren. Sein Modell besagt, dass jede (mündliche) Äußerung einen Sachaspekt, eine Selbstoffenbarung, einen Beziehungsaspekt und eine Appellebene aufweist. Dadurch kann sich je nach ‚Ohr' des Hörenden ein sehr unterschiedliches Verständnis einer Botschaft ergeben.[84] Auch der ‚Sender' kann mit unterschiedlichen ‚Mündern' sprechen und demselben Satz so neben dem Sachaspekt noch sehr unterschiedliche (Neben-)Bedeutungen verleihen.[85] Aber auch ohne direkten ‚Sender' haben gedruckte oder geschriebene Texte in der Regel eine (oder mehrere) Intention(en). Informationen in Textform zielen beispielsweise darauf ab, dass der Empfänger eine Veränderung seiner Einstellung, seines Wissens und/oder seines Handelns erfährt bzw. vornimmt. Erfüllt ein Text dies nicht, läuft die Information ins Leere. Damit hat sie nicht *keine* Wirkung, sondern eine *andere* Wirkung, als ursprünglich gedacht.[86]

Verständlichkeit von Texten und Informationen ist auch aus Sicht von Walburga Fröhlich und Klaus Candussi das Ergebnis eines Kommunikationsprozesses. Verständlichkeit ist nach ihrer Sicht auf der Senderebene abhängig von der verwendeten Sprache und den angewandten Medien. Beim Empfänger ist das Verständnis abhängig von der persönlichen Kompetenzausstattung, den vorhandenen Vorerfahrungen und dem Vorwissen.[87]

Das schwedische Centrum för lättläst formuliert in diesem Zusammenhang eine ganz Reihe von ‚Verstehensbarrieren': Zunächst kann es kognitive Probleme geben, z.B. mit dem Wiedererkennen von Wörtern, was sowohl das Wortbild als auch die Wortbedeutung betreffen kann. Auch ein zu kleiner Wortschatz kann das Verstehen ver- oder behindern. Eine große Rolle spielt die eigene Biografie, einerseits die erlernte Muttersprache und das zugehörige Zeichensystem, zum anderen die Lesebiografie. Wurde jemandem als Kind viel vorgelesen und verfügte die Familie über eine Lesekultur, sind die Chancen gut, selbst gut lesen zu lernen und gern zu lesen. Ungeübte Leser*innen mit wenig oder ohne Leseerfahrung haben es hingegen schwerer mit dem Lesen und dem Verstehen von Texten. Weitere kognitive Einschränkungen oder Lernschwierigkeiten können auch hinderlich sein, ebenso ein geringer Bildungsstand und eine lernreizarme Umgebung. Ebenso können erworbene Hirnschädigungen oder Demenz eine Rolle spielen.[88]

Um Texte verständlich(er) zu machen, wurden im Laufe der Zeit verschiedene Konzepte entwickelt. Auch hier ist Schulz von Thun Vorreiter. Er rät zur

---

[84] Vgl. SCHULZ VON THUN, FRIEDEMANN, Miteinander reden: Störungen und Klärungen, 44f.
[85] Vgl. ebd., 13f.
[86] Vgl. FRÖHLICH, WALBURGA; CANDUSSI, KLAUS, Informationsbarrieren, 20–21.
[87] Vgl. ebd., 30–36.
[88] Vgl. CENTRUM FÖR LÄTTLÄST, Ett dokument om lättläst, 8–9.

Beachtung von vier Faktoren, die in einem bestimmten Verhältnis zueinander stehen sollen. Sie lauten:

> „1. Einfachheit (Gegenteil: Kompliziertheit);
> 2. Gliederung - Ordnung (Gegenteil: Unübersichtlichkeit, Zusammenhanglosigkeit);
> 3. Kürze - Prägnanz (Gegenteil: Weitschweifigkeit) und
> 4. Zusätzliche Stimulanz (Gegenteil: keine zusätzliche Stimulanz)."[89]

Bei der Gewichtung der einzelnen Faktoren ist eine Anpassung an die Zielgruppe unumgänglich. Ein Text sollte nicht zu schwer, aber auch nicht zu leicht sein. Schulz von Thun schreibt dazu:

> „Ich habe selbst erlebt, daß manche Empfänger allergisch reagieren, wenn ich die Sachinformation übertrieben verständlich darstelle; das Gefühl mag sein: ‚Er muss mich für dumm halten, daß er die Informationen so einfach, gleichsam <idiotensicher> darstellt.'"[90]

Auch die Ordnung eines Textes und seine Länge müssen an die Zielgruppe angepasst werden. Für die Stimulanz gilt besonders, dass sich ein Zuviel auch negativ auswirken kann.[91] Die Verständlichkeit ist dann am höchsten, wenn in den ersten beiden Kategorien möglichst hohe Werte, in Kategorie 3 hohe Werte und in der vierten Kategorie ein mittlerer Wert erreicht werden.[92]

In der neueren Forschung hat sich vor allem durch die Forschung von Bettina M. Bock der Begriff der Angemessenheit durchgesetzt (vgl. Kap. 1.3.1 und 2.2.5).

Aus diesen Erkenntnissen resultieren in Deutschland und in Österreich verschiedene Regelwerke oder Leitlinien zunächst einmal für einfache oder verständliche Sprache. Die ausdrückliche Formulierung von Regeln zu einfacher Sprache ist in der Literatur nur selten zu finden. Die Ausführungen konzentrieren sich eher darauf, Eigenschaften, Rahmenbedingungen und Einflussfaktoren zu beschreiben.

So hat der Sprachwissenschaftler Andreas Baumert mehrere Bücher zum Thema Einfache Sprache veröffentlicht. Auf seiner Homepage[93] nennt er zehn Eigenschaften für Einfache Sprache:

> „1. Geschriebenes Deutsch
> 2. Für eine Zielgruppe geschrieben
> 3. Deswegen immer unterschiedlich – wie auch die Zielgruppen
> 4. Geschaffen für Leser mit der geringsten Lesekompetenz in dieser Zielgruppe
> 5. Orientiert an der Aufgabe eines Textes
> 6. Zum Dokumenttyp passend
> 7. Korrektes Deutsch
> 8. Stilistisch angemessen

---

[89] SCHULZ VON THUN, FRIEDEMANN, Miteinander reden: Störungen und Klärungen, 142.
[90] Ebd., 29.
[91] Vgl. ebd., 150
[92] Vgl. ebd., 140.150.
[93] www.einfache-sprache.info

> 9. *So kurz wie möglich, so ausführlich wie nötig*
> 10. *Ohne Geschwafel und Angeberei"* [94]

Ausführlich beschreibt er diese Faktoren (ausdrücklich bezogen auf Sachtexte) in seinem nur online erschienenen Buch „Ratgeber Einfache Sprache".[95] Die Regeln für Leichte Sprache wurden bereits in Kapitel 1.1.4 beschrieben.

Verständlichkeit ist relativ.

Aus dem Beschriebenen wird deutlich, dass Verständlichkeit kein erreichbarer Dauerzustand in der Kommunikation zwischen Menschen ist. Julia Kuhlmann schreibt, dass Verständlichkeit nicht textimmanent, sondern die Zielgruppe entscheidend sei.[96] Maximale Einfachheit erreiche nicht maximale Verständlichkeit.[97] Fröhlich und Candussi stimmen zu:

> *„Davon auszugehen, man müsse nur ein paar Regeln für die sprachliche Formulierung befolgen und schon könnten alle Menschen alles verstehen, ist ebenso kurzschlüssig gedacht als würde man in Zukunft den ethisch und ergonomisch korrekten Gesundheitsschuh als einzig verfügbares Schuhwerk für alle Menschen und alle Gelegenheiten einführen."*[98]

Lesbarkeit und Zugänglichkeit als weitere Faktoren für sprachliche Teilhabe

Eine Grundfrage bei der Erstellung von möglichst verständlichen Texten ist die Frage, ob die Texte auch leicht lesbar sein sollen und damit nicht nur durch Hören, sondern auch durch Selbst-Lesen verstanden werden sollen. Je nach Zielgruppe eines Textes steht der eine oder der andere Schwerpunkt im Vordergrund. Zu einer selbstbestimmten Rezeption der Texte kann sowohl die leichte Lesbarkeit als auch das Zur-Verfügung-Stellen eines Audio-Mediums gehören.

Der Fokus auf leichte Lesbarkeit wirkt sich besonders auf die Satzlänge und den verwendeten Wortschatz aus. Die Sätze sind sehr kurz und der Wortschatz deutlich begrenzt und einfach.[99] Hierzu wurden von der Vorgängerorganisation von Inclusion Europe (ILSMH – International League of Societies for Persons with Mental Handicap) 1998 erstmals Richtlinien zur Erstellung von leicht lesbaren Informationen herausgegeben.[100]

> *„[Demnach] weist leicht lesbares Material folgende Merkmale auf:*
> - *die Verwendung von einfacher und unkomplizierter Sprache,*

---

[94] BAUMERT, ANDREAS, Einfache Sprache.
[95] BAUMERT, ANDREAS, Ratgeber Einfache Sprache.
[96] Vgl. KUHLMANN, JULIA, Ein sprachwissenschaftlicher Blick, 90f.
[97] Vgl. ebd., 40f.
[98] FRÖHLICH, WALBURGA; CANDUSSI, KLAUS, Informationsbarrieren, 13.
[99] Vgl. HOFMANN, MICHAEL ET AL., Psalm 139 Werkstattbericht, 4.
[100] FREYHOFF, GEERT u.a., Sag es einfach.

> - *nur eine Aussage pro Satz,*
> - *die Vermeidung von technischen Ausdrücken, Abkürzungen und Initialen,*
> - *eine klare und logische Struktur."*[101]

Wichtig für leichte Lesbarkeit ist eine klare Gliederung des Textes, der Verzicht auf abstrakte und überflüssige Informationen, eine angemessene Sprache und eine unterstützende Präsentation durch Bilder, Fotos oder Symbole.[102]

> *„Ein leicht lesbares Dokument kann somit als ein Text definiert werden, der nur die wichtigste Information enthält und auf die direkteste Weise präsentiert wird, so daß er die größtmögliche Zielgruppe erreicht."*[103]

Layoutfragen spielen hier bereits eine große Rolle: Die Verwendung von Bildern, Fotos und Symbolen sowie das Layout der Schrift werden in gesonderten Kapiteln ausführlich behandelt, auch die Regeln für einfache und unkomplizierte Sprache werden noch ausführlich beschrieben.[104] Diese Regeln waren die Grundlage der ersten Regeln für Leichte Sprache.[105]

Zur Beurteilung und Messung der Lesbarkeit kann auch der Flesch-Index herangezogen werden. Der Flesch-Index geht auf den gebürtigen Wiener Rudolf Flesch zurück, der 1938 aufgrund seines jüdischen Glaubens in die USA emigrieren musste und sich dort vor allem mit dem Verfassen von Texten in 'Plain English' befasst hat und ab 1946 Texte und Bücher dazu veröffentlichte.[106] Die Internetseite leichtlesbar.ch, die auch einen kostenlosen Flesch-Test anbietet, beschreibt den Flesch-Index folgendermaßen:

> *„Der Flesch-Index (auch: Lesbarkeitsindex, Lesbarkeitsgrad) misst, wie leicht ein Text auf Grund seiner Struktur lesbar und verständlich ist. Über den Inhalt sagt der Index nichts aus. Er basiert vor allem auf der Tatsache, dass kurze Wörter und kurze Sätze in der Regel leichter verständlich sind als lange, wobei die Länge der Wörter ein größeres Gewicht hat als die Länge der Sätze. Der Index ergibt in der Regel eine Zahl zwischen 0 und 100, wobei auch Werte jenseits dieser Grenzen vorkommen können."*[107]

Zugänglichkeit ist ein weiteres wichtiges Stichwort, das besonders bei der Veröffentlichung der Texte in verständlicher Sprache zum Tragen kommt. In der UN-BRK wird in Artikel 2 und in Artikel 49 nicht nur die Verpflichtung formuliert, dass der Wortlaut der Konvention in barrierefreien Formaten zur Verfügung gestellt wird, sondern auch die Medien der barrierefreien Kommunikation konkretisiert.[108]

---

[101] Ebd., 8.
[102] Vgl. ebd.
[103] Ebd.
[104] Vgl. ebd., 11ff.
[105] Vgl. SCHÄDLER, JOHANNES; REICHSTEIN, MARTIN F., „Leichte Sprache" und Inklusion, 43.
[106] Vgl. BACHMANN, CHRISTIAN, Die Fleschformel.
[107] Ebd.
[108] Vgl. BEAUFTRAGTER DER BUNDESREGIERUNG FÜR DIE BELANGE BEHINDERTER MENSCHEN, Die UN-Behindertenrechtskonvention, 62.

Artikel 2 konkretisiert unter dem Titel Begriffsklärungen die barrierefreien Kommunikationsformate und die Definition von Sprache sowie die Verpflichtung, angemessene Vorkehrungen zur Umsetzung zu treffen:

> *Im Sinne dieses Übereinkommens schließt* **Kommunikation** *Sprachen, Textdarstellung, Brailleschrift, taktile Kommunikation, Großdruck, leicht zugängliches Multimedia sowie schriftliche, auditive, in einfache Sprache übersetzte, durch Vorleser zugänglich gemachte sowie ergänzende und alternative Formen, Mittel und Formate der Kommunikation, einschließlich leicht zugänglicher Informations- und Kommunikationstechnologie, ein;*
> *schließt* **Sprache** *gesprochene Sprachen sowie Gebärdensprachen und andere nicht gesprochene Sprachen ein; [...]*
> *bedeutet* **angemessene Vorkehrungen** *notwendige und geeignete Änderungen und Anpassungen, die keine unverhältnismäßige oder unbillige Belastung darstellen und die, wenn sie in einem bestimmten Fall erforderlich sind, vorgenommen werden, um zu gewährleisten, dass Menschen mit Behinderungen gleichberechtigt mit anderen alle Menschenrechte und Grundfreiheiten genießen oder ausüben können [...] [Herv. i. Orig.].*"[109]

Kommunikation wird damit wesentlich weiter gefasst als Schriftsprache und gesprochene Sprache. Verständliche Sprache bietet für alle Kommunikationsformen eine geeignete Grundlage.

Die Bedeutung der kommunikativen Fremdheit und die Notwendigkeit, sich und anderen etwas zuzumuten.

Ein wichtiger Hinweis an dieser Stelle: Selbst wenn es möglich wäre, alles für alle verständlich auszudrücken, ist fraglich, ob dies das Ziel von Kommunikation sein kann. Friedrich Schleiermacher beklagte schon 1799: „Mit Schmerzen sehe ich es täglich, wie die Wut des Verstehens den Sinn gar nicht aufkommen lässt [...]"[110], und aus der Kommunikationswissenschaft wissen wir, dass gelingende Kommunikation überhaupt die Ausnahme ist, da jeder Mensch im Rahmen von Kommunikation die Botschaft des anderen auf eigene Weise wahrnimmt und interpretiert. Kommunikation lebt von Missverständnissen, deren Erkennen und Thematisieren erst zu einer am Ende doch gelingenden Kommunikation führt.[111]

Zu beachten ist auch, dass der Mensch an seinen Grenzen wachsen muss, um sich entwickeln zu können. Der evangelische Religionspädagoge Bernd Beuscher mahnt dies besonders in Bezug auf Sprache an: Kinder, Grundschüler*innen, Menschen mit geistigen Behinderungen liebten Sprachbarrieren.[112] Aus dem Bereich Lernpsychologie kommt die Kritik, dass Sprachbarrieren auch Anreiz und Herausforderung darstellen und ihr Fehlen negative Auswirkungen hat.[113] Jeder

---

[109] Ebd., 13.
[110] SCHLEIERMACHER, FRIEDRICH, Über die Religion, 96.
[111] Vgl. PÖRKSEN, BERNHARD; SCHULZ VON THUN, FRIEDEMANN, Kommunikation als Lebenskunst, 25f.
[112] Vgl. BEUSCHER, BERND, #Luther, 52.
[113] Vgl. ebd.

Mensch hat ein natürliches Bedürfnis, seine Sprache immer weiter auszubauen: Um das Artikulationsvermögen auszubauen, lernt der Mensch neue Wörter, sucht und erkennt neue Muster der bekannten Wörter und lernt neue Modelle von anderen und erkennt diese an.[114] Bei der Entwicklung des Sprachverständnisses wird versucht, dem Gegenüber zu ermöglichen, die ‚Zone der nächsten Entwicklung' (Vygotskij) zu erreichen bzw. im ‚gemeinsamen Möglichkeitsraum' (Feuser) Inklusion *und* Entwicklung zu verbinden. Während der ganzen Zeit wird dem Gegenüber das Gefühl gegeben, dass es etwas zu lernen gibt und dass dies schaffbar ist.[115]

Der Germanist und Linguist Gerd Antos betont den Wert der kommunikativen Fremdheit: Diese bezeichnet die wechselseitige Erfahrung der Fremdheit von Texten. Damit ist gemeint, dass Menschen mit geringer Literalität immer wieder Texten in Alltagssprache oder Fachsprache begegnen sollten. Umgekehrt gilt das auch für die Konfrontation von Menschen mit hoher Literalität mit Texten in Einfacher oder Leichter Sprache.[116] Hier sei noch einmal auf Ulla Fix verwiesen (vgl. Kap. 1.3.1) die – besonders auch im Hinblick auf religiöse Texte – vom ‚Prinzip des Zumutens' spricht, das dem ‚Prinzip des Vermeidens' unbedingt gegenübergestellt werden müsse. Schwere Begriffe dürften durchaus eingeführt werden, um den Lerneffekt zu erhöhen.[117]

Leichte Sprache als eine Möglichkeit der Umsetzung.

Ist Leichte Sprache nun das Mittel der Wahl? Durch die Thematik dieser Arbeit ist die Zuspitzung auf Leichte Sprache als eine Möglichkeit der Umsetzung von verständlicher Sprache gegeben, ich möchte jedoch betonen, dass Leichte Sprache nicht die einzige oder erwiesenermaßen beste Methode ist, um das Ziel von mehr Verständlichkeit zu erreichen. Leichte Sprache kann allerdings dazu beitragen, Komplexität von Sprache zu verringern[118] und Partizipation zu ermöglichen.[119] Leichte Sprache wird von Bredel und Maaß als die Form der deutschen Sprache angesehen, die die geringste Komplexität und damit die größte Verständlichkeit aufweist.[120] Leichte Sprache hat den Vorteil, durch ihr Regelwerk nachvollziehbar und überprüfbar Sprache zu vereinfachen. Auch wenn die Forschung noch nicht die Sinnhaftigkeit aller Regeln bestätigen konnte und sich einige Regeln auch als nicht verständnisfördernd erwiesen haben, ist das Vorhandensein der Regeln doch ein Maß, an dem sich Leichte Sprache messen lassen

---

[114] Vgl. TAYLOR, CHARLES, Das sprachbegabte Tier, 53.
[115] Vgl. FEUSER, GEORG, Was braucht der Mensch?, 119.
[116] Vgl. ANTOS, GERD, Leichte Sprache als Politolekt, 135f.
[117] Vgl. FIX, ULLA, „Schwere" Texte in „Leichter Sprache", 163f.
[118] Vgl. FRÖHLICH, WALBURGA; CANDUSSI, KLAUS, Informationsbarrieren, 9.
[119] Vgl. BOCK, BETTINA M.; LANGE, DAISY, Was ist eigentlich Leichte Sprache?, 73; PROJEKTGRUPPE LEISA, Leichte Sprache im Arbeitsleben; AICHELE, VALENTIN, Leichte Sprache - Schlüssel, 25.
[120] Vgl. BREDEL, URSULA; MAAß, CHRISTIANE, Duden Leichte Sprache, 529.

kann und muss. Nicht zuletzt gehört zu den Regeln auch die Kontrolle durch Vertreter*innen der Zielgruppe. Auch wenn dies immer nur die subjektive Meinung eines kleinen Teils der sehr heterogenen Zielgruppe sein kann, ist es doch immerhin eine Rückmeldung, die die Verständlichkeit des Textes bescheinigt.

Leichte Sprache hat es in den vergangenen Jahren geschafft, ausdrücklich als Sprachvarietät in Gesetzestexten und Verordnungen verankert zu werden. Dies deutet auf eine ausgezeichnete Lobbyarbeit und Vernetzung hin. Das Netzwerk Leichte Sprache, die Leipziger und die Hildesheimer Schule haben genau diese Lobbyarbeit geleistet und nicht nur dafür gesorgt, dass Leichte Sprache ausdrücklich in die Gesetze und Verordnungen hineingeschrieben wurde, sondern auch Forschung betrieben wurde und die Ergebnisse aus der Forschung in die Praxis transferiert werden konnten und können.

2.1.4 Das Recht auf sprachliche Zugänglichkeit und die Geschichte der Leichten Sprache

Es ist recht sicher, dass im englischsprachigen Bereich die Entwicklung von leicht verständlichem Englisch ('Easy language') mindestens seit 1715 nachweisbar ist. Im 20. Jahrhundert nahm dieser Trend in den 1930er Jahren für die Zielgruppen Menschen mit Behinderungen Fahrt auf. Dadurch, dass auch hier grundlegende Forschung bisher kaum stattgefunden hat, gibt es hierzu keine gute Quellenlage.[121]

Im Folgenden setze ich den Startpunkt für die Leichte Sprache als Programmwort mit großem ‚L' in die späten 1960er Jahre, da ab hier direkte Verbindungen zur heutigen Leichten Sprache in Deutschland gezogen werden können. Die Forschung ist sich nicht einig, ob Leichte Sprache von Menschen mit Lernschwierigkeiten entwickelt wurde oder ob es sich um ein Expert*innenprodukt für Menschen mit Lernschwierigkeiten handelt. Feststeht allerdings, dass sie aus dem praktischen Umgang mit Menschen mit geistiger Behinderung heraus entstanden ist.[122] Die These der Entwicklung Leichter Sprache durch Expert*innen wird vor allem durch die Geschichte der Leichten Sprache in Skandinavien gestützt. Die erste sichere Quelle in Schweden sind die ersten Veröffentlichungen in „Lättläst svenska" (wörtlich: leicht zu lesendes Schwedisch) 1968 in Schweden. Leichte Sprache wurde durch das Komitee der Swedish National Agency for Education (Skolöverstyrelsen) eingeführt. Es wurden erste Bücher als Experi-

---

[121] Die hier genannten Eckdaten stammen aus einem Manuskript von Martin Leutzsch (Stand 10.9.2019) mit einer Skizze des Forschungsfeldes Leichte Sprache, für dessen Überlassung ich herzlich danke.

[122] Vgl. SCHÄDLER, JOHANNES; REICHSTEIN, MARTIN F., „Leichte Sprache" und Inklusion, 41.

ment herausgegeben.[123] Danach war es in Schweden aber vergleichsweise ruhig, nach eigenen Angaben geschah die nächste Entwicklung erst in den 1980er Jahren.[124] In Finnland wurde in den 1970er Jahren „Selkokieli"[125] (Selko = Verständlichkeit, Klarheit; Kieli = Sprache) als Programmwort für vereinfachte Standardsprache eingeführt.[126]

Parallel dazu entwickelte sich in den USA die Selbsthilfebewegung „People First" (= Mensch zuerst), die 1974 gegründet wurde. Menschen mit Lernschwierigkeiten (damals noch Behinderte genannt) wollten mehr Selbstbestimmung und zuerst als Menschen gesehen werden, die Behinderung sollte nachrangig beachtet werden.[127] „*Der Startschuss fiel auf einem Treffen am 8. Januar 1974 in Salem, Oregon. Überliefert ist der Satz eines Teilnehmers ‚I'm tired of being called retarded – we are people first.'*"[128] Zu dieser Selbstbestimmung gehörte auch die Forderung nach einer leicht verständlichen Sprache, sowohl in Bezug auf Informationen als auch im Dialog.[129]

Demnach ist es wohl beides: In Skandinavien von Expert*innen für Menschen mit Verstehensschwierigkeiten entwickelt, in den USA aus der Selbsthilfebewegung heraus entstanden. Es ist klar, dass Menschen aus der Selbstbestimmungsbewegung einen entscheidenden Anteil an der Entstehung und Entwicklung der Leichten Sprache hatten. Feststeht aber auch, dass Menschen mit Lernschwierigkeiten dazu auf jeden Fall Menschen ohne Lernschwierigkeiten als Unterstützende, Fördernde und Beratende gebraucht haben müssen, um a) der Forderung nach und b) der Umsetzung von Leichter Sprache Nachdruck zu verleihen.[130]

Leichte Sprache in Deutschland

In den 1990er Jahren kam die Idee von „People First" nach Deutschland. 1994 fand in Duisburg ein Kongress der Lebenshilfe statt, bei dem Leichte Sprache das Thema war, auch wenn es den Begriff ‚Leichte Sprache' noch gar nicht gab. Unter dem Motto „*Mit uns reden. Nicht über uns.*"[131] wurde erstmals der Bedarf an leicht verständlicher Sprache postuliert.

1995 erschien das erste Buch in Leichter Sprache. Es handelte sich um das Buch von Susanne Göbel für Selbsthilfegruppen mit dem Titel „Wir vertreten

---

[123] Vgl. LESKELÄ, LEEALAURA, Von Selko zu Leicht Lesen, 170; vgl. KELLERMANN, GUDRUN, Leichte und Einfache Sprache, 8.
[124] CENTRUM FÖR LÄTTLÄST, Vår historia (Unsere Geschichte).
[125] Vgl. LESKELÄ, LEEALAURA, Von Selko zu Leicht Lesen, 179.
[126] Vgl. DOERRY, MARTIN, Maria in der Hängematte, 128.
[127] Vgl. LEBENSHILFE BREMEN E.V. (Hrsg.), Leichte Sprache. Die Bilder, 43.
[128] BAUMERT, ANDREAS, Leichte Sprache - Einfache Sprache, 73.
[129] Vgl. LEBENSHILFE BREMEN E.V. (Hrsg.), Leichte Sprache. Die Bilder, 43.
[130] Vgl. BAUMERT, ANDREAS, Leichte Sprache - Einfache Sprache.
[131] MENSCH ZUERST - NETZWERK PEOPLE FIRST DEUTSCHLAND E.V, Geschichte, 1.

uns selbst".[132] 1996 bildete sich das „Netzwerk Artikel 3" (1998 als e.V.) als Nachfolger des Initiativkreises Gleichstellung Behinderter. Dieser Verein leistete weiterhin Lobbyarbeit zur Gleichstellung von Menschen mit Behinderungen und veröffentlichte zahlreiche Bücher zu behindertenpolitischen Themen, u.a. die Schriftenreihe „Info-Booklet".[133] Alle Bücher dieser Schriftenreihe waren ‚zweisprachig': Standardsprache und ‚leicht zu lesen'.[134]

1997 kam es zur Gründung eines ersten Netzwerks von „Menschen mit Lernschwierigkeiten" in Deutschland. Durch das Bundesmodellprojekt „Wir vertreten uns selbst" (1997-2001) kam Entscheidendes in Bewegung. Im Projekt waren Menschen mit Lernschwierigkeiten in Form eines Beirats vertreten. Im Abschlussbericht gab es eine deutliche Forderung nach Veröffentlichung von Gesetzes- und anderen Texten in ‚Leichter Sprache'.[135]

Gründung von Inclusion Europe

In den anderen europäischen Ländern kam es zu ähnlichen Entwicklungen. So wurde 1998 „Inclusion Europe" als Nachfolger der International League of Societies for Persons with Mental Handicaps (ILSMH) gegründet. Diese europäische Vereinigung von Menschen mit geistiger Behinderung und Familien gab im gleichen Jahr (wie bereits im vorigen Kapitel ausführlich beschrieben) die „Europäischen Richtlinien für Leichte Lesbarkeit" und erste Regeln für deutsche Leichte Sprache heraus.[136] Das „Easy-to-Read"-Logo wurde ebenfalls 1998 eingeführt. Seit diesem Zeitpunkt weist eine Buch-lesende Person auf blauem Hintergrund den Weg zu Texten in Leichter Sprache, die den Regeln von Inclusion Europe entsprechen.[137]

Abbildung 1: Easy-to-Read-Logo: © European Easy-to-Read Logo: Inclusion Europe. More information at www.inclusion-europe.eu/easy-to-read[138]

Im Jahr 2000 begegnete Leichte Sprache erstmals einer Öffentlichkeit, die über die Zielgruppe von Menschen mit Lernschwierigkeiten hinausging. Bei der Ausstellung „Der (im-)perfekte Mensch" im Hygienemuseum in Dresden wurden

---

[132] GÖBEL, SUSANNE, „Wir vertreten uns selbst".
[133] Vgl. NETZWERK ARTIKEL 3 E.V., Selbstdarstellung
[134] Vgl. ebd.
[135] Vgl. SCHÄDLER, JOHANNES; REICHSTEIN, MARTIN F., „Leichte Sprache" und Inklusion, 43f.
[136] Vgl. LEBENSHILFE BREMEN E.V. (Hrsg.), Leichte Sprache, Die Bilder, 39; vgl. SCHÄDLER, JOHANNES; REICHSTEIN, MARTIN F., „Leichte Sprache" und Inklusion, 43.
[137] Vgl. LEBENSHILFE BREMEN E.V. (Hrsg.), Leichte Sprache. Die Bilder, 39.
[138] INCLUSION EUROPE, Easy-to-Read-Logo.

alle Ausstellungstexte in Leichter Sprache veröffentlicht.[139] Am Rande einer Tagung im Rahmen dieser Ausstellung entstand die AG Disability Studies, in der sich Wissenschaftlerinnen und Wissenschaftler mit Behinderungen zusammenschlossen, um den Gedanken ‚Nichts über uns ohne uns' auch in die Forschung zu tragen und in Zukunft nicht Objekte der Forschung, sondern selbst Forschende zu sein.[140]

Im Dezember 2000 wurde (noch im Rahmen des Projekts „Wir vertreten uns selbst") ein erstes Wörterbuch für Leichte Sprache veröffentlicht. Innerhalb eines Jahres wurden 600 Exemplare verkauft. Das Interesse an Leichter Sprache wuchs.[141] Im Jahr 2001 entstand aus dem Projekt „Wir vertreten uns selbst" der Verein „Mensch zuerst". Die Aktivitäten im Bereich Leichte Sprache nahmen einen großen Bereich ein: Schulungen für Übersetzer*innen, Fachleute und Politiker*innen sowie Prüfer*innen, Übersetzungen und Veröffentlichungen.[142] 2004 wurde das erste Büro für Leichte Sprache von der Lebenshilfe Bremen gegründet.[143]

Netzwerk Leichte Sprache

2006 schlossen sich deutsche und österreichische Organisationen im „Netzwerk Leichte Sprache" zusammen, u.a. die Bundesvereinigung Lebenshilfe, die bundesweiten Verbände von „Mensch zuerst" und die bis dahin gegründeten Büros für Leichte Sprache. Das Netzwerk gab das „Neue Wörterbuch für Leichte Sprache" heraus[144] und eine erste CD mit Piktogrammen.[145] Seit 2013 ist das Netzwerk ein eingetragener Verein.[146] Von 2007 bis 2009 wurde das Projekt „Pathways – Neue Wege zur Erwachsenenbildung" durch Inclusion Europe initiiert und durchgeführt. Es entstanden vier Broschüren in Leichter Sprache (u.a. eine Regelbroschüre), die in verschiedenen Sprachen veröffentlicht werden.[147]

Die UN-Behindertenrechtskonvention (UN-BRK)

Bisher wurde hauptsächlich inhaltlich und in der Praxis an der Leichten Sprache gearbeitet. Rechtlich entwickeln sich die Dinge langsamer. Zwar wurde das

---

[139] Vgl. DWORSKI, ANJA, Geschichte, 2.
[140] Vgl. AG DISABILITY STUDIES, Über uns..
[141] Vgl. DWORSKI, ANJA, Geschichte, 2.
[142] Vgl. LEBENSHILFE BREMEN E.V. (Hrsg.), Leichte Sprache. Die Bilder, 398; vgl. SCHÄDLER, JOHANNES; REICHSTEIN, MARTIN F., „Leichte Sprache" und Inklusion, 43f.
[143] Vgl. LEBENSHILFE BREMEN E.V. (Hrsg.), Leichte Sprache. Die Bilder, 39.
[144] Vgl. SCHÄDLER, JOHANNES; REICHSTEIN, MARTIN F., „Leichte Sprache" und Inklusion, 44.
[145] Vgl. DWORSKI, ANJA, Geschichte, 2.
[146] Vgl. SCHÄDLER, JOHANNES; REICHSTEIN, MARTIN F., „Leichte Sprache" und Inklusion, 44.
[147] Vgl. LEBENSHILFE BREMEN E.V. (Hrsg.), Leichte Sprache. Die Bilder; INCLUSION EUROPE, Informationen für alle.

Grundgesetz 1994 in Artikel 3, Absatz 3 um den Passus ergänzt, dass niemand wegen seiner Behinderung benachteiligt werden dürfe, und auch das Bundesgleichstellungsgesetz trat im Jahr 2002 in Kraft, doch hier geht es eher um die Beseitigung und Verhinderung von Diskriminierung von Menschen mit Behinderungen allgemein und die Regelung ihrer Ansprüche gegenüber dem Staat als um barrierefreie Kommunikation und Information.[148] Dies änderte sich, als im Jahr 2009 die Behindertenrechtskonvention der Vereinten Nationen in Deutschland in Kraft trat.[149] Nun gab es eine (völker-)rechtliche Grundlage für die Forderung nach leicht verständlicher und barrierefreier Sprache, vor allem (wie bereits beschrieben) durch die Artikel 2 und 9. Hierbei ist zu beachten, dass es in keiner der beiden deutschen Übersetzungen der Konvention[150] eine explizite Festlegung auf Leichte Sprache gibt, sondern nur auf einfache Sprache. Die Übersetzung des englischen Begriffs ‚plain language' kann in beide Begriffe erfolgen. In der Übersetzung der UN-BRK in Leichte Sprache[151] wurde allerdings bereits durchgängig der Begriff ‚Leichte Sprache' gewählt. Dies wird von den Kritikern der Leichten Sprache als Anmaßung angesehen, die anderen vereinfachten Formen des Deutschen jede Chance genommen habe, verwendet zu werden.[152]

Der Zugang zu barrierefreier Information hatte nun eine Rechtsgrundlage, und Deutschland hatte sich zur Umsetzung in nationales Recht verpflichtet. Es folgten diverse Aktionspläne zur Umsetzung der BRK. Diese reichten vom nationalen Aktionsplan 2011[153] über die Aktionspläne der Bundesländer bis hin zu städtischen Aktionsplänen. In diesen Plänen tauchte als Synonym für ‚verständliche Sprache' immer stärker der Begriff ‚Leichte Sprache' auf. Damit war Leichte Sprache als Begriff eingeführt. Es gab allerdings noch keine Definition und keine offiziellen Standards von Leichter Sprache und auch noch keine gesetzliche Verbindlichkeit.[154] Leichte Sprache gewann in der Inklusionsdebatte zunehmend an Bedeutung und etablierte sich als geregelte und damit kontrollierbare Möglich-

---

[148] Vgl. BREDEL, URSULA; MAAß, CHRISTIANE, Duden Leichte Sprache, 70.
[149] Vorgeschichte: 13.12.2006 Verabschiedung in der Generalversammlung der Vereinten Nationen. 3.8.2008 UN-BRK tritt in Kraft (30 Tage nach Ratifizierung durch den 20. Staat); Vgl. BREDEL, URSULA; MAAß, CHRISTIANE, Duden Leichte Sprache, 71.
[150] Von der UN-BRK gibt es eine amtliche gemeinsame Übersetzung von Deutschland, Österreich, Schweiz und Liechtenstein und eine sog. ‚Schattenübersetzung' der Behindertenverbände. Der Verein Netzwerk Artikel 3 e.V. hat in Anlehnung an die bereits existierende Tradition der ‚shadow reports' zum Berichtswesen zu bestehenden UN-Konventionen diese Schattenübersetzung in Ergänzung und auch zur Korrektur der amtlichen Übersetzung verfasst (vgl. BEAUFTRAGTER DER BUNDESREGIERUNG FÜR DIE BELANGE BEHINDERTER MENSCHEN, Die UN-Behindertenrechtskonvention, 4).
[151] BUNDESMINISTERIUM FÜR ARBEIT UND SOZIALES, Die UN-Behindertenrechtskonvention (in Leichter Sprache).
[152] Vgl. DOERRY, MARTIN, Maria in der Hängematte, 128.
[153] Vgl. BUNDESMINISTERIUM FÜR ARBEIT UND SOZIALES, Nationaler Aktionsplan.
[154] Vgl. SCHÄDLER, JOHANNES; REICHSTEIN, MARTIN F., „Leichte Sprache" und Inklusion, 44.

keit, Texte leicht verständlich und leicht lesbar darzustellen.[155] Neben diesen Entwicklungen im juristischen Bereich setzte sich auch die inhaltliche Weiterentwicklung fort.

2011 startete der Deutschlandfunk in Kooperation mit der Universität Köln das Format „Nachrichtenleicht" als erstes Online-Angebot von Nachrichten in Leichter Sprache.[156]

Die BITV 2.0

2011 folgte ein Gesetz mit weitreichenden Folgen für die Leichte Sprache: Die Barrierefreie-Informationstechnik-Verordnung 2.0[157] (im Folgenden BITV 2.0). Diese Verordnung regelt Internet- und Intranet-Auftritte von Bundesbehörden. Leichte Sprache wurde ausdrücklich als Mittel zum Zweck der Barrierefreiheit von Sprache definiert. Erstmals war Leichte Sprache damit in einer Verordnung explizit verankert. In Anlage 2 wird das entsprechende Regelwerk vorgestellt und damit erstmals offizielle Standards gesetzt (BITV 2.0, Anlage 2, Absatz 2). In der Verordnung findet sich ein konkreter Auftrag mit Frist 22.4.2014: Jede Bundesbehörde muss „*Informationen zum Inhalt*", „*Hinweise zur Navigation*" und „*Hinweise auf weitere in diesem Auftritt vorhandene Informationen*"[158] in Leichter Sprache vorweisen (BITV 2.0, §3). Diese Frist wurde von den meisten Behörden eingehalten, das Internetangebot in Leichter Sprache beschränkt sich allerdings auf einen Minimalumfang und ist von sehr heterogener Qualität.[159]

Der Bedarf an Leichter Sprache stieg durch diese Entwicklung rasant an. Auch der Bedarf an Bildern zur Unterstützung der Texte in Leichter Sprache wuchs. Die Lebenshilfe Bremen gab 2013 das Buch „Leichte Sprache. Die Bilder" mit einer CD mit mehr als 500 Bildern heraus. Das Buch gibt insgesamt einen guten Überblick über Regeln und Geschichte der Leichten Sprache und ist vollständig in Leichter Sprache geschrieben.[160]

Im April 2014 erschien der Ratgeber „Leichte Sprache", herausgegeben vom Bundesministerium für Arbeit und Soziales. Für den Text in Leichter Sprache ist das Netzwerk Leichte Sprache verantwortlich. Es ist v.a. gedacht als Hilfe für Mitarbeiterinnen und Mitarbeiter in Ämtern und Behörden, die die neuen gesetzlichen Vorgaben umsetzen müssen. Neben den Regeln für Leichte Sprache finden sich in dem Ratgeber auch Regeln für Treffen und Tagungen und Regeln

---

[155] Nähere Ausführungen zur Leichten Sprache vgl. Kap. 1.1.
[156] Vgl. KELLERMANN, GUDRUN, Leichte und Einfache Sprache, 9.
[157] BITV 2.0 - Verordnung zur Schaffung barrierefreier Informationstechnik nach dem Behindertengleichstellungsgesetz (Barrierefreie-Informationstechnik-Verordnung BITV 2.0).
[158] Ebd.
[159] Vgl. BREDEL, URSULA; MAAß, CHRISTIANE, Duden Leichte Sprache, 76ff.
[160] Vgl. LEBENSHILFE BREMEN E.V. (Hrsg.), Leichte Sprache. Die Bilder.

für Leichtes Internet.[161] 2015 veröffentlichte die Forschungsstelle für Leichte Sprache in Hildesheim ebenfalls ein Regelbuch. Darin waren die bestehenden Regeln der Leichten Sprache erstmals wissenschaftlich (linguistisch) reflektiert, überarbeitet und ergänzt.[162] Im April 2016 folgte ein umfassendes Grundlagenwerk zur Leichten Sprache: Der Duden Leichte Sprache. Hier werden theoretische Grundlagen und Übersetzungshilfen für die Praxis in einem bis dahin noch nicht erreichten Umfang dargestellt.[163] Im Juni 2016 wurde im Bundestag der Nationale Aktionsplan (NAP) 2.0 verabschiedet. Er stärkte noch einmal die Rolle der Leichten Sprache:

> *„Daher soll die Erstellung von Erläuterungen zu Bescheiden, Vordrucken und weiteren Dokumenten in Leichter Sprache, insbesondere standardisierte Textbausteine, unterstützt werden. Ein Grundstock von Erläuterungen zu besonders relevanten Dokumenten soll in Leichter Sprache erstellt und den Behörden als Basis zur Verfügung gestellt werden."*[164]

Darüber hinaus regt der NAP 2.0 eine Novellierung des Bundesgleichstellungsgesetzes an.[165]

Im Jahr 2018 kam es zu einer Änderung des Behindertengleichstellungsgesetzes (BGG Bund). In §11 geht es nun ausdrücklich um Verständlichkeit und Leichte Sprache.[166]

2020 hat die Entwicklung der DIN-Norm DIN SPEC 33429 „Empfehlungen für Deutsche Leichte Sprache"[167] begonnen. Dieser Prozess wird voraussichtlich bis Ende 2023 abgeschlossen sein. Dann wird es möglich sein, Texte in Leichter Sprache DIN-zertifizieren zu lassen. Die Herausforderung dieser Entwicklung wird sein, mit der DIN-Norm nicht ein weiteres statisches Regelwerk zu schaffen, sondern gemäß den neuesten Forschungsergebnissen[168] einen Rahmen zu schaffen, der genügend Anpassungsmöglichkeiten des Textes an den Ausgangstext, die Zielgruppe, die Auftraggebenden und die mediale Umsetzung bietet.

2.1.5 Die Grenzen von Leichter Sprache

Leichte Sprache steht in der Gefahr, als Synonym für barrierefreie Kommunikation missverstanden zu werden. Es ist daher wichtig, darauf hinzuweisen, dass Leichte Sprache nur <u>ein</u> Bestandteil barrierefreier Kommunikation sein kann,

---

[161] Vgl. BUNDESMINISTERIUM FÜR ARBEIT UND SOZIALES (Hrsg.), Leichte Sprache Ratgeber.
[162] Vgl. MAAß, CHRISTIANE, Leichte Sprache Regelbuch.
[163] Vgl. BREDEL, URSULA; MAAß, CHRISTIANE, Duden Leichte Sprache.
[164] BUNDESMINISTERIUM FÜR ARBEIT UND SOZIALES, Unser Weg, 178.
[165] Vgl. ebd.
[166] Vgl. BUNDESMINISTERIUM DER JUSTIZ, § 11 BGG.
[167] DIN - DEUTSCHES INSTITUT FÜR NORMUNG, Projekt DIN SPEC 33429. Stand 31.12.2023 war das Projekt noch in der abschließenden Beratungsphase im verantwortlichen Konsortium.
[168] BOCK, BETTINA M., „Leichte Sprache" – Kein Regelwerk.

diesen Begriff aber nicht vollständig ausfüllt.[169] Selbstkritisch formulieren mehrere Autor*innen in dem Buch „Leicht lesen. Der Schlüssel zur Welt", dass Leichte Sprache nicht alle Verstehens- und Kommunikationsprobleme löse,[170] dieser Anspruch wird hier von den Befürwortenden der Leichten Sprache selbst bildungsfeindlich genannt.[171] Leichte Sprache muss sich eingestehen, dass sie nicht jeden Text angemessen abbilden kann. Leichte Sprache hat Grenzen.[172] So schreibt Bock: „*Die für Experten des Fachs wichtige Komplexität und Genauigkeit wird in diesen Kommunikationsangeboten natürlich weder inhaltlich noch sprachlich abgebildet. Das wäre weder funktional noch angemessen.*"[173]

Leichte Sprache hat nicht nur Grenzen ‚nach oben', sondern auch ‚nach unten'. Klaudia Erhardt und Katrin Grüber vom Institut Mensch, Ethik und Wissenschaft fragen zu Recht, was mit den Menschen passiert, die Texte in Leichter Sprache nicht verstehen. Sie befürchten: „*Wer sogar leichte Sprache nicht versteht, wird unsichtbar.*"[174] Das Vorurteil, dass die Vertreter der Leichten Sprache diese als alleinige Sprachform des Deutschen einführen möchten, ist bei näherer Betrachtung unverständlich. Es gibt in der Literatur bei keinem Befürwortenden der Leichten Sprache eine Forderung in diesem Sinne. Bredel und Maaß positionieren sich eindeutig dagegen, sehen darin sogar ein für die Leichte Sprache schädliches Vorurteil, dem es entgegenzuwirken gilt.[175] Kuhlmann argumentiert mit einem Bild:

> „*Ruft man sich den einführenden Vergleich zwischen Rollstuhlfahrern, die Treppen überwinden müssen, und Menschen mit Lernschwierigkeiten, die schwierige Texte überwinden müssen, in Erinnerung, so lässt sich zunächst feststellen, dass trotz zahlreicher Rolltreppen und Aufzüge nach wie vor Treppen existieren. Auch wenn Menschen mit Lernschwierigkeiten durch Texte in Leichter Sprache politische und gesellschaftliche Teilhabe ermöglicht wird, muss dies der Standardsprache nicht schaden. Anspruch der Leichten Sprache ist es nicht, standardsprachliche Texte zu verdrängen, sondern parallele Angebote zu machen.*"[176]

---

[169] Vgl. SCHÄDLER, JOHANNES; REICHSTEIN, MARTIN F., „Leichte Sprache" und Inklusion, 45ff.
[170] Vgl. EBERT, HELMUT, Leichte Sprache, 123; vgl. BOCK, BETTINA M.; LANGE, DAISY, Was ist Leichte Sprache?, 70f; vgl. FRÖHLICH, WALBURGA; CANDUSSI, KLAUS, Informationsbarrieren, 19.
[171] Vgl. EBERT, HELMUT, Leichte Sprache, 131.
[172] Vgl. SCHÄDLER, JOHANNES; REICHSTEIN, MARTIN F., „Leichte Sprache" und Inklusion, 45ff.
[173] BOCK, BETTINA M.; LANGE, DAISY, Was ist eigentlich Leichte Sprache?, 69.
[174] ERHARDT, KLAUDIA; GRÜBER, KATRIN, Teilhabe, 68.
[175] Vgl. BREDEL, URSULA; MAAß, CHRISTIANE, Duden Leichte Sprache, 55f.
[176] KUHLMANN, JULIA, Ein sprachwissenschaftlicher Blick, 95.

2.1.6 Leichte Sprache als Entmündigung? – Das Dilemma zwischen Ermöglichung von Teilhabe und Paternalismus

Aus diesen Ausführungen ergibt sich auch für das Konzept der Leichten Sprache eine entscheidende grundlegende Kritik. Wer entscheidet eigentlich darüber, wer Leichte Sprache braucht? Wer entscheidet, was leicht ist? Wer entscheidet, was wichtig ist und welche Inhalte in Leichter Sprache zur Verfügung stehen müssen? Entscheidungen in dieser Hinsicht stehen (wie so viele Entscheidungen im Bereich von Inklusion) in der Gefahr paternalistisch angelegt zu sein. Auch wenn Leichte Sprache zumindest zum Teil von Menschen mit Lernschwierigkeiten mitinitiiert wurde (vgl. Kap. 2.1.4), unterliegt die Umsetzung doch größtenteils den Regeln des derzeitigen Sozialsystems, in dem Menschen mit Macht, Geld und Wissen über andere Menschen bestimmen und für sie Entscheidungen treffen. Das gilt auch für die Leichte Sprache. Sprache ist Macht und wer über die Sprache bestimmt, bestimmt über die Menschen. Sprache impliziert immer Wertungen und beeinflusst Einstellungen und Meinungen.[177]

In Bezug auf Leichte Sprache heißt das: Menschen, die der komplexen Sprache mächtig sind, übersetzen und entscheiden für Menschen mit Lernschwierigkeiten, was wichtig und was unwichtig ist. Dieses ‚Handeln für' oder ‚Handeln zum Wohle von' (statt des ‚Handelns mit') ist gegen die Prinzipien der Inklusion.[178] Den daraus folgenden Widerspruch kann man derzeit nicht auflösen, nur mildern, indem die Beteiligung von Menschen mit Lernschwierigkeiten am Übersetzungsprozess als unabdingbar angesehen wird.[179] Von der Intention her ist Leichte Sprache ein Ermöglichungsfaktor von Teilhabe und damit von Inklusion. Darüber hinaus

> „ist das auf Übersetzung Angewiesensein wie eine Selbstentmündigung der Partner. Wo es der Übersetzung bedarf, muss der Abstand zwischen dem Geist des ursprünglichen Wortlauts des Gesagten und der Wiedergabe in Kauf genommen werden."[180]

Zu der Problematik der Frage, wer Leichte Sprache braucht und wer nicht, kommt hinzu, dass es bei Leichter Sprache immer Beteiligte gibt, die den Text in der Ausgangssprache verstehen können und Beteiligte, die dies nicht können. Dadurch kann man hier sogar unter Umständen von Entmündigung und nicht nur von „Selbstentmündigung"[181] sprechen.

---

[177] Vgl. KÖHLER, HANNE, Gerechte Sprache, 33.
[178] Vgl. KRAUß, ANNE, Barrierefreie Theologie, 162ff.
[179] BUNDESMINISTERIUM FÜR ARBEIT UND SOZIALES (Hrsg.), Leichte Sprache Ratgeber, 72.
[180] GADAMER, HANS-GEORG, Wahrheit und Methode, 388.
[181] Ebd.

2.2 Teilhabe II: Verständlichkeit und Bibel

Wer von Gott redet, zu Gott redet oder Gottes Reden wiedergibt, hat das Ziel verstanden zu werden – diese Maxime könnte über dem stehen, was die Bibel und ihre Übersetzungen auszeichnet. Das Christentum war schon bei seiner Entstehung eine übersetzende Religion (Kap. 2.2.1). Dazu gehört vor allem die Übersetzung der Bibel, um das Evangelium jedem Menschen in seiner Sprache zu verkündigen (vgl. Apg 2,6.11). Seit den 1960er Jahren gibt es das Programmwort ‚Kommunikation des Evangeliums', das über Bibeltexte hinausgeht, diese aber mit beinhaltet (Kap. 2.2.2). Bibeltexte zugänglich zu machen ist auch ein Ziel der Elementarisierung (Kap. 2.2.3). In Bezug auf Bibeltexte führt dies seit der Reformation und verstärkt seit den 1960er Jahren zu Bibeln für bestimmte Zielgruppen bis hin zu den ersten Bibelausgaben für Menschen mit kognitiven Einschränkungen (Kap. 2.2.4) und schließlich zu Bibeltexten in Leichter Sprache. Diese Aspekte werden im Folgenden genauer ausgeführt. Der Begriff der Angemessenheit bietet sich schließlich als pragmatisches Kriterium an (Kap. 2.2.5).

2.2.1 Das Christentum als Übersetzungsreligion

> *„Die Bibel ist mit Abstand das meistübersetzte Buch der Welt. 2012 liegen Vollbibeln oder Teilausgaben in über 2500 Sprachen vor. Vision bibelgesellschaftlicher Arbeit ist es, dass jeder Mensch eine Bibelausgabe in seiner Muttersprache vorliegen hat, damit der die ‚Heilige Schrift' verstehen kann."*[182]

Im Zuge der Lutherrevision (2010-2017) und der Revision der Einheitsübersetzung (2006-2016) wurde das Übersetzen von Bibeltexten verstärkt thematisiert. Der evangelische Theologe Jörg Lauster beschreibt in seinem Aufsatz „Loyalität und Freiheit" bei Augustinus beginnend die Geschichte der Bibelübersetzungstradition: *„Das Christentum ist eine von Anfang an übersetzende Religion. Zum Wesen der Offenbarung gehört es, dass sie nicht auf eine Sprache und ein heiliges Buch beschränkt bleiben kann."*[183] Niemand sieht die Offenbarung (des Wortes Gottes) durch die Übersetzung gefährdet. Von Anfang an wurden Handschriften nicht nur abgeschrieben, sondern auch übersetzt. *„Die Offenbarung ist dynamisch gedacht, nicht statisch auf eine Textgestalt fixiert."*[184]
Nach Lauster geht Augustinus davon aus, dass, *„wenn Worte in einer Sprache Wirklichkeit adäquat abbilden, dann muss dies auch durch Übertragung in eine andere mög-*

---

[182] LANDGRAF, MICHAEL, Bibelausgaben damals und heute, 82f.
[183] LAUSTER, JÖRG, Loyalität und Freiheit, 297.
[184] Ebd.

lich sein."[185] Lauster nennt dies *„Übersetzungsoptimismus".*[186] Dieser Optimismus zieht sich durch alle Zeiten bis in die Moderne.[187] Doch auch schon Augustinus entwickelte ein erstes Problembewusstsein: Die Auslegung der Heiligen Schriften führt zu Bildung; dies ist in mehreren Sprachen möglich und unumgänglich; die Sprachenvielfalt der Menschheit wird biblisch reflektiert und macht Übersetzungen notwendig. Dies betrifft auch Übersetzungen der Bibel. Für die Übersetzung von Bibeltexten gelten zwei entscheidende Kriterien: Texttreue und Interpretationskraft. Auch Augustinus wusste, dass das nicht problemlos zusammengeht und empfahl Handschriftabgleich und die Anwendung rhetorischer Kompetenz, im Zweifel Bezug auf die Septuaginta,[188] also auf eine Bibelübersetzung!

Um die Problematik des Übersetzens im Allgemeinen und die Übersetzung von Bibeltexten im Besonderen zu erläutern, möchte ich bei der Frage ansetzen:

Was ist Übersetzen?

Der Sprachwissenschaftler Jörn Albrecht formuliert es in einem Satz: „Die Übersetzung ist ein sprachlicher Umwandlungsprozeß, bei dem etwas erhalten bleibt."[189] Der Philosoph Hans-Georg Gadamer ist der Meinung, Übersetzung sei immer ein Kompromiss:

> „Die Forderung der Treue, die an den Übersetzer gestellt wird, kann die grundlegende Differenz der Sprachen nicht aufheben. Auch wenn wir noch so getreu sein wollen, werden wir vor mißliche Entscheidungen gestellt. Wenn wir in unserer Übersetzung einen uns wichtigen Zug am Original herausheben wollen, so können wir das nur, indem wir andere Züge in demselben zurücktreten lassen oder ganz unterdrücken."[190]

Albrecht sieht die Möglichkeiten des Übersetzens als ausgesprochen begrenzt an: „Keine Übersetzung bewahrt zuverlässig alle Merkmale des Originals; auch eine extrem ‚wörtliche' Übersetzung tut dies nicht."[191] Diese Auffassung teilen viele andere Autoren, vom Kirchenvater Hieronymus[192] bis zum evangelischen Theologe Stefan Alkier.[193] „Traduttore – traditore" (= Der Übersetzer ist ein Verräter) sagt ein italienisches Sprichwort. Daraus ergeben sich zwei zentrale Fragen: Hat die literarische oder die wörtliche Übersetzung Vorrang? Darf der Übersetzende dem Sinn den Vorrang geben und dazu die Sprache seiner Wahl benutzen?[194]

---

[185] Ebd.
[186] Ebd.
[187] Vgl. ebd., 295-298.
[188] Vgl. ebd., 295-298.
[189] ALBRECHT, JÖRN, Übersetzung und Linguistik, 31.
[190] GADAMER, HANS-GEORG, Wahrheit und Methode, 389.
[191] ALBRECHT, JÖRN, Übersetzung und Linguistik, 1.
[192] Vgl. ALKIER, STEFAN, Über Treue und Freiheit, 61-62.
[193] Vgl. ebd.
[194] Vgl. LAUSTER, JÖRG, Loyalität und Freiheit, 298-300.

Die moderne Übersetzungstheorie sieht die Schwierigkeiten noch einmal verschärft, seit die performative Seite der Sprache entdeckt wurde. Dadurch ist es noch unmöglicher geworden, eine hundertprozentige Übersetzung der (inneren) Vorstellungs- und Erlebniswelten eines Textes vorzunehmen.[195] Auch wenn nach Umberto Eco[196] Übersetzen bedeutet, *„quasi dasselbe mit anderen Worten"*[197] zu sagen, ist es quasi unmöglich, eben dieses zu bewerkstelligen. Gadamer schreibt: *„Der Sinn soll vielmehr erhalten bleiben, aber da er in einer neuen Sprachwelt verstanden werden soll, muss er in ihr auf neue Weise zur Geltung kommen."*[198] Damit sind wir wieder bei Albrecht und der Frage der Invarianzforderung des Textes in der Ausgangssprache, die im Widerspruch zu der Tatsache steht, dass jede*r Übersetzende selbst festlegt, *„was bei der Übersetzung unbedingt erhalten bleiben soll."*[199]

Ziel des*der Übersetzenden müsste es also sein, sich möglichst tief in den Autor oder die Autorin und die Umstände des Ausgangstextes hineinzuversetzen, um dann über die invarianten Faktoren des Textes zu entscheiden. Mit Schleiermacher kann man sagen: Es geht darum, den Geist der Sprache des Autors oder der Autorin zu erkennen und sich hineinzufühlen. Dabei bleibt jedoch die Fremdheit des Autors oder der Autorin als unüberbrückbares Hindernis immer bestehen. Hier ergeben sich zwei Lösungsansätze: Entweder muss die übersetzende Person den Autor oder die Autorin auf den*die Lesenden zubewegen oder die Lesenden auf den Autoren oder die Autorin.[200]

Was ist also die entscheidende Kunst? – Das richtige ‚Ersetzen' der Worte in der einen durch die Worte in der anderen Sprache. *„Üb' Ersetzen"*[201], wortmalt Karl Kraus.

Jede Übersetzung ist anders, weil jede*r Übersetzende anders ist. In der Einleitung zur Bibel in gerechter Sprache schreiben die Autor*innen in der Einleitung: *„Die einzig richtige Übersetzung gibt es nicht. Wie bei jedem Versuch, Fremdes zu verstehen, spielen Voraussetzungen und Perspektiven eine entscheidende Rolle."*[202] Mit Gadamers Worten: *„Jede Übersetzung ist daher schon Auslegung, ja man kann sagen, sie ist immer die Vollendung der Auslegung, die der Übersetzer dem ihm vorgegebenen Wort hat angedeihen lassen."*[203] Hinzu kommen die Eigenarten der Zielsprache. Albrecht formuliert: *„Die Sprachen zwingen uns dazu, alles Mögliche zu sagen, das wir ei-*

---

[195] Vgl. ebd.
[196] Schriftsteller und Philosoph.
[197] ECO, UMBERTO, Quasi dasselbe, Titel.
[198] GADAMER, HANS-GEORG, Wahrheit und Methode, 387f.
[199] ALBRECHT, JÖRN, Übersetzung und Linguistik, 4.
[200] Vgl. SCHLEIERMACHER, FRIEDRICH, Methoden des Übersetzens, 47f.
[201] KRAUS, KARL, Fackel, 77.
[202] BAIL, ULRIKE u.a., Einleitung (BiGS), 9.
[203] GADAMER, HANS-GEORG, Wahrheit und Methode, 388.

*gentlich gar nicht sagen wollen, das wir jedoch sagen müssen, wenn wir korrekt sprechen wollen."*²⁰⁴

> „Übersetzung ist wie jede Auslegung eine Überhellung. Wer übersetzt, muss solche Überhellung auf sich nehmen. Er darf offenbar nichts offenlassen, was ihm selber unklar ist. Er muss Farbe bekennen. [...] Er muss klar sagen, was er versteht."²⁰⁵

Eine Übersetzung ist – in diesem Verständnis – *„immer ein neuer Text, der neben und nicht an die Stelle des Ausgangstextes tritt."*²⁰⁶ Durch die sprachliche Aneignung des Textes, der durch die Übersetzung geschieht, können in gewisser Weise auch neue Bedeutungen entstehen. Zu diesem Schluss kommt Ute E. Eisen.²⁰⁷ Übersetzungen sind also nicht nur neue Texte, sie erweitern auch den Deutungshorizont.

Zusammenfassend können folgende Punkte festgehalten werden:
– Es gibt für viele Worte keine genaue Entsprechung in einer anderen Sprache.
– Die Unterschiede in Kulturen und Lebenswelten führen zu unterschiedlichen Interpretationen desselben Sachverhalts, bei den Übersetzenden und bei den Lesenden.
– Die einzig richtige Übersetzung kann es nicht geben.
– Alle Übersetzenden interpretieren und jede Übersetzung ist eine Deutung.
– Jede Übersetzung ist ein neuer Text, der den alten nicht ersetzt, sondern neben ihn tritt. Dadurch eröffnen sich auch neue Deutungshorizonte.

Auf Bibeltexte bezogen spitzen sich dieses Aussagen noch einmal besonders zu:

1. Übersetzung ist nötig

Das Christentum ist von Anfang an eine übersetzende Religion. Dies bestätigt besonders der Umgang mit der „Heiligen Schrift", deren Offenbarungscharakter nicht von der Überlieferung in der Entstehungssprache abhängig ist. Diese Ansicht ist wie bereits beschrieben schon auf Augustinus zurückzuführen. Die Übersetzung der Heiligen Schrift wird sogar ausdrücklich als notwendig angesehen. Dazu schreibt der katholische Theologe Gotthard Fuchs:

> „Über-Setzung tut in jedem Fall Not, seitdem Gott selbst sich in Christus über-setzt hat. [...] Weil Gott sich in Jesus Christus selbst in die Sprachen dieser Welt übersetzt hat und übersetzt, darf und kann der darauf hörende Mensch seinerseits an dieser göttlichen Übersetzungsarbeit teilhaben. Bittend ist es dieser Gott selbst, der Mitliebende, also auch Mitsprechende sucht und sich dabei als höchst fehlerfreundlich erweist."²⁰⁸

---

204   ALBRECHT, JÖRN, Übersetzung und Linguistik, 28.
205   Ebd., 389.
206   RÖHSER, GÜNTER, Kriterien einer guten Bibelübersetzung, 16.
207   EISEN, UTE E., „Quasi dasselbe?", 13.
208   FUCHS, GOTTHARD, Kraft vom ersten Wort, 428f.

Mit dem Pfingstwunder (Apg 2), das die Jünger befähigt, in allen Sprachen der Welt zu sprechen, kann auch biblisch begründet werden, dass das Wort von Gott von jedem Menschen in seiner Sprache gehört werden soll.

2. *Bibeltexte sind von Menschen verfasst und übersetzt – und damit nicht unfehlbar*

„Es ist gut, dass es Übersetzungen gibt, aber es ist - für Lesende wie für Übersetzende - auch notwendig, um die Unzulänglichkeit jeder Übersetzung zu wissen."[209] Die hier von dem evangelischen Theologen Jürgen Ebach beschriebene Unzulänglichkeit war schon den biblischen Übersetzern der ersten Stunde bewusst. So lesen wir im Vorwort zum Buch Jesus Sirach in der Septuaginta in der Übersetzung von Angelika Strotmann in der Bibel in gerechter Sprache:

> „Ich lade euch nun also ein mit Wohlwollen und Aufmerksamkeit das Gelesene aufzunehmen und dort Nachsicht zu üben, wo wir trotz intensiven Bemühens bei der Übersetzung vielleicht doch nicht die genaue Ausdrucksweise getroffen haben. Denn das, was bei uns auf Hebräisch gesagt wird, hat ja nicht mehr genau dieselbe Kraft, wenn es in eine andere Sprache übertragen wird. Das gilt nicht nur für das vorliegende Buch, sondern auch die Übersetzungen der Tora, der prophetischen Schriften und der übrigen Bücher unterscheiden sich nicht unwesentlich von den Fassungen in der Originalsprache."[210]

Besonders bei der Übersetzung von Bibeltexten fließen die eigene Überzeugung und die eigenen Vorerfahrungen sowie die eigene Kenntnis bisheriger Übersetzungen mit ein. Besonders gilt hier, was Albrecht und Gadamer für Übersetzungen jeder Art postulieren. Albrecht schreibt: *„Bei der Entschlüsselung des Textes findet notwendigerweise eine Auswahl aus verschiedenen Verstehensmöglichkeiten statt."*[211] Ergänzend kann noch einmal Gadamer herangezogen werden: *„Es ist ein anderes neues Licht, das von der anderen Sprache her und für den Leser derselben auf den Text fällt."*[212] Stefan Alkier spitzt es auf Bibeltexte zu:

> „Was lässt sich wirklich über den Auslegungsgegenstand sagen, ohne ihn mit den eigenen Vorurteilen zu belasten? Solche Vorurteile können theologische Dogmen, bürgerliche Moralvorstellungen, wirtschaftliche Interessen, wissenschaftliche Positionen oder religiöse Empfindungen sein. Vor allem will eine dem Realitätskriterium verpflichtete kritische Hermeneutik den Auslegungsgegenstand schützen, um ihn um seiner selbst willen zu erforschen."[213]

Angesichts dieser Hürden scheint es fast geboten, das Übersetzen aufzugeben, dennoch lässt sich mit Meister Eckhart voller Hoffnung sagen: *„Alle Worte haben Kraft vom ersten Wort."*[214]

---

[209] EBACH, JÜRGEN, Übersetzen.
[210] STROTMANN, ANGELIKA, Jesus Sirach (BiGS), 1626f.
[211] ALBRECHT, JÖRN, Übersetzung und Linguistik, 29.
[212] GADAMER, HANS-GEORG, Wahrheit und Methode, 389.
[213] ALKIER, STEFAN, Über Treue und Freiheit, 67.
[214] MEISTER ECKHART, Werke I, 213.

Der Nutzen von (Bibel-)Übersetzungen liegt dennoch auf der Hand, weil einem Großteil der Menschheit der Zugang zu Information, Erkenntnis und Weltliteratur verwehrt bliebe, wenn es keine Übersetzungen gäbe – so unzulänglich sie auch sein mögen.[215]

3. Zwei Schlagworte bilden die Pole einer jeden Übersetzung: Treue und Freiheit[216]

> „Im wörtlicheren Übersetzen liegt Respekt vor dem Urtext, der nun einmal fremd ist. Ich habe es im Lesen anzuerkennen und mich zu mühen um das Verstehen. Ich will nicht über die Andersart der Bibel getäuscht werden, als ob sie einfach wie eine beliebige Story zu verstehen sei; die Distanz der Sprachen muss offen bleiben."[217]

So argumentiert der katholische Theologe Lorenz Wachinger in seinem Aufsatz über die Übertragung der hebräischen Bibel der jüdischen Theologen Martin Buber und Franz Rosenzweig. Für die freie Übersetzung und die damit einhergehende Erhaltung der Lebendigkeit des Glaubens argumentiert Gotthard Fuchs:

> „Historisch gewordene Formen und Sprachen gilt es aufzubrechen, zu verfremden, zu irritieren und zu dekonstruieren - um des lebendigen Glaubens willen. Wer das Original bloß kopiert, verfälscht es; er liest es nicht in dem Geist, in dem es ‚geschrieben' ist - im Vertrauen nämlich auf die Treue Gottes in der polyphonen und mehrsprachigen Gemeinschaft der Glaubenden. Gottes Geist zeigt sich als absolut verlässliche, gar unfehlbare Führungskraft inmitten aller Unzuverlässigkeiten und Fehldeutungen von Menschen."[218]

Bereits das Wort Treue ist ein spezielles Wort, das mehrdeutig interpretiert werden kann. So schreibt Umberto Eco treffend: „*Wenn man ein beliebiges Wörterbuch aufschlägt, wird man unter den Synonymen für Treue kaum die Vokabel Exaktheit finden. Man findet dort eher* **Loyalität, Gewissenhaftigkeit, Achtung, Hingabe**. *[Herv. im Original]*"[219] Und dieser ‚Treue' folgen wohl die allermeisten Übersetzungen.[220] Treue wird in der Translationswissenschaft häufig mit Äquivalenz gleichgesetzt, also mit einem möglichst hohen Maß der Entsprechung von Ausgangstext und Zieltext in Wortbedeutung *und* Funktion. Dies kann in Kombination (Schwerpunkt Wortbedeutung vs. Schwerpunkt Textfunktion) zu Konflikten führen.[221]

---

[215] Vgl. EBACH, JÜRGEN, Übersetzen.
[216] Vgl. ALKIER, STEFAN, Über Treue und Freiheit, 60–61.
[217] WACHINGER, LORENZ, Eröffnung, 415.
[218] FUCHS, GOTTHARD, Kraft vom ersten Wort, 433.
[219] ECO, UMBERTO, Quasi dasselbe, 433.
[220] Eher zweifelhaft: Die „Holyge Bimbel" (2018), die mit derbem Sprachgebrauch, einigen zumindest respektlos anmutenden Namensverdrehungen (Adam wird Adolf, Jesus Christus zu Jesus Chrispus und Julius Caesar (!) zu Julian Caesarsalad) und der insgesamt sehr gewöhnungsbedürftigen und nicht respektvollen „Vong language" viele Fragen aufwirft. Die Provokation gehört hier zum Programm. Eine theologische Auseinandersetzung steht aus.
[221] Vgl. NORD, CHRISTIANE, Funktionsgerechtigkeit und Loyalität, 13.

Die Translationswissenschaftlerin Christiane Nord plädiert daher dafür, den Begriff der ‚Treue' durch den Begriff der ‚Loyalität' zu ersetzen und entwirft ein Modell der Loyalität zwischen den Handlungspartner*innen (Auftraggeber*in, Zielpublikum, Ausgangstextautor*in) und dem*der Übersetzer*in. Allen Handlungspartner*innen gegenüber besteht die Verpflichtung, einen funktionsgerechten Zieltext mit einer bestimmten Anbindung an den Ausgangstext zu schaffen, besonders wenn die Auftraggeber*innen keine Möglichkeit zur Überprüfung haben.[222]

Worauf kommt es also beim Übersetzen an?

Martin Luther ist mit seiner Bibelübersetzung und seinen Beweggründen in vieler Hinsicht auch heute noch ein wichtiger Ratgeber. Ute E. Eisen schreibt: „*Luther wollte den Menschen die Bibel nahebringen, Frauen und Männern, Jungen und Mädchen, womit er einen modernen Grundsatz aktueller Bibelübersetzungen vorwegnahm: die Zielsprachenorientierung.*"[223] Dies schildert Luther auch in seinem Sendbrief vom Dolmetschen, aus dem folgendes bekannte Zitat stammt:

> „(...) man muss die Mutter im Hause, die Kinder auf der Gasse, den einfachen Mann auf dem Markt danach fragen und denselben auf das Maul sehen, wie sie reden und danach übersetzen; da verstehen sie es dann und merken, dass man deutsch mit ihnen redet."[224]

Luther wusste: Bibel übersetzen heißt interpretieren. Die Fülle von theologischen Entscheidungen, die damit einhergehen, legte er bewusst und kämpferisch immer wieder offen,[225] besonders auch im Disput mit seinen Gegnern.[226] Luthers Kernanliegen war es, „*das Wort und die Verheißung Gottes so in das Leben und in die Herzen des Volkes bringen, dass auch sie die Botschaft des Evangeliums verstehen und weitergeben konnten.*"[227] Seine Bibelübersetzung war neben der Predigt und dem kleinen Katechismus ein zentrales Medium für dieses Anliegen. Luther kam immer wieder darauf zurück, dass das Wort passend in heutiges Deutsch übertragen werden müsse (und nicht wörtlich) – alles andere sei unnütz und verfehle den Sinn einer Bibelübersetzung.[228] Im Sendbrief schreibt er selbst: „*Denn wer dolmetschen will, muss großen Vorrat an Worten haben, damit er die Wahl haben könne, wenn eins nicht an allen Stellen stimmen will.*"[229]

Bernd Beuscher formuliert es so:

---

[222] Vgl. ebd., 19.
[223] EISEN, UTE E., Quasi dasselbe, 4.
[224] LUTHER, MARTIN, Sendbrief, 148.
[225] EISEN, UTE E., Quasi dasselbe, 4.
[226] LUTHER, MARTIN, Sendbrief, 140–161.
[227] METHUEN, CHARLOTTE, Novam, 48.
[228] Vgl. LUTHER, MARTIN, Sendbrief, 146.
[229] Ebd., 151.

> „Das Ersetzen von Buchstaben der einen Sprache durch Buchstaben einer anderen Sprache ist eine Übung, bei der alles darauf ankommt, dass dabei der möglichst große, aber noch tote Wortschatz (...) verbunden wird mit dem Sinn für Wendungen, die ‚herzlich', ‚by heart', existenziell ‚ins Herz klingen und dringen'[230] und auf diese Weise performativ wirksam werden."[231]

Daraus folgt:

4. Die Übersetzung von Bibeltexten erfordert eine Haltung und das Bewusstsein der speziellen Verantwortung

Franz Rosenzweig bemerkt im Hinblick auf die Übersetzung der ‚Schrift' mit Anspielung auf Mt 6,24: *„Übersetzen heißt zwei Herren dienen. Also kann es niemand."*[232] Es ist aber auch in der Meinung von Rosenzweig notwendig und in seiner Notwendigkeit dann auch wieder möglich. Der Satz dient der Bewusstmachung der Verantwortung der Übersetzenden.[233] Bei jeder Übersetzung müssen die Übersetzenden einer großen Verantwortung gerecht werden. So schreibt Stefan Alkier:

> „Wer übersetzt, muss den übersetzten Text verstehen. [...] Gerade aber die Unmöglichkeit einer Übersetzung, dasselbe wie das Übersetzte zu sagen, sondern bestenfalls ‚quasi' dasselbe, zeugt von einer Begegnung mit dem Fremden, die die Andersheit des Fremden nicht vollends aufzusaugen in der Lage ist. [...] Das, was bei einer Übersetzung nicht übersetzt werden kann, garantiert die Fremdheit des Anderen. [...] Das, was aber bei einer Übersetzung übersetzt werden kann, erzeugt die Möglichkeit der Begegnung mit dem Fremden in der eigenen Sprache."[234]

Der evangelische Theologe Jürgen Ebach formuliert treffend in dem gleichen Sinn: *„Ist [...] eine scharfe Trennung zwischen Übersetzung und Interpretation möglich? Bereits hier zeigt sich: Es gibt kaum die richtige Übersetzung - aber es gibt falsche."*[235] Übersetzen erfordert die Bereitschaft zur Übernahme von Verantwortung für das Übersetzte. Der evangelische Theologe Martin Leutzsch schreibt: *„Indem ich beim Übersetzen der Bibel Entscheidungen treffe, übernehme ich Verantwortung. Die Tätigkeit des Bibelübersetzens setzt - wie jede menschliche Tätigkeit - eine Ethik voraus."*[236]

Im Vorwort seiner Luther-Ausgabe schreibt Wolfgang Metzger:

> „Der innige Zusammenhang zwischen Übersetzen und Verstehen des Einzelnen und des Ganzen wird ebenso deutlich wie die demütige Unterordnung unter den Text des göttlichen Wortes, das doch zugleich von aller Buchstabensklaverei befreit und allein dem Sinn verpflichtet."[237]

---

[230] Ebd., 150.
[231] BEUSCHER, BERND, #Luther, 35–36.
[232] ROSENZWEIG, FRANZ, Die Schrift und Luther, 15.
[233] Vgl. RÖHSER, GÜNTER, Kriterien einer guten Bibelübersetzung, 18.
[234] ALKIER, STEFAN, Über Treue und Freiheit, 67–68.
[235] EBACH, JÜRGEN, Übersetzen.
[236] LEUTZSCH, MARTIN, Was heißt übersetzen?, 383.
[237] METZGER, WOLFGANG, Vorbemerkung (Calwer Luther Ausgabe), 8.

Dabei darf man nach Bernd Beuscher nicht den Fehler begehen, geliebte Hör- und Sprachgewohnheiten mit ‚Gottes Wort' zu verwechseln.[238] Gotthard Fuchs schreibt:

> „Nichts wäre für die theologische Dolmetscherkunst fataler als die Sucht nach Originalität, die am liebsten den Glauben selbst und alle seine Sprachformen neu erfinden möchte. [...] Aber genauso fatal wäre das bloße Repetieren überlieferter Formen und Formeln ohne Glaubens- fantasie und geistliche Entdeckungskraft. Beides wäre Verrat."[239]

Der Übersetzende muss laut Gadamer eine Sprache finden, „die nicht nur die seine, sondern auch die dem Original angemessene Sprache ist. Die Lage des Übersetzers und die Lage des Interpreten ist also im Grunde die Gleiche."[240]

Eugene A. Nidas Modell der dynamischen Äquivalenz stellt die schon von Luther angewandte Sinn-Verpflichtung konsequent in den Vordergrund. Seine 1969 im Original und auf Deutsch übersetzt erschienene „Theorie und Praxis des Übersetzens"[241] vertrat eine neue Auffassung vom Übersetzen, die große Wirkung besonders beim Übersetzen von Bibeltexten zeigte. Nida und sein Kollege Charles A. Taber fordern und formulieren eine neue Einstellung zur Zielsprache und zur Ausgangssprache und zum Verhältnis der beiden zueinander. Ihre Thesen sind bis heute wegweisend: Für die Einstellung zur Zielsprache fordern sie, jede Sprache mit ihrem eigenen Wesen zu respektieren und zu berücksichtigen. Kommunikation könne nur dann wirkungsvoll sein, wenn die Eigenarten der Zielsprache berücksichtigt würden. Solange die Form nicht wesentlicher Bestandteil der Botschaft eines Textes sei, sei es möglich, die Aussage auch in einer anderen Sprache zu machen. Um diesem Inhalt gerecht zu werden, müsse bei einer Übersetzung die Form des Textes verändert werden und damit auch kulturelle Hürden überwunden werden.[242] Auch für die Ausgangssprache fordern sie eine neue Wahrnehmung. Die Ausgangssprachen müssten als natürliche Sprachen mit ihren Beschränkungen durch Doppeldeutigkeiten oder Ungenauigkeiten wahrgenommen werden. Die Verfasser der biblischen Texte seien davon ausgegangen, verstanden zu werden, da sie ihre Sprache den Gewohnheiten und dem Verständnis der damaligen Zielgruppen anpassten. Herausforderung einer Übersetzung sei es also, den Text so wiederzugeben, wie der Verfasser ihn gemeint habe.[243]

Durch Nidas Theorie wurde ein Paradigmenwechsel eingeleitet,[244] der die Bibelübersetzungen ‚freier' werden ließ und in der Folge u.a. zur Zielgruppenorientierung bei Bibelübersetzungen führte. Dies wird im Kapitel 2.2.4 genauer be-

---

[238] Vgl. BEUSCHER, BERND, #Luther, 46.
[239] FUCHS, GOTTHARD, Kraft vom ersten Wort, 432.
[240] GADAMER, HANS-GEORG, Wahrheit und Methode, 390.
[241] NIDA, EUGENE A.; TABER, CHARLES R., Theorie und Praxis des Übersetzens.
[242] Vgl. ebd., 3ff.
[243] Vgl. ebd., 6f.
[244] Vgl. FELBER, STEFAN, Kommunikative Bibelübersetzung, 40.

trachtet. Nidas zentrale Aussage, dass jeder biblische Text ‚basic kernels', also eine elementare Botschaft besitzt, die in der Zielsprache mehr oder weniger verlustfrei wiedergegeben werden kann,[245] stellt sich bei näherer Betrachtung als hohe und unter Umständen auch als zu hohe Anforderung heraus.[246] Damit bestätigt sich die Theorie des ‚Übersetzungskontinuums', nach dem man alle Übersetzungen zwischen den beiden Polen Treue (word for word) und Freiheit (thought for thought) verorten kann, aber keine Übersetzung eine Reinform eines der beiden Pole abbilden kann.[247] Die Herausforderung der Balance zwischen diesen beiden Polen einer Übersetzung bleibt bestehen und muss bei jeder Übersetzung neu abgewogen werden.

Bleibt ein letzter grundsätzlicher Punkt, der besonders christlich-religionsspezifisch ist:

5. *Die Wirkmächtigkeit des biblischen Wortes bleibt letztlich unverfügbar für den Menschen*

Für den katholischen Theologen und Psychologen Lorenz Wachinger bleibt folgende Grundfrage:

> *„Was ist Übersetzen und was bedeutet ‚gut' übersetzt? Hinter der philologischen (‚richtig'), hinter der literarischen (‚schön') steht die religiöse Frage: wie lässt sich davon reden, was GOTT in der Welt, in mir tut? Wir leben nicht mehr in den alten Selbstverständlichkeiten, wo alle - wirklich alle? - wußten, was gemeint war. Wie soll ein Bibel-Übersetzer das religiöse Ur-Ereignis, das Aufblitzen Gottes, ausdrücken, hat er dafür einen Namen?"*[248]

Und wie kann er darüber verfügen? „*Kann das Wort Gottes menschlichen Entscheidungsprozessen unterworfen werden?*",[249] fragt auch der evangelische Theologe Desmond Bell. Kann die ‚Offenbarung' mitübersetzt werden? Oder haben die ursprachlichen Texte (und nur diese) ein letztes Geheimnis, das nicht übersetzt werden kann?

Man kann diese Frage nicht beantworten. Der evangelische Theologe Günter Röhser antwortet mit einer Gegenfrage: Kann sich der Heilige Geist - so er denn durch den Ur-Text in besonderer Weise gewirkt hat - nicht auch der eigenen rhetorischen Wirkung von Übersetzungen bedienen?[250] Röhser macht deutlich, dass das Übersetzen von Bibeltexten mehr braucht als nur technisches Handwerk: Bibelübersetzungen brauchen darüber hinaus Wissenschaft, Kunstfertigkeit, Methodenvielfalt und *Begeisterung* im eigentlichen Wort-Sinn.[251] Schon Lu-

---

[245] Vgl. ebd., 17.
[246] Vgl. ebd., 387ff.
[247] Vgl. ebd., 31f kombiniert mit ALKIER, STEFAN, Über Treue und Freiheit, 60f
[248] WACHINGER, LORENZ, Eröffnung, 413.
[249] BELL, DESMOND, Wortsalat, 3.
[250] Vgl. RÖHSER, GÜNTER, Kriterien einer guten Bibelübersetzung, 20–21.
[251] Vgl. ebd., 21.

ther schrieb dem guten Übersetzer mehr als nur Fachkenntnis zu: Die zentralen Eigenschaften eines guten Übersetzers seien Kunst, Fleiß, Vernunft und Verständnis.[252]

2.2.2 Kommunikation des Evangeliums[253]

Ernst Lange gilt als der Schöpfer des Begriffs „Kommunikation des Evangeliums", der ihn Ende der 1950er Jahre aus der Ökumene vom Niederländer Erik Kraemer übernommen und dann im Rahmen seines Berliner Ladenkirchenprojekts einer Modifizierung unterzogen hat. Lange zieht 1965 Bilanz seines Projekts und formuliert sein Verständnis der Kommunikation des Evangeliums. Während der Begriff bei Kraemer noch vorrangig für Verkündigung des Predigers zu den Gläubigen steht,[254] stellt Ernst Lange das Dialogische des Begriffs in den Vordergrund: *„Der Prozeß ist prinzipiell dialogisch. Es geht in der Kommunikation des Evangeliums immer und überall um das not-wendige Wort."*[255] Das not-wendige Wort sei das Wort, das in einer Not-Situation den Menschen anspreche und seine Situation zum Besseren wende. Situation und Bibel-Wort bedingten sich gegenseitig. Das sei der Dialog. Die Annahme, dass die Situation des Menschen vor Gott in der Welt konstant und damit bekannt ist, sei nicht so selbstverständlich vorauszusetzen, als dass sie in der Gestaltung der Predigt keiner Prüfung unterzogen werden müsse. Der Bezug zwischen Wort und Mensch vor Gott stehe immer wieder neu zur Diskussion, dabei spielten Geschichtlichkeit, Veränderlichkeit und Jeweiligkeit eine zentrale Rolle.[256]

> *„Unter dem Stichwort ‚Kommunikation des Evangeliums' wird das Ganze des Lebens und Arbeitens einer Gemeinde, soweit es darin um die Interpretation der biblischen Botschaft geht, in seiner Einheit und in seiner Differenziertheit greifbar."* [257]

Folgende Lebensvollzüge der Gemeinde dienen nach Lange der Kommunikation des Evangeliums: sonntägliche Gottesdienste, Kasualgottesdienste, Kinder- und Jugendunterricht, Gemeindekatechumenat, Seelsorge, wobei Lange feststellt, keiner davon sei bedeutungsvoller als die anderen. In jedem Lebensvollzug sei eine andere Interpretation des biblischen Zeugnisses nötig.[258] Lange formuliert vier Stufen dieser Interpretation des biblischen Zeugnisses:

---

[252] Vgl. BORNKAMM, KARIN; EBELING, GERHARD (Hrsg.), Martin Luther. Ausgewählte Schriften, 5.
[253] Die folgenden Ausführungen beziehen sich vor allem auf Deutschland seit den 1960er Jahren.
[254] Vgl. GRETHLEIN, CHRISTIAN, Praktische Theologie, 139f.
[255] LANGE, ERNST, Versuch einer Bilanz, 101.
[256] Vgl. ebd.
[257] Vgl. ebd., 101–102.
[258] Vgl. ebd.

Teilhabe II: Verständlichkeit und Bibel   109

1. **Kommunikation des Evangeliums als „Wort für alle"** - Das Wort im sonntäglichen Gottesdienst. Hier wird versucht, die Interpretation so zu gestalten, dass die Hörenden etwas präsentiert bekommen, das sie auf ihre Leben beziehen können. Lange wittert allerdings eine Gefahr: Weil es alle treffen wolle, träfe es niemanden richtig.
2. **Kommunikation des Evangeliums als Vermittlung im Katechumenat** - Das „Wort für alle" wird auf den Einzelnen bezogen, der Einzelne werde zum *„Sehen, Urteilen und Handeln im Glauben"* [259] befähigt. Der Katechumenat ist nach Lange aufgeteilt in Kinder-, Jugend- und Gemeindekatechumenat, durchgeführt von jeder Gemeinde und im Verbund.
3. **Kommunikation des Evangeliums als gegenseitige brüderliche[260] Beratung (mutuum colloquium fratrum)** - Das „Wort für alle" wird auf den Kopf zugesagt und damit „zur konkreten Verheißung und zum konkreten Geheiß."[261] Dies sei nicht parochial organisierbar und überschaubar zu halten und solle sich über parochiale Grenzen hinweg daran orientieren, dass die richtigen Leute zu den richtigen Fragen zusammenkämen.
4. **Kommunikation des Evangeliums als *„Ernstfall des Glaubens"*** [262] - Jeder Christenmensch entscheidet selbst, was das „Wort für alle", sonntags gehört, im Katechumenat gelernt und in der Beratung besprochen im eigenen Leben bewirkt und welche Überzeugungen sich bilden und welches Handeln daraus erwächst.[263]

Mit diesen vier Interpretationsebenen wird im Grunde das ganze Gemeinde- und Glaubens-Leben von der Kommunikation des Evangeliums tangiert.

Christian Grethlein nimmt Ernst Langes Überlegungen auf und stellt seine gesamte Praktische Theologie unter dieses Programmwort, für das er drei Modi der Kommunikation des Evangeliums entwickelt:
– **Evangelium im Modus des Lernens und Lehrens**
– **Evangelium im Modus des gemeinschaftlichen Feierns**
– **Evangelium im Modus des Helfens zum Leben**[264]

Der Modus des Lehrens und Lernens geht nach Grethlein auf Jesus zurück und damit auf die jüdische Tradition von Prophetie, Weisheitslehre und dem Wirken der Rabbiner. Als Grundvoraussetzung sieht Grethlein Weltoffenheit (im Sinne von Wissbegierde und der Suche nach einem tieferen Sinn als menschlicher Grundeigenschaft) und Sozialität (der Mensch als Gemeinschaftswesen). Bedingungen für dieses Lernen sind verlässliche Umwelt, die das Lernen ermöglicht, Vertrauen (in der Dualität des Vertrauen-müssens und -dürfens) und die Mög-

---

[259] Ebd., 103–106.
[260] Langes Begriff ‚brüderlich' ist aus heutiger Sicht durch ‚geschwisterlich' zu ersetzen.
[261] Ebd., 103–106.
[262] Ebd.
[263] Vgl. ebd.
[264] Vgl. GRETHLEIN, CHRISTIAN, Praktische Theologie, XIf.

lichkeit und Fähigkeit zur Kommunikation und damit zur Identitätsbildung. Lernen geschieht durch Nachahmung, Hineinversetzen in andere und Übertragung auf das eigene Leben.[265] Das Lernen und Lehren christlichen religiösen Wissens hat eine lange Tradition, die bei Jesus selbst beginnt und sich durch alle Zeiten der Geschichte der Kommunikation des Evangeliums zieht. Immer war die Weitergabe von Wissen ein entscheidender Faktor für den christlichen Glauben und Grund der Notwendigkeit christlicher Bildung. In der Moderne weist das Lernen und Lehren rezeptive und partizipative Lernformen auf. Inhaltlich geht es um das Verhältnis des Menschen zu Gott: Das Handeln des Menschen, das Handeln Gottes und die Kommunikation mit Gott. Das Lehren muss sich immer wieder zwischen den zu vermittelnden Inhalten und den Bedürfnissen der Lernenden orientieren.[266]

Der Modus des gemeinschaftlichen Feierns betrifft vor allem den Gottesdienst, der aber in Verständnis und Form durch die Geschichte hindurch unterschiedlich verstanden wurde. Zentrale Frage war und ist die nach dem wahren und falschen Gottesdienst. Dabei stehen die Termini Fest und Feier in engem Zusammenhang: Das Fest ist der Anlass, die Feier der Vollzug. Die Verbindung mit Essen und Trinken führt zur Kommunikation mit allen Sinnen, die in ihrer Wirkung nur zusammen gesehen werden können. Die biblischen Wurzeln des Gottesdienstes liegen in den kultischen Ritualen des Judentums, wo entweder die Gottesnähe (Opfer) oder die Gemeinschaft der Menschen (Festversammlung) im Mittelpunkt stand. Im Neuen Testament bilden sich Abendmahl und Taufe in den Urgemeinden als erste rituelle Vollzüge aus. Das Abendmahl in Form eines Sättigungsmahls hatte dabei eine starke diakonische Ausrichtung. Im Laufe der Geschichte wurde der Gottesdienst inklusive Taufe und Abendmahl immer mehr ritualisiert und das Abendmahl vom Sättigungsmahl separiert. Das Abendmahl veränderte sich zu einem kultisch komplexen Gefüge. Der Vollzug des Gottesdienstes wurde an Ämter gebunden, es entstanden kultische Orte (Kirchen) außerhalb der alltäglichen Lebenswelt der Menschen. Neben dem Gottesdienst kamen durch Eheschließung und Bestattung weitere Riten dazu. Die Reformation kritisierte (u.a.) die Alltagsentfremdung des Gottesdienstes und brachte ihn durch Bibeltexte, Predigt und Liturgie in deutscher Sprache, gemeinsames Singen, Wein und Brot für alle wieder näher an die Menschen heran.[267] Mittlerweile ist es zu einer großen bereichernden Pluriformität kirchlicher Vollzüge gekommen.[268] Der Gottesdienst war und ist mit den anderen Modi der Kommunikation des Evangeliums verbunden: Durch das biblische Wort und seine Auslegung findet Lehren und Lernen statt, durch gemeinsame Mahlzeiten, Fürbitte und Kollekte wird der Modus des Helfens zum Leben berührt.[269]

---

[265] Vgl. ebd., 257f.
[266] Vgl. ebd., 262-274, bes. 273f.
[267] Vgl. ebd., 281-303, bes. 298 und 301ff.
[268] Vgl. ebd.
[269] Vgl. ebd.

Teilhabe II: Verständlichkeit und Bibel

Der Modus des Helfens zum Leben geht von der Grundannahme aus, dass soziales Verhalten grundlegende Bedeutung für die Entwicklung der Menschheit und des Menschen hat. Mit anderen Menschen in Respekt und Anerkennung in Beziehung zu sein, steht noch höher als der menschliche Selbsterhaltungstrieb. Dabei gelten familiäre Bande noch mehr als freundschaftliche. Als Gottes Kinder haben wir als christliche Brüder und Schwestern so etwas wie familiäre Beziehungen miteinander und sind einander dadurch besonders zur Hilfe verpflichtet.[270] *„Helfen zum Leben ist ein Kommunikationsmodus, der sich als roter Faden durch die gesamte Bibel zieht."*[271] Ziel helfenden Handelns ist es, dem Handeln Gottes zu entsprechen. Durch Jesus wird helfendes Handeln in Form von Heilung, Sündenvergebung und Dienst umgesetzt, sowohl durch physische als auch durch psychische Zuwendung.[272] Das Verhalten Jesu wurde mimetisch[273] übernommen und entwickelte sich in zwei Richtungen: diakonisches und seelsorgliches Handeln, das mal mehr, mal weniger in der Geschichte zusammen gesehen und ausgeübt wurde. Gegenüber den beiden anderen Modi der Kommunikation des Evangeliums trat das helfende Handeln im Gemeindeleben zurück und wurde vielerorts von Organisationsformen außerhalb der Ortsgemeinde übernommen (Klöster, christliche Gemeinschaften von Diakonen bzw. Diakonissen, später institutionalisiert in Caritas und Diakonie). Immer wieder klärungsbedürftig war und ist das Verhältnis zu staatlichen Hilfeleistungen und das Miteinander von individueller und organisierter Hilfe. Feststeht, dass die Zugehörigkeit zu einer christlich motivierten Gemeinschaft das erfolgreiche Helfen zum Leben begünstigt.[274]

Kommunikation des Evangeliums kann damit an verschiedenen Orten und durch verschiedene Menschen geschehen. Sozialformen bzw. Orte der Kommunikation des Evangeliums sind Familie, Schule, Kirche, Diakonie und die sozialen Medien. Menschen, die die Kommunikation des Evangeliums ausüben sind Ehrenamtliche, Pfarrer*innen und weitere kirchliche Berufe, darunter Diakon*innen, Gemeinde- und Religionspädagog*innen.[275]

Methodisch teilt Grethlein den drei Modi verschiedene Ausrichtungen der Kommunikation zu:
− Lehren und Lernen: Kommunikation über Gott
− Gemeinschaftliches Feiern: Kommunikation mit Gott
− Helfen zu Leben: Kommunikation von Gott her[276]

---

[270] Vgl. ebd., 303-327, bes. 322.
[271] Ebd., 307.
[272] Vgl. ebd., 303-327, bes. 322.
[273] = nachahmend
[274] Vgl. ebd., 303-327, bes. 322.
[275] Vgl. ebd., XIIff.
[276] Vgl. ebd., XIV.

Die Kommunikation im Modus des Lehrens und Lernens fußt nach Grethlein auf dem Erzählen, durch das die Menschen von Gottes Wirken erfahren und ihr Leben dadurch neu verstehen. Erzählungen sind immer subjektive Auffassungen über die Welt und das Menschsein und betreffen Vergangenes, Gegenwärtiges und Zukünftiges. Gespräche über das Gehörte sind daher unbedingt nötig, um eine Einordnung und Aneignung wirklich möglich zu machen. Auch Predigt und Bibellesung sind Teil dieses Gesprächs. Entscheidend wichtig ist die Authentizität derer, die miteinander kommunizieren. Dann kann es zu einem Verständigungsprozess kommen, der lebensverändernd sein und Orientierung bieten kann. Die Bibel spielt hier als Erfahrungsquelle und als Übertragungsmedium eine entscheidende Rolle.[277] Hierbei ist zu beachten, dass nur diejenigen miteinander kommunizieren können, die sich gegenseitig verstehen. Verständliche Sprache ist also ein entscheidender Faktor, damit diese Art der Kommunikation gelingt.[278]

Die Kommunikation im Modus des gemeinschaftlichen Feierns hat einen Schwerpunkt in der Kommunikation mit Gott. In Form von Gebet, Gesang und Abendmahl nehmen die Menschen allein und vor allem in Gemeinschaft Kontakt zu Gott auf. Diese Kommunikation hat eine besonders starke leibliche Komponente, da besonders hier Körperhaltung, Atem und das Einbeziehen der Sinne eine Rolle spielt.[279]

Die Kommunikation im Modus des Helfens zum Leben ist durch das Handeln geprägt. Durch das menschliche Handeln wird Gottes Zuwendung zum Menschen sichtbar. Gott kann seine Zuwendung nur durch Menschen zeigen. Sie wird besonders im Segen und im Heilen sichtbar.[280]

Abschließend lässt sich festhalten: Kommunikation des Evangeliums ist also mehr als bloße Wortverkündigung. Stattdessen bezieht sie sich dimensional auf das gesamte Spektrum des Bildens, Verkündigens und Unterstützens in Gemeinde und Diakonie.[281] Dabei bleibt die Bibel als Bezugsgröße unverzichtbar: *„Die Kommunikation des Evangeliums [ist] auf biblische Impulse angewiesen, soll sie nicht ihr Fundament verlieren."*[282]

Die Kommunikation des Evangeliums spielt auch in der theoretischen Darstellung des Kirchenverständnisses in der Gemeindepädagogik und in der Selbstdarstellung kirchlicher Berufe eine zentrale Rolle. Exemplarisch sei auf die Darstellung der evangelischen Theologen Peter Bubmann und Gotthard Fermor verwiesen, die Kommunikation des Evangeliums als Mittelpunkt des fünffachen Auftrags der Kirche auffassen. Verkündigung und Zeugnis (martyria) in Form von kommunikativem Handeln, Gemeinschaftsbildung (koinonia) in Form von

---

[277] Vgl. ebd., 528f.
[278] Vgl. ebd., 287.
[279] Vgl. ebd., 544.
[280] Vgl. ebd., 568. 585.
[281] Vgl. EVANGELISCHE KIRCHE IN DEUTSCHLAND (Hrsg.), EKD Texte 118: Perspektiven, 24ff.
[282] GRETHLEIN, CHRISTIAN, Praktische Theologie, Berlin/Boston 2012, 280.

sozialem Handeln, Bildung (paideia) in Form von reflexivem Handeln, Seelsorge und Diakonie (diakonia) in Form von helfendem Handeln und Liturgie und Spiritualität (leiturgia) in Form von symbolischem Handeln stehen in wechselseitiger Beziehung und sind dabei durchdrungen von der Kommunikation des Evangeliums.[283]

Auch in den Kompetenzen von Diakoninnen und Diakonen steht die Kommunikation des Evangeliums im Mittelpunkt. In der Kompetenzmatrix 2.0 von 2019 gruppieren sich alle Bezugswissenschaften sowie die im diakonischen Arbeitsfeld vorkommenden Tätigkeiten um die Kommunikation des Evangeliums. Damit durchdringt sie die vier Kompetenzbereiche „Den christlichen Glauben ins Gespräch bringen", „Menschen begleiten", „In Organisationen verantwortlich handeln" und „Das Soziale gestalten".[284] Ausdrücklich verweist die Beschreibung des inneren Kreises mit dem Zentrum „Kommunikation des Evangeliums" auf Grethlein: „Diakoninnen und Diakone verstehen ihren Dienst als ‚Kommunikation der liebenden und wirksamen Gegenwart Gottes.'"[285]

2.2.3 Elementarisierung biblischer Inhalte

Ein dritter Faktor des Bereichs Verständlichkeit und Bibel ist die Elementarisierung. Dieses grundlegende Prinzip stammt aus der Bibeldidaktik und verbindet exegetische, existenzielle, erfahrungsorientierte und entwicklungspsychologische Zugänge, bezieht sowohl theologische als auch Aneignungs- und Verstehensbedingungen der Adressat*innen mit ein und bewegt sich damit in dem „Zwischen" von Bibelwissenschaft und Adressatenorientierung, Tradition *und* Lebensbezug, theologischer *und* lebensweltlicher Relevanz.[286] Der Elementarisierungsansatz geht grundlegend auf den Erziehungswissenschaftler Wolfgang Klafki und sein Werk „Das pädagogische Problem des Elementaren und die Theorie der kategorialen Bildung" (1959) und damit auf die Diskussion des Begriffs des Elementaren bei Pestalozzi (1746-1827) zurück. Mit dem Ziel, *„sowohl (religions-)didaktischen als auch wissenschaftlich-exegetischen Einsichten gerecht zu werden,"*[287] entwickelte Karl-Ernst Nipkow Ende der 1970er Jahre das sog. „Tübinger Modell", das später von Friedrich Schweitzer weiter ausgebaut wurde.[288]

Nipkow und Schweitzer unterscheiden fünf Dimensionen der Elementarisierung[289], von denen die ersten vier auf Nipkow zurückgehen, die fünfte auf Schweitzer:

---

[283] Vgl. BUBMANN, PETER u.a., Einleitung (Gemeindepädagogik), 14.
[284] VEDD, Kompetenzmatrix 2.0, 8f.
[285] Ebd., 9.
[286] Vgl. PEMSEL-MAIER, SABINE, Kanon, 97.
[287] Vgl. SCHWEITZER, FRIEDRICH, Elementarisierung und Bibeldidaktik, 411.
[288] Vgl. ebd.
[289] Ebd.

1. **Dimension der elementaren Strukturen:** Elementare Strukturen stehen dabei für „‚das grundlegend Einfache‘: Elementarisierung als Aufgabe wissenschaftlicher Vereinfachung im Sinne sach- und textgemäßer Konzentration;"[290]
2. **Dimension der elementaren Zugänge:** Elementare Zugänge stehen für „‚das zeitlich Angemessene‘: Elementarisierung als Sequenzproblem im Sinne gesellschaftlich und lebensbedingter Verstehensvoraussetzungen;"[291]
3. **Dimension der elementaren Erfahrungen:** Elementare Erfahrungen sind „‚das subjektiv Authentische‘: Elementarisierung als Relevanzproblem im Sinne lebensbedeutsamer Erschließung;"[292]
4. **Dimension der elementaren Wahrheiten:** Elementare Wahrheiten sind „‚das gewissmachende Wahre‘: Elementarisierung als Vergewisserungsproblem im Streit um gewissmachende Wahrheit."[293]
5. **Dimension der elementaren Lernformen:** Als elementare Lernformen gelten „Suche nach Formen des Lehrens und Lernens, die der Besonderheit des Themas gerecht werden"[294] und dabei sowohl die unterschiedlichen Aspekte des Lernens als auch die verschiedenen kreativen Gestaltungsmöglichkeiten berücksichtigen.[295]

In Bezug auf die Leichte Sprache ist auch Friedrich-Wilhelm Bargheer zu berücksichtigen, der (ebenfalls in Anlehnung an Nipkow) sechs Prinzipien unterscheidet:

> „[Das] **Prinzip des existenziell Fundamentalen:** das grundlegend Bedeutsame im Sinne existenzieller Betroffenheit durch das im Gegenstand zunächst verborgene lebensnotwendig Bedeutungsvolle;
> [das] **Prinzip des inhaltlich Fundamentalen:** das Grundlegende im Sinne des unverwechselbar Charakteristischen;
> [das] **Prinzip des zeitlich uranfänglichen Moments,** auf das anderes aufbaut: den Entdeckungszusammenhang, in dem der Gegenstand erstmalig oder stereotyp begegnet;
> [das] **Prinzip der Komplexitätsreduzierung durch Strukturierung:** die Rückführung und Umwandlung des Komplexen und Komplizierten an dem jeweiligen Sachverhalt auf eine zugrundeliegende allgemeine Struktur;
> [das] **Prinzip des Exemplarischen:** den unmittelbar einleuchtenden, schlagend plausiblen, exemplarischen Fall, das treffende Beispiel, das den Sachverhalt in einfacher Form so repräsentiert, daß sich das im Gegenstand liegende relevante Allgemeine erschließt; [und]

---

[290] NIPKOW, KARL ERNST, Elementarisierung, 452.
[291] Ebd., 453. Schweitzer ändert in seinem weiterführenden Entwurf außerdem die Reihenfolge der Dimensionen, die Elementaren Zugänge werden zur 2. Dimension, die Elementaren Erfahrungen zur 3. Dimension, vgl. SCHWEITZER, FRIEDRICH, Elementarisierung und Bibeldidaktik, 413
[292] NIPKOW, KARL ERNST, Elementarisierung, 453.
[293] Ebd.
[294] SCHWEITZER, FRIEDRICH, Elementarisierung und Bibeldidaktik, 413.
[295] Vgl. ebd.

[das] **Prinzip der Aktualisierung**: *den aktuellen, der alltäglichen Erfahrung zugänglichen, aus dem Leben gegriffenen Fall.*"²⁹⁶

Diese Prinzipien sind auch bei der Übersetzung von Bibeltexten in Leichte Sprache von Bedeutung. Bei Bibeltexten in Leichter Sprache spielt außerdem das Elementarisierungsverständnis des evangelischen Theologen Ingo Baldermann eine Rolle, der die Frage nach elementaren Zugangsmöglichkeiten zur Bibel mit einer ganz eigenen Herangehensweise beantwortet. Baldermann sucht den direkten Zugang aus dem Bibeltext heraus, der zu einer emotional unmittelbaren Aneignung führen kann.²⁹⁷ Dazu sind nach seiner Ansicht besonders die Psalmen geeignet, bei denen die Empfindungen der Betenden in besonderem Maße und besonders leicht nachvollziehbar und mit der eigenen Lebenswelt verknüpfbar sind. Der Umweg über die historisch-kritische Exegese erscheint Baldermann bibeldidaktisch ungeeignet. Der direkte Lebensweltbezug kann auch ein Ansatzpunkt für die Leichte Sprache sein, die den Weg der historisch-kritischen Analyse unter Umständen nicht mitgehen kann und auf emotionale Unmittelbarkeit angewiesen ist. So beschreibt die Franziskanerin Sr. M. Paulis Mels, Übersetzerin für Leichte Sprache des Projekts „Evangelium in Leichter Sprache", einen hohen emotional-unmittelbaren Anteil bei der Prüfung von Bibeltexten in Leichter Sprache. In einer ihrer Prüfgruppen können die Prüfenden weder lesen noch sprechen. Sie reagieren auf das Vorlesen der Texte mit Bewegungen und Lautieren. „*Wenn die ‚Frohe Botschaft' nicht durchkommt, sondern nur Text, werden sie unruhig, autoaggressiv usw.*"²⁹⁸

Der Religionspädagoge Bert Roebben benennt drei Dimensionen, die er einer heilpädagogisch orientierten Religionspädagogik zuordnet: Erfahrungslernen, Subjektorientierung und Verlangsamung. Dabei geht Roebben grundsätzlich vom verletzbaren Menschen aus und spricht sich vehement gegen eine vermeintliche Normalität aus, der es zu entsprechen gelte.²⁹⁹ Dieses Anliegen teilt er mit den Vertreter*innen der Dis/ability Studies, auf die ich später noch zurückkommen werde (Kap. 2.2.4.1 b). Die drei Dimensionen Erfahrungslernen, Subjektorientierung und Verlangsamung sind auch in Bezug auf Bibeltexte in Leichter Sprache relevant. Die Dimension des Erfahrungslernens knüpft an die beschriebenen Schilderungen von Schwester M. Paulis Mels an. Diese Dimension geht über das Wort als Vermittlungsfaktor hinaus und setzt auf individuelles Erfahren durch jede*n Einzelne*n. Es umfasst performatives Lernen, rituelle Bildung, ganzheitliches Lernen und soziales Lernen.³⁰⁰ Subjektwerdung bedeutet nach Roebben „*Ankommen in der eigenen Lebensgeschichte [...] [, die es] ermöglicht*

---

296 BARGHEER, FRIEDRICH-WILHELM, Befreiung - Orientierung - Gemeinschaft, 22.
297 Vgl. BALDERMANN, INGO, Wer hört mein Weinen?, 11.
298 Öffentlicher Teil der Interviews (Anhang C); Mels, 55-56.
299 Vgl. ROEBBEN, BERT, Religion und Verletzbarkeit, 49.
300 Vgl. ebd., 50.

[...], sinnvoll mit anderen in den Dialog treten zu können."[301] Das Recht eines jeden Menschen auf eine *„eigene narrative Identität, eine eigene Lebensbestimmung und (aus religiöser Perspektive) eine eigene Einsicht in dem ‚Großen Ganzen', die er oder sie mit anderen teilt,"*[302] ist Voraussetzung für diesen Dialog, der wiederum unbedingt zum Umgang mit Bibeltexten in Leichter Sprache dazugehört. Verlangsamung ist laut Roebben in Bezug auf religiöse Bildung gerade im Zusammenhang mit Elementarisierung eine ausgesprochen wichtige Dimension. Sich Zeit zu nehmen, dem oder der anderen zuzuhören und sie mit ihrer Geschichte und ihrer Verletzbarkeit wahrzunehmen, ist nicht nur für Menschen mit Behinderungen wichtig, sondern für alle Menschen. Die Religionspädagogik hat hier ein Gegengewicht zum gesellschaftlichen Wettlauf der globalisierten und leistungsorientierten Welt zu setzen.[303] Sich Zeit zu nehmen, mit Menschen Texte langsam und laut gemeinsam zu lesen und ins Gespräch zu kommen, ist eine Methode dieses Ansatzes. Hier können Texte in Leichter Sprache Barrieren abbauen.

Den Zusammenhang zwischen Elementarisierung und Bilddidaktik beschreibt Marion Keuchen in einem bemerkenswerten Aufsatz[304], der auch Aufschlüsse in Richtung Illustrationen von Bibeltexten in Leichter Sprache gibt (vgl. Kap. 8.6).

2.2.4 Zielgruppenorientierte Bibelübersetzungen

Unter der Überschrift „Zielgruppenorientierte Bibelübersetzungen" verbergen sich zwei unterschiedliche Dimensionen: Zum einen kann diese Überschrift in Richtung ‚gruppensensible' Übersetzung verstanden werden, bei der besonders darauf geachtet wird, keine Menschengruppen durch die Art der Übersetzung zu diskriminieren oder zu stigmatisieren. Dies betrifft Frauen genauso wie Juden, Menschen mit Behinderungen oder Menschen, die von Rassismus oder anderer Menschenfeindlichkeit betroffen sind. Zum anderen geht es um die Zielgruppenorientierung von Bibelübersetzungen, -übertragungen oder -bearbeitungen. In beiden Perspektiven geht es neben anderen Menschengruppen um Menschen mit kognitiven oder sprachlichen Einschränkungen. Die untersuchten Bibelausgaben und der entsprechende wissenschaftliche Diskurs beschränken sich auf den deutschen Sprachraum.

---

[301] Ebd., 51.
[302] Ebd., 50.
[303] Vgl. ebd., 51.
[304] Vgl. Keuchen, Marion, Vereinfachung als Herausforderung

2.2.4.1 ‚Gerechte' und ‚sensible' Bibelübersetzungen

Bibelübersetzungen sind oft ein Spiegel ihrer Zeit. Die Art der Übersetzung unterstützt und verfestigt oft die ideologischen, politischen und sozialen Gefüge der Gesellschaft, in der die Übersetzung entsteht. Der evangelische Theologe Leonhard Ragaz veröffentlichte 1941 einen Vortrag, in dem er genau dies anprangerte: Menschen, die in ungerechten Systemen lebten und damit einverstanden seien, übersetzten auch ‚ungerecht' und sorgten damit für die Verfestigung dieser ungerechten Strukturen.[305] Gerade in den letzten Jahren hat die Sensibilität gegenüber den unterschiedlichsten Menschengruppen zugenommen. Diese Sensibilität hat sich auch auf Bibelübersetzungen ausgewirkt. Die Rechte einzelner oder auch mehrerer (Ziel-)Gruppen, die bisher in Bibelübersetzungen diskriminiert, stigmatisiert oder benachteiligt wurden, wurden in den Mittelpunkt von Forschung und Übersetzung gestellt. Zu diesen (Ziel-)Gruppen gehören u.a. Frauen, Juden, sozial diskriminierte Menschen, Menschen mit körperlichen oder geistigen Behinderungen, Menschen anderer Religionen oder ohne Religionszugehörigkeit, Menschen, die aufgrund ihrer Hautfarbe, Ethnie oder Kultur diskriminiert werden und Menschen, die aufgrund ihrer Sexualität diskriminiert werden.

Im Folgenden werde ich auf die Bereiche Geschlechtergerechtigkeit, soziale Gerechtigkeit, Gerechtigkeit gegenüber den Juden und dis/ability[306]-sensible Bibellektüre eingehen. Dabei gehe ich auf die Bibel in gerechter Sprache (BIGS) von 2006 ein und ergänze dies durch Ausführungen zur dis/ability-sensiblen Lektüre, die für das Thema dieser Arbeit von besonderer Relevanz ist. Die weiteren von Diskriminierung betroffenen Menschengruppen, die alle bei Bibelübersetzungen und Revisionen berücksichtigt werden (sollten), werden wegen der fehlenden Relevanz für diese Arbeit nicht weiter berücksichtigt.

a) *Die Bibel in gerechter Sprache: Geschlechtergerecht, gerecht gegenüber den Juden, sozial gerecht und verständlich*

Ein bekanntes Beispiel ist das Projekt „Bibel in gerechter Sprache" (BIGS), die 2006 erschien. Von 2001 an übersetzten und diskutierten 42 Übersetzerinnen und zehn Übersetzer die biblischen Bücher.[307] In einem auf Konsens bedachten und außerordentlich transparenten Prozess entstand die „Bibel in gerechter Sprache".[308] Der Terminus ‚Gerechte Sprache' wurde dabei von dem nordamerikanischen Begriff ‚inclusive language' abgeleitet, der sich seit den 1960er Jahren v.a. in den USA entwickelt hat. Er entstand aus der Bürgerrechtsbewegung in

---

[305] Vgl. RAGAZ, LEONHARD, Sollen und können, 37ff.
[306] Zum Begriff dis/ability vgl. Kapitel 2.2.4.1. b)
[307] Vgl. BAIL, ULRIKE et al. (Hrsg.), Bibel in gerechter Sprache, 21 und 2397ff.
[308] Vgl. EBACH, JÜRGEN, Übersetzen.

den USA, in der die Menschen gegen Diskriminierung aufgrund von Hautfarbe, Nationalität, Religion und Geschlecht kämpften. Das Wort ‚inclusive' wurde dabei synonym zu ‚nicht-diskriminierend' verwendet.[309] Es entstanden Richtlinien, denen es um die „Überwindung von Stereotypen und um einen Sprachgebrauch ging, der der Würde aller Menschen entspricht".[310] Der Schwerpunkt lag zunächst auf Sprachveränderungen, die Frauen sichtbar machen und Diskriminierung vermeiden sollten, war aber insgesamt weiter gedacht und wurde auch für andere bisher diskriminierte Menschengruppen wirksam. Die Verfasser*innen waren sich sehr darüber im Klaren, welche Macht Sprache hat und welche Wertungen implizit durch die Sprache vermittelt werden. Einige Kirchen in den USA übernahmen diese Richtlinien, bearbeiteten sie für den kirchlichen Bereich und trugen durch ihre große Reichweite entscheidend zur Verbreitung und zur Etablierung des neuen Sprachgebrauchs bei.[311] Diese Richtlinien wurden als Teil des kirchlichen Bildungsauftrags gesehen und sollten explizit dafür sorgen, Alterswürde und den Wert von Lebenserfahrung anzuerkennen, gegen Antisemitismus und Antijudaismus sowie gegen Sexismus und andere geschlechtlich motivierte Diskriminierung vorzugehen.[312] In der zweiten Hälfte der 1970er Jahre kamen diese Entwicklungen auch in Europa und damit in Deutschland an. Gleichberechtigung von Mann und Frau wurde zunehmend zum Thema und wurde auch in einem veränderten Sprachempfinden und dem damit verbundenen veränderten Sprachgebrauch sichtbar. Die männliche Bezeichnung wurde nicht mehr automatisch als beide Geschlechter umfassende Sprachform angesehen. Verschiedene Schreibweisen vom Binnen-I (LehrerInnen) über Schrägstriche (Lehrer/innen), doppelte Benennungen (Lehrerinnen und Lehrer) bis hin zu geschlechtsneutralen Ausdrücken (Lehrende, Lehrkraft) bürgerten sich ein, begleitet von einer kritischen und häufig polemisierenden Gegenbewegung, die das generische Maskulinum als Norm festigen wollte.[313] Durch das Engagement der UNESCO kam es zur weltweiten Verbreitung der geschlechtergerechten Sprache ab den 1980er und besonders in den 1990er Jahren. 1993 erschienen die Richtlinien auch in deutscher Sprache.[314] Der Schwerpunkt der Debatte lag in Deutschland stets auf der geschlechtergerechten Sprache, jedoch ist festzustellen, dass sich das Streben nach geschlechtergerechter Sprache auch auf gerechte Sprache in Bezug auf andere von Diskriminierung betroffene Gruppen positiv ausgewirkt hat. Die ursprünglich in den USA schon mitgedachte Diskriminierung aufgrund von Rasse, Hautfarbe, Religion oder Behinderung ist in den letzten Jahren auch in Deutschland immer mehr in den Vordergrund gerückt.[315]

---

[309] Vgl. KÖHLER, HANNE, Gerechte Sprache, 21–22.
[310] Ebd., 23.
[311] Vgl. ebd., 23–27, 33.
[312] Vgl. ebd., 27.
[313] Vgl. ebd., 38–44.
[314] Vgl. ebd., 34–35.
[315] Vgl. ebd., 55–56.

Die Frage nach der Gerechtigkeit von Bibelübersetzungen wurde durch diesen Diskurs angeregt. Große Resonanz gab es in der Kirchentagsbewegung. Im Zuge der Vorbereitungen auf den Deutschen Evangelischen Kirchentag 1991 im Ruhrgebiet geriet die Frage nach der Angemessenheit bisheriger Bibelübersetzungen hinsichtlich des Umgangs mit Jüdinnen und Juden sowie mit Frauen in der Bibel in den Fokus. Ziel war es, patriarchalisch geprägte und diskriminierende Übersetzungen zu korrigieren, Frauen sichtbar zu machen und Jüdinnen und Juden nicht länger durch absichtliche oder unabsichtliche antijudaistische Formulierungen zu diskriminieren. Vertreter*innen feministischer Theologie brachten weitere Impulse in die Diskussion.[316] Der Kirchentag begann 1991 damit, eine eigene Übersetzung der für den jeweiligen Kirchentag ausgewählten Bibeltexte zu verfassen. Diese Tendenz mündete nicht nur in die Übersetzung der Bibel in gerechter Sprache, sondern trug schließlich auch zur Übersetzung der Kirchentagsperikopen in Leichte Sprache bei (vgl. Kap. 4.4).

Der Begriff der ‚Gerechtigkeit' wurde bis dahin kaum in translatorischen Zusammenhängen gebraucht. Erst durch die Bibel in gerechter Sprache wurde der Begriff der Gerechtigkeit bezogen auf Bibelübersetzungen diskutiert und reflektiert.[317] Zur ‚Ungerechtigkeit' eines Bibeltextes tragen zum einen seine philologischen Fehler bei, aber noch viel mehr Wirkungs- und Verbreitungsgrad der Übersetzung. In Teilen des westlichen Christentums wurde die Vulgata trotz zahlreicher frauenfeindlicher Veränderungen gegenüber dem Urtext zur normativen Bezugsgröße bestimmt.[318] In Bezug auf **Geschlechtergerechtigkeit** zeichnet die Bibel in gerechter Sprache aus, dass sie überprüft, ob die philologisch korrekte Übersetzung, die Frauen oft nicht ausdrücklich nennt, auch tatsächlich der Realität entspricht. Wenn Frauen mitgemeint sind, sollte man das auch in der Übersetzung erkennen können.[319] Eine unsachgemäße Übersetzung mit Nennung beider Geschlechter soll aber auch vermieden werden, um Frauen nicht in eine Verantwortung zu drängen, die sie historisch nicht hatten.[320] Der zweite Schwerpunkt hinsichtlich der Geschlechtergerechtigkeit betrifft die Gottesbezeichnung. Hier hat sich die Bibel in gerechter Sprache das Ziel gesetzt, Gott durch die verwendeten Bezeichnungen nicht dem männlichen Geschlecht zuzuordnen, sondern Deutungs- und Lesealternativen zu formulieren.[321]

In der **jüdisch-christlichen Beziehung** sind in Bezug auf Gerechtigkeit mehrere Faktoren von Bibelübersetzungen relevant. Grundsätzlich stellt sich die Frage nach der Übereinstimmung der Ausgangstexte der jüdischen und der christlichen Bibel. In den Übersetzungen ist zu beobachten, dass einige Übersetzungen christologisch geprägt sind und den übersetzten Text aus dem Alten Tes-

---

316 Vgl. LEUTZSCH, MARTIN, Dimensionen, 5f.
317 Vgl. ebd. 7, noch als Forderung formuliert.
318 Vgl. ebd., 12f.
319 Vgl. BAIL, ULRIKE u.a., Einleitung (BiGS), 10.
320 Vgl. BELL, DESMOND, Wortsalat, 5f.
321 Vgl. BAIL, ULRIKE u.a., Einleitung (BiGS), 10.

tament bewusst auf die Erfüllung durch Jesus hindeuten. Weitere Punkte sind die Verwässerung der zahlenmäßigen Einheit und Unteilbarkeit Gottes zugunsten der Trinität und die Zuschreibung einer kollektiven Täterschaft gegenüber Unschuldigen (z.B. Est 8,11). Letzteres trug seinen Teil zur antisemitischen Haltung christlicher Theolog*innen bis ins letzte Jahrhundert bei. Die Darstellung von Jesusworten als Ersatz des jüdischen Gesetzes oder als Gegensatz dazu ist ein weiterer Punkt, den es zu korrigieren gilt. Konsequent wäre es, an christlichen Bibelübersetzungen jüdische Übersetzer*innen gleichberechtigt zu beteiligen.[322] Ein „jüdisches Korrektiv"[323] als „nachchristliches jüdisches Erbe"[324] forderte Johann Baptist Metz schon in einer Tagebuchnotiz von 1972:

> „Das Alte Testament muss auch von Christen nicht nur im Licht der Jesusgeschichte, sondern im Schatten jener Leidensgeschichte gelesen werden, die den Juden inmitten der allzu siegreichen Christen widerfuhr."[325]

Antijudaismus und Antisemitismus zu erkennen und ihnen entgegenzutreten, ist auch selbst erklärtes Ziel der Elementarbibel der Förderschullehrerin Anneliese Pokrandt.[326]

Als dritten Gerechtigkeitsaspekt geht es der Bibel in gerechter Sprache um **soziale Gerechtigkeit.** So ist der Begriff der ‚Gottlosen' heute anders konnotiert als zu Luthers Zeiten und auch die bäuerliche Welt, in die er seine Bibelübersetzung ‚übersetzt', verstellt oft den Blick auf die harte Realität der biblischen Geschichten.[327]

Das Projekt „Bibel in gerechter Sprache" wurde sehr kontrovers diskutiert. Die Sensibilisierung hinsichtlich der Gerechtigkeit von Bibelübersetzungen in diesen drei Dimensionen hat allerdings durch das Projekt große Unterstützung erfahren, egal welche Meinung man sich über das Ergebnis bildet.

b) Dis/ability[328]-sensibel

In diesem Unterkapitel wechselt die Perspektive von der Übersetzung zur Lektüre und zur Deutung von Bibeltexten. Die Beiträge zu diesem Unterkapitel

---

[322] Vgl. LEUTZSCH, MARTIN, Dimensionen, 14ff.
[323] METZ, JOHANN BAPTIST, Unterbrechungen, 63.
[324] Ebd.
[325] Ebd., 64.
[326] Vgl. POKRANDT, ANNELIESE; HERRMANN, REINHARD, Elementarbibel, 589.
[327] Vgl. BAIL, ULRIKE u.a., Einleitung (BiGS), 11.
[328] Die Schreibweise dis/ability weist durch die optische Trennung von *dis* und *ability* durch den Schrägstrich auf das Wechselspiel behindert – nicht behindert und die damit verbundenen Verschränkungen und Verknüpfungen hin und macht durch diese Schreibweise deutlich, dass „Behinderung als kontingent, d.h. als soziokulturelle bzw. -historische Konstruktion und gesellschaftliche Differenzkategorie zu denken ist." (SCHIEFER FERRARI, MARKUS, „Dis/ability Studies", 6).

stammen ausschließlich aus der Perspektive der Rezipient*innen und nicht aus Sicht von Übersetzenden.

Die Interpretation von Bibeltexten führt dazu, dass diese nicht inklusiv gelesen werden. Die vorherrschenden Vorstellungen von ‚Normalität' und auch die Annahmen über den paradiesischen Urzustand und die künftigen Zustände im ‚Himmel' sind hochgradig exklusiv. Himmel und Paradies werden mit theologischen Normalitätsvorstellungen verknüpft, in denen Behinderung keinen Platz hat. Die Vision des Jesaja über das zukünftige Heil zeigt das deutlich: *„Dann werden die Augen der Blinden aufgetan und die Ohren der Tauben geöffnet werden. Dann werden die Lahmen springen wie ein Hirsch, und die Zunge des Stummen wird frohlocken."* (Jes 34, 5.6a, Luther 1984). Der katholische Theologe Markus Schiefer Ferrari schreibt dazu:

> „Endzeithoffnungen speisen sich aus paradiesischen Urbildern und verändern nicht nur die erzählte Welt, sondern werden, indem sie erzählt werden, bereits für die Gegenwart der LeserInnen ansatzweise Wirklichkeit."[329]

Die Vorstellung von Himmel und Paradies als Orte ohne Behinderung und Einschränkung wirken sich auch besonders auf die Interpretationen der Heilungsgeschichten aus. Schiefer Ferrari arbeitet heraus, dass biblische Heilungsgeschichten u.a. dazu dienen, die weltverändernde Kraft Gottes als Vorgeschmack auf das angenommene zukünftige Heil deutlich werden zu lassen.[330] Zu leicht werde aber unhinterfragt davon ausgegangen, dass zum einen die Vorstellungen vom paradiesischen Urzustand und vom Reich Gottes ohne Behinderung korrekt sei und zum anderen, dass Heilung der selbstverständliche Zukunftswunsch aller Menschen sei. Dabei werde übersehen, dass Behinderung einen wesentlichen Teil von Identität darstelle und nicht einfach zugunsten einer allgemeinen ‚Normalität' aufgegeben werden könne.[331] Darüber hinaus würden Menschen mit Behinderungen in biblischen Geschichten häufig instrumentalisiert oder metaphorisiert um ein vorher (in dieser Welt) und nachher (in der kommenden Welt) idealtypisch darzustellen.[332] Dass sich auch die Gleichnisse Jesu nicht aus den bestehenden Denkweisen lösen können, zeigt das Gleichnis vom großen Abendmahl (vgl. Lk 14, 15-24), in dem erst, nachdem die ‚Normalen' die Einladung abgelehnt haben, ersatzweise die *„Armen, Verkrüppelten, Blinden und Lahmen"* (V 21) eingeladen werden.

Diese Annahmen zur Normalität und die entsprechenden Interpretationen haben die Sichtweise über Jahrhunderte geprägt und verfestigt. Menschen mit Behinderungen und andere Randgruppen wurden damit als Menschen zweiter Klasse legitimiert.[333]

---

[329] SCHIEFER FERRARI, MARKUS, Exklusive Angebote, 23.
[330] Vgl. SCHIEFER FERRARI, MARKUS, Einladung zur gestörten Lektüre.
[331] Vgl. ebd.
[332] Vgl. DERS., Exklusive Angebote, 109.
[333] Vgl. ebd., 49.

Die amerikanische Theologin Nancy Eiesland fordert, „*nicht länger Enthindert-sein/Unbehindertsein als menschliche Norm an[zu]nehmen.*"[334] Eine dis/abilitysensible Lektüre ist sensibel für solche unhinterfragten Normalitätsvorstellungen und Annahmen über Sehnsüchte und Wünsche der Menschen und macht eine Neuinterpretation zahlreicher biblischer Texte unumgänglich.

Bibeltexte sensibel gegenüber Menschen mit Behinderungen zu lesen und zu übersetzen, hat noch keine lange Geschichte. Theologisch kann im deutschen Sprachraum der Theologe Ulrich Bach als Vorreiter gesehen werden. Er, der selbst einen Rollstuhl nutzte, begann (in Deutschland) als erster in den späten 1970er Jahren die überkommenen Übersetzungen und ihre Interpretationen sowie die kirchlichen Strukturen kritisch auf ihre Behindertenfeindlichkeit und diskriminierenden Anteile zu untersuchen. Mehr als 30 Jahre lang setzte er sich in zahlreichen Büchern, Aufsätzen, Bibelarbeiten und Reden für eine inklusive Theologie ein (auch wenn er diesen Begriff selbst nicht kannte). Bach tritt für die Menschenwürde *aller* Menschen ein. In seiner „Theologie nach Hadamar" entfaltet er seine christozentrische Anthropologie, in der es ihm darum geht, dass die Würde des Menschen ein Geschenk Gottes ist und die Gottebenbildlichkeit des Menschen ohne Bedingungen und ausnahmslos gilt als Hoffnungsperspektive für alle in der Gebrochenheit des eigenen Lebens. Bach fordert ein humanes Menschenbild ohne „*Sozialrassismus*",[335] in dem die Schwäche eines jeden Menschen wahrgenommen und angenommen wird. Er bezeichnet die Menschheit in diesem Sinne als „*Patientenkollektiv*",[336] in dem jedem Menschen klar ist: „*Boden unter den Füßen hat keiner*".[337]

Nancy Eiesland ergänzt diesen Gedanken und gibt zu bedenken, dass zwischen Behinderung und Nicht-Behinderung oft nur ein kurzer Moment liege, der alles verändere. Jeder Mensch sei auf andere angewiesen.[338] Nach Bach gehört das Defizitäre mit in die Definition des Humanum.[339] Bachs Erkenntnis lautet: „*Normalität ist Fiktion*".[340] Bach äußert sich auch zur Interpretation biblischer Texte. Er bezieht sich dabei v.a. auf das Neue Testament. Sein Schlüsselmoment ist die Erkenntnis, dass auch der Gottessohn auf Hilfe angewiesen ist. Am Kreuz hat er keine Aussicht mehr auf die Wiederherstellung irgendeiner ‚Normalität'. Sein Mitleiden und Mitbetroffensein geben die entscheidende Hoffnung, nicht seine Wundertaten.[341]

---

[334] EIESLAND, NANCY L., Dem behinderten Gott begegnen, 20.
[335] DERS., Getrenntes, Untertitel und 40f.
[336] DERS., Ohne die Schwächsten, 17.
[337] DERS., Boden unter den Füßen.
[338] Vgl. EIESLAND, NANCY L., Dem behinderten Gott begegnen, 24. Dieses Verständnis ist einer der Gründe für die Schreibweise dis/ability.
[339] Vgl. BACH, ULRICH, Ohne die Schwächsten, 45.
[340] Ebd.
[341] Vgl. KRAUß, ANNE, Barrierefreie Theologie, 159f.

Der katholische Theologe Ottmar Fuchs schreibt dazu: „*Gott macht in Jesus den Schwachen und Behinderten seine Anerkennung, Solidarität und Verheißung erfahrbar und nimmt dabei die Konsequenz auf sich, selbst hilflos und schwach zu sein.*"[342] Damit ist barrierefreie Theologie eine Befreiungstheologie: „*Sie befreit zu einem freien Umgang mit Krankheit und Behinderung in der Gemeinde, weil sie von falscher Selbstüberschätzung und Diskriminierung befreit.*"[343]

Die Konsequenz für eine sensible Bibellektüre: Der behinderte Mensch muss der Maßstab bzw. das Kriterium für die Richtigkeit, für die Sachgemäßheit eines theologischen Gedankengangs sein.[344] Das Vermächtnis von Ulrich Bach, das ‚behinderte Leben' gleichwertig und gleichwürdig anzunehmen, ist die Grundlage der heutigen barrierefreien und inklusiven Theologie.[345]

Ulrich Bach wurde in einer Zeit Theologe, als Menschen mit Behinderungen noch ausgesprochen selten als handelnde und forschende Personen in der akademischen Welt anzutreffen waren. Im Zuge der Selbstbestimmungsbewegung der 1960er und 70er Jahre, die mit dem Slogan ‚Nichts über uns ohne uns' daran ging, nicht länger als Objekte fremdbestimmten Hilfehandelns gesehen zu werden, entstanden in den 1980er Jahren die Dis/ability Studies, ein Zusammenschluss von Wissenschaftler*innen mit Behinderungen, die in eigener Sache forschen und einen bis dahin weitgehend unbeachteten Beitrag in die Forschung über Behinderung einbringen wollten.[346]

Aus den Dis/ability Studies heraus entwickelte sich für den Bereich Theologie Dis/ability als hermeneutische Leitkategorie biblischer Exegese. Dazu muss Behinderung neu gedacht werden. Markus Schiefer Ferrari ist einer der maßgeblichen Vertreter dieser Sichtweise in der deutschsprachigen Bibelwissenschaft. Er beschreibt mit Bezugnahme auf Anne Waldschmidt das allgemeine Verständnis von Behinderung als kollektive Identität von Menschen, die mit ihren vielfältigen körperlichen Erfahrungen und Fähigkeiten nicht der ‚Normalität' entsprechen, sondern durch die Zuschreibung von Begrenzung, Abweichung und Unfähigkeit gemeinsam als ‚behindert' stigmatisiert werden.[347] Im Rahmen der Dis/ability Studies unterscheidet man einerseits zwischen 'impairment' (medizinisch oder psychologisch diagnostizierbare Beeinträchtigung) und 'disability' (die dadurch verursachte soziale Beeinträchtigung). Menschen werden damit in vielen Situationen erst zu Behinderten ‚gemacht'. Den Dis/ability Studies liegt es daran aufzuklären, dass Impairment nicht automatisch Disability mit sich bringen muss und fordert die Aufhebung der dichotomischen Einteilung in ‚behindert' und ‚nicht behindert'.[348]

---

[342] Fuchs zitiert nach ebd., 164.
[343] Ebd., 165.
[344] Vgl. ebd., 166.
[345] Vgl. ebd., 164.
[346] Vgl. ARBEITSGEMEINSCHAFT DISABILITY STUDIES (AGDS), Hintergrund.
[347] Vgl. SCHIEFER FERRARI, MARKUS, (Un-)gestörte Lektüre, 36f.
[348] Vgl. ebd., 37.

Für die Lektüre von Bibeltexten bringt dies folgende Konsequenzen mit sich:[349]
— Biblische Texte haben irritierendes und störendes Potential. Die Dis/ability-sensible Perspektive zeigt dies auf und fordert dazu heraus, die bisherige Interpretation biblischer Geschichten zu hinterfragen und ihren Einfluss auf das Verständnis von Behinderung und damit die Gesellschaft positiv zu verändern.[350]
— Die bisherigen hermeneutischen Deutungsmuster müssen bei allen Bibeltexten hinterfragt werden. Es fehlt noch eine angemessene Methodik, die dem Anliegen der Dis/ability Studies gerecht wird.[351]
— Normalisierung (also frei von Behinderung oder Störung) wird nicht länger als erstrebenswertes Ziel (z.B. jesuanischen Handelns) unhinterfragt angenommen.[352]
— Das von den Dis/ability Studies vertretene Menschenbild vom Menschen als abhängigem, zerbrechlichem, angewiesenem und fragilem Wesen verlangt nach einem interdisziplinären Gespräch zwischen den Dis/ability Studies, biblischer Exegese und anderen theologischen Fächern. Als zentrales anthropologisches Merkmal sollte die Verletzbarkeit des Menschen mehr im Mittelpunkt stehen als Autonomie und Selbstbestimmung.[353]
— Wenn man Dis/ability zur hermeneutischen Leitkategorie erhebt, wandelt sich die Lektüre von einer „*ungestörten Normalisierungslektüre*"[354] hin zu einer offenen und auf Vielfalt und Differenz ausgerichteten Lektüre.[355]

Frei nach Metz und Bach möchte ich formulieren: Jede theologische Aussage muss auch in Anwesenheit von Menschen mit Behinderungen oder anderen Einschränkungen Bestand haben.

2.2.4.2 Bibeln für bestimmte Zielgruppen

Bibelübersetzungen für spezifische Zielgruppen zu schaffen, ist ein Trend, der je nach Zielgruppe unterschiedlich in der Zeitgeschichte zu verorten ist. Grundsätzlich stellen sich dabei immer die Fragen, was eine Bibel zu einer Bibel macht

---

[349] Vgl. ebd., 45ff.
[350] Auch wenn Ragaz hier nicht erwähnt wird, geht Disability-sensible Lektüre mit ihrem Ziel, bestehende gesellschaftliche Zustände zu hinterfragen und nicht unreflektiert zu festigen, von seiner These aus, dass Übersetzende (und Deutende), die mit den bestehenden Zuständen einverstanden sind, diese durch die Art der Übersetzung und der Interpretation unterstützen und festigen. Vgl. RAGAZ, LEONHARD, Sollen und können, 37ff.
[351] Vgl. SCHIEFER FERRARI, MARKUS, (Un-)gestörte Lektüre, 45ff.
[352] Vgl. ebd.
[353] Vgl. ebd.
[354] Ebd., 47.
[355] Vgl. ebd., 45ff.

und wann man von einer Übersetzung spricht. Daher soll an dieser Stelle der Versuch einer Einordnung unternommen werden.

Exkurs: Übersetzung oder Bearbeitung

Die Translatologin Heidemarie Salevsky stellt fest, dass die Bewertung einer Übersetzung immer von der Perspektive des Bewertenden abhängt. Menschen mit missionarischen Interessen seien dabei eher zieltextorientiert, während wissenschaftliches Interesse eher zu einer Ausgangstextorientierung führe.[356] Wie bereits im Kapitel 2.2.1 erläutert, bewegt sich eine Übersetzung immer zwischen den Polen Treue/Loyalität und Freiheit. Auf der Seite der ‚Freiheit' ist irgendwann eine Grenze erreicht, an der in der Literatur nicht mehr von Übersetzung, sondern von Bearbeitung (z.B. in Form einer Nacherzählung, Nachdichtung oder auch Paraphrase) gesprochen wird. Für eine grundlegende Einordnung scheint es sinnvoll, eine Einteilung von Bibelübersetzungstypen vorzunehmen. Salevsky gibt einen Überblick über die Entwicklung der Kategorien, die im Folgenden als Tabelle dargestellt sind.[357]

Tabelle 1: Überblick über Kategorien von Bibelübersetzungstypen nach Salevsky[358]

Vertreter*in	Einteilung	Bemerkung
Eugene Nida / J. de Waard (1986)	1. interlinear 2. literal 3. closest natural equivalent 4. adapted 5. cultural reinterpreted	
Weltbund der Bibelgesellschaften (o.J.)	1. Interlinearübersetzung 2. Literarische Übersetzung 3. Liturgische Übersetzung 4. Common language translation 5. Übersetzung für Kinder	zu 4. ohne literarischen Anspruch
Rudolf Kassühlke (1976)[359]	1. Wörtliche und konkordante Übersetzungen 2. Wissenschaftliche Übersetzungen 3. Sinngetreue Übersetzungen 4. Plattdeutsche Übersetzungen[360]	zu 1. wörtlich genau unter Inkaufnahme von Schwerverständlichkeit zu 2. Urtextnah aber in Verbindung mit gutem Deutsch zu 3. Inhaltlich korrekt in Gegenwartsdeutsch

---

[356] Vgl. SALEVSKY, HEIDEMARIE, Übersetzen, 119f.
[357] Vgl. ebd., 122ff.
[358] Vgl. ebd.
[359] Kassühlke unterscheidet später fünf Kategorien: Wort-für-Wort, wörtlich, philologisch, kommunikativ, bearbeitend, in der Tabelle folge ich der Darstellung von Salevsky; zur überarbeiteten Darstellung von Kassühlke vgl. KASSÜHLKE, RUDOLF, Eine Bibel - viele Übersetzungen, 28ff.
[360] Kassühlke ist hier in seiner Einteilung nicht konsistent, da plattdeutsche Übersetzungen in alle drei anderen Kategorien eingeordnet werden können.

Hellmut Haug (1999)	1. Interlinearversion	zu 1. Wort-für-Wort
	2. Philologische Übersetzung	zu 2. Wörtlich, aber angepasst an die Grammatik der Zielsprache
	3. Begriffskonkordante Übersetzung	zu 3. Tragende Begriffe werden immer mit demselben Wort übersetzt.
	4. Kommunikative Übersetzung	zu 4. Kontextorientiert zugunsten der Verständlichkeit

Dieser Art der Kategorisierung ist gemeinsam, dass es hier von Anfang an um eine Verortung zwischen den Polen Ausgangstext und Zieltext geht.[361] Dabei gibt es nach Salevsky bei wörtlichen Übersetzungen das Risiko des Missverständnisses für alle, die die Sprache(n) der Ausgangstexte nicht beherrschen, und bei kommunikativen Übersetzungen das Risiko, Eindeutigkeiten herzustellen, wo keine Eindeutigkeit herrsche,[362] ein Problem, das später bei den Bibeltexten in Leichter Sprache ein zentrales darstellt (vgl. Kap. 5.2.3). Je eindeutiger eine Übersetzung in Richtung eines der beiden Pole tendiere, umso leichter falle die Einordnung. Aber v.a. bei den Mischformen werde die Einordnung problematisch und gerate je nach Interpretation unterschiedlich.[363] Daher schlägt Salevsky eine neue Typisierung vor, die die Übersetzungstypen nach der jeweiligen Zielstellung der Übersetzungsstrategie benennt, nämlich strukturtreu, sinntreu und wirkungstreu.[364] Salevsky legt dabei noch den Begriff der Treue und nicht wie Nord den Begriff der Loyalität zugrunde. Dazu führt sie aus:

> „Typ 1: Strukturtreu
> AT-orientiert, d.h. die [...] Struktur des AT [=Ausgangstext] wird relevant gesetzt, sie soll so weit wie möglich im ZT [=Zieltext] bewahrt werden, auch auf Kosten einer möglichen Verdunklung des Sinns.
> Typ 2: Sinntreu
> Mischtyp zwischen AT- und ZT-Orientiertheit, fokussiert wird der Sinn, die Struktur (bzw. Textgestalt) kann dafür vernachlässigt werden. Solche Übersetzungen können entweder mehr dem Typ 1 zuneigen - durch eine teilweise Reproduktion der AT-Struktur (sinntreu mit nachgeordneter Dominante: AT-Struktur) oder aber dem Typ 3 - durch eine angestrebte ästhetisch-poetische Qualität des ZT (sinntreu mit nachgeordneter Dominante: Qualität des ZT).
> Typ 3: Wirkungstreu
> ZT-orientiert mit dem Blick auf die Wirkung des ZT (Erfüllung einer bestimmten Zielstellung für die Adressaten in der Zielkultur/Zielsprache), wobei für die Erreichung dieses Zieles (bzw. der gewünschten Wirkung) Textmodifikationen unterschiedlicher Art (Textgehalt und/oder Textgestalt betreffend) in Kauf genommen werden. Zu unterscheiden wären dabei allerdings für die jeweilige Wirkung obligatorische und fakultative Textmodifikationen."[365]

Vorteile dieser Einteilung sind die größere begriffliche Eindeutigkeit, die Möglichkeit der genauen Einordnung der Mischformen durch die Möglichkeit zur

---

[361] Vgl. SALEVSKY, HEIDEMARIE, Übersetzen, 123.
[362] Vgl. ebd., 126.
[363] Vgl. ebd., 127.
[364] Vgl. ebd., 127f.
[365] Ebd., 128.

Abbildung von unterschiedlichen Schwerpunkten und die weitere Differenzierung, wie sie dem folgenden Schaubild zu entnehmen ist.[366] Der Fokus liegt hier allerdings auf der Übersetzung und nicht so sehr auf der Zielgruppe.

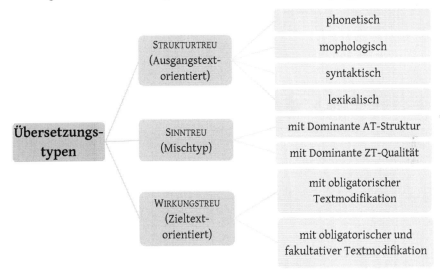

Abbildung 2: Schaubild Übersetzungstypen nach Salevsky 2001, S. 129

Christiane Nords Perspektive der Loyalität führt schließlich zu einer gänzlich neuen Einteilung: Zunächst benennt sie die Gesamtheit des Übersetzens als „*interkulturellen Texttransfer*"[367] und teilt diesen in zwei grundsätzliche Transfertypen auf:[368] Zu Typ 1, der dokumentarischen Übersetzung, gehören die Wort-für-Wort-Übersetzung (Interlinearversion), die wörtliche Übersetzung (grammar translation), die philologische Übersetzung und die exotisierende Übersetzung.[369] Während bei der Interlinearversion ohne Rücksicht auf Korrektheit in der Zielsprache Wort für Wort übersetzt wird, werden in der wörtlichen Übersetzung grammatische Strukturen angeglichen (v.a. wo es keine Entsprechung in der Zielsprache gibt), Textfunktion und -situation werden aber weiter vernachlässigt.[370] In der philologischen Übersetzung wird die Angleichung weiter vorangetrieben, die Denkstrukturen der Ausgangssprache sollen aber in der Zielsprache noch nachvollziehbar bleiben. Impliziertes Hintergrundwissen wird meist durch Fußnoten erläutert.[371] Exotisierende Übersetzungen nehmen die

---

[366] Vgl. ebd.
[367] NORD, CHRISTIANE, Funktionsgerechtigkeit und Loyalität, 19.
[368] Vgl. ebd., 20ff.
[369] Vgl. ebd., 20–22.
[370] Vgl. ebd., 20f.
[371] Vgl. ebd., 21f.

Fremdheit des Ausgangstextes bewusst wahr und erhalten sie auch im Zieltext mit dem Ziel, die exotische Wirkung der Fremdheit zu bewahren.[372]

Zu Typ 2, der Instrumentellen Übersetzung, gehören die funktionskonstante Übersetzung, die funktionsvariierende Übersetzung und die korrespondierende Übersetzung.[373] Die funktionskonstante Übersetzung umfasst alle Übersetzungen, die bisher als kommunikativ eingestuft wurden. Sie kommt immer dann zum Tragen, wenn der Zieltext in einer vergleichbaren Situation mit einer ähnlichen oder gleichen Funktion wie der Ausgangstext fungieren kann. Dies funktioniert i.d.R. z.B. für Sachtexte oder Betriebsanleitungen.[374] Bei funktionsvariierenden Übersetzungen stimmen die Funktionen des Ausgangs- und des Zieltextes in Hierarchie und Gewichtung nicht überein, weil die Voraussetzungen in der Zielkultur oder bei den angenommenen Zieladressat*innen nicht gegeben sind. Der Zieltext kann jedoch eine davon abweichende Gewichtung und Hierarchie übernehmen und damit die Funktionen des Ausgangstextes weiterhin ausüben.[375] Die korrespondierenden Übersetzungen werden erst durch Nord überhaupt als Übersetzungen kategorisiert. Diese Form der Übertragung wurde bisher als Bearbeitung, Nachdichtung oder Paraphrase bezeichnet.[376] Nord vertritt allerdings die Meinung, dass auch solche Texte als funktionale Übersetzung bezeichnet werden können, wenn

> „der Zieltext im Kontext der Zielkultur ein ‚analogon' zum Ausgangstext darstellt. Seine ‚Treue' oder ‚Abbildfunktion' bezieht sich in diesem Falle auf die Intention des Ausgangstextautors im Hinblick auf den (literarischen) Stellenwert und die (literarische) Wirkung des Ausgangstextes."[377]

In der weiteren Diskussion zu der Unterteilung in Bearbeitung und Übersetzung ist zu beobachten, dass sich die Kategorisierung von Nord noch nicht durchgesetzt hat. Ihre Einteilung spielt bei der Einordnung von Bibeltexten in Übersetzungstypen weder in der Literatur noch innerhalb der Übersetzendengruppen eine Rolle. In der weiteren Betrachtung bleiben ihre Erkenntnisse daher weitgehend unberücksichtigt.

Um den Fokus nun noch mehr auf die Zielgruppe zu richten, komme ich noch einmal auf Hellmut Haug zurück. Haug beschreibt und charakterisiert 40 deutschsprachige Bibelübersetzungen in zehn Kategorien, die wesentlich mehr abbilden als den Übersetzungstyp. Haug beschreibt Umfang, Grundtext, Sprachstil, Übersetzungstyp, Namensschreibung, Kommentierung, Verweisstellen, Besonderheiten, Zielgruppe und gibt zum Schluss ein Gesamturteil zu jeder

---

[372] Vgl. ebd., 22.
[373] Vgl. ebd., 22ff.
[374] Vgl. ebd., 23.
[375] Vgl. ebd., 23f.
[376] Vgl. ebd., 24.
[377] Ebd., 24f.

Übersetzung ab.³⁷⁸ Haug findet fast für jede Übersetzung eine neue Formulierung der Zielgruppe, z.B. am Bibelstudium Interessierte, Jugendliche und junge Erwachsene, kirchlich nicht gebundene Bibelleser, Einsteiger ins Bibellesen, biblisch Gebildete, die ihr Wissen vertiefen wollen oder engagierte Menschen, die traditionellen Sprach- und Denkmustern kritisch gegenüber stehen.³⁷⁹ Insgesamt nennt er 35 verschiedene Zielgruppen, die ich in sechs Typen von Rezipient*innen einteilen möchte, die nach der Intention oder den Bedürfnissen der Zielgruppe benannt sind:

a) zur Vertiefung des Wissens: Gebildete, Wissenschaftler, Studierende
b) zur Erbauung und zur Stiftung von Gemeinschaft: Menschen mit christlichem Hintergrund
c) zur Ermöglichung eines ersten Zugangs zu Bibeltexten: Kirchenferne, Menschen, die die Kirchensprache nicht verstehen, Menschen bestimmter Milieus und/oder Menschen bestimmter Altersgruppen
d) zum Führen eines Diskurses und zur Information: Kirchen- und gesellschaftskritische Menschen
e) zur Stiftung und Vertiefung einer bestimmten christlichen Identität: Menschen bestimmter christlicher Gruppen

Es ist möglich, diese Zielgruppen wiederum bestimmten Übersetzungstypen zuzuordnen: Je urtexttreuer, desto gebildeter und kirchennäher muss die Zielgruppe sein.

Kognitiv oder sprachlich benachteiligte Menschen, die auf eine besonders verständliche Übersetzung angewiesen sind, kommen in den Zielgruppenformulierungen nur marginal vor. Lediglich bei der GuteNachrichtBibel wird bei Haug die Verständlichkeit in den Vordergrund gerückt.³⁸⁰

Ottmar Fuchs führt in seinem Aufsatz „Für wen übersetzen wir?"³⁸¹ aus, dass Bibeltexte, die einem bestimmten synchronen Soziolekt folgten, nicht mehr als Übersetzungen, sondern als Bearbeitungen zu bezeichnen und damit nicht mehr Gegenstand seines Aufsatzes seien. Zu diesen synchronen Soziolekten zählt Fuchs geschichtlich entstandene aber schwer einzugrenzende Sprachformen, die sich an bestimmte Zielgruppen aufgrund bestimmter Eigenschaften wenden: altersspezifisch (z.B. Kinderbibeln), bildungsspezifisch (Wahl des Sprachcodes) und problemgruppenspezifisch (Menschen mit Behinderungen, Jugendliche).³⁸² Der Übergang zwischen Übersetzung und Bearbeitung ist hier fließend.

Salevsky bietet einen möglichen Ansatz. Sie schreibt, eine Bearbeitung liege immer dann vor, wenn als Ausgangstext eine Übersetzung genutzt werde. Eine

---

378 Vgl. HAUG, HELLMUT, Deutsche Bibelübersetzungen, 11ff.
379 Vgl. ebd., 11; gemäß der Vorlage wurden die Zielgruppen nicht gegendert.
380 Ebd.
381 FUCHS, OTTMAR, Für wen übersetzen wir?, 84–130.
382 Vgl. ebd., 97.

Übersetzung sei immer an einen originalsprachlichen Ausgangtext gebunden.[383] Sie unterscheidet drei Typen von Bearbeitungen:

> a) „*Bearbeitungen für eine spezifische (da mit den Adressaten des AT [=Ausgangstext] nicht mehr vergleichbare) Adressatengruppe (z.B. Kinder);*
> b) *eine spezifische (da mit dem Zweck des AT nicht mehr vergleichbare) Intention bzw. Funktion des ZT [=Zieltext] (z.B. Parodien, wie etwa ‚Der große Boss') [...]*
> c) *medienorientierte Bearbeitungen (Audio, Video, Kinofilme)*"[384]

Bearbeitungen können adressatenvariant, intentions-/funktionsvariant oder medienvariant sein. Auch hier können analog zu den Kategorien für Bibelübersetzungen weitere Unterteilungen in Bezug auf struktur-, sinn- oder wirkungsspezifische Modifikationen vorgenommen werden.[385]

Nach dieser Definition sind alle Bibeltexte in Leichter Sprache außer den Texten des Projekts Offene Bibel, die als einzige mit den ursprünglichen Ausgangstexten arbeiten, als adressatenorientierte Bearbeitungen einzustufen. Die nicht aus den Ursprachen übersetzten Bibeltexte in Leichter Sprache sind dann zwar intralinguale Übersetzungen in Leichte Sprache, aber keine Bibelübersetzungen im ursprünglichen Sinne mehr, sondern Bearbeitungen.

Bibeltexte in Leichter Sprache lassen sich nur dann auch im translationswissenschaftlichen Sinn als Übersetzungen einordnen, wenn man mit Martin Leutzsch Aussage übereinstimmt, dass im Christentum Bibelübersetzungen den Ausgangstext ersetzen (können).[386] Auch der evangelische Theologe Ulrich H. J. Körtner hält es für zulässig, dass eine Übersetzung zum Original wird und belegt dies an der Verwendung der Septuaginta als Übersetzungsgrundlage für das Alte Testament.[387] Dann wäre es legitim, von einer deutschen Bibelübersetzung (mit möglichst großer Urtextnähe) in Leichte Sprache zu übersetzen und das Ergebnis in jeder Hinsicht als Übersetzung zu bezeichnen.

Übersetzungen einer Übersetzung nennt man auch Relaisübersetzung oder ‚indirect translation'. Relaisübersetzungen werden in der Praxis v.a. beim Dolmetschen angewandt, da z.B. bei internationalen Konferenzen mit großer Sprachvielfalt nicht für alle Sprachenkombinationen direktes Dolmetschen ermöglicht werden kann und die englische Übersetzung dann als Zwischenübersetzung dient.[388] Im schriftlichen Kontext wurde bisher v.a. das Übersetzen von Abstracts im technischen Kontext von Ina Müller untersucht[389]. Müller analysiert ausführlich die Unterscheidungen zwischen Übersetzung und Bearbeitung in der Translationswissenschaft[390] und kategorisiert intralinguale Textrepro-

---

[383] Vgl. SALEVSKY, HEIDEMARIE, Übersetzen, 129.
[384] Ebd.
[385] Vgl. ebd.
[386] Vgl. LEUTZSCH, MARTIN, Übersetzungstabus, 38.
[387] Vgl. KÖRTNER, ULRICH H. J., Im Anfang.
[388] Vgl. OMAG, CLARA, Neuübersetzungen.
[389] MÜLLER, INA, Die Übersetzung von Abstracts.
[390] Vgl. ebd., 36–55.

duktionen schließlich als Bearbeitungen.³⁹¹ Demnach dürften Leichte-Sprache-Texte in keinem Fall als Übersetzung betitelt werden.

Im religiösen Kontext hat Armin Eschraghi dieses Phänomen für Relaisübersetzungen aus der Bahai-Religion mit Englisch als Zwischensprache erforscht. Er sieht gerade für religiöse Texte besondere Chancen und Risiken der Relaisübersetzung. Als Chancen formuliert er die schnellere Verbreitungsmöglichkeit der Texte im Zuge von Mission und dadurch die Möglichkeit der Verwendung der Zielsprache in religiösen Zusammenhängen und Ritualen. Als Risiken benennt er den Verlust der originalsprachlichen Besonderheiten, die Gefahr der Verfälschung durch die mehrfache Übersetzung mehrdeutiger Worte, wodurch sich die Relaisübersetzung sehr weit vom Ausgangstext entfernen könne. Erläuternde Einschübe und Ergänzungen seien oft nicht zu vermeiden und erweckten den Anschein des Originals. Eine weitere Gefahr sieht Eschraghi darin, dass die Zwischenübersetzung zur Tradition wird und mehr Bedeutung als das Original erlangen könnte.³⁹²

Bibeltexte in Leichter Sprache können vor diesem Hintergrund sowohl als Übersetzungen als auch als Bearbeitungen bezeichnet werden und werden je nach Perspektive von den Übersetzenden selbst entsprechend unterschiedlich klassifiziert, u.a. in Bearbeitung, Übertragung, Nachdichtung, Transformation oder eben doch Übersetzung (vgl. hierzu ausführlich zu den untersuchten Übersetzendengruppen in Kap. 4). Die Religionspädagogin Martina Steinkühler differenziert (konkretisiert an Kinderbibeln) diese Bearbeitungen in Nacherzählung und Neuerzählung. Eine Nacherzählung folgt möglichst eng dem Wortlaut des Originals. Eine Neuerzählung ist mehr dem Sinn als dem Wortlaut verpflichtet und hat das Ziel, den Sinn alters-, zielgruppen- und situationsspezifisch zu vermitteln.³⁹³

Für Bibeltexte in Leichter Sprache ist zusammenfassend festzustellen, dass es sich aus linguistischer Sicht um (intralinguistische) Übersetzungen von Texten in deutscher Standardsprache in Leichte Sprache handelt. Aus dieser Perspektive ist die Bezeichnung nicht umstritten.

Aus translationswissenschaftlicher Sicht ist die Einordnung umstritten. Streng translatorisch gesehen gelten nur Übersetzungen aus dem Urtext als Übersetzungen. Bei Bibeltexten als Ausgangstext können jedoch einige Argumente geltend gemacht werden, dass die Bezeichnung Übersetzung auch translatorisch korrekt ist. Folgt man Christiane Nords Ausführungen, sind alle Bibeltexte in Leichter Sprache als funktionale Übersetzungen anzuerkennen, wenn sie Stellenwert und Wirkung des Ausgangstextes bewahren und der Zieltext die Loyalität der übersetzenden Person gegenüber der Zielgruppe des Zieltextes und

---

391 Vgl. ebd., 55.
392 Vgl. ESCHRAGHI, ARMIN, „Eine der schwierigsten Künste", 79–101.
393 Vgl. STEINKÜHLER, MARTINA, Die neue Erzählbibel, 244.

dem*der Verfasser*in des Ausgangstextes und/oder dem*der Auftraggeber*in erfüllt.[394] *(Exkurs Ende)*

2.2.4.2 Bibeln für bestimmte Zielgruppen (Fortsetzung)

Es ist also festzustellen, dass Bibeln für Menschen aus benachteiligten Zielgruppen aus translationswissenschaftlicher Perspektive (ungeachtet der Erkenntnisse von Nord) der Gruppe der Bearbeitung zugeordnet werden. Zu Kinderbibeln, Bilderbibeln und Schulbibeln gibt es im Gegensatz zu Bibeln oder Bibeltexten in Leichter oder einfacher Sprache Forschungsergebnisse, die sich in einigen Punkten übertragen lassen. Schon in der biblisch-jüdischen Tradition gab es die Pflicht zur Unterweisung der Kinder in den heiligen Schriften (vgl. Deu 6,7.20ff). Auch die Darstellung Jesu als schriftkundiger 12jähriger im Tempel (vgl. Lk 2,41ff) weist darauf hin, dass zur Allgemeinbildung auch die religiöse Bildung mit guten Kenntnissen der Schrift gehörte.[395] Im 16. und 17. Jahrhundert wurden Kinder und ‚Einfältige', also (theologisch) ungebildete, einfache und unverständige Leute, als gemeinsame Zielgruppe angesehen (definiert nach Wissensstand und nicht nach Alter), die der Unterweisung in und durch die Bibel bedurften.[396] Für diese große und nicht weiter differenzierte Zielgruppe gab es verschiedene Sammlungen von Bibelgeschichten, Gebeten und anderen Texten, die zum Teil mit aussagekräftigen Bildern versehen waren. Die einfachen Menschen waren des Lesens und Schreibens meist nicht mächtig und auf Bilder und das Auswendiglernen von Liedern und Texten angewiesen.[397] Durch die Unterweisung sollten die Kinder (und ‚Einfältigen') alles über Moral, Sitte und Religion lernen und auf ihre spätere Rolle in der Gesellschaft vorbereitet werden und bestehende Herrschaftsverhältnisse legitimiert und als gottgewollt dargestellt werden.[398] In der Reformationszeit erschienen Bibelbearbeitungen, die durch kurze elementare Texte oder Merkgedichte, einfache Illustrationen und Verweise auf die Kapitel der Vollbibel gekennzeichnet waren. Beispielhaft für diese Lernbibeln mit Bildern gilt Martin Luthers Betbüchlein („Ein betbuechlein mit eym Calender und Passional"), das 50 Holzschnitte mit kurzen Texten enthielt, die für die Unterweisung als notwendig erachtet wurden.[399] In der evangelischen Unterweisung war der Kleine Katechismus wichtiger als die Bibel und wurde als Zusammenfassung der wichtigsten biblischen Aussagen angesehen. Bis ins 18. Jh. wurde der Kleine Katechismus auch als Kinderbibel bezeichnet.[400] Daneben gab es begleitend bebilderte Spruchbücher, die zum Lesenlernen und der ethischen

---

[394] Vgl. NORD, CHRISTIANE, Funktionsgerechtigkeit und Loyalität, 25.
[395] Vgl. LANDGRAF, MICHAEL, Kinderbibel damals - heute - morgen, 9.
[396] Vgl. REENTS, CHRISTINE; MELCHIOR, CHRISTOPH, Geschichte der Kinder- und Schulbibel, 51
[397] Vgl. ebd. 52
[398] Vgl. LANDGRAF, MICHAEL, Kinderbibel damals - heute - morgen, 9.
[399] Vgl. ebd., 13.
[400] Vgl. REENTS, CHRISTINE; MELCHIOR, CHRISTOPH, Geschichte der Kinder- und Schulbibel, 149

Erziehung eingesetzt wurden.[401] Durch die Aufklärung geriet der Katechismus zunehmend in die Kritik. Kinderbibeln im heutigen Sinne gab es weiterhin nicht, von vereinzelten Ausnahmen abgesehen.[402] Die Ausrichtung auf die Zielgruppe Kinder als eigenständig denkende und an ihrer eigenen Identität interessierte Menschen erfolgte in größerem Stil erst in den 1960er Jahren. Das neue Verständnis der Kinderbibeln war geprägt durch einfache Texte und kindgemäße Bilder, die einen Zugang zur Bibel ermöglichen und die Lebenswelt der Kinder ernst nehmen sollten.[403] Die Differenzierung erfolgte nun nach Wissensstand und Alter und nach dem Verwendungszusammenhang. Auch der jeweils aktuelle Forschungsstand in Theologie und Pädagogik beeinflusste die Entstehung neuer Kinderbibeln.

Die evangelische Theologin Christine Reents und der evangelische Theologe Christoph Melchior unterscheiden in ihrer Systematik als große Gattungen im Bereich der Laien-, Kinder- und Schulbibeln Spruchbuch, bibelnahe Paraphrase, Erzählung, Bilderbibel und vereinzelt auftretende weitere und neue Gattungen wie Katechismen, Fragbibeln, Reime, Jesusbücher, Bilderbücher, Kleinkinderbibeln, Bibelcomics, Persiflagen, Mangas und Ausgaben mit Kinderzeichnungen.[404] Alle diese Bibelausgaben orientieren sich in Sprache und Form am Wissens- und Sprachniveau bestimmter Zielgruppen und passen diese entsprechend an. Die Anpassung der Bibelausgabe an unterschiedliche Zielgruppen wird von verschiedenen Vertreter*innen aus Theologie und Religionspädagogik begründet.

Der katholische Religionspädagoge Georg Langenhorst benennt im Zuge der Forschung zu Jugendbibeln die Grundannahme, dass die Bibel in Bezug auf Gegenwart und Zukunft der Zielgruppen ihre Relevanz behält und die zielgruppenorientierten Bibelausgaben einen kompetenten Umgang mit der Bibel im Erwachsenenalter als Ziel haben. „Um dieses Ziel zu erreichen, bedarf es [...] [Bibelausgaben], die entwicklungspsychologisch, sprachlich und ästhetisch auf die Bedürfnisse der jeweiligen Zielgruppe abgestimmt sind."[405] Dazu braucht es laut Langenhorst einer Auswahl von Bibeltexten, eines passenden Sprachniveaus, einer spezifischen ästhetischen Gestaltung, Hilfestellungen durch Anmerkungen und Zusatzmaterial sowie gut reflektierte fiktionale Ergänzungen.[406] Dies bestätigen auch die evangelischen Theologen Michael Landgraf und Christoph Morgenthaler in ihren Forschungen.[407]

Dass es bei dieser Art des Übersetzens nicht mehr nur um die Übertragung von einer Ausgangs- in eine Zielsprache geht, bringt der katholische Theologe

---

[401] Vgl. ebd. 148
[402] Vgl. ebd. 226ff
[403] Vgl. LANDGRAF, MICHAEL, Kinderbibel damals - heute - morgen, 5.
[404] Vgl. REENTS, CHRISTINE; MELCHIOR, CHRISTOPH, Geschichte der Kinder- und Schulbibel, 647f.
[405] LANGENHORST, GEORG, Jugendbibeln, 55.
[406] Vgl. ebd., 56.
[407] Vgl. LANDGRAF, MICHAEL, Die Bibel als Lehrbuch, 74f; MORGENTHALER, CHRISTOPH, Menschen und Lebenswelten, 107.

Michael Schneider auf den Punkt: Es gehe nicht mehr nur um das rein sprachliche Übersetzen, sondern sei vielmehr eine Vermittlungsaufgabe zwischen bestimmten Gruppen und sozialen Systemen. Dies betreffe vor allem die Vermittlung zwischen religiöser Sprache und säkularer Welt und sei damit eine interdisziplinäre Aufgabe zwischen Sprach- und Übersetzungswissenschaft, Hermeneutik, Exegese, Theologie und Didaktik.[408] Damit bezieht er sich auf einen weiten Übersetzungsbegriff, den auch der evangelische Theologe Manfred Pirner in seiner Öffentlichen Religionspädagogik vertritt: *„Verständigung angesichts von Fremdheit."*[409]

Der katholische Theologe Stefan Altmeyer sieht das Feld religiöser Sprachbildung für alle Zielgruppen als besonders relevant an und zeigt vier Wege auf, diese zu fördern:
- Wahrnehmen und Ausdrücken lernen als performativer Weg, durch Wahrnehmung und Ausprobieren religiöser Sprache mit dieser vertraut zu werden.
- Sprechen lernen als kommunikationsorientierter Weg, der darauf abzielt, Sprache selbst religiös zu gebrauchen und sich über religiöse relevante Fragen zu verständigen.
- Auskunft geben als diskursorientierter Weg, der zwischen dem religiösen Sprechen und dem Sprechen über Religion differenziert und beide Perspektiven einübt.[410] Ziel ist es, *„Geltungsansprüche religiösen Sprechens erkennen, benennen und bewerten [zu] können."*[411]
- Verstehen lernen als hermeneutischer Weg, der das Verstehen traditioneller Formen religiöser Sprache ermöglicht. Das können historische Einordnungen, Erfahrungen hinter bestimmten theologischen Konzepten oder auch der Symbolcharakter der religiösen Sprache sein.[412]

---

[408] Vgl. SCHNEIDER, MICHAEL, Die Bibel als Text, 252.
[409] PIRNER, MANFRED L., Religiöse Bildung, 66.
[410] Vgl. ALTMEYER, STEFAN, Zum Umgang mit sprachlicher Fremdheit, 199f.
[411] Ebd., 201.
[412] Vgl. ebd., 199f.

Teilhabe II: Verständlichkeit und Bibel

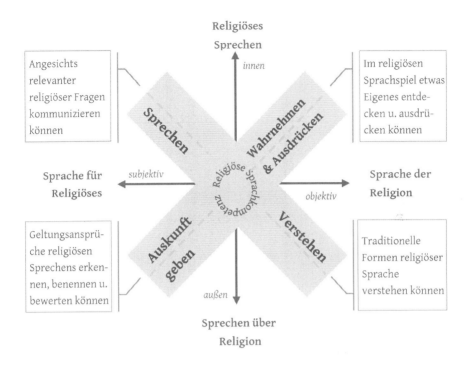

Abbildung 3: Vier Wege religiöser Sprachbildung nach Stefan Altmeyer[413]

Dieser Hintergrund lässt eine zentrale Frage der adressatenorientierten Bibeldidaktik in der Postmoderne – „Verstehst du, was du liest?" – noch einmal in einem neuen Licht erscheinen.

Teilhabe setzt Verstehen und das Recht auf ein anderes Verständnis als das ‚herkömmliche' voraus. Die evangelische Theologin und Sonderpädagogin Anita Müller-Friese stellt noch einmal unmissverständlich fest, dass das Recht auf Verstehen allen Menschen gilt und auch nicht durch kognitive Einschränkungen beschnitten werden dürfe. Dabei sei die Ungenauigkeit des Verstehensbegriffs die Chance eines individuellen Verstehenshorizonts. Verstehen sei ganzheitlich gemeint und beziehe sich nicht nur auf die kognitive Erfassung. Ziel sei es, jedem Menschen zu einem Verständnis zu verhelfen, aus dem heraus er selbst zustimmen oder ablehnen könne.[414] Müller-Friese fragt ganz im Sinne der Dis/ability Studies: „*Wie lerne ich verstehen, was du liest?*"[415] und geht dabei unbedingt von der Gegenseitigkeit dieser Frage aus. Das ‚Ich' in ihrem Satz ist zunächst die lehrende Person, das ‚Du' die lernende Person, wobei Müller-Friese die Rollen nicht

---

[413] Ebd., 200.
[414] Vgl. MÜLLER-FRIESE, ANITA, „Verstehst du auch, was du liest?", 219f.
[415] Ebd., 226.

festgelegt sieht und beide Seiten unabhängig (von der formalen Rolle) als Lehrende und Lernende versteht.[416] Bibeldidaktisch schlägt sie vor, das Potential von Bibeltexten auf allen Ebenen auszuschöpfen: Im Dialog mit gegenseitigem Fragen und Antworten, auf der Beziehungsebene und der Ebene des damit verbundenen Perspektivwechsels, die der Text den Lesenden anbietet, durch die Begegnung zwischen den Lesenden und dem Text und den damit verbundenen Auseinandersetzungen, durch das gegenseitige Interesse an der Verstehens-Art des anderen und die Anleitung zum Erkennen und zur Reflexion des eigenen Verständnisses.[417] Der Zugang dazu geschieht ganz im Sinne der Elementarisierung nicht nur auf der sprachlichen Ebene, sondern bezieht alle Sinne ein: Basalperzeptiv (sinnlich), konkret-gegenständlich (durch alltägliche Handlungen), anschaulich (durch begreifbare und eigene Darstellung) und abstrakt begrifflich (durch Symbole).[418] Die sprachliche Ebene (im weitesten Sinne des Begriffs Sprache) spielt auch bei Müller-Friese eine entscheidende Rolle. Jesus habe selbst für und mit einfache(n) Leute(n) geredet und dies auch mit Berührungen oder Handlungen verbunden. Die Sprache müsse den Adressaten angepasst und um nonverbale Elemente erweitert werden.[419]

2.2.4.3 Exemplarische Auswahl von Bibeltexten für die Zielgruppe Menschen mit kognitiven oder sprachlichen Einschränkungen

Vier Bibelausgaben werden im Folgenden vorgestellt. Sie zeichnen exemplarisch die Entwicklung von Bibelausgaben für Menschen mit kognitiven oder sprachlichen Einschränkungen nach. 1967 erschienen die ersten Bibelbilderbücher mit Bildern von Kees de Kort (1968 in deutscher Übersetzung), 1973 veröffentlichte Anneliese Pokrandt den ersten Band ihrer Elementarbibel (Gesamtausgabe 1998), 2004 gaben Christoph Beuers, Karl-Hermann Büsch und Jochen Straub ein Buch mit dem Titel „Wie Licht in der Nacht. Elementarisierung biblischer Texte mit und ohne Behinderung" heraus und 2018 erschien „Die Bibel einfach lesen" von Irmgard Weth.

a) Die Bibelbilderbücher mit Bildern von Kees de Kort (1967ff)
Die Bibelbilderbücher firmieren unter dem Autorennamen Kees de Kort. Dabei ist zu beachten, dass Kees de Kort nur der Urheber der (entscheidend wichtigen) Bilder zu den biblischen Geschichten ist, aber nicht die Texte zu den Bildern formuliert hat.

---

[416] Vgl. ebd.
[417] Vgl. ebd., 227f.
[418] Vgl. ebd., 230ff.
[419] Vgl. ebd., 232ff.

Die Reihe „Was uns die Bibel erzählt" entstand, nachdem die niederländische Bibelgenossenschaft (NBG) eine ökumenisch orientierte Kommission aus Fachleuten zusammengerufen hatte, die *„aus Psychiatern, Theologen, einem Chefarzt, Professoren, Pfarrern, Pastoren, Rabbinern, Lehrern und einer Hofdame bestand."*[420] Ziel der Kommission war es, *„eine Reihe von Bibelgeschichten für geistig behinderte Jugendliche zu erstellen,"*[421] deren Zeichnungen *„so anschaulich sein sollten, dass der Text nur als Unterstützung zu dienen brauchte."*[422] Die Kommission entschied über die Auswahl der Texte und formulierte den (niederländischen) Text – die Ausgangstexte hierfür sind aus den Quellen nicht ersichtlich – und schrieb zu den Bildern einen Wettbewerb aus, den der damals 30jährige katholische Maler, Kunstlehrer und Illustrator Kees de Kort für sich entschied.[423] In der Reihe erschienen 10 Geschichten aus dem Alten und 17 aus dem Neuen Testament. Sie erschienen zunächst als einzelne Hefte, später u.a. auch als fünfbändige Gesamtausgabe[424] (mit 25 der 27 Geschichten) und in Form anderer Ausgaben mit unterschiedlichen Zusammenstellungen zu Sammelbänden. Eine genaue Aufstellung der Veröffentlichungen findet sich bei Reents und Melchior.[425] Von Anfang an war geplant, dass der Text nur „*Beilage*"[426] zu den Bildern sein sollte. Bevor Kees de Kort die Bilder zeichnete, besuchte er geistig behinderte Menschen, um ihre Fähigkeiten und Verstehensmöglichkeiten kennenzulernen. Er entdeckte eine große Vielfalt. Die Tatsache, dass die meisten nicht oder nur schwer selbst lesen konnten, verband sie mit einer weiteren Zielgruppe, die ihm als Vater und Lehrer sehr vertraut war: den Kindern, vornehmlich Jungen.[427] So nahm er sich ein Beispiel an ihnen, um zu verstehen, wie Kinder und Jugendliche mit ihren unterschiedlichen Fähigkeiten Bilder sehen und in ihnen ‚lesen'.[428] Laut Reents und Melchior wurde die Zielgruppe letztendlich auf sieben- bis achtjährige Kinder mit geistiger Behinderung fokussiert, in der Verwendungspraxis weitete sich die Zielgruppe dann aber schnell auf Kinder ab fünf Jahren und das Erstlesealter aus.[429] Die Bibelbilderbücher von Kees de Kort sind in vielen Familien zur Tradition geworden und bieten nun seit über 50 Jahren die Möglichkeit einer ersten Bekanntschaft mit der Bibel.[430]

Die Bilder von Kees de Kort zeichnen sich durch warme Farben und kantenfreie Formen aus. Die Illustrationen weisen viele flächig-bunte Elemente und Fi-

---

[420] KEESDEKORT.COM, Kees de Kort - Über ‚Was die Bibel erzählt'.
[421] Ebd.
[422] Ebd.
[423] Vgl. MUSCIONICO, DANIELE, Seine Bilder kennen alle.
[424] DEUTSCHE BIBELGESELLSCHAFT ET AL. (Hrsg.), Bibelbilderbuch.
[425] Vgl. REENTS, CHRISTINE; MELCHIOR, CHRISTOPH, Geschichte der Kinder- und Schulbibel, 544–548. Vgl. ebd. im dortigen Stichwortregister unter de Kort.
[426] MUSCIONICO, DANIELE, Seine Bilder kennen alle.
[427] Vgl. KEESDEKORT.COM, Kees de Kort - Über ‚Was die Bibel erzählt'.
[428] Vgl. MUSCIONICO, DANIELE, Seine Bilder kennen alle.
[429] Vgl. REENTS, CHRISTINE; MELCHIOR, CHRISTOPH, Geschichte der Kinder- und Schulbibel, 544f.
[430] Vgl. ebd.

guren auf.[431] Alle Menschen haben große, freundliche Augen und sind mit gut erkennbarer Gestik, Mimik und Körperhaltung dargestellt.[432] Die Kleidung ist zeitlos und für den jeweiligen Charakter immer auf dieselbe Art gezeichnet, was einen hohen Wiedererkennungseffekt mit sich bringt.[433] Eine ausführliche Analyse der Bilder von Kees de Kort und ihrer Wirkung lässt sich bei der der evangelischen Theologin Marion Keuchen nachlesen.[434]

Der Schwerpunkt dieser Arbeit legt es nahe, dem Text dieser Bibelausgabe noch etwas mehr Aufmerksamkeit zu schenken. Der Text der deutschen Originalausgabe von 1968 wurde von Hellmut Haug übersetzt bzw. formuliert.[435] Wie die Texte der niederländischen Ausgaben sind die Texte eine Bearbeitung des Originaltextes der Bibel, wobei unklar ist, auf welchen Ausgangstext sich Haug bezieht. Dies könnten sowohl die niederländischen kurzen Texte der Kommission als auch eine deutsche Bibelübersetzung als auch der ursprachliche Text sein. Die Texte sind kurz und bündig formuliert[436] und in einfacher Sprache geschrieben.[437] Mit den kurzen Hauptsätzen und einfachen Wörtern entsprechen sie weitgehend den Regeln für Leichte Sprache,[438] wenngleich es 1968 weder den Begriff noch Regeln gab. Auch im Layout (serifenlose, schwarz auf weiße Schrift, maximal ein Satz pro Zeile und Schriftgröße >14p) gibt es Entsprechungen zu den Regeln der Leichten Sprache.

Folgende Bibelgeschichten[439] wurden von der niederländischen Kommission ausgewählt:
a) Aus dem Alten Testament:
— Gott erschafft die Welt (Gen 1-2,4)
— Der Regenbogen (Gen 6,5-9,17)
— Abraham (Gen 12-25)
— Esau und Jakob (Gen 25,19-33)
— Josef (Gen 37.39-50)
— Auszug aus Ägypten (Ex 14;15,1-21)
— Weg ins versprochene Land (Ex 16,1-17,13;19,1-21,21;34,17-28; 37,1-9; Deu 10,5; Num 10,11-28; 13,27; Jos 3, 1-8)
— Rut (Rut)

---

431 Vgl. MUSCIONICO, DANIELE, Seine Bilder kennen alle.
432 Vgl. KEESDEKORT.COM, Kees de Kort - Über ‚Was die Bibel erzählt'.
433 Vgl. ebd.
434 Vgl. KEUCHEN, MARION, Bild-Konzeptionen, 401–416.
435 Vgl. FUCHS, MONIKA E.; NEUMANN, NILS, Bibeltexte in Leichter Sprache, 279.
436 Vgl. KEESDEKORT.COM, Kees de Kort - Über ‚Was die Bibel erzählt'.
437 Vgl. FUCHS, MONIKA E.; NEUMANN, NILS, Bibeltexte in Leichter Sprache, 279.
438 Vgl. ebd.
439 Liste nach Vgl. REENTS, CHRISTINE; MELCHIOR, CHRISTOPH, Geschichte der Kinder- und Schulbibel, 545. Die Bibelstellen wurden nach den Angaben der Buchausgaben von mir ergänzt.

Teilhabe II: Verständlichkeit und Bibel 139

- David wird König (1 Sam 16, 1-13; 17,1-51; 2 Sam 5,1-10; 6,1-19; 1 Kön 6,1-38; 8,1-9)
- Jona (Jon)
b) Aus dem Neuen Testament:
- Zacharias und Elisabeth (Lk 1)
- Jesus ist geboren (Lk 2,1-20; Mt 2,1-12)
- Der zwölfjährige Jesus (Lk 2,41-52)
- Die Hochzeit in Kana (Joh 2,1-11)
- Jesus und der Sturm (Mt 8,23-27; Mk 4,35-41; Lk 8,22-25)
- Jesus und seine Jünger[440] (u.a. Mt 10)[441]
- Zachäus (Lk 19,1-10)
- Jesus und der Gelähmte (Mk 2,1-12; Lk 5,17-26; Mt 9,1-8)
- Der verlorene Sohn (Lk 15,11-32)
- Der barmherzige Samariter (Lk 10,25-37)
- Die Arbeiter im Weinberg[442] (Mt 20,1-16)
- Jesus besiegt den Tod (Mk 5,21-43; Lk 8,40-56; Mt 9,18-26)
- Bartimäus (Mk 10,46-52)
- Jesus in Jerusalem (Mt 21,1-11; 26,17-36; Mk 11,1-10; 14,25-29; Lk 19, 28-38; 22,7-23)
- Jesus ist auferstanden (Mt 26-28; Mk 14-16; Lk 22-24; Joh 18-21)
- Himmelfahrt und Pfingsten (Lk 24,50-53; Apg 1-11;2)
- Ein Afrikaner wird getauft (Apg 8,26-39)

Jedes Einzelbuch umfasst ca. 25 Seiten, die von den großformatigen Bildern bestimmt werden. Für die Gesamtausgaben des Bibelbilderbuchs 1998 und 1999 wurde der Text durch Hellmut Haug erweitert und teilweise gänzlich überarbeitet.[443] Diese Erweiterung führt die Texte wieder näher an anerkannte Bibelübersetzungen (z.B. Luther 1984) heran.[444] Auch wenn der Text ausführlicher und komplexer geworden ist, wird im Vorwort der Gesamtausgabe die Verständlichkeit betont und gleichzeitig darauf hingewiesen, dass die Vereinfachung und Zusammenfassung nur ein Anfang des Kontakts mit der Bibel sein soll:

„Die biblischen Geschichten in diesem Bilderbuch sind auf eine einfache und verständliche Weise erzählt. So, dass Kinder es fassen können. Manches ist bewusst vereinfacht und gerafft. Es geht um eine erste Bekanntschaft, nicht um ein Ausschöpfen des vollen und oftmals tiefen Sinns. Das bringt es mit sich, dass die Darstellung manchmal Fragen aufwirft, die sich aus dem

---

[440] Dieser Band fehlt im Sammelband „Bibelbilderbuch" von 1999.
[441] Der biblische Hintergrund für diese Geschichte ist eine Zusammenstellung der Aufgaben der Jünger, wie sie in den verschiedenen Evangelien benannt werden. Dabei wird Mt 10 als einzige Bibelstelle explizit benannt. Vgl. KORT, KEES DE; HAUG, HELLMUT, Jesus und seine Jünger.
[442] Dieser Band fehlt ebenfalls im Sammelband „Bibelbilderbuch" von 1999.
[443] Vgl. REENTS, CHRISTINE; MELCHIOR, CHRISTOPH, Geschichte der Kinder- und Schulbibel, 545.
[444] Vgl. ebd. Dabei bleibt weiterhin unklar, ob deutsche Bibelübersetzungen oder der biblische Urtext gemeint sind.

Bilderbuch nicht beantworten lassen. Es empfiehlt sich deshalb, die Geschichten in ihrer ausführlichen Fassung in der Bibel nachzulesen."[445]

Um den Zugang für „*Eltern, Großeltern, Tanten, Onkel und alle, die mit Kindern dieses Bilderbuch anschauen und lesen,*"[446] zu erleichtern, gibt es am Ende jeder Geschichte ein erklärendes Nachwort und die Angabe der Bibelstelle. Ausdrücklich werden alle Beteiligten zum Gespräch über die Geschichte aufgefordert.[447] Die Texte der Geschichten der Bibelbilderbücher sind sprachlich auf dem Niveau der einfachen Sprache anzusiedeln. Sie leben jedoch von den Bildern, zu denen sie, wie erwähnt, nur als Ergänzung gedacht sind und können nicht ohne sie betrachtet werden.

Die Bilder von Kees de Kort wurden noch für weitere Kinder- und Erzählbibeln verwendet, für deren Texte Irmgard Weth verantwortlich ist, darunter die Neukirchener Kinderbibel.[448] Diese sind sprachlich komplexer formuliert und bleiben daher hier unberücksichtigt. Bei Reents/Melchior[449] und Keuchen[450] gibt es hierzu vertiefende Ausführungen.

c) Elementarbibel (Anneliese Pokrandt 1973ff)

Die evangelische Sonderschullehrerin Anneliese Pokrandt begann 1967, angeregt von ihren Schülerinnen und Schülern, eine für eben diese verstehbare und (selbst) lesbare Auswahlbibel zu schreiben[451], nachdem die von ihr im Unterricht erzählten Geschichten auf große positive Resonanz gestoßen waren.[452]
Die Intention der Elementarbibel ist es,

> „zentrale Themen und Inhalte jüdischer und christlicher Traditionen neu ins Blickfeld [zu] rücken und elementare Kenntnisse für den Umgang mit der Bibel [zu] vermitteln. Dabei geht es um die Geschichte der Entstehung biblischer Schriften, aber ebenso um die stets wiederkehrenden Fragen der Menschheit nach Sinn und Wahrheit, nach Vor- und Leitbildern."[453]

Die Auswahlgeschichten erschienen von 1973-1989 im Ernst Kaufmann Verlag in acht Einzelheften, die bei Heft 1-4 mit Zusatzmaterial (Kommentarheft und Dias) kombiniert waren. 1998 erschien dann eine überarbeitete und gekürzte Gesamt-

---

[445] KORT, KEES DE, Bibelbilderbuch (Band 3), 2.
[446] Ebd.
[447] Vgl. ebd.
[448] WETH, IRMGARD, Neukirchener Kinderbibel.
[449] Vgl. REENTS, CHRISTINE; MELCHIOR, CHRISTOPH, Geschichte der Kinder- und Schulbibel, 546 und 514-516
[450] Vgl. KEUCHEN, MARION, Bild-Konzeptionen, 401–416.
[451] Ihre Texte bezeichnet sie selbst als Bearbeitungen, nicht als Übersetzungen (vgl. POKRANDT, ANNELIESE; HERRMANN, REINHARD, Elementarbibel, 589). Würde man sie dennoch nach dem Schema von Martin Leutzsch einem Übersetzungstyp zuordnen, wäre dies Typ A: Einzelperson ohne Auftrag von außen (vgl. Kap. 4.1.3).
[452] Vgl. POKRANDT, ANNELIESE, Die „Elementarbibel". Kriterien, 158.
[453] POKRANDT, ANNELIESE; HERRMANN, REINHARD, Elementarbibel, 589.

ausgabe,[454] auf die ich mich im Folgenden beziehe.[455] Die Gesamtausgabe der Elementarbibel umfasst auf rund 740 Seiten 148 Texte aus dem Alten und 92 Texte aus dem Neuen Testament. Es sind ein Bibelstellenverzeichnis und ein Lexikon mit Begriffserklärungen enthalten, was einen Gesamtumfang von 592 Seiten erklärt.[456]

Die Gliederung der Gesamtausgabe folgt den Überschriften der acht Einzelhefte:[457]
— Teil 1. Geschichten von Abraham, Isaak und Jakob[458]
— Teil 2. Geschichten von Mose und Josua[459]
— Teil 3. Geschichten von Königen in Israel[460]
— Teil 4. Geschichten von den Anfängen[461]
— Teil 5. Geschichten von Priestern und Propheten[462]
— Teil 6. Erfahrungen mit Gott[463]
— Teil 7. Jesu Reden und Taten, sein Leiden und Sterben
— Teil 8. Jesus Christus im Glauben der Gemeinde

Die Auswahl und Anordnung der Bibelgeschichten erfolgte nach damaligem historisch-kritischem Forschungsstand. Wie bereits erwähnt, war es Anneliese Pokrandt ein Anliegen, Antisemitismus und Antijudaismus entgegenzuwirken.[464] Gemäß dem damaligen Forschungsstand wurden die beiden Schöpfungsberichte nicht an den Anfang der der Bibel gestellt, sondern historisch eingeordnet (Gen 2, 7f, 15-25 in Teil 4 und Gen 1-2,4 in Teil 5) und eng mit den existenziellen Fragen und der historischen Situation verbunden. Bei der Übertragung von Texten aus dem Neuen Testament geht es zunächst in Teil 7 um Jesu Reden, Taten, Leiden und Sterben. Hier wechselt Pokrandt zwischen den synoptischen Evangelien (nach eigenen Angaben immer der ausführlichsten Variante[465]) und folgt bei der Passionsgeschichte weitgehend dem Matthäusevangelium. Erst in Teil 8 folgen dann die Wundergeschichten, die Auferstehung, die Geburts- und Kindheitsgeschichten (nach Lukas) und die Apostelgeschichte sowie kurze Teile aus dem 1. Korintherbrief und der Offenbarung.[466] Neben jeder Paraphrase ist die Bibelstelle zu finden, um Auslassungen zu dokumentieren und eine möglichst große Nähe

---

[454] Vgl. POKRANDT, ANNELIESE, Die „Elementarbibel". Kriterien, 160f.
[455] POKRANDT, ANNELIESE; HERRMANN, REINHARD, Elementarbibel.
[456] Vgl. POKRANDT, ANNELIESE, Die „Elementarbibel". Kriterien, 160f.
[457] Vgl. ebd., 160.
[458] Genesis.
[459] Exodus, Numeri, Deuteronomium, Josua.
[460] 1. Samuel, 2. Samuel, 1. Könige (Salomo), 2. Chronik (Salomo).
[461] Rut, Genesis (2. Schöpfungsbericht), Psalm 18.
[462] 1. Könige (Elia), 2. Könige, Jesaja, Jeremia, Genesis (1. Schöpfungsbericht), Esra, Nehemia.
[463] Jona, Hiob, Prediger, Daniel, Psalmen.
[464] Vgl. POKRANDT, ANNELIESE; HERRMANN, REINHARD, Elementarbibel, 589.
[465] Vgl. POKRANDT, ANNELIESE, Die „Elementarbibel". Kriterien, 162.
[466] Vgl. REENTS, CHRISTINE; MELCHIOR, CHRISTOPH, Geschichte der Kinder- und Schulbibel, 510.

zum Ausgangstext zu belegen. Als Ausgangstext wurde die zum Entstehungszeitpunkt übliche Lutherübersetzung verwendet.[467] Der Beschreibung und Begründung der sprachlichen Gestaltung hat Pokrandt ein ganzes Kapitel ihres Beitrags in Adam/Lachmann „Kinder- und Schulbibeln. Probleme ihrer Erforschung" (1999) gewidmet.[468] Hier beschreibt sie, welche Kriterien für sie für die Formulierungen leitend waren: Zunächst beruft sie sich auf Langer, Schulz v. Thun und Tausch und deren Hamburger Modell der Verständlichkeit. Die Dimensionen von Einfachheit, Gliederung/Ordnung und Kürze/Prägnanz spielten eine wichtige Rolle bei der Formulierung. Bei der Anpassung des Luther-Deutsch an den heutigen Sprachgebrauch sei sehr bewusst nicht simplifiziert, psychologisiert oder verkindlicht worden. Eine weitere wichtige Rolle spiele, dass die biblischen Texte vor ihrer Verschriftlichung Reden oder Erzählungen waren. Das Hören dieser Texte sei entscheidend, um sie zum Leben zu erwecken und wirksam werden zu lassen. Um diesem Umstand Rechnung zu tragen, seien die Texte in Zeilen gegliedert, an deren Ende immer auch eine Sinneinheit ende und eine sinnvolle Lese- oder Hörpause entstehe. Jede Zeile habe höchstens sechs bis acht Wörter und der im Layout gewählte Flattersatz sei leicht lesbar. Die Sätze folgten in der Regel als Hauptsätze dem Schema Subjekt – Prädikat – Objekt. Indirekte Rede werde vermieden und damit auch der Konjunktiv. Im Ausgangstext vorhandene indirekte Rede werde in direkter Rede formuliert.[469] Pokrandt ist immer auf der Suche nach dem „*gebräuchlichen, lebendigen Wort, das auch im Wortschatz der Leser vermutet werden kann.*"[470]

Pokrandt problematisiert die vielen formelhaften sprachlichen Begriffe der biblischen Sprache. Begriffe wie ‚der Gott Abrahams, Isaaks und Jakobs' verwendet sie, lässt sie aber durch die Illustration[471] unterstützen und erklären. Von diesen Formeln unterscheidet sie Leitworte wie ‚Segen', der sich z.B. als zentraler Begriff durch die Erzelterngeschichten zieht.[472] Alle biblischen Geschichten haben eine Überschrift, die im Verbalstil formuliert ist. Sie enthalten oft eine Aufforderung oder weisen auf den Autor des Textes hin. Es gibt kursiv gedruckte Paratexte, die die biblischen Geschichten einleiten und Informationen zum Verständnis beisteuern. Dabei geht es um die Entstehungs- und Wirkungsgeschichte und die Überlieferungstradition einerseits und die theologische Deutung der Texte andererseits. Die Kursivtexte weisen eine knappe Begriffs- und Informationssprache auf und fordern zum Mitdenken und Weiterdenken auf. An einigen Stellen werden die Lesenden direkt angesprochen. In diesen Texten zeigt sich die didaktische Intention der Verfasserin.[473] Die Begriffserklärungen sind nötig,

---

[467] Vgl. POKRANDT, ANNELIESE, Die „Elementarbibel". Kriterien, 162.
[468] Vgl. ebd., 161–164.
[469] Vgl. ebd., 161f.
[470] Ebd., 163.
[471] Zu den Illustrationen von Reinhard Herrmann vgl. weiter unten.
[472] Vgl. POKRANDT, ANNELIESE, Die „Elementarbibel". Kriterien, 163.
[473] Vgl. ebd., 164ff.

Teilhabe II: Verständlichkeit und Bibel

weil Pokrandt in den Paraphrasen selbst auf Erklärungen der bibelimmanenten Begriffe verzichtet. Am Ende der Gesamtausgabe sind rund 150 Stichworte erklärt. Dabei geht es nicht nur um gänzlich fremde Begriffe wie Baal, Hohepriester oder Philister, sondern auch um die symbolische Tragweite der Wüste, des Regenbogens, die Bedeutung von Bäumen in der biblischen Zeit oder formelhaften Begriffen wie ‚Sohn Abrahams'. Wurden die Zusammenhänge bereits in einem der kursiv gedruckten Paratexte erklärt, fehlen sie im Erklärungsteil.[474]

Auch in der Elementarbibel gibt es eine starke Verbindung von Texten und Bildern. Die Bilder der Elementarbibel stammen von dem evangelischen Künstler Reinhard Herrmann (1923-2002), seinerzeit Professor für Illustration und Buchgestaltung. Seine Bilder sollen die biblischen Inhalte auch selbst vermitteln. In der Elementarbibel illustriert er sowohl die Paratexte als auch die Paraphrasen. Pokrandt unterscheidet drei Bildtypen: Erzählbilder, Bilder, die Menschen in Kommunikation untereinander zeigen, und Bilder, die Kommunikation mit Gott zeigen. Auf dem weißen Hintergrund kommen nur zwei weitere Farben vor: rot und schwarz. Rot steht dabei für *„Blut, Feuer, Leben, Leidenschaft, Kraft und Leistungsfähigkeit. In der roten Farbe ist Gott. Schwarz ist Erde, Schatten, Dunkelheit, Nacht, Erdulden."*[475] Das Licht spielt mit seiner Symbolik eine große Rolle. Die Kleidung der Menschen ist einfach, besondere Charaktere sind wiedererkennbar. So hat Jesus ein rotes Untergewand unter einem grau-weißen Überwurf, er hat einen schwarzen Bart und trägt Sandalen. Als Auferstandener ist er ganz in weiß gekleidet.[476] Die Bilder wirken nicht kindlich oder bewusst schön oder ansprechend gemalt. Sie haben einen klaren, eher nüchternen Stil mit einer nicht beschönigenden Botschaft und damit einen Reiz, der sich erst auf den zweiten Blick erschließt.[477]

Die Elementarbibel ist als Schulbibel in zehn Bundesländern zugelassen.[478] Sie wird für Kinder ab 8 Jahren in Grund- und Förderschulen empfohlen.[479] Die Elementarbibel entspricht sprachlich nur bedingt den Regeln der Leichten Sprache. Pokrandt verwendet die bibelimmanenten Begriffe, ohne sie im Text selbst noch einmal zu erklären. Die Verwendung des Lexikons bzw. die Erinnerung an einen Paratext stellt für viele Lesende eine (zu) große Herausforderung dar. Viele Wendungen sind leicht zu lesen, aber schwer im Sinn zu erfassen (z.B. *„Wendet euer Herz dem Herrn zu, dem Gott Israels."*)[480] Es gibt viele (zu) lange Sätze und es ist nicht leicht, sich in der Bibel zurechtzufinden, da die Teile nicht klar voneinander abgegrenzt sind und das Inhaltsverzeichnis ein Bibelstellenverzeichnis ist, für dessen Verständnis Bibelwissen vorausgesetzt wird. Als Text

---

[474] Vgl. ebd., 169ff.
[475] Herrmann zitiert nach Reents, siehe nachfolgende Fußnote.
[476] Vgl. REENTS, CHRISTINE; MELCHIOR, CHRISTOPH, Geschichte der Kinder- und Schulbibel, 511.
[477] Vgl. ebd., 513.
[478] In allen außer in NRW, Bayern, Sachsen, Hamburg, Thüringen und im Saarland.
[479] Vgl. ebd., 510.
[480] POKRANDT, ANNELIESE; HERRMANN, REINHARD, Elementarbibel, 144 (Josua 24,23).

zum Vorlesen und Erzählen, wie ihn Pokrandt selbst gedacht und verwendet hat, bietet die Elementarbibel einen gut verständlichen Zugang, wenngleich dann die erklärenden Bilder fehlen. Die Paratexte erleichtern das Gesamtverständnis von Bibeltexten wesentlich.

d) „Wie Licht in der Nacht" (Beuers, Büsch und Straub 2003)

2003 war nicht nur das Jahr der Bibel, sondern auch das Europäische Jahr für Menschen mit Behinderungen. Aus diesem Grund veröffentlichte die Arbeitsstelle Pastoral für Menschen mit Behinderung der deutschen Bischofskonferenz Anfang 2003 das Buch „Wie Licht in der Nacht".[481] Die drei Autoren Karl-Hermann Büsch, Pfarrer und Fachreferent der Behindertenseelsorge im Erzbistum Köln, Jochen Straub, Leiter des Referates für Seelsorge für Menschen mit Behinderungen im Bistum Limburg, und Christoph Beuers, katholischer Diplomtheologe und Diakon vom St. Vincenzstift Aulhausen, haben zusammen mit Künstlerinnen und Künstlern aus dem St. Vincenzstift dieses Buch gestaltet.[482]

Ziel des Buches ist es, *„auf die spirituelle Kraft von Menschen mit geistiger Behinderung aufmerksam [zu] machen."*[483] Außerdem sollte mit dem Buch der katholische Theologe und Religionspädagoge Franz Kaspar als Mitbegründer sonderpädagogisch orientierter Religionspädagogik geehrt werden. Dessen Maxime ist auch für das Buch leitend.[484] Beuers, Straub und Büsch zitieren ihn mit folgenden Worten:

> *„Die religiöse Unterweisung Behinderter dient nicht primär der Einführung in eine Religion, sondern sie hat die Religion dem Behinderten für dessen Lebensbewältigung dienstbar zu machen. Da es in der Erziehung um die Befähigung zur sinnvollen Lebensgestaltung und Lebensbewältigung des Menschen geht, ist der Gegenstand der religiösen Unterweisung das gesamte Leben. Die ‚religiösen Stoffe' dienen der Sinngebung dieses Lebens als Hilfe zur Lebensbewältigung."*[485]

Diese Maxime lässt sich auf alle Leser*innen der Bibel ausweiten und entspricht damit dem Anliegen von Kaspar, *„die Grenzen zwischen behinderten und nicht behinderten Menschen zu überwinden,"*[486] dem sich das Autorenteam anschließt.[487]

In dem Buch werden kurze biblische Texte zu 15 verschiedenen neutestamentlichen Themen jeweils in zwei Schwierigkeitsstufen präsentiert und mit ausdrucksstarken Bildern, gemalt von 23 Menschen mit Behinderungen, kombiniert. Sie werden als Künstlerinnen und Künstler namentlich aufgezählt, allerdings wird nicht kenntlich gemacht, welches Bild von wem gestaltet wurde.

---

[481] BEUERS, CHRISTOPH; BÜSCH, KARL-HERMANN; STRAUB, JOCHEN, Wie Licht in der Nacht.
[482] Vgl. ebd., 5. Christoph Beuers wurde zudem mit einer einschlägigen Arbeit promoviert: „Die frühe religiöse Sozialisation von Kindern mit geistiger Behinderung".
[483] Ebd.
[484] Vgl. ebd.
[485] Kaspar zitiert nach ebd.
[486] Ebd.
[487] Vgl. ebd.

Folgende Themen und Perikopen sind mit jeweils drei Bildern und zwei Texten vertreten:
— Jesus wird geboren (Die Geburt Jesu, Lk 2,1-20)
— Licht für alle Menschen (Die Huldigung der Sterndeuter, Mt 2,1-12)
— Jesus geht zu einer, die krank ist (Die Heilung der Schwiegermutter des Petrus, Mk 1,29-31)
— Bitte, reich mir deine Hand (Die Heilung eines Aussätzigen, Mk 1,40-45)
— Jesus, Hilfe! (Die Sturmstillung, Lk 8,22-25)
— Sorgt euch! (Der barmherzige Samariter, Lk 10,25-37)
— Ausgebreitete Arme (Der verlorene Sohn, Lk 15,11-32)
— Jesus geht zu einem, den keiner mag (Zachäus, Lk 19,1-10)
— Vereint am Tisch (Das letzte Abendmahl, Mk 14,17-25)
— Ich komme zu jedem (Die Fußwaschung, Joh 13,1-20)
— Vor Kummer erschöpft (Jesus in Getsemane, Lk 22,39-46)
— Zu zweit das Kreuz tragen (Kreuzigung und Tod Jesu, Lk 23,26-49)
— Die Sonne geht auf (Auferstehung, Mk 16,1-8)
— Voller Hoffnung (Emmausjünger, Lk 24,13-35)
— Er hauchte sie an und sprach: „Empfangt den Heiligen Geist" (Pfingsten, Apg 2,1-13)

Damit wird ein Bogen vom Leben über das Sterben bis zur Auferstehung Jesu gespannt.

Im Einführungskapitel zu dem Buch schreiben die Autoren:

> „In dem vorliegenden Buch sollen Elementarisierungen in Text und Bild den Weg zu einer spirituellen Begegnung mit zentralen biblischen Themen ebnen. Zu jedem Bereich finden sich kurze meditative Texte mit aufsteigendem Beanspruchungsniveau."[488]

Beuers, Straub und Büsch betonen, dass Texte und Bilder sich gegenseitig ergänzen und die Lesenden auf verschiedene Weise ansprechen sollen. Die Bilder seien keineswegs nur *„bebildernde Illustrationen,"*[489] sondern sollten *„zur Meditation anregen und Menschen zum Austausch über ihre Glaubenserfahrungen ermutigen."*[490] Die Autoren heben die Bedeutung der Einübung einer Sehkultur hervor, die die Glaubensfantasie beflügeln und nicht einengen soll.[491] Mit den Schritten nach Günter Lange *„Wahrnehmen - sich öffnen - neue Perspektiven wagen - innere und äußere Konzentration finden - sich einlassen können - gemeinsam vor einem Bild stehen, auch wenn eine sprachliche Verständigung nicht möglich erscheint"*[492] könne die (gemeinsame) Betrachtung der Bilder den Horizont erweitern, zum Beten anregen und die Durchdringung des eigenen Glaubens fördern.[493] „Wenn ein Bild unmittel-

---
[488] Ebd., 9.
[489] Ebd.
[490] Ebd.
[491] Vgl. ebd.
[492] Ebd.
[493] Vgl. ebd.

bar die betrachtende Person in ihrer Tiefe berührt, lässt sich dies sicherlich als ein Geschenk des Glaubens betrachten."[494]

Beuers, Straub und Büsch äußern sich auch zu den Texten: „Die Texte wollen der unmittelbaren Auffassungsweise von Menschen mit geistiger Behinderung entsprechen und an ihre eigene Sprach-, Vorstellungs- und Glaubenswelt anknüpfen."[495] Die Fähigkeit von Menschen mit Behinderungen, im Augenblick zu leben, führe zu einem präsentischen bzw. aktualisierenden Erleben und Erfassen der biblischen Botschaft. Diese Art der Wahrnehmung könne auch Menschen ohne Behinderungen bereichern. Die elementare Darstellung spreche jeden Menschen vor seinem eigenen Hintergrund auf eine besondere Art und Weise an und fördere den Dialog und die Begegnung mit sich selbst und mit Gott. Die Begegnung mit dem Bibeltext sei dazu der erste Schritt, dem weitere Schritte der Vertiefung folgen könnten.[496] Dazu gibt es im abschließenden Kapitel zu jedem Thema weiterführende praktische Hinweise.[497]

Die Texte des Buches entsprechen sprachlich fast vollständig den Regeln der Leichten Sprache, die es allerdings 2004 noch nicht gab. Die Autoren charakterisieren ihre Texte selbst als kurze Texte in elementarer Sprache mit einfachen Worten.[498] Die Sätze sind kurz und fast ausschließlich Hauptsätze. Die Worte sind ebenfalls kurz und zum größten Teil verständlich. Nur vereinzelt kommen schwere Worte wie „Heiland" oder „Habe" bzw. schwierige Konstruktionen wie „Gott, der Vater, steht hinter diesem Kind" und liturgische Formeln wie „Nehmt und esst. Das ist mein Leib, der für euch hingegeben wird. Tut dies zu meinem Gedächtnis" vor.[499] Die Überschriften der Kapitel sind ebenfalls gut verständlich formuliert. Einen sprachlichen Bruch bilden die kursiv gedruckten Unterüberschriften, in denen die Bibelstellen mit den Überschriften aus der Einheitsübersetzung (1980) genannt werden. Hier gibt es viele lange und fremde Wörter, z.B. „Huldigung", „Aussätziger", „Markusevangelium".[500] Sie ermöglichen allerdings eine gute Orientierung für Menschen, denen diese Überschriften aus der Bibel geläufig sind. In der Forschung ist dieses Buch weitgehend unbeachtet geblieben. Es existiert ein kurzer Werkstattbericht in der Zeitschrift Behinderung und Pastoral.[501]

e) Die Bibel. Einfach lesen (Irmgard Weth 2018)

Die Bibelausgabe „Die Bibel. Einfach lesen" von Irmgard Weth erschien anlässlich des 30jährigen Bestehens der Neukirchener Kinderbibel. Der Text baut auf den Text der Neukirchener Kinderbibel auf, wurde aber vollständig neu gestaltet

---

[494] Ebd.
[495] Ebd.
[496] Vgl. ebd., 10.
[497] Vgl. ebd., 102–107.
[498] Vgl. ebd., 9.
[499] Ebd. 14.16.20.62.
[500] Ebd. 18.30.24.
[501] Vgl. BEUERS, CHRISTOPH, Projekt Wie Licht in der Nacht

und überarbeitet.[502] Irmgard Weth ist evangelische Theologin und Pädagogin und arbeitet für den Neukirchener Erziehungsverein vor allem als Dozentin für biblische Theologie und Religionspädagogik. Sie ist anerkannte Expertin für biblisches Erzählen.[503]

Die Bibelausgabe „Die Bibel. Einfach lesen" richtet sich an Leser*innen jeden Alters, besonders an solche, die *„einen neuen Zugang zur Bibel suchen,"*[504] an Menschen, die *„den christlichen Glauben gerade erst für sich entdecken oder denen die Bibel fremd geworden ist."*[505] Damit ist diese Bibelausgabe als einzige der vier ausgewählten nicht im Besonderen für Menschen mit geistiger Behinderung geschrieben worden. Irmgard Weth hat neben dieser Bibel zahlreiche weitere Bibelausgaben veröffentlicht, darunter die „Neukirchener Kinderbibel"[506] und die „Neukirchener Vorlesebibel"[507] (beide mit Bildern von Kees de Kort), die „Neukirchener Erzählbibel"[508] (mit Bildern von Kees und Michiel de Kort) und die „Neukirchener Bibel – das Alte Testament."[509] Mit all ihren Bibelausgaben will die Autorin eine Brücke bauen zwischen den Bibeltexten und den Menschen und damit zwischen Gott und den Menschen.[510] Ihre Texte machen es möglich, *„Gottes Weg mit den Menschen zu verstehen und so die frohe Botschaft der Bibel mit neuen Augen zu sehen."*[511] Es ist unklar, ob Weth die Bibeltexte als Übersetzung oder Bearbeitung ansieht, in der Tradition der anderen Bibelausgaben ist ein Verständnis als Bearbeitung wahrscheinlicher.[512]

Die Bibelausgabe „Die Bibel. Einfach lesen" ist als reine Textausgabe ohne Bilder gestaltet. Der erste Teil enthält das Alte Testament und ist in acht Kapitel unterteilt, die wiederum weitere Unterkapitel mit Überschriften enthalten.

Die acht Kapitel zum Alten Testament heißen
1. Gott macht den Anfang[513]
2. Gott gibt sein Versprechen[514]

---

[502] Vgl. WETH, IRMGARD, Die Bibel. einfach lesen, 7.
[503] Vgl. ebd., 4.
[504] Ebd., 7.
[505] Ebd., Rückseite.
[506] DIES., Neukirchener Kinderbibel.
[507] WETH, IRMGARD; KORT, KEES DE, Neukirchener Vorlese-Bibel.
[508] WETH, IRMGARD; KORT, KEES DE; KORT, MICHIEL DE, Neukirchener Erzählbibel.
[509] WETH, IRMGARD, Neukirchener Bibel.
[510] Vgl. DIES., Die Bibel. einfach lesen, 5; Geleitwort von Hans-Wilhelm Fricke-Hein.
[511] Ebd. Geleitwort von Hans-Wilhelm Fricke-Hein.
[512] Würde man die Bibelausgabe dennoch als Übersetzung einordnen, würde sie nach dem Schema von Martin Leutzsch zum Typ 1 oder 3 gehören, je nachdem ob diese Bibelausgabe intrinsisch motiviert oder als Auftrag entstanden ist. Dies ist der Bibelausgabe nicht zu entnehmen (vgl. Kap. 4.1.3).
[513] Genesis 1-11.
[514] Genesis 12-50.

3. Gott führt sein Volk[515]
4. Gott gibt das Land[516]
5. Gott setzt Könige ein[517]
6. Gott sendet seine Propheten[518]
7. Gott ist der Herr über die Welt[519]
8. Gott bringt heim[520]

Auch der zweite Teil zum Neuen Testament ist in acht Kapitel gegliedert:
1. Jesus, der Retter, ist da!
2. Jesus hilft
3. Jesus erzählt
4. Jesus geht nach Jerusalem
5. Jesus muss sterben
6. Jesus lebt
7. Jesus sendet seine Jünger
8. Jesus kommt wieder

Die Erzählungen aus dem NT über Jesus beginnen mit der Geburt, sind in Bezug auf Leben und Wirken Jesu thematisch nach Wundern und Gleichnissen angeordnet und schließen mit Passion, Tod und Auferstehung wieder chronologisch. Sie enthalten Texte aus allen Evangelien inklusive Angabe der Parallelstellen. Kapitel 7 orientiert sich an der Apostelgeschichte (Kapitel 1-4.8.9.12.16 in Auszügen, teilweise in neuer Reihenfolge, um bei einem Thema, z.B. Paulus, zu bleiben). Kapitel 8 enthält eschatologische Texte aus Matthäus und Lukas. Der Nacherzählung der biblischen Geschichten folgt ein dritter Teil „Einführung in die Bibel", in dem zum Verständnis der biblischen Erzählungen Erklärungen zu den jeweiligen biblischen Erzählungen formuliert sind, und zwar zur besseren Orientierung noch einmal unter den gleichen Überschriften. Zum Abschluss folgen ein Bibelstellenregister, Landkarten und noch einige Hinweise zum Gebrauch. Hier wird erklärt, wie die Angaben der Bibelstellen zu verstehen sind und an welchen schriftsetzerischen Merkmalen Lieder und Gebete (Kursivdruck), Prophetenworte (eingerückte Texte), Gleichnisse (Erster Buchstabe besonders groß und im Fettdruck) und Rahmenerzählungen [Paratexte] (Fettdruck) zu erkennen sind. Die Texte sind nach eigener Aussage nah am Original[521] und gleichzeitig zusammenfassend und erläuternd.[522] Die Texte sind fortlaufend in einer ver-

---

[515] Exodus, Numeri 13.14.21, Deuteronomium 31-34.
[516] Josua 2-4.6.24, Richter 6, Rut, 1. Samuel, 1-2.
[517] 1. Samuel, 9-26, 2. Samuel 1-19, Psalm 51,2ff, 1. Könige 3.5-11.
[518] 1. Könige 16-19, 2. Könige 5.18-20, 22-23, Jeremia 7.26.36, Jona.
[519] Daniel 1-3.6.
[520] Ausschnitte aus Psalm 126, Jesaja, Sacharja.
[521] Es bleibt unklar, was mit „Original" gemeint ist – der Ausgangstext in einer der Ursprachen oder eine oder mehrere deutsche Übersetzungen.
[522] Vgl. ebd., Rückseite.

ständlichen Sprache geschrieben[523] und ermöglichen eine fortlaufende Lektüre wie in einer Gesamtausgabe der Bibel.[524]

Sprachlich entspricht die Bibelausgabe „Die Bibel. Einfach lesen" nicht der Leichten Sprache, was aber auch nirgends als Anspruch oder Ziel formuliert wird. Irmgard Weth spricht selbst immer von einfacher bzw. verständlicher Sprache. Diese Bibelausgabe ist nach Irmgard Weth eine Weiterentwicklung des Kinderbibeltextes für erwachsene Leser*innen.[525] Diese Bibelausgabe ist in der Forschung ebenfalls weitgehend unbeachtet geblieben.

2.2.5 Angemessenheit als pragmatisches Kriterium für Bibeltexte in Leichter Sprache

Bis zu dieser Stelle ist der Begriff der Angemessenheit schon einige Male in dieser Arbeit benannt worden. Dabei weist die Verwendung des Begriffs verschiedene Bezüge auf. Es geht u.a. um einen angemessenen Diskurs (Vorwort, Sprache des Textes), angemessene Erklärungen (Kap. 1.3.1), angemessene Teilhabe und angemessene Maßnahmen zur Umsetzung derselben (Kap. 2.1.3), einen angemessenen Umgang mit marginalisierten oder stigmatisierten Menschengruppen und eine angemessene Methodik dafür (Kap. 2.2.4.1)

Vor allem aber geht es um angemessene Sprache (Kap. 1.1.2, 1.3.1, 2.1.3, 2.1.4, und 2.2.1). Zum Abschluss des Kontexte-Kapitels wird daher die Betrachtung des Begriffs der Angemessenheit vor dem Hintergrund Sprache noch einmal aufgenommen und vertieft.

In der antiken Rhetorik wird Angemessenheit von Cicero mit den Begriffen ‚aptum' und ‚decorum' beschrieben. Das aptum bezieht sich auf die Sachangemessenheit (inneres aptum) und auf die Situationsangemessenheit (äußeres aptum), während das decorum den Redner als „ethisch handelnden Akteur in seiner je eigenen Wesensart mit einbezieht."[526] Cicero schreibt:

> „Lasst uns nun sehen, was im Ausdruck angemessen ist, das heißt, was sich am ehesten geziemt. Dabei ist freilich klar, dass nicht ein Stil für jeden Fall und jeden Hörer, für jede beteiligte Person und jede Situation geeignet ist."[527]

Der Philologe Manfred Kienpointner benennt als klassische rhetorische Anforderungen die „allgemeinen kommunikativen Normen für die Verständlichkeit, Sachlichkeit, Wirksamkeit und situationsspezifische Angemessenheit von Texten."[528]

---

[523] Vgl. ebd.
[524] Vgl. ebd., 7.
[525] Vgl. DIES., Die Bibel. einfach lesen, Rückseite.
[526] VALLBRACHT, SOPHIA, Die normative Kraft, 11.
[527] CICERO, MARCUS TULLIUS, De oratore / Über den Redner, 3. Buch, §210.
[528] KIENPOINTNER, MANFRED, Dimensionen der Angemessenheit, 194.

Beim Begriff der Angemessenheit ist also festzustellen, dass es sich um ein Bezugswort handelt. Angemessenheit braucht immer einen Bezug (auf etwas), um im Anschluss eine Verortung zwischen den Polen angemessen und unangemessen ziehen zu können.[529] Texte in Leichter Sprache betrifft sowohl das aptum als auch das decorum. Dabei ist zu beachten, dass Informationstexte den Schwerpunkt beim aptum haben, während alle Texte, deren Intention über die des Informierens hinausgeht und alle gesprochenen Texte besonders auch vom decorum beeinflusst werden. Das, was Cicero dem Redner zuschreibt, kann bei Übersetzungen in Leichte Sprache auf die Übersetzenden übertragen werden: Als angemessen im Sinne des aptum sind die Anpassung des (Sach-)inhalts des Textes und die Anpassung an die Situation (z.B. Zielgruppe, Verwendungszusammenhang) zu verstehen. Zur Berücksichtigung des decorum kommt die übersetzende Person selbst mit ihrer Haltung und ihrem Deutungshorizont in den Blick. Manfred Kienpointner hat den Bereich des aptum genauer untersucht und zur Einschätzung der Angemessenheit das sog. ‚Stildreieck' entwickelt.

---

[529] Vgl. VALLBRACHT, SOPHIA, Die normative Kraft, 12.

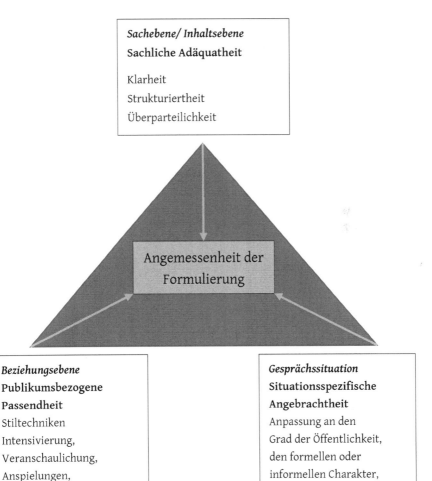

Abbildung 4: Angemessenheit: Das Stildreieck (Manfred Kienpointner in: aptum 2005)

In dem Schaubild wird deutlich, dass die Sachebene zwar formal eine Rolle spielt, aber deutlich von der Beziehungsebene und der Gesprächssituation beeinflusst wird. Dieser Umstand wird in den Abhandlungen über Leichte Sprache durch deren Reduktion auf Informationsvermittlung unterschätzt.

Der Sprachwissenschaftler Jürgen Schiewe macht mit Blick auf Kienpointners Stildreieck klar, dass in der Bewertung von Sprache nicht einfach in ‚richtig' und ‚falsch' unterschieden werden könne, sondern nur noch zwischen ‚angemessen' und ‚unangemessen' und dass zu dieser Einschätzung Bezugspunkte vorhanden sein müssten – laut Kienpointner sind dies die Dimensionen der Inhaltsebene, der Beziehungsebene und der Gesprächssituation.[530]

Alle drei Dimensionen sind auch für die Übersetzung oder Erstellung von Texten in Leichter Sprache von entscheidender Bedeutung. Schiewe hat u.a. die Faktoren für Übersetzungsentscheidungen untersucht. Ausgehend von der Regel „*Sie dürfen einen Text beim Schreiben in Leichter Sprache verändern. Inhalt und Sinn müssen aber stimmen [...],*"[531] stellt er fest, dass die Formulierung ‚Inhalt und Sinn müssen stimmen' translationswissenschaftlich zu vage formuliert ist. Er schlägt vor, die Regel neu zu formulieren, dass deutlicher wird, was gemeint ist, nämlich die kommunikative Textfunktion zu erhalten. Dies ließe sich nämlich auf sehr unterschiedliche Art und Weise bewerkstelligen: durch eine Wortalternative, eine Erklärung, ein Beispiel oder evtl. sogar durch eine andere Gattung, z.B. durch eine eingefügte Erzählung.[532] Schiewe sieht die Entscheidungsverantwortung für das, was nach der Übertragung eines Textes in Leichte Sprache erhalten bleiben soll, bei der Person, die den Ausgangstext verfasst hat (sofern diese verfügbar ist) und bei der übersetzenden Person in Abstimmung mit der dem Autor*der Autorin. Vor allem unter Berücksichtigung der Illokution und der kommunikativen Funktion eines Textes sei im Grunde nur die verfassende Person entscheidungsfähig.[533] Eine Übersetzung müsse so gestaltet werden, dass die Textfunktion erhalten bleibe und erkennbar sei. Dazu müsse „*die Wahl der sprachlichen Mittel funktional angemessen hinsichtlich Adressat, Inhalt, Textfunktion und Situation erfolgen.*"[534] Die durch Leichte Sprache gewonnene Möglichkeit zur Teilhabe sei in jedem Fall höher zu bewerten als der Verlust sprachlicher Elaboriertheit.[535]

Bettina M. Bock nimmt den Begriff der Angemessenheit und die dargestellten Dimensionen der Inhaltsebene, der Beziehungsebene und der Gesprächssituation auf und entwickelt daraus ihr Modell der fünf Angemessenheitsfaktoren für ‚gute' Leichte Sprache.[536] Diese wurden in Kapitel 1.3.1 bereits kurz benannt, werden jetzt weitergehend vertieft und daraus Rückschlüsse für Bibeltexte in Leichter Sprache gezogen. Bock hatte in ihrer Forschung festgestellt, dass die starren Regeln der Leichten Sprache zu unflexibel sind, um Adressat*innen, Textfunktion, Kommunikationsfunktion, den Inhalt/die Sachebene, die Situation und den*die Sendenden im Blick zu behalten und dass es bisher nicht möglich sei, eine Gewichtung der Regeln und entsprechende Übersetzungsentscheidungen vorzunehmen. In der Praxis geschehe dies dennoch und führe zu zahl-

---

[530] Vgl. SCHIEWE, JÜRGEN, Leichte Sprache, 79f.
[531] BUNDESMINISTERIUM FÜR ARBEIT UND SOZIALES (Hrsg.), Leichte Sprache Ratgeber, 51.
[532] Vgl. SCHIEWE, JÜRGEN, Leichte Sprache, 83.
[533] Vgl. ebd.
[534] Ebd., 84.
[535] Vgl. ebd.
[536] Vgl. BOCK, BETTINA M., „Leichte Sprache" – Kein Regelwerk, 17ff.

reichen Regelverstößen, ohne dass die Verständlichkeit des Textes im eigentlichen Sinne leide.[537]

Bock formuliert fünf Angemessenheitsfaktoren für ‚gute' Leichte Sprache:
- die Leser*innen → adressat*innenbezogen
- der Zweck des Textes → funktional/kommunikationsbereichsbezogen
- der Inhalt des Textes → sachlich-inhaltlich
- die Lese-Situation → bezogen auf weitere situative Merkmale
- Autor*in und Auftraggeber*in → sender*innenbezogen[538]

Bock benennt diese Faktoren als Orientierungsrahmen für den Texterstellungsprozess und als praktische Problemlösungsstrategie. Dabei gälten die Angemessenheitsfaktoren je nach Ausgangstext in unterschiedlicher Ausprägung. Es sei nicht möglich, alle gleichzeitig in höchstem Maße zu berücksichtigen. Es sei anzunehmen, dass dem Inhalt bzw. den Adressat*innen dabei kontextübergreifend eine große Bedeutung zukomme.[539]

Zur praktischen Umsetzung listet Bock zu jedem Angemessenheitsfaktor eine Fragensammlung auf, die den Übersetzenden helfen soll, den Text entsprechend einzuschätzen und die Gewichtung vorzunehmen.[540] Die Angemessenheitsfaktoren stellen nach Bock keine Maßstäbe auf, sondern eröffnen das Feld, in dem es sich zu bewegen gilt. Je nach Gewichtung der Faktoren findet dann auch eine Gewichtung der Leichte-Sprache-Regeln, die Bock lieber als Faustregeln denn als starre Vorgaben ansehen möchte, statt.[541] Durch die Angemessenheitsfaktoren und die Größe des eröffneten Feldes wird deutlich und Bock benennt es auch: „Was als ‚gute' und ‚angemessene' Formulierung gilt, kann von Fall zu Fall und von Text zu Text variieren."[542] Sie konstatiert: „Angemessenheit und Verständlichkeit sind relativ."[543] Bock weist noch einmal darauf hin, dass das Ideal von Texten in Leichter Sprache die „kommunikative Barrierefreiheit"[544] ist. Sprachliche und inhaltliche Komplexität seien variabel und in allen Schwierigkeitsstufen gesellschaftlich notwendig. So brauche die Juristik und die Medizin ihre Fachbegriffe und gleichzeitig gebe es für jeden Menschen Lebens- und Wissensbereiche, in denen ihm Leichte Sprache nützlich sein könne.[545]

Die Bedeutung der Angemessenheitsfaktoren spielt auch in Bezug auf Bibeltexte in Leichter Sprache eine entscheidende Rolle. Bibeltexte in Leichter Sprache sind dadurch fünffach verpflichtet:

---

[537] Vgl. ebd., 17.
[538] Vgl. ebd., 15.
[539] Vgl. ebd., 17.
[540] Vgl. ebd., 18.
[541] Vgl. ebd., 19.
[542] Ebd.
[543] Ebd.
[544] Ebd.
[545] Vgl. ebd., 20.

- **Bibeltexte in Leichter Sprache sind den Adressat*innen verpflichtet.** In besonderem Maße ist danach zu fragen, welches Vorwissen vorhanden ist, und welche weitergehenden Erklärungen oder Übersetzungsalternativen nötig sind. Die Unterschiedlichkeit der Zielgruppen (von Konfirmand*innen über kirchenungewohnte Tauffamilien bis hin zu Senior*innen und Menschen mit Lern- und Leseschwierigkeiten – und diese Gruppen sind auch in sich heterogen) kann nur eine Vielfalt innerhalb der Leichten Sprache diesen Zielgruppen gerecht werden.
- **Bibeltexte in Leichter Sprache sind der Textfunktion verpflichtet.** Soll durch den Text eine Geschichte erzählt werden, etwas gelernt oder gelehrt werden, oder soll durch den Text ein bestimmtes Verhalten gutgeheißen oder verurteilt werden? Was möchte der Text bewirken? Ohne Transparenz der Textfunktion kann es bei den Rezipient*innen zwar zum Verstehen der Wörter des Textes kommen, aber sie können nicht mit der eigenen Lebenswelt in Verbindung gebracht werden.
- **Bibeltexte in Leichter Sprache sind dem Inhalt des Textes verpflichtet.** Der Inhalt umfasst einerseits biblisch-literarisches Wissen inkl. der Erkenntnisse z.B. der historisch-kritischen Forschung und andererseits das, was die Frohe Botschaft des Textes ausmacht. Dabei geht es um exegetische Korrektheit genauso wie um sensible Lektüre hinsichtlich aller von Stigmatisierung oder Diskriminierung betroffenen Menschengruppen.
- **Bibeltexte in Leichter Sprache sind dem anvisierten Setting verpflichtet.** Der Anwendungszusammenhang spielt bei Bibeltexten in Leichter Sprache ebenfalls eine große Rolle. Bibeltexte können in verschiedenen Settings vorkommen, die sich immer auf die Übersetzung auswirken. Wird der Text selbst gelesen, kommt es vor allem auf leichte Lesbarkeit an. Wird der Text in einem Gottesdienst gelesen, wird er vor allem gehört und sollte beim Hören verstanden werden können. Wird der Text in einer Gesprächsgruppe oder im Schulunterricht gelesen, ist er meist der Auftakt und eine Einladung zum Dialog und sollte entsprechend gestaltet sein. Ist der Text Prüftext einer Prüfgruppe, stehen die Reflexion und der Gedanke an zukünftige Rezipient*innen im Vordergrund. Weitere Settings sind denkbar und beeinflussen den Text auf ihre Weise.
- **Bibeltexte in Leichter Sprache sind der Person verpflichtet, die den Text geschrieben hat.** Dies stellt sich als besondere Herausforderung dar, da die Ausgangstexte oft selbst schon Übersetzungen sind und auch der Text in seiner ältesten erreichbaren Textgestalt immer wieder durch neue Forschung revidiert wird und nicht immer eindeutig bestimmt werden kann.

Bei Bibelübersetzungen tritt an die Stelle des Verfassers oder der Verfasserin oft die auftraggebende Person oder Institution. Ihren Intentionen und Zielen sind die Übersetzenden verpflichtet und nicht selten auch von ihnen abhängig. Die Frage, wann welcher Text warum, mit welcher Zielrichtung und in wessen Auftrag übersetzt wird, beeinflusst jede übersetzende Person oder Übersetzendengruppe. Die Analogie zu Christiane Nords Loyalitätsaspekten (vgl. Exkurs in Kap. 2.2.4.2) ist unübersehbar. Dass Bibeltexte in Leichter Sprache, die sich im Spannungsfeld dieser fünffachen Verpflichtung verorten müssen, mitunter sehr unterschiedlich ausfallen, verwundert daher nicht (mehr).

3. Teilhabe am Evangelium

3.1 Teilhabe am Evangelium in fünf Dimensionen

Die in Kapitel 2 beschriebenen Kontexte führen zum Begriff der **Teilhabe am Evangelium**. Dieser Begriff ist nicht neu, wurde aber bisher noch nicht programmatisch gefüllt. Er findet sich zunächst bei Paulus im ersten Korintherbrief: *„Ich bin allen alles geworden, damit ich auf alle Weise etliche rette. Alles aber tue ich um des Evangeliums Willen, auf dass ich an ihm teilhabe."* (1 Kor 9, 22.23) und wurde bis in die 1970er Jahre v.a. exegetisch untersucht. 1971 bezieht der Pädagoge Oskar Hammelsbeck den Begriff der Teilhabe am Evangelium auf die Kontinuität der Kirche: *„In ihr wird mir die Teilhabe am Evangelium konkret, sowohl in dem, was ich empfange, wie in dem, was ich im Lobpreis dankend und handelnd tun darf."*[1] Hartwig Trinn (1999) bezeichnet Teilhabe am Evangelium als *„wesentlichen Bestandteil kirchlichen Handelns"*.[2] Thomas Schlag und Robert Schelander (2011) begründen die Existenz von (Klein-)Kinderbibeln damit, dass keinem Kleinkind die Teilhabe am Evangelium verwehrt werden dürfe.[3] Silke Obenauer (2009) benutzt den Begriff im Zusammenhang mit Kirchenmitgliedschaft: Kirchenmitgliedschaft gilt für sie als *„geistliche Teilhabe am Evangelium"*.[4] Annette Noller (2013) verwendet den Begriff als Beschreibung des Ziels der Verkündigung als Aufgaben im Diakonat.[5] Eine weitergehende inhaltliche Ausführung des Begriffs findet nicht statt.

Teilhabe am Evangelium kann aus den vorangegangenen Kapiteln nun neu gefüllt werden. Im dem Begriff vereinen sich Kommunikation des Evangeliums, das Christentum als Übersetzungsreligion, Teilhabe als Menschenrecht und Sprache als zentrale Kommunikationsform der Menschen. Der Begriff der Angemessenheit spiegelt sich dabei in allen Dimensionen wider.

Teilhabe am Evangelium lässt sich in fünf Dimensionen entfalten:
1. Die biblische Dimension
2. Die Dimension der Zugänglichkeit und der Selbstbestimmtheit
3. Die Dimension der Bildung und der religiösen Sprachfähigkeit
4. Die Dimension der Gemeinschaft und der Spiritualität
5. Die Dimension der Teilgabe

---

[1] HAMMELSBECK, OSKAR, Stellungnahme, 291
[2] TRINN, HARTWIG, Subsidiaritätsprinzip, 230
[3] Vgl. SCHLAG, THOMAS; SCHELANDER, ROBERT, Moral und Ethik, 227
[4] OBENAUER, SILKE, Vielfältig begabt, 19
[5] Vgl. NOLLER, ANNETTE, Diakonat und theologische Kompetenz, o.S.

Diese Dimensionen werden im Folgenden beschrieben und in Zusammenhang mit Leichter Sprache gebracht: Was können Leichte Sprache und im Besonderen Bibeltexte in Leichter Sprache zu den einzelnen Dimensionen beitragen?

Im ganzen Kapitel ist entscheidend, dass hier ähnlich wie bei der Inklusion *alle* Menschen im Blick sind, nicht nur Menschen mit Behinderungen oder andere von Ausgrenzung betroffene Menschengruppen.

3.1.1 Die biblische Dimension

Teilhabe am Evangelium geht vom Begriff des Evangeliums im dreifachen Sinne aus: zum einen im Wortsinn als ‚gute Nachricht' (vom griechischen *euaggelion*) vom Erlösungshandeln Gottes (wie es in der ganzen Bibel bezeugt ist), zum zweiten als Synonym für das überlieferte biblische Wort, allerdings bezogen auf die ganze Bibel, nicht nur die vier Evangelien des Neuen Testaments und zum dritten als Gesamtheit des Tuns in Kirche und Diakonie als Ausdruck der ‚guten Nachricht'.

Drei Thesen mit dazu exemplarisch ausgewählten Bibelstellen sollen die Notwendigkeit der Ermöglichung der Teilhabe am Evangelium biblisch begründen:
– Die Gottebenbildlichkeit des Menschen und das Bilderverbot verleihen jedem Menschen eine unbedingte und unverhandelbare Würde.
– Gott hat seine Schöpfung in Vielfalt angelegt und für gut befunden.
– Gott will mit seinem Wort zu den Menschen gelangen und alle sollen daran teilhaben.

Bei der Entfaltung jeder These werden zu Beginn die relevanten Bibelworte zitiert, bevor dann die These inhaltlich ausgeführt wird.

Gottebenbildlichkeit (Gen 1,27) und das Bilderverbot (Ex 20,4)

> „Und Gott schuf den Menschen zu seinem Bilde, zum Bilde Gottes schuf er ihn; und schuf sie als Mann und Frau." (Gen 1,27)
> „Was ist der Mensch, dass du seiner gedenkst, und des Menschen Kind, dass du dich seiner annimmst? Du hast ihn wenig niedriger gemacht als Gott, mit Ehre und Herrlichkeit hast du ihn gekrönt." (Ps 8, 5.6)
> „Du sollst dir kein Bildnis noch irgendein Gleichnis machen, weder von dem, was oben im Himmel, noch von dem, was unten auf Erden, noch von dem, was im Wasser unter der Erde ist." (Ex 20,4)

Die Orientierungshilfe der EKD „Es ist normal verschieden zu sein" von 2014 bezeichnet die Gottebenbildlichkeit des Menschen als wichtigsten theologischen Bezugspunkt der Inklusionsdebatte. Der Mensch sei nach dem Bilde Gottes geschaffen (und zwar jeder Mensch).[6] In diesem (göttlichen) ‚Geschaffen-Sein' im Unterschied zum (menschlichen) ‚Gemacht-Sein' liege die unverfügbare Würde des Menschen begründet.[7] Diese Würde könne sich der Mensch nicht verdienen. Sie werde ihm geschenkt. Gott und Mensch hätten eine Beziehung und aus dieser Beziehung entstehe die Gottebenbildlichkeit und damit die Würde des Menschen. Gottes Liebe sei voraussetzungslos. Dadurch sei Vielfalt möglich und gewünscht. Alle seien als Ebenbilder Gottes in all ihrer Vielfalt vor Gott gleich - gleich wertvoll.[8]

Den Menschen als Ebenbild Gottes zu sehen, lässt eine Ausweitung des Bilderverbots (Ex 20,4) auch auf den Menschen zu. *„Die unverfügbare Gottebenbildlichkeit schützt den Menschen vor jeder Form der Festlegung durch Definition, Diagnose oder Zuschreibung."*[9] Wir sollen uns kein (festgelegtes) Bild von Gott machen und damit auch keinen Menschen auf bestimmte Eigenschaften und Fähigkeiten festlegen. Der evangelische Theologe und Religionspädagoge Bernhard Dressler schreibt dazu: *„Als freie Person ist der Mensch keine feststellbare Sache. Der Unverfügbarkeit Gottes korrespondiert die Unverfügbarkeit des Subjekts."*[10]

Die Orientierungshilfe der EKiR „Da kann ja jeder kommen" zum Thema Inklusion und kirchliche Praxis weist darauf hin, dass gerade die Andersheit des Anderen als manchmal befremdende oder irritierende Variation der Gottebenbildlichkeit zu sehen ist. Das diene dazu, Zuschreibungen und Bewertungen von Menschen nicht als gegeben hinzunehmen, sondern immer wieder in Frage zu stellen.[11]

Wenn jeder Mensch in diesem Sinne verstanden wird, ist jede*r Subjekt in Beziehung zu Gott, anderen Menschen und der Welt und damit vollwertige*r Teilhaber*in am Evangelium. Das wirkt sich auch auf das Bildungsverständnis aus (vgl. Kap. 3.1.3 und 3.2.3).

Die Vielfalt der Schöpfung und ihre Bejahung durch Gott

> „[...] ein jedes nach seiner Art" (Gen 1,24.25)
> „[...] und schuf sie als Mann und als Frau." (Gen 1,27b)
> *„Der HERR sprach zu ihm: Wer hat dem Menschen den Mund geschaffen? Oder wer hat den Stummen oder Tauben oder Sehenden oder Blinden gemacht? Habe ich's nicht getan, der HERR?"* (Ex 4,11)
> *„Und Gott sah an alles, was er gemacht hatte, und siehe, es war sehr gut."* (Gen 1,31)

Gott legt die Schöpfung von Anfang an in Vielfalt an. Gott (unter)scheidet Licht von der Finsternis, Tag von der Nacht, Land von Wasser, Himmel von der Erde

---

[6] Vgl. EVANGELISCHE KIRCHE IN DEUTSCHLAND (Hrsg.), Es ist normal, 39–40.
[7] Vgl. DRESSLER, BERNHARD, Menschen bilden?, 265.
[8] Vgl. EVANGELISCHE KIRCHE IN DEUTSCHLAND (Hrsg.), Es ist normal, 39–40.
[9] EVANGELISCHE KIRCHE IN DEUTSCHLAND (Hrsg.), Es ist normal, 41.
[10] DRESSLER, BERNHARD, Menschen bilden?, 264f.
[11] Vgl. AHRENS, SABINE u.a., Da kann ja jede(r) kommen, 38.

(vgl. Gen 1,2.4.5.6.18). Er erschafft verschiedene Pflanzen und Tiere *„ein jedes nach seiner Art"* (Gen 1,12.21) und den Menschen *„als Mann und als Frau"* (Gen 1,27b). Die Unterscheidung in männlich und weiblich stellt nach dem aktuellen Forschungsstand keine Einteilung in zwei strikt getrennte Menschengruppen dar, sondern markiert zwei Pole, zwischen denen die tatsächliche Geschlechtlichkeit von Menschen im „Dazwischen" variiert.[12]

Die Lesart als gottgewollte dichotome Einteilung der Menschheit in zwei Geschlechter ist damit exegetisch überholt.[13] So vielfältig wie die Schöpfung als ganze geschaffen ist, so vielfältig – so heterogen – nimmt sie der Mensch auch wahr. Nach biblischer Überlieferung ist Gott Urheber des Unterscheidens von allem, was es auf der Welt gibt. Dies zeigt sich in der Einteilung in Tag und Nacht, Meer und Land, allen Tieren nach ihrer Art, als Mann und Frau. In dieser Einteilung liegen Ausdifferenzierung und Vielfalt. Die Heterogenität, die in der Schöpfung liegt, ist verbindend gedacht und kann als Zusammenhang von Verschiedenheit, Veränderlichkeit und Unbestimmtheit verstanden werden.[14]

Gott bejaht auch gerade das in seiner Schöpfung, was von Menschen als unperfekt wahrgenommen wird: Gott beansprucht für alles und alle der Schöpfer zu sein (vgl. Ex 4,11). Einschränkungen werden nicht als Minderwertigkeit oder Hinderungsgrund für eine Aufgabe gesehen, sondern z.T. sogar als Zeichen oder Auszeichnung: Die Behinderung Jakobs ist Zeichen seiner Gottesbegegnung am Jabbok (vgl. Gen 32,26ff), sowohl Jakob als auch schon sein Vater Isaak erblinden im hohen Alter (vgl. Gen 48,10 bzw. Gen 27,1) und Gott erwählt Mose trotz seiner Sprachbehinderung, das Volk Israel aus Ägypten zu führen (vgl. Ex 4,10). In Levitikus finden sich Regeln zum Umgang mit Menschen mit Behinderungen (z.B. Lev 19,14). Und auch wenn ein Priester mit einer Behinderung kein Opfer mehr bringen darf, bleibt er dennoch ein Priester (vgl. Lev 21,22.23).

Im Neuen Testament ist es Paulus, dessen *„Pfahl im Fleisch"* (2 Kor 12,7) und seine Sehnsucht nach einem unversehrten Leib (vgl. Gal 6,17) auf eine Behinderung oder Einschränkung schließen lässt, was ihn aber nicht daran hindert, das Evangelium auszubreiten.[15] Folgt man der Theologin Nancy Eiesland, ist Jesus selbst die Verkörperung eines behinderten Gottes.[16] Signifikant ist für sie, dass Jesus nach der Auferstehung die Wunden der Kreuzigung an den Händen und in der Seite behält und den Jüngern als Versehrter erscheint (vgl. Joh 20,27).

---

[12] Vgl. EVERS, DIRK, Transsexualität, 208.
[13] Vgl. SÖDERBLOM, KERSTIN, Queere Theologie, 147; SÖDERBLOM, KERSTIN, Queersensible Seelsorge, 20.
[14] Vgl. EVANGELISCHE KIRCHE IN DEUTSCHLAND (Hrsg.), Es ist normal, 40–41.
[15] David Trobisch schreibt ein ganzes Kapitel zu Paulus' Krankheit und vermutet eine Behinderung oder unheilbare Krankheit, mindestens aber eine Sprach- und Sehbehinderung (vgl. TROBISCH, DAVID, War Paulus verheiratet?, o.S.); Anton Dauer diagnostiziert ein Trauma, das Paulus durch die Niederlage in Antiochia erlitten habe (vgl. DAUER, ANTON, Paulus, 127)
[16] Vgl. EIESLAND, NANCY L., Der behinderte Gott, 113.

Es darf jedoch nicht übersehen werden, dass die Bibel sehr oft ausgrenzend und behindertenfeindlich *interpretiert* wird. Behindert oder ‚anders' zu sein, wird weder als paradiesischer Urzustand des Menschen noch als Vision für den Menschen im Reich Gottes angenommen, sondern eben auch als Ausgrenzungskriterium angesehen bis hin zur Gleichsetzung von Behinderung oder Krankheit mit Sünde (der eigenen oder der der Eltern, vgl. Joh 9,2; Hiob 4,7ff und 5,17f; Lk 5,17ff par) oder ‚fern-von-Gott-Sein'. Damit wurde lange Zeit ein Bild von menschlicher Normalität als gottgewollt konstruiert und tradiert, das Menschen mit Behinderungen oder anderen ‚Abweichungen' ausschließt. Dass Jesus dem Zusammenhang zwischen Sünde und Behinderung in Joh 9 widerspricht und Hiob gegen seine Freunde in Hiob 42,8 von Gott Recht bekommt, änderte lange nichts an dieser Interpretation. Dies wurde und wird erst in den letzten Jahrzehnten besonders durch die Dis/ability Studies in Frage gestellt (vgl. Kap. 2.2.4.1 b).

Alle Menschen, die der tradierten, menschengemachten Normalität nicht entsprechen, haben Schwierigkeiten, als gleichwertig anerkannt zu werden. Deshalb betont die EKD-Orientierungshilfe ausdrücklich: *„Kein Mensch ist eine Schöpfungspanne Gottes."*[17] Es lässt sich mit der EKD-Orientierungshilfe abschließend sagen:

> *„[Es ist] schöpfungstheologisch normal [...], als Mensch verschieden zu sein. Gottes Herzensurteil für die Vielfalt der Schöpfung und des Menschen ist ‚sehr gut' (1. Mose 1,31). Nicht im Sinne einer Perfektion seines Wesens, sondern im Sinne eines eindeutigen ‚Ja' zum ganzen Menschen und zur ganzen Schöpfung, einschließlich aller Besonderheiten. Gottes vorbehaltloses Beziehungs-Ja der Liebe zu jedem Menschen ist der theologische Schlüssel zur Inklusion. Sie zeigt sich von Anfang an in seinem theologischen Schöpfungshandeln."*[18]

Gottes Wort will und soll zu den Menschen.

> *„Ich bin allen alles geworden, damit ich auf alle Weise etliche rette. Alles aber tue ich um des Evangeliums Willen, auf dass ich an ihm teilhabe."* (1 Kor 9, 22.23)
> *„[...] und sie wurden alle erfüllt von dem Heiligen Geist und fingen an zu predigen in anderen Sprachen, wie der Geist ihnen zu reden eingab."* (Apg 2,4)
> *„Mir ist gegeben alle Gewalt im Himmel und auf Erden. Darum gehet hin und lehret alle Völker: Taufet sie auf den Namen des Vaters und des Sohnes und des Heiligen Geistes und lehret sie halten alles, was ich euch befohlen habe. Denn siehe ich bin bei euch bis an der Welt Ende."* (Mt 28,19-20)
> *„Und das Wort ward Fleisch und wohnte unter uns, und wir sahen seine Herrlichkeit, eine Herrlichkeit als des eingeborenen Sohnes vom Vater, voller Gnade und Wahrheit."* (Joh 1,14)
> *„Es ist eine Stimme eines Predigers in der Wüste: Bereitet den Weg des Herrn, macht seine Steige eben. Alle Täler sollen erhöht werden, und alle Berge und Hügel sollen erniedrigt werden, und was krumm ist, soll gerade werden, und was uneben ist, soll ebener Weg werden, und alles Fleisch wird das Heil Gottes sehen."* (Lk 3, 4-6 / innerbiblisches Zitat von Jes 40,3-5)
> *„Nichts ist ohne Sprache."* (1 Kor 14,10)

---

[17] EVANGELISCHE KIRCHE IN DEUTSCHLAND (Hrsg.), Es ist normal, 42.
[18] Ebd.

Paulus' Verständnis von der Teilhabe am Evangelium (die hier von ihm wörtlich benannt wird!) ist ein doppeltes: Der Mensch, der dem Nächsten zum Nächsten wird (vgl. 1 Kor 9, 20ff), sich also in ihn hineinversetzt und zu verstehen versucht, was der andere versteht,[19] trägt damit sowohl zur Teilhabe der Anderen als auch zur eigenen Teilhabe am Evangelium bei. Dies geschieht nach Paulus ‚um des Evangeliums Willen', wird von ihm also als zentrale Intention des Evangeliums gesehen.

Wie bereits in Kapitel 2.2 erwähnt, beschreibt die Apostelgeschichte in Kapitel 2, wie die Jünger Jesu, vom Heiligen Geist beseelt, zu allen Menschen sprechen und von jedem verstanden werden. Diese Pfingsterfahrung, die

> „passenden Worte geschenkt zu bekommen, als Neuverstehen seiner selbst und anderer sowie als Erfahrung, in bestimmten Situationen aus der Kraft des Geistes Gottes zu dem stehen zu können, was zu sagen und zu bezeugen ist",[20]

sind ein doppeltes Geschenk: an die Sprechenden wie an die Hörenden. In Kombination mit Mt 28,19 („und lehret alle Völker") ergibt sich die Pflicht zur Verkündigung und Lehre ALLER Menschen. Dies schließt die geeignete Art und Weise, mit der die Menschen in ihrer Verschiedenheit erreicht werden können, ein. Auch der Johannesprolog (bes. Joh 1,14) macht es deutlich: Das Wort Gottes will zu den Menschen und es kommt – in Gestalt von Jesus Christus.

Anne Gidion begründet mit Lk 3, 4b-6 eine ‚göttliche Forderung' und das Bedürfnis nach Barrierefreiheit:

> „Und dann findet sich beispielsweise ein Text, der Barrierefreiheit geradezu als göttliche Forderung und Bedürfnis aufscheinen lässt, um unbehindert zu den Menschen kommen zu können:
> ‚Es ist eine Stimme eines Predigers in der Wüste: Bereitet den Weg des Herrn und macht seine Steige eben! Alle Täler sollen erhöht werden, und alle Berge und Hügel sollen erniedrigt werden; und was krumm ist soll gerade werden, und was uneben ist, soll ebener Weg werden. Und alle Menschen werden den Heiland Gottes sehen.' (Lk 3, 4b-6 [...])
> Oder in Leichter Sprache so:
> ‚Gott wird kommen. Und dann werden alle Berge flach. Die Straßen gerade. Ohne Kurven. Schlechte Wege werden gut. Alle Menschen sollen Gottes Heiland sehen: Seinen Sohn. Seinen Boten.'"[21]

Die räumliche Zugänglichkeit, also die Erreichbarkeit der guten Botschaft (nach Joh 1 in Jesus selbst) ist ein wichtiger Aspekt der Teilhabe am Evangelium, der in Kapitel 3.1.2 noch einmal aufgenommen wird.

Das letzte Zitat (1 Kor 14,10) weist über Sprache als gesprochene Sprache hinaus. Es findet eine Erweiterung des Sprachbegriffs auf besondere nonverbale Sprachsysteme wie Gebärdensprache oder Lormen statt. Diese Erweiterung ge-

---

[19] Vgl. MÜLLER-FRIESE, ANITA, „Verstehst du auch, was du liest?", 226.
[20] PENG-KELLER, SIMON, Spirituelle Erfahrung, 279f.
[21] GIDION, ANNE; MARTINSEN, RAUTE, Einleitung (Leicht gesagt!), 14.

steht sogar Mimik und Gestik und Berührungen, also jeglicher nonverbaler menschlicher Beziehungsaufnahme Sprache zu.

Zum Abschluss dieses Teilkapitels soll noch einmal darauf hingewiesen werden, dass die Bibel in Bezug auf Inklusion verschiedene Sichtweisen tradiert. Die Darstellungen sind immer ein Spiegel ihrer Zeit. Es ist bei der Interpretation – soweit möglich – zu berücksichtigen, welche gesellschaftlichen Bedingungen zur Zeit der erzählten Ereignisse herrschten und welche weiteren Einflüsse aus der Zeit der Verschriftlichung der Texte und der Situation der Verfassenden eingewirkt haben. Die Differenzen zwischen den Kulturen der Bibel und den heutigen westeuropäischen Annahmen zu Politik, Schule, Medien, Medizin, Technologie und Versorgungssystemen müssen besonders bei der Legitimation heutiger Verhältnisse oder deren Veränderung durch Bibelzitate immer mitbedacht werden.[22] Im Rahmen der historisch-kritischen Lektüre ist es ratsam, hier Begrifflichkeiten in ihrem Kontext wahrzunehmen und die Texte entsprechend zu relativieren und neu oder weiter zu denken. Die katholische Theologin Irmtraud Fischer weist darauf hin, dass bei der Interpretation biblischer Texte außerdem immer beachtet werden muss, dass es in vormodernen Gesellschaften im Alten Orient und in der antiken Mittelmeerwelt keine Menschenrechte für Individuen gegeben habe. Jeder Mensch im Volk Israel sei als soziales Wesen anerkannt worden und habe als Teil der Gesellschaft trotz augenscheinlicher Ausgrenzung auch Teil am Heilsversprechen Gottes an sein Volk gehabt. In diesem Konstrukt seien auch die Menschen am Rand der Gesellschaft beachtet und versorgt worden. Nicht mehr, aber auch nicht weniger.[23]

Umso bemerkenswerter sind die Bibelstellen zu bewerten, aus denen sich eine Teilhabe aller am Evangelium und ein grundsätzliches Ja Gottes zu allen Menschen in Vielfalt ableiten lassen.

3.1.2 Die Dimension der Zugänglichkeit und der Selbstbestimmtheit

Diese Dimension umfasst räumliche, organisatorische, informationspolitische, motivatorische und ethische Aspekte. Dabei ist die Zugänglichkeit zu Räumen und Informationen und die Schaffung der Möglichkeit, sich überhaupt für oder gegen etwas entscheiden zu können,[24] Voraussetzung für die Selbstbestimmtheit.

Räumlich gesehen ist Selbstbestimmtheit vom Grad der Barrierefreiheit abhängig. Um am Evangelium teilzuhaben, bedarf es der rein physischen Möglichkeit dazu, Räume erreichen und betreten zu können sowie Zugang zu Informati-

---

[22] Vgl. LEUTZSCH, MARTIN, Biblisch-theologische Perspektiven, 68f.
[23] Vgl. FISCHER, IRMTRAUD, Inklusion und Exklusion, 21.
[24] Vgl. EIESLAND, NANCY L., Der behinderte Gott, 33f.

onen und Medien in einer geeigneten Form zu bekommen. Dies wird umfassend in Artikel 9 der UN-BRK gefordert.[25] Barrierefreiheit wird hier ausdrücklich auf alle Bereiche des Lebens, also nicht nur räumlich, sondern auch in Bezug auf Information und Kommunikation, bezogen (vgl. Kap. 2.1.2).

Außerdem ist es notwendig, *organisatorisch* die Barrierefreiheit und räumliche und mediale Zugänglichkeit mitzudenken. Es geht hier darum, strukturelle Diskriminierung durch sensible und reflektierte Planung zu vermeiden oder zumindest zu verringern. Es kommt maßgeblich darauf an, die Menschen wahrzunehmen, und zwar alle. Nancy Eiesland fordert: *„Der Prüfungsprozess in Kirche und Gesellschaft muss anfangen mit gerechtem Hinhören [just listening], dem Hören auf Rufe nach Gerechtigkeit, wie sie Menschen mit Behinderungen aussprechen, die unter uns leben."*[26]

Das Evangelium kann nur erfahren werden, wenn es zu den Menschen kommt und von den Menschen als Möglichkeit wahrgenommen wird. Der Begriff des Evangeliums ist hier – analog zum Verständnis im Zusammenhang mit der Kommunikation des Evangeliums – sehr breit angelegt und umfasst im Grunde das gesamte Tun in Kirche(ngemeinde) und Diakonie.[27] Die Art und Weise, wie in der Gesellschaft dafür geworben und wie und in welcher Art und Weise darüber *informiert* wird, trägt entscheidend dazu bei, dass die Menschen überhaupt eine Chance bekommen, davon zu erfahren und sich eine Meinung zu bilden.

Gleichzeitig bleibt die Entscheidung zur Teilnahme und damit zur Teilhabe am Evangelium bei den Angesprochenen selbst. Schon Bonhoeffer warnt davor, *„Menschen in ihrer schwachen Stunde religiös [zu] vergewaltigen."*[28] Er schrieb diese Worte aus Sorge um die Bedeutung und Zukunft des Christentums als Ganzes, diese Aussage kann jedoch auch auf Abhängigkeits- und Notsituationen jeder Art zugespitzt angewandt werden.

Teilhabe am Evangelium bedeutet, die Menschen entscheidungsfähig zu machen, sich für oder gegen die Teilnahme bzw. Teilhabe zu entscheiden und diese Entscheidung dann auch zu respektieren.[29] Menschen zu motivieren, dem Evangelium zu begegnen, Neugier, Interesse, vielleicht sogar Hunger[30] (und damit eine Sehnsucht) zu wecken, kann nur gelingen, wenn das Evangelium – in welcher konkreten Form auch immer – zugänglich ist.

---

[25] BEAUFTRAGTER DER BUNDESREGIERUNG FÜR DIE BELANGE BEHINDERTER MENSCHEN, Die UN-Behindertenrechtskonvention, 21.
[26] EIESLAND, NANCY L., Dem behinderten Gott begegnen, 12.
[27] Vgl. Schaubild zum fünffachen Auftrag der Kirche (Martyria, Koinonia, Paideia, Diakonia und Leiturgia) von Fermor und Bubmann in: BUBMANN, PETER u.a., Einleitung (Gemeindepädagogik), 14.
[28] BONHOEFFER, DIETRICH, Widerstand und Ergebung, 145.
[29] Vgl. MÜLLER-FRIESE, ANITA, „Verstehst du auch, was du liest?", 219f.
[30] Vgl. BEUSCHER, BERND, Set me free, 53.

Aus *ethisch-theologischer* Perspektive gewinnt der Begriff der Selbstbestimmtheit weiter an Tiefe: Selbstbestimmtheit ist ein Teil der menschlichen Freiheit, der Freiheit *zu* etwas, also als

> „Fähigkeit, im Sinne der Autonomie dem eigenen Willen einen Gehalt, ein ‚Gesetz' zu geben. Die Willensfreiheit ist des Weiteren zu unterscheiden von der Handlungsfreiheit im Sinne der Möglichkeit, dem eigenen Willen entsprechend die freie Entscheidung auch tatsächlich zu realisieren."[31]

Dieser inneren Freiheit steht die äußere Freiheit mit ihrer kollektiven Dimension gegenüber. Weil der Mensch ein gemeinschaftliches Wesen ist, kann seine Selbstbestimmtheit immer nur mit Bezug auf und in Beziehung zu den Menschen seiner Umgebung, seiner Gesellschaft, seiner Kultur gesehen werden. Kultur und Gesellschaft ermöglichen Selbstbestimmung und begrenzen sie zugleich.[32] Das in der jeweiligen Gesellschaft geltende Menschenbild verschafft allen so ‚legitimierten' Menschen dieselben Rechte und impliziert die Verantwortung, allen Menschen diese Rechte auch zu gewähren. Selbstbestimmtheit gibt dem Menschen aus christlich-theologischer Perspektive allerdings keinen Anspruch auf Selbstermächtigung. Der Mensch bleibt immer im Spannungsfeld zwischen Selbstverantwortung und Gottesbeziehung. Er ist und bleibt ein begrenztes und endliches Geschöpf und trotzdem als Gottes Gegenüber ein freies Subjekt.[33] Diese Erkenntnis der eigenen Begrenztheit kann außerdem verhindern, in eine Art ‚Selbstbestimmungszwang' zu verfallen, weil sie den Menschen als grundsätzlich angewiesenes Lebewesen begreift. Die Theolog*innen der Dis/ability Studies haben dazu verschiedene Ansätze entwickelt, die die für alle geltende gegenseitige Angewiesenheit verdeutlichen. Hier ist noch einmal Ulrich Bach (der den Begriff der Dis/ability Studies noch nicht kannte, aber als einer der Vordenker dieser Bewegung gilt) mit seiner Charakterisierung der Menschheit als „*Patientenkollektiv*"[34] zu nennen, in dem das Defizitäre zum Menschlichen dazugehört[35] und jeder (!) Mensch Grenzen und Gaben hat. Bach sagt, jeder Mensch sei gleichzeitig hilfsbedürftig und zur Hilfe fähig.[36] Diese Aussage Bachs darf nicht falsch verstanden werden und zu einer Überforderung der Beteiligten und Überfrachtung der Erwartungen an den einzelnen Menschen führen. Die Fähigkeit zur Hilfe ist nicht als Pflicht zur Hilfe zu verstehen. Für Bach gehört beides, die Hilfsbedürftigkeit und die Hilfefähigkeit zu den Grundeigenschaften des Menschen. Ob und wieviel davon zur Entfaltung kommen kann, ist vom Einzelfall abhängig. Hier gibt es kein Mindestmaß, das erreicht werden muss. Damit ist niemand in Gefahr, das Mensch-Sein abgesprochen zu

---

[31] PLATZBECKER, PAUL, Artikel: Freiheit (WiReLex).
[32] Vgl. ebd.
[33] Vgl. DRESSLER, BERNHARD, Menschen bilden?, 264.
[34] BACH, ULRICH, Ohne die Schwächsten, 17.
[35] Vgl. ebd., 45.
[36] Vgl. KRAUSS, ANNE, Barrierefreie Theologie, 163.

Teilhabe am Evangelium in fünf Dimensionen 165

bekommen. Bach wehrt sich mit dieser Aussage auch gegen die Einteilung in Kranke und Gesunde, Behinderte und Nichtbehinderte. Diesen Gedanken vertritt auch Nancy Eiesland, die sich vehement gegen die Dichotomie der ‚Normalen' und der ‚Anderen' wehrt. Sie hat den Begriff der *„einstweilen körperlich gesunden Personen"* (*„temporarily able-bodied persons")*[37] geprägt, um die zeitliche Begrenztheit körperlicher und geistiger Unversehrtheit in den Fokus zu rücken. Markus Schiefer Ferrari fordert – unter Bezugnahmen auf Markus Dederich und Lennard J. Davis – ein Menschenbild, bei dem die Konzepte von Selbstbestimmung und Autonomie aus der Perspektive von Abhängigkeit, Angewiesenheit, Fragilität und Zerbrechlichkeit betrachtet und auf den Prüfstand gestellt werden.[38]

Mit dem Bewusstsein des Menschen als grundsätzlich auf Andere angewiesenes Lebewesen ist der Grad der Selbstbestimmtheit immer vor dem persönlichen Horizont zu sehen. Hier gilt es, zusammen mit den Menschen Möglichkeiten zu schaffen und zu Entscheidungen zu befähigen.

Zum Abschluss dieses Unterkapitels soll noch einmal der Bogen zurück zur Kommunikation des Evangeliums in den Modi nach Grethlein geschlagen werden. Zum Bereich der Zugänglichkeit und der Selbstbestimmtheit gehört vorrangig der Modus des Helfens zum Leben,[39] wobei dieser Modus nach den vorangegangenen Ausführungen in verschiedene Richtungen weitergedacht werden kann: So ist die Perspektive Grethleins noch recht deutlich die der (professionell und ehrenamtlich) ‚Helfenden', die sich mit den ‚Hilfebedürftigen' auseinandersetzen.[40] Die Perspektive der Mimesis jesuanischen Handelns[41] hat Jesu eigene Hilfebedürftigkeit und Schwachheit (z.B. am Kreuz) noch nicht im Blick. Eine Horizonterweiterung könnte dazu führen, die Schwachheit und Fragilität jedes menschlichen Lebens in den Blick zu nehmen und damit die für jeden Menschen mögliche Perspektive der Hilfsbedürftigkeit zu eröffnen. In den von Grethlein genannten Konkretionen der Hilfe zum Leben (segnen, heilen und taufen[42]) gibt es ebenfalls noch starke hierarchische Tendenzen zu Ungunsten der (auf den ersten Blick) Hilfebedürftigen. Der Gedanke des ‚Patientenkollektivs' (Bach, s.o.) klingt hier allenfalls an. Der Aspekt der Gegenseitigkeit kommt bei Grethlein noch zu kurz, auch wenn er Augenhöhe und ergebnisoffene Kommunikation einfordert.[43] Die professionelle Perspektive der vermeintlich ‚Normalen' ist hier noch vorherrschend und braucht Ausweitung und ein Gesamtverständnis von Vielfalt als Normalität. Immerhin unterscheidet Grethlein die beiden Bedeu-

---

37 EIESLAND, NANCY L., Der behinderte Gott, 28.
38 Vgl. SCHIEFER FERRARI, MARKUS, Exklusive Angebote, 72.
39 Vgl. GRETHLEIN, CHRISTIAN, Praktische Theologie, 303-327 und 567-586.
40 Vgl. ebd. 304.
41 Vgl. ebd. 307f.
42 Vgl. ebd. 567ff.
43 Vgl. ebd. 309.

tungsaspekte des Heilens ‚Cure' und ‚Healing'[44] und nimmt vor allem das nichtkörperliche ‚Healing' in den Blick, dessen alle Menschen bedürfen.[45] Das kritische Hinterfragen der Heilsvorstellungen und seiner Definition sowie eine dis/ability-sensible Überarbeitung der Aussagen zu Heil und Heilung müssten aus dis/ability-sensibler Perspektive dringend ergänzt werden, damit eine inklusive und nicht exklusive „Teilhabe am Heil"[46] möglich wird.

3.1.3 Die Dimension der Bildung und der religiösen Sprachfähigkeit

Ein Ziel der Teilhabe am Evangelium ist religiöse Sprachfähigkeit. Um diese zu erlangen, ist Bildung[47] notwendig.

Die EKD verweist in ihrer Orientierungshilfe „Kirche und Bildung" auf den lutherischen Ursprung kirchlichen Bildungshandelns. Luthers Ziel sei es, Menschen so zu bilden, dass sie mündig und sprachfähig im Glauben sein sollten.[48] Für Luther waren das Auswendiglernen des Kleinen Katechismus und der regelmäßige Gottesdienstbesuch zentrale Aspekte dieses Bildungshandelns.[49] Luther empfahl die ergänzende Nutzung (und Auswendiglernen) des von ihm ebenfalls verfassten Passionals („Ein betbüchlein mit eym Calender und Passional hübsch zugericht" von 1529), das durch seine Bebilderung für die meist nicht lesekundigen Unterwiesenen leichter zu behalten war.[50] Bis in die frühen 1970er Jahre hat Luther mit seinem kleinen Katechismus Standards für die Katechese gesetzt. In den letzten 50 Jahren kam es allerdings zu einem enormen Wandel.[51] In der heutigen katechetischen Arbeit wird nur noch sehr wenig auswendig gelernt (die Sinnhaftigkeit dieser Methode wird kritisch diskutiert[52]) und die Bibel als Buch oder den Kleinen Katechismus zu benutzen, hat seine Bedeutung eingebüßt. Methodisch wird erfahrungsorientiert gearbeitet: mit kreativer Bibeldi-

---

[44] Vgl. ebd. 585.
[45] Heil-Sein bzw. Werden im Sinne von Healing bedeutet dabei nicht die Abwesenheit von Beeinträchtigung und Krankheit, sondern ist mehrdimensional zu verstehen. Healing zielt auf die „Aufrichtung und Ganzwerdung der eigenen Person", unabhängig vom körperlichen Zustand. Healing bleibt dabei nicht beim Menschen sondern umfasst die gesamte Schöpfung (vgl. GRAU, KARIN, „Healing Power", 16).
[46] SCHIEFER FERRARI, MARKUS, Exklusive Angebote, 108f.
[47] Bildung wird hier umfassend als lebenslanger Prozess verstanden, der v.a. in und durch Beziehungen geschieht. Bildung geschieht formal, non-formal und informell und beruht dabei auf Gegenseitigkeit. Bildung wird als Grundrecht eines jeden Menschen angesehen.
[48] Vgl. Evangelische KIRCHE IN DEUTSCHLAND (Hrsg.), Kirche und Bildung, 7.
[49] Vgl. DOYÉ, GÖTZ; BÖHME, THOMAS, Von der Katechetik zur Gemeindepädagogik, 134f.
[50] Vgl. LANDGRAF, MICHAEL, Kinderbibel damals - heute - morgen, 13.
[51] Vgl. DOYÉ, GÖTZ; BÖHME, THOMAS, Von der Katechetik zur Gemeindepädagogik, 140.
[52] Exemplarisch: Vgl. BEUSCHER, BERND, Set me free, 48f.

daktik, Bibliodrama oder Bibliolog werden neue Zugänge favorisiert.[53] Die Wahrnehmung großer Linien oder des direkten Kontextes von Bibelstellen kann dadurch nicht mehr so leicht erfasst werden.

Die Herausforderungen, die damit einhergehen, liegen im sprachlichen wie im theologischen Kontext. Die Frage, wie wir heute verständlich von Gott sprechen können, hat Stefan Altmeyer in seiner Habilitation „Fremdsprache Religion?"[54] als Schlüsselproblem bezeichnet.[55] Er hat festgestellt, dass alle Menschen in Deutschland nach wie vor über eine religiöse Sprachfähigkeit verfügten, sich aber nicht mehr der überlieferten Worte bedienten und die Ausprägung einer neuen, gemeinsamen religiösen Sprache vor allem Beziehungsarbeit sei und im Prozess stattfinde.[56] Etwas weniger optimistisch sieht es die EKD in ihrer Denkschrift „Kirche und Bildung". Dort beklagt sie: *„Kindern, Jugendlichen und Erwachsenen fehlt es nicht einfach am Zugang zu Text und Schrift, sondern bereits an einer Sprache, die sich überhaupt für die religiöse Kommunikation eignet."*[57]

Es ist also erforderlich, eine gemeinsame Sprache zu finden, einzuüben und zu erproben, wenn es noch zu gelingender religiöser Kommunikation und damit zu gelingender Kommunikation des Evangeliums kommen soll. Das Verständnis von kirchlicher Bildungsarbeit geht von dem bereits beschriebenen Menschenbild des Menschen als Ebenbild Gottes aus. Dieses Menschenbild in seiner Vielfalt führt auch zu einem Bildungsbegriff in Vielfalt. Bernhard Dressler geht mit dem evangelischen Theologen Peter Biehl davon aus, dass jeder Mensch von Anfang an ‚Person' ist. Das ‚Personsein' beinhaltet demnach unverlierbare Würde, die Schaffung als Geschöpf Gottes nach seinem Bilde. Durch Bildung werde der Mensch zum Subjekt, das seine Möglichkeiten in der Gesellschaft entdecken und nutzen lerne.[58] Peter Biehl schreibt: *„Subjekt muss der Mensch im Prozess seiner Bildung erst werden. Person ist er immer schon."*[59] Das bedeutet, dass jeder Mensch, unabhängig vom ‚Erfolg' seiner Subjektwerdung, immer Person bleibt. Biehl betont außerdem, dass jeder Mensch bildungsfähig und bildungsbedürftig zugleich ist.[60] Noch einmal dazu Biehl: *„Bildung umfasst den lebenslangen, prinzipiell offenen Prozess der Subjektwerdung des Menschen. Subjektwerdung vollzieht sich in Individualität, Sozialität und Mitkreatürlichkeit."*[61]

Kirchliche Bildungsarbeit heutiger Zeit vollzieht sich nach Karl Foitzik vor allem über zwei Zugänge. Neben dem bereits erwähnten Zugang über die Her-

---

[53] Vgl. POHL-PATALONG, UTA, Bibeldidaktik in der Konfi-Arbeit, 185–189.
[54] ALTMEYER, STEFAN, Fremdsprache Religion.
[55] Vgl. ebd., 11.
[56] Vgl. ebd., 313–315.
[57] EVANGELISCHE KIRCHE IN DEUTSCHLAND (Hrsg.), Kirche und Bildung, 67.
[58] Vgl. DRESSLER, BERNHARD, Menschen bilden?, 264f.
[59] BIEHL, PETER, Theologische Aspekte des Bildungsverständnisses, 579.
[60] Vgl. DRESSLER, BERNHARD, Menschen bilden? Theologische Einsprüche gegen pädagogische Menschenbilder, in: Evangelische Theologie, Jg. 63 (2003), 261–271, 264f.
[61] BIEHL, PETER, Theologische Aspekte des Bildungsverständnisses, 579.

meneutik der Vermittlung ist dies die Hermeneutik der Verständigung. Beide Ansätze tragen dazu bei, das Ziel der Subjektwerdung zu erreichen.[62] Die Hermeneutik der Vermittlung ist dabei der erwähnten Tradition verpflichtet, den Lernenden eine ‚Anleitung zum Christsein in der Gemeinde' zu geben und mit vertrauten Ritualen, Liedern und Texten überliefertes Wissen und Glaubenspraxis an die nächste Generation weiterzugeben. Diese Strategie ist wertvoll zum Erhalt und der Weitergabe dieses Wissens, kann aber mit ihren tradierten Glaubensaussagen und Bildern von Kirche nicht allein stehenbleiben.

Die Hermeneutik der Verständigung tritt gleichberechtigt daneben und fragt nach dem Entstehen von Einsichten, Erfahrungen und Haltungen und den Faktoren, die zu ihrer Wandlung, Erweiterung oder Verengung beitragen. Die Verständigung bringt die tradierten Inhalte, die ‚Sache Gottes' mit den zentralen Aspekten des Lebens zusammen. Es geht um die Entdeckung von Gottes Wirken jetzt und hier und die Relevanz der Erfahrungen von Menschen aus vergangenen Zeiten für die Menschen und ihr Leben heute. Dazu bietet es sich an, von den Menschen und ihrem Leben heute auszugehen, genauso wie Jesus zu seiner Zeit von den Menschen damals ausgegangen ist. Gerade in den Zeiten der Individualisierung und Säkularisierung ist der goldene Mittelweg zwischen Indoktrination und Beliebigkeit eine hohe Kunst.[63]

Bernd Beuscher übernimmt als Begriff für die Fragen, die jeden Menschen unmittelbar angehen, die Formulierung des evangelischen Theologen Paul Tillich, der diese Fragen *„existenzielle Fragen"*[64] nennt. Laut Beuscher geht es darum, das eigene Leben zu verantworten und für sich selbst der Frage nachzugehen, worauf man im Leben und im Sterben setze.[65]

Das Evangelium bietet mit der guten Nachricht vom Heilshandeln Gottes (vgl. Kap. 4.1) einen Deutungshorizont. Damit es zu einem Dialog kommen kann, muss das Evangelium jedoch verstanden werden. Wie bereits in Kapitel 2.2.3 beschrieben, ist es eine Möglichkeit, dazu dem Konzept der Elementarisierung zu folgen. Beuers, Büsch, Straub schreiben dazu in ihrem Buch „Wie Licht in der Nacht", Elementarisierung orientiere sich immer am Subjekt. Es gehe immer um die Auseinandersetzung mit dem Wesentlichen und Fundamentalen des Glaubens. Elementarisierung sei ein dialogischer Prozess, der eine intensivere und tiefere Begegnung mit sich selbst und mit Gott ermöglichen könne. Die elementare Botschaft eines Textes berühre jeden Menschen vor seinem eigenen Hintergrund. Komme es zum Dialog über diese individuellen Erfahrungen, könne dies für alle Beteiligten horizonterweiternd sein.[66]

---

[62] Vgl. FOITZIK, KARL, Container-Begriff, 13f.
[63] Vgl. ebd., 36–39.
[64] TILLICH, PAUL, Systematische Theologie Band I, 73ff; DERS., Systematische Theologie Band II, 19ff.
[65] Vgl. BEUSCHER, BERND, Set me free., 59; DERS., #Bildung (theofy), 110–111.
[66] Vgl. BEUERS, CHRISTOPH; BÜSCH, KARL-HERMANN; STRAUB, JOCHEN, Wie Licht in der Nacht, 10.

In Grethleins Verständnis der Kommunikation des Evangeliums finden sich diese Aspekte im Modus des Lernens und Lehrens wieder (vgl. Kap. 2.2.2). Grethlein formuliert in diesem Zusammenhang Bedingungen, die wiederum anschlussfähig zum Begriff der Teilhabe sind: Lernen und Lehren seien nur dann möglich, wenn gewisse Grundbedingungen erfüllt seien: Es bedürfe einer Umwelt, die dem Lernenden überhaupt die Möglichkeit eröffne, das Lernen als erstrebenswert, bereichernd und sinngebend zu erkennen. Darüber hinaus bedürfe es einer vertrauensvollen Atmosphäre und einer gelingenden Kommunikation zwischen den Beteiligten. Dann könne es zum Lernen, nach Grethlein in Form von Nachahmung, Sich-Hineinversetzen und der Übertragung auf das eigene Leben kommen.[67]

Dies für jeden Menschen in angemessener Weise zu realisieren, ist die Schaffung der Möglichkeit zur Teilhabe am Evangelium.

3.1.4 Die Dimension der Gemeinschaft und der Spiritualität

Bezieht man diese Dimension auf Grethleins Modus des gemeinschaftlichen Feierns, tritt zunächst der Gottesdienst als Ort der Gemeinschaft und der Spiritualität in den Vordergrund. Teilhabe im Gottesdienst wird im Evangelischen Gottesdienstbuch[68] als erstes von sieben maßgeblichen Kriterien genannt: *„Der Gottesdienst wird unter der Verantwortung und Beteiligung der ganzen Gemeinde gefeiert."*[69] Auch die weiteren Kriterien weisen inklusive Dimensionen auf: Das zweite Kriterium *„Der Gottesdienst folgt einer erkennbaren stabilen Grundstruktur, die vielfältige Gestaltungsmöglichkeiten offen hält."*[70] soll gleichzeitig Orientierung und Spielraum geben. Grundbausteine sind die Verkündigung und die Feier des Mahls. Sie werden ergänzt durch einen Einleitungsteil und einen Sendungsteil. In diesem Rahmen ist die konkrete Ausgestaltung vielfältig und inklusiv möglich.[71] Das dritte Kriterium *„Bewährte Texte aus der Tradition und neue Texte aus dem Gemeindeleben der Gegenwart erhalten den gleichen Stellenwert."*[72] gibt traditionellen und neuen Texten die Chance zu einem gleichberechtigten Miteinander. Hier müssen Anpassungen an die Bedürfnisse der Gemeinde bei der Wortwahl und die Verbindung mit nonverbalen Anteilen vorgenommen werden.[73] Das vierte Kriterium: *„Der evangelische Gottesdienst steht in einem Zusammenhang mit den Gottes-*

---

[67] Vgl. GRETHLEIN, CHRISTIAN, Praktische Theologie, 257f.
[68] UEK; VELKD (Hrsg.), Evangelisches Gottesdienstbuch.
[69] Ebd., 17.
[70] Ebd.
[71] Vgl. ebd.
[72] Ebd.
[73] Vgl. ebd.

diensten der anderen Kirchen in der Ökumene."[74] ermöglicht den Blick über den Tellerrand und das gemeinsame Feiern über konfessionelle Grenzen hinweg. Neue Blicke auf Traditionen und deren Adaptierbarkeit in der eigenen Gemeinde eröffnen hier neue Möglichkeiten im Gottesdienst.[75] Das fünfte Kriterium ist besonders für diese Arbeit interessant: *"Die Sprache darf niemanden ausgrenzen; vielmehr soll in ihr die Gemeinschaft von Männern und Frauen, Jugendlichen und Kindern sowie von unterschiedlichen Gruppierungen in der Kirche ihren angemessenen Ausdruck finden."*[76] Darauf werde ich im Unterkapitel 3.2 näher eingehen. Das sechste Kriterium *"Liturgisches Handeln und Verhalten bezieht den ganzen Menschen ein; es äußert sich auch leibhaft und sinnlich"*[77] legt den Fokus auf einen (v.a. in evangelischen) Gottesdiensten mitunter vernachlässigten Aspekt: Die Leiblichkeit, die neben der Sprache gleichberechtigt zur Kommunikation gehört. Zwar gehört auch Sprache zur Leiblichkeit, doch die Leiblichkeit umfasst mehr als nur Sprache. Die Sinne werden angesprochen, verschiedene Ausdrucksformen gefunden, Symbole und symbolische Handlungen eingesetzt.[78] Das siebte Kriterium *"Die Christenheit ist bleibend mit Israel als dem erstberufenen Gottesvolk verbunden"*[79] richtet den Blick auf sensibles Miteinander mit Menschen jüdischen Glaubens.[80] Die Wichtigkeit dieses Aspekts auch und besonders in Bezug auf Bibeltexte habe ich bereits in Kapitel 2.2.4.1 ausgeführt.

Kommunikation des Evangeliums findet auf allen Ebenen des Gottesdienstes statt und wird durch alle Kriterien entfaltet. Gleichzeitig wird der Anspruch erhoben, dass der Gottesdienst ‚für alle' sein soll, vielleicht nicht für alle verschiedenen Zielgruppen gleichzeitig, aber doch gleichermaßen. Damit wird der Anspruch bestärkt, dass der Gottesdienst *"das Herzstück des Gemeindelebens"*[81] ist. Das impliziert, dass die Ermöglichung der Teilhabe am Evangelium oberste Handlungsmaxime in Bezug auf Gottesdienste ist. Grethlein entfaltet den Modus des gemeinschaftlichen Feierns an den Konkretionen Beten, Singen und Abendmahl.[82]

Cornelia Jager richtet in ihrem Buch „Gottesdienst ohne Stufen" den Fokus ähnlich aus: auf Sprache, Musik und Abendmahl.[83] Ihr Fokus liegt aber besonders auf einer Schärfung der für einen ‚Gottesdienst ohne Stufen' wesentlichen Prinzipien, die auf die Kriterien des Gottesdienstbuches aufbauen: Zunächst weist sie

---

[74] Ebd.
[75] Vgl. ebd., 17f.
[76] Ebd., 18.
[77] Ebd.
[78] Vgl. ebd.
[79] Ebd.
[80] Vgl. ebd.
[81] Ebd., 8.
[82] Vgl. GRETHLEIN, CHRISTIAN, Praktische Theologie, Beten: 545-552; Singen: 552-559; Abendmahl: 559-566.
[83] Vgl. JAGER, CORNELIA, Gottesdienst ohne Stufen; Sprache: 116-218; Musik: 219-260; Abendmahl: 261-324.

Teilhabe am Evangelium in fünf Dimensionen   171

auf Prinzipien des allgemein menschlichen Miteinanders hin (z.B. das Prinzip
der Würde, der Ganzheitlichkeit, der Gleichstellung, der angemessenen Ansprache, der Freiwilligkeit, der Mitwirkung und Mitbestimmung, des Respekts, der
Stärkenorientierung, der Geschlechtergerechtigkeit, der Akzeptanz des Menschen in seinem So-Sein, der Solidarität und der Inklusion), um dann besonders
auf Prinzipien zur Ausformung des Gottesdienstes zu kommen. Neben den Prinzipien der theologischen Sachgemäßheit, der Verleiblichung, der Versinnlichung und der Barrierefreiheit betont sie besonders das Prinzip der Gleichstellung, das Prinzip der Elementarisierung, das Prinzip der Rhythmisierung, das
Prinzip der Teilhabe, das Prinzip der Handlungsorientierung und das Prinzip der
Wiederholung.[84] Abendmahl und Musik als sinnlich-leibliche Komponenten
werden sowohl von Jager[85] als auch von Grethlein[86] im Vollzug des Gottesdienstes als wesentlich dargestellt. Sie sind neben dem ‚Wort' in Gebet, Lesung und
Verkündigung Spielarten der Kommunikation mit Gott, die im Gottesdienst den
zentralen Kommunikationsmodus darstellten.[87] Gottesdienst wird dabei zwei-,
wenn nicht sogar dreidimensional verstanden: Gottes-Dienst ist der Dienst Gottes am Menschen, der Dienst des Menschen an Gott und durch die Gemeinschaft
der Gläubigen auch der Dienst an den Nächsten.[88]

Martin Nicol ergänzt dazu ausdrücklich den Aspekt des ‚Geheimnisses', der
den spirituellen Anteil des Gottesdienstes noch einmal heraushebt und ihm auch
im evangelischen Kontext eine herausragende Bedeutung zuschreibt. Er bezeichnet Gott mit Eberhard Jüngel als ‚Geheimnis der Welt' und den Gottesdienst
als ‚Weg im Geheimnis'. Nicol geht es u.a. darum, dem Gottesdienst seine unverfügbaren und geheimnisvollen Anteile zu lassen und durch Jesus als Geheimnis
Gottes, dem er Geschichte und Gesicht gibt, dem Geheimnis auf die Spur zu kommen.[89] Der Gottesdienst ist damit als Ort, an dem Kommunikation des Evangeliums in besonderer Weise geschieht, in Ansätzen beschrieben.

Aber auch jenseits des Gottesdienstes finden Menschen in Gemeinschaften
verbindende spirituelle Gegebenheiten, die der Teilhabe am Evangelium zuträglich sind: Zunächst ist das Gemeindeleben an sich neben dem Gottesdienst vielfältig und zielgruppenorientiert und kann ebenso die Erfahrung von Spiritualität ermöglichen wie der Gottesdienst. Alles, was in der Gemeinde geschieht,
steht unter der Überschrift der Kommunikation des Evangeliums[90] und kann damit Ort der Teilhabe am Evangelium sein. In der Konfirmand*innenarbeit, im
Jugendtreff, auf Freizeiten, in Gesprächs- oder Bibelkreisen oder einfach im
Kirchkaffee oder beim Mittagstreff für Bedürftige kann die Gemeinde Menschen

---

[84] Vgl. ebd., 102f.
[85] Vgl. ebd.
[86] Vgl. GRETHLEIN, CHRISTIAN, Praktische Theologie, 544.
[87] Vgl. ebd.
[88] Vgl. ARNOLD, JOCHEN, Was geschieht im Gottesdienst?, 11-18. 26f.
[89] Vgl. NICOL, MARTIN, Weg im Geheimnis, 27f.
[90] Vgl. BUBMANN, PETER u.a., Einleitung (Gemeindepädagogik), 14.

eine geistige und geistliche Heimat anbieten. In diesen alltäglichen Situationen ist für manchen der Zugang leichter als im Gottesdienst mit mitunter fremd anmutender und nicht verstehbarer Rede von Gott.[91] Auch in außergottesdienstlichen Zusammenhängen kann der Fokus allerdings an vielen Stellen noch verstärkt auf die Teilhabe für alle gerichtet werden.

Aber auch im Alltag ist Spiritualität und damit die Begegnung mit dem, was das Christentum Gott nennt, nicht ausgeschlossen. Überall, wo sich Menschen begegnen, kann es zu gemeinschaftsstiftenden, verbindenden, besonderen Momenten kommen, in denen etwas gemeinsam erlebt wird, das über unser Verstehen hinaus geht.[92] Spiritualität ist immer geschenkte Erfahrung[93] und damit unverfügbar, wird aber gerade in unserer säkularisierten Welt meist überraschend überall als möglich angesehen: in der Natur, in Musik, in Film und Literatur, in Begegnung mit Menschen, in der Begegnung mit sich selbst, im Zusammenhang mit der Nutzung der Sozialen Medien, unverhofft und ungeplant.[94] Spiritualität ist zu übende Praxis, wie z.B. in den christlich tradierten Alltagsritualen wie Abendgebet oder Tischgebet.[95] Genauso kann sie allerdings auch in undefiniert ausgerichteter Dankbarkeit und der Sehnsucht[96] vorkommen. Die Chance christlicher Zusammenhänge, besonders auch außerhalb von Gottesdienst, ist die Schaffung von Erfahrungsmöglichkeiten und einer Atmosphäre, die den Austausch über ‚existenzielle Fragen' (Tillich, s.o.) und spirituelle Erlebnisse und damit Teilhabe am Evangelium ermöglicht.
Die besondere Bedeutung der geschriebenen und gesprochenen Sprache werde ich in Kapitel 3.2 noch einmal aufgreifen.

3.1.5 Die Dimension der Teilgabe

Zunächst muss festgehalten werden, dass es in diesem Kapitel vor allem um Teilgabe im Sinne der gesellschaftlichen Inklusionsdebatte und nicht im theologischen Sinne geht.

Gesellschaftlich betrachtet ist Teil*gabe* wie auch der Begriff der Teil*nahme* ein Aspekt von Teil*habe*. Alle drei können auch als Spezifika des Oberbegriffs der Partizipation gesehen werden.[97] Teilhabe ist das Wechselspiel zwischen Nehmen, Geben und Bekommen. Während Teil*habe* im Wortsinn einen (eher passiven) Zustand beschreibt (ich habe Teil an etwas und dadurch bin ich ein Teil davon), beschreiben Teil*gabe* und Teil*nahme* die aktiven Komponenten, die zur

---

[91] Vgl. ALTMEYER, STEFAN, Fremdsprache Religion, 21f.
[92] Vgl. MARTIN, ARIANE, Sehnsucht, 140ff.
[93] Vgl. STEFFENSKY, FULBERT, Schwarzbrot-Spiritualität, 14.
[94] Vgl. ZULEHNER, PAUL, GottesSehnsucht, 66ff.
[95] Vgl. STEFFENSKY, FULBERT, Schwarzbrot-Spiritualität, 22.
[96] MARTIN, ARIANE, Sehnsucht, Titel
[97] Vgl. INSOS SCHWEIZ, UN-Behindertenrechtskonvention, 4f.

Teilhabe führen. Teilhabe bezeichnet das „*Einbezogensein in einer Lebenssituation.*"[98] Einbezogensein kann bedeuten, Anteil zu haben, dabei zu sein oder zu etwas, sei es eine Gruppe, Sache oder Angelegenheit, dazuzugehören. Teilhabe bedeutet immer, dass auch andere Menschen daran beteiligt sind und es zu Interaktion kommt. Dabei kann es auch zur Mit-Verantwortung für die gemeinsame Sache kommen. Teil*habe* steht dabei immer in Wechselwirkung mit dem Begriff Teil*gabe*.[99] Gelingende Teilhabe, Teilnahme und Teilgabe setzen nach Max Fuchs[100] voraus, dass die Beteiligten dies wollen. Jeder Mensch sei Teil einer Gesellschaft, also Teil eines Ganzen mit bestimmten Regeln, Strukturen und Ordnungen, in das sich jede*r Einzelne einordnen wolle und müsse. Dazu sei es aber notwendig, dieses Regelsystem grundsätzlich zu bejahen. Auch bei einzelnen Teilhabesituationen bedürfe es zur Teil*nahme* das jeweilige Einverständnis. Dies führe dann zur freiwilligen Teil*gabe* der eigenen Person in ihrer Situation und mit ihren Erfahrungen, an denen dann wiederum die anderen Beteiligten teilhaben würden. Diese von Gegenseitigkeit geprägte Konstellation führe letzten Endes zur Teilhabe.[101] Fuchs weist darauf hin, dass jede Form von Teilhabe die Beteiligten verändere. Das gegenseitige Geben und Nehmen wirke sich auf alle Beteiligten aus. Es gehöre dazu, zugunsten des oder der Anderen auf eigene Ansprüche zu verzichten oder eigene Bedürfnisse hintenanzustellen. Im Gegenzug würden das an anderer Stelle auch die anderen tun. Oft gelte es, diese Kompromisse des Miteinanders auszuhandeln und in diesem Zusammenhang auch Spannungen auszuhalten, es bleibe aber das gemeinsame Ziel des gemeinsamen, gleichberechtigen Handelns und Seins.[102]

In unserer aktuellen Gesellschaft und auch im kirchlichen Kontext gibt es starke Tendenzen, benachteiligte Menschen, z.B. Menschen mit Behinderungen, vor allem teilnehmen zu lassen und die Teilgabe eher bei Menschen ohne Benachteiligungen zu sehen.[103] Das gilt für Rehabilitationsmaßnahmen und praktische Unterstützungsangebote genauso wie die Handlungen in religiösen Bezügen, z.B. in einem Gottesdienst. Der Aspekt der Teilgabe wird nur selten als eigenständige Komponente benannt und wird, wenn überhaupt, als Ergänzung des Wortes Teilhabe oder als komplementärer Begriff zur Teilhabe besonders erwähnt und betont. Für die Teilgabe von Menschen mit Behinderungen oder anderen Beeinträchtigungen ist es entscheidend, Teilgabe für alle Menschen als möglich anzusehen. Teilgabe ist dann gegeben, wenn Menschen anderen Menschen Einblick in ihr Leben gewähren und ihnen damit zu Erkenntnisgewinn verhelfen können. Dies kann auch passiv geschehen. Es bedarf keiner besonderen Leistung, sondern ist bereits allein durch das Da-Sein möglich, das mit sei-

---

[98] Ebd., 4.
[99] Vgl. ebd.
[100] Kulturwissenschaftler.
[101] Vgl. FUCHS, MAX, Partizipation als Reflexionsanlass, 3f.
[102] Vgl. ebd.
[103] Vgl. INSOS SCHWEIZ, UN-Behindertenrechtskonvention, 5.

nen Begrenzungen und Möglichkeiten von den anderen wahrgenommen wird und die Situation mitbestimmt.[104] Zwischen dem ‚Einfach-Da-Sein' und komplexer Verantwortung des Geschehens liegt die ganze Bandbreite der Teilgabe. Kombiniert mit der Kommunikation des Evangeliums bedeutet dies konkret, dass die Wahrnehmung von Glaubensdingen aller Menschen die Wahrnehmung der jeweils anderen ergänzen und bereichern kann.

Im kirchlichen Kontext bietet sich hier als Beispiel erneut das Gottesdienstgeschehen an. Wie bereits erwähnt, wird der Gottesdienst als zentraler Ort des Gemeindelebens besonders herausgefordert, Teilhabe und damit auch Teilgabe zu ermöglichen. Die Vision, die in den Kriterien für einen Gottesdienst im Evangelischen Gottesdienstbuch anklingt, hat einen ausdrücklichen Teilgabe-Bezug: nämlich die Vision des Gottesdienstes unter *„Verantwortung und Beteiligung der ganzen Gemeinde"* in einer *„nicht ausgrenzenden Sprache"* und in einer *„leibhaften und sinnlichen Gestalt"*.[105] Dies konkretisiert Jochen Arnold, indem er dazu besonders „handlungsorientierte Teilhabemöglichkeiten"[106] fordert, die neben dem rituellen Aufstehen und Hinsetzen auch Gebärden, Tänze und spontane Bewegungen zu Liedern und Texten umfassen können. Arnold fordert aber auch dazu auf, Verkündigung als Dialog zu gestalten, leibliche Gottesdienstanteile und die Wahrnehmung mit allen Sinnen zu fördern und sich bei der Beteiligung der Gemeinde an den Möglichkeiten, Begabungen und Interessen der Menschen zu orientieren.[107]

Auch Cornelia Jager fordert als ein Prinzip für einen Gottesdienst ohne Stufen die selbstbestimmte Beteiligung aller Interessierten an Vorbereitung und Feier des Gottesdienstes gemäß ihren Interessen und Möglichkeiten. Dabei spielten aus ihrer Sicht die Verstehensmöglichkeiten der Menschen, ihre religiösen Zugangsweisen und ihre motorischen Fähigkeiten die größte Rolle. Die angemessene Berücksichtigung der Interessen und Möglichkeiten erfordere dann kreative und mitunter pragmatisch-unkonventionelle Ideen und Lösungen.[108]

Teilgabe, Teilhabe und Teilnahme werden aus theologischer Perspektive mit etwas anderen Schwerpunkten versehen. Antje Menn und Markus Schaefer haben für die Rheinische Jugendsynode 2021 folgenden Überblick formuliert:

> *„Die Grundlegung von Partizipation im Geist Gottes: Teilgabe – Teilhabe – Teilnahme*
> *Partizipation hat ihren Grund in der Teilgabe (communicatio) der Geistkraft durch Gott (vgl. Joel 3,1; Apg 2,16-21). Gott bleibt nicht bei sich selbst, sondern teilt sich mit, gibt Anteil an Gottes Kraft, ohne Ansehen von Geschlecht, Alter, Religion, Herkunft, sozialem Status (Joel 3,1 „…über alles Fleisch"). Diese Gabe ist kein von Menschen herbeizuführendes Geschehen und beschränkt sich nicht auf die Kirche (vgl. Joh 3,8, Gottes Geist weht, wo sie will.)*

---

[104] Vgl. JEROSENKO, ANNA, Fokus Teilhabe und Teilgabe.
[105] Alle Zitate dieses Satzes: UEK; VELKD (Hrsg.), Evangelisches Gottesdienstbuch, 17.
[106] Vgl. ARNOLD, JOCHEN, Inklusion als Chance, 65.
[107] Vgl. ebd., 64ff.
[108] Vgl. JAGER, CORNELIA, Gottesdienst ohne Stufen, 103.

> *Die Gabe verheißt und ermöglicht die Teilhabe (participatio) an der Sendung Gottes zur Welt, dem Dienst und der Vollmacht Gottes. Gott sagt uns zu, befähigt und begeistert uns, am Kommen des Reiches Gottes mitzuwirken. Diese Teilhabe geschieht in individuellen Akten, geht aber nicht in ihnen auf.*
> *Jede*r empfängt in ihr einen Teil der Fülle der Geistkraft. Diese wird umso wirksamer, wo Menschen zusammen wirken und an der Gemeinschaft Gottes teilnehmen. Diese Teilnahme (communio) steht immer unter dem Vorbehalt menschlicher Vorläufigkeit und Fehlerhaftigkeit. [...] Partizipation bedeutet auch, die Geistbegabung von Menschen (Charismen) außerhalb von Kirche wahrzunehmen und Hindernisse für ihre Teilnahme zu beseitigen. [...]*
> *Dieses dreifache Verständnis von Partizipation und damit gegebener Vollmacht hat Konsequenzen für unser Verständnis von Macht. Macht ist an sich nicht schlecht und auch in der Kirche notwendig. Denn als geistgewirkte Teilhabe an der Voll-Macht Gottes begründet Macht nicht die Herrschaft der einen über die anderen (Barmen IV) und eröffnet damit auch die Freiheit, Einfluss zu teilen, auf ihn zu verzichten und andere zur Partizipation zu ermutigen.*"[109]

Dies wird hier nicht weiter vertieft; jedoch klingt der theologische Aspekt der Teilgabe Gottes an die Menschen in einigen Veröffentlichungen zum Thema Inklusive Gemeinde an. Die Momente, in denen Gott sich ‚teilgibt', z.B. im Segen und im Abendmahl, werden als besonders geeignet angesehen, auch die menschliche Teilgabe zu fördern. Die Liturgiewissenschaftlerin und evangelische Theologin Anika Christina Albert führt in Anlehnung an Paul Ricœur aus, dass dabei Gottes Reden zum Menschen als ‚erste Gabe'[110] angesehen werden könne, auf die die Menschen antworteten und die Gabe dann selbst ‚antwortend weitergäben'. Gottes Gnade gehe damit jedem menschlichen Handeln voraus.[111] In der Orientierungshilfe der EKiR „Da kann ja jeder kommen" wird der Segen als (er-)lebbare Teilgabe hervorgehoben. Von Gott von Anfang an nicht exklusiv, sondern für alle Völker angelegt, biete der Segen die Möglichkeit, etwas von Gott Gegebenes weiterzugeben. Gottes Zuspruch an Abraham: „Ich will dich segnen und du sollst ein Segen sein" (Gen 12,2) sei das Zeichen dafür, dass Segen nur dann wirken könne, wenn er zur Teilgabe werde.[112]

Segenshandlungen in religiösen Zusammenhängen bieten die Möglichkeit der Wahrnehmung mit allen Sinnen und der Weitergabe auf vielen Wegen. Christian Grethlein beschreibt Segen im Rahmen des Modus des Helfens zum Leben, auch wenn es hier eine große Überschneidung mit dem Modus des gemeinschaftlichen Feierns gibt. Seine Ausführungen betonen den Aspekt der Körperlichkeit des Segens durch Handauflegung oder Salbung und weisen ausdrücklich daraufhin, dass Segen eine inklusive Kommunikationsform ist.[113] „*Schmecket und sehet, wie freundlich der Herr ist*" (Psalm 34,8) ist der liturgische Satz, der in vielen evangelischen Liturgien vor der Austeilung des Abendmahls steht. Hier wird der ganze Körper angesprochen. Damit bietet sich ein Zugang zur Begegnung mit

---

[109] EVANGELISCHE KIRCHE IM RHEINLAND, Partizipative Kirche werden, 12.
[110] Vgl. RICŒUR, PAUL, Wege der Anerkennung, 301.
[111] Vgl. ALBERT, ANIKA CHRISTINA, Fremd im vertrauten Quartier, 14.
[112] Vgl. AHRENS, SABINE u.a., Da kann ja jede(r) kommen, 38.
[113] Vgl. GRETHLEIN, CHRISTIAN, Praktische Theologie, 572f.

Gott, der nicht vorrangig den Intellekt anspricht. Dies schlägt Jochen Arnold als Impuls für einen inklusiven Gottesdienst[114] vor, ohne ins Detail zu gehen. Details liefert hingegen Cornelia Jager, die für einen Gottesdienst ohne Stufen die gesamte Abendmahlsliturgie inklusiv entfaltet und dort einen besonderen Schwerpunkt auf die Teilgabemöglichkeiten legt.

Auch das Material- und Impulsheft „Gottesdienst für alle" der Ev.-Lutherischen Kirche Norddeutschlands von 2015 bietet besonders für den Bereich Abendmahl praktische Hinweise, Gestaltungstipps und einen konkreten Entwurf für die Tischgemeinschaft, für Menschen mit und ohne Behinderung. Diese Tipps stammen u.a. wiederum aus dem Buch „Christliche Spiritualität gemeinsam leben und feiern. Praxisbuch zur inklusiven Arbeit in Diakonie und Gemeinde", 2007 gemeinsam herausgegeben von der Württembergischen und der Badischen Landeskirche. Auch hier wird besonders auf die Möglichkeiten zur Teilgabe geachtet.[115] Der evangelische Theologe Ralph Kunz bringt es abschließend auf den Punkt:

> *„Inklusion ist ein Prozess, der auf die Erhöhung der Partizipationsmöglichkeiten abzielt, um so die geistlichen, sozialen, kulturellen Ressourcen des Gottesdienstes für alle Menschen zu erschließen, Gemeinde aufzubauen und Gemeinschaft entstehen zu lassen."*[116]

Teilgabe als Aspekt der Teilhabe, bei dem es besonders um die Mitwirkung und Beteiligung am Geschehen geht, gilt damit als wichtige Dimension der Teilhabe am Evangelium.

Als Zusammenfassung aller Dimensionen lässt sich folgender Satz formulieren:

Teilhabe am Evangelium mündet in Partizipation an der Gemeinschaft in Christus, Selbstbestimmtheit und Sprachfähigkeit in Glaubensdingen und wird als zukunftsweisende ‚Zu-Mutung' verstanden.

3.2 *Bibeltexte in Leichter Sprache und ihr Anteil an der Teilhabe am Evangelium*

Wenn man christliche Religionspädagogik sehr weit als ‚Wissenschaft von der Kommunikation des Evangeliums' (vgl. Vorwort) ansieht, sind auch bei der umfassendsten Definition von ‚Evangelium' Bibeltexte und der Bezug zur Bibel grundlegend. Leichte Sprache ist ein mögliches Werkzeug, um Teilhabe am Evangelium zu ermöglichen. Sie setzt v.a. an den sprachorientierten Faktoren

---

[114] Vgl. ARNOLD, JOCHEN, Inklusion als Chance, 65.
[115] Vgl. NETZWERK KIRCHE INKLUSIV, Gottesdienst für alle, 27-31.
[116] KUNZ, RALPH, Inklusive Gottesdienste, 95.

der Teilhabe am Evangelium an: Lesbarkeit, Verständlichkeit, eigene Sprachfähigkeit und Dialog. Dabei ist immer zu berücksichtigen, dass Sprache hier nicht das einzige, aber doch ein zentrales Medium der Kommunikation ist. Das unterstützende Sprechen und Tun geht hier über den Bereich der deutlich erkennbaren Kommunikation des Evangeliums hinaus und zeigt sich auch im diakonischen Handeln und damit in der Verwendung der Leichten Sprache in Alltagsvollzügen.

Bibeltexte in Leichter Sprache sind wichtiger Bestandteil der Teilhabe am Evangelium. Gerade vor diesem Hintergrund möchte ich die Aussage von Bauer und Ettl unterstreichen: Menschen, die Leichte Sprache brauchen, *„sollen trotz aller Schwierigkeiten [...] das Wort Gottes hören und verstehen können."*[117] In den folgenden Unterkapiteln wird dargestellt, welchen Anteil Bibeltexte in Leichter Sprache an den fünf Dimensionen der Teilhabe am Evangelium haben können.

3.2.1 Bibeltexte in Leichter Sprache und die biblische Dimension

Leichte Sprache kommt als Terminus in der Bibel nicht vor. Dennoch weisen verschiedene Stellen darauf hin, dass es zielführend für die Verbreitung der guten Botschaft ist, verständlich zu kommunizieren. Dies zu tun und damit Teilhabe am Evangelium zu ermöglichen, findet sich besonders in der Apostelgeschichte und im 1. Korintherbrief wieder.

„[...] und sie wurden alle erfüllt von dem Heiligen Geist und fingen an zu predigen in anderen Sprachen, wie der Geist ihnen zu reden eingab." (Apg 2,4) Zusammen mit dem Psalmwort *„Eine Sprache höre ich, die ich bisher nicht kannte"* (Ps 81,6b), dessen Aussage die psalmbetende Person Gott in den Mund legt, kann es immer wieder neue Sprachen auf der Welt geben und zu diesen Sprachen kann auch Leichte Sprache gehören.

Das Pauluswort *„Ich bin allen alles geworden, damit ich auf alle Weise etliche rette. Alles aber tue ich um des Evangeliums willen, auf dass ich an ihm teilhabe."* (1 Kor 9,22.23) ist auch für die Legitimation der Notwendigkeit von Bibeltexten in Leichter Sprache zentral. Der evangelische Theologe Wolfgang Schrage legt besonderes Augenmerk auf den Begriff der Akkommodation, der in Vers 22b mit *„Ich bin allen alles geworden"* zusammengefasst wird. Nach Schrage richtet sich der Auftrag, das Evangelium zu verkündigen, an alle Menschen. Ziel sei es, Teilhabe am Evangelium zu ermöglichen und selbst am Evangelium teilzuhaben. Die Teilhabe am Evangelium schließe die Teilhabe am Heil ein. Dabei sei das Evangelium keine schicksalhafte Macht, der jeder Mensch passiv ausgeliefert sei, son-

---

[117] BAUER, DIETER; ETTL, CLAUDIO, Frohe Botschaft - ganz leicht?!, 266.

dern vielmehr die Zusage von Freiheit von jedem Zwang genauso wie der Auftrag, sich in den Dienst des Evangeliums zu stellen.[118]

Neben den Bibelversen kann auch Jesu Verhalten und Umgang mit den Menschen als wegweisend angesehen werden. Jesus hat seine Sprache in einigen Situationen seiner jeweiligen Zielgruppe angepasst,[119] z.B. wenn er versuchte, den Menschen mit Geschichten und Gleichnissen aus ihrem Alltag eine Vorstellung vom Reich Gottes oder dem in Gottes Augen ‚richtigen' Verhalten zu vermitteln. Darauf weisen auch Müller-Friese[120] und Bauer/Ettl[121] in ihren Texten hin.[122]

Die Teilhabe am Evangelium ist immer das Ziel; (Leichte) Sprache ist bei Bibeltexten der entscheidende Weg. Der katholische Theologe Andreas Poschmann schreibt:

„Leichte Sprache ist ein Appell an den Absender und keine Ausrede für den Empfänger. Wenn der Absender verstanden werden will, muss er sich auf den Empfänger einstellen [...] Wenn es um existenzielle und wichtige Dinge geht [...] dann hat Verständlichkeit oberste Priorität."[123]

Dabei kann das Wort durchaus mit non-verbalen Sprachelementen wie Gesten, Symbolen, Farben, Geruch und Geschmack verbunden werden.

3.2.2 Bibeltexte in Leichter Sprache und die Dimension der Zugänglichkeit und der Selbstbestimmtheit

Leichte Sprache wird im Zusammenhang mit sprachlicher Zugänglichkeit gerne als ‚Schlüssel zur Welt'[124] bzw. als ‚Schlüssel zur Enthinderung'[125] bezeichnet. Die drei Schlagworte Zugänglichkeit, Lesbarkeit und Verständlichkeit kennzeichnen dabei die Dimension der physischen und intellektuellen Barrierefreiheit, die die Selbstbestimmtheit und damit die Möglichkeit zur Urteilsbildung und Willensäußerung zur Folge hat. Bibeltexte in Leichter Sprache sind ein wichtiger Bestandteil dieser Dimension der Teilhabe am Evangelium.

---

[118] Vgl. SCHRAGE, WOLFGANG, Der erste Brief an die Korinther (1Kor 6,12-11,16) (EKK), 345ff, bes. 349.
[119] Vgl. BARCLAY, WILLIAM, Markusevangelium, 106.
[120] Vgl. MÜLLER-FRIESE, ANITA, „Verstehst du auch, was du liest?", 232ff.
[121] BAUER, DIETER; ETTL, CLAUDIO, Frohe Botschaft - ganz leicht?!, 264.
[122] Der Evangelist Markus weist allerdings auch immer wieder auf das Unverständnis der Jünger hin, die Jesu Belehrungen nicht oder erst viel später verstehen. Dieses ‚Unverständnismotiv' zieht sich durch das ganze Markusevangelium. Es dient der Wahrung des Messiasgeheimnisses, das im Markusevangelium zentral ist. Auch die Gleichnisse sind bei Markus eher verhüllende Rede, die nur einem kleinen Kreis ausgelegt und verständlich gemacht wird. Vgl. SCHMITHALS, WALTER, Das Evangelium nach Markus. Kapitel 9,2-16,20 (ÖTBK), 55f.
[123] POSCHMANN, ANDREAS, Nur was verstanden wird..., 183.
[124] CANDUSSI, KLAUS; FRÖHLICH, WALBURGA (Hrsg.), Leicht Lesen, Titel.
[125] AICHELE, VALENTIN, Leichte Sprache Schlüssel , Titel

Die verschiedenen medialen Zugänge zu Bibeltexten in Leichter Sprache haben das Potential, die meisten physischen Barrieren zu überwinden. Bibeltexte in Leichter Sprache gibt es zum Selbst-Lesen in Großdruck oder Blindenschrift, zum Hören oder als Grundlage für Gebärdensprache, im Internet, in Informationsbroschüren und Zeitungen, mit erklärend-unterstützenden Bildern und vor allem im Dialog mit anderen Menschen in Seelsorge, Gottesdienst oder Bildungszusammenhängen.

Der intellektuelle Zugang wird durch Bibeltexte in Leichter Sprache erleichtert. Beuers, Büsch und Straub schreiben in ihrem Buch „Wie Licht in der Nacht": „*Die elementare Sprache wird zur Faszination, wenn Großes in einfachen Worten ausgedrückt wird, ohne theologische Inhalte zu verzerren.*"[126]

„Mündig ist nur, wer sich informieren kann."[127] Dieses Zitat von Friedemann Schulz von Thun gilt nicht nur für Demokratien und aufgeklärte Gesellschaften, sondern auch für religiöse Zusammenhänge. Verständlichkeit ist eine Grundvoraussetzung von Bildung, die über den informativen Charakter hinausgeht. Teilhabe läuft zu einem Großteil über Sprache. Zu schwere Sprache, gesprochen oder gelesen, verhindert auch in religiösen Zusammenhängen nicht nur den Zugang zu Informationen, sondern auch das Verständnis von Zusammenhängen und damit den Erkenntnisgewinn. Der katholische Theologe Martin Merkens schreibt, die Einfachheit der Sprache fordere besonders dazu heraus, sich über den Glauben zu verständigen und die Bedeutung für unser Leben heute zu hinterfragen.[128]

Nicht zu unterschätzen ist die Wirkung von Bibeltexten in Leichter Sprache, die das Gefühl erzeugen können, etwas selbst erfasst und verstanden zu haben, ohne dass es einer zusätzlichen Erklärung bedarf. Ein solches Verstehen begünstigt einen emotionalen Zugang, wie ihn der katholische Publizist Erik Flügge insgesamt von der Sprache der Kirche fordert:

> „*Emotionales Berühren der Menschen [geschieht] dadurch, dass sie die Botschaft Gottes selbst verstehen. Überzeugung durch das Hochgefühl, es selbst kapiert zu haben, sich selbst etwas zu erschließen und für sich selbst zugänglich zu machen. Im Grunde nichts anderes als der große Klassiker der Lerntheorie: Wenn ich mir selbst etwas erschließe, dann lerne ich es nachhaltig und bin gleichzeitig motiviert, mehr begreifen zu wollen. [...] Was sich richtig anfühlt, ist subjektiv wahr. [...] Wahrhaftig nachhaltige Emotionalität [...] basiert darauf, dass Menschen das positive Hochgefühl haben, etwas verstanden zu haben. Ein Prozess, der umso wahrscheinlicher wird, je einfacher, konkreter und umgangssprachlicher wir etwas erklären.*"[129]

Ziel muss also sein, basale Zugänge für jeden Menschen zu schaffen. Basal, nicht banal. Der katholische Theologe Jochen Straub schreibt dazu:

---

[126] BEUERS, CHRISTOPH; BÜSCH, KARL-HERMANN; STRAUB, JOCHEN, Wie Licht in der Nacht, 9f.
[127] SCHULZ VON THUN, FRIEDEMANN, Miteinander reden: Störungen und Klärungen, 140.
[128] Vgl. MERKENS, MARTIN, Bibel-Geschichten in Leichter Sprache, 269.
[129] FLÜGGE, ERIK, Der Jargon der Betroffenheit, 82–83.

„In meiner Wahrnehmung ist sowohl die Leichte Sprache als auch die Einfache Sprache nicht banal, sondern basal. [...] Die Notwendigkeit, das Elementare einer Kommunikation und einer Aussage in den Blick zu nehmen, verhindert sogar, dass Texte banal werden."[130]

3.2.3 Bibeltexte in Leichter Sprache und die Dimension der Bildung und der Sprachfähigkeit

Zwei zentrale Funktionen der Leichten Sprache sind die Lernfunktion und die Brückenfunktion. Bereits im einleitenden Kapitel über Leichte Sprache (Kap. 1.1.2) wurde der Zusammenhang von Bildung und Leichter Sprache deutlich gemacht. Geringe Literalität spielt auch in religiösen Zusammenhängen eine große Rolle und verhindert im religiösen Bereich den Zugang zu Bildung.

Bibeltexte in Leichter Sprache können in Bildungszusammenhängen für mehr (religiöse) Literalität sorgen und durch die aufgeworfenen Themen die Auseinandersetzung mit den existenziellen Fragen und damit die Sprachfähigkeit in diesen Dingen befördern. Dies geschah in den von mir begleiteten Prüfgruppen während meiner Arbeit im Büro für Leichte Sprache in Volmarstein immer wieder, besonders im Zusammenhang mit der Prüfung von Bibeltexten oder Andachten in Leichter Sprache. Im Zusammenhang mit einem Text zum Totensonntag gerieten wir in der Prüfgruppe in eine Diskussion über den Zusammenhang von Text und Bild. Die Stimmung des Textes war zum Thema Tod und Trauer insgesamt eher gedrückt, was bei einer Prüferin deutliche Abwehrreaktionen zur Folge hatte („*Über sowas will ich am liebsten gar nicht reden*" – Prüferin L.S.). Die Wendung zur Hoffnung wurde bildlich durch eine Kerze dargestellt. Dies wurde von der Prüferin J.F. kommentiert mit: *„Die Kerze am Ende ist gut. So ein Licht braucht jeder. Besonders, wenn er traurig ist, weil jemand gestorben ist. Licht bedeutet Hoffnung."* Als diese Prüfeinheit zu Ende war, blieb die Prüferin L.S., bis alle anderen den Raum verlassen hatten und erzählte mir dann ausführlich vom Tod ihres Vaters, was ihr sichtlich gut tat. Schon die Prüfung von Text und Bild hatte das Entstehen einer seelsorglichen Situation bewirkt.

Die Lernfunktion baut darauf, dass Texte in Leichter Sprache durch ihre Einfachheit die Grundlage für spätere kompliziertere Texte sein können. Dies gilt auch für Bibeltexte in Leichter Sprache. Jochen Straub ist der Meinung, dass „[...] unsere Basis vielmehr die Leichte Sprache sein muss, die dann für alle Menschen, die ‚mehr' wollen, in einer komplexen Weiterführung angeboten wird."[131] Die Lernfunktion war besonders in den Prüfgruppen immer wieder sehr deutlich zu bemerken. Waren zu Beginn der Prüfung eines biblischen Textes noch Fragen zu ungewohnten Wörtern wie Jünger oder Gleichnis vorhanden, benutzten die Prüfenden nach kurzer Zeit eben diese Worte wie selbstverständlich. Sie mussten dann

---

[130] STRAUB, JOCHEN, Mit Gutem mehr Menschen erreichen, 276.
[131] Ebd.

immer wieder daran erinnert werden, dass sie auch für Menschen ohne Vorkenntnisse die Texte prüfen sollten. Der Prüfer K.E. mit einer ausgeprägten Fähigkeit zur Reflexion fragte einmal zu Beginn: „*Wie dumm müssen wir heute sein?*"

Die Brückenfunktion bekommt bei Bibeltexten noch einmal eine besondere Bedeutung. Diese besteht zum einen darin, dass es bei traditionellen Texten wie dem Vater Unser, der Geburtsgeschichte Jesu oder Psalm 23 oft zu einem Wiedererkennungseffekt kommt. Das kann in die eine wie in die andere Richtung geschehen, das Wiedererkennen kann vom Leichte-Sprache-Text zur traditionellen Übersetzung führen oder auch bei Kenntnis des traditionellen Textes im Leichte-Sprache-Text wiedererkannt werden. Das Erzeugen dieser Brückenfunktion gilt besonders, wenn Texte in Leichter und Schwerer Sprache parallel verwendet werden sollen, als Qualitätsmerkmal (vgl. Kap. 1.1.2). Die Brückenfunktion kann aber auch in der Tatsache liegen, die Menschen überhaupt zu erreichen. Anne Gidion schreibt dazu, bezogen auf Texte im Gottesdienst:

> „*Gottesdienst soll Wortverkündigung sein – aber wie an dieses Wort herankommen, es verständlich machen? Die biblischen Texte und liturgischen Gebete sind überliefert und da – zugleich soll ‚das Wort' aktuell werden, ‚zur Welt kommen', lebendig sein, ins Herz treffen. Um das Herz zu treffen, muss es auf etwas im Innern treffen, was schon da ist, was versteht, was glaubt, hört, mitbetet, sich einfühlen kann. ‚Leichte Sprache' ermöglicht diese Brücke.*"[132]

Damit wird außerdem deutlich, dass Bildung nicht nur in ausdrücklichen Bildungszusammenhängen geschieht, sondern ganz im Sinne des dimensionalen[133] Verständnisses von Religions- und Gemeindepädagogik in jeder Lebens- und Glaubensäußerung von Kirche.

Das schmälert die Bedeutung von Bibeltexten in Leichter Sprache in kirchlichen Bildungszusammenhängen nicht. Besonders im Religionsunterricht, in kirchlichen Kontaktstunden, im Kommunions- und Firmunterricht sowie in der Arbeit mit Konfirmand*innen können Bibeltexte in Leichter Sprache den Zugang zur Bibel und ihrer Bedeutung für den christlichen Glauben erleichtern. Dies gilt nicht nur für die Zielgruppe von Menschen mit Lese- und Lernschwierigkeiten. In allen katechetischen Zusammenhängen kann der Gedanke von Straub wegweisend sein, dass Leichte-Sprache-Texte die Grundlage bilden können, von denen aus dann je nach Möglichkeiten und Erfordernissen komplexer weitergedacht werden kann.[134]

Im Bereich des Religionsunterrichts ist David Faßbender wegweisend. Seine Beiträge wurden bereits im Kapitel 1.3.2 und 1.3.3 zur aktuellen Forschung beschrieben und gewürdigt, ebenso wie das Projekt „Sag's doch einfach mit deinen

---

[132] GIDION, ANNE, Verstehen leicht gemacht.
[133] Dimensional steht hier als Verständnis von Gemeindepädagogik als alle Handlungsfelder durchdringende Gesamtdimension im Gegensatz zum sektoralen Verständnis, das Gemeindepädagogik auf einzelne Handlungsfelder wie z.B. Kinder- und Jugendarbeit, Seniorenarbeit, Frauenhilfe begrenzt. (Vgl. FOITZIK, KARL, „Container-Begriff", 27ff.)
[134] Vgl. STRAUB, JOCHEN, Mit Gutem mehr Menschen erreichen, 276.

eigenen Worten" von Julia Baaden (geb. Kraft) und Stefan Altmeyer, die das Konzept der Leichten Sprache für die allgemeine religiöse Sprachfähigkeit von Kindern und Jugendlichen nutzbar machen.

3.2.4 Bibeltexte in Leichter Sprache und die Dimension der Gemeinschaft und der Spiritualität

Gemeinsame Sprache stiftet Gemeinschaft. In religiös-christlichen Zusammenhängen wird dies besonders im Gottesdienstgeschehen deutlich. Anne Gidion hat zu diesem Thema zahlreiche Aufsätze geschrieben, die bereits referiert wurden (vgl. Kap. 1.3.4) oder noch ausführlich zur Sprache kommen (vgl. Kap. 4.5).

Zusammenfassend lässt sich sagen, dass Gidion Bibeltexte in Leichter Sprache als zentrales Element eines inklusiven Gottesdienstes ansieht. Die Übersetzung eines Bibeltextes in Leichter Sprache sieht sie dabei genauso als ‚Korrektiv der eigenen Theologie'[135] an wie die Notwendigkeit, Menschen in verständlicher Art und Weise anzusprechen. Sie erleichtere den Einstieg, damit die Menschen überhaupt etwas erfahren könnten. Menschen wollten ja etwas begreifen. Es komme darauf an, dass die Gottesdienstbesucher*innen das Gefühl bekämen, im Gottesdienst werde etwas thematisiert, was sie interessiert. Durch Leichte Sprache werde der Zugang entscheidend erleichtert.[136] Gidion spricht dabei auch das ‚Unverfügbare' an und wehrt sich damit gegen die Kritik der Banalisierung: *„Es geht [...] nicht um eine lückenlose Verstehbarkeit, nicht um Trivialisierung und niedriges Niveau. Es geht [...] darum, in religiöser Sprache im Gottesdienst und darüber hinaus Raum zu schaffen für das Andere."*[137]

3.2.5 Bibeltexte in Leichter Sprache und die Dimension der Teilgabe

Bei Bibeltexten in Leichter Sprache entfaltet sich die Dimension der Teilgabe bereits im Übersetzungsprozess. Durch die Beteiligung von Menschen aus der Zielgruppe kommt es (wie unter 1.1.4 beschrieben) zum Austausch über die theologischen Inhalte eines Bibeltextes und die zu wählende geeignetste Formulierung in Leichter Sprache. Aber auch in den religions- und gemeindepädagogischen Anwendungszusammenhängen können Bibeltexte in Leichter Sprache der Anlass zu Gespräch und Austausch sein.

---

[135] Vgl. GIDION, ANNE, Selig bist du, wenn du weißt, wie du sprichst (Themenheft Gottesdienst), 31.
[136] HOLCH, CHRISTINE, Heiliges Rauschen.
[137] GIDION, ANNE, Leichte Sprache als ein Weg zur religiösen Rede, 205.

Teilgabe bezieht sich dabei auf alle Beteiligten und macht keinen Unterschied zwischen Lehrenden und Lernenden, Menschen mit oder ohne Vorwissen. Martin Merkens betont aber noch einmal besonders den Wert für Menschen mit Behinderungen. Durch Bibeltexte in Leichter Sprache bekämen Menschen mit Behinderungen ganz neu und manchmal erstmals Zugang zu biblischen Texten. Die Einfachheit der Sprache ermutige besonders, sich über den Glauben zu verständigen und sich über das Gelesene oder Gehörte auszutauschen. Diese Diskussion müsse dann ebenfalls in angemessener Sprache erfolgen.[138]

Die gemeinsame Gestaltung inklusiver Gottesdienste mit Menschen mit und ohne Behinderung ist ein gutes Beispiel, wo bereits in der Vorbereitung Teilgabe möglich ist. Auch hier sind Bibeltexte in Leichter Sprache Gesprächsöffner und bieten eine Chance zur echten gemeinsamen Vorbereitung.

Als ich 2019 beim Kirchentag in Dortmund zu Lk 7,36-50 eine Bibelarbeit zusammen mit der Prüferin J.F. aus Volmarstein halten durfte, haben wir die Bibelarbeit gemeinsam anhand des Textes in Leichter Sprache vorbereitet. Gemeinsam haben wir die Geschichte gelesen und sind über verschiedene, auch ungewöhnliche Themen ins Gespräch gekommen. Dadurch kam es bei uns beiden zu Denkanstößen und Lernprozessen, die wir als bereichernd wahrgenommen haben.

Teilhabe am Evangelium baut zentral auf die Möglichkeit zur Teilhabe an biblischen Texten auf. Biblische Texte eigenständig verstehen und lesen zu können, stärkt die Selbstbestimmtheit, ermutigt zum Dialog und mündet in Partizipation an der Gemeinschaft in Christus. Die zukunftsweisende Zu-Mutung biblischer Texte gerät so zum Wohl aller Beteiligten. Leichte Sprache ermöglicht diese Rezeption und trägt damit maßgeblich zur Umsetzung der Teilhabe am Evangelium bei.

---

[138] Vgl. MERKENS, MARTIN, Bibel-Geschichten in Leichter Sprache, 269.

4. Die Übersetzungslandschaft im deutschsprachigen Raum

4.1 Vorbemerkungen

Die folgende Beschreibung der Übersetzungslandschaft im deutschsprachigen Raum bedarf einiger Vorbemerkungen. Dieses Kapitel erläutert, welche Projektgruppen ausgewählt wurden und welche Voraussetzungen sie für diese Wahl erfüllen mussten. Außerdem werden die untersuchten Aspekte kurz inhaltlich dargestellt und ihre Auswahl und Relevanz begründet.

4.1.1 Die Auswahl der Gruppen

Um für diese Arbeit ausgewählt zu werden und in den Interviews selbst zu Wort zu kommen, mussten die Projektgruppen folgende Kriterien erfüllen:
— ‚Leichte Sprache' wird als feststehender Begriff verwendet und ‚Leicht' daher groß geschrieben. Wer Leichte Sprache mit ‚großem L' schreibt, beruft sich auf das Label ‚Leichte Sprache', was die Anwendung eines der gängigen Regelwerke impliziert.[1]
— Die Gruppen mussten Erfahrungen mit Leichter Sprache und Bibeltexten haben und diese in der Praxis erprobt und/oder einer Öffentlichkeit zugänglich gemacht haben.
— Es war wünschenswert, mindestens zu einem Mitglied der Gruppe einen intensiveren Kontakt herzustellen, um diesen Kontakt für das qualitative Expert*innen-Interviews und für Detailfragen nutzen zu können.

Diesen Kriterien folgend wurden folgende Gruppen ausgewählt:
1. **Büro für Leichte Sprache der Lebenshilfe Bremen**
2. **Offene Bibel e.V.**
3. **Arbeitsgruppe Leichte Sprache des Deutschen Evangelischen Kirchentags**
4. **Projektgruppe „Leicht gesagt"**
5. **Projekt „Evangelium in Leichter Sprache" des Katholischen Bibelwerks und der Akademie Caritas-Pirckheimer-Haus Nürnberg**
6. **Büro für Leichte Sprache der Diakonie Mark-Ruhr**
7. **Büro für Leichte Sprache der Diakonischen Sitftung Wittekindshof.**

---

[1] Vgl. BOCK, BETTINA M.; LANGE, DAISY; FIX, ULLA, Das Phänomen „Leichte Sprache", 13.

Vorbemerkungen

Die Reihenfolge der Nennungen richtet sich nach der Chronologie der jeweils ersten Veröffentlichung von Bibeltexten in Leichter Sprache. Dabei kommt es zu der Schwierigkeit, dass bei dem Projekt „Offene Bibel" dieser Zeitpunkt nicht mehr festgestellt werden kann und bei den beiden Büros für Leichte Sprache der Diakonie Mark-Ruhr und des Wittekindshofs nur interne Veröffentlichungen stattgefunden haben. Bei diesen drei Übersetzendengruppen wurde daher das Gründungsdatum des Vereins Offene Bibel e.V. oder des jeweiligen Büros für Leichte Sprache zugrunde gelegt.

4.1.2 Quellen

Die Quellen für die Beschreibung der Projektgruppen sind zunächst alle Veröffentlichungen der Projektgruppen bzw. ihrer Auftraggeber. Darüber hinaus werden das Interviewmaterial der qualitativen Expert*innen-Interviews und interne Dokumente herangezogen, besonders dort, wo es keine veröffentlichten Informationen über die Übersetzendengruppen gibt. Weitere Informationen stammen aus protokollierten Telefonaten und aus E-Mails mit den Kontaktpersonen. Einige Projektgruppen wurden auch in der Presse oder in wissenschaftlichen Abhandlungen erwähnt. Diese werden zur Beschreibung ebenfalls herangezogen.

4.1.3 Das Raster für die Beschreibung

Das Raster für die Beschreibung orientiert sich an folgenden Fragen:
— Wer gehört zur Projektgruppe? Wer übersetzt? Wer ist neben den Übersetzenden beteiligt?
— Welche Auftraggeber stehen dahinter?
— Welche Intentionen werden verfolgt?
— Wer ist die Zielgruppe?
— Was wird übersetzt und wie wird dies ausgewählt?
— Wie wird übersetzt?
— Wie sehen Form und Umfang von Veröffentlichungen aus?

Die Beteiligten

Unter diesem Stichwort werden die Mitglieder der Projektgruppe beschrieben. Dabei gibt es einen Fokus auf die Übersetzenden.[2] Wie wurden die Übersetzen-

---

[2] Im Folgenden wird weiter der Terminus ‚Übersetzung' und für die Akteur*innen der Terminus ‚Übersetzende' verwendet. Diese Entscheidung beruht darauf, den Prozess der Schaffung eines Textes in Leichter Sprache auf Grundlage eines Textes in Alltagssprache

den ausgewählt bzw. wie haben sie sich zusammengefunden? Wie transparent wird dieser Prozess gestaltet? Welche Qualifikation(en) mit Bezug auf Leichte Sprache und Bibeltexte haben sie und wie ist ihre Geschichte mit der Leichten Sprache? Welche konfessionellen Besonderheiten bestehen, und gibt es Kontakte zu Menschen anderer Übersetzendengruppen? Welche weiteren Personen sind am Übersetzungsprozess beteiligt? Welche Aufgaben haben sie, wie werden sie ausgewählt, in welcher Form werden sie beteiligt?

Die Beantwortung dieser Fragen schafft ein Bild von den Personen, die hinter den Übersetzungen stehen, und veranschaulicht persönliche und fachliche Hintergründe und Beweggründe der Übersetzenden.

Aus Datenschutzgründen liegt der Fokus namentlich genannter und detailliert beschriebener Personen auf den Mitgliedern der Übersetzendengruppen. Bei allen anderen Beteiligten wurden zum Schutz der Persönlichkeitsdaten Verallgemeinerungen oder ggfs. auch Pseudonymisierungen vorgenommen. Gerade bei den Prüferinnen und Prüfern soll dies keine Minderwertschätzung bedeuten. Sie sind in vielen Veröffentlichungen namentlich genannt. Das Dilemma zwischen Datenschutz und Wertschätzung durch ausdrückliche Erwähnung ist hier nicht aufzulösen. Aufgrund der Rechtslage wurde der Weg der Datenminimierung persönlicher Daten und die Reduzierung auf die für diese Arbeit relevanten Daten gewählt.

Regeln und Definition

Das Konzept ‚Leichte Sprache' folgt Regeln. Die Rasterkategorie Regeln beantwortet die Frage nach dem verwendeten Regelwerk, eigenen Formulierungen desselben und ggfs. vorgenommenen Modifikationen der Regeln. Durch diese Kategorie kann festgestellt und verglichen werden, nach welchen Regelwerken gearbeitet wird und ob oder wie diese priorisiert oder modifiziert werden. Jede Gruppe, jede*r Übersetzende, hat ein bestimmtes Verständnis von Leichter Sprache und Übersetzung in Leichte Sprache. In Vorworten zu Veröffentlichungen und Paratexten finden sich immer wieder Kurzbeschreibungen dieses spezifischen Verständnisses von Leichter Sprache. Auch die Frage, ob die Bibeltexte in Leichter Sprache eher als Übersetzung oder als Übertragung bzw. Bearbeitung verstanden werden, finden hier ihren Ort. Die Betrachtung dieser Beschreibungen und Definitionen ermöglicht Erkenntnisse über das Grundverständnis von Leichter Sprache und offenbart im Vergleich gemeinsame Ursprünge verschiedener Projektgruppen.

---

oder ‚schwerer' Sprache als Übersetzung zu bezeichnen. (Vgl. Kap. 2.2.4.2, Exkurs zu der Frage Übersetzung oder Übertragung).

Vorbemerkungen

Rahmenbedingungen

Die meisten Projektgruppen haben eine*n Auftraggeber*in und unterliegen damit bestimmten Rahmenbedingungen. Diese betreffen zum einen den Text selbst, also die Wahl der Textstelle und des Ausgangstextes, und zum anderen den Verwendungszusammenhang. Der*die Auftraggeber*in spielt u.U. auch für Intention und Zielgruppe eine entscheidende Rolle. Das Vorhandensein eines Auftraggebers*einer Auftraggeberin spielt eine entscheidende Rolle in der Klassifizierung der Übersetzendengruppen, also des Kerns der Projektgruppen.

Martin Leutzsch unterscheidet vier Typen von Bibelübersetzungen. Er berücksichtigt dabei zum einen, ob es sich bei den Übersetzenden um ein Team oder um eine Einzelperson handelt und ob die Übersetzung mit oder ohne Beauftragung geschieht.

Daraus ergeben sich vier Typen:
Typ 1: Einzelperson ohne Beauftragung, z.B. Martin Luther
Typ 2: Einzelperson mit Beauftragung, z.B. Hieronymus
Typ 3: Gruppe ohne Beauftragung, z.B. Bibel in gerechter Sprache
Typ 4: Gruppe mit Beauftragung, z.B. Einheitsübersetzung[3]
Je nach Typ kann man den Abstimmungsbedarf einschätzen, der innerhalb des Übersetzungsprozesses nötig ist. Eine Einzelperson ohne Auftrag hat demnach den geringsten Abstimmungsbedarf und eine Gruppe mit Auftrag den höchsten, nämlich innerhalb der Gruppe und mit dem Auftraggeber.[4]
Es wird eine Einordnung der Übersetzendengruppen vorgenommen. Bei einigen Gruppen kann man beobachten, dass sich die Arbeitsbedingungen im Laufe der Zeit verändert haben und sich dadurch auch die Zuordnung zu einem Typ ändert.

Veröffentlichung

Hier geht es um Art und Weise der Veröffentlichung und Verbreitung und das Verfassen und Veröffentlichen von Paratexten innerhalb und neben der Veröffentlichung. Veröffentlichungen von Bibeltexten in Leichter Sprache erfolgen durch Print-, Audio- und Onlinemedien, aber auch durch gesprochene Sprache in Radioandachten oder Fernsehgottesdiensten. Paratexte und der jeweilige Verwendungszusammenhang haben ebenfalls Einfluss auf die Verbreitung von Bibeltexten in Leichter Sprache. Erkenntnisse dieser Kategorie klären Verbreitungs- und Bekanntheitsgrad in bestimmten Umfeldern. Sie erklären auch die Einbettung der Texte in einen größeren Zusammenhang.

---

[3] Vgl. LEUTZSCH, MARTIN, Enteignung und Aneignung, 41–43.
[4] Vgl. ebd.

Intention und Zielgruppe

Jede Projektgruppe verfolgt eine bestimmte Intention und hat verschiedene Hintergründe für ihre Motivation. Dies hängt oft eng mit der Zielgruppe zusammen. Eine Untersuchung von Intention und Motivation kann u.U. später dazu herangezogen werden, Übersetzungsentscheidungen zu verstehen und zu interpretieren.

Arbeitsprozess (organisatorisch und inhaltlich)

Der Arbeitsprozess wird sowohl organisatorisch als auch inhaltlich betrachtet. Organisatorisch werden so die Arbeitsabläufe beschrieben. Inhaltlich geht es um verschiedene Übersetzungsschritte und die theologische, sprachliche und zielgruppenorientierte Qualitätssicherung im Übersetzungsprozess. Es wird auch die Frage untersucht, was die Übersetzenden bei den Rezipient*innen an Vorwissen voraussetzen.

Problemlagen und (Selbst-)Kritik

Jede Projektgruppe beschreibt wiederkehrende Problemlagen und den Umgang damit. Darüber hinaus setzt sie sich mit Kritik auseinander und äußert sich auch selbstkritisch zu Chancen und Grenzen von Bibeltexten in Leichter Sprache. Die Problemlagen werden im 5. Kapitel in Form der qualitativen Expert*innen-Interviews in der Innensicht vertieft und im 6. Kapitel in der Betrachtung der Kritik ‚von außen' noch einmal in besonderer Weise aufgenommen.

Entwicklung und aktueller Stand des Projekts

Jede Projektgruppe hat ihre eigene Geschichte und Entwicklung. Einige Gruppen haben ihre gemeinsame Arbeit beendet oder waren nur für ein einziges Projekt eine gemeinsame Gruppe. Andere Gruppen bestehen bis heute, manche davon in wechselnder Besetzung, andere immer mit denselben Personen. Erkenntnisse aus dieser Kategorie zeigen Entwicklungen innerhalb der Projektgruppen auf und erklären u.U. Widersprüche oder verschiedene Aussagen oder Übersetzungen innerhalb einer Gruppe.

4.2 *Lebenshilfe Bremen*

Die Lebenshilfe Bremen gründete 2004 das erste Büro für Leichte Sprache in Deutschland. Von Anfang an haben hier Menschen mit und ohne Behinderungen zusammengearbeitet. Die Aufgaben des Büros waren und sind die Übersetzung und Prüfung von Texten und Bildern in Leichter Sprache sowie die Produktion von Büchern, Heften und Geschichten in Leichter Sprache. Zu den weiteren Aufgaben gehörte Netzwerk- und Lobbyarbeit für Leichte Sprache und die Aus- und Fortbildung von Übersetzer*innen und Prüfer*innen.[5] 2006 gründete das Büro für Leichte Sprache der Lebenshilfe Bremen zusammen mit anderen Organisationen und Büros das Netzwerk Leichte Sprache.[6]

Von 2010-2016 übersetzte das Büro mehrere Bibelgeschichten in Leichte Sprache. 2010 entstand durch das Projekt „Die Weihnachtsgeschichte in Leichter Sprache" das erste Buch mit einer Bibelgeschichte in Leichter Sprache. 2013 wurde das Buch „Leichte Sprache - die Bilder" veröffentlicht, die bis dahin größte Sammlung von Bildern zu Texten in Leichter Sprache. Alle Bilder stammen von Stefan Albers.[7] 2014 wurde die Lebenshilfe Gesellschaft für Leichte Sprache eG gegründet.[8] Aus langjähriger Erfahrung und auf Grundlage wissenschaftlicher Erkenntnisse hat die Genossenschaft partizipativ ein gemeinsames Regelwerk erarbeitet, mit dem sich alle Mitglieder an einen gemeinsamen Qualitätsstandard binden.[9]

Auf der Homepage der Genossenschaft heißt es dazu:

„Die Grundlagen für dieses Regelwerk sind die Regeln für Leichte Sprache vom Netzwerk Leichte Sprache e.V. und die langjährige praktische Erfahrung unserer Übersetzerinnen und Übersetzer in Zusammenarbeit mit den Prüferinnen und Prüfern."[10]

Gleichzeitig stellt das Regelwerk den Auftakt zum zweiten Kernziel der Genossenschaft dar, der fortlaufenden Weiterentwicklung von Leichter Sprache.[11] Auf dieser Grundlage vergibt die Genossenschaft ein Siegel für Leichte Sprache. Die Einhaltung der Standards wird mit einem Qualitätssicherungsprozess durch einen Prüfvorgang innerhalb der Genossenschaft überprüft.[12]

2014-2016 fand das (Folge-)Projekt „Bibeltexte in Leichter Sprache" statt. Die entstandenen Texte wurden in Form von vier weiteren illustrierten Büchern herausgegeben, die außerdem jeweils als Hörbuch und als Gebärdenvideo veröffentlicht wurden.[13] Im Einzelnen wurden übersetzt und veröffentlicht:
- 2014: Die Ostergeschichte in Leichter Sprache

---

[5] Vgl. Büro für Leichte Sprache Lebenshilfe Bremen, Das Büro für Leichte Sprache. Die Geschichte vom Büro.
[6] Vgl. ebd.
[7] Vgl. ebd.
[8] Vgl. ebd.
[9] Vgl. Lebenshilfe Gesellschaft für Leichte Sprache e.G., Geprüfte Qualität.
[10] Ebd.
[11] Vgl. ebd.
[12] Vgl. ebd.
[13] Vgl. Büro für Leichte Sprache Lebenshilfe Bremen, Die Geschichte vom Büro.

- 2014: Die Josefsgeschichte in Leichter Sprache
- 2015: Gott macht die Welt. Gott rettet Menschen und Tiere. 2 Geschichten aus der Bibel in Leichter Sprache
- 2016: Geschichten von Jesus in Leichter Sprache.[14]

Die Leitung des Büros für Leichte Sprache hatte während der Projektzeit Elisabeth Otto.[15]

Weitere Aktivitäten des Büros für Leichte Sprache neben und nach dem Bibelprojekt:
- 2015-2018: Projekt: Kurze Geschichten in Leichter Sprache
- seit 2015: Wahlunterlagen in Bremen in Leichter Sprache
- 2018-2019: Projekt: Krimi mit 3 Teilen in Leichter Sprache
- 2019: Gründung des Online-Shops. Dort sind über 2000 Bilder, mehr als 30 Kurzgeschichten und weitere Bücher in Leichter Sprache erhältlich.
- seit 2019: Projekt: Materialien für den inklusiven Deutschunterricht, die außer in Leichte auch in Einfache Sprache übersetzt wurden. Sie sind als Audioversion und mit unterstützendem Bildmaterial erhältlich. Ergebnisse dieses Projekts (Fabeln) sind kostenlos erhältlich.[16]

4.2.1 Die Beteiligten

In den Veröffentlichungen der Übersetzungen der Bibelgeschichten in Leichte Sprache sind die Beteiligten jeweils genau aufgelistet. Für die Übersichtlichkeit wurde für diese Darstellung die Tabellenform gewählt. Die Angaben beziehen sich, wenn nicht anders angegeben, auf die jeweilige Veröffentlichung in Leichter Sprache. Die Namen der Prüfer*innen werden in den Veröffentlichungen von 2014 und 2015 genannt, hier jedoch aus Datenschutzgründen nicht aufgelistet. Die weiteren Beteiligten sind in den Veröffentlichungen ausdrücklich mit Namen und zum großen Teil mit Fotos veröffentlicht und werden daher hier auch genannt.

---

[14] Vgl. MERKENS, MARTIN, Bibel-Geschichten in Leichter Sprache, 267f.
[15] Vgl. HOLLENBACH, MICHAEL, Weg vom Bibel-Sprech, 30.
[16] Vgl. BÜRO FÜR LEICHTE SPRACHE LEBENSHILFE BREMEN, Die Geschichte vom Büro.

Tabelle 2: Veröffentlichungen der Bibelgeschichten in Leichter Sprache

Veröffentlichung	Die Weihnachts-Geschichte in Leichter Sprache (2010)	Die Oster-Geschichte in Leichter Sprache (2014)	Die Geschichte über Josef in Leichter Sprache (2014)
Übersetzende	das Büro für Leichte Sprache der Lebenshilfe Bremen; keine Angabe von Namen	das Büro für Leichte Sprache der Lebenshilfe Bremen; keine Angabe von Namen	das Büro für Leichte Sprache der Lebenshilfe Bremen; keine Angabe von Namen
Prüfende	keine Angabe von Namen	17 Menschen der Lebenshilfe Bremen	17 Menschen der Lebenshilfe Bremen, davon 12, die auch bei der Ostergeschichte dabei waren
Theologische Beratung	keine	Arbeitskreis Theologie und Seelsorge: Robert Haas, Jilian Beer, Martin Merkens, Monika Haslberger, Birgit Biesenbach, Armin Gissel, Jochen Straub	Arbeitskreis Theologie und Seelsorge: Robert Haas, Jilian Beer, Martin Merkens, Monika Haslberger, Birgit Biesenbach, Armin Gissel, Jochen Straub weiterer Berater: Matthias Rösel
Illustration	Stefan Albers	Stefan Albers	Stefan Albers
Gebärdenvideo	nein	Josef Rothkopf	Josef Rothkopf
Audiofassung	nein	Sprecherin: Myriam Utz	Sprecherin: Myriam Utz
Weitere Beteiligte	keine Angabe	Musikprojekt: Robert Haas (Komponist, Klavier), Georg Schwikart (Text), Lydia Schiller (Gesang), Markus Kerber (Flöte, Saxophon), Sebastian Kern (Schlagzeug, Gitarre) PC-Version des Buches: Albrecht Mühlenschulte Verlag des Buches: Lebenshilfe Verlag Verlag der CD: Robert Haas Musikverlag Geldgeber: Aktion Mensch	Musikprojekt: Robert Haas (Musik und Text), Sebastian Kern, Tiny Schmauch, Lydia Schiller, Markus Kerber, Robert Haas (musikalische Ausführung) PC-Version des Buches: Albrecht Mühlenschulte Verlag des Buches: Lebenshilfe Verlag Verlag der CD: Robert Haas Musikverlag Geldgeber: Aktion Mensch

Veröffentlichung	Gott macht die Welt Gott rettet Menschen und Tiere (2015)	Geschichten von Jesus in Leichter Sprache (2016)
Übersetzende	das Büro für Leichte Sprache von der Lebenshilfe Bremen; keine Angabe von Namen	das Büro für Leichte Sprache von der Lebenshilfe Bremen; keine Angabe von Namen
Prüfende	19 Menschen der Lebenshilfe Bremen, davon 15, die bei der Josefsgeschichte im Prüfteam waren	keine namentliche Nennung
Theologische Beratung	Arbeitskreis Theologie und Seelsorge: Robert Haas, Jilian Beer, Martin Merkens, Monika Haslberger, Birgit Biesenbach, Armin Gissel, Jochen Straub weitere Berater: Matthias Rösel, Simon Görler	Arbeitskreis Theologie und Seelsorge: Robert Haas, Jilian Beer, Martin Merkens, Monika Haslberger, Birgit Biesenbach, Armin Gissel, Jochen Straub
Illustration	Stefan Albers	Stefan Albers
Gebärdenvideo	Josef Rothkopf	Josef Rothkopf
Audiofassung	Sprecher: Henning Scherf	Sprecher: Oliver Pagel
Weitere Beteiligte	Musikprojekt: Robert Haas (Komponist), Sebastian Kern, Evelyn Huber, Markus Kerber, Robert Haas (musikalische Ausführung) PC-Version des Buches: Andreas Sassermann Verlag des Buches: Lebenshilfe Verlag Verlag der CD: Robert Haas Musikverlag Geldgeber: Aktion Mensch	Musikprojekt: Robert Haas (Komponist) Hinweis auf weitere Musiker ohne namentliche Nennung PC-Version des Buches: Andreas Sassermann Verlag des Buches: Lebenshilfe Verlag Verlag der CD: Robert Haas Musikverlag Geldgeber: Aktion Mensch

Laut Martin Merkens entstand die Idee, die Geburtsgeschichte Jesu zu übersetzen, bei der Suche nach möglichen neuen Übersetzungsprojekten von allgemeinem Interesse.[17] So fehlte in der Vorbereitung der Veröffentlichung der Geburtsgeschichte Jesu noch die theologische Beratung – ‚etwas blauäugig', wie es der Geschäftsführer selbst rückblickend beurteilt.[18]

Der Erfolg der Veröffentlichung führte dazu, weitere Bibelgeschichten zu übersetzen. Die Erfahrungen mit der Geburtsgeschichte Jesu hatten gezeigt, dass eine theologische Beratung der Übersetzungsarbeit gut tun würde und so wurde für die weiteren Übersetzungen eine Kooperation mit dem Arbeitskreis Seelsorge und Theologie der Bundesvereinigung Lebenshilfe vereinbart.[19] Martin

---

[17] Vgl. MERKENS, MARTIN, Bibel-Geschichten in Leichter Sprache, 267.
[18] Vgl. ebd.
[19] Vgl. ebd.

Merkens aus diesem theologischen Beratungskreis beschreibt die besondere Ausgangslage, dass *„das Büro für Leichte Sprache [...] zwar die nötige Fachkenntnis zum Verfassen von Texten in Leichter Sprache [hatte], dort [...] aber niemand über das entsprechende theologische Hintergrundwissen [verfügte]."*[20]

Ab 2016 wurde dann interprofessionell an den Übersetzungen gearbeitet. Der Übersetzungsprozess brachte Menschen unterschiedlicher Professionen miteinander ins Gespräch. Das eröffnete neue Perspektiven für alle Beteiligten.[21] Die Mitglieder des Arbeitskreises Seelsorge und Theologie konnten ihre Fachkompetenz besonders durch ihre Erfahrungen in der Seelsorge mit Menschen mit Behinderungen und mögliche Anwendungszusammenhänge für Bibeltexte in Leichter Sprache einbringen.[22] Die Zusammenarbeit zwischen den theologischen und den translatorischen Fachleuten war sehr bereichernd: Die Mitarbeitenden des Büros für Leichte Sprache zeigten wachsendes Interesse an theologischen und religiösen Fragen, während die Theolog*innen einen Zugang zur Leichten Sprache und den Bedingungen für das Verstehen von (biblischen) Texten bekamen.[23] Anne Wrede war Mitarbeiterin im Leichte-Sprache-Büro. Sie empfand die Übersetzung der Bibeltexte als Herausforderung.[24] In einem Zeitungsartikel wird sie zitiert mit: *„Wir haben das intern Bibel-Sprech genannt, diese antiquierten Äußerungen, die man nicht verstehen kann, wenn man mit der Bibel nicht vertraut ist."*[25]

Großer Wert wird in Bremen auf die Prüfung der Texte gelegt. Die Prüfer*innen sind die wahren Expert*innen – in eigener Sache, was die Verständlichkeit von Texten angeht.[26] Nicole Papendorf war mehrere Jahre auf einem regulären Außenarbeitsplatz des Büros für Leichte Sprache angestellt. Sie war daher vermutlich an der Prüfung aller Bibelbücher beteiligt,[27] auch wenn sie in keiner der Veröffentlichungen als Prüferin genannt wird. In einem Artikel zur Ostergeschichte in Publik Forum 8/2014 wird sie als Prüferin vorgestellt.[28]

Stefan Albers war an allen Bibelgeschichten mit seinen Illustrationen beteiligt und hat sie mit den Leichte-Sprache-Bildern geprägt. Er hat die Bilder speziell für die Bibelgeschichten entworfen.

---

[20] Ebd.
[21] Vgl. ebd.
[22] Vgl. ebd., 268.
[23] Vgl. ebd., 268f.
[24] Vgl. HOLLENBACH, MICHAEL, Weg vom Bibel-Sprech, 30.
[25] Ebd.
[26] Vgl. STRAßMANN, BURKHARD, Leichte Sprache: Deutsch light.
[27] Vgl. LAUENSTEIN, BRITTA ET AL., Lebenshilfe Bremen, Korrekturversion, 5.
[28] Vgl. HOLLENBACH, MICHAEL, Weg vom Bibel-Sprech, 30.

4.2.2 Regeln und Definition

Das Büro für Leichte Sprache verfügt über eine ausführliche Internetpräsenz in Alltagssprache und in Leichter Sprache. Auf den Seiten in Leichter Sprache wird beschrieben, was Leichte Sprache ist:

> „Was ist Leichte Sprache?
> Leichte Sprache ist leichter zu lesen.
> Texte in Leichter Sprache haben zum Beispiel
> - einfache Wörter.
> - kurze Sätze.
> - Bilder.
> Testleser lesen Texte in Leichter Sprache.
> Testleser sind Menschen, für die der Text geschrieben ist.
> Zum Beispiel:
> Menschen mit geistiger Behinderung.
> Sie können am besten sagen, ob ein Text wirklich leichter zu lesen ist."[29]

Eine der ersten Regelsammlungen für Leichte Sprache wurde vom Büro für Leichte Sprache der Lebenshilfe Bremen zusammen mit Inclusion Europe und dem Netzwerk Leichte Sprache veröffentlicht. Sie ist bis heute im Internet abrufbar.[30] Zur Zeit des Projekts folgten die Übersetzer*innen diesen Regeln.

Zur Streitfrage Übersetzung oder Übertragung gibt es in den Veröffentlichungen keine Aussagen. Das Büro für Leichte Sprache der Lebenshilfe Bremen wählt auf seinen Internetseiten durchgängig und ausschließlich den Terminus ‚übersetzen'.[31] Die Mitarbeiterin Marion Klanke verweist darauf, dass sich Bibeltexte in Leichter Sprache sehr gut als intralinguale Übersetzung beschreiben lassen und ihrer Meinung nach aus sprachwissenschaftlicher Sicht derzeit nur wenig Diskussionsbedarf bestehe.[32]

4.2.3 Rahmenbedingungen

*Trägerin und Auftraggeber*innen*

Trägerin des Büros für Leichte Sprache ist die Lebenshilfe für Menschen mit geistiger Behinderung Bremen e.V. Übersetzungsaufträge für das Büro kommen von einer Vielzahl von Auftraggeber*innen: Einrichtungen der Behindertenhilfe, Interessenvertretungen und Selbsthilfeorganisationen, Bildungseinrich-

---

[29] BÜRO FÜR LEICHTE SPRACHE LEBENSHILFE BREMEN, Was ist Leichte Sprache?.
[30] Vgl. BÜRO FÜR LEICHTE SPRACHE LEBENSHILFE BREMEN, Gute Leichte Sprache.
[31] Vgl. LEBENSHILFE BREMEN, Büro für Leichte Sprache.
[32] Vgl. LAUENSTEIN, BRITTA ET AL., Lebenshilfe Bremen, Korrekturversion, 6.

tungen, Ämter, Behörden, Parteien, Krankenkassen und Ärzt*innen, Medien und Verlage, Firmen, Fachleute, Multiplikator*innen und weitere Interessierte[33]

Die Übersetzungen der Bibeltexte in Leichte Sprache waren eigene Projekte des Bremer Büros. Der Erfolg der Geburtsgeschichte Jesu führte dazu, dass die Lebenshilfe Bremen weitere Übersetzungen von Bibelgeschichten ins Auge fasste. Durch eine Förderung der Aktion Mensch konnten insgesamt vier weitere Hefte mit Geschichten aus der Bibel finanziert werden.[34] Externe Auftraggeber*innen werden nirgends erwähnt, auch wenn die Kirchen generell als Auftraggeberinnen für Projekte genannt werden.

Damit gehört die Übersetzendengruppe des Bremer Büros im Falle der Bibelübersetzungen zum Leutzschschen Übersetzungstyp 3, also zu einer aus sich selbst heraus motivierten Gruppe ohne direkten Auftraggeber.[35] Durch die Abhängigkeit von Fördergeldern und die Lebenshilfe Bremen als übergeordnete Organisation und Arbeitgeberin der Beteiligten besteht jedoch ein gewisse Tendenz zu Kategorie 4, Gruppe mit Auftraggeberin, wobei der Abstimmungsbedarf mit der Auftraggeberin oder der Zuschussgeberin in diesem Fall kaum vorhanden war.

Verwendungszusammenhang

Neben einem allgemeinen Marktinteresse wurden die Bibelgeschichten in Leichter Sprache besonders für die Verwendung in Einrichtungen der Behindertenhilfe produziert, z.B. bei Besinnungstagen.[36]

Textauswahl und -anordnung, Ausgangstext

Bei der Textauswahl zeichnet sich die Lebenshilfe Bremen durch ein für die Übersetzung von Bibeltexten in Leichte Sprache einmaliges Vorgehen aus: Das Besondere an der Übersetzung der Geburtsgeschichte Jesu war, dass es als Ausgangstext nicht einfach eine Bibelstelle gab, sondern der Text als Evangelienharmonie aus den verschiedenen Evangelien erst zusammengestellt wurde.[37] Dies gilt auch für die Ostergeschichte. Grund dafür war, dass die Menschen ein bestimmtes Bild der Gesamtgeschichte im Kopf haben. Diese Gesamtgeschichte musste daher zuerst zusammengestellt und dann in Leichte Sprache übersetzt werden.[38] Bei der Weihnachtsgeschichte wurden die Perikopen Lk 1,26-38, Mt 1,16-25, Lk 2,1-20 und Mt 2,1-15 zu einer Gesamtgeschichte zusammengesetzt.

---

33 Vgl. LEBENSHILFE BREMEN, Büro für Leichte Sprache.
34 Vgl. MERKENS, MARTIN, Bibel-Geschichten in Leichter Sprache, 267.
35 Vgl. LEUTZSCH, MARTIN, Enteignung und Aneignung, 41–43.
36 Vgl. MERKENS, MARTIN, Bibel-Geschichten in Leichter Sprache, 269.
37 Vgl. ebd., 267.
38 Vgl. ebd., 267.

Bei der Ostergeschichte sind Teile aus allen Evangelien enthalten, eine genaue Zuordnung zu den jeweiligen Evangelien ist nicht möglich.

Die Jesusgeschichten stammen alle aus dem Lukasevanglium (Der barmherzige Samariter Lk 10,1-37; Der verlorene Sohn Lk 15,11-32; Zachäus 19,1-10). Bei der Erstellung bzw. Auswahl des Ausgangstextes wurden verschiedene Bibelübersetzungen (z.B. Einheitsübersetzung und Hoffnung für alle) nebeneinander gelegt und verglichen.[39]

4.2.4 Veröffentlichung

Die Veröffentlichung der Bibelgeschichten In Leichter Sprache geschah in den Jahren 2010-2016 in der bereits genannten Reihenfolge:
— 2010: Die Weihnachts-Geschichte in Leichter Sprache
— 2014: Die Oster-Geschichte in Leichter Sprache
— 2014: Die Geschichte über Josef in Leichter Sprache
— 2015: Gott macht die Welt. Gott rettet Menschen und Tiere. 2 Geschichten aus der Bibel in Leichter Sprache
— 2016: Geschichten von Jesus in Leichter Sprache

Die Bücher sind bei der Lebenshilfe Bremen erschienen und von Berlin Druck gedruckt.

Außer zur Weihnachtsgeschichte gibt es bei allen anderen Veröffentlichungen eine CD(-Rom) im Buch, auf der eine PC-Version des Buches, eine Audioversion und ein Gebärdesprachenvideo gespeichert sind. Die CD wurde vom Robert-Haas-Musikverlag produziert.[40] Die Weihnachtsgeschichte ist als gedruckte Version vergriffen und nur noch digital erhältlich. In der digitalen Version gibt es neben einer Datei, die genau wie das Buch aufgebaut ist, weiteres Material: Eine druckfreundliche Datei, alle Illustrationen einzeln und eine Powerpoint-Präsentation der Bilder aus der Geschichte.[41]

Bemerkenswert sind folgende Umstände, auf die hier noch kurz hingewiesen werden soll:
— In keinem Buch gibt es Hinweise auf die konkreten Bibelstellen.
— Bei der Ostergeschichte werden die Teile der Geschichte mit den Feiertagen der Karwoche und Ostern verbunden.
— Bei den Jesusgeschichten haben die letzten Seiten der Geschichte in Leichter Sprache einen Nachwortcharakter, in dem eine Botschaft vermittelt werden soll, auch wenn es sich nicht mehr direkt um die Übertragung eines Bibeltextes handelt.

---

[39] Vgl. ebd., 3.
[40] Vgl. die einzelnen Veröffentlichungen, siehe vorige Fußnoten.
[41] Vgl. https://shop.lebenshilfe-bremen.de/produkt/die-weihnachts-geschichte-in-leichter-sprache/.

– In keinem Buch sind die Namen der Übersetzenden verzeichnet.
– In der letzten Veröffentlichung (Geschichten von Jesus) werden die Namen der Prüfenden nicht mehr genannt.
– Andere Beteiligte sind mit Namen und Foto verzeichnet.
– Alle Veröffentlichungen entsprechen den Layout-Vorgaben für Leichte Sprache. Die Bücher sind vollständig in Leichter Sprache verfasst, lediglich zu den Verlagsangaben (Cover Innenseite vorn) und zum Urheberrecht (vorletzte Seite) gibt es einen rechtssicheren Text in schwerer Sprache.
– Nur die Weihnachtsgeschichte hat das Logo von Inclusion Europe.

4.2.5 Intention und Zielgruppe

Grundsätzlich formuliert das Büro für Leichte Sprache als Intention von Leichter Sprache bessere Verständlichkeit von Texten, die zu besseren Informationsmöglichkeiten und damit zu mehr Selbstbestimmung von Menschen der Zielgruppe führen.[42] Als Intention für die Übersetzung von Bibeltexten wird angegeben, es sei wichtig, sich auf das Wesentliche des jeweiligen Textes zu konzentrieren und dabei maximal verständlich zu sein.[43] Bibeltexte führten im besonderen Maße dazu, dass nicht nur die Sprache eines Textes verständlich sei, sondern auch die Grundgedanken des Glaubens verstehbar formuliert würden.[44] Martin Merkens erläutert dazu:

> „Durch die Übersetzungen in Leichte Sprache wird noch einmal bewusst, dass es nötig ist, sich über den Glauben zu verständigen und zu besprechen, was die Aussagen der biblischen Erzählungen für die erwachsenen Leser bedeutet. Wenn man Menschen mit (oder ohne) Lernschwierigkeiten durch Leichte Sprache den Zugang zum Lesen biblischer Erzählungen erleichtert, dann muss man sich auch auf Glaubensfragen der LeserInnen einstellen."[45]

Bibelgeschichten in Leichter Sprache eröffneten neue Zugänge zur Bibel. Bibelgeschichten in Leichter Sprache brächten die Bibel wieder ins Gespräch. Dazu trügen auch und gerade die kontroversen Diskussionen über die Geschichten bei. Bibelgeschichten in Leichter Sprache leisteten ihren Beitrag zur Fortführung des Christentums als Erinnerungs- und Erzählgemeinschaft.[46]

Zielgruppen von Leichter Sprache sind nach den Angaben auf der Homepage des Büros vor allem Menschen mit geistiger Behinderung – sie haben mit dafür gesorgt, dass es Leichte Sprache überhaupt gibt. Darüber hinaus gehören aber auch Menschen mit Lernschwierigkeiten, Menschen mit Lese- oder Schreibschwierigkeiten, Menschen mit Deutsch als Fremdsprache, alte Men-

---

[42] Vgl. BÜRO FÜR LEICHTE SPRACHE LEBENSHILFE BREMEN, Was ist Leichte Sprache?.
[43] Vgl. HOLLENBACH, MICHAEL, Weg vom Bibel-Sprech, 30.
[44] Vgl. MERKENS, MARTIN, Bibel-Geschichten in Leichter Sprache, 269.
[45] Ebd.
[46] Vgl. ebd.

schen, Menschen, die Gebärdensprache brauchen, und Jugendliche zur Zielgruppe.[47]

4.2.6 Arbeitsprozess

Der Arbeitsprozess wurde gemeinsam vom Team des Büros für Leichte Sprache bei der Lebenshilfe (Übersetzende, Prüfende und der Illustrator) und dem theologischen Beratungskreis[48] gestaltet:

In einem ersten Schritt fand die Textauswahl geeigneter Texte und (bei der Weihnachts- und der Ostergeschichte) die Zusammenstellung der Textgrundlagen aus den verschiedenen Evangelien statt. In einem zweiten Schritt wurde die Textvorlage durch das Büro für Leichte Sprache übersetzt und mit Bildern von Stefan Albers illustriert. In einem dritten Schritt wurden die Texte und die Bilder durch Menschen mit Lernschwierigkeiten aus der Prüfgruppe geprüft. Bis zur Endfassung gab es mehrere Korrekturschleifen.

Während des ganzen Prozesses wurden immer wieder besondere theologischer Fragen geklärt, z.B. Zusammenhang von Osterfeiertagen und den Ereignissen der Ostergeschichte, die Verwendung nicht geläufiger Begriffe wie ‚Jünger' oder es wurde über Kürzungen bei Inhalten diskutiert.[49] Dem theologischen Beratungskreis war dabei wichtig, den Übersetzenden ein größtmögliches Textverständnis zu vermitteln, denn – wie Martin Merkens zu Recht bemerkt – *„dem Übersetzen geht das Verstehen voraus."*[50]

4.2.7 Problemanzeigen und (Selbst-)Kritik

Die Weihnachtsgeschichte in Leichter Sprache kann zweifellos als Pionierveröffentlichung der biblischen Leichte-Sprache-Literatur gelten. Entsprechend scharf waren die Kritiken an Wortwahl und Art und Weise. So schreibt Burkhard Straßmann (allerdings noch recht gemäßigt) in der „Zeit":

> *„Auf den Informationsgehalt reduziert, gewinnt jeder Hartz-IV-Antrag an Verständlichkeit. Doch die Weihnachtsgeschichte verliert einiges an Zauber, wenn Mariä Verkündigung so beschrieben wird:*
> *Engel Gabriel sagt:*
> *Maria, du bekommst bald ein Kind.*
> *Maria wundert sich. Sie fragt:*
> *Wie kann ich ein Kind bekommen?*

---

47   Vgl. BÜRO FÜR LEICHTE SPRACHE LEBENSHILFE BREMEN, Was ist Leichte Sprache?.
48   Der theologische Beratungskreis war, wie beschrieben, bei der Weihnachtsgeschichte noch nicht beteiligt.
49   Vgl. MERKENS, MARTIN, Bibel-Geschichten in Leichter Sprache, 268.
50   MERKENS, MARTIN, Interview, nicht-öffentlicher Teil.

> *Ich schlafe doch nicht mit Josef?*
> *Gabriel antwortet:*
> *Das Kind ist nicht von Josef.*
> *Das Kind ist von Gott.*
>
> *Für Leseungeübte ist eine solche Bibelfassung möglicherweise ein Schock. Für Menschen, die normalerweise gar nicht erst hinsehen, wenn sie auf etwas Gedrucktes stoßen, kann Leichte Sprache dagegen eine Erleuchtung sein. Die skeptischen Diskurse der Sprachbewahrer müssen ihnen wie schiere Luxusprobleme erscheinen."*[51]

Selbstkritisch hatte das Büro für Leichte Sprache, wie bereits beschrieben, beim Übersetzen der Weihnachtsgeschichte festgestellt, dass man die Sache etwas unterschätzt hätte, vor allem, weil die Übersetzer*innen zwar die nötige Übersetzungskompetenz in Bezug auf Leichte Sprache hätten, aber kein oder kaum theologisches Hintergrundwissen.[52] Nach der Veröffentlichung der Ostergeschichte hagelte es allerdings erneut Kritik. Kritisiert wurde z.B., dass Jesus als blonder weißer Mann dargestellt wird.[53] In der Rückschau zieht Martin Merkens im März 2021 (auch vor dem Hintergrund der aktuellen Rassismusdebatte) eine selbstkritische Bilanz zum „blonden Jesus":

> *„Natürlich ist es fragwürdig, Jesus als blonden, weißen Mann darzustellen! Im Laufe der Geschichte ist Jesus auf vielfältige Weise dargestellt worden, allerdings im Kontext der jeweils dominanten Kultur fast immer als weißer Mann. Das Jesusbild ist immer kontextuell geprägt. Aber gerade deshalb ist es wichtig, über die Frage ‚wie ist Jesus für mich?' ins Gespräch zu kommen. Es wäre gut, wenn diese Frage auch ohne die ‚Provokation' der Darstellung eines blonden, weißen Jesus lebendig und vielfältig diskutiert würde."*[54]

Bei der Ostergeschichte gab es auch theologische Kritik, zum einen am Verzicht auf den Begriff der Auferstehung, zum anderen am Verzicht auf die Negation ‚Fürchtet euch nicht'. Kritik an der Übersetzung des Begriffs Auferstehung durch die Formulierung, dass Jesus wieder bei den Menschen sei, übt Hans Martin Gutemann, evangelischer Theologieprofessor aus Hamburg:

---

[51] STRASSMANN, BURKHARD, Leichte Sprache: Deutsch light.
[52] MERKENS, MARTIN, Bibel-Geschichten in Leichter Sprache, 267.
[53] Vgl. ebd., 269. Ich hatte die Gelegenheit, bei einer Tagung des Netzwerks Leichte Sprache mit der Übersetzerin Anne Wrede über das Zustandekommen dieser Entscheidung zu sprechen. Sie berichtete, bei der Entscheidung über das Aussehen von Jesus in der Ostergeschichte in Leichter Sprache habe man den Prüfer*innen verschiedene Versionen von Jesusdarstellungen vorgelegt und die Prüfer*innen entscheiden lassen. Die Prüfer*innen hätten sich für den blonden Jesus entschieden, vor allem, weil man ihn daran auf allen Bildern sofort wiedererkennen könne. Und dann habe es nach der Veröffentlichung Kritik gegeben, die sie auch nachvollziehen könne, aber jetzt plane man eine weitere Ausgabe mit Geschichten von Jesus und jetzt würde man den blonden Jesus nie wieder los. Wegen des Wiedererkennungseffekts könne man die Darstellung auf keinen Fall ändern. (Vgl. LAUENSTEIN, BRITTA: Warum Jesus blond ist – Gedächtnisprotokoll eines Gesprächs mit Anne Wrede beim Netzwerktreffen Leichte Sprache in Marburg März 2015)
[54] LAUENSTEIN, BRITTA ET AL., Lebenshilfe Bremen, Korrekturversion, 13.

„Das ist zu schmal. [...] Da hätte ich gern formuliert: Fürchtet euch nicht mehr vor dem Tod, weil Gott bei Jesus geblieben ist, und Jesus ist zu allen Menschen wiedergekommen."[55]

Gutemann kritisiert auch die Vermeidung der Negation. Im Zuspruch ‚Fürchtet euch nicht' stecke viel mehr als in der Übertragung ‚Seid mutig'. Durch den Kontakt mit Gott solle Zerstörerisches abgewehrt und Heilsames herbeigerufen werden.[56]

„Und deswegen sind solche Zusagen wie ‚Fürchtet euch nicht' so wichtig, weil sie die Erfahrung aufnehmen, dass das Leben nicht nur harmonisch ist, sondern befreit werden muss von dem, was zerstörerisch ist."[57]

Martin Merkens fügt in der Rückschau auf das Projekt noch zwei weitere Punkte an: Der Bibeltext allein reiche meistens nicht, um wirklich zu verstehen, worum es geht. Eigentlich müsse es die komplette Exegese in Leichter Sprache geben oder man müsse neben der Übersetzung noch andere Hilfen anbieten.[58] Außerdem wehrt er sich dagegen, dass allgemeine Probleme der Bibelübersetzung bei Übersetzungen in Leichte Sprache besonders betont würden. Viele Probleme seien Probleme jeder Bibelübersetzung, nicht nur von Bibeltexten in Leichter Sprache, z.B. die Frage nach der Deutung oder Schwerpunktsetzung eines Textes.[59]

4.2.8 Entwicklungen und aktueller Stand des Projekts

Das Projekt wurde mit der letzten Veröffentlichung 2016 beendet. Von den damaligen Beteiligten ist mittlerweile niemand mehr im Büro für Leichte Sprache bei der Lebenshilfe Bremen tätig. Auch wenn Martin Merkens eine Fortsetzung des Projekts für wünschenswert hält,[60] ist derzeit (Oktober 2023) eine Fortsetzung unwahrscheinlich.

4.3 *Offene Bibel*

„Die Offene Bibel ist ein Projekt mit dem Ziel, eine freie deutsche Bibelübersetzung zu erstellen."[61] Bibeltexte in Leichter Sprache sind ein Teil dieses Projekts. Der Träger

---

[55] HOLLENBACH, MICHAEL, Weg vom Bibel-Sprech, 30.
[56] Vgl. ebd.
[57] Ebd., 30f.
[58] Vgl. MERKENS, MARTIN, Bibel-Geschichten in Leichter Sprache, 269.
[59] Vgl. ebd.
[60] Vgl. ebd.
[61] OFFENE BIBEL E.V., Kurzinfo.

ist der gemeinnützige Verein Offene Bibel e.V., der 2010 gegründet wurde.[62] Das Projekt ist im Internet unter www.offene-bibel.de zu finden. Es bedient sich des Wiki-Prinzips, bei dem gemeinsam online an den Bibeltexten und deren Veröffentlichung gearbeitet wird. Im Projekt Offene Bibel werden drei Übersetzungsfassungen erstellt: Studienfassung, Lesefassung und „Die Bibel in Leichter Sprache".[63] Dazu wird auf der Homepage ausgeführt:

> „Die Studienfassung hilft, sprachliche Details des Urtextes zu verstehen. Sie hat erklärende Fußnoten und Bedeutungs-Varianten.
> Die Lesefassung verwendet gutes, hochsprachliches Deutsch. Sie geht neue Wege, wo etablierte Formulierungen altmodisch, missverständlich oder wissenschaftlich überholt sind.
> Die Bibel in Leichter Sprache ermöglicht Menschen mit Lern-Schwierigkeiten einen Zugang zur Bibel. Auch für Menschen mit Deutsch als Fremdsprache (z.B. Gehörlose) kann sie hilfreich sein."[64]

Das Ziel der Offenen Bibel ist es, die ganze Bibel inklusive der apokryphen Schriften zu übersetzen.[65] Die Bibeltexte in Leichter Sprache liegen in verschiedenen Bearbeitungsstadien vor. Diese sind mit unterschiedlichen Piktogrammen gekennzeichnet: Ein Baustellenschild bedeutet „in Arbeit", das frei zugängliche Qualitätssiegel „Leichte Sprache" kennzeichnet fertige Seiten in Leichter Sprache, die noch geprüft werden müssen, und das Inclusion Europe-Logo wird nur für die Texte verwendet, die auch von Prüfgruppen geprüft sind. Aktuell (Oktober 2023) gibt es 240 Seiten „in Arbeit", 77 Seiten in Leichter Sprache (ohne Prüfung) und 15 Seiten in geprüfter Leichter Sprache.[66]

4.3.1 Die Beteiligten

Wie bereits bemerkt, arbeitet das Projekt nach dem Wiki-Prinzip. Dabei ist es üblich, dass sich die Mitarbeitenden mit Pseudonymen auf der Plattform anmelden und ihre Beiträge zwar nachverfolgbar, jedoch durch die Pseudonyme anonymisiert sind. Auf der Projekt-Homepage finden sich im Bereich der Bibeltexte in Leichter Sprache auch die Klarnamen der Mitarbeitenden. Als Pseudonyme sind übersetzerisch an den Versionen in Leichter Sprache beteiligt: „akelei", „dorothee" „b_kehren" und „ben", korrigierend und für das Layout auch „olaf". Diese Pseudonyme findet man, wenn man die Verläufe der einzelnen Seiten in Leichter Sprache anklickt. Mit Namen genannt werden Dorothee Janssen und Bernd Kehren durch die Veröffentlichung ihrer persönlichen Versionen in

---

[62] Vgl. OFFENE BIBEL E.V., Verein.
[63] Vgl. OFFENE BIBEL E.V., Kurzinfo.
[64] Ebd.
[65] Vgl. ebd.
[66] Vgl. OFFENE BIBEL E.V., Über Leichte Sprache.

Leichter Sprache, z.B. zu Psalm 23. Die Kontaktperson bei den Expert*innen-Interviews war Ilga Bliek.

Zu den Pseudonymen gibt es kleine Steckbriefe, wo weitere Informationen über die Übersetzenden zu finden sind. Zwei Übersetzerinnen lüften im Steckbrief ihre Identität: „dorothee" gibt sich als Dorothee Janssen zu erkennen. Sie ist Gemeindereferentin im Bistum Essen und arbeitet im Bereich Inklusion. Zu ihren Tätigkeiten gehören u.a. die Planung und Durchführung von Gottesdiensten.[67] Ihr liegt besonders am Dialog über Bibeltexte, der durch Bibeltexte in Leichter Sprache mit Menschen mit Behinderungen entstehen kann:

> „Aus Erfahrung weiß ich, dass der Text an sich nicht das Wichtigste ist. Wichtiger ist, dass ein Text genutzt werden kann, dass er bekannt ist, dass man ihn gemeinsam kennt und dass man darüber sprechen kann."[68]

„akelei" ist Ilga Bliek. Sie ist Lehrerin für ev. Religion und moderne Fremdsprachen, hat lange ehrenamtlich in Kirchengemeinden mitgearbeitet und ist beauftragte Prädikantin in der Ev.-Luth. Landeskirche Hannover. Leichte Sprache liegt ihr besonders am Herzen, damit alle Menschen in Deutschland einen Zugang zur Bibel bekommen, auch diejenigen, die Schwierigkeiten mit der Schriftsprache haben. Ilga Bliek ist darüber hinaus künstlerisch aktiv und übersetzt die Bibel in Bilder und Zeichnungen. Die Mitarbeit in einem Wiki-Projekt schätzt sie besonders, weil es die Möglichkeit bietet, das Internet gemeinsam für eine gute Sache zu nutzen und dafür neue Wege zu gehen.[69]

Das Projekt ist überkonfessionell angelegt.[70]

4.3.2 Regeln und Definition

Bei der Übersetzung der Texte in Leichte Sprache wird auf alle gängigen Regelwerke zurückgegriffen. Links in der Material- und Linksammlung führen zu den Regeln des Netzwerks Leichte Sprache, den Regeln der Forschungsstelle Hildesheim und zu Inclusion Europe. Zusammengefasst wird unter der Überschrift „Qualitätskriterien" formuliert:

> „Leichte Sprache ist eine barrierefreie Variante des Deutschen. Sie vermeidet zum Beispiel lange Sätze und selten gebrauchte Fachwörter. [...] Leichte Sprache besteht aus kurzen Sätzen. Jeder Satz enthält nur eine Aussage."[71]

Auch die Übersetzung in Leichte Sprache nimmt für sich in Anspruch, eine wissenschaftlich korrekte Übertragung der Texte in Leichte Sprache zu sein. Die Be-

---

[67] Vgl. OFFENE BIBEL E.V., Benutzer: Dorothee.
[68] Ebd.
[69] Vgl. OFFENE BIBEL E.V., Benutzerin: Akelei.
[70] Vgl. OFFENE BIBEL E.V., Kurzinfo.
[71] OFFENE BIBEL E.V., Über Leichte Sprache.

griffe Übertragung und Übersetzung werden synonym verwendet. Der Begriff der Nacherzählung wird für die Textversionen des Projekts abgelehnt.[72]

4.3.3 Rahmenbedingungen

Als Online-Projekt mit Wiki-Prinzip gleicht dieses Übersetzungsprojekt keinem der anderen in dieser Arbeit beschriebenen Projekte. Offene Bibel ist, wie bereits in der Einleitung erwähnt, ein eingetragener gemeinnütziger Verein, der seit 2010 besteht und sich aus Mitgliedsbeiträgen und Spenden finanziert. Die Entstehung der Bibeltexte beruht auf dem ehrenamtlichen Engagement der Mitglieder und weiterer Beteiligter. Die unsichere finanzielle Lage lässt eine Prüfung der Texte durch ausgebildete Prüfgruppen nur selten zu, auch das ist ein Grund dafür, dass viele Texte im Status „Leichte Sprache noch zu prüfen" bleiben und nur 15 Texte insgesamt geprüfte Leichte Sprache darstellen. Der Auftrag zur Übersetzung ist allein die intrinsische Motivation der Übersetzenden. Dieser Umstand ist ebenfalls einmalig in der beschriebenen Übersetzungslandschaft.

Bei Einordnung in die Bibelübersetzungstypologie von Martin Leutzsch[73] würde dieses Projekt wie das der Lebenshilfe Bremen unter Typ 3, also als Team ohne Auftraggeber, eingeordnet werden können, wobei hier eine noch größere intrinsische Motivation ohne das Vorhandensein von Fördergeldern o.ä. besteht. Dies bedeutet, dass es einen hohen Abstimmungsbedarf innerhalb der Gruppe bei gleichzeitiger Unabhängigkeit von einem externen Auftraggeber gibt.

4.3.4 Veröffentlichung

Zentrale Plattform des Projekts ist die Homepage „www.offene-bibel.de". Das Projekt stellt sich auf der Startseite insgesamt vor und fächert sich über die Reiter auf der linken Seite zu den Unterseiten zu allen Projektschwerpunkten in Alltagssprache und rechts zur Internetpräsenz in Leichter Sprache auf. Bereits auf dieser Startseite kann man außerdem die gesuchte Bibelstelle eingeben oder sich einloggen, wenn man Mitglied der community bzw. des Vereins ist. In Alltagssprache finden sich die Reiter „Lesen", „Aktuell", „Mach mit" und „Über".

Die Unterseite „Über" führt zu verschiedenen Informationsseiten, eine „Kurzinfo", „Unsere Ziele", „Übersetzungskriterien", „Über Leichte Sprache" und „Verein/Kontakt". Die Informationen über Leichte Sprache vereinen alle vorhandenen Informationen (die man teilweise auch über die anderen Links findet) und führen noch weiter zu einer Terminologiesammlung und einem Lexi-

---

[72] Vgl. ebd.
[73] Vgl. LEUTZSCH, MARTIN, Enteignung und Aneignung, 41–43.

kon zu Bibel und Kirche sowie zu weiterführenden Links und Literatur. Immer wieder gibt es Links zu den Seiten in Leichter Sprache.

Der Reiter „Leichte Sprache"[74] führt auf die Seiten in Leichter Sprache, die sich in drei weitere Reiter aufteilt, die jeweils über einen Button angeklickt werden können:
- Lesen: Hier klicken. Lesen Sie die Offene Bibel in Leichter Sprache
- Eine Leichte-Sprache-Bibel? Was ist das? Wir haben es hier erklärt.
- Offene Bibel Lexikon: Wichtige Wörter für Bibel und Kirche haben wir im Lexikon erklärt.

Weiter unten gibt es noch einen Button zu Bibeltexten anderer Anbieter, z.B. des Kirchentags und des Katholischen Bibelwerks. Der Button „Lesen" führt zu einer Einführungsseite über die Bibel an sich. Dort heißt es:

> *„Was steht in der Bibel?*
> *Die °Bibel° erzählt über Gott.*
> *Viele Menschen haben die Bibel mit·geschrieben.*
> *Viele Menschen haben ihre Erinnerungen aufgeschrieben.*
> *Es gibt viele Geschichten über Gott und die Menschen.*
> *Oft sagt man: Die Bibel ist ein Buch.*
> *Aber eigentlich besteht die Bibel aus vielen einzelnen Büchern.*
> *Die Bücher haben verschiedene Teile.*
> *Die Teile heißen °Kapitel°.*
> *Die Kapitel haben auch verschiedene Teile.*
> *Die Teile von den Kapiteln heißen °Verse°.*
> *Wir arbeiten noch an der Bibel in Leichter Sprache.*
> *Ein Teil ist schon fertig.*
> *Einige Geschichten können Sie hier schon lesen."*[75]

Unter dem Einleitungstext ist eine Tabelle mit den verschiedenen biblischen Büchern. Es sind nur die biblischen Bücher aufgezählt, zu denen schon Texte in Leichter Sprache vorhanden sind. Diese sind gemäß der Reihenfolge in der Einheitsübersetzung genannt. Es ist jeweils vermerkt, in welcher Bearbeitungsstufe sich der Text befindet.

Die Bearbeitungsstufen sind, wie schon beschrieben, mit unterschiedlichen Piktogrammen gekennzeichnet: Ein Baustellenschild bedeutet „in Arbeit", das frei verfügbare Qualitätssiegel „Leichte Sprache" (aus Hildesheim) kennzeichnet fertige Seiten in Leichter Sprache, die noch geprüft werden müssen und das Inclusion Europe-Logo wird nur für die Texte verwendet, die auch von Prüfgruppen geprüft sind.[76] Klickt man nun auf das (biblische) Buch, gelangt man zunächst zu einem Einleitungstext zu dem jeweiligen Buch. Darunter kommt erneut eine Tabelle mit den einzelnen Kapiteln mit einem Vermerk zum Bearbeitungsstand. Klickt man eines an, kommt man zu einer Zusammenfassung des In-

---

[74] OFFENE BIBEL E.V., Leichte Sprache – Die Offene Bibel.
[75] Ebd., Button ‚Lesen'.
[76] Vgl. OFFENE BIBEL E.V., Über Leichte Sprache – Die Offene Bibel.

halts und dann zu einer Tabelle mit Sinnabschnitten/Perikopen, ebenfalls versehen mit einem Bearbeitungsstand. Klickt man nun auf den entsprechenden Sinnabschnitt oder die Perikope, kommt man zum Bibeltext. Am Ende des Bibeltextes kann man direkt zum folgenden Abschnitt klicken („Weiterlesen"), man muss sich nicht wieder von vorne durchklicken.

Auf jeder Seite ist vermerkt, wer für die Übersetzung steht und ggfs. wer den Text geprüft hat. Handelt es sich um eine gemeinsame Übersetzung von mehreren Übersetzenden, steht als Verfasser „Offene Bibel e.V.". Bei manchen Bibeltexten ist es möglich, persönliche Übersetzungen von einzelnen Übersetzenden anzuklicken. Dann erscheint am oberen Bildschirmrand der Reiter „Andere Fassungen von [Bibelstelle]". So finden sich z.B. von Psalm 23 persönliche Übersetzungen in Leichter Sprache von Bernd Kehren[77] und Dorothee Janssen.[78]

Als Ausgangstext dient die Studienfassung der Offenen Bibel, die sehr stark an den originalsprachlichen Texten orientiert ist.[79]

4.3.5 Intention und Zielgruppe

Die Ziele des Projekts Offene Bibel sind:
1. Genauigkeit und Verständlichkeit.
2. Zugänglichkeit wissenschaftlicher Erkenntnisse.
3. Verschiedene Fassungen, um die verschiedenen Anforderungen zu erfüllen:
   – Lesefassung in klangvollem, gehobenem Deutsch zum Vor- und Selbstlesen für ein gebildetes Publikum.
   – Studienfassung möglichst nah am Urtext.
   – Bibel in Leichter Sprache als Zugang für alle, für die andere Übersetzungen unverständlich sind..
4. Bedeutungsvarianten transparent darstellen (v.a. in der Studienfassung).
5. Ökumenische Offenheit ohne Festlegung auf eine bestimmte theologische Ausrichtung. Bei unterschiedlichen Deutungsmöglichkeiten sollen die Hintergründe dargelegt werden (v.a. in der Studienfassung).
6. Freie Verfügbarkeit auch in den neuen Medien.
7. Offen für die Weiterverarbeitung in Gottesdienst und Katechese, aber auch in der Kunst.
8. Offen zum Mitmachen. Die Offene Bibel ist ein Gemeinschaftsprojekt. Beteiligung ist möglich und erwünscht.
9. Qualitätssicherung durch ein umfangreiches Konzept mit transparenten Arbeitsschritten.

---

[77] KEHREN, BERND, Psalm 23.
[78] JANSSEN, DOROTHEE, Psalm 23.
[79] Vgl. OFFENE BIBEL E.V., Über Leichte Sprache.

10. Aktualität: Durch das Wiki-Prinzip bleiben die Übersetzungen in einem steten Prozess der Veränderung, Verbesserung und Anpassung.[80]

Über die Zielgruppe lässt sich sagen, dass die Offene Bibel gerade nicht EINE Übersetzung für alle schaffen, sondern jedem Menschen einen passenden Zugang ermöglichen will. Dazu dienen die drei Übersetzungsvarianten (s.o. Ziel 3). Je nach Erfahrungshorizont hat jede*r Übersetzende beim Übersetzen in Leichte Sprache einen Teil der Zielgruppe vor Augen, z.B. Menschen mit Behinderungen aus Komplexeinrichtungen,[81] Menschen mit Migrationshintergrund oder gehörlose Menschen.[82]

4.3.6 Arbeitsprozess

Durch das Wiki-Prinzip ist an jeder Übersetzung eine nicht vorhersehbare Zahl an Mitwirkenden beteiligt. Zunächst geht es um die Erstellung der Studienfassung als Ausgangstext, wenn diese erstellt ist und qualitativ genügt,[83] wird sie zur Weiterbearbeitung für die Lesefassung und die Übersetzung in Leichte Sprache freigegeben. Dabei gibt es stets einen Dialog aus Vorschlag und Korrekturvorschlag. In dieser Phase trägt der Text den Vermerk „Wir arbeiten daran" mit dem Baustellenschild als Piktogramm.[84] Schwierige, aber relevante Wörter werden nicht einfach weggelassen, sondern mit Erklärungen versehen. Diese befinden sich entweder eingerückt im Text selbst oder sind als sog. Terminologieeintrag oder im Lexikon zu finden.[85] Es gibt eine Terminologiesammlung für Begrifflichkeiten, damit gleiche Begrifflichkeiten immer mit derselben Formulierung in Leichte Sprache übersetzt werden können oder auf Einträge im Lexikon verwiesen werden kann.[86] Da die Texte in Leichter Sprache durch die eingefügten Erklärungen oft sehr lang werden, sind die einzelnen Kapitel der Bibel noch einmal in Sinnabschnitte unterteilt. Dies wird gemäß der Studienfassung vorgenommen. Damit sollen die Lesbarkeit und die Übersichtlichkeit gesteigert werden.[87] Ist eine einvernehmliche Textversion entstanden, der alle Beteiligten zustimmen und die nach dem Ermessen der Übersetzenden die Regeln für Leichte Sprache erfüllt, ändert sich der Bearbeitungsstand in „Leichte Sprache – noch nicht geprüft" mit dem Hildesheimer Logo, das ohne Textprüfung verwendet werden kann. Im dritten Schritt erfolgt die Prüfung durch eine Prüfgruppe aus

---

[80] Vgl. OFFENE BIBEL E.V., Unsere Ziele.
[81] OFFENE BIBEL E.V., Benutzer: Dorothee.
[82] Vgl. Öffentlicher Teil der Interviews (Anhang C); Bliek, 29-30.
[83] Vgl. OFFENE BIBEL E.V., Übersetzungskriterien.
[84] Vgl. OFFENE BIBEL E.V., Über Leichte Sprache – Die Offene Bibel.
[85] Vgl. ebd.
[86] Vgl. ebd.
[87] Vgl. ebd.

der Zielgruppe. Hat diese ihre Änderungswünsche geltend gemacht und den Text genehmigt, wird dieser mit dem Siegel von Inclusion Europe „Geprüfte Leichte Sprache" veröffentlicht.[88]

4.3.7 Problemanzeigen und (Selbst-)Kritik

Die benannten Probleme bei der Übersetzung sind keine spezifischen Probleme von Bibeltexten in Leichter Sprache, sondern Probleme aller Bibelübersetzungen.

Übersetzungs- und Deutungsalternativen

Das Team des Projekts betont, dass keine Übersetzung ohne Deutung des Textes auskommt. Wichtig sind Nachvollziehbarkeit und Transparenz:

> „In der Bibel gibt es zahlreiche schwer übersetzbare Stellen. Die Formulierungen der Ursprachen sind manchmal unklar und manchmal mehrdeutig. Oft werden Sprachbilder benutzt, die im heutigen Sprachgebrauch unverständlich oder missverständlich sind. Die Studienfassung versteckt diese Schwierigkeiten nicht vor den Lesern, sondern beschreibt das Bedeutungsfeld des Urtextes möglichst vollständig und auf zugängliche Weise. So ist erkennbar, dass ein ursprachliches Wort ein größeres Bedeutungsfeld hat, dass der Satzbau mehrdeutig ist oder dass sich die biblischen Handschriften an einer Stelle unterscheiden.
> Durch die ausführliche Dokumentation der Bedeutungsvarianten unterstützt die Studienfassung die Leserinnen und Leser beim Entwickeln einer eigenen Einschätzung. Auch eignet sie sich besonders gut dazu, Unterschiede zwischen verschiedenen anderen Bibelübersetzungen zu verstehen."[89]

Konfessionelle Deutungsunterschiede

Konfessionelle Unterschiede werden wahrgenommen, reflektiert und transparent dargestellt, wenn es keinen Konsens gibt. Der Dialog zwischen den Übersetzenden wird als große Bereicherung wahrgenommen.

> „Die Offene Bibel ist nicht auf eine bestimmte theologische Richtung festgelegt. Zum Übersetzungsteam gehören Menschen mit verschiedenen Konfessionen und Weltanschauungen.
> Die meisten deutschen Bibelübersetzungen lassen sich einer bestimmten Kirche oder einer theologischen Ausrichtung zuordnen. Daraus ergeben sich Unterschiede in der Zahl und im Umfang der biblischen Bücher, aber auch in der Deutung einzelner Bibelstellen. Oft lassen sich die unterschiedlichen Übersetzungsentscheidungen mit jeweils anderen Argumenten vom Urtext her begründen. Ein Ziel der Offenen Bibel ist es, diese Unterschiede transparent zu machen.
> In den letzten Jahren wurden die Diskussionen über unterschiedliche Übersetzungstraditionen und -methoden oft mit großer Leidenschaft geführt. Bei der Offenen Bibel kommen Übersetze-

---

[88] Vgl. ebd.
[89] OFFENE BIBEL E.V., Übersetzungskriterien.

rinnen und Übersetzer verschiedener Traditionen miteinander ins Gespräch. Unsere Dokumentation der dabei gewonnenen Erkenntnisse kann einen Beitrag zu sachlich fundierter Information leisten. Deshalb soll sie so nachvollziehbar, verständlich und objektiv wie möglich angelegt sein."[90]

Prüfung der Texte

Ein grundsätzliches Problem stellen die fehlenden finanziellen Möglichkeiten zur Prüfung der Texte durch die Zielgruppe dar. Dies ist tatsächlich ein spezifisches Problem dieses Projekts. Hier lässt sich ein Nachteil des Wiki-Prinzips erkennen, das auf ehrenamtlichem Engagement beruht. Die professionellen Prüfgruppen sind alle in Systeme eingebunden, in denen ehrenamtliche Ausübung der Tätigkeit konzeptionell nicht vorgesehen ist. Die Prüfung der Texte muss also aus Spenden finanziert werden und ist daher nur begrenzt möglich.

Wissenschaftliche Beachtung oder Begleitung

Eine wissenschaftliche Beachtung oder Begleitung findet nicht statt. Die Einzige Erwähnung in der wissenschaftlichen Literatur findet sich neutral beschreibend bei Heyden und Manuwald in der Einleitung zu ihrem Buch „Übertragungen heiliger Texte in Judentum, Christentum und Islam" in zwei Sätzen als Beispiel für Bibelübertragungen für Zielgruppen mit besonderen Bedürfnissen.[91] In diesem Buch werden die Spielräume bei der Übertragung ‚heiliger Texte' (Tanach, christliche Bibel, Koran) in andere Sprachen oder in den Medien ausgelotet, auf Leichte oder einfache Sprache wird aber nicht weiter eingegangen.

4.3.8 Entwicklung und aktueller Stand des Projekts

Das Projekt ist als Wiki-Projekt auf Dauer angelegt, lebt aber von der Aktivität der community. Es wird formal so lange bestehen, wie es den Verein „Offene Bibel" e.V. gibt und dieser seinen Vereinszweck nicht ändert. Aktuell (Oktober 2023) gibt es 240 Seiten „in Arbeit", 77 Seiten in Leichter Sprache (ohne Prüfung) und 15 Seiten in geprüfter Leichter Sprache.[92]

2020 gab es nach Angaben von Ilga Bliek durch den Corona-Lockdown viel Zeit im Übersetzendenteam und es entstanden viele neue Texte zunächst als Studienübersetzung und dann auch in Leichter Sprache. Dadurch liegen nun die meisten Predigttexte der evangelischen Perikopenordnung in Leichter Sprache

---

[90] Ebd.
[91] Vgl. HEYDEN, KATHARINA; MANUWALD, HENRIKE, Einführung (Übertragungen heiliger Texte), 5.
[92] Vgl. OFFENE BIBEL E.V., Über Leichte Sprache.

vor. Als neues Element auf der Homepage wurde das „Moment mal!" geschaffen. Ein Vers, der das Team besonders berührt hat, wird mit einem Bild verbunden auf die Seite gestellt. Außerdem gibt es Überlegungen, eine Leichte-Bibel-App zu erstellen. Im Zuge der Vorarbeit dazu ist eine neue und noch ruhiger gestaltete Leseansicht auf der Homepage entstanden.[93]

4.4 Deutscher Evangelischer Kirchentag

Der Kirchentag setzt sich als christliche Großveranstaltung für Teilhabe, Barrierefreiheit und Inklusion ein. Im Zuge dessen ging es dem Kirchentag schon sehr früh um verständliche Sprache. Seit 2005 verwendet der Kirchentag den Terminus ‚Leichte Sprache', um auf Veranstaltungen aufmerksam zu machen, die sich durch besondere Verständlichkeit auszeichnen. So werden auch die Bibeltexte eines Kirchentags seit 2013 in Leichte Sprache übersetzt, die dann aktiv in den Veranstaltungen genutzt werden. Die dafür verantwortliche Arbeitsgruppe Leichte Sprache wurde 2012 gegründet.[94]

4.4.1 Die Beteiligten

Der folgenden Tabelle ist ein Überblick der beteiligten Personen zu entnehmen. Die Qualifikation der Einzelnen für ihre Aufgabe, ihre Nominierung und die Art der Beteiligung werden im Folgenden noch detailliert erläutert. Aus Datenschutzgründen werden nur die für diese Arbeit relevanten Personen namentlich benannt und beschrieben.

---

[93] Vgl. BLIEK, ILGA, Neue Entwicklungen des Projekts, o.S. , vgl. auch https://leichte-bibel.de/wiki/Momentmal_in_Leichter_Sprache bzw. https://leichte-bibel.de.
[94] Vgl. LAUENSTEIN, BRITTA ET AL., Arbeitsgruppe Leichte Sprache DEKT, Korrekturverion, 3.

Tabelle 3: Überblick über die beteiligten Personen

	2013[95]	2015[96]	2017[97]	2019[98]
Übersetzendengruppe („Arbeitsgruppe Leichte Sprache")	Michael Hofmann, Ulrike Kahle, Peter Köster, Christian Möring, Raute Martinsen	Michael Hofmann, Ulrike Kahle, Peter Köster, Christian Möring	Michael Hofmann, Ulrike Kahle, Peter Köster, Christian Möring	Michael Hofmann, Ulrike Kahle, Peter Köster, Christian Möring
Lesegruppe (Exeget*innen)	gab es nicht	drei Personen aus Büros für Leichte Sprache und der Diakonie Himmelsthür	Exeget*innen: sechs renommierte Theolog*innen und Expert*innen für biblische Theologie	Exeget*innen: fünf renommierte Theolog*innen und Expert*innen für biblische Theologie
Prüfgruppe	Eine Person aus der Diakonie Himmelsthür	Drei Personen aus der Diakonie Himmelsthür	Fünf Personen aus der Diakonie Himmelsthür	Vier Personen aus der Diakonie Himmelsthür
weitere Unterstützer*innen	nicht genannt	nicht genannt	Vier Personen aus verschiedenen Zusammenhängen, darunter der Kirchentagspastor Arnd Schomerus	Zwei Personen, darunter der Kirchentagspastor Arnd Schomerus

Der Tabelle ist zu entnehmen, dass am Übersetzungsprozess beim DEKT pro Kirchentag bis zu 19 Personen beteiligt sind. Diese teilen sich in die Arbeitsgruppe Leichte Sprache – das ist die eigentliche Übersetzendengruppe –, eine Lesegruppe, eine Prüfgruppe und weitere Unterstützer*innen auf. In diesem Kapitel werden die Beteiligten vorgestellt, ihre Zusammenarbeit wird in Kapitel 4.4.5 beschrieben.

Übersetzendengruppe

Die Übersetzendengruppe des Deutschen Evangelischen Kirchentags nennt sich selbst „Arbeitsgruppe Leichte Sprache" und wurde unter maßgeblicher Beteiligung des Vorsitzenden der Projektleitung „Kirchentag Barrierefrei" Michael Hofmann im Jahr 2012 gegründet. Zwei weitere Mitglieder waren ebenfalls in der Projektleitung Kirchentag Barrierefrei. Auf Initiative dieser Dreiergruppe wurden die weiteren Beteiligten ausgewählt und in den Prozess einbezogen.[99]

---

[95] HOFMANN, MICHAEL ET AL.; ZENTRUM BARRIEREFREI DES DEKT, KT36 - Alle LS-Texte 2013-2017.
[96] 35. DEUTSCHER EVANGELISCHER KIRCHENTAG STUTTGART 2015 E.V., Bibeltexte in Leichter Sprache.
[97] 36. DEUTSCHER EVANGELISCHER KIRCHENTAG BERLIN 2017 E.V., Bibeltexte in Leichter Sprache.
[98] 37. DEUTSCHER EVANGELISCHER KIRCHENTAG DORTMUND 2019 E.V., Bibeltexte in Leichter Sprache.
[99] Vgl. HOFMANN, MICHAEL, Detailfragen II, 2.

2013 stand das 30-jährige Jubiläum von „Kirchentag Barrierefrei"[100] an. Zu diesem Anlass wurde die Leichte Sprache noch einmal mehr in den Mittelpunkt des Kirchentags gestellt. Auf Initiative von „Kirchentag Barrierefrei" und mit Unterstützung aus dem Pastorat des Kirchentags und des Ständigen Ausschusses für Abendmahl, Gottesdienst, Fest und Feier (AGoFF) wurde im Herbst 2011 vom Präsidium des Kirchentags beschlossen, für den Kirchentag 2013 erstmals alle sieben Bibeltexte in einer (offiziellen) Übertragung in Leichter Sprache zu veröffentlichen und gleichberechtigt neben die Kirchentagsübersetzung[101] zu stellen.[102]

---

[100] „Kirchentag Barrierefrei" ist eine Abteilung des Deutschen Evangelischen Kirchentags, die 1983 gegründet wurde. Am Anfang standen ein „Service- und Begegnungszentrum für Menschen mit Behinderung" und ein getrennt davon organisierter „Kirchentag für Gehörlose". Das Ziel war von Anfang an, dass alle dabei sein können sollten. Die erste Phase des „Kirchentags Barrierefrei" (1983-1991) war von Aufbruch und Ermutigung (zu mehr Teilhabemöglichkeiten für alle) geprägt, die zweite Phase (1991-2005) von Zuverlässigkeit der vielfältigen Dienste und die dritte Phase (ab 2005) von einem neuen Verständnis von ‚Dabeisein für alle'. Barrierefreiheit wurde zum Leitbegriff und Querschnittsthema des Kirchentags und zu einem Ausdruck von gelebter Inklusion. Leichte Sprache wurde als Sprachform eingeführt. (Vgl. DEUTSCHER EVANGELISCHER KIRCHENTAG, Kirchentag Barrierefrei. Geschichte.)

[101] Der Kirchentag veröffentlicht seit 1991 eine eigene Übersetzung der jeweils für den Kirchentag ausgewählten Bibelstellen, die sog. ‚Kirchentagsübersetzung' (vgl. KÖHLER, HANNE, Gerechte Sprache, 108ff). Ziel war es damals wie heute, eine gerecht(er)e Übersetzung zu schaffen, in der besonders vier Kriterien zum Tragen kommen. (Vgl. EBACH, JÜRGEN, Die Übersetzung der Bibeltexte) Seit ab 2013 die Bibeltexte des Kirchentags als exegetische Skizzen in einer eigenen Veröffentlichung herausgegeben werden, findet sich in jedem Vorwort ein Hinweis auf diese besonderen Eigenschaften:
„1. Die Übersetzung wird dem Wortlaut der Bibeltexte in ihrer hebräischen oder griechischen Originalfassung gerecht.
2. Die Übersetzung macht Männer wie Frauen gleichermaßen sichtbar. Wir gehen davon aus, dass auch in der Antike etwa die Hälfte der Menschheit Frauen waren. Die in den Texten genannten Frauen oder die nicht ausdrücklich genannten, aber mit gemeinten Frauen sollen im Blick bleiben.
3. Die Übersetzung möchte dem jüdisch-christlichen Dialog gerecht werden - eine Verpflichtung, die dem Kirchentag besonders wichtig ist. Der jüdischen Schriftlektüre wird mit der Kirchentagsübersetzung Respekt erwiesen.
4. Die Übersetzung wird einer verständlichen, eingängigen Sprache gerecht. Wo der Text selbst sperrig oder mehrdeutig ist, darf das in der Übersetzung erkennbar werden." (37. DEUTSCHER EVANGELISCHER KIRCHENTAG DORTMUND 2019 E.V. (Hrsg.), Exegetische Skizzen, 5).
Die Kirchentagsübersetzungen sind eine Gemeinschaftsarbeit der jeweils zusammengerufenen Gruppe der Exeget*innen.

[102] Vgl. HOFMANN, MICHAEL, Detailfragen I; vgl. STÄNDIGER AUSSCHUSS FÜR ABENDMAHL, GOTTESDIENST, FEST UND FEIER, Protokoll der Sitzung vom 13./14. September 2011. Darüber hinaus wurde beschlossen, für die Fernsehübertragung des Eröffnungsgottesdienstes den Gottesdienst am Hafen in Leichter Sprache zu wählen. Die Hamburger Bischöfin Kirsten Fehrs hielt damals die Predigt (vgl. FEHRS, KIRSTEN, Predigt 1. Mai 2013). Leichte Sprache erhielt so große mediale Aufmerksamkeit.

Die Mitglieder der Gruppe sind seit ihrer Gründung konstant. Es sind Michael Hofmann, Ulrike Kahle, Peter Köster und Christian Möring. Für Hamburg 2013 war zusätzlich Raute Martinsen Mitglied der Gruppe. Bei der Zusammensetzung der Gruppe wurde darauf geachtet, unterschiedliche berufliche Kompetenzen zu vereinen. Sprachlich wurde darauf geachtet, dass sowohl Vertreter des gesprochenen (Möring, Kahle) als auch des geschriebenen Wortes (Hofmann, Köster) vertreten waren. Außerdem sollten theologische Fachleute (Möring, Kahle, für 2013 Martinsen) und Laien (Hofmann, Köster) gleichermaßen vertreten sein.[103] Alle Beteiligten der Gruppe, die bei allen vier Kirchentagen zur Arbeitsgruppe Leichte Sprache gehört haben, haben eine langjährige persönliche Mitwirkungsgeschichte beim Kirchentag.

Drei aus der Gruppe (Michael Hofmann, Ulrike Kahle und Christian Möring) waren gleichzeitig auch Mitglieder der Projektleitung Kirchentag Barrierefrei,[104] Michael Hofmann bis 2019 als Vorsitzender.[105] Alle Mitglieder der Gruppe waren darüber hinaus aktiv an unterschiedlichen Kirchentagsformaten wie Eröffnungsgottesdiensten, Bibelarbeiten, Feierabendmahlen und Tagzeitengebeten beteiligt.[106] Die vier ständigen Mitglieder beschreibt Michael Hofmann in Absprache mit den Beteiligten folgendermaßen:

> „**Michael Hofmann** (Dortmund) ist Gesundheitswissenschaftler. Er hat berufliche Erfahrungen mit Menschen mit Lernschwierigkeiten und schon vor Beginn der Tätigkeit der Arbeitsgruppe Texte in Leichter Sprache geschrieben. Als Vorsitzender der Projektleitung ‚Kirchentag Barrierefrei' (bis 2019) kümmerte sich Michael Hofmann auch um die allgemeine Weiterentwicklung der Angebote in Leichter Sprache beim Kirchentag, hält Kontakt zu den Gremien und wirkt an der Konzeption der Medien in Leichter Sprache mit.
> **Ulrike Kahle** (Bremen) ist Diakonin. Sie hat berufliche Erfahrungen mit Menschen mit Lernschwierigkeiten und schon vor Beginn der Tätigkeit der Arbeitsgruppe Texte in Leichter Sprache geschrieben. Ulrike Kahle hält die Verbindung zwischen der Arbeitsgruppe und dem Büro für Leichte Sprache in Hildesheim, aus dem die Prüfer*innen der Texte kommen. Als Mitglied der Teilgruppe Programm der Projektleitung ‚Kirchentag Barrierefrei' erarbeitet Ulrike Kahle auch Veranstaltungen in Leichter Sprache.
> **Peter Köster** (Dortmund) ist Beamter. Er hat berufliche Erfahrungen mit Menschen mit geringer Lesekompetenz und mit Menschen mit begrenzter Kenntnis der Deutschen Sprache. Vor Beginn der Tätigkeit in der Arbeitsgruppe hat er keine Texte in Leichter Sprache geschrieben.
> **Christian Möring** (Hamburg) ist Pfarrer. Er hat berufliche Erfahrungen mit Menschen mit Lernschwierigkeiten und schon vor Beginn der Tätigkeit der Arbeitsgruppe Texte in Leichter Sprache geschrieben. Christian Möring hält die Verbindung zwischen der Arbeitsgruppe und dem Pastorat des Kirchentages. Als Mitglied der Teilgruppe Programm der Projektleitung ‚Kirchentag Barrierefrei' erarbeitete Christian Möring auch Veranstaltungen in Leichter Sprache."[107]

---

[103] Vgl. HOFMANN, MICHAEL, Detailfragen I, 1.
[104] Vgl. HOFMANN, MICHAEL, Detailfragen II, 1.
[105] Vgl. HOFMANN, MICHAEL, Detailfragen III, 2.; Vgl. SCHÖPFER, DOROTHEE, Leicht kann schwer sein.
[106] Vgl. LAUENSTEIN, BRITTA ET AL., Arbeitsgruppe Leichte Sprache DEKT, Korrekturversion, 4.
[107] Ebd., 4f.

Raute Martinsen (Hamburg) war von 2012-2013 Mitglied der Arbeitsgruppe. Sie ist Pfarrerin der Nordkirche und war zum Zeitpunkt ihrer Mitarbeit als Diplom-Theologin in der Ev. Stiftung Alsterdorf zur Unterstützung der Inklusion von Menschen mit Behinderungen in ihrer Wohnortgemeinde beschäftigt.[108] Sie hat als einzige der hier untersuchten Übersetzenden noch in einer anderen (hier untersuchten) Übersetzendengruppe mitgearbeitet (vgl. Kap. 4.5 Leicht gesagt).

Innerhalb der Gruppe findet ein intensiver Austausch statt. Die Übersetzungsarbeit wird umfassend dokumentiert, aber nur intern und auf Nachfrage verbreitet.[109] Auf Initiative der vier hauptbeteiligten Personen in dieser Gruppe (Hofmann, Köster, Kahle, Möring) wurden für jeden neuen Übersetzungsprozess anlässlich eines neuen Kirchentags die weiteren Beteiligten ausgewählt und in den Prozess einbezogen. Dies gilt sowohl für die Arbeitsgruppe Leichte Sprache selbst als auch für die weiteren Beteiligten.[110]

Lesegruppe

Die Beteiligung einer Lesegruppe fand erstmals für den Kirchentag 2015 statt. 2015 bestand die Gruppe aus drei Mitgliedern aus verschiedenen beruflichen Zusammenhängen in Kirche und Diakonie.[111] Alle diese Personen waren zum Zeitpunkt ihrer Mitarbeit u.a. für Büros für Leichte Sprache tätig.[112] Eine von ihnen, Dorothee Janssen, ist katholische Gemeindereferentin und auch Mitarbeiterin beim Internetportal Offene Bibel (offene-bibel.de).[113] Damit gibt es eine weitere Verbindung zu einer anderen Projektgruppe (Offene Bibel; vgl. Kap. 4.3). Den Mitgliedern der Lesegruppe wurden zum besseren theologischen Verständnis verschiedene Übersetzungen, Exegesen, Predigten, Fachartikel und anderes Recherchematerial aus dem Internet zur Verfügung gestellt.[114] In den Jahren 2017 und 2019 setzte sich die Lesegruppe aus Exeget*innen zusammen, die Autor*innen der „Exegetischen Skizzen" zu den Bibeltexten der jeweiligen Kirchentage waren.[115] Diese Personen waren alle renommierte Expert*innen für biblische Theologie, hatten jedoch keine oder nur wenig Kenntnisse aus dem Bereich der Leichten Sprache. Daher wurde ihnen Zusatzmaterial zur Verfügung gestellt,

---

[108] Vgl. GIDION, ANNE; ARNOLD, JOCHEN; MARTINSEN, RAUTE (Hrsg.), Leicht gesagt!, 218.
[109] Vgl. HOFMANN, MICHAEL, Detailfragen II, 2.
[110] Vgl. ebd.
[111] 35. DEUTSCHER EVANGELISCHER KIRCHENTAG STUTTGART 2015 E.V., Bibeltexte in Leichter Sprache.
[112] Vgl. HOFMANN, MICHAEL ET AL., Psalm 139 Werkstattbericht, 6.
[113] OFFENE BIBEL E.V., Benutzer: Dorothee; 35. DEUTSCHER EVANGELISCHER KIRCHENTAG STUTTGART 2015 E.V., Bibeltexte in Leichter Sprache.
[114] Vgl. HOFMANN, MICHAEL, Detailfragen III, 2.
[115] 36. DEUTSCHER EVANGELISCHER KIRCHENTAG BERLIN-WITTENBERG 2017 E.V. (Hrsg.), Exegetische Skizzen; 37. DEUTSCHER EVANGELISCHER KIRCHENTAG DORTMUND 2019 E.V. (Hrsg.), Exegetische Skizzen.

mit dem sie den Übertragungsprozess eines Textes in Leichte Sprache nachvollziehen konnten.[116] Mehrere dieser Personen waren auch an der Übersetzung der Bibel in gerechter Sprache beteiligt.[117] Alle Mitglieder der Lese- bzw. Exeget*innengruppe arbeiten ehrenamtlich.

Prüfgruppe

Durch Ulrike Kahle bestand immer ein enger Kontakt zur Diakonie Himmelsthür in Hildesheim und zum dortigen Büro für Leichte Sprache.[118] Im Jahr 2013 bestand die Prüfgruppe nur aus einer Person aus der Diakonie Himmelsthür. In den folgenden Jahren variierte die Anzahl der Prüfer*innen zwischen drei und fünf Personen.[119] Die Prüfer*innen wurden über eine Schulung von People First ausgebildet und waren alle selbst Teilnehmende beim Kirchentag. Auch die Prüfgruppe arbeitet ehrenamtlich im Rahmen ihrer Werkstatttätigkeit in der Diakonie Himmelsthür.[120]

*Weitere Unterstützer*innen*

Für die Jahre 2013 und 2015 werden keine weiteren Unterstützer*innen in den Veröffentlichungen genannt. Es ist jedoch anzunehmen, dass u.a. Unterstützung durch die jeweilige Geschäftsstelle des Kirchentags erfolgte, da diese in den Veröffentlichungen als Kontaktstelle benannt wird.[121] Dies gilt auch für 2017 und 2019, wo es außerdem Unterstützung aus dem Büro für Leichte Sprache bei der Diakonie Himmelsthür Hildesheim und aus der Gehörlosenseelsorge gab.[122] Als wichtige Kontaktperson ist für alle Jahre der jeweilige Kirchentagspastor Joachim Lenz (2013) bzw. Arnd Schomerus (seit 2015) zu erwähnen.

4.4.2 Regeln

Die übersetzten Texte sind mit dem Siegel von Inclusion Europe versehen. Damit verpflichtet sich die Arbeitsgruppe Leichte Sprache zur Einhaltung der Regeln

---

[116] Vgl. HOFMANN, MICHAEL ET AL., Psalm 139 Werkstattbericht, 6.
[117] Dies waren Marlene Crüsemann, Christine Gerber, Claudia Janssen, Detlef Dieckmann von Bünau und Christl M. Maier, vgl. BAIL, ULRIKE ET AL. (Hrsg.), Bibel in gerechter Sprache, 2397ff
[118] DIAKONIE HIMMELSTHÜR, Büro für Leichte Sprache. Startseite.
[119] Vgl. Tabelle zu Beginn des Kapitels.
[120] Vgl. HOFMANN, MICHAEL, Detailfragen III, 2.
[121] 35. DEUTSCHER EVANGELISCHER KIRCHENTAG STUTTGART 2015 E.V., Bibeltexte in Leichter Sprache, 40.
[122] Vgl. HOFMANN, MICHAEL ET AL.; ZENTRUM BARRIEREFREI DES DEKT, Alle LS-Texte 2013-2017, 1.

für Leichte Sprache von Inclusion Europe.[123] Je nach Art des Textes werden jeweils einzelne besondere Übersetzungsherausforderungen und die dazugehörigen Regeln (z.B. die Vermeidung von Verneinungen) benannt und der Umgang damit beschrieben. Darauf wird in den Kapiteln 4.4.5 und 4.4.6 näher eingegangen. Die Regeln des Netzwerks Leichte Sprache, auf die sich viele Übersetzende beziehen, spielen für die Gruppe des Kirchentags nur eine untergeordnete Rolle. Die erste Regelformulierung von Inclusion Europe wird als hinreichend angesehen und die weiteren Regelwerke nur als Folgeprodukte. Michael Hofmann weist aber ausdrücklich darauf hin, dass die Gruppe die aktuelle Regel- und Professionalisierungsdebatte verfolgt und die Forschungsergebnisse berücksichtigt.[124] In den internen Veröffentlichungen der Gruppe wird darauf hingewiesen, dass bei der Textverständlichkeit die Kompetenzstufe A1 des Gemeinsamen Europäischen Referenzrahmens für Sprachen angestrebt wird.[125] Hieraus lassen sich keine konkreten Regeln für die Übersetzung ableiten, der Anspruch, die Texte auf der niedrigsten Verständlichkeitsstufe anzusiedeln, gibt aber erste Hinweise auf Intention und Zielgruppe (vgl. Kap. 4.4.4).

Die Arbeitsgruppe Leichte Sprache legt besonderen Wert auf die leichte Lesbarkeit ihrer Texte. Um dies zu überprüfen, wird der Flesch-Index genutzt (vgl. Kap. 2.1.3). Die Bibeltexte in Leichter Sprache des DEKT erreichen beim Flesch-Index (nach eigenen Angaben) einen Wert von durchschnittlich 89-92 Punkten, einige Texte, z.B. die Übertragung von Psalm 139, erreichen 100 Punkte.[126] Die Gruppe orientiert sich außerdem am Hamburger Verständlichkeitsmodell von Friedemann Schulz von Thun, Inghard Langer und Reinhard Tausch (vgl. Kap. 2.1.3).

Die Gruppe bezeichnet ihre Texte selbst als Text-Transformationen[127], womit sie vermeidet, sich für den Begriff Übersetzung oder Übertragung zu entscheiden.

---

[123] INCLUSION EUROPE, Informationen für alle.
[124] Vgl. HOFMANN, MICHAEL, Detailfragen II, 3.
[125] Die Stufe A1 wird im Internetportal www.europaeischer-referenzrahmen.de wie folgt beschrieben: „*Kann vertraute, alltägliche Ausdrücke und ganz einfache Sätze verstehen und verwenden, die auf die Befriedigung konkreter Bedürfnisse zielen. Kann sich und andere vorstellen und anderen Leuten Fragen zu ihrer Person stellen - z. B. wo sie wohnen, was für Leute sie kennen oder was für Dinge sie haben - und kann auf Fragen dieser Art Antwort geben. Kann sich auf einfache Art verständigen, wenn die Gesprächspartnerinnen oder Gesprächspartner langsam und deutlich sprechen und bereit sind zu helfen.*" (E-TRAFFIX TRAVELPLUS GROUP GMBH, Gemeinsamer Europäischer Referenzrahmen (GER))
[126] Vgl. HOFMANN, MICHAEL ET AL., Psalm 139 Werkstattbericht, 20.
[127] Vgl. HOFMANN, MICHAEL ET AL., Psalm 139 Werkstattbericht.

4.4.3 Rahmenbedingungen

Der Kirchentag setzt sich sehr für Teilhabe, Barrierefreiheit und Inklusion ein. Die Übersetzung von Bibeltexten in Leichte Sprache ist ein Teil des Gesamtkonzepts von „Kirchentag Barrierefrei".[128] Für jeden stattfindenden Kirchentag wird ein Durchführungsverein gegründet,[129] der dann auch die Texte zu dem jeweiligen Kirchentag als Printmedien und Downloadbroschüren herausgibt.[130] Anlass zur Gründung der Arbeitsgruppe Leichte Sprache war 2011 der Auftrag durch den damaligen Kirchentagspastor Joachim Lenz und den Ständigen Ausschuss für Abendmahl, Gottesdienst, Fest und Feier (AGoFF), die Bibeltexte in Leichte Sprache zu übersetzen, während gleichzeitig Michael Hofmann für die Projektleitung Kirchentag Barrierefrei an das Pastorat herangetreten war mit dem Wunsch, Leichte Sprache noch mehr zu befördern.[131] Daraufhin erfolgte die Gründung im März 2012.[132]

Die Arbeitsgruppe Leichte Sprache wurde von Anfang an mit großer Autonomie ausgestattet. Auf eine Genehmigung der Texte durch ein Leitungsgremium des Kirchentags wird verzichtet. Der Gruppe werden verantwortungsvolles Handeln, eine große Loyalität zum Kirchentag und Sachkompetenz zugesprochen.[133] Die Zusammenarbeit mit dem Pastorat und den Leitungsgremien des Kirchentags wird als konstruktiv und positiv beschrieben. Durch den Austausch kommt es zwar zu kritisch-interessierten Nachfragen, die aber nie als Kontrolle oder (Zurecht-) Weisung wahrgenommen werden. Die Zusammenarbeit erleichtert vielmehr Neuerungen wie die Einbeziehung der Exeget*innen als Lesegruppe.[134] Nach dem Kirchentag 2013 gab es sehr viele positive Rückmeldungen auf die Bibeltexte in Leichter Sprache. Für die folgenden Kirchentage genügten einige kurze Absprachen zwischen Pastorat und Arbeitsgruppe, um die Arbeit jeweils wieder für den nächsten Kirchentag aufzunehmen.[135]

Die Begleitung durch den Kirchentag ist vom Arbeitsbereich abhängig: Bei Fragen zu der Übertragung der Texte ist der Kirchentagspastor der erste Ansprechpartner (2013 Joachim Lenz, 2015, 2017 und 2019 Arnd Schomerus), für die Aufbereitung der Texte in Medien des Kirchentags dann der Arbeitsbereich Kirchentag Barrierefrei in der jeweiligen Geschäftsstelle.[136]

---

[128] Vgl. HOFMANN, MICHAEL, Detailfragen III, 1.
[129] Vgl. DEUTSCHER EVANGELISCHER KIRCHENTAG, Allgemeines.
[130] Vgl. HOFMANN, MICHAEL, Detailfragen III, 1.
[131] Vgl. ebd.; vgl. LAUENSTEIN, BRITTA ET AL., Arbeitsgruppe Leichte Sprache DEKT, Korrekturversion, 5f.
[132] Vgl. ebd., 6.
[133] Vgl. HOFMANN, MICHAEL, Detailfragen III, 1f.
[134] Vgl. ebd., 2.
[135] Vgl. LAUENSTEIN, BRITTA ET AL., Arbeitsgruppe Leichte Sprache DEKT, Korrekturversion, 6.
[136] Vgl. HOFMANN, MICHAEL, Detailfragen III, 2.

Die Arbeitsgruppe Leichte Sprache hat für den Übertragungsprozess keine finanziellen Mittel zur Verfügung. Alle Beteiligten (auch die Lesegruppe und die Prüfgruppe) arbeiten ehrenamtlich. Da der Kirchentag eine Laienbewegung ist, dessen Gremien und Gruppen nur aus Ehrenamtlichen bestehen, ist es für die Beteiligten selbstverständlich und ein Teil ihrer Mitwirkung beim Kirchentag, diese Aufgabe ehrenamtlich zu übernehmen. Die Gruppe unterliegt keiner Berichtspflicht von Seiten des Kirchentags, dokumentiert die eigene Arbeit aber aus eigenem professionellem Anspruch. Bei jedem Kirchentag wird ein Übertragungsvorgang am Beispiel des Kirchentagspsalms in einem Werkstattbericht[137] beschrieben. Darin werden einschlägige Übertragungsherausforderungen thematisiert.[138] Die Gruppe hat außerdem einige kleinere Dokumentationen zum Übersetzungsprozess verfasst, die wie der Werkstattbericht intern veröffentlicht wurden.[139] Michael Hofmann hat im Rahmen seines Engagements bei „Kirchentag Barrierefrei" weitere Texte verfasst und intern veröffentlicht.[140]

Diese Gruppe ist mit ihrer aktuellen Arbeitsweise dem Übersetzungstyp 4 (Gruppe mit Auftraggeber) zuzuordnen. Dabei ist zu beachten, dass es in der Anfangszeit der Gruppe noch keinen offiziellen Auftraggeber gab und die Gruppe zu der Zeit noch zu Typ 3 gehörte. Durch ihre autonome Arbeitsweise hat diese Gruppe im Übersetzungsprozess kaum Abstimmungsbedarf mit anderen Gremien oder Personen des Kirchentags. Hier ist der Abstimmungsgrad von Typ 3 (nur innerhalb der Projektgruppe) erhalten geblieben.

4.4.4 Veröffentlichung

Der Kirchentag verwendet das Label „Leichte Sprache" seit 2005. Im Kirchentagsprogramm taucht er 2007 im Zusammenhang mit dem Eröffnungsgottesdienst erstmals auf.[141]

Die Bibeltexte in Leichter Sprache wurden auf unterschiedliche Weise veröffentlicht. Hierbei sind die Veröffentlichungen unter dem Label „Kirchentag Barrierefrei" von den allgemeinen Veröffentlichungen des Kirchentags zu unterscheiden. Nur die Veröffentlichungen mit dem Label „Kirchentag Barrierefrei" entsprechen allen Regeln der Leichten Sprache inkl. der Regeln für das Layout und tragen das Siegel von Inclusion Europe. Alle Texte in den allgemeinen Veröffentlichungen des Kirchentags (Liederbuch, Programmheft, Exegetische Skizzen)

---

[137] HOFMANN, MICHAEL ET AL., Psalm 1 Werkstattbericht; DIES., Psalm 90 Werkstattbericht; DIES., Psalm 104, 24-31 Werkstattbericht; DIES., Psalm 139 Werkstattbericht; DIES., Psalm 23 Werkstattbericht.
[138] Vgl. HOFMANN, MICHAEL, Detailfragen III, 2.
[139] HOFMANN, MICHAEL ET AL., Lesbarkeitsindex und Wortschatz; HOFMANN, MICHAEL, Textkorpus.
[140] HOFMANN, MICHAEL, Perspektive Inklusion; DERS., Kirchentage und Entwicklung.
[141] Vgl. LAUENSTEIN, BRITTA ET AL., Arbeitsgruppe Leichte Sprache DEKT, Korrekturversion, 6.

wurden dem Layout des jeweiligen Formats angepasst und entsprechen daher nur noch den sprachlichen Regeln der Leichten Sprache. Der Kirchentag nutzte ab 2012 verschiedene Möglichkeiten, die Bibeltexte zu veröffentlichen. Dabei wurden Printmedien und digitale Möglichkeiten verwendet. Die Printmedien wurden im Eigenverlag verlegt. Herausgeber war der Durchführungsverein des Deutschen Evangelischen Kirchentags 2013 in Hamburg, bei weiteren Kirchentagen der jeweilige Durchführungsverein. Den Druckerzeugnissen sind keine Auflagezahlen zu entnehmen. 2012 erschien (für den Kirchentag 2013) das Heft „Bibeltexte in Leichter Sprache", versehen mit dem Label Kirchentag Barrierefrei. Zwei der Bibeltexte in Leichter Sprache (für Eröffnungs- und Schlussgottesdienst) wurden im Liederbuch „KlangFülle" (2013 erschienen) abgedruckt.

2014 wurden die Bibeltexte in Leichter Sprache für den Kirchentag 2015 in Stuttgart wieder als Heft „Bibeltexte in Leichter Sprache" herausgegeben.[142] Im Liederbuch „ZeitWeise", das 2015 zum Kirchentag erschien, wurden alle Bibeltexte in Leichter Sprache abgedruckt.

In den Exegetischen Skizzen, die seit 2013 als eigenes Heft erscheinen, fanden die Bibeltexte in Leichter Sprache 2013 und 2015 keine Erwähnung. Das änderte sich, als die Exegetischen Skizzen für den Kirchentag 2017 in Berlin/Wittenberg gedruckt und digital herausgegeben wurden. Die Exegetischen Skizzen sind online verfügbar.[143] Im Liederbuch „freiTöne" war nur ein Bibeltext in Leichter Sprache abgedruckt: Psalm 139 kam in Auszügen im Mittagsgebet vor. Es wurde aber auch kein anderer Bibeltext im Liederbuch abgedruckt (außer weiteren Auszügen aus Psalm 139 in verschiedenen Übersetzungen).

2017 fanden sich die Bibeltexte im Programmheft des Kirchentags. Jeweils vor dem Tagesprogramm wurden alle zum Tag gehörenden Bibelübersetzungen in den Versionen Luther 2017, Kirchentagsübersetzung und in Leichter Sprache abgedruckt. Digital lassen sich die Bibeltexte in Leichter Sprache nur als eigenes Heft abrufen. Die Veröffentlichung als eigenes Heft mit dem Titel „Bibeltexte in Leichter Sprache"[144] erfolgte digital und gedruckt. Die Onlineversion ist abrufbar.

Die Bibelarbeit in Leichter Sprache von Johanna Will-Armstrong und Nils Lorenz wurde außerdem in den Dokumentarband über den Kirchentag 2017 aufgenommen.[145]

2019 wurde die Art der Veröffentlichung (wie 2017) weitgehend beibehalten. Die Losung des Kirchentags 2019 wurde in den Exegetischen Skizzen durch eine Nacherzählung der Hiskia-Geschichte ergänzt, die von Dirk Brall verfasst wurde.

---

[142] 35. DEUTSCHER EVANGELISCHER KIRCHENTAG STUTTGART 2015 E.V., Bibeltexte in Leichter Sprache.
[143] 36. DEUTSCHER EVANGELISCHER KIRCHENTAG BERLIN-WITTENBERG 2017 E.V. (Hrsg.), Exegetische Skizzen.
[144] 36. DEUTSCHER EVANGELISCHER KIRCHENTAG BERLIN 2017 E.V., Bibeltexte in Leichter Sprache, 2.
[145] LORENZ, NILS; WILL-ARMSTRONG, JOHANNA, Bibelarbeit zu Lukas 19, 155–161.

Diese Nacherzählung ist auch im Heft „Bibeltexte in Leichter Sprache" vorhanden, aber deutlich als Text von Dirk Brall gekennzeichnet. Die Exegetischen Skizzen[146] und das Heft „Bibeltexte in Leichter Sprache"[147] für den Kirchentag 2019 sind gedruckt und digital erschienen und online abrufbar.

Der Kirchentag hat einen hohen Verbreitungsgrad seiner Medien. Das Programmheft und das Liederbuch wurden für die untersuchten Kirchentage an jede*n Dauerteilnehmer*in per Post verschickt. Das Liederbuch „freiTöne" ist als Liederbuch zum Reformationssommer EKD-weit vertrieben und beworben worden.

Verwendung

Verwendung finden die Texte in weiteren Print- und Audiomedien, für Veranstaltungen in und mit Leichter Sprache des Kirchentags und auch darüber hinaus. Dabei sind die Eröffnungsgottesdienste und die Bibelarbeiten besonders zu erwähnen.

Seit 2007 gibt es bei jedem Kirchentag drei Bibelarbeiten in Leichter Sprache. Auch in einem der Eröffnungsgottesdienste gibt es seit 2007 eine Predigt in bzw. mit Leichter Sprache. Exemplarisch sind als Bibelarbeiter*innen Ulrike Kahle (2007, 2013, 2015, 2019), Michael Hofmann (2013, 2015[148], 2019) und Klaus Eberl (2011, 2013, 2015) und für Prediger*innen Rainer Schmidt (2007), Andrea Schneider (2011) und Kirsten Fehrs (2013)[149] zu nennen. 2017 wurde erstmals eine der Bibelarbeiten in Leichter Sprache als Dialogbibelarbeit unter Beteiligung von Menschen mit einer geistigen Behinderung gestaltet. Dies wurde auch 2019, da sogar an zwei Tagen, fortgesetzt. Bis einschließlich dem Kirchentag 2011 gab es keine offiziellen Übersetzungen der Bibeltexte. Es blieb den Bibelarbeiter*innen und dem*der Prediger*in überlassen, inwiefern sie Bibeltexte selbst übertragen oder paraphrasieren. Erst ab 2013 gibt es die offiziellen Übertragungen der Kirchentagstexte in Leichte Sprache.

Michael Hofmann hat in einer Tabelle zusammengestellt, wie sich die Aktivitäten des Kirchentags mit dem Label Leichte Sprache entwickelt haben. Dieser Tabelle sind sowohl die verwendeten Medien als auch die Nennung von Programmpunkten in oder mit Leichter Sprache zu entnehmen:

---

[146] Ebd.
[147] 37. Deutscher Evangelischer Kirchentag Dortmund 2019 e.V., Bibeltexte in Leichter Sprache, 2.
[148] Hofmann, Michael, Wie wird ein gutes Leben möglich?, 9–13.
[149] Fehrs, Kirsten, Predigt 1. Mai 2013

Tabelle 4: Kirchentage und die Entwicklung der Aktivitäten mit dem Label Leichte Sprache[150]

Medien	Programm	Kirchentage und die Entwicklung der Aktivitäten mit dem Label Leichte Sprache (Michael Hofmann)	2005	2007	2009	2011	2013	2015	2017	2019
●		„Programm-Tipps" zum Hören auf Kassette/CD	●	●	●	●	●	●	●	●
●		„Programm-Tipps" / „Tipps und Hinweise für den Kirchentag" als Heft	●	●	●	●	●	●	●	●
	●	Tag-Zeiten-Gebete in Leichter Sprache			●	●	●	●	●	●
	●	Eröffnungs-Gottes-Dienst in Leichter Sprache			●	●	●	●	●	●
	●	Feier-Abend-Mahl in Leichter Sprache			●	●	●	●	●	●
●		Heft: Eröffnung-Gottes-Dienst			●		●	●	●	●
	●	Thematische Veranstaltungen in Leichter Sprache				●	●	●	●	●
	●	Bibelarbeiten in Leichter Sprache				●	●	●	●	●
●		Ausdruck: Ablauf Tag-Zeiten-Gebete					●	●	●	●
●		„Programm-Tipps" als Download-Heft					●	●	●	●
●		Internet-Seiten in Leichter Sprache					●	●	●	●
	●	Thematische Veranstaltungen <u>über</u> Leichte Sprache						●	●		●
●		„Bibel-Texte" als Download-Heft						●	●	●	●
●		Theorie-Papier zur Praxis der Übertragung biblischer Texte in Leichter Sprache						●	●	●	●
●		„Bibel-Texte" in Auswahl im Liederbuch des Kirchentages/im PGH						●	●	●	●
●		„Kirchen-Tag Barriere-frei" als Download-Heft						●	●	●	●
●		„Das ist der Kirchentag" als Download-Heft						●	●	●	●
●		Eine Themenbroschüre als Download-Heft (in 2017 zur Reformation)							●	
●		Heft: Ablauf Feier-Abend-Mahl						●	●	●	●
	●	Schnupper-Kurse „Leichte Sprache"						●	●	
●		„Das ist die Kirchen-Tags-Stadt" als Download Heft (nun teil der „Tipps und Hinweise")						●	●	◐	◐
	●	Stadtführung in Leichter Sprache						●		
●		Pressemeldungen in Leichter Sprache						●	●	
	●	Veranstaltungen mit Simultan-Übertragung in Leichter Sprache							●	●	●
●	●	Lieder in Leichter Sprache								●	●
	●	Veranstaltungen in Leichter Sprache mit Menschen mit Lernschwierigkeiten als Hauptreferenten								●	●
	●	Kirchentags-Sonntag mit Gottesdiensten in Leichter Sprache									●
●		Geschäftsbedingungen des Kirchentages in Leichter Sprache									●
●		Anmeldeverfahren zum Kirchentag in Leichter Sprache									●
●		Texte in Leichter Sprache im Kirchentagsmagazin									●

---

[150] HOFMANN, MICHAEL, Kirchentage und Entwicklung.

Den größten Verbreitungsgrad erreichte laut Einschätzung von Michael Hofmann Psalm 104 beim DEKT in Hamburg durch die Übertragung des Eröffnungsgottesdienstes in bzw. mit Leichter Sprache als Fernsehgottesdienst. Durchschnittlich schätzt Hofmann, dass die Bibeltexte in Leichter Sprache bis zu 10.000 Menschen erreichen.[151] Der hohe Verbreitungs- und Bekanntheitsgrad führt zu einer hohen Verpflichtung zur Sorgfalt.[152]

4.4.5 Intention und Zielgruppe

In ihren internen Dokumentationen[153] formuliert Michael Hofmann für die Arbeitsgruppe drei Leitgedanken, worum es der Gruppe geht. Als ersten Leitgedanken formuliert er:

> *„Primärer Maßstab: Potentielle Verstehensmöglichkeiten von Menschen mit Lernschwierigkeiten*
> *Die Arbeitsgruppe Leichte Sprache entscheidet sich für Menschen mit Lernschwierigkeiten und deren potentielle Verstehensmöglichkeiten als primären Maßstab bei der Text-Übertragung. Es werden Verstehbarkeit, Lesbarkeit und Leserlichkeit berücksichtigt, wobei der Verstehbarkeit erste Aufmerksamkeit geschuldet ist. Die Arbeitsgruppe sieht bewusst Erwachsene mit Lernschwierigkeiten als Leserschaft. Erwachsene mit Lernschwierigkeiten wahrzunehmen heißt auch, ihre Fragen an das Leben, ihren Erfahrungsschatz und Hoffnungshorizont ernst zu nehmen und als Bereicherung wertzuschätzen."*[154]

Damit werden als Ziele Verstehbarkeit, Lesbarkeit und Leserlichkeit postuliert und als Zielgruppe vor allem Menschen mit Lernschwierigkeiten in den Blick genommen.

Als zweiten Leitgedanken formuliert Hofmann für die Gruppe:

> *„Primäre Nutzung: Texte zum Selbstlesen für Menschen mit geringer Lesekompetenz*
> *Die Arbeitsgruppe Leichte Sprache entwickelt die Text-Übertragung zum Selbstlesen für Menschen mit sehr geringer Lesekompetenz, die die Texte eigenständig und selbstbestimmt lesen wollen. Die Arbeitsgruppe orientiert sich beim Sprachniveau der Text-Übertragung an der ersten Kompetenzstufe (A1) des ‚Gemeinsamen Europäischen Rahmen für Sprachen'."*[155]

Es besteht ein Unterschied, ob Texte in Leichter Sprache vorgelesen werden oder selbst gelesen werden. Beim Vorlesen (durch eine leseübte Person) können durch Betonung und Pausen längere Sätze, längere Wörter und Verneinun-

---

[151] Vgl. Öffentlicher Teil der Interviews (Anhang C), Hofmann, 36-37.
[152] Vgl. HOFMANN, MICHAEL ET AL., Psalm 139 Werkstattbericht, 5.
[153] Seit 2013 beschreibt die Arbeitsgruppe in internen Dokumentationen, den sog. „Werkstattberichten", am Beispiel des jeweiligen Kirchentagspsalms ihre Arbeitsweisen. Dazu wählt sie jeweils einen anderen Schwerpunkt. Für 2017 wurde der Schwerpunkt Textübertragung gewählt, daher wurde dieser Werkstattbericht für diese Dissertation besonders herangezogen.
[154] Ebd., 2.
[155] Ebd.

gen enthalten sein. Sollen die Texte auch von Menschen mit geringer Lesekompetenz selbst gelesen werden können, wirkt sich dies entscheidend auf die genannten Faktoren aus.[156] Als Ziel dieses Leitgedankens lassen sich Selbstbestimmung und Zugänglichkeit formulieren.

Als dritten Leitgedanken formuliert Hofmann für die Gruppe:

> *„**Primäre Haltung: Neugierig und unbefangen bei der Übertragung religiöser Rede***
> *Die Arbeitsgruppe Leichte Sprache strebt bei der Text-Übertragung von religiöser Rede verständliche und neu in den Alltag sprechende Formulierungen an. Von diesen ausgehend sind Menschen mit unterschiedlichen Verstehensmöglichkeiten oder Lesekompetenzen eingeladen, zusammen über die Texte und ihren Glauben zu sprechen und Hoffnung zu teilen. Die Arbeitsgruppe benennt in der Text-Übertragung das Geheimnisvolle in Demut so, dass es von Menschen mit Lernschwierigkeiten auch als Geheimnis erkannt wird. Das Andere und Unverfügbare bleibt präsent."*[157]

Die Zielgruppe wird hier im Grunde auf alle Menschen ausgeweitet, die zum Dialog über die Texte und ihren Glauben aufgefordert werden. Dazu erläutert Hofmann für die Gruppe:

> *„Mit den biblischen Texten in Leichter Sprache will der Kirchentag vorhandene sprachliche Teilhabe-Hürden und Verstehens-Barrieren abbauen. Die transformierten Texte sind ausdrücklich eben nicht für Menschen mit Lernschwierigkeiten erstellt, sondern sie wurden erarbeitet, weil es aufgrund der Zielsetzung ‚Barrierefreiheit in der Kommunikation' grundsätzlich notwendig ist, für Texte inkludierende Vermittlungs-Varietäten anzubieten."*[158]

Der Fokus auf leichte Lesbarkeit wirkt sich besonders auf die Satzlänge und den verwendeten Wortschatz aus. Die Sätze sind sehr kurz und der Wortschatz deutlich begrenzt und einfach.[159] Die Aussagen zur primären Haltung beschäftigen sich vor allem mit der Übertragung religiöser Rede. Es gilt jedoch auch für die Übertragung von Bibeltexten, dass es manchen Menschen schwerfällt, vertraute (aber unverständliche) Texte hinter sich zu lassen und sich neueren, unvertrauten, aber verständlichen zuzuwenden.[160]

Neben diesen klar formulierten Zielen lassen sich in den internen Dokumentationen der Gruppe weitere Intentionen finden:

Botschaft – Die gute Nachricht

Texte in Leichter Sprache haben einen tiefergehenden Sinn. Leichte Sprache transportiert eine Botschaft. *„Eine Botschaft kommt in Leichter Sprache […] auf leisen Sohlen daher. Nicht lautstark, eher kraftvoll",*[161] formuliert Michael Hofmann in ei-

---

[156] Vgl. ebd., 4.
[157] Ebd., 2.
[158] LAUENSTEIN, BRITTA ET AL., Arbeitsgruppe Leichte Sprache DEKT, Korrekturversion, 7.
[159] Vgl. HOFMANN, MICHAEL ET AL., Psalm 139 Werkstattbericht, 4.
[160] Vgl. ebd., 5.
[161] SCHÖPFER, DOROTHEE, Leicht kann schwer sein.

nem Interview. Für den Übersetzungsprozess bedeutet das: *„Leichte Sprache versucht, einen Kern freizulegen."*[162] Um an diesen Kern heranzukommen, ist es

> *„bei Leichter Sprache zwingend, genauer hinzuschauen, tiefgehender zu verstehen und verständlicher zu benennen. Wenn es bei biblischen Texten auch um das kaum Sagbare und das eigentlich Unbegreifliche geht, dann ist eine Text-Transformation besonders bereichernd und spannend."*[163]

Teilhabe

Ein weiteres großes Ziel, dem sich die Gruppe durch ihre Übertragungen verpflichtet fühlt, ist Teilhabe.

> *„Die Transformation des Ausgangstextes ist dem Ziel verpflichtet, ‚Teilhabe durch verständliche Sprache' zu fördern. Der transformierte Text wird deshalb als eine Vermittlungs-Varietät betrachtet, für dessen Erstellung Regelwerke für Leichte Sprache genutzt wurden."*[164]

Damit ist Leichte Sprache ein wichtiges Werkzeug von Inklusion: *„Wenn ich viele Menschen mitnehmen möchte, inklusiv sein möchte, dann geht das sehr gut mit Leichter Sprache."*[165] Leitsatz der Gruppe ist von Beginn an: *„Mehr Teilhabe durch verständliche Sprache"*.[166]

Eine weitere Intention der Gruppe geht über die verfassten Texte hinaus: Texte in Leichter Sprache – Bibeltexte und andere religiöse Texte – sollen auch immer eine **Aufforderung zum Dialog** über das Gehörte oder Gelesene sein.[167] Um dies zu erreichen, verpflichtet sich die Arbeitsgruppe des DEKT einer umfassenden **Qualitätssicherung** (vgl. Kap. 4.4.6).

Die Gruppe hat neben den Übersetzungszielen noch ein weiteres Anliegen: Die Orientierung an Menschen mit Lernschwierigkeiten, also kognitiven Einschränkungen, zielt darauf, dass für diese Zielgruppe geeignete Texte auch für alle anderen Leser*innen potenziell geeignet, also lesbar und verstehbar sind. Diese Orientierung bedeutet nicht, dass Menschen mit Lernschwierigkeiten die alleinige Zielgruppe sind oder gar, dass Leichte Sprache ein spezielles Sprachsystem für diese Menschen sei.[168]

Die Arbeitsgruppe Leichte Sprache des DEKT spricht sich ausdrücklich für die Verwendung ihrer Übertragungen in allen Zusammenhängen aus, in denen inkludierende Vermittlungsvarietäten von Texten gebraucht werden: für Menschen, die Texte schätzen, die von möglichst vielen Menschen verstanden werden können; für Menschen, die neugierig auf neue Entdeckungen alter wohlver-

---

[162] Ebd.
[163] HOFMANN, MICHAEL ET AL., Psalm 139 Werkstattbericht, 3.
[164] Vgl. ebd., 14.
[165] SCHÖPFER, DOROTHEE, Leicht kann schwer sein.
[166] Vgl. HOFMANN, MICHAEL ET AL., Psalm 139 Werkstattbericht, 3.
[167] Vgl. ebd., 5.
[168] Vgl. ebd.

trauter Texte sind und für Menschen, die sich gerade von der Schlichtheit der Texte unmittelbar ansprechen lassen.[169]

4.4.6 Arbeitsprozess

Der Arbeitsprozess gliedert sich in folgende Arbeitsschritte:
1. Arbeit des Textmentors*der Textmentorin – Textfassung 1
2. Gemeinsame Textarbeit in der Arbeitsgruppe – Textfassung 2
3. Interne Prüfung in der Arbeitsgruppe – Textfassung 3
4. Prüfung durch eine (externe) Lesegruppe – Textfassung 4
5. Prüfung und Freigabe durch eine (externe) Prüfgruppe – Textfassung 5[170]

1. Arbeit des Textmentors bzw. der Textmentorin

Jeder Text bekommt innerhalb der Arbeitsgruppe einen Textmentor*eine Textmentorin. Der Textmentor*die Textmentorin trägt die Gesamtverantwortung für die Übertragung dieses Textes, kümmert sich um Hintergrundinformationen und Sekundärliteratur und erstellt zu Beginn des Übertragungsprozesses eine erste Fassung in Leichter Sprache als Arbeitsvorlage für die Gesamtgruppe.[171] Der Mentor*die Mentorin ist dafür verantwortlich, „dass am Ende eine in sich stimmige und widerspruchsfreie Übertragung des ausgangssprachlichen Textäquivalents steht."[172] Jeder Mentor*jede Mentorin hat für das Erstellen des ersten Textvorschlags eine eigene Herangehensweise entwickelt. Einige beginnen sofort damit, einen Text zu verfassen und greifen dabei auf ihr vorhandenes Wissen zurück. Sekundärliteratur kommt hier erst später zur Anwendung. Andere beginnen mit einer Literaturrecherche und schreiben die erste Textversion erst nach reiflicher Überlegung. Bereits in dieser Phase wird mit einem Lesbarkeitsindex gearbeitet.[173] Die fünf dokumentierten Psalmübertragungen (Werkstattberichte zu Psalm 1,[174] Psalm 23,[175] Psalm 90,[176] Psalm 104[177] und Psalm 139[178]) sind als Vers-für-Vers-Übertragungen angelegt. Von der Regel, die Reihenfolge eines Textes ändern zu dürfen, wird kein Gebrauch gemacht. Es gibt Synopsen verschiedener Übersetzungen und der verschiedenen Textfassungen in Leichter Sprache. Die

---

[169] Vgl. ebd., 15.
[170] Vgl. ebd., 5.
[171] Vgl. ebd., 6.
[172] Ebd.
[173] Vgl. ebd.
[174] HOFMANN, MICHAEL ET AL., Psalm 1 Werkstattbericht.
[175] HOFMANN, MICHAEL ET AL., Psalm 23 Werkstattbericht.
[176] HOFMANN, MICHAEL ET AL., Psalm 90 Werkstattbericht.
[177] HOFMANN, MICHAEL ET AL., Psalm 104, 24-31 Werkstattbericht.
[178] HOFMANN, MICHAEL ET AL., Psalm 139 Werkstattbericht.

Anschlussfähigkeit an den Ausgangstext (Brückenfunktion) hat einen hohen Stellenwert.[179]

2. Gemeinsame Textarbeit in der Arbeitsgruppe

In dieser Phase arbeitet die Gruppe intensiv zusammen. Gemeinsam wird über die Texte und damit auch über die Grundlagen des eigenen Glaubens nachgedacht und diskutiert. Die Mitglieder der Arbeitsgruppe geben sich gegenseitig kritische Rückmeldungen und Impulse und bearbeiten die Texte entsprechend weiter. Organisatorisch läuft dieser Prozess per Telefon und Mailverkehr ab. Die Mentor*innen verschicken zunächst ihre erste Textfassung per Mail in die Arbeitsgruppe. Es folgt die Diskussions- und Bearbeitungsphase. Der Textmentor*die Textmentorin entscheidet, wann die zweite Fassung fertig ist, und gibt dies in der Gruppe bekannt. In dieser Phase spielen besonders das Sprachhandwerk und die Funktionslust eine Rolle. Es ist auch ein emotionaler Prozess: Freude über gelingende Übertragung und Verzweiflung beim Ringen um Verstehbarkeit und gute Lesbarkeit werden geteilt.[180]

3. Interne Prüfung in der Arbeitsgruppe

Für einen Kirchentag werden sieben biblische Texte ausgewählt: Die Losung, der Kirchentagspsalm, drei Texte für Bibelarbeiten, ein Text für das Feierabendmahl und ein Text für den Schlussgottesdienst. Diese *„beziehen sich aufeinander und schaffen einen eigenen gedanklichen Raum."*[181] Um den Zusammenhang der Texte, die zu einem Kirchentag gehören, zu gewährleisten, werden sie von der Arbeitsgruppe einer internen Prüfung unterzogen. Die Maßstäbe der Prüfung sind Regeltreue, Anschlussfähigkeit an den Ausgangstext, theologische Angemessenheit, Lesbarkeit und Textlänge. Für diese Prüfung gibt es ein internes Prüfraster. Das Ergebnis ist die dritte Textfassung aller Texte.[182]

4. Prüfung durch eine (externe) Lesegruppe[183]

Nach der internen Prüfung werden die Texte an die Lesegruppe weitergegeben. Diese Gruppe war bis zu diesem Zeitpunkt nicht an der Entstehung der Texte beteiligt und hat dadurch eine besondere Perspektive. Dadurch können ‚blinde

---

[179] Vgl. ebd., 8f.
[180] Vgl. ebd., 6.
[181] Ebd.
[182] Vgl. ebd.
[183] 2013 wurde noch keine Lesegruppe beteiligt, vgl. Kap. 4.4.1.

Flecken' aufgedeckt und Impulse für die Weiterarbeit gegeben werden. Diese Impulse werden in die Texte eingearbeitet. Am Ende steht die vierte Textfassung.[184]

5. *Prüfung und Freigabe durch eine (externe) Prüfgruppe*[185]

Die vierte Textfassung wird einer Prüfgruppe, bestehend aus Menschen mit Lernschwierigkeiten, vorgelegt. Ihre Änderungswünsche werden eingearbeitet. Die Veröffentlichung erfolgt nur, wenn die Prüfgruppe den Texten eine gute Verständlichkeit bescheinigt. Die so entstehende fünfte Textfassung wird dann veröffentlicht.[186]

Qualitätssicherung

Die Qualitätssicherung der Texte findet auf drei Ebenen statt: Auf der Inhaltsebene liegt der Fokus auf Verstehbarkeit, auf der Sprachebene auf Lesbarkeit und auf der Darstellungsebene auf der Leserlichkeit.[187]

a) Inhaltsebene: Verstehbarkeit

Dieser Fokus leitet sich von der Wahl des primären Maßstabs ab: Elementarisierung, Komplexitätsreduktion und Kürzungen führen zu einer maximalen Verstehbarkeit des Textes. Die Beteiligung einer Prüfgruppe, bestehend aus Menschen mit Lernschwierigkeiten, ist eine weitere Qualitätssicherungsmaßnahme für die Gewährleistung von Verstehbarkeit.[188] Verstehbarkeit heißt nach Einschätzung der Gruppe auch Anschlussfähigkeit. Anschlussfähigkeit bedeutet: *„Wer die übertragene Fassung und die Luther-Übersetzung liest, wird direkt erkennen, dass es sich bei der übertragenen Fassung um eine Vermittlungs-Varietät handelt."*[189] Dies entspricht dem Begriff der ‚Brückenfunktion' (vgl. Kap. 1.1.2).

b) Sprachebene: Lesbarkeit

Die Gruppe ist bestrebt, eine maximale Lesbarkeit zu erzielen. Lesbarkeit ist ein Kriterium, das die kognitiven und körperlichen Fähigkeiten der Rezipient*innen im Blick hat. Dabei werden aktuelle Erkenntnisse aus der Lesbarkeitsforschung ebenso berücksichtigt wie elektronische Analysetools genutzt. Es wird darauf geachtet, die Sätze kurz und den benötigten Wortschatz so klein wie möglich zu

---

[184] Vgl. HOFMANN, MICHAEL ET AL., Psalm 139 Werkstattbericht.
[185] 2013 bestand die Prüfgruppe nur aus einer Person, vgl. Kap. 4.4.1.
[186] Vgl. HOFMANN, MICHAEL ET AL., Psalm 139 Werkstattbericht, 6f.
[187] Vgl. ebd., 13f.
[188] Vgl. ebd., 13.
[189] Ebd.

halten. Das angestrebte Sprachlevel ist das Kompetenzniveau A1 des „Gemeinsamen Europäischen Rahmens für Sprachen." Näheres dazu wurde bereits im Zuge der verwendeten Regeln in Kapitel 4.4.2 beschrieben.[190]

c) Darstellungsebene: Leserlichkeit

Leserlichkeit ist ein Kriterium der graphischen Aufbereitung von Texten. Schriftart, Schriftgröße und Zeilenabstand spielen hier eine entscheidende Rolle. Der Anspruch der Arbeitsgruppe Leichte Sprache ist es, dass die Bibeltexte in Leichter Sprache (hier: Psalm 139), die als Printprodukte unter dem Label ‚Kirchentag Barrierefrei' herausgegeben werden, in der Schriftgröße 16 und einem Zeilenabstand von 1,5 erscheinen. Die Texte werden durch großformatige Fotos ergänzt, die die Lesemotivation steigern sollen.[191]

4.4.7 Problemanzeigen und (Selbst-)Kritik

Der Werkstattbericht zu Psalm 139 geht einerseits auf besondere Herausforderungen im Transformationsprozess ein, aber auch auf von außen an die Gruppe herangetragene Kritik. Als besondere Herausforderungen für Psalm 139 werden benannt: Der Psalm ist mit seinem poetischen Klang in kirchlichen Kreisen sehr bekannt und wird zu verschiedenen Anlässen (z.B. bei Kasualien) auszugsweise zitiert. Der Psalmist bedenkt in diesem Psalm Allwissenheit, Allgegenwart und Allmacht Gottes und verbindet Hoffnung und Klage, Vertrauen und Lobpreis.

Zunächst ergeben sich drei Herausforderungen, die mit Rahmenbedingungen des Textes zu tun haben:
1. Doppelnutzung im Eröffnungsgottesdienst und als Kirchentagspsalm
2. Textlänge
3. Textvertrautheit

In der Natur des Textes liegen zwei weitere Herausforderungen:
4. Poetische Rede
5. Gebetscharakter

Schließlich gibt es auch bei inhaltlichen Fragen zwei Herausforderungen:
6. Ambivalenzen
7. Rache-Fantasien[192]

---

[190] Vgl. ebd., 14.
[191] Vgl. ebd.
[192] Vgl. ebd., 7–9.

Herausforderung Doppelnutzung

Psalm 139 wird beim Kirchentag 2017 zum einen in Form einiger Verse (13-18) beim Eröffnungsgottesdienst und zum anderen den ganzen Kirchentag über in voller Länge als Kirchentagspsalm genutzt. Ziel und Herausforderung bei diesem Psalm ist es, den ganzen Psalm so zu übertragen, dass die Verse 13-18 auch allein aussagekräftig sind.[193]

Herausforderung Textlänge:

Psalm 139 ist ein langer Text. Nach den Regeln von Leichter Sprache sind Kürzungen, Zusammenfassungen und Schwerpunktsetzungen erlaubt und erwünscht. Die Frage ist, nach welchen Kriterien dabei vorgegangen werden soll. Als Lösung bietet sich die Einteilung des Psalms in drei Abschnitte an: Der mittlere entspricht dem Auszug für den Eröffnungsgottesdienst, darüber hinaus erscheint die Kürzung bzw. Zusammenfassung auf drei etwa gleich lange Abschnitte sinnvoll.[194]

Herausforderung Textvertrautheit

Psalm 139 ist vielen Menschen sehr vertraut. Diese Vertrautheit macht skeptisch gegenüber Veränderungen am Text. Aber Vertrautheit bedeutet nicht Verstehen. Skepsis gegenüber Leichte Sprache-Texten wird fast immer nur laut, wenn es um bekannte Texte geht. Das hat offenbar mit der emotionalen Bindung an die vertrauten Texte zu tun. Es muss immer wieder klargestellt werden, dass Texte in Leichter Sprache als Vermittlungs-Variation neben die Ausgangstexte gestellt werden und diese ergänzen - und nicht ersetzen und verdrängen sollen.[195]

Herausforderung Poetische Rede

Im Werkstattbericht heißt es dazu:

> „Poetische Rede zu transformieren ist - von den Ursprüngen der Leichten Sprache mit der Verwendung für Sachtexte - ein hoffnungsloses Unterfangen. Denn wenn Verstehbarkeit und Lesbarkeit primär sind, kann die Schönheit der Sprache nur eine geringe Relevanz haben. Zwar wurde daran gearbeitet, dass durch Gliederung und sich wiederholende Satzbildungen der laut gelesene Text eine gewisse Anmutung und einen Klang hat. Aber: Poetische Rede und

---

[193] Vgl. ebd., 7.
[194] Vgl. ebd.
[195] Vgl. ebd., 7f.

extrem verdichtete Sprache zu transformieren, ist aufgrund der Regelwerke der Leichten Sprache im Kern zum Scheitern verurteilt. Man darf hoffen, ehrenvoll zu scheitern."[196]

Herausforderung Gebetscharakter

Im Gebet spricht der Mensch zu Gott und spricht ihn an. Psalmen sind Gebete. Kirchlich sozialisierte Menschen wissen, dass mit der Anrede ‚Du' im Psalm in der Regel Gott gemeint ist. Für die Nutzer*innen von Leichter Sprache ist dies keine Selbstverständlichkeit. Daher muss das ‚Du' zu ‚Du, Gott' erweitert werden. So geschieht es in der Übersetzung von Psalm 139 22mal.[197]

Herausforderung Ambivalenzen

Gottes Allmacht, Allwissenheit und Allgegenwärtigkeit wecken Gefühle zwischen Geborgenheit in väterlicher Fürsorge und Angst vor Strafe und totaler Überwachung. Die Übertragung in Leichte Sprache muss diese Ambivalenz erkennen und bei Übersetzungsentscheidungen bewusst für eine Interpretationsrichtung sorgen, in diesem Fall für die positiv besetzten Gefühle.[198]

Herausforderung Rache-Fantasien

Die Rache-Fantasien im Psalm 139 in den Versen 19-22 sind in ihrer Brutalität sehr herausfordernd und werden in anderen Zusammenhängen (z.B. beim Abdruck von Psalm 139 im Ev. Gesangbuch[199]) oft weggelassen. Dennoch sind sie Teil des Psalms und gehören auch in die Übertragung in Leichte Sprache. Auch die Zielgruppen von Leichter Sprache verfügen über Erfahrungen und Fantasien dieser Art. Eine (regelgerechte) Möglichkeit wäre gewesen, die Reihenfolge innerhalb des Psalms zu ändern und die schlechten Erfahrungen an den Anfang zu stellen. Darauf wurde jedoch zugunsten der Anschlussfähigkeit an den Ausgangstext verzichtet.[200]

Der Werkstattbericht nimmt auch Bezug auf allgemeine, an religiöse Texte in Leichter Sprache herangetragene Kritik:
— unzulässige Vereinfachung
— Poesie und Schönheit von Texten gehen verloren
— schwer Begreifliches wird ‚weg-erklärt'[201]

---

[196] Ebd., 8.
[197] Vgl. ebd.
[198] Vgl. ebd.
[199] EG 759.1, 759.2; es sind nur die Verse 1-12, 13-18.23.24 abgedruckt.
[200] Vgl. HOFMANN, MICHAEL ET AL., Psalm 139 Werkstattbericht, 8f.
[201] Vgl. ebd., 5.

Zum Vorwurf der unzulässigen Vereinfachung schreibt Michael Hofmann für die Arbeitsgruppe:

> *„Leichte Sprache müht sich aktiv um die Reduktion von Komplexität. Es gehört zum Kern der Transformation eines Ausgangstextes, dass mit dem Ziel einer bestmöglichen Verstehbarkeit Komplexitäten reduziert und Vereinfachungen aktiv gesucht werden. Vereinfachung ist nicht zwangsläufig dasselbe wie Banalisierung."*[202]

Der Kritik, dass Poesie und Schönheit von Texten verloren gingen, entgegnet er im Rahmen des Werkstattberichts, es sei sicher richtig,

> *„dass die vertraute Poesie und Schönheit klassischer Bibelübersetzungen beim Transformationsprozess verloren geht. Sprachliche Schönheit ist keine wesentliche Kategorie bei Leichter Sprache: Es geht um bestmögliche Verstehensmöglichkeiten."*[203]

Den Vorwurf, schwer Begreifliches ‚weg-zu-erklären', nimmt der Werkstattbericht als interessantes Diskussionsthema auf. Er verweist hier noch einmal auf den dritten Leitgedanken mit der primären Haltung der Arbeitsgruppe Leichte Sprache:

> *„[...] Die Arbeitsgruppe benennt in der Text-Übertragung das Geheimnisvolle in Demut so, dass es von Menschen mit Lernschwierigkeiten auch als Geheimnis erkannt wird. Das Andere und Unverfügbare bleibt präsent."*[204]

Zur Umsetzung dieser Haltung gibt es keine weiteren Ausführungen.

4.4.8 Entwicklung und aktueller Stand des Projekts

Die Gruppe besteht fortwährend, im Kern, also in der Arbeitsgruppe Leichte Sprache, unverändert, und hat auch für den 3. Ökumenischen Kirchentag in Frankfurt 2021 zusammen mit dem Team vom Katholischen Bibelwerk die Bibeltexte übersetzt, ebenso wieder selbständig für den 38. Deutschen Evangelischen Kirchentag in Nürnberg 2023. Diese Texte wurden in dieser Arbeit nicht mehr mitberücksichtigt, sind allerdings in der online verfügbaren Übersicht der verfügbaren Bibeltexte 2010-2023 im Anhang G aufgelistet. Die Gruppe steht für weitere Evangelische und Ökumenische Kirchentage bereit.

---

[202] Ebd.
[203] Ebd.
[204] Ebd., 2.

4.5 *„Leicht gesagt!"*

2013 wurde das Buch „Leicht gesagt! Biblische Lesungen und Gebete zum Kirchenjahr in Leichter Sprache" veröffentlicht. Es war das erste Buch mit einer Text*sammlung* von Bibeltexten in Leichter Sprache. Die Vorarbeiten für das Projekt begannen 2011. Es wurden die Konzeption erarbeitet, das Team zusammengestellt und die Texte ausgewählt. 2012 wurden die Texte des Buches erarbeitet. Ziel war es, die Veröffentlichung bis zum Kirchentag 2013 in Hamburg fertig zu stellen.[205]

4.5.1 Die Beteiligten

Die Gruppe wurde auf Initiative von Anne Gidion und Raute Martinsen durch Jochen Arnold, Direktor des Evangelischen Zentrums für Gottesdienst und Kirchenmusik der Ev.-Luth. Landeskirche Hannovers, berufen. Für das geplante Buchprojekt wurde ein Team aus Übersetzenden zusammengestellt, dessen Mitglieder theologische Kompetenz, Erfahrung mit Inklusion und ökumenische Weite vereinten. Jochen Arnold und die beiden Impulsgeberinnen gehörten diesem Team selbst an.[206]

Im Folgenden werden die Beteiligten in alphabetischer Reihenfolge hinsichtlich ihrer Qualifikation vorgestellt. Zunächst geht es um die theologische und/oder sprachwissenschaftliche Qualifikation, danach um die eigene Geschichte mit der Leichten Sprache und um weitere relevante Eigenschaften. Auch eine konfessionelle Einordnung wird vorgenommen.

Die Beteiligten und ihre Qualifikation

Jochen Arnold (Hildesheim) ist promovierter evangelischer Theologe und A-Kirchenmusiker. Er ist Direktor des Evangelischen Zentrums für Gottesdienst und Kirchenmusik der Ev.-Luth. Landeskirche Hannovers.[207] Er lehrt Systematische und Praktische Theologie an der Universität Leipzig und ist seit 2019 Vorsitzender der Liturgischen Konferenz. Bereits seit 2012 ist er Liturgieberater der Gemeinschaft Evangelischer Kirchen in Europa (GEKE).[208] Arnolds Anliegen ist der ‚Gottesdienst für alle':

---

[205] Vgl. LAUENSTEIN, BRITTA ET AL., „Leicht gesagt", Korrekturversion, 1 (Kommentar Martinsen).
[206] Vgl. ARNOLD, JOCHEN, Geleitwort (Leicht gesagt), 6.8.
[207] Vgl. GIDION, ANNE; ARNOLD, JOCHEN; MARTINSEN, RAUTE (Hrsg.), Leicht gesagt!, 218.
[208] Vgl. LAUENSTEIN, BRITTA ET AL., „Leicht gesagt", Korrekturversion, 1.

> „Wir versuchen, ein altes (evangelisches) Anliegen für den Gottesdienst fruchtbar zu machen, indem wir uns liturgisch um ‚Leichte Sprache' kümmern. [...] Das ist der Kern: Gottesdienst soll ein Ereignis sein, das von allen Christen, Großen und Kleinen, Frauen und Männern, Gesunden und Kranken bewusst miterlebt und aktiv mitgestaltet werden kann."[209]

Verständliche Sprache ist dabei maßgeblich.[210] Als Herausgeber der Reihe „gemeinsam gottesdienst gestalten", in der die Ergebnisse dieser Gruppe veröffentlicht wurden, Autor des Geleitworts des Buches und Autor von einem Sechstel der Texte des Buches kommt ihm eine Dreifachrolle zu: Auftraggeber, Herausgeber und Übersetzer.[211]

Anne Gidion (Hamburg) ist evangelische Theologin und Pastorin der Nordkirche. Sie war zum Zeitpunkt des Projekts (2013) Referentin im Gottesdienstinstitut der Nordkirche in Hamburg (von 2010 bis Januar 2017). Vorher war sie drei Jahre Pastorin in der Ev. Stiftung Alsterdorf in Hamburg. Von 1999 bis 2011 war sie Mitglied im Präsidium des Deutschen Evangelischen Kirchentags.[212] Von Februar 2017 bis September 2022 war Anne Gidion Rektorin des Pastoralkollegs der Ev.-Lutherischen Kirche in Norddeutschland in Ratzeburg.[213] Seit 1. Oktober 2022 ist Anne Gidion Bevollmächtigte des Rates der Evangelischen Kirche in Deutschland (EKD) bei der Bundesrepublik Deutschland und der Europäischen Union.[214] Während ihrer Arbeit in der Ev. Stiftung Alsterdorf hat Anne Gidion die Wichtigkeit von Leichter Sprache entdeckt. Dort hat sie bei einem Kongress zu Inklusion erlebt, wie Menschen, die die Redenden nicht verstanden haben, Schilder mit „Stop! Leichte Sprache!" hochhielten. Dadurch ist ihr besonders deutlich geworden, was es für Menschen bedeutet, wenn sie nichts verstehen und das Gefühl haben, dass über sie statt mit ihnen gesprochen wird.[215] Besonders wichtig ist ihr das Verstehen, wenn es um Gott geht: *„Das Evangelium oder die Botschaft vom lebendigen Gott, Bundesgott, Jesus Christus an meiner Seite ist per se eine nicht exklusive."*[216]

Raute Martinsen (Hamburg) ist ebenfalls evangelische Theologin und Pastorin der Nordkirche, zum Projektzeitpunkt Gemeindepastorin in Hamburg Winterhude-Uhlenhorst und ebenfalls als Pastorin in der Ev. Stiftung Alsterdorf zur Unterstützung der Inklusion von Menschen mit Behinderungen in ihrer Wohnortgemeinde angestellt. Sie hat auch Verbindungen zum Deutschen Evangelischen Kirchentag, wo sie u.a. 2011 in Dresden im Eröffnungsgottesdienst als Liturgin und Mitglied der Projektleitung mitgewirkt hat.[217] Wie bereits beschrie-

---

[209] ARNOLD, JOCHEN, Geleitwort (Leicht gesagt), 6.
[210] Vgl. ebd.
[211] Vgl. GIDION, ANNE; ARNOLD, JOCHEN; MARTINSEN, RAUTE (Hrsg.), Leicht gesagt!, 218.
[212] Vgl. ebd.
[213] Vgl. DÖBLER, STEFAN; VIERE, SIMONE, Hamburger Pastorin Anne Gidion wird Rektorin.
[214] Vgl. EVANGELISCHE KIRCHE IN DEUTSCHLAND, Anne Gidion als neue EKD-Bevollmächtigte.
[215] Vgl. SCHNEIDER, ANDREA, Leicht und schön gesagt!, 3.
[216] Ebd.
[217] Vgl. GIDION, ANNE; ARNOLD, JOCHEN; MARTINSEN, RAUTE (Hrsg.), Leicht gesagt!, 218.

ben, war sie außerdem zeitweise Mitglied der Arbeitsgruppe Leichte Sprache für Bibeltexte in Leichter Sprache des DEKT (vgl. Kap. 4.4.1), im Besonderen für den Kirchentag in Hamburg 2013. Auch für den Kirchentag in Dresden 2011 hat sie einzelne Bibeltexte in Leichte Sprache übersetzt.[218] Raute Martinsen geht es besonders um die Voraussetzungslosigkeit für das Verstehen von Bibeltexten: *„Der Ausgangspunkt ‚Es gibt kein Vorwissen!' stellt das eigene (theolog.) Vorwissen in Frage. Es gibt keine Selbst-verständlichkeiten [sic!] [...]"*[219] Aktuell (2020) ist Raute Martinsen Referentin für die Vernetzung der Arbeit mit Kindern im Jugendpfarramt der Ev.-Lutherischen Kirche in Norddeutschland.[220]

Andreas Poschmann (Trier) ist promovierter katholischer Theologe und ist seit 1993 Referatsleiter im Deutschen Liturgischen Institut in Trier. Er verfügt über besondere liturgische Kompetenz und setzt die ökumenischen Akzente in diesem Team. Durch seine Person entsteht eine Verbindung zur katholischen Leseordnung und Liturgie.[221] Er steht besonders für die Zielgruppenorientierung und die Verständlichkeit der Sprache, wenn es um existenzielle Dinge und Sprache im Gottesdienst geht.[222]

Simone Pottmann (Kaltenkirchen), gebürtig aus dem Rheinland, ist evangelische Theologin und Pfarrerin der Nordkirche, zum Zeitpunkt des Projekts und aktuell Gemeindepfarrerin in Kaltenkirchen und Alveslohe.[223] Simone Pottmann gehörte zum Übersetzendenkreis der Bibel in Gerechter Sprache (2007) und verfügt dadurch über umfassende Übersetzungserfahrungen.[224]

Christian Stäblein (Loccum) geb. 1967, ist promovierter evangelischer Theologe und war zum Projektzeitpunkt Leiter des Predigerseminars der Hannoverschen Landeskirche in Loccum.[225] Seit 2019 ist Christian Stäblein Bischof der Evangelischen Kirche Berlin-Brandenburg-schlesische Oberlausitz.[226]

Es gibt keine Hinweise auf weitere Beteiligte des Projekts, also auch keine Prüfgruppe. In der Rückschau kommentiert Anne Gidion diesen Umstand so:

„Heute würde man das anders machen. [...] Damals waren die Verhandlungen mit dem Verlag und das Koordinieren der 6 Personen an anderen Orten und mit noch nicht so viel digitaler Kompetenz wie heute komplex genug. Und wir haben uns damals ‚avant la lettre' schon eher

---

[218] Vgl. LAUENSTEIN, BRITTA ET AL., „Leicht gesagt", Korrekturversion, 2 (Kommentar Martinsen); diese Texte wurden in dieser Arbeit nicht berücksichtigt.
[219] STÄNDIGER AUSSCHUSS FÜR ABENDMAHL, GOTTESDIENST, FEST UND FEIER, Protokoll der Sitzung vom 13./14. September 2011, Anlage zu TOP 1, 1.
[220] Vgl. EV.-LUTHERISCHE KIRCHE IN NORDDEUTSCHLAND, Pastorin Raute Martinsen.
[221] Vgl. GIDION, ANNE; ARNOLD, JOCHEN; MARTINSEN, RAUTE (Hrsg.), Leicht gesagt!, 218.
[222] Vgl. POSCHMANN, ANDREAS, Nur was verstanden wird... , 183.
[223] Vgl. GIDION, ANNE; ARNOLD, JOCHEN; MARTINSEN, RAUTE (Hrsg.), Leicht gesagt!, 218.
[224] Vgl. LAUENSTEIN, BRITTA ET AL., „Leicht gesagt", Korrekturversion, 3 (Kommentar Gidion)
[225] Vgl. GIDION, ANNE; ARNOLD, JOCHEN; MARTINSEN, RAUTE (Hrsg.), Leicht gesagt!, 218.
[226] Vgl. EVANGELISCH.DE, Christian Stäblein wird neuer Bischof in Berlin.

für das Prinzip Zumuten als das Prinzip Vermeiden entschieden. Wie gesagt, das würde ich heute anders machen."[227]

4.5.2 Regeln und Definition

Im Vorwort des Buches formulieren Anne Gidion und Raute Martinsen folgende Definition von Leichter Sprache: „Der Begriff ‚Leichte Sprache' bezeichnet [...] eine sprachliche Ausdrucksweise, die in besonderer Weise verständlich ist."[228]

Anne Gidion formuliert in einem früheren Text: *„D[er] Begriff[] Leichte Sprache [...] [bezeichnet] eine sprachliche Ausdrucksweise, die besonders leicht verständlich ist. Sie soll vor allem Menschen mit geringen sprachlichen Fähigkeiten das Verständnis von Texten erleichtern."*[229]

Für den besonders hohen Grad an Verständlichkeit sorgt die Einhaltung bestimmter Regeln. Das angewendete Regelwerk folgt den Regeln des Netzwerks Leichte Sprache (auch wenn dies nicht ausdrücklich benannt wird). Anne Gidion und Raute Martinsen nennen folgende Regeln in ihrem Text: Kurze Sätze, pro Satz nur eine Aussage, nicht mehr als 15 Worte pro Satz, Verbalisierungen statt Nominalisierungen, kein Konjunktiv, keine Abstrakta, Fremdwörter und Fachwörter, Auflösung von langen Zusammensetzungen, positive Sprache statt Negation und die Erklärung von ungewöhnlichen Wörtern.[230] Die Autorinnen weisen darauf hin, dass *„[...] [d]ie Regeln für Leichte Sprache [...] nicht speziell für Liturgie und Gottesdienst gemacht [sind]. Trotzdem sind sie auch auf diese anwendbar."*[231] Verständlichkeit sei allerdings eine komplizierte Sache und Leichte Sprache damit keine leichte Sache: *„Leichte Sprache bedeutet nämlich gerade nicht, dass durch einen einfachen Übersetzungsvorgang unter Anwendung von ein paar journalistischen Regeln das totale Verstehen erreicht wäre."*[232]

Gidion und Martinsen ziehen den Begriff der Übertragung dem der Übersetzung vor: *„Die Verwendung des Begriffs ‚Übersetzung in Leichte Sprache' suggeriert noch, es gehe darum, denselben Sachverhalt in einer anderen Sprache zu sagen. Eventuell wäre viel mehr der Ausdruck ‚Übertragung' oder ‚Nachdichtung' angemessener."*[233] Im Interview benutzt Anne Gidion den Begriff der Übersetzung dennoch synonym zum Begriff der Übertragung.

---

[227] LAUENSTEIN, BRITTA ET AL., „Leicht gesagt", Korrekturversion, 3 (Kommentar Gidion).
[228] GIDION, ANNE; MARTINSEN, RAUTE, Einleitung (Leicht gesagt), 10.
[229] GIDION, ANNE, Selig bist du, wenn du weißt, wie du sprichst (Themenheft Gottesdienst), 29.
[230] Vgl. GIDION, ANNE; MARTINSEN, RAUTE, Einleitung (Leicht gesagt), 10.
[231] GIDION, ANNE, Selig bist du, wenn du weißt, wie du sprichst (Themenheft Gottesdienst), 31.
[232] GIDION, ANNE; MARTINSEN, RAUTE, Einleitung (Leicht gesagt), 12.
[233] Ebd.

4.5.3 Rahmenbedingungen

Die Projektgruppe „Leicht gesagt" wurde für den einmaligen Zweck einer Veröffentlichung ins Leben gerufen, nämlich um Bibeltexte und Gebete in Leichter Sprache zum Kirchenjahr zu schaffen und einer breiten Öffentlichkeit zur Verfügung zu stellen.[234] Die Buchreihe ‚gemeinsam gottesdienst gestalten', herausgegeben durch Jochen Arnold vom Evangelischen Zentrum für Gottesdienst und Kirchenmusik der Ev.-Luth. Landeskirche Hannovers, widmet sich in mehreren Bänden dem Thema Lesungen, besonders hinsichtlich Hinführung (Bände 1 und 31) und Gestaltung (Band 2, inzwischen 3. Auflage 2020). Mit dem Band 22 ‚Leicht gesagt' wird ein neuer Akzent gesetzt: Die Verstehbarkeit von Texten im säkularisierten Kontext wird in den Mittelpunkt gestellt.[235]

Nach der Leutzschschen Systematik (vgl. Kap. 4.1.3) ist diese Gruppe dem Typ 4 Gruppe mit Auftrag zuzuordnen. Da Gidion und Martinsen gleichzeitig zur Projektgruppe und zum Herausgebendenteam gehörten, gab es keinen zusätzlichen Arbeitsaufwand, was die Abstimmung mit den Auftraggebenden angeht. Jochen Arnold stellt am Ende des Geleitworts des Buches seinen persönlichen Lerneffekt in den Vordergrund.[236]

Verwendungszusammenhang

Es soll eine Textsammlung zum Kirchenjahr zur Verfügung gestellt werden, deren Texte in einer besonders verständlichen Art und Weise formuliert sind. Das Buch orientiert sich an der Evangelischen Perikopenordnung für die Sonntage des Kirchenjahrs. Dabei wurde bereits vorausschauend in den Blick genommen, dass 2017 eine neue Perikopenordnung veröffentlicht werden sollte. Die gewählten Texte sollten alle in der neuen Ordnung enthalten sein.[237]

Textauswahl und Anordnung

Grundsätzlich stammen alle Texte aus der Perikopenordnung der evangelischen Kirchen im deutschsprachigen Raum. Es musste jedoch eine Auswahl getroffen werden, da die Übertragung aller Texte wegen des zu großen Umfangs nicht möglich war.

Bei der Textauswahl wurden folgende Kriterien zugrunde gelegt:
– gleichmäßige Verwendung von alt- und neutestamentlichen Texten

---

[234] Vgl. ARNOLD, JOCHEN, Geleitwort (Leicht gesagt), 6.8.
[235] Vgl. GIDION, ANNE; MARTINSEN, RAUTE, Einleitung (Leicht gesagt), 9.
[236] Vgl. ARNOLD, JOCHEN, Geleitwort (Leicht gesagt), 8.
[237] Vgl. ebd., 9–15.

- verschiedene Textgattungen: Texte aus den Evangelien, aus den Briefen, aus den prophetischen Büchern, aus den Geschichtsbüchern, aus der Tora
- gute Erkennbarkeit des Bezugs zum jeweiligen Sonntag
- grundsätzliche Eignung des Textes zur Übertragung in Leichte Sprache und die Möglichkeit zum Erhalt der Textästhetik
- nicht zu hoher Schwierigkeitsgrad, was das theologische Vorwissen angeht
- Aufnahmen besonders prominenter Texte (z.B. Lk 2)
- Aufnahmen von ‚Frauentexten'
- möglichst keine Doppelungen[238]

Der Hauptteil des Buches trägt die Überschrift „Biblische Lesungen und Gebete zu den einzelnen Sonn- und Feiertagen". Zu den einzelnen Sonntagen wurden jeweils zwei bis drei Bibelstellen aus der Perikopenordnung (1978 [1999] -2018) ausgewählt. Diese sind nach der Überschrift des Sonntags und der Nennung des Autors*der Autorin der Texte zu dem jeweiligen Sonntag mit einem Stichwort zunächst nur als Bibelstelle abgedruckt. Bei Bibelstellen aus bestimmten Perikopenreihen ist die Nummer der Reihe als römische Zahl angegeben. Neben den Perikopen sind Gebete, liturgische Texte und Lieder beigefügt. Immer sind es zentrale Bestandteile des jeweiligen Sonntags. Den Übersetzungen sind an einigen Stellen kursiv und ausgerückt gedruckte Präfamina vorangestellt, die Anne Gidion einmalig als ‚Rampen', also als Hinführungen zum eigentlichen Bibeltext, ebenfalls in Leichter Sprache, erklärt.[239] An einigen Stellen sind in Klammern erklärende Worte hinzugefügt, die ergänzend dazu gelesen werden können (z.B. Freunde für Jünger).[240]

Passend zur Kirchenjahreszeit sind am Rand kleine Piktogramme abgedruckt.
- Kerze für Advent
- Krippe für Weihnachten
- Stern für Epiphanias-Zeit
- Weg nach Golgatha + Stern für die Zeit von Septuagesimae bis Aschermittwoch
- Weg nach Golgatha für Passionszeit bis Palmarum
- Dornenkrone für Karwoche (bis Karfreitag)
- Offenes Grab für Osterzeit
- Taube für Pfingsten
- Fisch für Trinitatis-Zeit
- Grabstein mit Kreuz für Ende des Kirchenjahres

Es folgt ein weiteres Kapitel mit dem Titel: „Biblische Lesungen und Gebete zu den Kasualien". Zu Taufe, Schulanfang, Konfirmation/Firmung/Erst-

---

[238] Vgl. ebd., 15.
[239] Vgl. ebd., 23.
[240] Vgl. ebd., 20.

„Leicht gesagt!" 237

kommunion, Trauung, Beerdigung und Amtseinführung/Ordination gibt es weitere Übersetzungen von Bibelstellen und Gebete. Die Seiten sind wie bei den Sonntagen gestaltet, es fehlt allerdings ein Piktogramm.[241]

Ausgangstext

In der Veröffentlichung „Leicht gesagt" gibt es keinen Hinweis auf die als Ausgangstext verwendete Bibelübersetzung. Auf Nachfrage gibt Jochen Arnold an, dass die ganze Projektgruppe von der revidierten Lutherübersetzung von 1984 ausgegangen ist.[242]

Paratexte

Durch die Veröffentlichung als Buch, als Ergänzung zu Perikopenbuch, Gottesdienstbuch oder Lektionar gedacht, weist das Buch „Leicht gesagt" verhältnismäßig viele Paratexte auf. Dazu gehören die üblichen Paratexte einer Buchveröffentlichung: Titel (auf dem Cover und S. 3), Verlagsangaben (S. 2 und 4), Inhaltsverzeichnis (S. 5) und Klappentext (Rückseite Cover). Das Buch wird eröffnet mit einem Geleitwort des Herausgebers und Mitautors Jochen Arnold (S. 6), es folgt die Einleitung von Anne Gidion und Raute Martinsen (S. 9). Beide Texte bieten Hintergrundinformationen zu den Rahmenbedingungen, der Herangehensweise, der Textauswahl und der Intention von (Bibel- und Gottesdienst-) Texten in Leichter Sprache. Nach dem Hauptkapitel mit Bibel- und Gebetstexten folgt ein Anhang mit Schriftstellenverzeichnis und Register der Parallelstellen aus der Katholischen Leseordnung (S. 204) und die Übersicht über die liturgischen Texte (S. 217). Den Abschluss bildet eine Übersicht über die Autorinnen und Autoren (S. 218).[243]

4.5.4 Veröffentlichung

Die Veröffentlichung des Buches „Leicht gesagt" erfolgte 2013 als Band 22 der Reihe „gemeinsam gottesdienst gestalten", herausgegeben von Jochen Arnold, Michaeliskloster Hildesheim, Evangelisches Zentrum für Gottesdienst und Kirchenmusik der Ev.-luth. Landeskirche Hannovers.[244] Die Rechte liegen beim Evangelischen Verlagshaus GmbH Hannover.[245] 2017 gab es eine geringfügig

---

[241] Vgl. GIDION, ANNE; ARNOLD, JOCHEN; MARTINSEN, RAUTE (Hrsg.), Leicht gesagt!.
[242] Vgl. LAUENSTEIN, BRITTA ET AL., „Leicht gesagt", Korrekturversion, 6 (Kommentar Arnold).
[243] Vgl. GIDION, ANNE; ARNOLD, JOCHEN; MARTINSEN, RAUTE (Hrsg.), Leicht gesagt!.
[244] Ebd., 2.
[245] Ebd., 4.

überarbeitete 2. Auflage.[246] Der Inhalt umfasst 214 Seiten, der mit dem Inhaltsverzeichnis auf S. 5 beginnt und mit dem Autor*innenverzeichnis auf S. 218 endet. Flankierende Veröffentlichungen, besonders von Anne Gidion, sind bereits im Kapitel 1.3.4, nachfolgende Veröffentlichungen werden in Kapitel 4.5.8 beschrieben. Die druckgraphische Gestaltung folgt den Vorgaben der Reihe, in der der Band erschienen ist. Die Gestaltung entspricht nicht den Vorgaben für Veröffentlichungen in Leichter Sprache. Als Adressatenkreis des Buches gelten Multiplikator*innen. Auf nötige Veränderungen gemäß den Regeln in Leichter Sprache zur Veröffentlichung wird hingewiesen.[247] Die Veröffentlichung enthält, abgesehen von den Piktogrammen, keine Bilder.

4.5.5 Intention und Zielgruppe

Im Geleitwort zitiert Jochen Arnold den evangelischen Theologen Christian Dopheide mit den Worten:

> *„Es gibt so viele Arten, das Wort Gottes zur Sprache zu bringen, wie es Arten der Musik gibt. Ich wüsste nicht, welche die ‚richtige' ist: die akribische, die poetische, die populäre, die geglättete, die geschichtlich geprägte oder welche auch immer noch. Die hier vorgelegte Art, in Leichter Sprache, erlaubt eine Unmittelbarkeit des Verstehens, die eine große Stärke hat. Man muss nicht ein Kind werden, um einem biblischen Text ganz unbefangen nahe zu sein. Leichte Sprache erlaubt Einfalt mit aufrechtem Gang. Damit zeigt sie etwas ganz Wesentliches, wenn es ums Wort Gottes geht: Es ist nämlich in Wahrheit überhaupt nicht kompliziert, sondern so einfach wie der Satz ‚Du bist geliebt.'"*[248]

Die Intention, das Wort Gottes zur Sprache zu bringen, bestätigt auch Arnold selbst in seinem Geleitwort: „*[Dieses Buch] richtet sich also dezidiert an alle Menschen, denen verständliche Sprache ein Anliegen ist, um das Reden mit Gott und das Reden von Gott her zu befördern.*"[249] Hier klingt schon der Fokus auf die Zielgruppe Multiplikator*innen an. Martinsen und Gidion stellen die Möglichkeit zum möglichst voraussetzungslosen Verstehen in den Vordergrund: „*Wie sage ich es, dass es heute verständlich ist für Menschen ohne Vorwissen, ohne mit biblischer Sprache vertraut zu sein.*"[250]

Es werden zwei unterschiedliche Arten von Zielgruppen definiert: Die Texte in dem Buch sind gedacht für Menschen mit Lernschwierigkeiten bzw. Menschen, die die Sprache des Gottesdienstes nicht (mehr) verstehen.[251] Die Texte des Buches sollen Menschen mit Verstehensschwierigkeiten Zugang zu biblischen Texten und gottesdienstlichem Geschehen ermöglichen. Die Hörenden

---

[246] Vgl. LAUENSTEIN, BRITTA ET AL., „Leicht gesagt", Korrekturversion, 6 (Kommentar Arnold).
[247] Vgl. GIDION, ANNE; MARTINSEN, RAUTE, Einleitung (Leicht gesagt), 16.
[248] DOPHEIDE, CHRISTIAN zit. nach ARNOLD, JOCHEN, Geleitwort (Leicht gesagt), 7.
[249] Ebd., 6.
[250] GIDION, ANNE; MARTINSEN, RAUTE, Einleitung (Leicht gesagt), 14.
[251] Vgl. ebd.

stehen im Zentrum der Aufmerksamkeit und sollen möglichst voraussetzungslos, also ohne Vorkenntnisse teilhaben können.[252]

Die eigentliche Zielgruppe dieses Buches in seiner vorliegenden Form stellen Multiplikator*innen in der kirchlichen Arbeit dar: Pastor*innen, Lektor*innen, Prädikant*innen, Schulpastor*innen, Gottesdienstteams und Ehrenamtliche in Krankenhäusern und karitativen Einrichtungen, für die Konfirmandenarbeit, für Neueinsteiger*innen im Glauben und im Gottesdienst. Diese Multiplikator*innen sollen die Texte in Leichter Sprache in ihren Zusammenhängen in ihrer Arbeit und besonders im Gottesdienst anwenden.[253]

Leichte Sprache ist nicht nur für die Zielgruppe Menschen mit Verstehensschwierigkeiten jeglicher Art wertvoll, sondern auch für diejenigen ohne Verstehensschwierigkeiten:

> „Für liturgische Sprache und Predigten kann die Leichte Sprache helfen, Sprachklischees und Worthülsen freizulegen. Sie kann bündeln und konzentrieren, sie macht oft deutlicher, worum es der Liturgin geht, sie entschlackt Kanzeldeutsch und zeigt den Appellcharakter so mancher Fürbitte."[254]

Durch die Übertragung in Leichte Sprache gewinnen laut Gidion und Martinsen die Texte an Einfachheit, an Hörbarkeit, an Klarheit und manchmal auch an Demut.[255] Der Begriff des Verstehens wird hier allerdings für alle Beteiligten geweitet:

> „Verstehen kann heißen, dass ich etwas erfahre und es sofort einfüge in die geläufigen Denkbilder und Muster. Dann geschieht gedanklich selten etwas Neues.
> Zum Verstehen kann aber auch ein Offenlassen gehören, ein Wissen darum, dass ich gerade nicht alles verstanden habe und verstehen kann. Die Grenzen des Verstehens gehören zu meinem Verständnis von Verstehen hinzu. Bei dieser Form von Verstehen ist Leichte Sprache hilfreich. Die einfachen und klaren Sätze machen einen Raum auf, in dem eigene Bilder entstehen können. Je nach persönlichen Erfahrungen und Fähigkeiten können Hörerinnen und Hörer diesen Raum füllen. Satz für Satz baut sich ein Bild auf, meine Fantasie kann mitgehen und die leeren Stellen füllen."[256]

Der Widerspruch zur von Leichter Sprache eigentlich geforderten und auch vorher von den Autorinnen proklamierten Eindeutigkeit und Klarheit bleibt unaufgelöst.

---

[252] Vgl. ebd., 9f.
[253] Vgl. ebd., 17.
[254] GIDION, ANNE, Er ist mein Hirte, 30.
[255] Vgl. GIDION, ANNE; MARTINSEN, RAUTE, Einleitung (Leicht gesagt), 17.
[256] Ebd., 12.

4.5.6 Arbeitsprozess

Organisatorisch wurden die zu übersetzenden Texte unter den Mitgliedern der Gruppe aufgeteilt, zunächst in Einzelarbeit bearbeitet und später gemeinsam diskutiert.

> „Jeder hat ein Sechstel der Übertragungen und Gebete erstellt. Die Übertragungsstile sind, wie wir finden, durchaus verschieden. Das haben wir bewusst nicht vereinheitlicht. Es zeigt außerdem: Es gibt nicht ‚die eine' Leichte Sprache. Kritische Fragen haben wir gemeinsam diskutiert und entscheiden. Die Endfassung verantworten die beiden Herausgeberinnen und der Herausgeber."[257]

Inhaltlich beschreiben Anne Gidion und Raute Martinsen den Übersetzungsprozess als Suche:

> „Fängt man an, biblische Texte in Leichte Sprache zu übertragen, kommt man schnell an den Punkt, sich zu fragen: Was heißt das denn jetzt eigentlich? Und in der intensiven Auseinandersetzung und dem Ringen um Worte und Formulierungen ergibt sich manchmal etwas, das man vorher noch gar nicht entdeckt hat oder auf einer anderen Ebene nochmal ganz neu versteht."[258]

Leichte Sprache wird dabei zum Korrektiv für die eigene Theologie: Wenn man in Leichter Sprache von Gott redet, kommt man mit religiösen Floskeln nicht weit. „*Leichte Sprache entlarvt eine Sicherheit, die von überkommenen Wortkombinationen getragen wird.*"[259] Immer wieder muss man sich fragen: Was bedeutet das eigentlich? Was will ich eigentlich sagen? Es geht darum, theologische Tiefe zu behalten und dennoch verständlich zu sein. Damit lotet man immer wieder die eigene theologische Tiefe aus.[260] Rückblickend auf die Arbeit dieser Gruppe sagt Anne Gidion 2018 in einem Interview mit Andrea Schneider:

> „Erstmal ist es Arbeit. Ein Verzicht. Das sage ich jetzt ganz bewusst als Theologin, dass es bestimmte Dinge gibt, die dadurch erstmal verlorengehen. Weil sie in dem Kontext nicht funktionieren, weil sie diesen Regeln sozusagen geopfert werden.
> Das andere ist: Ich empfinde es als Verdichtung, gerade wenn Leute in Gruppen versuchen, einen Text in Leichte Sprache zu übertragen, sich versuchen auf einen Kern zu verständigen, auf ein Rückgrat oder Innerstes. Dass dieser Prozess unglaublich wertvoll ist. Sogar nochmal unabhängig vom Ergebnis.
> Und das Ergebnis, das dann herauskommt, kann dann eine Klarheit haben. Ich habe es häufiger erlebt, gerade auch in den Gottesdiensten in Alsterdorf, dass Leute, die Menschen mit Behinderungen begleitet haben z.B. oder Musiker, die einfach nur so da waren, gesagt haben ‚Ach, das ist der Punkt!'.

---

[257] Ebd., 16.
[258] Ebd., 14.
[259] Ebd., 17.
[260] Vgl. ebd., 14.

> *Also dass sich auf einmal etwas erschließt, jenseits der Worte, das was sehr Berührendes haben kann."*[261]

Sie bringt damit Gewinn und Verlust des Übersetzungsprozesses noch einmal auf den Punkt: Klarheit und Einfachheit bringen (auch) Verlust; Gespräch und Neuerkenntnis sind der Gewinn.

4.5.7 Problemanzeigen und (Selbst-)Kritik

Leichte Sprache polarisiert. Diese erste größere Veröffentlichung musste sich einiger Kritik stellen. Am schärfsten wurden die Formulierungen ‚voraussetzungsloses Verstehen' und Erfahrbarkeit ‚ohne Vorkenntnisse' kritisiert bzw. missverstanden. Liest man die Sätze zum voraussetzungslosen Verstehen nicht im Zusammenhang, kann man mit Wolfgang Vögele zu Recht kritisieren: *„Kommunikation [...] funktioniert überhaupt nicht ohne Voraussetzungen, weder beim Sprecher noch gerade auch beim Hörer. Deswegen kann ‚Voraussetzungslosigkeit' auch kein erstrebenswertes Ziel sein."*[262] Vögele übersieht jedoch, dass Gidion und Martinsen diese Voraussetzungslosigkeit selbst einschränken: *„**möglichst** voraussetzungslos"*[263] und *„**Momente** [im Gottesdienst] [...], die ohne Vorbildung erfahrbar sind"*[264] [Hervorhebungen BL], sehen die Begrenztheit der ‚Voraussetzungslosigkeit' bereits und sind lediglich als Ausdruck für die maximal mögliche Verständlichkeit gedacht. Es handelt sich um spezielles Vor-Wissen, das nicht vorausgesetzt wird, nämlich biblisches bzw. gottesdienstliches Vorwissen, jenes, das vorausgesetzt wird, um sich in einem Gottesdienst zurecht zu finden, die Sprache des Gottesdienstes zu verstehen und dem Gottesdienst vom Duktus her und inhaltlich folgen zu können.

Als 2014 die Ostergeschichte in Leichter Sprache erschien, äußerte sich Anne Gidion in einem Artikel zu mehreren Übersetzungsherausforderungen. Demnach ist die Vermeidung der Negation ein entscheidender Knackpunkt bei der Übersetzung: *„Ohne Negation verändert sich bei den Zehn Geboten die Perspektive: Da kommen dann doch eher die zehn großen Freiheiten in den Blick."*[265]

Anne Gidion empfindet darüber hinaus die Übersetzung von theologischen Begriffen wie ‚Auferstehung' als Herausforderung, aber vor allem als Chance, theologische Aussagen neu zu fassen. Auferstehung gehöre zu den Dingen, die wir nicht verstehen:

> *„Das Wort Auferstehung ist [dann] so eine Art Kompromiss. Wenn man das sagt, dann nicken die Leute verstehend, die Teil der Sprachgemeinschaft sind. Wenn ich aber nicht genau weiß,*

---
[261] SCHNEIDER, ANDREA, Leicht und schön gesagt, 4.
[262] VÖGELE, WOLFGANG, Leichte Sprache – Schwerarbeit, 5.
[263] GIDION, ANNE; MARTINSEN, RAUTE, Einleitung (Leicht gesagt), 9.
[264] Ebd., 10.
[265] HOLLENBACH, MICHAEL, Weg vom Bibel-Sprech, 31.

was Auferstehung ist, tue ich automatisch das, was Leichte Sprache will, nämlich Tuwörter zu finden: Was könnte denn Auferstehung heißen? Und damit sind wir mittendrin in einem theologischen Diskurs."[266]

Eine kritische Analyse der Übertragung von Lk 10, 25-37 (Gleichnis vom barmherzigen Samariter) im Vergleich zur Übertragung des katholischen Bibelwerks und der Version der Geschichte von Kees de Kort (in deutscher Übersetzung) findet sich bei Monika E. Fuchs und Nils Neumann (2019).[267] Verglichen werden in dem Text im Einzelnen das Thema der Szene, die Darstellung der beteiligten Menschen und das Fazit der Episode. Die Problematiken des besonderen biblischen Sprachgebrauchs (mein „Nächster"), der Eigenheiten der jüdischen Kultur („Samariter/Samaritaner" als Feindbild) und ihre verständliche Übertragung in Leichte Sprache sowie der Deutungsspielraum (unterschiedliches Ende/ Fazit der Episode bei allen drei Versionen) werden mit ihren unterschiedlichen Übersetzungsentscheidungen aufgezeigt.[268] Fuchs und Neumann kommen zu dem Schluss, dass die Übertragungen in Leichte Sprache zwar theologisch haltbar sind, durch ihre Auslassungen und Einschübe aber immer auch massiv in den Text eingreifen.[269] *„Bibeltexte in Leichter Sprache [sind stets] eine Gratwanderung zwischen Unterkomplexität und Exklusivität."*[270]

Bei der Betrachtung der Ergebnisse der Projektgruppe „Leicht gesagt" ist es wichtig, den experimentellen Charakter und die Pionierleistung der Gruppe im Blick zu behalten. Im Rückblick ist auffällig, dass viele Texte noch zu komplizierten Satzbau und schwere Wörter enthalten. Im damaligen Redaktionsprozess wurde viel diskutiert und verhandelt. Dabei ging es um die Zeitgemäßheit des Bildes vom guten Hirten genauso wie um theologisch-dogmatische Begriffe wie Gnade.[271]

4.5.8 Entwicklung und aktueller Stand des Projekts

Das Projekt als solches wurde mit der Veröffentlichung beendet. Die Gruppe hat danach nicht mehr als solche zusammengearbeitet. Einzelne Gruppenmitglieder, v.a. Anne Gidion und Jochen Arnold, beschäftigen sich bis heute mit dem Thema Leichte Sprache. Sie haben im Rahmen des Inklusionsprojekts der EKiBa mehrere Fortbildungen zum Thema Leichte Sprache im Gottesdienst geleitet.

Jochen Arnold hat umfassend an dem Projekt Leichte Sprache der Evangelischen Kirche in Baden (EKiBa) mitgearbeitet und dafür mehrere theologische

---

[266] Ebd.
[267] Vgl. FUCHS, MONIKA E.; NEUMANN, NILS, Bibeltexte in Leichter Sprache, 278ff.
[268] Vgl. ebd., 281–285.
[269] Vgl. ebd., 285f.
[270] Ebd., 285.
[271] Vgl. GIDION, ANNE, Leichte Sprache im Gottesdienst (Bad Herrenalb).

und liturgische Elementartexte formuliert.[272] Im Zuge der weiteren Arbeit von Anne Gidion kam es zu weiteren Veröffentlichungen. Der Fokus liegt vor allem auf Leichter Sprache im Gottesdienst. 2015 gab es mehrere Zeitschriftenartikel/ Aufsätze und ein Interview mit Anne Gidion: So veröffentlichte sie in dem Sammelwerk von Fröhlich und Candussi „Leicht lesen – Schlüssel zur Welt" einen Aufsatz mit dem Titel „Leichte Sprache als ein Weg zur religiösen Rede – wie kann das gehen?", der noch einmal stark Bezug zu dem Buch „Leicht gesagt" von 2013 nimmt. 2015 erschien auch der Artikel „Überlegungen zur Leichten Sprache in Liturgie und Gottesdienst", der in der Septemberausgabe des Herrnhuter Boten erschien.[273] Hier wird ein neuer Schwerpunkt sichtbar: Leichte Sprache und Poesie. Anne Gidion schreibt hier:

> *„Leichte Sprache ist ein Werkzeug. Und Leichte Sprache kann eine Orientierungshilfe sein in dem Zwischenraum zwischen Ethik und Ästhetik, in dem Predigt und Liturgie immer schon sind. Denn Leichte Sprache kommt aus einer ethischen Forderung und trifft auf ein Feld, das ohne Ethik nicht zu denken ist. Und zugleich trifft sie auf eine Form, die aus anderen Formen gewachsen ist."*[274]

2016 führte Birgit Mattausch ein Interview mit Anne Gidion,[275] in dem Gidion den Umstand betont, dass eine Übersetzung in Leichte Sprache nie endgültig fertig sei und immer weiterentwickelt werde. Leichte Sprache biete die Chance eines neuen Zugangs für die einen zum Altvertrauten und für die anderen zum Unbekannten.[276] 2018 wurde Anne Gidion von Andrea Schneider für die Sendung „Am Sonntag Morgen" im Deutschlandfunk interviewt. Ein Transkript des Interviews ist im Internet zu finden.[277] In diesem Interview mit dem Titel „Leicht und schön gesagt! Sprache in Kirche und Gottesdienst" setzt sich die Entwicklung zum neuen Schwerpunkt Leichte Sprache und Poesie fort. Anne Gidion spricht sich nicht mehr für eine strenge Einhaltung der Regeln aus. Andrea Schneider formuliert es in dem Interview so:

> *„Es geht auch nicht nur darum, Regeln zu beachten. Wichtig ist die Haltung: Statt mich selbst und meine Gewohnheit den Empfänger in den Mittelpunkt stellen. Zu ihm hin denken und sprechen. Mir Selbstverständliches kann dabei wegbrechen. Wesentliches aber kann ich entdecken – neu und leicht und schön."*[278]

Der Schwerpunkt Leichte Sprache und Poesie wird auch bei Jochen Arnold zum Thema. Er hat 2019 zusammen mit Christian Schwarz das Buch „Elementares Kirchenjahr und Kasualien in Leichter Sprache" veröffentlicht. Es enthält 19

---

[272] Vgl. www.ekiba.de/leichtesprache
[273] GIDION, ANNE, Überlegungen zur Leichten Sprache.
[274] Ebd., o.S.
[275] MATTAUSCH, BIRGIT, „Nicht alles, was man nicht versteht, ist Poesie".
[276] Vgl. ebd.
[277] SCHNEIDER, ANDREA, Leicht und schön gesagt!.
[278] Ebd., 4.

Gottesdienste durch das Kirchenjahr und vier zu den Kasualien.[279] Im Vorwort schreiben die Herausgeber:

> „Leichte Sprache im Gottesdienst hat sich seit den ersten Publikationen [...] weiterentwickelt. Manche Regel hat sich etwas gelockert. Die poetische Kraft der liturgischen Sprache wird gerade in der Leichten Sprache spürbar."[280]

In diesem Buch hat auch Anne Gidion zwei Beiträge geschrieben, einen Gottesdienstentwurf für den Monat Mai zum Thema Himmel[281] und einen Entwurf für eine Bestattung unter der Überschrift „Siehe, ich mache alles neu".[282] 2020 hat Anne Gidion zusammen mit Dieter Bauer vom Katholischen Bibelwerk beim Fachforum der EKD „Inklusive Kirche gestalten" am 21./22.9.2020 gemeinsam einen Workshop mit dem Titel „Bibeltexte in Leichter Sprache" geleitet.

4.6 Evangelium in Leichter Sprache

Das Projekt „Evangelium in Leichter Sprache" besteht seit 2013 und ist eine Kooperation zwischen dem Katholischen Bibelwerk e.V. Stuttgart (und Bamberg), der Akademie Caritas-Pirckheimer-Haus in Nürnberg und den Franziskanerinnen von Thuine. Ein Team, dessen Mitglieder über ganz Deutschland verteilt sind, hat drei Jahre lang für jeden Sonntag des Kirchenjahres das jeweils in der römisch-katholischen Kirche zur Verkündigung vorgesehene Evangelium in Leichte Sprache übertragen.[283]

4.6.1 Die Beteiligten

Schwester M. Paulis Mels (Dingelstädt) ist die Übersetzerin in dem Projekt. Sie ist Ordensschwester bei den Franziskanerinnen von Thuine[284] und leitet (seit 2016) die Franziskusschule in Dingelstädt, eine Förderschule mit dem Schwerpunkt geistige Entwicklung.[285] Sie ist ausgebildete Heilerziehungspflegerin, Heilpädagogin (BA) und Erwachsenenbildnerin (MA) und zertifizierte Übersetzerin für Leichte Sprache.[286]

---

[279] SCHWARZ, CHRISTIAN; ARNOLD, JOCHEN (Hrsg.), Elementares Kirchenjahr.
[280] ARNOLD, JOCHEN; SCHWARZ, CHRISTIAN, Vorwort (Elementares Kirchenjahr), 8.
[281] GIDION, ANNE, Mai - Gott alles in allem, 47–53.
[282] DIES., Bestattung - Siehe, ich mache alles neu, 150–157.
[283] Vgl. BAUER, DIETER; KEUCHEN, MARION, Das Evangelium in leichter Sprache, 214.
[284] Ordenskürzel FSGM.
[285] Vgl. HOLLENBACH, MICHAEL, Die Pionierin, 34.
[286] Vgl. BAUER, DIETER; ETTL, CLAUDIO; MELS, SCHWESTER M. PAULIS, Bibel in Leichter Sprache. Lesejahr A, 264.

Die beteiligten Theologinnen und Theologen sind Dieter Bauer und drei Kolleginnen[287] vom Katholischen Bibelwerk in Stuttgart und Claudio Ettl vom Caritas-Pirckheimer-Haus in Nürnberg.[288]

Dieter Bauer (Stuttgart) ist katholischer Diplom-Theologe und wissenschaftlicher Mitarbeiter beim Katholischen Bibelwerk e.V. in Stuttgart. Er verantwortet beim Bibelwerk das Projekt „Evangelium in Leichter Sprache". Außerdem ist er Redakteur der Zeitschrift „Bibel heute".[289]

Claudio Ettl (Nürnberg) ist ebenfalls katholischer Diplom-Theologe, Bibelwissenschaftler und Journalist.[290] Er ist stellvertretender Akademieleiter und Leiter des Ressorts für Theologie, Spiritualität und Philosophie an der Akademie Caritas-Pirckheimer-Haus in Nürnberg.[291] Die Prüferinnen und Prüfer des Projekts sind eine Person aus dem Caritas-Pirckheimer-Haus in Nürnberg, drei Personen aus der Werkstatt für Menschen mit Behinderungen „Haus Früchting" in Vreden in Trägerschaft der Petrus Canisius Stiftung, sowie sechs Personen aus der Werkstatt Christophorus-Werk in Lingen.[292] Die Prüferin **Barbara Reiser** aus dem Caritas-Pirckheimer-Haus ist zusammen mit Claudio Ettl die letzte Prüfinstanz vor der Veröffentlichung.[293]

Zum Projektteam gehören auch die Illustrator*innen, die die Bilder zu den Texten gestaltet haben: Die Bilder für das Lesejahr A sind von **Dieter Groß** (Stuttgart). Er war von 1972 bis 2002 Professor für Allgemeine künstlerische Ausbildung an der Staatlichen Akademie für bildende Künste. Er arbeitet (auch nach seiner Emeritierung) als Maler, Zeichner und Illustrator.[294] Für das Lesejahr B hat **Jürgen Raff** die Bilder gezeichnet. Nach einer Gärtnerlehre hat er eine grafische Ausbildung an der Johannes-Gutenberg-Schule in Stuttgart/Bad Cannstatt absolviert. Während seiner Mitwirkung am Projekt war er als Hausmann tätig und freischaffender Künstler.[295] Die Illustrationen für das Lesejahr C stammen von **Anja Janik** (Dülmen), die als Kunstpädagogin an einem Gymnasium in Dülmen arbeitet. Sie ist auch als Künstlerin, Malerin und Zeichnerin tätig.[296]

Als Kerngruppe des Projekts werden in den Veröffentlichungen stets nur Schwester M. Paulis Mels, Dieter Bauer und Claudio Ettl genannt. Sie werden

---

[287] Vgl. ebd., 8.
[288] Vgl. KATHOLISCHES BIBELWERK E. V., STUTTGART; CARITAS-PIRCKHEIMER-HAUS (CPH) NÜRNBERG, Evangelium in Leichter Sprache.
[289] Vgl. BAUER, DIETER, „Darum geht zu allen Menschen!", 63.
[290] Vgl. BAUER, DIETER; ETTL, CLAUDIO; MELS, SCHWESTER M. PAULIS, Bibel in Leichter Sprache. Lesejahr A, 264.
[291] Vgl. AKADEMIE CARITAS-PIRCKHEIMER-HAUS (CPH) NÜRNBERG, Unser Team.
[292] Vgl. KATHOLISCHES BIBELWERK E. V., STUTTGART; CARITAS-PIRCKHEIMER-HAUS (CPH) NÜRNBERG, Evangelium in Leichter Sprache.
[293] Vgl. SCHNEIDER, MICHAELA, Frohe Botschaft, leicht gesagt, 40.
[294] Vgl. KATHOLISCHES BIBELWERK E. V., STUTTGART; CARITAS-PIRCKHEIMER-HAUS (CPH) NÜRNBERG, Evangelium in Leichter Sprache.
[295] Vgl. ebd.
[296] Vgl. ebd.

auch als Autor*innen der veröffentlichten Bücher genannt. Das gesamte Projekt ist durch seine Geschichte, die Beteiligten und die Verantwortlichen katholisch geprägt.

Die Geschichte des Projekts

Die Entstehung des Projekts geht auf Jugenderfahrungen von Sr. M. Paulis Mels zurück. Sr. M. Paulis Mels war entsetzt und betroffen, dass Kinder mit (Lern-)Behinderungen in ihrer eigenen Schulzeit geschlagen wurden. Behinderung und Dummheit wurden mit Faulheit und dann mit Bosheit gleichgesetzt. Die Androhung der Hölle (als Strafe für die Bosheit) passte nicht zu ihrer eigenen Glaubensüberzeugung. Sie war überzeugt, dass Jesus auf der Seite der behinderten Menschen stand. Mit 21 Jahren trat sie ins Kloster ein.[297] Sie beschloss: *„Mit Jesus möchte ich zusammenarbeiten"*[298] und die *„frohmachende Botschaft verkündigen."*[299]Schwester Paulis lernte Heilerziehungspflegerin, studierte später Heilpädagogik (BA) und Erwachsenenbildung (MA).[300] Sie war in ihrem Berufsalltag als Heilerziehungspflegerin auf den Gebrauch von einfacher Sprache angewiesen. Der Umgang mit schwerst-mehrfach behinderten Menschen erforderte leicht verständliche Worte. Alle Handlungen wurden verbalisiert und die Worte mussten verständlich sein.[301] Sie ließ sich von Jesu Worten aus Joh 6,63 leiten: *„Meine Worte sind Geist und Leben."* Schwester Paulis kam zu dem Schluss: *„Dieser Geist rührt nicht physisch, er rührt innerlich an. Ich weiß nicht wie, ich kann es nicht erklären, aber ich weiß, dass jeder ein Recht auf diese Innerlichkeit hat. Auch Behinderte."*[302] Sie begann, für Gottesdienste und andere kirchliche Handlungen, Bibeltexte in einfachere Sprache zu übersetzen. Schwester Paulis wurde im Kloster manchmal für die Einfachheit ihrer Worte verspottet. Ihr selbst wurde nur geringe Intelligenz nachgesagt, die sie lediglich für Arbeit mit Menschen mit Behinderungen qualifiziere. Auch ihre ersten Versuche an der Hochschule schlugen fehl. Sie fiel durch die Prüfungen, weil man ihr die Fähigkeit zur wissenschaftlichen Sprache absprach.[303] Zum Masterstudium wechselte sie an eine Hochschule in Nürnberg. Sie begann, im Caritas-Pirckheimer-Haus zu arbeiten. Bis dahin hatte sie nie etwas von Leichter Sprache gehört. Nun stellte sie fest, dass es zu dem, was sie seit Jahren tat, bereits Regeln und eine Lobby gab und vor allem, dass es noch mehr Menschen gab, die so dachten wie sie selbst. Die

---

[297] Vgl. BECKER, WIBKE, Salziges Salz, 9.
[298] HOLLENBACH, MICHAEL, Die Pionierin, 34.
[299] HEINEMANN, CHRISTOPH, Frohmachende Botschaft, 8–11.
[300] Vgl. LAUENSTEIN, BRITTA ET AL., „Evangelium in Leichter Sprache", Korrekturversion, 146.
[301] Vgl. HOLLENBACH, MICHAEL, Die Pionierin, 34.
[302] BECKER, WIBKE, Salziges Salz, 9.
[303] Vgl. ebd.

UN-Behindertenrechtskonvention war der Hintergrund dafür, dass Einfachheit auf einmal gesellschaftsfähig und sogar erstrebenswert war.[304]

Im Caritas-Pirckheimer-Haus lernte sie Claudio Ettl kennen. 2013 entstand die Idee, das Evangelium in Leichter Sprache weiter zu verbreiten und so wandten sich Schwester Paulis und Claudio Ettl an das Katholischen Bibelwerk mit dem Anliegen, ob es über das Bibelwerk nicht eine Plattform zur Veröffentlichung des Sonntagsevangeliums in Leichter Sprache geben könnte. Sie stießen bei Dieter Bauer und seinen Kolleginnen auf große Zustimmung und so startete das Projekt.[305] Seit dem 5.11.2015 hat das Projekt eine eigene Homepage: www.evangelium-in-leichter-sprache.de. Davor wurden die Texte auf der Seite des Kath. Bibelwerks (bibelwerk.de) veröffentlicht.[306]

Wenn man dieses Übersetzungsprojekt in die Kategorien von Martin Leutzsch einordnet (vgl. Kap. 4.1.3), ist es zwar auf Initiative von zwei Personen (Ettl und Mels) entstanden (Typ 3: Gruppe ohne Auftrag), aber durch die Anbindung an das katholische Bibelwerk und das CPH ist es als Projekt dem Typ 4 (Gruppe mit Auftrag) zuzuordnen.

4.6.2 Regeln und Definition von Leichter Sprache

Auf der Webseite des Projekts wird eine eigene Definition von Leichter Sprache formuliert:

> „Was ist Leichte Sprache?
> Mit Leichter Sprache wird eine barrierefreie Sprache bezeichnet, die sich durch einfache, klare Sätze und ein übersichtliches Schriftbild auszeichnet. Sie ist deshalb besser verständlich. Zu Leichter Sprache gehören immer auch erklärende Bilder, Fotos oder Grafiken."[307]

Bei den Regeln richtet sich das Projekt nach den Regeln des Netzwerks Leichte Sprache, die auf der Webseite folgendermaßen zusammengefasst werden:

- „Es werden kurze Sätze verwendet.
- Jeder Satz enthält nur eine Aussage.
- Es werden Aktivsätze eingesetzt.
- Ein verständlicher Satz besteht aus den Gliedern: Subjekt + Prädikat + Objekt.
- Der Konjunktiv wird vermieden.
- Der Genitiv wird in den meisten Fällen durch den Dativ ersetzt.
- Verneinungen werden wenn möglich vermieden und durch positive Formulierungen ersetzt.
- Abstrakte Begriffe werden vermieden; wo sie notwendig sind, werden sie durch anschauliche Beispiele oder Vergleiche erklärt.

---

[304] Vgl. ebd.
[305] Vgl. BAUER, DIETER, „Darum geht zu allen Menschen!", 66.
[306] Vgl. BAUER, DIETER; KEUCHEN, MARION, Das Evangelium in leichter Sprache, 214.
[307] KATHOLISCHES BIBELWERK E. V., STUTTGART; CARITAS-PIRCKHEIMER-HAUS (CPH) NÜRNBERG, Evangelium in Leichter Sprache, o.S.

- *Mehrdeutige oder irreführende bildliche Sprache und Redewendungen werden vermieden.*
- *Wenn Fremdwörter oder Fachwörter vorkommen, werden sie erklärt.*
- *Bei langen Zusammensetzungen wird durch Bindestriche deutlich gemacht, aus welchen Wörtern die Zusammensetzungen bestehen.*
- *Abkürzungen werden beim ersten Vorkommen durch die ausgeschriebene Form erklärt.*
- *Es wird keine Kindersprache verwendet.*
- *Bilder oder Filme helfen, einen Text besser zu verstehen.*
- *Wörter werden nicht in durchgehenden Großbuchstaben geschrieben. Kursive Schrift wird nicht verwendet.*
- *Texte werden übersichtlich gestaltet."* [308]

Außerdem gilt: Mögliche Eingriffe in den Text sind die Auswahl von Informationen (Reduktion) oder Konkretisierungen oder Verdeutlichung durch Beispiele. Für diesen Vorgang hat die Gruppe den Begriff der Exformation geprägt.[309] Darauf komme ich später noch zurück (Kap. 5.2).

Durch die mitunter nötigen massiven Eingriffe in den Text sind die Bibeltexte in Leichter Sprache des Katholischen Bibelwerks nach Meinung von Bauer und Ettl nicht als Übersetzungen, sondern als Übertragungen zu bezeichnen und ergänzend zu anderen Bibeltexten anzusehen und zu verwenden.[310]

4.6.3 Rahmenbedingungen

Auftraggeber/Träger

Auf der Homepage beschreiben sich die Träger des Projekts auf folgende Art und Weise selbst:

„Das Projekt ‚Evangelium in Leichter Sprache' ist eine Kooperation des Katholischen Bibelwerks e. V. Stuttgart mit der Akademie Caritas-Pirckheimer-Haus (CPH) in Nürnberg und dem Katholischen Bibelwerk im Erzbistum Bamberg.
Das Katholische Bibelwerk e. V. versteht sich als ein Netzwerk von Menschen, die Bibel lesen, verstehen und aus ihr leben wollen. Das Bibelwerk unterstützt in diesem Netzwerk mit Veröffentlichungen wie z. B. der Zeitschrift ‚Bibel heute', Tagungen und Kursen Menschen, damit sich ihnen die Bibel öffnet. Die Öffnung der Bibel für Menschen mit Lernschwierigkeiten, aber auch für Anfänger im Glauben, gehört zum ureigenen Auftrag des Bibelwerks.
Die Akademie CPH ist eine überregionale Einrichtung der Erwachsenen- und Jugendbildung des Erzbistums Bamberg und der Deutschen Jesuitenprovinz, die u.a. in den Bereichen Gesellschaft, Sozialethik, Religion und Menschenrechte aktiv ist. Seit einigen Jahren ist dabei die Öffnung ihrer Angebote und ihres Selbstverständnisses hin zu einer inklusiven ‚Akademie für Alle' ein zentrales Anliegen ihrer Arbeit. Seminare, Kurse, Fortbildungen und andere Angebote

---

[308] Ebd.
[309] Vgl. BAUER, DIETER; ETTL, CLAUDIO; MELS, SCHWESTER M. PAULIS, Bibel in Leichter Sprache. Lesejahr A, 6f.
[310] Vgl. BAUER, DIETER; ETTL, CLAUDIO, Frohe Botschaft - ganz leicht?!, 266.

in Leichter Sprache, auch zu biblischen Texten und Themen, sind deshalb ebenso wie Übersetzungen von Veranstaltungen in Gebärdensprache u.a.m. fester Bestandteil des Programms."[311]

Zur besseren Lesbarkeit wird in dieser Arbeit im weiteren Verlauf ‚Katholisches Bibelwerk' als Oberbegriff verwendet.

4.6.4 Veröffentlichung

Veröffentlichungen

a) Bibel in Leichter Sprache. Evangelien der Sonn- und Festtage, Lesejahr A (2016), Lesejahr B (2017) und Lesejahr C (2018) (im Folgenden auch als ‚Lektionare' bezeichnet), gemeinsam herausgegeben vom Katholischen Bibelwerk e.V. Stuttgart, der Akademie Caritas-Pirckheimer-Haus, Nürnberg und den Franziskanerinnen von Thuine, veröffentlicht im Verlag Katholisches Bibelwerk GmbH, Stuttgart.
Das Umschlagmotiv gestaltete Dieter Groß. Es zeigt ein dickes, aufgeschlagenes Buch, über dem drei Federn schweben. Die Illustrationen gestalteten im Lesejahr A Dieter Groß, im Lesejahr B Jürgen Raff und im Lesejahr C Anja Janik. Alle drei Ausgaben haben eine Größe von 20,5x29cm und liegen in gebundener Form mit Lesebändchen vor.

b) In den Jahren 2017-2019 erschienen auch drei kleinformatige Textsammlungen in Leichter Sprache für Selbstleser*innen, die Buchreihe „Bibel in Leichter Sprache kompakt": „Jesus erzählt von Gott"[312] (2017) mit Illustrationen von Dieter Groß, „Jesus hilft den Menschen"[313] (2018) mit Illustrationen von Jürgen Raff und „Jesus begegnet den Menschen"[314] (2019) mit Illustrationen von Anja Janik. Alle drei Bücher sind im gebundenen Format von 14,5x22,6cm erhältlich und verfügen über ein Lesebändchen. „Jesus erzählt von Gott" enthält 17 Gleichniserzählungen Jesu, 16 aus dem Matthäusevangelium und eine aus dem Johannesevangelium.
„Jesus hilft den Menschen" enthält 15 Wundergeschichten aus dem Markusevangelium und andere Geschichten (ebenfalls aus dem Markusevangelium) von Jesus, in denen er Menschen hilft.
„Jesus begegnet den Menschen" enthält 18 Begegnungsgeschichten Jesu, davon 14 aus dem Lukasevangelium und vier aus dem Johannesevangelium.

---

[311] KATHOLISCHES BIBELWERK E. V., STUTTGART; CARITAS-PIRCKHEIMER-HAUS (CPH) NÜRNBERG, Evangelium in Leichter Sprache.
[312] BAUER, DIETER; ETTL, CLAUDIO; MELS, SCHWESTER M. PAULIS, Jesus erzählt von Gott.
[313] DIES., Jesus hilft den Menschen.
[314] DIES., Jesus begegnet den Menschen.

c) Webseite: www.evangelium-in-leichter-sprache.de

Abbildung 5: Screenshot Internetauftritt www.evangelium-in-leichter-sprache.de[315]

Die Seite ist in Leichter Sprache gestaltet. Kurz vor Fertigstellung dieser Arbeit (April 2022) verfügte die Seite über drei Reiter:
— Evangelium von diesem Sonntag (ist gleichzeitig die Startseite): Hier befinden sich der Bibeltext in Leichter Sprache und das zugehörige Bild.
— Evangelium vom nächsten Sonntag: Entsprechend befinden sich hier Bibeltext in Leichter Sprache und das zugehörige Bild des darauffolgenden Sonntags oder Feiertags.
— Weitere: Hier ist es möglich, auf unterschiedlichen Wegen nach weiteren Bibeltexten zu suchen. Dabei kann ein Suchwort, ein bestimmter Sonntag des Kirchenjahres oder eine Bibelstelle eingegeben werden. Außerdem gibt es eine Übersicht mit allen bisher übersetzten Bibelstellen.

Die Unterseiten, die sich hinter den oberen Reitern verbergen, sind alle in Leichter Sprache gehalten. Auf der Seite befindet sich immer nur der Anfang des Evangeliumstextes in Leichter Sprache. Durch Klicken von „Mehr lesen..." gelangt man zum vollständigen Text und vier weiteren Möglichkeiten, etwas anzuklicken: a) den Text in Leichter Sprache als pdf herunterzuladen, b) den Text mit Kommentaren als pdf herunterzuladen, c) eine Audiodatei anzuhören oder d) ein Gebärdenvideo anzusehen.

Am unteren Bildrand der Startseite gibt es Links zu weiteren Unterseiten: Was ist Leichte Sprache? / Projekt / Tagungen / Bücher / Über uns / Bilder / Newsletter / Presse / Kontakt / Impressum / Datenschutz

---

[315] Katholisches Bibelwerk e. V., Stuttgart; Caritas-Pirckheimer-Haus (CPH) Nürnberg, 2. Sonntag nach Weihnachten (Evangelium in Leichter Sprache).

Hinter den ersten sechs Kategorien verbergen sich detaillierte Informationen zu dem Projekt, die allerdings nicht in Leichter Sprache verfasst sind. Unter *Presse* findet man einen sehr umfangreichen Pressespiegel, dessen 38 Artikel (Stichtag s.o.) von April 2014 bis Februar 2022 reichen. Die Unterseiten *Newsletter* und *Kontakt* sind in Leichter Sprache verfasst, die Unterseiten zu *Presse*, *Impressum* und *Datenschutz* nicht.

Textauswahl und -anordnung

Die Bibeltexte für die ‚Lektionare' und die Internetseite wurden bzw. werden nach der katholischen Leseordnung ausgewählt. Diese wurde vom 2. Vatikanischen Konzil einheitlich festgelegt und hat drei Lesejahre. Jedes Jahr hat eines der drei synoptischen Evangelien als Schwerpunkt: Lesejahr A Matthäus, Lesejahr B Markus, Lesejahr C Lukas. Dabei folgt die Leseordnung dem Prinzip der Bahnlesung. Zur Perikopenordnung der EKD gibt es zwar keine Kompatibilität, aber eine Schnittmenge von beiderseitig genutzten Texten. Die Homepage verfügt dazu über eine Suchfunktion, mit der alle verfügbaren Bibelstellen gefunden werden können.[316] Die Texte für die drei Textsammlungen „Bibel in Leichter Sprache kompakt" wurden thematisch (Gleichnisse, Wunder, Begegnungen) und mit dem Schwerpunkt auf ein Evangelium (Matthäus, Markus, Lukas) zusammengestellt. Als Ausgangstext für die Übertragung in Leichte Sprache wird die Einheitsübersetzung verwendet.[317]

Paratexte

In den drei sog. ‚Lektionaren' gibt es Paratexte mit bibliographischen Informationen, Inhaltsverzeichnis, Vorwort, Vorstellung des Projekts: Beschreibender Text zum Projekt und Auflistung aller Beteiligten, Abdruck der Bibeltexte in Leichter Sprache inkl. einer Überschrift mit dem Thema des Textes, eines Bildes pro Perikope unter den Überschriften Weihnachtsfestkreis, Osterfestkreis, Jahreskreis, Besondere Anlässe, Anmerkungen und Kommentare zu allen Sonntagen und Feiertagen nicht in Leichter Sprache, Verzeichnis der Bibelstellen, Verzeichnis der Autoren [sic!] und der Künstler bzw. der Künstlerin und (nur bei Lesejahr C) Werbung für die weiteren Veröffentlichungen.

„Jesus erzählt von Gott" (2017), „Jesus hilft den Menschen" (2018), „Jesus begegnet den Menschen" (2019) sind alle nach demselben Prinzip aufgebaut: Titelseiten, bibliografische Angaben, Inhaltsverzeichnis, Vorwort, Bibeltexte mit jeweils einem Bild, Vorstellung des Übersetzungsprojekts, Vorstellung weiterer

---

[316] Vgl. BAUER, DIETER; KEUCHEN, MARION, Das Evangelium in leichter Sprache, 214.
[317] Vgl. MELS, SCHWESTER M. PAULIS, Interview, anonymisierter Teil. Das Interview wurde 2017 geführt, damals war die EÜ 1980 der Ausgangstext. Eine Aussage über den Wechsel zur EÜ 2016 nach deren Erscheinen liegt nicht vor, ist aber wahrscheinlich.

Veröffentlichungen und der Homepage, Verzeichnis der Bibelstellen, Vorstellung der Autoren und der Autorin und des Künstlers oder der Künstlerin. Die Paratexte sind nahezu wortgleich.

Verwendungszusammenhang

Alle Bibeltexte in Leichter Sprache sind für die Verwendung in Gottesdienst und Katechese passend zum jeweiligen Sonntag gedacht. Die Texte der Reihe „Bibel in Leichter Sprache kompakt" sind auch zum Selbstlesen gedacht.

4.6.5 Intention und Zielgruppe

Wie bereits erwähnt, ist es das Ziel des Projekts, dass Menschen, die Leichte Sprache brauchen, *„trotz aller Schwierigkeiten [...] das Wort Gottes hören und verstehen können."*[318] Die Projektgruppe möchte sich auf Menschen mit Lernschwierigkeiten einlassen und ihre Teilhabe auch am kirchlichen Leben ermöglichen. Dazu gehört nach Aussage von Dieter Bauer entscheidend, dass die Botschaft des Evangeliums bei den Menschen ankommt.[319]

Kinderbibeln reichten dazu nicht aus, denn dort werde Jesus meist als Held dargestellt, die Schattenseiten würden fast immer weggelassen. Dabei ist Jesus auch und gerade für Menschen mit Behinderungen eine Identifikationsfigur. Er wurde gemobbt und verspottet. Er wurde verächtlich angeschaut und angegriffen und musste sich wehren. Diese Situationen kennen Menschen mit Behinderungen gut. Es tröstet sie, dass es Jesus genauso ging. Darum ist es wichtig, dass Menschen mit Behinderungen Zugang zu biblischen Geschichten in Leichter Sprache bekommen.[320] Bei Schwester M. Paulis Mels kommt noch eine biographisch geprägte Intention hinzu, Bibeltexte in Leichte Sprache zu übertragen:

> *„Erwachsene Personen mit geistiger Behinderung [haben] wenig Zugang zur Hl. Schrift, zum Glauben, zu religiösen Fragen [...]. Menschen ohne geistige Behinderung haben die Möglichkeit, sich zumindest intellektuell mit Fragen des Glaubens auseinander zu setzen. Menschen mit geistiger Behinderung sind auf Unterstützung angewiesen. Sie können ihre Fragen nicht problemlos formulieren. Während meines Studiums habe ich festgestellt, was bei ihnen oft hängen geblieben ist: Hölle, Angst, Hölle. Kaum etwas von der frohen und erlösenden Gegenwart Gottes - da will ich ansetzen und helfen."*[321]

Die Zielgruppe sind also in erster Linie erwachsene Menschen mit geistiger Behinderung. Doch die Zielgruppe wird noch weiter gefasst. Auf der Internetseite schreibt die Projektgruppe:

---

[318] BAUER, DIETER; ETTL, CLAUDIO, Frohe Botschaft - ganz leicht?!, 266.
[319] Vgl. BAUER, DIETER, „Darum geht zu allen Menschen!", 68.
[320] Vgl. HOLLENBACH, MICHAEL, Die Pionierin, 34.
[321] Vgl. HEINEMANN, CHRISTOPH, Frohmachende Botschaft, 8.

> „Das Konzept von ‚Evangelium in Leichter Sprache' berücksichtigt die Bedürfnisse von Menschen mit Lernschwierigkeiten, aber auch von Menschen mit Demenz und von Menschen, die nicht so gut Deutsch sprechen können oder Leseschwierigkeiten haben. Das Ziel der Leichten Sprache ist Textverständlichkeit."[322]
>
> „Durch die Übertragung der Bibel in Leichte Sprache wird das Evangelium nicht nur für Menschen mit Lernschwierigkeiten, sondern z.B. auch für Glaubensanfänger verständlicher. Der Grundsatz, dass die Texte nur in positivem Sinn übertragen werden dürfen, bedeutet zugleich, dass durch das Übertragen tatsächlich die Frohe Botschaft zum Tragen kommt."[323]

Außerdem gelten auch Multiplikator*innen als Zielgruppe, also alle, die in ihrer Arbeit mit verschiedenen Zielgruppen in Leichter Sprache von Gott reden und erzählen möchten. Das belegen die biografischen Zugänge der Beteiligten ebenso wie regelmäßige Hinweise auf die Katechese und Verkündigung und die mitveröffentlichten Kommentare von Claudio Ettl. Schwester M. Paulis Mels sagt dazu im Interview:

> „Die Kommentare zu den Veröffentlichungen der Texte in Leichter Sprache begründen die Übersetzungsentscheidungen und helfen bei der eigenen Positionierung des Verkünders oder der Verkünderin für Predigt und Katechese."[324]

Der ebenfalls an diesem Interview beteiligte Ordensbruder Pater Felix Rehbock[325] ist der Meinung, das Evangelium in Leichter Sprache fordere jeden heraus und bringe persönlichen Gewinn.[326]

4.6.6 Arbeitsprozess

Schwester M. Paulis Mels beschreibt Anfang 2018 in einem Artikel detailliert den Arbeitsprozess der Übertragung:[327]

1. Schritt: Die Übertragung

Schwester Paulis erstellt die Rohfassung der Übertragung. Es findet eine ein- bis zweimalige Überarbeitung innerhalb von einer Woche statt. Dann wird diese Rohfassung an zwei Prüflesegruppen geschickt.[328]

---

[322] KATHOLISCHES BIBELWERK E. V., STUTTGART; CARITAS-PIRCKHEIMER-HAUS (CPH) NÜRNBERG, Evangelium in Leichter Sprache.
[323] Ebd.
[324] Vgl. HEINEMANN, CHRISTOPH, Frohmachende Botschaft, 10f.
[325] Ordenskürzel OMI
[326] Vgl. HEINEMANN, CHRISTOPH, Frohmachende Botschaft, 10f.
[327] Vgl. MELS, SCHWESTER M. PAULIS, Die Bibel in Leichter Sprache, 52.
[328] Vgl. ebd.

2. Schritt: Die Prüf-Lesung

Der Text wird von zwei Prüfgruppen gelesen bzw. gehört. Die Prüfer*innen sprechen hinterher über den Text. Kommentare und Fragen werden notiert und zeigen an, worauf sich die Aufmerksamkeit der Gruppe fokussiert. In einer der beiden Prüfgruppen können die Mitglieder weder lesen noch sprechen. Den Prüfvorgang beschreibt und kommentiert Schwester Paulis in einem Interview:

> *„Die Teilnehmer der Gruppe reagieren auf den Text mit Körperbewegung und Lautieren. Der Leiter der Gruppe deutet die Reaktionen im Hinblick auf den Inhalt, da er die Reaktionen aufgrund seiner guten Beziehung verstehen kann. In der zweiten Gruppe lesen die Teilnehmer z.T. selbst den Text und sprechen darüber. Es ist erstaunlich, dass die Korrekturen beider Gruppen ähnlich sind."*[329]

3. Schritt: Korrektur

Die Leiterin bzw. der Leiter der Prüfgruppen schicken Schwester Paulis den Text mit den Kommentaren zurück. Daraufhin wird der Text noch einmal bearbeitet.[330]

4. Schritt: Theologische Prüfung

Der Text wird an Dieter Bauer und seine Kolleginnen vom Katholischen Bibelwerk geschickt. Diese prüfen den Text auf seine theologische Richtigkeit hin und verhindern z.B. unzulässige Nivellierungen von Bibelaussagen. Der Text geht mit den Kommentaren wieder an Schwester Paulis zurück.[331]

5. Schritt: Zweite Korrektur

Die Kommentare und Korrekturen werden erneut eingearbeitet. Danach wird der Text zu Claudio Ettl und Barbara Reiser ins Caritas-Pirckheimer-Haus geschickt.[332]

6. Schritt: Endredaktion und Kommentar

Claudio Ettl und Barbara Reiser sind die letzte Prüfinstanz vor der Veröffentlichung. Die Kommentare und Korrekturen von Barbara Reiser werden noch einmal eingearbeitet. Nach Zustimmung von Claudio Ettl, Dieter Bauer und Schwester Paulis kann der Text veröffentlicht werden. Claudio Ettl verfasst zu jedem

---

[329] HEINEMANN, CHRISTOPH, Frohmachende Botschaft, 11.
[330] Vgl. MELS, SCHWESTER M. PAULIS, Die Bibel in Leichter Sprache, 52.
[331] Vgl. ebd.
[332] Vgl. ebd.

Text einen Kommentar mit Hinweisen zu Übersetzungsentscheidungen und Katechese.[333]

7. Schritt: Visualisierung

Um mit jeweils einem Bild gestaltet zu werden, wird der Text dem Künstler oder der Künstlerin zugesandt. Das Bild wird geprüft und wenn nötig korrigiert. Wenn das Bild fertig ist, kann es zusammen mit dem Text veröffentlicht werden. Dies geschah im Entstehungszeitraum 14 Tage vor dem entsprechenden Sonntag im Kirchenjahr online und später in den gebundenen Buchausgaben.[334]

Der gesamte Prozess dauert acht bis zehn Wochen.[335] Inhaltlich setzt die Projektgruppe die Schwerpunkte auf die Fokussierung auf die Zielgruppe und auf exegetische Korrektheit. Dabei weist die Projektgruppe auf der Internetseite zunächst auf die Besonderheit biblischer Texte hin:

„Biblische Texte sind religiöse Texte. Das heißt: Sie sprechen von etwas, wofür die ‚normale' Sprache eigentlich nicht ausreicht. Auch deshalb ist die Bibel voller Bilder, Vergleiche und anschaulicher Beispiele: um Gottes Wort verständlich zur Sprache zu bringen.
Auch Jesus steht in dieser Tradition. Davon berichten das Neue Testament und insbesondere die Evangelien. Die Evangelien legen Zeugnis ab von Jesus und seiner Botschaft, die er den Menschen seiner Zeit verkündete. Um diese Botschaft vom bereits angebrochenen Reich Gottes für alle verständlich zu machen, wählt Jesus eine ‚zielgruppenorientierte' Sprache. Er nimmt gezielt Gleichnisse und Bilder aus der Alltagswelt seiner Zuhörerinnen und Zuhörer auf, um so Gottes Wort zu veranschaulichen und verständlich zu machen.
Wir Christen nennen die Bibel ‚Wort Gottes'. Wir bemühen uns, dieses Wort Gottes zu verstehen und gehen achtsam damit um, um es nicht zu verfälschen. Dafür ist die Arbeit von Bibelwissenschaftlerinnen und Bibelwissenschaftlern und anderen Theologinnen und Theologen unverzichtbar. Nicht zuletzt werden wichtige Begriffe und Aussagen der biblischen Texte (wie z.B. Menschensohn, Messias, Versöhnung, Erlösung u.a.) dadurch verständlicher. Wer die Sprache der Bibel vom Hören und Lesen her gewohnt ist, kann aber auch manches stehen lassen, was er oder sie nicht sofort versteht.
Menschen mit Lernschwierigkeiten dagegen geben sich mit Unverständlichem oder Offenem nicht zufrieden. Entweder fragen sie konkret nach oder sie können dem Ganzen nicht folgen und ‚schalten ab'. Dennoch haben auch sie ein großes Interesse an der Bibel, an der Frohen Botschaft. Und gerade deshalb ist es dringend notwendig (und höchste Zeit), die Bibel in Leichte Sprache zu übertragen."[336]

Für die Bibelübertragung heißt das:

„Um einen Text in Leichte Sprache zu übertragen, müssen leichte Worte gewählt werden. Und kurze Sätze mit kleinschrittigen Sinnzusammenhängen. Das bedeutet, dass manche Begriffe exformiert werden müssen. D.h. der unausgesprochene, aber mitgewusste Inhalt eines Wortes

---

[333] Vgl. ebd.
[334] Vgl. ebd.
[335] Vgl. ebd.
[336] KATHOLISCHES BIBELWERK E. V., STUTTGART; CARITAS-PIRCKHEIMER-HAUS (CPH) NÜRNBERG, Evangelium in Leichter Sprache.

muss direkt ausgedrückt werden, damit der Text verstanden werden kann. Oder aber Begriffe müssen durch andere Begriffe ersetzt werden.
Wählt man jedoch bei der Übertragung des Evangeliums andere Begriffe, kann unter Umständen der Originalwortlaut nicht erhalten bleiben. Wird dann, wenn man exegetisch korrekt denkt, der Text verfälscht? Oder wird er gerade erst dadurch zu einem für Menschen mit Lernschwierigkeiten verständlichen Text?
Ein Beispiel: Es mag exegetisch diskutabel sein, das Wort Messias oder Menschensohn an bestimmten Stellen durch den Namen Jesus zu ersetzen. Bei der Übertragung in Leichte Sprache kann das bisweilen unumgänglich sein, um Textverständlichkeit zu erreichen."[337]

Schwester Paulis betont darüber hinaus in einem Interview, sie hielte sich genau an den vorgegebenen Text und versuche, die frohe Botschaft herauszuarbeiten und verstehbar zu machen. Aber sie lasse das Unangenehme nicht weg oder schwierige Worte wie das Wort Sünde. Sie erkläre und beschreibe, welcher Aspekt im Kontext der entscheidende sei. Man müsse das, was zwischen den Zeilen steht, mit beschreiben. Das könne Hintergrundwissen zu schweren Wörtern sein oder Gefühle, die in den Beteiligten ausgelöst aber nicht genannt werden. Sie vermeide irreführende Interpretationen und arbeite die erlösende Botschaft heraus. Das sei das Ziel."[338]

4.6.7 Problemanzeigen und (Selbst-)Kritik

Die Projektgruppe fasst folgende Herausforderungen bei der Übertragung biblischer Texte zusammen:
— Bibeltexte sind religiöse Texte. Das macht sie besonders, weil sie „*von etwas [sprechen], wofür die ‚normale' Sprache eigentlich nicht ausreicht.*"[339] Darum benutze die Bibel auch so viele Bilder und Vergleiche.[340]
— Stilmittel von Bibeltexten leben davon, dass sie vieles offen halten und nicht eindeutig und einengend sind. Das widerspricht der Intention Leichter Sprache an sich: Sie soll klar, eindeutig, direkt sein.
— Bibelgeschichten stammen aus einer anderen Lebenswelt, die den Menschen heute fremd ist und der Erklärung bedarf.
— Es gibt in biblischen Texten viele alte, schwierige Begriffe wie Menschensohn oder Gnade.[341]

---

[337] Ebd.
[338] Vgl. HEINEMANN, CHRISTOPH, Frohmachende Botschaft, 9.
[339] KATHOLISCHES BIBELWERK E. V., STUTTGART; CARITAS-PIRCKHEIMER-HAUS (CPH) NÜRNBERG, Evangelium in Leichter Sprache.
[340] Vgl. ebd.
[341] Vgl. BAUER, DIETER, „Darum geht zu allen Menschen!", 65.

Dieter Bauer merkt an: *„Wenn es auch Leichte Sprache heißt – so ist sie keineswegs leicht zu sprechen oder zu schreiben."*[342] Leichte Sprache polarisiert: Die Projektgruppe vom Katholischen Bibelwerk ist sich der Kritikpunkte sehr wohl bewusst:

> *„Bibeltexten in Leichter Sprache wird vorgeworfen, die schönen Bibeltexte zu verhunzen und durch die unendlichen Wortwiederholungen ein Graus für Deutschlehrer*innen und andere Kulturliebhaber*innen zu sein."*[343]

Auf diese Vorwürfe und auch auf den, ein „Evangelium light" zu produzieren[344], antworten Bauer und Ettl:

> *„Bibeltexte in Leichter Sprache können und sollen kein Ersatz für andere, sprachlich meist schwierigere Bibelübersetzungen sein, Sie sind eine Ergänzung – allerdings eine unverzichtbare, nimmt man den Anspruch ernst, auch wirklich allen Menschen die Begegnung mit dem Evangelium zu ermöglichen. [...] Theologische Richtigkeiten und ästhetische Gesichtspunkte müssen notfalls auch mal hintenanstehen, damit die Botschaft bei den Menschen ankommt. [...] Konsequenterweise sind unsere Texte damit auch nur Vorschläge. Wer sie verwendet, muss sie mit Blick auf ihre bzw. seine konkrete Zielgruppe überprüfen und gegebenenfalls anpassen, denn ‚Die Schrift wächst mit den Lesenden' (Gregor der Große). Und ein Letztes: Wir erfahren uns bei unserer Arbeit nicht nur als Verkündende und Übertragende, sondern zugleich als Empfangende und Lernende."*[345]

4.6.8 Entwicklung und aktueller Stand des Projekts

Seit Abschluss der Übertragung der Sonntagsevangelien der drei Lesejahre inklusive der zugehörigen Veröffentlichungen widmet sich die Gruppe dem Projekt, das Markusevangelium als Ganzes zu übertragen. Eine Veröffentlichung ist noch nicht erfolgt. Die Übertragung der Psalmen ist laut Claudio Ettl in Planung.[346] Den letzten Stand der Entwicklungen und die Frage nach einer Revision der Texte kommentiert Schwester M. Paulis Mels 2021 mit folgenden Worten:

> *„Dieter Bauer überprüft Woche für Woche die Perikope, die am kommenden Sonntag eingestellt wird (auf der Homepage).*
> *Lesejahr A ist in 2. Auflage erschienen. Da haben wir vorher Korrekturen vorgenommen. Das Markus-Evangelium als Ganzes und Psalmen stagnieren z.Zt., weil wegen Corona kein Prüflesen stattfinden kann. Das ist auch über Zoom-Konferenzen nicht möglich."*[347]

Im jüngst (Februar 2022) veröffentlichten WiReLex-Eintrag von Claudio Ettl wird angegeben, dass die Texte des Projekts Evangelium in Leichter Sprache bereits

---

[342] KATHOLISCHES BIBELWERK E. V., STUTTGART; CARITAS-PIRCKHEIMER-HAUS (CPH) NÜRNBERG, Evangelium in Leichter Sprache.
[343] BAUER, DIETER; ETTL, CLAUDIO, Frohe Botschaft – ganz leicht?!, 266.
[344] Vgl. ebd.
[345] Ebd.
[346] Vgl. SCHNEIDER, MICHAELA, Frohe Botschaft, leicht gesagt, 40.
[347] LAUENSTEIN, BRITTA ET AL., „Evangelium in Leichter Sprache", Korrekturversion, 157.

einer mehrfachen Revision unterzogen wurden.[348] Außerdem veranstaltet das Projekt regelmäßig bundesweite Werkstatt-Tagungen „Bibel und Leichte Sprache" (bisher 2015, 2018 und 2023) in Nürnberg.[349]

Wie bereits im Kapitel über die Projektgruppe des DEKT erwähnt, war die Gruppe des Katholischen Bibelwerks auch für der Übertragung der Bibeltexte für den 3. Ökumenischen Kirchentag 2021 mitverantwortlich (vgl. Kap. 4.4). Diese Texte wurden in dieser Arbeit nicht mehr mitberücksichtigt.

Im Sommer 2022 ist Dieter Bauer in den Ruhestand getreten.

Seit November 2022 gibt es das Projekt „AT [Altes Testament] in Leichter Sprache", das vom Katholischen Bibelwerk unter der Leitung von Lara Mayer (Nachfolgerin von Dieter Bauer) verantwortet wird.[350] Hier hat sich eine Gruppe von Ehrenamtlichen (darunter Claudio Ettl vom CPH und Sr. M. Paulis Mels, außerdem Dorothee Janssen vom Projekt Offene Bibel und ich selbst) gefunden, die allein oder in Kleingruppen eine Erstübersetzung der Texte vornimmt und diese dann gemeinsam diskutiert. Fertige Texte sollen zunächst online auf einer eigenen Homepage veröffentlicht werden. Diese besteht derzeit (Dezember 2023) nur aus einer Ankündigungsseite auf der Homepage des Katholischen Bibelwerks. Die Texte sind noch in Bearbeitung. Eine spätere Printveröffentlichung ist ebenfalls in Planung.[351]

4.7 *Büro für Leichte Sprache Diakonie Mark-Ruhr Teilhabe und Wohnen gGmbH in Iserlohn (vormals Netzwerk Diakonie)*

Das Büro für Leichte Sprache der Diakonie Mark-Ruhr Teilhabe und Wohnen wurde 2015 gegründet. In dem Büro arbeiten Menschen mit und ohne Behinderungen zusammen.[352] Zum Gründungszeitpunkt hieß die entsprechende Tochtergesellschaft der Diakonie Mark-Ruhr „Netzwerk Diakonie". Im Juni 2019 änderte sich der Name des Trägers des Büros für Leichte Sprache von „Netzwerk Diakonie" in „Diakonie Mark-Ruhr Teilhabe und Wohnen". Mit dieser Namensänderung soll der Markenkern des Tochterunternehmens besonders herausgestellt werden: Die Gleichberechtigung von Menschen mit Behinderungen in ih-

---

[348] Vgl. ETTL, CLAUDIO, Artikel: Bibel in Leichter Sprache (WiReLex).
[349] Vgl. www.evangelium-in-leichter-sprache.de/tagungen.
[350] Vgl. KATHOLISCH.DE, Bibel in Leichter Sprache (Interview mit Lara Mayer)
[351] Diese internen Informationen liegen mir vor, da ich selbst Teil der Gruppe bin. Aktuelle Informationen unter https://www.bibelwerk.de/verein/leichte-sprache/at-in-leichter-sprache (zuletzt abgerufen am 3.1.2024)
[352] Vgl. BRÖSNER, MANDY, Homepage Büro für Leichte Sprache Iserlohn.

rem sozialen Umfeld.[353] Dieser Umstand führt dazu, dass die Quellen dieses Kapitels je nach Herausgabedatum Netzwerk Diakonie oder Diakonie Mark-Ruhr Teilhabe und Wohnen als Herausgeber und (bei Texten in Leichter Sprache) Mandy Brösner als Mitarbeiterin des Trägers als Autorin haben. Die wenigen weiteren Quellen sind Zeitungsartikel, die im Pressespiegel der Diakonie Mark-Ruhr im Internet zu finden sind und i.d.R. keine Autor*innenangabe enthalten. 2015 begann Mandy Brösner mit der Übersetzung von Bibeltexten in Leichte Sprache. Die für diese Arbeit zur Verfügung gestellten Texte stammen alle aus diesem Jahr.[354]

4.7.1 Die Beteiligten

Das Büro für Leichte Sprache wird von Mandy Brösner geleitet. Sie ist Leiterin und einzige dauerhafte Mitarbeiterin und übersetzt alle Texte, die in diesem Büro produziert werden, damit auch die Bibeltexte.[355] Die Logopädin Janna Remmel ist eine weitere Mitarbeiterin des Büros, die an einigen Texten beteiligt ist.[356] Zur theologischen Beratung wurde zum Entstehungszeitpunkt der untersuchten Texte eine evangelische Pfarrerin aus dem Kirchenkreis Iserlohn hinzugezogen.[357] Sie arbeitet mittlerweile allerdings wegen ihrer Pensionierung nicht mehr an den Texten mit.[358] Die Texte werden von einer Prüfgruppe geprüft. Eine Prüfgruppe arbeitet im Büro für Leichte Sprache. Zu dieser Gruppe gehören sechs Personen. Das Büro für Leichte Sprache arbeitet darüber hinaus mit einer weiteren Prüfgruppe aus einer Werkstatt für Menschen mit Behinderungen zusammen.[359] Die Prüfer*innen und Prüfer sind Menschen mit geistigen oder psychischen Beeinträchtigungen.[360] Sie wurden in speziellen Prüferkursen ausgebildet.[361]

Die in dieser Arbeit diskutierten Texte wurden von den genannten Mitgliedern geprüft. Von diesen haben mittlerweile mehr als die Hälfte die Gruppe verlassen. Auch die Zusammenarbeit mit der weiteren Prüfgruppe gehört mittlerweile der Vergangenheit an und bezieht sich ebenfalls auf den Entstehungszeitraum der untersuchten Texte.[362]

---

353 Vgl. TIGGES, FABIAN, Aus Netzwerk Diakonie wird „Diakonie Mark-Ruhr Teilhabe und Wohnen".
354 Vgl. Öffentlicher Teil der Interviews (Anhang C), Brösner, 2.
355 Vgl. Öffentlicher Teil der Interviews (Anhang C), Brösner, 16.
356 Vgl. LAUENSTEIN, BRITTA ET AL., Diakonie Mark-Ruhr, Korrekturversion, 1.
357 Öffentlicher Teil der Interviews (Anhang C), Brösner, 21.
358 Vgl. LAUENSTEIN, BRITTA ET AL., Diakonie Mark-Ruhr, Korrekturversion, 1.
359 Vgl. BRÖSNER, MANDY, Homepage Büro für Leichte Sprache Iserlohn.
360 Vgl. Öffentlicher Teil der Interviews (Anhang C), Brösner, 23.
361 Vgl. BRÖSNER, MANDY, Homepage Büro für Leichte Sprache Iserlohn.
362 Vgl. LAUENSTEIN, BRITTA ET AL., Diakonie Mark-Ruhr, Korrekturversion, 1.

Da Mandy Brösner die Übersetzungsarbeit weitgehend allein erbringt, ist dieses Art der Übersetzung dem Leutzschschen Typ 2 (Einzelperson mit Beauftragung) zuzuordnen (vgl. Kap. 4.1.3). Gelegentlich wird Mandy Brösner von weiteren Personen unterstützt, dann ist es ein fließender Übergang zu Typ 4 (Gruppe mit Beauftragung).

Die Geschichte mit der Leichten Sprache

Das Büro für Leichte Sprache sieht Leichte Sprache als wichtiges Instrument zur Umsetzung der UN-BRK an. Es trägt dazu bei, der völkerrechtlichen Verpflichtung nachzukommen, allen Menschen Zugang zu Informationen und die Möglichkeit zur Kommunikation zu geben.[363] Aus dieser Verantwortung heraus wurde 2015 das Büro für Leichte Sprache gegründet.

Mandy Brösner selbst hat vorher im Bereich der Unterstützten Kommunikation gearbeitet. Sie ist Diplom-Pädagogin und Psychologin (B.Sc.)[364] Sie wurde vom Geschäftsführer der Diakonie angesprochen, ob sie beim Projekt und bei der Eröffnung eines Büros für Leichte Sprache mitarbeiten wolle.[365] Sie stimmte zu und war damit von Anfang an dabei. Mandy Brösner hat sich durch eine Ausbildung, organisiert von der Lebenshilfe Hessen, für Leichte Sprache qualifiziert und bleibt durch aktive Mitarbeit im Netzwerk Leichte Sprache seit 2015 immer auf dem neuesten Stand.[366]

Konfessionelle Besonderheiten

Es lässt sich eine evangelische Prägung feststellen, auch wenn diese nicht ausdrücklich betont bzw. zur Profilierung herangezogen wird. Die Trägerschaft der Diakonie, die Kooperation mit einer evangelischen Pfarrerin und die Wahl der Lutherbibel als Ausgangstext (s.u.) weisen alle in Richtung einer evangelischen Ausrichtung. Die Beteiligten (Übersetzende und Prüfende) sind alle religiös sozialisiert, wobei das nach Aussage von Mandy Brösner keine besondere Rolle spielt.[367]

4.7.2 Regeln und Definition

Auf der Homepage des Büros für Leichte Sprache wird Leichte Sprache folgendermaßen erklärt:

---

[363] Vgl. DIAKONIE MARK RUHR - TEILHABE UND WOHNEN, Büro für Leichte Sprache.
[364] Vgl. LAUENSTEIN, BRITTA ET AL., Diakonie Mark-Ruhr, Korrekturversion, 1.
[365] Vgl. BRÖSNER, MANDY, Zusatzfragen zum Interview, 1.
[366] Vgl. ebd.
[367] Vgl. ebd.

> „Was ist Leichte Sprache?
> Es gibt viele schwere Texte.
> Die Texte können nicht alle Menschen verstehen.
> Zum Beispiel:
> Briefe von Ämtern
> Gebrauchs-Anweisungen
> Beipack-Zettel von Tabletten
> Deshalb gibt es Leichte Sprache.
> Texte in Leichter Sprache sind leichter zu verstehen."[368]

Es werden die Regeln des Netzwerks Leichte Sprache verwendet.[369] Die Texte in Leichter Sprache sind mit dem Logo von Inclusion Europe gekennzeichnet.[370] Auf Wunsch können die Texte das Gütesiegel des Netzwerks Leichte Sprache erhalten.[371]

Übersetzung oder Übertragung?

Die Frage der Terminologie Übersetzung oder Übertragung wird an keiner Stelle der Literatur diskutiert und scheint keine Frage im Umfeld dieses Übersetzungsbüros zu sein. Auf der Internetseite und in den Flyern benutzt das Büro selbst den Begriff ‚übersetzen'.[372]

4.7.3 Rahmenbedingungen

Auftraggeber*in

Da es sich bei dieser untersuchten Gruppe um ein Büro für Leichte Sprache handelt, gibt es sowohl bei den Auftraggeber*innen als auch bei den Textarten eine entsprechende Vielfalt. Die Trägerin des Büros ist zunächst die Diakonie Mark-Ruhr Iserlohn, genauer gesagt die Tochtergesellschaft Diakonie Mark-Ruhr Teilhabe und Wohnen gGmbH mit Sitz in Hagen und Iserlohn. Aus der Diakonie Mark-Ruhr kommen interne Aufträge, unter denen auch Bibeltexte und liturgische Texte sind. Hinzu kommen externe Auftraggeber*innen wie z.B. Firmen, Ämter, Museen, Krankenhäuser, soziale Einrichtungen, Beratungsstellen.[373] Wei-

---

[368] BRÖSNER, MANDY, Homepage Büro für Leichte Sprache Iserlohn.
[369] Vgl. DIAKONIE MARK RUHR - TEILHABE UND WOHNEN, Büro für Leichte Sprache.
[370] Vgl. ebd.
[371] Vgl. LAUENSTEIN, BRITTA ET AL., Diakonie Mark-Ruhr, Korrekturversion, 2.
[372] Vgl. BRÖSNER, MANDY, Homepage Büro für Leichte Sprache Iserlohn.
[373] Vgl. DIAKONIE MARK RUHR - TEILHABE UND WOHNEN, Büro für Leichte Sprache, 1.

tere Auftraggeber*innen sind die Stadt Iserlohn[374] und politische Parteien, die ihre Wahlprogramme übersetzen lassen.[375]

Auftraggeber*innen von Bibeltexten in Leichter Sprache sind u.a. der Ev. Kirchenkreis Iserlohn, das Ev. Frauenreferat der EKvW[376] und weitere kleinere Organisationen und Gruppen wie die Arbeitsgruppe Frauenmahl im Kirchenkreis Iserlohn.[377] Hinzu kommen die internen Aufträge, die von der bei der Diakonie angestellten Pfarrerin erteilt werden. Die Pfarrerin erstellt oder stellt die Texte in schwerer Sprache zusammen, die dann als Grundlage für die Übersetzung dienen, z.B. für das Aussegnungsheft.[378] Außerdem wurden Texte für Gottesdienste in den Einrichtungen geschrieben bzw. übersetzt. Hier weist diese Projektgruppe ein Alleinstellungsmerkmal auf, da die Teilhabe aller Beteiligten von Anfang an priorisiert wurde und die Zielgruppe damit selbst zur Auftraggeberin wurde. Mandy Brösner schreibt dazu:

> „Bei der Erstellung von Gottesdiensten (dies war bisher 2mal der Fall) - kamen die Texte von uns selbst (inkl. Prüfung durch die Prüfer) und wir haben dies entsprechend mit den Prüfern oder anderen Beteiligten geprobt. Beim 1. Gottesdienst haben wir von der Idee bis zur Umsetzung eng mit den Prüfern zusammengearbeitet."[379]

Im Folgenden werden nur die intern in Auftrag gegebenen Texte untersucht.

Verwendungszusammenhang

Die innerhalb des Unternehmens in Auftrag gegebenen Texte werden auch nur intern verwendet. Viele Texte wie z.B. die Aussegnungsagende in Leichter Sprache enthalten einzelne Bibelverse oder kurze Perikopen. Die Texte werden in den Einrichtungen des Unternehmens verwendet.[380] Zentrale Verwendung finden die übersetzten Texte in einem „Aussegnungsheft", das bei der Aussegnung verstorbener Bewohner*innen der Einrichtungen der Diakonie Mark-Ruhr Teilhabe und Wohnen eingesetzt wird.[381] Im Zusammenhang mit den Bibeltexten wurden auch mehrere andere sehr bekannte Texte in Auszügen übertragen, z.B. „Stufen" von Hermann Hesse oder „Von guten Mächten" von Dietrich Bonhoeffer.[382]

---

[374] Vgl. STADTSPIEGEL ISERLOHN, Teilhabe ermöglichen.
[375] Vgl. ISERLOHNER KREISANZEIGER, Politische Themen werden verständlich aufbereitet.
[376] Vgl. Öffentlicher Teil der Interviews (Anhang C), Brösner, 30-31.
[377] Vgl. STADTSPIEGEL ISERLOHN, Teilhabe ermöglichen.
[378] Vgl. BRÖSNER, MANDY, Zusatzfragen zum Interview, 1. Hierzu sind keine näheren Einzelheiten bekannt.
[379] Ebd.
[380] Vgl. Öffentlicher Teil der Interviews (Anhang C), Brösner, 10.
[381] Vgl. BRÖSNER, MANDY, Zusatzfragen zum Interview, 1.
[382] Vgl. Öffentlicher Teil der Interviews (Anhang C), Brösner, 28-29.

Textauswahl und -anordnung

Die Textauswahl und -anordnung richtet sich nach ihrem Verwendungszusammenhang. Wenn es eine Vorlage in ‚schwerer' Sprache gibt, wird die dort verwendete Auswahl und Reihenfolge berücksichtigt. Bei der Aussegnungsagende wurde die Vorlage von der bei der Diakonie angestellten Pfarrerin geschrieben bzw. zusammengestellt; bei den Gottesdiensten wurde von Anfang an eng mit der Zielgruppe zusammengearbeitet und diese am Auswahlprozess beteiligt.[383]

Ausgangstext

Nach eigenen Angaben verwendet Mandy Brösner als Ausgangstext für die Bibelübersetzungen die Lutherübersetzung (Luther 1984)[384] bzw. die von der beteiligten Pfarrerin vorbereitete Vorlage.

Paratexte

Die Bibeltexte werden alle in liturgischen oder gottesdienstlichen Zusammenhängen verwendet. Dadurch stehen sie alle in einem größeren textlichen Zusammenhang, der aber meist keine direkten Paratexte enthält. Zu den Bibeltexten in Leichter Sprache gibt es ein Wörterbuch, in dem schwierige Begriffe erklärt werden. Dazu gehören Ortsnamen genauso wie theologische Begriffe (z.B. Segen) oder bibelspezifische Wörter (z.B. Psalm).[385] Psalm wird folgendermaßen erklärt:

> „Ein Psalm ist ein:
> - Lied
> - Gedicht
> - Gebet
>
> Es gibt viele Psalmen.
> Mit einem Psalm sprechen Menschen mit Gott:
> - wenn es ihnen gut geht
> - wenn sie traurig sind
> - wenn sie Sorgen haben."[386]

---

[383] Vgl. BRÖSNER, MANDY, Zusatzfragen zum Interview, 1.
[384] Vgl. BRÖSNER, MANDY, Interview, nicht öffentlicher Teil.
[385] Vgl. ebd.
[386] Ebd.

4.7.4 Veröffentlichung

Die Veröffentlichung der Bibeltexte in Leichter Sprache erfolgt bisher nur intern.[387] Bisher gab es keine finanziellen Ressourcen, um für einen Druck in Vorkasse zu gehen.[388] Mandy Brösner hat die von ihr übersetzten Bibeltexte für diese Arbeit zur Verfügung gestellt. Auf der Homepage gibt es nur einen Hinweis auf ein christliches Projekt, das auch veröffentlicht wurde: Den „Hör-Weg Reformation". Hier geht es um das Luther-Jubiläum und einen tatsächlich vorhandenen Weg, der mit über einen QR-Code vermittelten anhörbaren Informationen ausgestattet ist. Die Texte sind auch auf der Homepage zum Nachlesen abgebildet und mit Audiodateien verlinkt.[389]

Besonderheiten der druckgraphischen Gestaltung

Die internen Veröffentlichungen folgen den strengen Vorgaben der Leichten Sprache. Dabei ist jede Seite als zweispaltige Tabelle gestaltet, in der in der linken Spalte die Bilder und in der rechten Spalte der Text abgedruckt sind. Die Formatierung des Textes entspricht den Vorgaben der Leichten Sprache. Für die Bildgestaltung wurden in allen zur Verfügung gestellten Beispielen Metacom-Bilder verwendet (vgl. Kap. 6.3.5). Dies stellt ein Alleinstellungsmerkmal dieser Textausgaben dar.

4.7.5 Intention und Zielgruppe

Das Büro für Leichte Sprache formuliert seine Intention auf der Homepage in Leichter Sprache so:

> „Leichte Sprache hilft:
> - einander besser zu verstehen
> - sich am Leben der Gesellschaft zu beteiligen."[390]
> „Texte in Leichter Sprache sind leichter zu verstehen."[391]

Ein weiteres Ziel ist außerdem die leichte Lesbarkeit der Texte.[392] Der Fokus liegt also auf leichter Lesbarkeit und guter Verständlichkeit mit dem Ziel der Teilhabe an der Gesellschaft und gelingender Kommunikation.

Die Zielgruppe entspricht den allgemeinen Zielgruppen für Leichte Sprache:

---

[387] Vgl. ebd.
[388] Vgl. BRÖSNER, MANDY, Zusatzfragen zum Interview, 1.
[389] BRÖSNER, MANDY, Hör-Weg zur Reformation in Leichter Sprache.
[390] BRÖSNER, MANDY, Homepage Büro für Leichte Sprache Iserlohn.
[391] Ebd.
[392] Vgl. DIAKONIE MARK RUHR - TEILHABE UND WOHNEN, Büro für Leichte Sprache.

„Menschen, denen Leichte Sprache helfen kann, sind u.a.:
- Menschen mit Lernbehinderungen
- Ältere Menschen (u.a. Menschen mit Demenz-Erkrankungen)
- Menschen mit Migrationshintergrund
- Menschen mit Legasthenie (Lese-Rechtschreibschwäche)"[393]

Eine besondere Zielgruppe sind die Menschen in den Wohneinrichtungen der Diakonie Mark-Ruhr. Hier entstand z.B. der Bedarf der Aussegnungsagende in Leichter Sprache, damit die Bewohner*innen auf für sie verständliche Art und Weise von verstorbenen Mitbewohner*innen Abschied nehmen konnten. Die Agende in traditioneller Sprache wurde als ein zentrales Projekt übersetzt.[394]

4.7.6 Arbeitsprozess

Im Büro für Leichte Sprache werden Texte in Leichter Sprache von Mandy Brösner geschrieben oder übersetzt, teilweise unterstützt von einer weiteren Übersetzerin,[395] Janna Remmel.[396]. Alle Texte werden von Prüfer*innen geprüft. Die Prüfer*innen treffen sich jede Woche und prüfen die Texte auf ihre Verständlichkeit. Ihre Änderungsvorschläge werden eingearbeitet,[397] teilweise mit mehreren Korrekturschleifen.[398] Es erfolgt Rücksprache mit den auftraggebenden Stellen und (bei theologischen Inhalten) mit der evangelischen Pfarrerin.[399]

4.7.7 Problemanzeigen und (Selbst-)Kritik

Mandy Brösner sieht es selbst als große Herausforderung an, theologisch korrekt und gleichzeitig leicht verständlich zu übersetzen. Für sie ist die Unterstützung durch die Pfarrerin sehr hilfreich.[400] Durch die fehlende Veröffentlichung gab es bisher keine Gelegenheit für andere, die Texte wahrzunehmen und zu kommentieren, daher fehlt sowohl positive als auch negative Resonanz.

---

[393] Ebd.
[394] Vgl. BRÖSNER, MANDY, Zusatzfragen zum Interview, 1.
[395] Vgl. BRÖSNER, MANDY, Zusatzfragen zum Interview, 1.
[396] Vgl. LAUENSTEIN, BRITTA ET AL., Diakonie Mark-Ruhr, Korrekturversion, 1.
[397] Vgl. BRÖSNER, MANDY, Homepage Büro für Leichte Sprache Iserlohn.
[398] Vgl. BRÖSNER, MANDY, Zusatzfragen zum Interview, 1.
[399] Öffentlicher Teil der Interviews (Anhang C); Brösner, 22.
[400] Vgl. BRÖSNER, MANDY, Interview, nicht öffentlicher Teil.

4.7.8 Entwicklung und aktueller Stand des Projekts

Im Bereich Bibeltexte gibt es derzeit (Stand Oktober 2022) kein aktuelles Projekt. Gottesdienste mit Texten in Leichter Sprache gibt allerdings regelmäßig und wird es auch in Zukunft geben.[401]

4.8 Diakonische Stiftung Wittekindshof (DSW)

Die Diakonische Stiftung Wittekindshof (kurz: Wittekindshof oder DSW) gibt es seit 1887. Sie wurde in Bad Oeynhausen gegründet und ist heute an über 100 Standorten in ganz Westfalen vertreten. Der Wittekindshof bietet ambulante und stationäre Hilfen für Menschen mit und ohne Behinderung. Das Büro für Leichte Sprache gibt es seit Anfang des Jahres 2015. Das Büro bietet Beratung und Einführung zum Thema Leichte Sprache, Textübertragungen, Vorträge und Schulungen an.[402] Das Büro für Leichte Sprache bietet auch Beratung und Unterstützung für den Bereich Unterstützte Kommunikation.[403] Seit Mai 2021 hat das Büro eine eigene Homepage.[404]

2015 wurde auf Initiative des Pfarrers Martin Wedek vom Pastoralen Dienst der DSW mit der Übersetzung von Bibeltexten begonnen. Die Idee war, dies in einem kontinuierlichen Angebot zu erproben. Seither haben verschiedene Mitarbeitende im Büro für Leichte Sprache an dem Projekt mitgearbeitet. Martin Wedek war kontinuierlich beteiligt.[405] 2015-2017 kann als Erprobungsphase des Projekts bezeichnet werden. Die Übersetzungsarbeit hat sich weiterentwickelt.[406] Da die Expert*innen-Interviews dieser Dissertation 2017 stattfanden, bilden die Ergebnisse aus dem Interview den Entwicklungsstand des damaligen Zeitpunkts ab. Die verwendeten Textbeispiele und auch die Vorgehensweise der Übersetzung wurden mittlerweile überarbeitet. Diese Entwicklung wird im abschließenden Unterkapitel (4.8.8) skizziert.

---

[401] Vgl. BRÖSNER, MANDY, Zusatzfragen zum Interview, 1.
[402] Vgl. BÜRO FÜR LEICHTE SPRACHE DER DIAK. STIFTUNG WITTEKINDSHOF, Flyer Büro für Leichte Sprache, 2f.
[403] Vgl. ebd., 3.
[404] https://www.leichte-sprache-wittekindshof.de, siehe auch Kap. 5.8.8
[405] Vgl. LAUENSTEIN, BRITTA ET AL., Wittekindshof, Korrekturversion, 1.
[406] Vgl. ebd.

4.8.1 Die Beteiligten

Das Team des Büros für Leichte Sprache Wittekindshof ist ein multiprofessionelles Team mit Menschen mit und ohne Behinderungen. Die Mitglieder haben langjährige Berufserfahrung in der Begleitung, Beratung und Bildung von Menschen mit und ohne Behinderungen. Sie verfügen über Zusatzqualifikationen in Leichter Sprache und Unterstützter Kommunikation.[407] Die Texte werden von mindestens drei Prüfer*innen aus der Zielgruppe auf ihre Verständlichkeit geprüft. Die Prüfer*innen werden durch eine Schulung zum*zur Prüfer*in ausgebildet. In dieser Schulung lernen sie, die Regeln für Leichte Sprache zu achten und ihre eigene Meinung zu formulieren.[408]

Gelingende Kommunikation in alle Richtungen ist ein Anliegen des Wittekindshofs.[409] Leichte Sprache wird dabei als wichtiges Instrument zur Verwirklichung von Teilhabe angesehen. „*Leichte Sprache ist für uns Teilhabe.*"[410] heißt es auf der Internetseite des Wittekindshofs. Dies gilt auch und besonders für den Bereich der religiösen Kommunikation. Der Wittekindshof sieht es als identitätsstiftendes Merkmal an, Orte und Zeiten religiöser Kommunikation vorzuhalten und die Teilnahme an Gottesdiensten, Beerdigungen, Andachten oder anderen christlichen Vollzügen zu ermöglichen. Dazu werden sowohl die stiftungseigene Kirche als auch die Wohneinrichtungen der Stiftung genutzt.[411]
Als besonderes Projekt wurde die Übersetzung aller Evangeliumstexte der evangelischen Perikopenordnung zu allen Sonntagen und kirchlichen Feiertagen ins Leben gerufen.[412]

Da das Büro für Leichte Sprache aus mehreren Personen besteht, wird dieses Übersetzungsprojekt in der Leutzschschen Kategorie Typ 4 (Gruppe mit Beauftragung) eingeordnet (vgl. Kap. 4.1.3).

4.8.2 Regeln und Definition

Auf der Internetseite des Wittekindshofs in Leichter Sprache wird Leichte Sprache folgendermaßen beschrieben:

---

[407] Vgl. Büro für Leichte Sprache der Diak. Stiftung Wittekindshof, Flyer Büro für Leichte Sprache, 4.
[408] Vgl. ebd.
[409] Vgl. Starnitzke, Dierk, Kommunikation im Alltag einer Wohlfahrtsorganisation, 170f.
[410] Hurraki.de, Nachgefragt: Büro für Leichte Sprache Wittekindshof.
[411] Vgl. Starnitzke, Dierk, Kommunikation im Alltag einer Wohlfahrtsorganisation, 183.
[412] Vgl. ebd. Das Projekt hat dabei mit dem Perikopenplan von 1999 angefangen und vermutlich nach der Revision von 2018 auf den neuen Perikopenplan umgestellt. Da die Umfrage 2017, also genau vor der Revision stattfand, können dazu keine gesicherten Angaben gemacht werden.

„Was ist Leichte Sprache?
Einfache Worte. Kurze Sätze. Große Schrift.
*Leichte Sprache ist gut lesbar und leicht zu verstehen. Ziel der Leichten Sprache ist es, dass möglichst viele Menschen die Inhalte von **Texten und Informationen verstehen!** [Herv. im Original]"*[413]

Es wird das Regelwerk des Netzwerks Leichte Sprache angewendet. Neuere Ergebnisse aus der Forschung werden regelmäßig miteinbezogen. Der Duden Leichte Sprache, die Bilder der Lebenshilfe Bremen und der Informationscomputer CABito dienen ebenfalls als Hilfsmittel.[414]

Übersetzung oder Übertragung?

Die Termini übersetzen und übertragen werden synonym verwendet. Im Prospekt des Büros heißt es ‚Übertragung', in den Texten über das Büro (z.B. Neue Westfälische Zeitung 2015, Starnitzke 2017) ,übersetzen' und ‚Übersetzerin'. Mittlerweile wird der Terminus ‚übersetzen' analog zum Netzwerk Leichte Sprache durchgehend verwendet.[415]

4.8.3 Rahmenbedingungen

Das Büro für Leichte Sprache übersetzt einerseits für den Eigenbedarf, aber auch für externe Auftraggeber*innen, zu denen die Diakonie Deutschland, die EKD und kommunale Auftraggeberinnen wie die Stadt Lübbecke und die Stadt Minden zählen.[416] Die Bibeltexte in Leichter Sprache entstanden für den offiziellen Gebrauch bei Veranstaltungen und in den Einrichtungen des Wittekindshofs, aber auch zum privaten Gebrauch durch die Klient*innen. Die Verwendung der Texte soll über Gottesdienst und Andacht hinaus auch im Alltag stattfinden.[417] Die Textauswahl für das Bibeltexte-Projekt richtete sich nach den Evangelien der evangelischen Perikopenordnung.[418]

Der Ausgangstext für die Übersetzungen stammt aus der Lutherbibel. Es werden aber auch weitere Übersetzungen wie die GuteNachrichtBibel oder die Basisbibel hinzugezogen. Martin Wedek verwendet auch den griechischen Urtext.[419]

---

[413] BÜRO FÜR LEICHTE SPRACHE DER DIAK. STIFTUNG WITTEKINDSHOF, Flyer Büro für Leichte Sprache, 2.
[414] Vgl. HURRAKI.DE, Nachgefragt: Büro für Leichte Sprache Wittekindshof.
[415] Vgl. LAUENSTEIN, BRITTA ET AL., Wittekindshof, Korrekturversion, 3.
[416] Vgl. HURRAKI.DE, Nachgefragt: Büro für Leichte Sprache Wittekindshof.
[417] Vgl. STARNITZKE, DIERK, Kommunikation im Alltag einer Wohlfahrtsorganisation, 183.
[418] Vgl. ebd.
[419] Vgl. LANGE, ANNIKA, Interview, nicht öffentlicher Teil.

4.8.4 Veröffentlichung

Bisher wurden die Texte nur intern veröffentlicht. Sie wurden in der Erprobungsphase den ca. 3000 Mitarbeitenden des Wittekindshofs per E-Mail zugeschickt und sind auch im Intranet zugänglich. Die Texte werden auf Anfrage an Menschen mit Behinderungen weitergegeben, nicht aber an die allgemeine Öffentlichkeit.[420]

Ziel ist es, „*die im Projekt enstandenen Texte gewissermaßen als eigenes Lektionar von Evangeliumstexten in Leichter Sprache zu publizieren.*"[421] Dies ist bis zum gegenwärtigen Zeitpunkt (Oktober 2023) noch nicht geschehen. Dankenswerterweise wurden für diese Arbeit die verfügbaren relevanten Perikopen in der Übersetzung in Leichter Sprache aus der Erprobungsphase zur Verfügung gestellt.

Die Texte für den internen Gebrauch werden in einem einheitlichen Layout veröffentlicht. Auf der ersten Seite oben befinden sich das Logo des Wittekindshofs und die Überschrift des übersetzten Textes. Im unteren Teil beginnt der Abdruck der Übersetzung. Als erstes wird die Überschrift wiederholt und die Bibelstelle benannt. Schwere Wörter sind unterstrichen. Auf der letzten Seite der Veröffentlichung gibt es ein Glossar der unterstrichenen Begriffe unter der Überschrift „Erklärungen". Dialoge sind eingerückt dargestellt. Es gibt keine Illustrationen zum Text. Am Ende jeder Seite ist das Inclusion Europe-Logo abgedruckt. Ganz am Ende des Dokuments gibt es einen Info-Kasten zu den Autor*innen und Prüfenden der Übersetzung und zu den Herausgebenden. Dabei werden nur die Prüfenden mit Namen genannt, als Herausgebende und Verfassende werden das Büro für Leichte Sprache und der Pastorale Dienst (ohne die Nennung von Namen) genannt.[422] Aus Datenschutzgründen wird mittlerweile ganz auf die Nennung von Namen verzichtet.[423]

4.8.5 Intention und Zielgruppe

Die Bibeltexte in Leichter Sprache bedienen drei Zielgruppen: Im Besonderen stehen die Klienten des Wittekindshofs als Zielgruppe im Fokus, aber auch ihre Angehörigen[424] und die Gruppe der Multiplikator*innen, also vor allem die Angestellten des Wittekindshofs.[425]

---

[420] Vgl. ebd., 1.
[421] Vgl. STARNITZKE, DIERK, Kommunikation im Alltag einer Wohlfahrtsorganisation, 183.
[422] Vgl. DIAKONISCHE STIFTUNG WITTEKINDSHOF, Passions-Geschichte, 1–3.
[423] Vgl. LAUENSTEIN, BRITTA ET AL., Wittekindshof, Korrekturversion, 4.
[424] Vgl. STARNITZKE, DIERK, Kommunikation im Alltag einer Wohlfahrtsorganisation, 183.
[425] Vgl. LANGE, ANNIKA, Interview, nicht öffentlicher Teil.

Die Texte sollen auch in öffentliche Gottesdienste und Veranstaltungen Eingang finden und zu einem inklusiven Gemeindeleben beitragen.[426] Zu den Klient*innen des Wittekindhofs gehören Menschen mit Behinderungen (z.B. geistige Behinderung oder Lernbehinderung) jeden Alters. Grundsätzlich sind aber auch Kinder im Grundschulalter und alte Menschen allgemein Zielgruppe der Leichten Sprache.[427] Laut Dierk Starnitzke, Pfarrer und theologischer Vorstand der DSW, werden gerade die Bibeltexte in Leichter Sprache auch von Menschen ohne Behinderungen geschätzt.[428]

4.8.6 Arbeitsprozess

„Die Formulierung in Leichter Sprache erfolgt nach einem festgelegten Regelwerk [durch drei speziell geschulte Mitarbeiterinnen] unter Einbeziehung von Menschen mit Behinderung als Prüflesern und führt am Ende zur Erarbeitung zertifizierter Texte."[429]

So beschreibt Dierk Starnitzke den Entstehungsprozess der Texte in Leichter Sprache. Die Übersetzung wird gemeinsam von einer Fachkraft für Leichte Sprache und Pfarrer Martin Wedek vom Pastoralen Dienst erarbeitet.[430] Bei der Prüfung durch die Zielgruppe ist eine weitere Übersetzerin beteiligt, die nicht mit der Mitverfasserin der Texte identisch ist.[431]

Auf der Internetseite in Leichter Sprache wird der Vorgang des Prüfens ausführlich beschrieben:

„Menschen mit Behinderung prüfen die Texte in Leichter Sprache.
Die Prüfer haben eine Ausbildung für das Prüfen gemacht.
Es gibt 4 Prüf-Gruppen.
Mindestens 3 Menschen prüfen den Text.
Jede Meinung ist wichtig.
Ein Übersetzer hilft bei der Prüfung und schreibt alle Änderungen auf.
Die Prüfer arbeiten verschieden.
Manche Prüfer lesen die Texte laut oder leise.
Manche Prüfer schreiben Änderungen auf oder sagen sie laut."[432]

Die Texte sind in der (internen) Druckversion mit dem Siegel von Inclusion Europe versehen.[433]

---

[426] Vgl. LAUENSTEIN, BRITTA ET AL., Wittekindhof, Korrekturversion, 4.
[427] Vgl. ebd.
[428] Vgl. STARNITZKE, DIERK, Kommunikation im Alltag einer Wohlfahrtsorganisation, 183.
[429] Ebd., 182.
[430] Öffentlicher Teil der Interviews (Anhang C), Lange, 14.
[431] Vgl. Öffentlicher Teil der Interviews (Anhang C), Lange, 18-19.
[432] HURRAKI.DE, Nachgefragt: Büro für Leichte Sprache Wittekindhof.
[433] LAUENSTEIN, BRITTA ET AL., Wittekindhof, Korrekturversion, 4

4.8.7 Problemanzeigen und (Selbst-)Kritik

Durch den internen Charakter der Veröffentlichungen von Bibeltexten in Leichter Sprache gibt es bisher nur sehr wenig öffentliche Diskussion über diese Texte. Dies wird sich mit der geplanten Publikation ändern. Im Aufsatz von Dierk Starnitzke „Kommunikation im Alltag einer Wohlfahrtsorganisation", der 2017 veröffentlicht wurde, gibt es eine fachliche Reflexion des Projekts, allerdings mit dem Fokus auf Kommunikation. Starnitzke fordert, dass besonders in diakonischen Unternehmen die Möglichkeit zu religiöser Kommunikation kontinuierlich gegeben sein sollte und dass der dazu notwendige Sprachcode sowie die zugehörigen Strukturen und Kommunikationsformen entwickelt werden müssten.[434]

Im Interview nennt Annika Lange-Kniep lokale sprachliche Besonderheiten als Herausforderung für die Übersetzung. Die Übersetzung der Bildsprache der Bibel wird als besonders schwierig empfunden. Auch die Illustration der Texte wird problematisiert.[435]

4.8.8 Entwicklung und aktueller Stand des Projekts

Die bisherigen Ausführungen stellen den Stand des Projekts zum Ende der Erprobungsphase (2017) dar. Seitdem hat sich die Übersetzungsarbeit kontinuierlich weiterentwickelt. Es gibt mittlerweile einen fachlichen Austausch mit der Akademie Caritas-Pirckheimer-Haus in Nürnberg.[436] Nach der Erprobungsphase wurde die Änderung der Perikopenordnung 2018/2019 zum Anlass genommen, eine größere Publikation zu den gottesdienstlichen Texten ins Auge zu fassen. Martin Wedek beschreibt diese Entwicklung so:

> „Auf Grundlage der mit dem Kirchenjahr 2018/2019 in Kraft getretenen neuen Perikopenordnung (‚Ordnung gottesdienstlicher Texte und Lieder') überarbeiten Pfarrer Wedek und das Büro für Leichte Sprache Übersetzungen aus den Erprobungsjahren, übersetzen weitere Texte und bereiten die Publikation der Texte vor, die der Theologische Vorstand der DSW, Prof. Dr. Starnitzke, unterstützt. In der Publikation werden dann auch die Entwicklung und die Erfahrungen in der Übersetzungsarbeit von den Übersetzern reflektiert."[437]

Die Publikation liegt zum aktuellen Zeitpunkt (Dezember 2023) noch nicht vor.

Seit Mai 2021 hat das Büro für Leichte Sprache eine eigene Homepage. Hier werden der aktuelle Stand der Angebote des Büros, sowie Angaben zum Team und zu den Arbeitsweisen gemacht. Die Seite ist sowohl in Leichter Sprache[438] als

---

[434] Vgl. STARNITZKE, DIERK, Kommunikation im Alltag einer Wohlfahrtsorganisation, 176.
[435] Öffentlicher Teil der Interviews (Anhang C); Lange, 34-36.
[436] Vgl. LAUENSTEIN, BRITTA ET AL., Wittekindshof, Korrekturversion, 1.
[437] Ebd.
[438] BÜRO FÜR LEICHTE SPRACHE DER DIAK. STIFTUNG WITTEKINDSHOF, Büro für Leichte Sprache.

auch in Alltagssprache⁴³⁹ abrufbar. Es gibt an keiner Stelle Hinweise auf Bibeltexte in Leichter Sprache.

4.9 Zwischenfazit

Die Übersetzungslandschaft für Bibeltexte in Leichter Sprache im deutschsprachigen Raum stellt sich heterogen dar. Die Beschreibung der Projekte zeigt auf, wie unterschiedlich die Rahmenbedingungen für die Übersetzungen sind. Das betrifft die Größe der Teams genauso wie die Öffentlichkeitswirksamkeit oder die finanzielle Ausstattung.

Alle Gruppen eint, dass sie Bibeltexte produzieren wollen, die leicht verständlich und damit vielen Menschen zugänglich sind. Inklusion in religiösen Zusammenhängen und der Abbau sprachlicher Barrieren sind dabei für alle von großer Bedeutung. Es wird von allen eine große Notwendigkeit von Verständlichkeit in Kirche und Diakonie gesehen. Die durch Bibeltexte in Leichter Sprache gelingende sprachliche Zugänglichkeit wird als Gewinn für alle Menschen gesehen, nicht nur für Menschen mit Lern- und Leseschwierigkeiten.

Unterschiede bestehen hinsichtlich der Zielgruppen, die beim Übersetzen konkret vor Augen stehen und hinsichtlich des Verwendungszusammenhangs. Die Zielgruppen bewegen sich zwischen Menschen mit Behinderungen aus den eigenen Einrichtungen und deren Angehörige (Wittekindshof, Diakonie Mark-Ruhr Teilhabe und Wohnen, Lebenshilfe Bremen), über große, teilweise kirchlich sozialisierte Zielgruppen (DEKT, Kath. Bibelwerk, Leicht gesagt) bis hin zu gänzlich unbekannten Rezipient*innen in der weiten Welt des Internets (Offene Bibel).

Der Verwendungszusammenhang weist ebenfalls eine große Bandbreite auf und reicht von der Selbstlektüre über die Verwendung im Gottesdienst, in Gesprächskreisen oder im kirchlichen Unterricht bis hin zur Seelsorge.

Beim Übersetzen gehen die Gruppen ähnlich vor: Der Ausgangstext wird von einer oder mehreren Personen in Leichte Sprache übertragen, mit theologisch kompetenten Menschen diskutiert, ggfs. korrigiert und in der Regel von Menschen aus der Zielgruppe geprüft und erneut korrigiert. Erst dann kommt es zu einer Veröffentlichung mit einem der verfügbaren Qualitätssiegel oder dem Logo Leichte Sprache.

Deutlich wird, dass die wissenschaftliche Begleitung auch bei den großen und öffentlichkeitswirksamen Projekten bisher kaum stattgefunden hat. Die Gruppen sehen ihre Arbeit selbstkritisch, haben den aktuellen Diskurs und die Übersetzungsherausforderungen im Blick und sind an der Weiterentwicklung

---

[439] BÜRO FÜR LEICHTE SPRACHE IN DER DIAK. STIFTUNG WITTEKINDSHOF, Büro für Leichte Sprache (in Leichter Sprache).

ihrer selbst und der Leichten Sprache interessiert. Dabei unterscheiden sie sich allerdings deutlich in der Intensität der Auseinandersetzung mit dem linguistischen und theologischen Diskurs.

In Bezug auf die Veröffentlichung der Texte und die Stellung in der Öffentlichkeit ist eine große Bandbreite zu beobachten. Zwischen rein interner Verwendung und kaum Beteiligung an der Fachdiskussion und millionenfacher Verbreitung und Lobbyarbeit an öffentlichkeitswirksamen Stellen liegen Welten.

Ein Netzwerk zum Austausch von Erfahrungen oder gemeinsamer (Lobby-)Arbeit existiert nicht. Es herrscht aber auch keine ausdrückliche Konkurrenzsituation. Es macht den Eindruck, als ob jedes Projekt seinen Markt hätte, den es bedient.

Im Folgenden werden die Problemlagen des Übersetzens noch einmal genauer untersucht. Zunächst werden die Innensichten der einzelnen Projektgruppen zu bestimmten Übersetzungsherausforderungen durch Expert*innen-Interviews ermittelt und dargestellt. Dem folgt eine Diskussion von zwei Perikopen mit dem Ziel herauszufinden, inwieweit die verschiedenen Übersetzungsvarianten den Erwartungen und Ansprüchen hinsichtlich exegetischer Genauigkeit und den Regeln für Leichte Sprache entsprechen.

5. Innensichten

Als Zuspitzung der Übersetzungsthematik wurde für dieses Arbeit die Betrachtung einzelner Übersetzungsherausforderungen aus Sicht der Übersetzenden gewählt. Dazu wurden die in Kapitel 4 untersuchten Übersetzendengruppen mittels qualitativer Expert*innen-Interviews um Einsichten, Meinungen und Entscheidungen zu bestimmten Problemlagen gebeten. Dadurch werden Erkenntnisse über den Übersetzungsspielraum und die damit verbundenen Herausforderungen gewonnen.

5.1 Forschungsfrage und Forschungsdesign

5.1.1 Forschungsfrage

In Kapitel 2.2.1 wurde beschrieben, dass das Christentum als Übersetzungsreligion seit seiner Entstehung mit dem Thema Übersetzen befasst ist. Als Thesen wurden herausgearbeitet:[1]
1. Übersetzen ist nötig.
2. Bibeltexte sind von Menschen verfasst und übersetzt – und damit nicht unfehlbar.
3. Zwei Schlagworte bilden die Pole einer jeden Übersetzung: Treue und Freiheit.
4. Die Übersetzung von Bibeltexten erfordert eine Haltung und ein Bewusstsein der spezifischen Verantwortung.
5. Die Wirkmächtigkeit des biblischen Wortes bleibt letztlich unverfügbar für den Menschen.

Vor allem aus den Thesen 1, 3 und 4 ergeben sich folgende weiterführende Fragen für die Praxis der Übersetzung von Bibeltexten in Leichte Sprache:

Wie geeignet sind die Regeln für Leichte Sprache für die Übersetzung von Bibeltexten? Welche Lösungsansätze gibt es für die (vermutete) Diskrepanz zwischen den Regeln (in) Leichter Sprache und den sprachlichen Eigenheiten und der Botschaft von Bibeltexten?

Auf diese Forschungsfragen werden im Folgenden mittels Expert*innen-Interviews Antworten gesucht.

---

[1] Vgl. Kap. 2.2.1.

5.1.2 Forschungsdesign

Zum Erkenntnisgewinn wurde das Forschungsdesign der Momentaufnahme in Form von Expert*innen-Interviews gewählt. Expert*innen sind in diesem Zusammenhang und den Soziologen Alexander Bogner, Wolfgang Menz und der Soziologin Beate Littig folgend

> „Personen [...], die sich - ausgehend von einem spezifischen Praxis- oder Erfahrungswissen, das sich auf einen klar begrenzbaren Problemkreis bezieht - die Möglichkeit geschaffen haben, mit ihren Deutungen das konkrete Handlungsfeld sinnhaft und handlungsleitend für Andere zu strukturieren."[2]

Expert*innen zeichnen sich außerdem durch zwei weitere Aspekte aus:

> 1. „Der Experte ist - im Gegensatz zum Spezialisten - nicht allein durch Sonderwissen in Form fachspezifischer Kompetenzen charakterisiert, sondern durch seine Fähigkeit, Verbindung zu anderen Wissensbeständen und Wissensformen herzustellen und die Relevanz des eigenen Wissens zu reflektieren."[3]
>
> 2. „Experten besitzen die Möglichkeit zur (zumindest partiellen) Durchsetzung ihrer Orientierungen. Experten zeichnen sich dadurch aus, dass sie maßgeblich bestimmen, aus welcher Perspektive und mithilfe welcher Begrifflichkeiten in der Gesellschaft über bestimmte Probleme nachgedacht wird. Genau diese Praxisrelevanz macht die Experten für viele empirische Forschungsprojekte und Forschungsfragen interessant."[4]

Es wurden sieben Personen befragt, die regelmäßig Bibeltexte in Leichte Sprache übersetzen oder große Projekte in dieser Richtung (mit-)verantwortet haben. Sie entsprechen durch ihre Erfahrungen in der Übersetzungspraxis, durch ihre Kenntnisse in den verwandten Disziplinen Theologie und Inklusionswissenschaften sowie durch die Reichweite ihrer Texte und dem daraus folgenden Vorbildcharakter allen Kriterien der Expert*innen. Die Auswahl erfolgte nach der Recherche und dem Wissensstand von 2017 und berücksichtigt alle Gruppen, die auch in Kapitel 4 beschrieben wurden. Die teilnehmenden Expert*innen wurden durch persönliche Ansprache gewonnen. Es konnten Vertreter*innen der zum Untersuchungszeitraum für Bibeltexte bekannten Institutionen und Organisationen gewonnen werden. Folgende Expert*innen wurden befragt[5] (hier in alphabetischer Reihenfolge):

- **Ilga Bliek** (Lehrerin, Übersetzerin bei der Internet-Plattform Offene Bibel)
- **Mandy Brösner** (Leiterin des Büros für Leichte Sprache der Diakonie Mark-Ruhr Teilhabe und Wohnen in Iserlohn)
- **Anne Gidion** (Evangelische Theologin, Mitherausgeberin des Buchs „Leicht gesagt")

---

[2] BOGNER, ALEXANDER; LITTIG, BEATE; MENZ, WOLFGANG, Interviews mit Experten, 13.
[3] Ebd., 14
[4] Ebd. 15
[5] Alle hier genannten Expert*innen haben der Veröffentlichung ihrer Namen und Institutionen zugestimmt.

- **Michael Hofmann** (Gesundheitswissenschaftler aus Dortmund, Mitglied der Projektgruppe Leichte Sprache des Deutschen Evangelischen Kirchentags)
- **Annika Lange-Kniep** (Leiterin des Büros für Leichte Sprache der Diakonischen Stiftung Wittekindshof in Bad Oeynhausen)
- **Schwester M. Paulis Mels** (Schulleiterin der St. Franziskus-Schule in Dingelstädt, Übersetzerin für das Projekt Evangelium in Leichter Sprache[6])
- **Michael Merkens** (Katholischer Theologe, Mitglied im theologischen Beratungsteam im Bibelprojekt des Büros für Leichte Sprache der Lebenshilfe Bremen)

Der genaue Bezug der Befragten zur Leichten Sprache wurde bereits in Kapitel 4 im Rahmen der Darstellung der Übersetzungslandschaft dargestellt und reflektiert. Um den Befragten die Möglichkeit zu umfassenden Beispielzitaten zu geben, wurde die Form eines schriftlichen Fragebogens mit offenen Fragen gewählt. Ein mündliches Interview hätte dem Gegenstand der Forschung (schriftlich formulierte Übersetzungen von Bibeltexten in Leichter Sprache) nicht gerecht werden können und die Unterbringung von Zitaten erschwert. Zudem gehören zu Texten in Leichter Sprache in der Regel auch Bilder, die in einem mündlichen Interview ebenfalls nicht hätten berücksichtigt werden können. Ausgehend von den erarbeiteten Herausforderungen wurde ein Fragebogen entwickelt, der im Sommer 2017 per E-Mail an die Expert*innen verschickt und bis Oktober 2017 beantwortet und per E-Mail zurückgesandt wurde.

Der Fragebogen umfasste fünf Fragenblöcke zu den Themen
1. Allgemeine Fragen
2. Fragen zur Übersetzungspraxis
3. Fragen zu regelbedingten Herausforderungen beim Übersetzen von Bibeltexten
4. Fragen zu weiteren Herausforderungen beim Übersetzen von Bibeltexten
5. Fragen zu Bildern zu Bibeltexten in Leichter Sprache[7]

Durch unvorhergesehene Schwierigkeiten in der Erreichbarkeit einer Interviewperson wurde hier erst im Februar 2018 ein Kontakt möglich und die Befragung dann doch als Telefoninterview durchgeführt.[8] Insgesamt konnte damit ein Rücklauf von 100% erzielt werden.

---

[6] Im Folgenden wird dieses Projekt, das vom Katholischen Bibelwerk und der Akademie Caritas-Pirckheimer-Haus getragen wird, aus Platzgründen als Projekt des Katholischen Bibelwerks bzw. KathB bezeichnet.
[7] Der Wortlaut des Fragebogens befindet sich im Online-Anhang B.
[8] In diesem Fall wurde das Fehlen von Zitiermöglichkeiten und des Einbringens von Bildern dadurch ausgeglichen, dass eine klar umrissene Textmenge beim Interview zur Hand war und Hinweise auf Bilder oder Textbeispiele problemlos erfolgen konnten.

Forschungsfrage und Forschungsdesign

Nach einer ersten Auswertung des Datenmaterials wurden mit einzelnen Interviewpersonen ergänzende Gespräche geführt und Emails ausgetauscht und damit ein zirkulärer Anteil in den sonst linear angelegten Prozess implementiert.

In der Übersicht ergibt sich folgender Aufbau der Befragung:

Abbildung 6: Aufbau der Befragung

Für die Auswertung wurden die Antworten teilweise anonymisiert. Dies wurde in der Einleitung der Interviews den Befragten so angekündigt mit dem Ziel, unbefangenere und ehrlichere Antworten zu bekommen. Die Auswertung erfolgte aufgrund der überschaubaren Datenmenge händisch; es wurde zunächst thematisch und dann innerhalb der Themen offen codiert. Die gewählten Codes und Kategorien finden sich auch in der abschließenden Gesamtauswertung wieder. Für die Gesamtauswertung wurde die Methode der qualitativen Inhaltsanalyse nach Philipp Mayring[9] gewählt. Auch die Auswertung lässt sich schematisch darstellen: siehe Folgeseite

---

Das Telefoninterview wurde parallel protokolliert und das Protokoll im Anschluss durch den Interviewpartner autorisiert.

[9] MAYRING, PHILIPP, Qualitative Inhaltsanalyse.

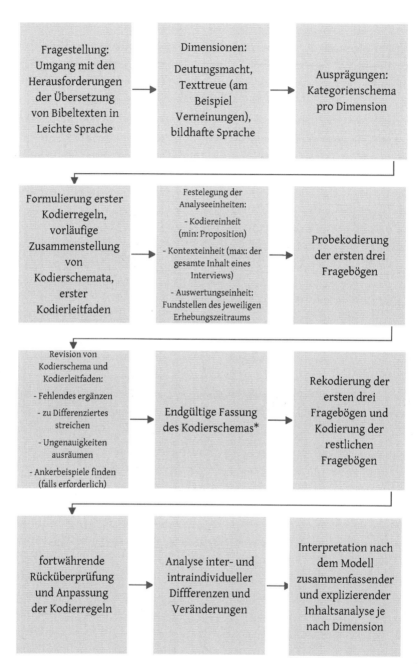

Abbildung 7: Schematischer Ablauf der Auswertung

* Auffälligkeiten im Material, die nicht kodiert werden können, werden gesondert festgehalten und ggfs. in der Interpretation berücksichtigt.

5.1.3 Fragestellung der Analyse

Richtung der Analyse

Die Befragung hat sowohl theologische, religionspädagogische als auch sprachwissenschaftliche und sprachphilosophische Anteile, die miteinander in Beziehung gesetzt werden und mit unterschiedlicher Gewichtung zum Tragen kommen. Durch die Interviews sollten die Befragten dazu angeregt werden, ihren Umgang mit den Übersetzungsherausforderungen hinsichtlich der Übersetzung von Bibeltexten zu analysieren und zu reflektieren. Ihr Umgang mit den Problemlagen kann zu Empfehlungen für zukünftige Übersetzungen führen.

Theoriegeleitete Differenzierung der Fragestellung

In diesem Kapitel werden die fünf Thesen aus dem Kapitel 2.2.1 mit dem Phänomen Leichte Sprache in Beziehung gesetzt und daraus Problemlagen abgeleitet. Im Anschluss erfolgt eine Schwerpunktsetzung für die Befragung.

1. *Übersetzung ist nötig*

Dieser Satz ist in Verbindung mit Leichter Sprache nicht nur theologisch, sondern auch kognitionswissenschaftlich relevant. Theologisch betrachtet ist das Christentum von Anfang an davon ausgegangen, dass die Bibel auch in Übersetzungen ihren Offenbarungscharakter behält. Dabei kommt es auf sprachliche und kognitive Zugänglichkeit und damit auf Verständlichkeit an. Besonders Martin Luther war es daran gelegen, die Sprache des Volkes zu sprechen. Er kam immer wieder darauf zurück, dass das Wort in die Alltagssprache der Menschen übertragen werden müsste – alles andere sei unnütz und verfehle den Sinn einer Bibelübersetzung.[10]

> „(...) man muss die Mutter im Hause, die Kinder auf der Gasse, den einfachen Mann auf dem Markt danach fragen und denselben auf das Maul sehen, wie sie reden und danach übersetzen; da verstehen sie es dann und merken, dass man deutsch mit ihnen redet."[11]

Leichte Sprache ist *eine* Möglichkeit, Bibeltexte sprachlich barriereärmer zu machen und damit Menschen den Zugang zu ermöglichen, die sonst davon ausgeschlossen wären. Bibeltexte in Leichter Sprache nehmen damit eine Schlüsselrolle in der Elementarisierung biblischer Inhalte für bestimmte Zielgruppen ein (vgl. dazu auch Kap. 2.2.3).

---

[10] Vgl. LUTHER, MARTIN, Sendbrief, 146.
[11] Ebd., 148.

2. *Bibeltexte sind von Menschen verfasst und übersetzt und damit fehlbar.*

Bei Bibeltexten in Leichter Sprache herrscht eine besondere Abhängigkeit der Qualität der Übersetzung vom Vorwissen der Übersetzenden. Wie bei einer Bibelübersetzung aus dem Hebräischen, Aramäischen und Griechischen brauchen die Übersetzenden nicht nur Übersetzungskompetenz (im Falle der Leichten Sprache intralingual), sondern auch theologisches und biblisches Hintergrundwissen sowohl auf biblische Lebenswelten, die Entstehungsgeschichte und die theologische Bedeutung bezogen. Die Vielzahl an fremden und schwierigen Begriffen, die in der heutigen Zeit nicht mehr zum Alltagswortschatz gehören, fordern immer wieder Spezialwissen, Erklärungsgeschick und die Entscheidungskompetenz, sich auf die relevanten Aspekte zu beschränken. Dabei können Fehler passieren. Bei Bibeltexten werden Übersetzungsfehler oder Ungenauigkeiten als besonders schwerwiegend angesehen, besonders wenn sie den Bemühungen um Verständlichkeit zugeschrieben werden. Die Debatte von 2021 um die Gesamtausgabe der BasisBibel ist ein Beispiel dafür.[12] Im Hinblick auf Leichte Sprache erhöht diese Einstellung den Druck auf die Übersetzenden. Bei aller Verständlichkeit soll der Text dem theologischen Anspruch gerecht werden. Dennoch wird klar: Die Forderung nach Eindeutigkeit und Klarheit der Formulierung passt nicht mit der Deutungsvielfalt der Bibel zusammen.

3. *Zwei Schlagworte bilden die Pole einer jeden Übersetzung: Treue und Freiheit*

Bibeltexte in Leichter Sprache sind den kommunikativen Bibelübersetzungen zuzuordnen, also denen, wo sich der Text auf den Leser bzw. die Leserin zubewegt und nicht umgekehrt. Alle kommunikativen Bibelübersetzungen müssen sich mit der Kritik der zu freien oder verfälschenden Übersetzung auseinandersetzen.

In Bezug auf Leichte Sprache und ihre Regeln entstehen hier besonders zwei Problemlagen: Das Verbot der Negation und das Metaphernverbot. Wer versucht, den Dekalog ohne Negation zu übersetzen oder ein Gleichnis oder die Psalmen ohne Sprachbilder, wird schnell an Grenzen kommen. Etwas leichter ist es bei schwirigen, aber typischen Wörtern aus biblischen Texten. Kommen sie immer wieder vor, kann man sie einführen und aufgrund des Lerneffekts darauf hoffen, bestimmte Begriffe wie ‚Jünger' oder ‚Gebot' etablieren zu können.[13] Die

---

[12] BETHKE, HANNAH, Entmündigung ist kein Seelentrost, siehe dazu auch BEUSCHER, BERND, Jäger des verlorenen Schatzes.

[13] Dies empfiehlt auch Martina Steinkühler für das Erzählen biblischer Geschichten für Kinder; vgl. STEINKÜHLER, MARTINA, Bibelgeschichten sind Lebensgeschichten, 268.

weiteren Regeln der Leichten Sprache greifen zwar in den Sprachgebrauch ein, haben aber nicht so viel Einfluss auf den Inhalt und Sinngehalt eines Textes.

4. Die Übersetzung von Bibeltexten erfordert eine Haltung und das Bewusstsein der spezifischen Verantwortung

Dies gilt in besonderem Maße für Leichte Sprache. Bibel- und leseübte Menschen können zum Vergleich recht schnell andere Übersetzungen zu Rate ziehen oder theologische Kommentare lesen und verstehen. Diese Möglichkeit ist Menschen mit Lernschwierigkeiten und anderen Nutzer*innen von Bibeltexten in Leichter Sprache oft verwehrt. Ihnen steht nur die gerade vorliegende Version (in Leichter Sprache) zur Verfügung, in gehörter oder gelesener Form. Dieser eine Kontakt führt zu Aussagen über wahr und falsch, gut und schlecht. Die gebotene Eindeutigkeit lässt oft nicht genügend Spielraum. Daher müssen die Übersetzenden von Bibeltexten in Leichter Sprache besonders berücksichtigen, welche Wirkung ihre Texte bei den Rezipient*innen haben und dabei zwischen ihren persönlichen Deutungsmustern, der Lehrmeinung und ihrem Auftrag unterscheiden.

5. Die Wirkmächtigkeit des biblischen Wortes bleibt letztlich unverfügbar für den Menschen.

Bibeltexten in Leichter Sprache wird nicht immer zugestanden, Wort Gottes zu sein oder werden zu können. Diese letzte These drückt die Hoffnung aus, dass jeder Bibeltext, egal in welcher Übersetzung, wirkmächtig sein kann. Für die Bibeltexte in Leichter Sprache muss das genauso gelten wie für eine urtextnahe Übersetzung. Die Hoffnung darauf, dass das so ist, ist leitend für jede christlich motivierte Bibelübersetzung.

Vor diesem Hintergrund ergeben sich schwerpunktmäßig folgende Problemlagen für die Befragung:
– Übersetzung von Verneinungen
– Übersetzung von bildhafter Sprache
– Umgang mit Deutungsalternativen

Die Hauptfragestellung der Untersuchung lautet also:
Welche Lösungsstrategien haben die Befragten für die Übersetzungsproblematik in Hinsicht auf Texttreue (am Beispiel Verneinungen), bildhafte Sprache sowie Deutungsvielfalt und -macht gefunden?

5.2 Umgang mit den besonderen Herausforderungen bei der Übersetzung von Bibeltexten in Leichte Sprache - Ergebnisse der Befragung

Das Datenmaterial wurde explorativ ausgewertet. Die Daten werden zunächst zusammenfassend analysiert; im Anschluss werden sowohl einzelne unklare Begriffe expliziert und im Zuge der Befragung neu aufgekommene Themen aufgegriffen und ansatzweise diskutiert. Dabei geht es zunächst um die beiden eher regelorientierten Themen 5.2.1 Texttreue am Beispiel Verneinungen und 5.2.2 Bildhafte Sprache und im Kapitel 5.2.3 um das Themenfeld Deutungsmacht und Interpretationsspielraum.

5.2.1 Texttreue am Beispiel Verneinungen

5.2.1.1 Zusammenfassung

Die Regel in Leichter Sprache lautet: *„Benutzen Sie positive Sprache. Vermeiden Sie Verneinungen."*[14]
Die Frage im Fragebogen lautet: *„Wie gehen Sie mit Verneinungen in Bibeltexten um? Zum Beispiel: „Du sollst nicht..." in den 10 Geboten oder „Fürchtet euch nicht!" aus der Weihnachtsgeschichte"*

Zusammenfassend ergeben sich vier Möglichkeiten des Umgangs mit dieser Regel:

1. *Die Regel wird konsequent angewendet.*

Zwei von sieben Befragten sprechen sich dafür aus, die Regel konsequent anzuwenden. Das wird damit begründet, dass das Verstehen von Verneinungen eine große kognitive Leistung darstelle, die man nicht voraussetzen dürfe (vgl. BLS02, 4-6). Die Einhaltung der Regel sei machbar, aber auch eine Herausforderung (vgl. BLS05, 4-7). Anne Gidion äußert sich in der Literatur an mehreren Stellen zu dieser Problematik. Für sie gibt es kein Zurück hinter diese Regel. Sie empfindet es als zu einfach, Verneinungen einfach zuzulassen und sich der Auseinandersetzung mit der positiven Entsprechung damit zu entziehen.[15]

Bei der Umsetzung gibt es mehrere Möglichkeiten: Entweder wird eine Umformulierung in eine Frage mit einer verneinenden Antwort gewählt oder es gibt die Möglichkeit, eine positive Entsprechung für die negative Formulierung zu

---

[14] BUNDESMINISTERIUM FÜR ARBEIT UND SOZIALES (Hrsg.), Leichte Sprache Ratgeber, 32.
[15] Vgl. GIDION, ANNE, Leichte Sprache im Gottesdienst (Bad Herrenalb).

finden (vgl. BLS05, 4-7). In einigen Fällen ist auch eine Umschreibung möglich, die die Verneinung vermeidet (vgl. BLS07, 4-5). Aus „*Fürchtet euch nicht*" wird dann z.B. „*Ihr könnt vertrauen*" (BLS02, 8-9). BLS05 übersetzt „*Fürchtet euch nicht*" mit „*Seid mutig*" (BLS05, 6-7) und fügt am Ende der Frage selbstkritisch hinzu: „*Natürlich ist das immer Interpretation.*" (Ebd., 7). Interessant ist die Haltung von BLS03, die befindet: „*Grundsätzlich ist die Regel der positiven Sprache ideal, um das Frohmachende des Evangeliums herauszufiltern.*" (BLS03, 4-5) Damit wird eine Verbindung zwischen positiver Sprache und Evangelium als froher Botschaft hergestellt. Dieser Aspekt wird in Kapitel 5.2.1.2 noch einmal aufgenommen und expliziert.

2. *Die Regel wird modifiziert angewendet.*

Fünf von sieben Befragten sind der Meinung, dass diese Regel entweder modifiziert angewendet werden oder sogar ignoriert werden muss. Die Regel wird als umstritten und nicht eindeutig genug empfunden (vgl. BLS02, 4-5; BLS06, 17-18). Dabei wird zwischen verschiedenen Formen der Verneinung differenziert. Außerdem wird das Verstehensproblem nicht in der Verneinung, sondern in anderen schwierigen Formulierungen oder Wörtern im Satz verortet. BLS03 führt dazu aus, dass diese Regel nach dem eigenen Verständnis besonders rhetorischen Verneinungen gälte (vgl. BLS03, 6-7). Es sei darüber hinaus immer zu prüfen, was das Unverständliche an dem verneinten Satz sei (also z.B. eher das Wort ‚fürchten' als die Verneinung mit ‚nicht', vgl. BLS03, 11) und stellt die Frage, ob die Verneinung eines negativ besetzten Wortes (‚Du sollst nicht stehlen') nicht auch als positive Sprache im Sinne einer positiven Wendung bezeichnet werden könne (vgl. BLS03, 17-19). BLS03 schließt mit dem Fazit: „*Wir setzen durchaus Verneinungen ein, wenn sie Klarheit schaffen.*" (BLS03, 20). Damit ergibt sich für den Umgang mit dieser Regel ein großer Ermessensspielraum der Übersetzenden. Die Verwendung von Negation wird in einigen Fällen als unvermeidlich angesehen.

3. *Die Regel wird ignoriert.*

Alle Befragten wissen um die Regel und keiner der Befragten ist für die gänzliche Abschaffung oder Ignoranz der Regel. Es herrscht Einigkeit, dass vermeidbare, rhetorische und doppelte Verneinungen nicht verwendet werden sollten. Zwei der Befragten sehen allerdings stärker als die anderen ein echtes Problem in dieser Regel und formulieren das auch so. Bei drei der fünf weiteren finden sich ebenfalls grundsätzlich kritische Äußerungen zum Negationsverbot. Die Befragten weisen darauf hin, dass Verneinungen ein konstitutiver Teil von Sprache seien: „*Sprache braucht Verneinungen. Die Regel, Verneinungen zu vermeiden, ist ein grundsätzliches Problem der Leichten Sprache.*" (BLS06, 17-18). Verneinungen sorgten für Klarheit (vgl. BLS03, 20; BLS06, 15), und positive Entsprechungen seien manchmal nicht zu finden oder keine gute Formulierungsalternative (vgl. BLS06, 7-8). Es wird darauf hingewiesen, dass biblische Themen existenzielle Fragen eines jeden Menschen betreffen und diese oft mit schwierigen Themen des Lebens verbunden seien (vgl. BLS06, 12-13). BLS06 formuliert: „*Existenzielle Aussagen kann man nicht einfach wegkürzen, man muss sie benennen, sie gehören zum Leben dazu. In der Bibel geht es um die großen Probleme der Menschen. Die Bibel ist kein Wohlfühl-Buch. Die Good-Will-Ebene ist nicht immer die beste Ebene. Es muss auch mal klar und deutlich zugehen.*" (BLS06, 12-15). Die befragte Person BLS06 bringt dazu noch zwei weitere aussagekräftige Beispiele: Bezugnehmend auf den Schluss der Noah-Geschichte formuliert sie: „*Der Abschluss ‚Gott sagt: Nie wieder will ich...' nimmt dadurch [durch die negative Sprache; BL] nochmal Bezug auf den ganzen Rest der Geschichte. Man kann keine Aussage treffen, was Gott stattdessen Positives tun wird.*" (BLS06, 3-5). Bei der Übersetzung der 10 Gebote findet eine Sinnverschiebung statt, wenn man die Negation in positive Sprache umwandelt: „‚*Du sollst nicht töten' mit ‚Du sollst das Leben achten' übersetzen, ergibt einen völlig neuen Sinn. Verbote oder Gebote drücken Dinge aus, die man nicht positiv ausdrücken kann. Es gibt sehr viele Handlungsalternativen bei einem Verbot.*" (BLS06, 6-8). BLS03 weist darauf hin, dass z.B. hinsichtlich der 10 Gebote das ‚nicht' schon im Urtext besonders betont würde und der Verneinung damit eine besondere Bedeutung zukäme (vgl. BLS03, 13).

Interessant wird es bei der Aussage, dass zwei negative Aussagen hintereinander etwas Positives ergeben: Am Beispiel „Du sollst nicht stehlen" wird erläutert: „*Stehlen ist in sich negativ. Es gibt eine positive Wendung, wenn ich NICHT stehlen soll.*" (BLS03, 18-19). Das wirft eine weitergehende Frage nach der Bedeutung des Begriffs „Positive Sprache" auf. Auch dieser Gedanke wird im Kapitel 5.2.1.2 noch einmal explizierend aufgenommen.

In der Umsetzung sehen die Übersetzenden noch die Möglichkeit, das Wahrnehmungsproblem der Verneinung technisch zu lösen: Die Negationsmarker werden fett gedruckt und damit besser wahrnehmbar (vgl. BLS07, 5-6).

Fazit: Die Regel wird sehr kritisch gesehen und grundsätzlich in Frage gestellt. Die Umformulierung in positive Sprache wird eher als „*theologische Übung*" (BLS06, 9) gesehen und es wird von fast allen abgelehnt, diese Regel als zwingend erforderlich anzusehen.

4. *Die Prüfgruppe entscheidet über Anwendung oder Nicht-Anwendung der Regel.*

Begründet wird dieses Vorgehen damit, dass die Prüfgruppe immer die entscheidende Instanz ist, die unabhängig von dem genauen Wortlaut der Regeln über die Formulierung in Leichter Sprache entscheidet. Besonders BLS01 setzt die Meinung der Prüfgruppe als obersten Maßstab: Eine Verneinung, die die Prüfenden nicht verstehen, dürfe auch nicht verwendet werden (vgl. BLS01, 5). Die Prüfgruppenmeinung an oberste Stelle zu setzen, ist allgemeines Gebot der Leichten Sprache. Dies auch beim Thema Verneinungen zu priorisieren, setzt die grundsätzliche Entscheidung voraus, überhaupt mit Negation zu formulieren und diese der Prüfgruppe zur Prüfung anzubieten.

5.2.1.2 Explikation

Expliziert werden zunächst die beiden gegensätzlichen Sätze: Evangelium ist Frohe Botschaft (vgl. BLS03, 4-5), und „*Die Bibel ist kein Wohlfühlbuch*" (BLS06, 14). Der Satz „Evangelium ist Frohe Botschaft" ist eine Paraphrase des Interviewzitats „*Grundsätzlich ist die Regel der positiven Sprache ideal, um das Frohmachende des Evangeliums herauszufiltern*" (BLS03, 4-5). Laut den evangelischen Theologen Helmut Köster und Michael Beintker lässt sich das Wort Evangelium als Begriff, als Gattung und dogmatisch bestimmen:

1. Als **Begriff** leitet sich Evangelium ab vom griechischen Wort euaggélion, was Botschaft bedeutet, in Verbform das Überbringen einer guten Botschaft.[16]

2. Als **Gattung** bezeichnet Evangelium verschiedene Arten von Literatur. Die vier Evangelien des Neuen Testaments sind als Großformen die bekanntesten; es gehören aber auch Spruchsammlungen, Gespräche Jesu mit seinen Jüngern, Geburts- und Kindheitsgeschichten sowie Passionsgeschichten dazu, die nicht in den biblischen Kanon aufgenommen wurden.[17] Es gibt einige Theologen, die das Evangelium als Gattung sui generis, also Neuschaffung ohne Parallele oder Vorläufer in der Literatur der griechisch-römischen Welt, sehen. Diese Gattung folgt dem fest formulierten Kerygma von Kommen, Leiden, Tod und Auferstehung Jesu.[18] So ist z.B. der evangelische Theologe Paul-Gerhard Klumbies der Meinung, dass die literarische Form des Evangeliums vom Evangelisten Markus geschaffen wurde und eine solche literarische Form zuvor nicht existierte.[19]

3. **Dogmatisch** gehört Evangelium zu den Grundworten der christlichen Soteriologie und ist der

> „*Inbegriff der rettenden und erlösenden Heilsbotschaft von Jesus Christus, der vollmächtigen Heilsansage und befreienden Heilszusage [sowie] der authentischen Predigt vom Christusgeschehen.*"[20]

Evangelium ist der Terminus technicus der frühchristlichen Missionssprache:

---

[16] Vgl. KOESTER, HELMUT, Evangelium I. (RGG⁴), 1735.
[17] Vgl. DERS., Evangelium II (RGG⁴), 1736f.
[18] Vgl. ebd., 1737.
[19] Vgl. KLUMBIES, PAUL-GERHARD, Das Markusevangelium, 172.
[20] BEINTKER, MICHAEL, Evangelium III (RGG⁴), 1741.

"Freudenbotschaft für alles Volk (vgl. Lk 2,10), gute Nachricht für die Elenden und Armen (vgl. Jes 61,1; Mt 11,5), rettendes Christuskerygma (vgl. Röm 1,1ff; 1 Kor 15,1-4), Kraft Gottes zum Heil für jeden, der glaubt (Röm 1,16)."[21]

Paulus verstand Evangelium als die verbindliche Zusage der Rechtfertigung des Sünders durch das versöhnende Gotteshandeln im Leiden, Sterben und Auferwecktwerden Jesu. Die Reformatoren, vor allem Martin Luther, nahmen diesen Aspekt besonders auf und bekräftigten ihn.[22] Calvin weitete das Verständnis von Evangelium auf *„alle Zeugnisse göttlicher Barmherzigkeit und väterlicher Freundlichkeit, die Gott einst den Vätern gegeben hat"*[23] aus, besonders ausgedrückt in der *„uns in Christus dargebotenen Gnade."*[24] Nach der Leuenberger Konkordie soll das Evangelium als Botschaft von der freien Gnade Gottes *„Maßstab aller Verkündigung der Kirche"* sein.[25]

Im Begriff „das Frohmachende des Evangeliums" (BLS03, 4-5) aus dem Interview bezieht sich Evangelium hauptsächlich auf den Bedeutungsaspekt der Heilsbotschaft Jesu. Dies wird im Folgenden zugrunde gelegt. Das Frohmachende des Evangeliums wird von der befragten Person (BLS03) in einen unmittelbaren kausalen Zusammenhang mit der Regel *„Verwenden Sie positive Sprache"* benutzt. Evangelium, also die frohe Botschaft, könne am besten durch positive Sprache vermittelt werden (vgl. BLS03, 4-5). In der Literatur wird dieser Zusammenhang nirgends hergestellt. Es schließt sich die Frage an, ob ‚Frohe Botschaft' oder ‚Heilsbotschaft' immer positiv formuliert werden muss, um froh zu machen und Heil zu bringen. Folgt man der Aussage der befragten Person BLS06, ist dies keineswegs der Fall: *„Die Bibel ist kein Wohlfühlbuch."* (BLS06, 14). Die Bedeutung des Wortes ‚wohl' ist (im Zusammenhang mit dem Wort fühlen) im Duden in drei Variationen beschrieben:

> „1.a) in einem von keinem Unwohlsein, keiner Störung beeinträchtigten, guten körperlichen, seelischen Zustand befindlich
> b) angenehm, behaglich
> c) gut, in genügender Weise"[26]

Kein Wohlfühlbuch bedeutet also, dass die Bibel trotz ‚guter Botschaft' ein Buch ist, das durchaus den seelischen Zustand stören kann und die Leser*innenschaft aus ihrer Komfortzone herausholt. Dazu gehören laut BLS06 auch negative Sprache und die Thematisierung der unangenehmen Themen und der existenziellen Fragen des Lebens. *„Die Good-Will-Ebene ist nicht immer die beste Ebene. Es muss auch mal klar und deutlich zugehen."* (BLS06, 15). Grammatische Negationen können

---

[21] Ebd. Beintker übernimmt hier unreflektiert die Entjudungstendenz Luthers („für alles Volk"). Die Ausweitung der Heilsbotschaft auf die ganze Welt geht aus dem griechischen Urtext nicht hervor , vgl. Kap. 7.3.
[22] Vgl. ebd.
[23] Calvin zitiert nach ebd.
[24] Calvin zitiert nach ebd.
[25] Ebd., 1742.
[26] Vgl. BIBLIOGRAFISCHES INSTITUT, DUDENVERLAG, Duden online. Stichwort „wohl".

u.U. Wohlfühlen nicht nur stören, sondern auch sichern, z.B. wenn die Aussage ‚Ich will das nicht' für Abgrenzung und die eigene Integrität sorgt.

Demnach schließen sich Störungen und Irritationen, die durch negative Sprache ausgedrückt werden, und der Terminus ‚Frohe Botschaft' nicht aus. Die Aussagen bleiben gegensätzlich und sind gerade deshalb zu bedenken und zu berücksichtigen. Sie führen uns zu einem weiteren Gedanken: Das grundsätzliche Verständnis des Terminus ‚Positive Sprache'. Anlass ist die genannte Äußerung der befragten Person BLS03, dass die Verneinung negativ besetzter Begriffe zu positiver Sprache führe (vgl. BLS03, 14-19).

Es ist hier noch einmal klarzustellen, dass ‚positive Sprache' im Sinne der Regel für Leichte Sprache sich allein auf die grammatische Interpretation des Wortes ‚positiv' bezieht. Ein Satz in positiver Sprache ist demnach jeder Satz, der ohne Negationsmarker auskommt, also ohne nein, nicht, keine oder etwas weiter gefasst Vorsilben, die eine gegenteilige Wortbedeutung entstehen lassen. Der Satz: ‚Du bist doof' ist daher zwar inhaltlich negativ, grammatisch allerdings positiv und damit in Leichter Sprache zulässig. Die Behauptung, der Satz ‚Du sollst nicht stehlen' beinhalte eine doppelte Negation (vgl. BLS03, 14), ist daher nur inhaltlich, aber nicht grammatisch haltbar. Dass durch die Verneinung eines negativ konnotierten Wortes eine positive Wirkung und damit positive Sprache entsteht, ist daher rein inhaltlich zu verstehen und von der ursprünglich grammatisch gemeinten Regel klar zu trennen. Die Idee, diese Regel eher inhaltlich als grammatisch zu interpretieren, wirft dann allerdings wieder neue Fragen auf. Eine Diskussion über die Begriffe ‚positive Sprache – negative Sprache' scheint daher sowohl in grammatisch-rezeptionsorientierter als auch in inhaltlicher Hinsicht erforderlich zu sein.

5.2.1.3 Fazit

Insgesamt kann man im Umgang mit der Verneinungs-Regel in der Praxis der Übersetzung mit Bibeltexten feststellen, dass es auf Einzelfallentscheidungen ankommt und dass ein allgemeines Verbot von negativer Sprache in den Erfahrungen in der Praxis nicht immer sinnvoll und auch nicht umsetzbar ist. Die Übersetzenden haben sich in der Mehrheit dafür entschieden, hier einen großen Ermessensspielraum anzusetzen und bei der Art der Verneinungen noch einmal zu differenzieren und unterschiedlich damit umzugehen.

Rhetorische und doppelte Verneinungen werden abgelehnt, vermeidbare Verneinungen mit klaren positiven Entsprechungen entsprechend ersetzt. Bei den Negationsmarkern ist zwischen der N-Verneinung (mit ‚nicht') und der K-Verneinung (z.B. durch ‚kein') zu unterscheiden. Laut Regelbuch von Christiane Maaß sind N-Negationen leichter zu verstehen und das ‚nicht' dabei fett zu setzen.[27] Die N-Verneinung wird von den befragten Personen weitgehend beibehal-

---

[27] Vgl. MAAß, CHRISTIANE, Leichte Sprache Regelbuch, 126.

ten und durch Fettdruck optisch verstärkt. K-Verneinungen kommen in der Befragung nirgends ausdrücklich zur Sprache. Eine Diskussion über die Bedeutung der Begriffe ‚positive' und ‚negative' Sprache erscheint sinnvoll. Danach könnte es zu einer entsprechenden Modifizierung dieser Regel kommen. Dies entspräche auch den neuesten Forschungen zum Regelwerk in der Veröffentlichung von Bettina Bock „Leichte Sprache – kein Regelwerk",[28] das zwei Jahre nach dieser Befragung (2019) erschien. Zum Zeitpunkt der Befragung wurde die Regel bereits diskutiert, aber noch nicht offiziell in Frage gestellt. Auch die von Bock eingebrachten und in dieser Arbeit in Kapitel 2.2.5 aufgenommenen Angemessenheitsfaktoren spielen eine Rolle, obwohl sie zum Zeitpunkt der Befragung noch nicht bekannt waren. Es ist festzustellen, dass die Übersetzenden auch ohne Kenntnis dieser Faktoren inhaltliche Argumente und die Bedürfnisse der Zielgruppe gegeneinander abwägen und ihre Entscheidungen im Einzelfall immer wieder neu und nicht leichtfertig treffen.

Das Nachdenken über geeignete Formulierungen zur Umsetzung der Negations-Regel bietet hier jedoch einen Nutzen und eine Herausforderung besonders für Menschen, die Leichte Sprache selbst nicht zwingend brauchen, im Umgang mit Bibeltexten also Theolog*innen, Katechet*innen, Diakon*innen und Gemeindepädagog*innen, die sich mit der Übersetzung von Bibeltexten in Leichte Sprache befassen: Das Nachdenken über eine positive Entsprechung fördert die Auseinandersetzung mit dem Text und seiner Aussage, auch wenn man am Ende zu der Erkenntnis kommt, dass die Formulierung mit einer Negation doch die geeignetste ist. BLS06 formuliert es so: *„Es ist eher eine theologische Übung, sich zu überlegen, was die positive Entsprechung sein kann, aber das ist nicht die Übertragung/ Übersetzung."* (BLS06, 9-10).

5.2.2 Bildhafte Sprache

5.2.2.1 *Zusammenfassung*

Die Regel in Leichter Sprache lautet: *„Vermeiden Sie Rede-Wendungen und bildliche Sprache. Viele Menschen verstehen das falsch. Sie verstehen diese Sprache wörtlich."*[29]
Die Frage im Fragebogen lautet: *„Wie gehen Sie mit bildlicher Sprache in Bibeltexten um? Zum Beispiel: „Der Herr ist mein Hirte / meine Burg / mein Schirm..." in den Psalmen oder „Mit dem Reich Gottes ist es wie mit..." aus den Evangelien."*

Aus dieser Fragestellung ist ersichtlich, dass zwischen Metaphern und Gleichnissen nicht differenziert wird. Nach Paul Ricœur ist es theologisch vertretbar, Metapher und Gleichnis gemeinsam zu betrachten. So steht nach Ricœur der Begriff der Metapher dem Begriff des Gleichnisses sehr nahe. Er

---

[28] BOCK, BETTINA M., „Leichte Sprache" – Kein Regelwerk.
[29] BUNDESMINISTERIUM FÜR ARBEIT UND SOZIALES (Hrsg.), Leichte Sprache Ratgeber, 33.

schreibt: „*Ein Gleichnis kann man versuchsweise als eine Redeweise definieren, die einen metaphorischen Prozess auf eine Erzählform anwendet.*"[30] Er schreibt beiden Formen rhetorische und dichterische Funktion zu, die in Texten nicht nur sinnstiftend seien, sondern sogar neue Möglichkeiten des Verständnisses schafften.[31] Dabei bediene sich die Metapher der Gegensätze und Doppeldeutigkeiten, die aus der Kombination bisher nicht in einem Zusammenhang stehender Begriffe entstünden.[32] Im Gleichnis vollziehe sich dies auf der Ebene des gesamten Textes.[33]

Auch aus der Perspektive der Leichten Sprache ist dies möglich, da die entsprechende Regel für Leichte Sprache für beide Arten von Texten bzw. Begriffen gilt und die zu erwartenden Schwierigkeiten ähnlich gelagert sind, nämlich die Diskrepanz zwischen der wörtlichen Bedeutung und der Bedeutung im übertragenen Sinne. Die gemeinsame Betrachtung von Metaphern und Gleichnissen eröffnet zudem einen größeren Spielraum für das Anbringen eigener Textbeispiele.

Es ist außerdem zu beachten, dass Sprache zum großen Teil aus Metaphern, vor allem aus unbemerkten besteht. Charles Taylor unterscheidet verschiedene Phasen, die eine Metapher von ihrer Entstehung bis zu ihrem ‚Absterben' durchläuft. Bei ihrer Neuschöpfung enthalten Metaphern laut Taylor (wie auch von Ricœur beschrieben) „*etwas Unangemessenes*"[34], etwas Überraschendes. „*Es besteht eine Spannung zwischen Ziel und Quelle.*"[35] Es müsse ein neuer Bezug hergestellt werden, ein neuer Sinn erkannt werden, damit sich die Spannung auflöse. Vergilbte Metaphern hätten ihr irritierendes Moment verloren. Sie seien zu einem gebräuchlichen Ausdruck geworden. Man müsse nicht mehr darüber nachdenken, was sie bedeute (Phase 1). Diese Entwicklung setze sich fort, wenn Ausdrücke im Sprachgebrauch bestehen blieben, deren Entstehungsgeschichte in Vergessenheit geraten sei (Phase 2), und gipfelten im ‚Absterben der Metapher', wenn nicht mehr wahrgenommen werde, dass es sich um eine Metapher handele (Phase 3).[36] Diese Ausführungen zeigen, dass das Metaphernverbot als Regel der Leichten Sprache nicht präzise genug formuliert ist, da auch die Leichte Sprache (‚leicht' ist als Adjektiv in Bezug auf Sprache bereits eine Metapher) nicht ohne Metaphern auskommen kann.

Zusammenfassend ergeben sich aus dem Datenmaterial zunächst einige grundsätzliche Aussagen zu diesem Themenbereich: Alle Befragten äußern sich im Zuge ihrer Antwort in grundsätzlicher Art und Weise. Hohe Verständlichkeit und Lesbarkeit sind das oberste Gebot (vgl. BLS02, 14-15). Sprachbilder und

---

[30] RICŒUR, PAUL, Stellung und Funktion der Metapher in der biblischen Sprache, 55.
[31] Vgl. ebd., 45f.
[32] Vgl. ebd., 51f.
[33] Vgl. ebd., 54ff.
[34] Vgl. TAYLOR, CHARLES, Das sprachbegabte Tier, 264f, Zitat von S. 265.
[35] Vgl. ebd., Zitat von S. 265.
[36] Vgl. ebd., 271.

Gleichnisse in LS sind möglich und verständlich (vgl. BLS04, 11-12 und BLS06, 22-23). Die befragte Person BLS03 bezeichnet Gleichnisse ausdrücklich als unverzichtbar zur Nachfolge und zum Verständnis Jesu.

> *„Die Bilder und Gleichnisse der Bibel sind von Jesus mit Absicht eingesetzt, um Begriffe zu erläutern und sie mit Leben zu füllen. Z.B. erläutert er den Begriff Himmelreich durch Gleichnisse, weil es kein adäquates Wort für Himmelreich in unserer Welt gibt. Das Himmelreich ist ein Fakt der Welt Gottes, der geistlichen Welt. Die Gleichnisse helfen uns, Jesus zu verstehen. Darum gehören sie in die Bibel und in die Übersetzung."* (BLS03, 30-34)

BLS06 sagt: *„Wir brauchen bildliche Sprache, um ein Gottesbild zu vermitteln. Bilder kann man beibehalten, aber man muss sie erklären, genauso wie fremde Begriffe."* (BLS06, 24-25) Dabei sei ein theologischer Hintergrund unabdingbar (vgl. BLS06, 30). Bildsprache wird von einer befragten Person nach Möglichkeit vermieden, sie wird aber auch von dieser Person verwendet (vgl. BLS04, 11-12).

Einigen Befragten ist die Begriffsunschärfe dieser Fragestellung aufgefallen. BLS03 ist eine intensive Auseinandersetzung mit dem Thema deutlich anzumerken. Hier wird eine generelle Unterscheidung zwischen bildlicher Sprache und Redewendungen der Alltagssprache im Vergleich zu den Bildern und Gleichnissen der Bibel formuliert:

> *„Redewendungen und bildliche Sprache ist etwas anderes als Bilder und Gleichnisse der Bibel. Sage ich z.B. im Beisein einer Person mit z.B. ‚Mit NN geht es bergab' – reagiert die Person mit g.B: ‚Darf ich auch mitkommen bergab? Ich kann ganz schnell laufen'. Solche bildliche Sprache ist zu vermeiden."* (BLS03, 25-27)

Die befragte Person BLS02 weist außerdem darauf hin, dass es besonders in diesem Themenbereich eine unsachgemäße Gleichsetzung von vertraut und verständlich gibt. BLS02 betont, dass viele Redewendungen uns sehr vertraut seien, doch Vertrautheit nicht Verständlichkeit bedeute (vgl. BLS02, 15-16). In ihren Übersetzungen wird besonders auf diesen Umstand geachtet: *„Redewendungen und bildliche Sprache übernehmen wir nur, wenn darunter auch bei einem strengen Maßstab die Verständlichkeit nicht leidet."* (BLS02, 16-18). Das Grundproblem von Metaphern wird klar erkannt: Metaphern können zu Missverständnissen führen (vgl. BLS03, 25-27).

Die Befragten sind sich im Umgang mit dieser Regel einig:

Die Regel wird modifiziert angewendet

Keine*r der Befragten wendet die Regel konsequent an oder fordert dies ein. Keine*r der Befragten weist auf die sprachwissenschaftliche Tatsache hin, dass die konsequente Anwendung gar nicht möglich ist, da die menschliche Sprache von Sprachbildern lebt. Aber es fordert auch keine*r der Befragten die Abschaffung dieser Regel. Es herrscht Übereinstimmung, Bilder und Metaphern aufmerksam und möglichst sparsam zu verwenden. Diese Aussage stützt auch einer der spärlichen Nachweise in der Literatur. Anne Gidion schreibt: „*Mit Bildern und Metaphern wird sparsam umgegangen.*"[37]

Die Modifizierung äußert sich in folgenden Variationen:

a) **Bekannte Metaphern werden verwendet.**

BLS01 vermeidet nach eigenen Angaben bildliche Sprache, weicht aber bei sehr bekannten Texten (z.B. Psalm 23,1) auch von dem Verbot ab (vgl. BLS01, 11-12). BLS07 plädiert dafür, biblische Bilder, die es auch im heutigen Sprachgebrauch gibt, beizubehalten und ggfs. zu paraphrasieren (vgl. BLS07, 17-20).

b) **Metaphern werden erklärt bzw. es wird eine Hinführung formuliert**

Die Befragten nennen diesen Vorgang auch ‚exformieren' oder auch ‚Rampen bauen'.[38] Diese Begriffe bedürfen der Explikation (Kap. 5.2.2.2). Ein Beispiel für eine solche ‚Rampe' bietet die Offene Bibel. So heißt es in der Arbeitsversion der Übersetzung von Mk1 zu Beginn: „*Jesus erzählt Gleichnisse. Gleichnisse sind Geschichten. Gleichnisse erzählen von Menschen. Und Gleichnisse erzählen Beispiele. Und Jesus erzählt so über das Leben. Zum Beispiel: Wie ist Gott? Wie sind die Menschen? Wie sollen die Menschen sein?*"[39] BLS04 formuliert eher pragmatisch: „*Bildliche Sprache wird vermieden, sofern möglich. Zum Teil verwenden wir bildliche Sprache und erklären diese. [...] Gleichnisse werden angekündigt als Beispiel-Geschichte.*" (BLS04, 11-14)

c) **Metaphern werden paraphrasiert.**

Diesen Begriff führt die befragte Person BLS07 ein (vgl. BLS07, 20). Als Beispiel nennt sie einen Ausschnitt aus Psalm 1 in Leichter Sprache:

> „*Du bist dann wie ein Baum.*
> *Der Baum hat Wasser.*
> *Der Baum hat viele Früchte.*
> *Der Baum steht fest.*
> **Du bist wie der Baum:**
> **Du hast es gut!**" (BLS07, 7-9, Herv.i.Orig.)

Dazu schreibt sie: „*In Psalm 1 scheint das Bild nach wie vor tragfähig und wird nur weiter erläutert/paraphrasiert.*" (BLS07, 20)

d) **Der Begriff ‚Gleichnis' wird eingeführt und verwendet.**

Zu den Gleichnissen Jesu werden einleitende Sätze formuliert; das Wort ‚Gleichnis' bleibt dabei erhalten. Markus 4, 1-2 klingt in der Übersetzung der Offenen Bibel so:

> „*Jesus erzählt Gleichnisse.*
> *Gleichnisse sind Geschichten.*
> *Gleichnisse erzählen von Menschen.*
> *Und Gleichnisse erzählen Beispiele.*
> *Und Jesus erzählt so über das Leben.*

---

[37] GIDION, ANNE, Verstehen leicht gemacht.
[38] Aufgrund der Wahrung der Anonymität der Befragten wird hier kein Hinweis auf das Interviewkürzel gegeben, da die in der Explikation genutzte Literatur sonst die Codes entschlüsseln würde.
[39] OFFENE BIBEL E.V., Arbeitsversion Mk 4, 1.2.

Zum Beispiel:
Wie ist Gott?
Wie sind die Menschen?
Wie sollen die Menschen sein?"[40]

e) Die Prüfgruppe entscheidet

Keine*r der Befragten benennt die Prüfgruppe ausdrücklich als Entscheidungsinstanz in Bezug auf Metaphern und Gleichnisse. Da die Einbeziehung einer Prüfgruppe bei fast allen Befragten zum Übersetzungsprozess gehört und dort besonders auf mögliche Missverständnisse geachtet wird, kann davon ausgegangen werden, dass die Prüfgruppen hier im Zweifelsfall als entscheidende Instanz angesehen werden.

Eine kurze Anmerkung an dieser Stelle zur Zielgruppe der prälingual Gehörlosen: Sie sind durch ihre Art des Spracherwerbs besonders im Verständnis sprachlicher Bilder beeinträchtigt und daher besonders auf die Vermeidung von Metaphern angewiesen.[41] Dies bestätigten auch die Erfahrungen meiner Kollegin im Büro für Leichte Sprache in Volmarstein, die durch ihre Arbeit mit Gehörlosen für die Problematik des Gebrauchs von Metaphern besonders sensibel war und bei der Textproduktion auch ‚vergilbte' Metaphern (Taylor, s.o.) identifizierte und durch klarere Formulierungen zu ersetzen suchte. Unter den Befragten hatte allerdings nur eine Person ausdrücklich die Zielgruppe der Gehörlosen im Blick.[42]

5.2.2.2 *Explikation*

Im Themenbereich Metaphern bedürfen besonders zwei Begriffe der Explikation: ‚Rampen bauen' und ‚exformieren'. Beide sind in der Literatur belegt und werden von den Befragten im Interview verwendet.

Rampen bauen

Dieser Begriff stammt ursprünglich aus dem handwerklichen Bereich und ist besonders aus dem barrierefreien Bau-Kontext bekannt. Rampen sind notwendige Hilfen für Menschen im Rollstuhl, um stufenlos Ebenen wechseln zu können. Treppen werden damit vermieden. Anne Gidion hat den Begriff metaphorisch auch für barrierefreien Zugang zu Wortbedeutungen und als Brücken zur Lebenswelt der Rezipient*innen eingeführt. Sie schreibt dazu:

> „Benutzt man sie [Bilder und Metaphern – BL], benötigen sie eine Art ‚Rampe', die den Zugang zu ihnen erleichtert [...] Wie bei Gebäuden auch geht es um eine Art Barrierefreiheit in der Sprache. So wie es eine Rampe braucht, um mit einem Rollstuhl eine Treppe zu überwinden,

---

[40] OFFENE BIBEL E.V., Markus 4,1-2 in Leichter Sprache.
[41] Vgl. BREDEL, URSULA; MAAß, CHRISTIANE, Duden Leichte Sprache, 163.
[42] Vgl. Öffentlicher Teil der Interviews (Anhang C), Bliek, 29-30

Umgang mit den besonderen Herausforderungen 293

braucht es Zugangswege zu komplexen Bildern und Metaphern, um sie auch für Nicht-Eingeweihte zu öffnen."[43]

Zusammen mit Raute Martinsen führt sie weiter aus:

„Wir haben uns also bemüht, sprachlichen Bildern Rampen zu bauen, wenn wir sie denn für unerlässlich hielten. Es geht dabei nicht in erster Linie um ein kognitives Verstehen, sondern um die Möglichkeit, an Erfahrungen anzuknüpfen, die in die Lebenswelt der Hörerinnen und Hörer übertragbar sind."[44]

Für Psalm 23 gibt es ein ausführliches Beispiel:

„Psalmen wurden früher gesungen.
Zum Beispiel zuhause, in der Natur oder am Palast eines Königs.
Aber auch im Tempel.
Viele Psalmen hat (wohl) David geschrieben.
Der war erst Hirtenjunge.
Später wurde er König.
David singt für den kranken König Saul Psalmen.
Manchmal spielt er dazu Harfe.
In seinen Liedern singt er von Gott.
Er singt von Gottes Macht.
Er beschreibt, wie Gott ist.
Was Gott für Menschen tut.
Wie Menschen Gott erleben.
David war Hirtenjunge.
Mit Schafen kennt er sich aus.
Gott als guter Hirte – das kann er sich gut vorstellen.
Davon singt er.
Davon singen Menschen bis heute."[45]

Bei Anne Gidion umfasst der Begriff des ‚Rampen-Bauens' auch die Formulierung von Metatexten und anderen erklärenden Zusätzen.

Exformieren

Der Begriff des Exformierens geht in eine ähnliche Richtung. Er wurde vom Team des Katholischen Bibelwerks geprägt und verbreitet. Es ist eine Wortschöpfung aus den beiden Wortteilen ‚explizit' und ‚informieren'. Schwester M. Paulis Mels schreibt: „[...] über mitgewusste und mitgedachte Inhalte wird **ex**plizit in**formiert**. [Hervorhebungen im Original]"[46]

---

[43] GIDION, ANNE, Leichte Sprache im Gottesdienst, 2.
[44] GIDION, ANNE; MARTINSEN, RAUTE, Einleitung (Leicht gesagt), 11.
[45] Ebd.
[46] Dieses Zitat stammt aus dem anonymisierten Teil des Fragebogens und wurde dort zur Wahrung der Anonymität nicht abgedruckt.

Dieter Bauer, Claudio Ettl und Schwester M. Paulis Mels beschreiben es auch noch einmal im Vorwort zu den Bibelausgaben in Leichter Sprache, hier zitiert aus dem Lesejahr A:

> *„Die Leichte Sprache lebt jedoch davon, schwer Verständliches konkret und verständlich, teilweise gegenständlich zu formulieren. Das bedeutet, dass manche Begriffe in Leichter Sprache ‚exformiert' werden müssen, wenn ihr Inhalt verstanden werden soll. Im Text selber Unausgesprochenes, aber Mitgedachtes und Mitschwingendes wird direkt und explizit ausgedrückt, damit der Text verstanden werden kann."*[47]

Damit wird der Unterschied zu Anne Gidions Rampen deutlich. Rampen sind Metatexte und Hinführungen, Exformierungen sind Hinführungen und Erklärungen im Text, um ein schwieriges/fremdes Wort oder Unausgesprochenes und Mitschwingendes verständlich zu machen.

> *„Jesus erzählt vom guten Hirten*
> *Einmal sagte Jesus zu den Freunden:*
> *Ich bin wie der gute Hirte.*
> *Der Hirte ist ein Mann, der auf die Schafe aufpasst.*
> *Der gute Hirte bleibt immer bei den Schafen.*
> *Auch wenn der Wolf kommt. [...]*
> *Jesus sagte:*
> *Ich bin der gute Hirte.*
> *Ich kenne alle meine Schafe.*
> *Ich kenne alle meine Menschen.*
> *Und meine Menschen kennen mich auch.*
> *Ich bleibe immer bei meinen Menschen.*
> *Auch wenn es gefährlich wird [...]"*[48]

Ein weiterer wichtiger Unterschied ist: Exformierungen sind immer in den Text selbst eingearbeitet. Rampen können auch voran- oder nachgestellt sein. Sie sind nicht immer direkter Bestandteil des übersetzten Bibeltextes. Anne Gidion sagt ganz ausdrücklich: *„Die Rampe ersetzt nicht den Inhalt des Textes."*[49] Die beiden Begriffe ‚Exformieren' und ‚Rampe' sind also nicht synonym zu verwenden.

5.2.2.3 Fazit

Die Verwendung von Metaphern ist allgemein akzeptiert und liegt im Ermessensspielraum der Übersetzenden. Die Modifizierung der Regel auf schwierige und unbekannte Sprachbilder und unbekannte und missverständliche Redewendungen wird von allen unterstützt.

Es wird deutlich, dass die Befragten in Sachen Sprachbilder und bildliche Sprache sehr individuell verfahren und die Regel häufig in begründeten Fällen

---

[47] BAUER, DIETER; ETTL, CLAUDIO; MELS, SCHWESTER M. PAULIS, Bibel in Leichter Sprache, Lesejahr A, 6.
[48] DIES., Bibel in Leichter Sprache, Lesejahr B, 88.
[49] GIDION, ANNE, Leichte Sprache im Gottesdienst (Bad Herrenalb).

außer Kraft gesetzt wird oder nur sehr modifiziert angewandt wird. Alle sind sich darüber im Klaren, dass die Verwendung von schwierigen Metaphern, seltenen Redewendungen und lebensweltfernen Vergleichsbildern in der Leichten Sprache ungeeignet ist. Alle versuchen – teilweise in Zusammenarbeit mit den Prüfgruppen – ein möglichst hohes Maß an Verständlichkeit zu erzielen. Fast alle sehen Metaphern und Sprachbilder als wichtigen Bestandteil von Sprache an, ohne die Sprache besonders im biblisch-religiösen Bereich nicht auskommt.

Mit den Wortschöpfungen ‚Rampen bauen' und ‚exformieren' wurden neue Begrifflichkeiten geschaffen, um Texterweiterungen zu definieren und damit beschreibbar und erkennbar zu machen. Die Übersetzenden fühlen sich in diesem Zusammenhang besonders den Adressat*innen verpflichtet und bemessen die Angemessenheit der Verwendung der bildhaften Sprache v.a. nach den Fähigkeiten und Bedürfnissen der konkreten oder allgemeinen Zielgruppe. Je konkreter die Zielgruppe feststeht, desto genauer kann der Zieltext an die Zielgruppe angepasst werden.

5.2.3 Deutungsmacht und Interpretationsspielraum

5.2.3.1 *Zusammenfassung*

Die Regel für Leichte Sprache lautet:

> „Sie dürfen einen Text beim Schreiben in Leichter Sprache verändern. Inhalt und Sinn müssen aber stimmen. Zum Beispiel: Sie dürfen Dinge erklären. Dann versteht man sie besser. Sie dürfen Hinweise geben. Sie dürfen Beispiele schreiben. Sie dürfen die Reihen-Folge ändern. Sie dürfen das Aussehen ändern. Sie dürfen Teile vom Text weglassen, wenn diese Teile nicht wichtig sind. Achtung! Wer darf entscheiden, was wichtig ist? Reden Sie mit den Prüfern und Prüferinnen."[50]

Die zentrale Frage[51] im Fragebogen lautet: *„Bibeltexte können auf verschiedene Art und Weise gedeutet werden. Als Übersetzer*innen entscheiden Sie über den Deutungsschwerpunkt und was die Leser*innen erfahren und was nicht. Wie gehen Sie mit dieser Herausforderung um?"*

Die Antworten auf diese Frage waren sehr vielfältig und lassen sich zu folgenden Gesamtaussagen bündeln:
1. Theologisches (exegetisches und bibeldidaktisches) Wissen ist Voraussetzung für die Übersetzung von Bibeltexten.

---

[50] BUNDESMINISTERIUM FÜR ARBEIT UND SOZIALES (Hrsg.), Leichte Sprache Ratgeber, 51.
[51] Zum Themenbereich Deutungsmacht/Verantwortung wurde auch Material aus der Beantwortung anderer Fragen herangezogen, z.B. die Frage nach der Textgrundlage, nach Fachbegriffen und nach der theologischen Vorbildung der Übersetzenden.

2. Der Deutungsspielraum ist eine Herausforderung, aber nicht nur für Leichte Sprache, sondern für jede Bibelübersetzung. Es werden verschiedene Aspekte dieser Herausforderung und der Umgang damit benannt.
3. Als besondere Herausforderung beim Übersetzen werden außerdem die Themen Lebensweltunterschiede, Brückenfunktion, Tradition und Widersprüche in Bibeltexten genannt.

1. Theologisches (exegetisches und bibeldidaktisches) Wissen ist Voraussetzung für die Übersetzung von Bibeltexten

Alle Befragten sind sich einig, dass theologische Kompetenz unabdingbar für den Übersetzungsvorgang ist. Dabei wird diese Kompetenz in der Regel von den Übersetzenden selbst gefordert. Es ist allerdings auch bei den Befragten nicht immer der Fall. In dem Fall findet zu einem späteren Zeitpunkt eine theologische Überprüfung statt. Die theologische Kompetenz wird also auf verschiedene Art und Weise in den Übersetzungsvorgang eingebracht. Entweder besitzen die Übersetzenden bzw. eine oder mehrere Personen aus dem Übersetzungsteam diese Kompetenz selbst oder es werden externe Expert*innen am Prüfprozess beteiligt, auch eine Kombination aus beidem ist möglich. *„Der Übersetzung geht das Verstehen voraus."* (BLS06, 96) Mit der theologischen Bildung der Übersetzenden, Fachliteratur und externen Expert*innen soll eine möglichst große Deutungsbreite und -korrektheit erzielt werden.

> *„In der Übertragung ist uns exegetisches Hintergrundwissen wichtig. Dieses entscheidet oft darüber, welches Wort wir alternativ in der Leichten Sprache wählen."* (BLS03, 82-83)

> *„Die Beschäftigung mit Sekundärliteratur ist für mich sehr wichtig, weil ich ein tieferes Gefühl für die Ausgangstexte gewinnen möchte und die Hintergründe brauche, damit bei meiner Übertragung die Dinge in die richtige Richtung gehen."* (BLS02, 74-76)

> *„Es erfolgt […] eine inhaltliche Prüfung durch die Pfarrerin (und nicht nur durch den Auftraggeber) – da ich mir sicher sein will, dass es wirklich noch alles richtig ist."* (BLS01, 27-28)

Eine wichtige Rolle spielt auch die Auswahl des Ausgangstextes. Die Befragten greifen auf folgende Übersetzungen zurück: Lutherübersetzung, Einheitsübersetzung, Basisbibel, Gute Nachricht Bibel, in Einzelnennungen auch hebräischer und griechischer Text, Studienfassung Offene Bibel, Elberfelder, Buber/Rosenzweig und die Volxbibel.

Es ist zu beachten, dass der Befragungszeitraum Juli 2017 war. Die Angaben beziehen sich daher auf die zu diesem Zeitpunkt verfügbaren Revisionsstufen. Dabei orientieren sich die Befragten jeweils hauptsächlich an ihrer persönlichen bzw. institutionellen Tradition und ziehen nur gelegentlich weitere Übersetzungen hinzu. Eine Ausnahme bildet die befragte Person BLS02, die eine Synopse verschiedener Bibelübersetzungen als Textgrundlage empfiehlt: *„Die Auseinan-*

dersetzung mit verschiedenen Bibelübersetzungen und der Sekundärliteratur zum Text zeigt meist sehr schnell, wo die unterschiedlichen Deutungen und Deutungsräume möglich sind." (BLS02, 65-66) BLS06 rät, auch bei der Textauswahl des Ausgangstextes auf jeden Fall theologische Beratung hinzuzuziehen (vgl. BLS06, 65-69).

2. *Der Deutungsspielraum ist eine Herausforderung, aber nicht nur für Leichte Sprache, sondern für jede Bibelübersetzung.*

a) Der Deutungsspielraum beginnt bereits bei der Wahl des Ausgangstextes. Diese Meinung vertritt die befragte Person BLS06:

> *„Man muss versuchen, sich an der Gesamtaussage des Textes zu orientieren. Man muss die positive Grundaussage des Textes finden und weitergeben. [...] Man trifft schon bei der Textauswahl eine Auswahl."* (BLS06, 87-90)

b) Jede*r Übersetzende verortet den Bibeltext in Leichter Sprache zwischen maximaler Offenheit und absolut eindeutigen Aussagen. Alle Befragten versuchen, die Offenheit der Texte zu erhalten:

> *„Wir versuchen am O-Text zu bleiben und möglichst wenig Interpretation einzubauen, auch wenn es uns manchmal schwerfällt, Texte manchmal so offen zu lassen, wie sie sind. Wir verweisen im Kommentar darauf hin, dass in der Katechese offene Fragen und Deutungen angesprochen werden sollen."* (BLS03, 78-80)

> *„Beim Psalm 139 kann Gott zum Beispiel als fürsorglich-schützend oder beengend-festsetzend gedeutet werden. Wenn es der Verständlichkeit nicht abträglich ist, dann versuchen wir, keine Festlegungen vorzunehmen und eine ‚Offenheit' des Textes zu erhalten. So entstand bei der Übertragung von Psalm 139 die deutungsoffene Formulierung: ‚Aber du Gott bist überall'."* (BLS02, 66-70)

Besondere Bedeutung wird dem ‚Unverfügbaren' zugemessen. Die befragte Person BLS02 schreibt dazu im Fragebogen:

> *„Wird bei Leichter Sprache eigentlich das Unbegreifliche weg-erklärt? Die Arbeitsgruppe Leichte Sprache benennt in der Text-Übertragung das Geheimnisvolle in Demut so, dass es von Menschen mit Lernschwierigkeiten auch als Geheimnis erkannt wird. Das Andere und Unverfügbare bleibt präsent."* (BLS02, 111-114)

BLS03 formuliert:

> *„[...] Bibeltexte [sind] ‚Geist und Leben' – wie Jesus sagt. Sie sind in sich eine andere Gattung. In der Tat stehen wir dem ‚Heiligen', das durch das Wort Gottes vermittelt wird, ehrfürchtig gegenüber und versuchen, ohne Eigenwilligkeiten diesem Heiligen zu dienen."* (BLS03, 54-56)

Trotz des Vorsatzes der Offenheit kommt keine*r der Übersetzenden in der Wortwahl und durch die Setzung von Schwerpunkten, durch Kürzungen oder Auslassungen um Deutungsentscheidungen herum. *„Übersetzungen sind immer Interpretationen."* (BLS07, 37)

c) *Jede*r Übersetzende positioniert sich zwischen maximaler Loyalität zum Ausgangstext und maximaler Freiheit (bis hin zur Neukomposition einer Geschichte).*

Hier gibt es durch die Antworten im Fragebogen belegbare verschiedene Positionierungen aller Befragten. BLS04 positioniert die eigenen Übersetzungen nah am Originaltext:

> *„Wir versuchen, sehr nah am Originaltext zu bleiben und so wenig wie möglich zu interpretieren. [...] Aus diesem Grund sind unsere Texte nicht immer Sprachniveau A1/A2 und Regeln werden missachtet, so dass die Texte eher als einfache Sprache bezeichnet werden können."* (BLS04, 22-26).

Ebenso verfährt BLS03 wie bereits unter 2b) zitiert.[52] Dabei muss beachtet werden, dass keine der beiden befragten Personen mit der Biblia Hebraica oder dem Novum Testamentum Graece arbeitet, sondern mit deutschen Übersetzungen als Ausgangstexten. BLS01 äußert sich zu der Frage nicht, hat aber bisher eher kürzere Textabschnitte übersetzt und sich noch nicht mit der Frage nach einem massiven Eingriff in den Text stellen müssen (vgl. BLS01, 71-72). BLS02 hat für sich selbst den Anspruch, eine „*respektvolle Treue*" (BLS02, 40) zu den Ausgangstexten zu wahren. BLS07 benutzt als eine der wenigen den hebräischen und griechischen Text als Textgrundlage. Dennoch wird die Nähe zum Urtext nicht ausdrücklich zur Maxime erhoben. Sie betont allerdings den Wert der hebräischen und griechischen Ausgangstexte: *„Übersetzungen sind immer Interpretationen, die auch stark zeitbezogen sind und schneller altern als die Originaltexte."* (BLS07, 37-38). Sie beruft sich auf Martin Luther: *„Martin Luther wollte den Menschen vor allem den Text verständlich machen. Dies möchte ich hier auch erreichen."* (BLS07, 60-61). BLS05 äußert sich nicht explizit zum Thema Texttreue und ist nach Einschätzung der Literaturlage eher im mittleren Bereich anzusiedeln.
Die andere Seite der Skala wird von BLS06 vertreten, der als Ausgangstext für Übersetzungen in Leichte Sprache bei komplexen Geschichten auch eine Evangelienharmonie befürwortet. Damit werde abgebildet, *„wie sie [die Geschichte] als Mischung in den Köpfen der Menschen vorhanden ist. Dies wird dann in Leichter Sprache abgebildet."* (BLS06, 35-37) Bei dieser Zusammenstellung sei allerdings theologische Unterstützung unverzichtbar (vgl. BLS06, 30-31).

d) *Jede*r Übersetzende entscheidet über die Verwendung von Fachbegriffen und fremden Namen.*

Bei fremden Namen (Personen und Orte) werden diese nur verwendet, wenn es unumgänglich ist, also für Hauptakteure oder wenn die Bezeichnung für das Verständnis der Geschichte von entscheidender Bedeutung ist. Meist wird dann

---

[52] Vgl. Zitat unter Punkt 2b).

(bei Benutzung) die Lautschrift als Schreibweise gewählt (vgl. z.B. BLS04, 44-46). Im Umgang mit Fachbegriffen sind die Antworten so vielfältig wie die Übersetzenden selbst. Eine Auswahl an (teilweise sehr ausführlichen Antworten) gibt uns einen Einblick in das Spektrum der Möglichkeiten. BLS02 hat eine differenzierte Meinung:

> „Wenn zum Beispiel ein Bibeltext einen Begriff wie ‚Sünde' erklärt oder der Begriff ‚Sünde' für ein Verstehen des Textes zwingend ist, dann muss eine Übertragung in Leichte Sprache darauf eingehen und solche Begriffe nutzen.
> Ein einfaches Voraussetzen der Kenntnis von theologischen Fachbegriffen bei den Leserinnen und Lesern und ein Verzicht auf um Verständlichkeit ringende neue sprachliche Ausdrucksformen ist eine verpasste Chance für Entdeckungen und eine Sprache, die ins Hier und Jetzt spricht." (BLS02, 82-87)

BLS03 macht theologische Argumente geltend:

> „Die Bibel ist für uns Christen der Weg, den lebendigen Gott in unserer Welt und in meinem Leben wahrzunehmen, zu erfahren usw. Die Theologie ist eher nur ein Handwerkszeug, damit wir das, was uns im Leben widerfährt, aus göttlicher Perspektive deuten zu lernen [sic!]: von einem Gott her zu sehen, der uns auf jeden Fall liebt. Wenn theologische Fachbegriffe ein Hilfsmittel sind, macht es Sinn diese einzuführen. Wenn sie aber nur in eine tote Dogmatik hineinführen, dann lassen wir sie weg. Fachbegriffe um der Theologie willen lassen wir weg. Fachbegriffe, um das Verstehen zu erleichtern, übernehmen wir." (BLS03, 95-100)

Sie führt noch weiter aus:

> „Nehmen wir mal das Wort ‚Sünde'. Z.B. in Mk 2, 1-12: ‚Deine Sünden sind Dir vergeben'. Es ist für alle Laien eine Versuchung, dieses Evangelium so zu verstehen, als ob Leid (hier die Lähmung) ein Hinweis für die persönliche Sünde des Mannes sind. Das bedeutet, dass jedes Kind, das mit einer Spastik geboren wird, gesündigt hat. Diese Schlussfolgerung wollen wir nicht aufkommen lassen. Gleichzeitig wollen wir auch nicht das Evangelium verflachen. Also übersetzen wir:
> ‚Darum sagte Jesus zu dem gelähmten Mann:
> Gott macht alles gut.
> Gott hat alles Böse gut gemacht.
> Einige Religions·gelehrte hörten zu.
> Die Religions·gelehrten dachten wütend:
> Jesus lügt.
> Jesus kann gar nicht wissen, ob Gott das Böse gut macht.
> So was darf Jesus gar nicht behaupten.'
> [...] Zuerst die Einführung: Gott macht alles gut. Dann die Detaillierung: Gott hat alles Böse gut gemacht. Darin ist die Sündenvergebung enthalten → Wenn Gott vergibt, macht er alles Böse wieder gut. Das ist seine vollständige Form von Vergebung. Die anschließende Heilung ist dann der Beweis, dass Gott wirklich alles gut macht – und gut gemacht hat.
> Also: Mal wieder Langer Rede kurzer Sinn: Das Erklären von Schlüsselbegriffen kann zu Theologismen führen, die in der Leichten Sprache nur verdunkeln, statt aufhellen. Darum nehmen wir die Inhalte auf, benutzen aber nicht unbedingt die Begriffe." (BLS03, 102-116)

Dies gilt für BLS03 auch für Hebraismen: „*Die Hebraismen übernehmen wir nicht, wohl aber deren inhaltliche Aussage.*" (BLS03, 155)[53]

BLS04 geht das Thema pragmatisch an. „*Die Begriffe werden in Begriffe der heutigen Zeit übersetzt und ersetzt oder erklärt. Die Jünger sind Schüler von Jesus. [...] Entscheidende Begriffe werden erhalten, z.B. Sabbat, und erklärt.*" (BLS04, 43-46) und gibt zwei Beispiele:

> „*Wir erklären den Begriff, wenn es notwendig ist für das Verstehen im Text und wenn es von der eigentlichen Aussage des Textes ablenkt am Ende des Textes.*
> *Beispiel:*
> *‚Selig sein bedeutet*
> *Ich bin glücklich, weil ich weiß Gott ist bei mir.'*
> *‚Sünde bedeutet*
> *Kein Vertrauen zu Gott haben*
> *Ohne Beziehung zu Gott leben*
> *Sich selbst wichtiger nehmen als Gott.*
> *Sünder wissen was Gott will,*
> *aber tun nicht was Gott will.'*" (BLS04, 52-59)

BLS06 rät, sich bei der Entscheidung, ob ein Begriff eingeführt werden soll oder nicht, sich an folgenden Fragen zu orientieren: „*Ist der Begriff wichtig? Ist der Begriff bekannt? Was haben die Übersetzer [verschiedener deutscher Übersetzungen, BL] daraus gemacht? Trifft das den Inhalt/die Bedeutung des Begriffs?*" (BLS06, 28-29). Diese befragte Person weist zu Recht darauf hin, dass in den deutschen Übersetzungen, die häufig als Ausgangstext verwendet werden, auch schon Deutungsentscheidungen getroffen wurden (vgl. BLS06, 90). Darauf hatte auch schon BLS02 hingewiesen, die bei der Synopse verschiedener Bibelübersetzungen der zu übersetzenden Bibelstelle feststellt, dass die problematischen Textstellen dadurch schon sehr deutlich zu erkennen seien (vgl. BLS02, 56-59).

Auch die bereits besprochenen Techniken der ‚Rampe' und des ‚Exformierens' werden für die Verwendung und Erklärung empfohlen. Hinzu kommen Wörterbücher und spezielle Formen des Wörterbuchs in Online-Angeboten (Mouse-Over-Funktion), die bei schwierigen Begriffen ebenfalls Verwendung finden.

3. *Als besondere Herausforderung beim Übersetzen werden außerdem die Themen Lebensweltunterschiede, Brückenfunktion, Tradition und Widersprüche in Bibeltexten genannt.*

a) Lebensweltunterschiede

Die Lebensweltunterschiede sind für heutige Leser*innen unter Umständen schwer zu verstehen oder vorstellbar und an manchen Stellen auf den ersten

---

[53] Weitere Ausführungen vgl. Kap. 5.2.3.2

Blick gar nicht zu erkennen. Umso wichtiger sind Hinweise auf die Lebensumstände der Menschen in den biblischen Geschichten, wenn sie sich stark von den heutigen unterscheiden und sich diese Unterschiede entscheidend auf das Verständnis auswirken. Beispiele sind Verkehrsmittel, Hochzeitsbräuche, Essensregeln, die Arbeitswelt oder der Umgang mit Behinderungen. BLS01 macht immer wieder durch Meta-Texte klar, von welcher Lebenswelt gerade gesprochen wird (vgl. BLS01, 61-62). BLS02 legt Wert darauf, dass entscheidende Lebensweltumstände verständlich erklärt werden (vgl. BLS02, 118-119). BLS03 weist auf folgenden Umstand hin: *„Der Unterschied [der Lebenswelten; BL] bezieht sich in der Regel auf Dinge, weniger auf das Wesen oder die Heilssehnsucht der Menschen. Darum ist es nicht ganz so dramatisch. Begriffe wie Tempel oder Synagoge erklären wir, wenn es nötig ist."* (BLS03, 120-122). BLS04 erklärt Lebensweltunterschiede durch Metatexte, z.B. zu Mt 25:

> *„Damals wurde eine Hochzeit so gefeiert.*
> *Mann und Frau heiraten.*
> *Der Bräutigam führt seine Braut in sein Haus.*
> *Ein Fest-Zug mit Fackeln begleitet den Weg in das Haus.*
> *In dem Haus von dem Bräutigam ist die Hochzeits-Feier."* (BLS04, 65-67)

BLS05 und BLS07 erklären die Lebensweltunterschiede nur dann und nur insoweit sie für die zentrale Aussage der Geschichte notwendig zu wissen sind (vgl. BLS05, 43 und BLS07, 55-56). BLS06 spricht sich dafür aus, die Lebensweltunterschiede im Anwendungszusammenhang anschaulich deutlich zu machen, z.B. durch Landkarten, Bilder oder anderes Anschauungsmaterial. Bei gedruckten Texten bieten auch die entsprechenden zum Text produzierten Bilder eine Möglichkeit, Unterschiede oder bestimmte Aspekte deutlich zu machen (vgl. BLS06, 107-108).

b) *Brückenfunktion und Tradition*

Die Brückenfunktion besagt u.a., dass ein bekannter Ausgangstext auch in der Leichte-Sprache-Version wiedererkannt werden kann (und je nach Sozialisation auch umgekehrt). Dies betrifft z.B. bekannte Psalmen wie Psalm 23, das Vater Unser (Mt 6,9-13) oder die Einsetzungsworte beim Abendmahl (z.B. 1 Kor 11,23-25). Diese Problematik nimmt auch immer Bezug auf den Wert bzw. die Bedeutung der Tradition v.a. in der Liturgie.

Die Befragten zeigen hier unterschiedlichen Umgang mit der Thematik: Eine befragte Person lässt zentrale Wendungen stehen, damit der Text wiedererkannt wird. Sie gibt ein Beispiel aus Psalm 23:

> *„Der Herr ist mein Hirte.*
> *Ich habe alles, was ich brauche.*

*Darum geht es mir gut."*⁵⁴

Bei sehr traditionellen Texten wie dem Vater Unser oder der Geburtsgeschichte Jesu passt BLS01 nur die Formatierung an die Regeln der Leichte Sprache an. Bei diesen Texten setzt sie auf Gespräche rund um den Verwendungszusammenhang, um mehr Verständlichkeit zu erzielen (vgl. BLS01, 78-82). Konträr dazu setzt BLS02 gerade bei sehr traditionellen Texten auf den Gewinn durch die Verständlichkeit:

> *„Wenn wir den Auftrag ‚Barrierefreie Kommunikation' ernst nehmen und auch einen selbstbestimmten Zugang möglichst vieler Menschen fördern wollen, dann ist auch die Übertragung sehr tradierter Texte wichtig, z.B. der Weihnachtsgeschichte. Vielleicht helfen gerade die Fassungen in Leichter Sprache dann neuen Leserinnen und Lesern inhaltlich zu erkennen, warum die Texte so wichtig sind oder welche Kraft in ihnen liegt."* (BLS02, 146-150)

BLS02 betont zwar einerseits den Wert der Anschlussfähigkeit von Bibeltexten in Leichter Sprache an den Ausgangstext, sieht aber andererseits auch große Chancen im Neu-Lesen von bekannten Texten. Für BLS02 bleibt die Lesbarkeit ein wichtiges Kriterium (vgl. BLS02, 133-137). BLS02 betont als Ideal: *„Übertragene Texte können für sich stehen, sie brauchen keine Brücken."* (BLS02, 138). BLS03 ist der Meinung, dass Texte im Rahmen der Liturgie nicht verändert werden sollten, sondern nur, wenn sie im Rahmen einer Lesung im Gottesdienst als Bibeltext vorkommen (vgl. BLS03, 158-164). Der Brückenfunktion misst BLS03 für die primäre Zielgruppe keine große Bedeutung zu, eher für die sekundäre Zielgruppe der Multiplikator*innen (vgl. BLS03, 136-141). Gerade bei der Geburtsgeschichte Jesu spricht sich BLS03 für eine genaue Übersetzung aus dem jeweiligen Evangelium und ausdrücklich gegen eine Evangelienharmonie aus (vgl. BLS03, 161-164).

BLS04 wiederum legt großen Wert auf den Wiedererkennungseffekt. Dazu werden einleitende Sätze oder die Überschrift benutzt. Im Verwendungszusammenhang Gottesdienst sollten immer beide Textversionen (Ausgangstext und Text in Leichter Sprache) vorgelesen werden (vgl. BLS04, 71-74). Traditionelle Texte aus der Liturgie werden von BLS04 nicht übersetzt. Erklärende Texte können zusätzlich verwendet werden, wenn es in den Verwendungszusammenhang passt (BLS04, 80-81). Auch BLS05 ist wie BLS04 der Meinung, dass einleitende Sätze hilfreich sind, um einen Wiedererkennungseffekt zu erzielen (vgl. BLS05, 47). Sie sieht diese Aufgabe aber auch als Möglichkeit für die Gottesdienstgestaltung und nicht so sehr in der Übersetzung (vgl. BLS05, 47-48). Traditionelle Texte spielen nach Meinung von BLS05 nur eine Rolle für kirchlich oder religiös sozialisierte Menschen. Da Bibeltexte in Leichter Sprache aber gerade auch für Menschen ohne kirchliche Vorbildung geschrieben werden, ist der Tradition nicht so viel Bedeutung zuzumessen (vgl. BLS05, 55-59). BLS05 rät davon ab, aus Respekt vor der Tradition auf eine Übersetzung zu verzichten. Für sie gilt *„alles*

---

54 Der Code wird nicht bekannt gegeben, da Psalm 23 unter Namensnennung der Verfasserin in Kapitel 8 im Perikopenvergleich behandelt wird.

oder nichts" (BLS05, 55). BLS06 setzt wie einige andere auf die Brückenfunktion. Sie vertraut darauf, dass *„viele [...] schonmal irgendwas gehört [haben]"* (BLS06, 117). Die Verknüpfung zum Bekannten müsse möglich sein (vgl. BLS06, 116). BLS06 weist auf den Umstand hin, dass bekannte Texte als leicht empfunden werden, auch wenn sie es nicht sind. Deshalb befürwortet sie die Übersetzung aller Texte, v.a. wenn es dazu führe, über die alten Texte der Tradition wieder ins Gespräch zu kommen (vgl. BLS06, 119 und 134-135). BLS06 betont den Wert der traditionellen Texte für die Zielgruppe Menschen mit Demenz oder für Momente, wo die eigenen Worte fehlen, z.B. in einer Krisensituation (vgl. BLS06, 138-139). BLS07 ist der Meinung, dass Menschen mit einer traditionellen biblischen Sozialisation eher seltener zu Bibeltexten in Leichter Sprache greifen. Bibeltexte in Leichter Sprache richteten sich v.a. an Menschen, die sich diese Texte erstmals selbständig erschließen wollten und sollten daher alle in einer verständlichen Version zur Verfügung stehen (vgl. BLS07, 60-63). Um der Tradition gerecht zu werden, genügt nach BLS07 ein Hinweis auf die gleichberechtigte Existenz mehrerer Übersetzungen (vgl. BLS07, 71-73).

c) *Widersprüche innerhalb der Bibel*

Die Bibel ist voll von Widersprüchen. Es gibt oft mehrere Versionen derselben Geschichte, die inhaltlich nicht oder nicht in allen Punkten übereinstimmen. Auch dies ist ohne Hintergrundwissen schwer zu verstehen. In den Übersetzendengruppen gibt es verschiedene Notwendigkeiten und verschiedene Ansätze, sich mit diesem Problem auseinanderzusetzen.

BLS01 und BLS02 haben bisher nur einzelne Perikopen übersetzt und noch keine Diskrepanzen bei ihren eigenen Übersetzungen erlebt (vgl. BLS01, 71-72 und BLS02, 141-143). Dies ist auch die Sichtweise von BLS05, die erst bei einer Gesamtausgabe der Bibel in Leichter Sprache dieses Problem für relevant hält. Für eine Gesamtausgabe wären erklärende Metatexte dann die präferierte Lösung (vgl. BLS05, 51-52). BLS03 spricht sich dafür aus, die Widersprüche stehen zu lassen und dann im Verwendungszusammenhang, z.B. in der Katechese, bewusst das Gespräch zu suchen (vgl. BLS03, 146-147). BLS04 sieht die Aufgabe, sich mit den Widersprüchen auseinander zu setzen, nicht bei den Übersetzenden, sondern bei denen, die den Text auslegen (vgl. BLS04, 77). BLS06 weist darauf hin, dass die Widersprüchlichkeiten der Bibel kein Problem der Leichten Sprache, sondern das Problem aller Bibelübersetzungen sind (vgl. BLS06, 123.128): *„Immer, wenn man von Gott redet, trifft man Entscheidungen, was wie gedeutet wird, und damit trifft man Entscheidungen FÜR den Hörer."* (BLS06, 127-128). BLS07 führt die Widersprüche in Evangeliumstexten auf die verschiedenen Adressaten der Evangelien zurück. Sie empfiehlt zum besseren Verständnis einleitende Worte zu Beginn des Textes bzw. des Evangeliums mit dem Hinweis auf die unterschiedlichen Sichtweisen (vgl. BLS07, 66-68).

5.2.3.2 Explikation

Zur Explikation bieten sich mehrere Begriffe aus den Interviews an. Die Begriffe ‚Theologismus' und ‚Hebraismus' kommen aus dem Bereich der Fach- und Fremdwörter sowie der sprachlichen Eigenheiten des Ausgangstextes. Die Begriffe ‚heilig' sowie ‚Geheimnis(voll)' und ‚Unverfügbar(keit)' weisen auf eine Besonderheit religiöser Texte hin und sind zusammen mit dem Begriff der ‚Heilssehnsucht' dem Themenfeld Spiritualität zuzuordnen. BLS06 bringt schließlich noch den neuen Begriff der ‚Leichten Exegese' ins Spiel (BLS06, 97).

Theologismus

Theologismus wird im Plural von der befragten Person BLS03 folgendermaßen genutzt:

> „Das Erklären von Schlüsselbegriffen kann zu Theologismen führen, die in der Leichten Sprache nur verdunkeln, statt aufzuhellen. Darum nehmen wir die Inhalte auf, benutzen aber nicht unbedingt die Begriffe." (BLS03, 114-116)

Das Wort Theologismus ist kein offizielles deutsches Wort. Es findet sich in keinem Wörterbuch oder Nachschlagewerk der deutschen Sprache. Es ist anzunehmen, dass die Person BLS03 den Begriff vom englischen Wort ‚theologism' abgeleitet hat.

Theologism bedeutet laut Online-Dictionary Merriem Webster:

> „Definition of theologism
> 1 : theological speculation
> 2 : the act or process of subsuming other disciplines under theology : excessive extension of theological presuppositions or authority"[55]

Aus dem Verwendungszusammenhang des Begriffs im Interview ist davon auszugehen, dass BLS03 die erste Bedeutungsvariante zugrunde gelegt hat. Ihrer Meinung nach kommt es durch die Einführung und Verwendung von Schlüsselbegriffen zu unklaren Wortbedeutungen („theological speculations"), die in Leichter Sprache fehl am Platz sind. Aus Sicht von BLS03 ist es wichtiger, die Inhalte klar zu transportieren, als den Fachbegriff oder das Schlüsselwort einzuführen und in Kauf zu nehmen, dass der*die Lesende die Bedeutung nicht korrekt verinnerlicht und es dadurch zu den besagten ‚theologischen Spekulationen' kommt (vgl. BLS03, 114-116). Mit dieser Haltung folgt BLS03 den Regeln der Leichten Sprache, die davon ausgehen, dass ungeübten Lesenden oder kognitiv eingeschränkten Menschen nur in geringem Maße möglich ist, sich an einmalige Erklärungen oder Erläuterungen nach mehreren Textabsätzen oder in einem anderen Kapitel zu erinnern. Dies ist ein Grund, warum die Regeln von Leichter Sprache generell den Verzicht auf Fremd- und Fachworte empfehlen oder bei

---

[55] MERRIAM WEBSTER DICTIONARY, Theologism.

deren Unverzichtbarkeit die Bedeutung mehrmals zu wiederholen, damit das Behalten erleichtert wird.⁵⁶

Hebraismus

Diese Explikation bezieht sich auf folgende Aussage: *„Die Hebraismen übernehmen wir nicht, wohl aber deren inhaltliche Aussage."* (BLS03, 155).

Hebraismus ist laut Duden eine *„charakteristische sprachliche Erscheinung des Hebräischen in einer anderen Sprache, besonders im Griechischen des Neuen Testaments."*⁵⁷ Auf der Internetseite der Plattform Offene Bibel lautet die Definition: *„Ein ‚Hebraismus' ist ein Wort oder ein anderer sprachlicher Ausdruck, der als Entlehnung aus der hebräischen Sprache in eine andere Sprache entnommen wurde, z.B. als Fremd- oder Lehnwort."*⁵⁸ Nach Ulla Fix sind Hebraismen grammatische oder syntaktische Eigenheiten des Hebräischen, wie z.B. Verstärkungen durch Dopplungen, die auch in anderen Sprachen beibehalten werden können.⁵⁹ BLS03 hat noch ein weitergehendes Verständnis des Begriffs. Sie beschreibt Hebraismen als sprachliche Besonderheiten im Hebräischen wie z.B. die *„für die Zeit Jesu übliche Übertreibung, um etwas deutlich zu machen"* (BLS03, 148-149) und bringt als Beispiel Mk 9,42: *„Wenn dich deine Hand zum Bösen reizt, hau sie ab… wenn dich dein Auge zur Sünde reizt, reiß es aus. Es ist besser für dich, mit nur einem Auge in den Himmel zu gelangen, als mit beiden Augen in die Hölle."* (zit. nach BLS03, 149-151). In Leichter Sprache heißt dieser Vers bei BLS03 dann:

> *„Und ihr sollt selber keine bösen Sachen machen.*
> *Ihr sollt mit den Füßen nichts Böses machen.*
> *Und mit den Händen nichts Böses machen.*
> *Und mit den Augen nichts Böses machen.*
> *Wenn einer Böses macht, der ist weit weg von Gott."* (BLS03, 152-154)

Es wird die Rede weniger drastisch und die Aussage auf das Wesentliche, die Aufforderung, nichts Böses zu tun, reduziert.

Begriffe mit Bezug zum Themenbereich Spiritualität

a) Heilig und unbegreiflich

Heilig

BLS03 formuliert im Fragebogen:

---

[56] Vgl. BREDEL, URSULA; MAAß, CHRISTIANE, Duden Leichte Sprache, 134.
[57] DUDENREDAKTION, Stichwort Hebraismus.
[58] OFFENE BIBEL E.V., Stichwort Hebraismus.
[59] Vgl. FIX, ULLA, „Schwere" Texte in „Leichter Sprache", 178.

> „[...] Bibeltexte [sind] ‚Geist und Leben' - wie Jesus sagt. Sie sind in sich eine andere Gattung. In der Tat stehen wir dem ‚Heiligen', das durch das Wort Gottes vermittelt wird, ehrfürchtig gegenüber und versuchen, ohne Eigenwilligkeiten diesem Heiligen zu dienen." (BLS03, 54-56)

Von der Wortbedeutung her stammt heilig vom germanischen Adjektiv haila, was so viel wie ‚einzig' bzw. ‚eigen' auch im Sinnen von ‚sein eigen' bedeutet. Sehr schnell wurde das Wort in religiösen Zusammenhängen benutzt und bedeutete dort ‚der Gottheit zu eigen'.[60]

Phänomenologisch wird heilig immer in Bezug mit einer religiösen Erfahrung, in der Begegnung mit dem Göttlichen gebraucht. Rudolf Otto bezeichnet das Heilige in seinem gleichnamigen Buch (erstmals 1917) u.a. als *„Moment des Mysterium, dem ganz Anderen"*,[61] ein Zusammenhang, der zu den hier folgenden Stichworten besonders passend erscheint. Auch die Weiterführung dieses Gedankens durch den Religionswissenschaftler Mircea Eliade in den 1940er und 1950er Jahren, der einerseits die Bedeutung des Anders-Seins für die Innenperspektive des Religiösen erkennt und andererseits deutlich macht, dass Heiligkeit äußerer Gegenstände, Riten oder Personen eine veränderliche kulturelle Konstruktion darstellt und sich sehr vielfältig äußert. Heilig(keit) ist damit sowohl ein Ordnungsprinzip als auch ein Begriff der Transzendenz.[62]

Heilig wird in vielen Fällen in Abgrenzung zum Begriff ‚profan' gebraucht und in seinen Bedeutungen auch fast immer dazu in Beziehung gesetzt. Dabei steht das Profane für das Weltliche, manchmal auch von Gott Ferne, und das Heilige für das nicht Weltliche, Andere, von Gott Ausgesonderte und Besondere, Verehrungswürdige, Unantastbare.[63] *„Das Heilige [wird] auch als das Nichtgreifbare und letztlich Authentische bezeichnet."*[64] Zum Heiligen als dem Unsagbaren äußern sich auch Bauer und Ettl vom Katholischen Bibelwerk: *„[...] biblische Texte sind religiöse Texte. Das heißt: Sie sprechen von etwas, wofür die ‚normale' Sprache eigentlich nicht ausreicht."*[65] Diese Problematik gilt allerdings für jede Bibelübersetzung, nicht nur für die in Leichter Sprache. So schreibt Stefan Alkier:

> *„Der [...] [zu übersetzende; BL] Text motiviert die notwendige Kreativität der Übersetzung und erzeugt im Aufeinandertreffen von Sagbarem und Unsagbarem die neue Übersetzung, der im besten Fall ihr Scheitern wie ihr Gelingen gleichermaßen eingeschrieben sind. Genau das ist der Grund, warum es nicht nur eine ‚richtige' Übersetzung, wohl aber mehrere treffliche und eben auch unzutreffende, den übersetzten Text verfehlende Übersetzungen gibt."*[66]

Der Philosoph Eberhard Tiefensee weitet das Problem noch mehr aus, indem er schreibt, dass sich religiöse Rede immer an der Grenze des Sagbaren befinde und die Sprache als solche sich im Reden über Gott endgültig überanstrenge. Diese

---

[60] Vgl. KLUGE, Etymologisches Wörterbuch, Berlin 1975.
[61] OTTO, RUDOLF, Das Heilige, 28.
[62] Vgl. VROOM, HENK M., Heilig und profan IV (RGG⁴), 1533f.
[63] Vgl. ebd.
[64] Ebd., 1533.
[65] BAUER, DIETER; ETTL, CLAUDIO, Frohe Botschaft - ganz leicht?!, 264.
[66] ALKIER, STEFAN, Über Treue und Freiheit, 67-68.

Unzulänglichkeit menschlicher Sprache gibt er zur Bescheidenheit mahnend und korrigierend zu bedenken.[67] Hier kann noch einmal die Aussage von BLS02 wiederholt werden:

> „Wird bei Leichter Sprache eigentlich das Unbegreifliche weg-erklärt? Die Arbeitsgruppe Leichte Sprache benennt in der Text-Übertragung das Geheimnisvolle in Demut so, dass es von Menschen mit Lernschwierigkeiten auch als Geheimnis erkannt wird. Das Andere und Unverfügbare bleibt präsent." (BLS02, 111-114)

Die Haltung zum Unbegreiflichen, zum Unsagbaren oder Heiligen, also zum Besonders-Sein von Bibeltexten äußert sich bei einigen Befragten neben der hier erwähnten Demut in Respekt und einer Selbstverpflichtung zur besonderen Genauigkeit (BLS02, 40 und BLS07, 27-28; BLS06, 27-29). Für Anne Gidion ist Leichte Sprache sogar besonders dazu geeignet, Einfachheit, Hörbarkeit, Klarheit und Demut der Texte zu steigern.[68] Einige Befragte haben Bibeltexten gegenüber nur wenig ‚heilige Scheu' und sehen keinen Unterschied zu anderen Ausgangstexten (vgl. BLS01, 27). Das o.g. Zitat von BLS02 leitet weiter zu den nächsten beiden Stichworten:

b) Geheimnis und Unverfügbarkeit

BLS02 betont, dass die Rezipient*innen von Bibeltexten in Leichter Sprache das Unbegreifliche „als Geheimnis" erkennen können sollen und Bibeltexte in Leichter Sprache das „Andere und Unverfügbare" präsent erhalten (BLS02, 113-114).

Das Geheimnis im Sinne von Mysterium ist ähnlich wie heilig ein religiös geprägter Begriff, der nicht nur das kirchlich-religiöse Leben, sondern auch Bibelübersetzungen in besonderem Maße betrifft. Im katholischen Verständnis hat das Geheimnis/Mysterium nach Martin Brüske zwei charakteristische Pole: Einerseits die Dialektik der Offenheit und Verborgenheit Gottes in seinem Offenbarungs- und Heilshandeln und andererseits die fortwährende Unbegreiflichkeit Gottes auch in seiner Offenbarung. Vor allem der zweite Pol wurde von Karl Rahner entscheidend vertieft. Das Geheimnis/Mysterium stehe für alles Geschehen, das das menschliche Verstehen übersteige und in irgendeiner Weise in Bezug zu Gott gesetzt werden könne. Es könne als Offenbarung Gottes verstanden werden, bleibe aber in sich undurchschaubar und unbegreiflich. Dieses Geheimnis/Mysterium sei unaufhebbar und gehöre zur spirituellen Erfahrung von Menschen.[69] So formuliert Carlo Maria Martini: „Die Kirche befriedigt nicht Erwartungen, sie feiert Geheimnisse."[70] Dies wird auch in der liturgischen Formel des ‚Geheimnis des Glaubens' in der Eucharistie deutlich.

Auf evangelischer Seite ist der Begriff des Geheimnisses/Mysteriums untrennbar mit Jesus Christus verbunden. Er ist gemäß Kol 2,2 selbst das Myste-

---

[67] Vgl. TIEFENSEE, EBERHARD, Reden über Gott, 130f.
[68] Vgl. GIDION, ANNE; MARTINSEN, RAUTE, Einleitung (Leicht gesagt), 17.
[69] Vgl. BRÜSKE, MARTIN, Mysterium I (RGG⁴), 1646f.
[70] MARTINI, CARLO MARIA, Die Kirche, 64.

rium Gottes, das Geheimnis des Weltgeschehens, durch ihn offenbaren sich erste Anzeichen und Eindrücke der neuen Schöpfung (Mt 13,11; Röm 16, 25f; 1 Kor 15,51). Eine Ausweitung auf kirchliche Handlungen ist aus evangelischer Sicht nicht zulässig.[71] Dieses Verständnis des Geheimnisses spricht auch Martin Nicol an, wenn er den evangelischen Gottesdienst als ‚Weg im Geheimnis' bezeichnet.[72]

Da unter den Befragten katholische und evangelische Beteiligte vertreten waren, können beide Interpretationen herangezogen werden, um den Begriff des Geheimnisses zu interpretieren. Wolfgang Vögele bringt die bisher genannten Begriffe aus dem Bereich der Spiritualität zusammen:

„Die Predigt und die Liturgie des Gottesdienstes mit ihren riskanten und gefährdeten Reden von dem Gott der Bibel arbeiten sich an diesen Grenzen ab, weil sie etwas sagen wollen, das der Wirklichkeit dieser Welt im Grunde nicht kommensurabel ist und über sie hinausgeht. Man könnte sogar sagen: Ohne dieses Moment des Inkommensurablen, Geheimnisvollen ist die Sprache des Glaubens gar nicht zu haben, weder in der Predigt noch im Gebet."[73]

Damit kommen wir zum Begriff der Unverfügbarkeit. Bereits im Kontexte-Kapitel zum Thema Bibelübersetzungen war dies Thema (Kap. 2.2.1). Günter Röhser plädiert für Kriterien für Bibelübersetzungen, weist aber zugleich darauf hin, dass das Wirken des Heiligen Geistes unverfügbar sei und auch *„unverfügbar bleibt, weil auch die beste Predigt und die beste Übersetzung das Verstehen nicht garantieren und schon gar nicht den Glauben erzwingen können."*[74]

Unverfügbarkeit steht in der Religionsphilosophie für *„ein prinzipielles Bewusstsein von Grenzen menschlicher Verfügungsgewalt, sowohl in theoretisch-epistemischer als auch in moralisch-praktischer Hinsicht in bezug [sic!] auf die Mit- und Umwelt."*[75] Paradoxerweise steht der Aussage der Unverfügbarkeit und darin implizierten Unmöglichkeit die existenztheologische Einsicht gegenüber, dass bei Gott alles möglich ist. Damit wird das Unverfügbare zumindest wieder in den Bereich des Möglichen gerückt und kann zum Verstehen des menschlichen In-der-Welt-Seins beitragen.[76]

Aus dogmatischer Sicht ist v.a. Rudolf Bultmann zu nennen, für den die Unverfügbarkeit Gottes vor allem darin besteht, dass Gott grundsätzlich nicht als Objekt (der Wissenschaft) zur Verfügung steht und damit auch nicht Objekt menschlichen Verhaltens sein kann. Die Unverfügbarkeit Gottes drückt seine maximale Freiheit und Unabhängigkeit von der Welt aus. Darin liegt auch die Freiheit, sich der Welt in gewisser Weise eben doch (in Jesu Menschwerdung) verfügbar zu machen.[77] Die Unverfügbarkeit Gottes bewirkt die Unverfügbarkeit

---

[71] Vgl. BIRMELÉ, ANDRÉ, Mysterium III (RGG⁴), 1650.
[72] Vgl. NICOL, MARTIN, Weg im Geheimnis, 9.
[73] VÖGELE, WOLFGANG, Leichte Sprache – Schwerarbeit.
[74] RÖHSER, GÜNTER, Kriterien einer guten Bibelübersetzung, 21.
[75] ROSENAU, HARTMUT, Unverfügbarkeit I (RGG⁴), 811.
[76] Vgl. ebd., 811f.
[77] Vgl. BOSSE, KATRIN, Unverfügbarkeit II (RGG⁴), 812.

des Menschen und seiner Würde, wie bereits in Kapitel 3.1.1 und 3.1.3 im Rahmen der Teilhabe am Evangelium ausgeführt. Im Zusammenhang mit dem Begriff des Geheimnisses schreibt Mirjam Schambeck:

> „[...] [Biblisches Lernen ist] von der Unverfügbarkeit des Geheimnisses des Menschen und des Geheimnisses Gottes umspannt [...]. Dass das biblische Wort zum Lebenswort wird, ist Geschenk, theologisch gesprochen: Gnade, die erst dort zur Fülle kommt, wo sie vom Menschen in Freiheit angenommen wird."[78]

Auch wenn Schambeck nicht direkt von Bibeltexten in Leichter Sprache spricht, schließt sich hier der Kreis zum Themenfeld ‚Selbstbestimmung' als Dimension der Teilhabe am Evangelium (vgl. Kap. 3.1.2).

Es kann hieraus im Grunde ein ‚Recht auf Geheimnis' formuliert werden, das auch für die Übersetzenden von Bibeltexten in Leichter Sprache gilt und den Zwang nimmt, alles bis ins letzte zu (er-)klären und zu verstehen.[79]

c) Heilssehnsucht

BLS03 erwähnt den Begriff der Heilssehnsucht im Zusammenhang mit der Überbrückung der Lebensweltunterschiede der biblischen Welt und der westlichen Welt heute: „Der Unterschied [der Lebenswelten; BL] bezieht sich in der Regel auf Dinge, weniger auf das Wesen und die Heilssehnsucht der Menschen." (BLS03, 120-121). Heilssehnsucht ist ein zusammengesetztes Wort aus den Worten Heil und Sehnsucht. Das Wort Heil ist eine mögliche Übersetzung des griechischen Wortes soteria und bezeichnet ganz allgemein ein erfülltes, beglückendes und ewiges Leben.[80] Im christlichen Sinne bedeutet Heil „die liebende und rettende Zuwendung Gottes in Jesus Christus zum Menschen und der Welt, durch die Tod und Unheil überwunden und Leben in unverbrüchlicher Gemeinschaft mit Gott geschenkt wird."[81]

Durch die Zeiten wurde der Begriff des Heils im christlichen Kontext immer wieder mit anderen Schwerpunkten belegt: Der Deutungshorizont der *Erlösung* sieht Heil als „*Befreiung von der Macht der Sünde und des Todes als Voraussetzung für ein neues Leben und Handeln im Dienst der Gerechtigkeit*"[82] (vgl. Röm 6, 1-23). Der Akzent der *Versöhnung* betont die „*Überwindung der Entzweiung zwischen Gott und der Welt*"[83] (2 Kor 5,19), die dazu führt, dass die Menschen in Gemeinschaft mit Gott gottgemäß leben. Als *Rechtfertigung* verstanden befreit das Heil vom Zwang der Selbstrechtfertigung durch gute Taten und führt zum Handeln aus Nächstenliebe um des Nächsten willen. Mit dem Fokus auf das *Kommen des Reiches Got-*

---

[78] SCHAMBECK, MIRJAM, Bibeltheologische Didaktik, 439.
[79] Vgl. GIDION, ANNE; MARTINSEN, RAUTE, Einleitung (Leicht gesagt), 12.
[80] Vgl. ZEHNER, JOACHIM, Heil III (RGG⁴), 1524.
[81] Ebd.
[82] FISCHER, JOHANNES, Heil IV (RGG⁴), 1526.
[83] Ebd.

tes bereitet das Heil die Menschen auf die himmlische Zukunft vor und führt im Zuge dessen schon zu besseren und gerechteren irdischen Verhältnissen.[84]

Alle Theologien (z.B. Feministische Theologie, Befreiungstheologie oder Fundamentalistische Theologie) haben spezifische Vorstellungen von Heil und setzen damit bestimmte Schwerpunkte.[85] In Kombination mit dem Wort Sehnsucht, das u.a. bei Paul M. Zulehner,[86] Ariane Martin[87] und bei Fulbert Steffensky[88] einen zentralen Begriff der Spiritualität darstellt, wird ein existenzielles Grundgefühl in Form von Suchen und Hoffen aller Menschen nach Erlösung, nach einer ‚besseren Welt', nach etwas, das uns spätestens nach dem Tod verheißungsvoll in Aussicht gestellt wird und auf das viele Menschen ihr Leben in der Spannung zwischen dem ‚schon jetzt' und ‚noch nicht' ausrichten, formuliert. Die Zusammenhänge zwischen Heil und Heilung und die konkreten Vorstellungen des ‚Heils' im Reich Gottes sind – wie bereits in Kapitel 2.2.4.1 unter dem Stichwort dis/ability-sensibel beschrieben – besonders im Zusammenhang mit Menschen mit Beeinträchtigungen und Behinderungen vorsichtig zu formulieren. Die Ankündigung „Siehe, ich mache alles neu" (Offbg 21,5a) bezieht sich auf die gesamte Welt, sowohl auf das, was im Allgemeinen als nicht heil, defizitär, schlecht, abweichend und verbesserungswürdig angesehen wird, genauso wie das, was mit dem Begriff der Normalität oder als heil und gut bezeichnet wird. Johannes Fischer lässt seine Ausführungen im RGG⁴ mit Worten enden, denen besonders mit dem Blick auf Teilhabe am Evangelium nur zugestimmt werden kann:

> „Heil als Erlösung, Versöhnung und Rechtfertigung begründet die Gemeinschaftsfähigkeit und das sittliche Zusammenleben einzelner, und Heil als handlungsorientierendes Lebensziel kann nur die persönliche Teilhabe an der Bestimmung der gesamten Schöpfung sein."[89]

Zum Schluss ist noch ein weiteres, eher theologisch-methodisches Stichwort zu explizieren:

Leichte Exegese

BLS06 bringt den Begriff der Leichten Exegese ins Spiel: *„Die gesamte Exegese muss als ‚Leichte Exegese' zugänglich sein oder werden. Man muss über das Übersetzen hinaus weitere Hilfen anbieten."* (BLS06, 97-98). Das Wort Exegese kommt von dem griechischen Wort *ex-egesis* und bedeutet Ausführung, ausführliche Darlegung oder Deutung.[90] Mit diesem Begriff werden verschiedene Formen der (Text-)Kritik

---

[84] Vgl. ebd.
[85] Vgl. ZEHNER, JOACHIM, Heil III (RGG⁴), 1525.
[86] ZULEHNER, PAUL, GottesSehnsucht.
[87] MARTIN, ARIANE, Sehnsucht.
[88] STEFFENSKY, FULBERT, Schwarzbrot-Spiritualität.
[89] FISCHER, JOHANNES, Heil IV (RGG⁴), 1526.
[90] PEZZOLI-OLGIATI, DARIA, Exegese III (RGG⁴), 1778.

(z.B. historisch-kritisch) und die Auslegung (Bedeutung für die heutige Gegenwart) biblischer Texte durch Fachleute zusammengefasst. Dabei kommt es immer darauf an, dass sich die theologische Wissenschaft und die Anwendungszusammenhänge der praktischen Theologie gegenseitig zum Erkenntnisgewinn verhelfen.[91] Leichte Exegese ist analog zur Leichten Sprache als leicht verständliche Exegese zu verstehen. Als Fachbegriff im Diskurs zu Bibeltexten in Leichter Sprache hat sich der Begriff bisher nicht weiter durchgesetzt.[92]

5.2.3.3 Fazit

Die Herausforderung der Deutungsvielfalt bringt mehrere Aspekte mit sich, von denen drei besonders stark zum Ausdruck kommen. Alle Übersetzenden halten theologisches Hintergrundwissen für unabdingbar. Die Problematik der Deutungsvielfalt wird eher als positive Herausforderung denn als Problem angesehen. Dabei machen alle Befragten einen sehr reflektierten und problembewussten Eindruck. Alle sind sich der Herausforderung der besonderen Textsorte Bibeltext bewusst. Einige nehmen die gebotene Sorgfalt allerdings als professionelle Übersetzer*innen für alle von ihnen übersetzen Texte (auch aus nicht-biblischen Zusammenhängen) in Anspruch. Das Dilemma zwischen der Deutungsvielfalt bei Bibelübersetzungen und der regelgebotenen Klarheit und Eindeutigkeit Leichter Sprache kann keine der befragten Personen auflösen. Die beschriebenen kreativen, vielfältigen und in den meisten Fällen auf die Zielgruppe oder den Verwendungszusammenhang bezogenen Lösungsansätze geben ein anschauliches Bild über die Möglichkeiten von Bibeltexten in Leichter Sprache. Alle Befragten verorten sich auf ihre Weise im Feld der Angemessenheiten. Das Hauptaugenmerk liegt weiterhin auf der Verpflichtung gegenüber der Zielgruppe, aber im Bereich der Deutung auch besonders gegenüber dem Text. Aber

---

[91] Vgl. MEYER-BLANCK, MICHAEL, Exegese VI (RGG⁴), 1794ff.

[92] Im November 2018 fand in Münster eine Tagung mit dem Titel „Die Bibel leichter verstehen" statt, bei der Thomas Söding einen Vortrag über Leichte Exegese hielt, der im Tagungsflyer folgendermaßen angekündigt wurde: *„Auch wenn man die Bibel in Leichte Sprache übersetzt, versteht man oft nicht, was das ‚frohe Botschaft' des Textes ist. Wenn es um die Bibel geht, sind viele Menschen unsicher. Verstehe ich die Texte der Bibel richtig? Habe ich genug Wissen für die Bibel? In der Theologie gibt es das Fachgebiet der Exegese oder Bibelauslegung. Dabei geht es um das Verstehen der Bibel. Wie kann die Exegese Menschen dabei helfen, die Bibel besser zu verstehen?"* (AKADEMIE FRANZ-HITZE-HAUS, Die Bibel leichter verstehen, 2). Der Vortrag selbst ist zwar in einfacher Sprache geschrieben, bietet aber keine Antwort auf die im Flyer gestellten Fragen, sondern eine Zusammenfassung der Bibel und einige grundsätzliche Glaubensaussagen (Vgl. SÖDING, THOMAS, Die Bibel leichter verstehen). Damit bleibt offen, wie Leichte Exegese aus der Sicht von Söding gestaltet werden kann. Leichte Exegese kommt darüber hinaus (wenn auch nicht unter diesem Begriff) in den Bibelarbeiten des Deutschen Evangelischen Kirchentags in Leichter Sprache vor (Vgl. exemplarisch: LORENZ, NILS; WILL-ARMSTRONG, JOHANNA, Bibelarbeit zu Lukas 19). Der Themenbereich bleibt demnach ein Forschungsdesiderat.

auch die anderen Angemessenheitsfaktoren (Auftraggeber*in/Autor*in, Intention und Situation) spielen eine Rolle.

5.2.4 Übergreifende/Weiterführende Themen

Zwei Themenbereiche, nach denen nicht ausdrücklich gefragt wurde, werden von den Befragten immer wieder v.a. im Zusammenhang mit dem Thema Deutungsvielfalt ins Spiel gebracht: Zum einen die Intention von Bibeltexten in Leichter Sprache, einen Dialog zu eröffnen und kein abgeschlossener, ‚fertiger' Text, sondern im Prozess zu sein, und zum anderen die Bedeutung von Bibeltexten in Leichter Sprache für die sekundäre Zielgruppe der Multiplikator*innen. Diesen beiden Themenkomplexen soll daher noch Raum gewährt werden.

5.2.4.1 Dialog

Das Thema Dialog ist in dieser Arbeit bereits an mehreren Stellen sichtbar geworden. In Kapitel 2.1.1 Sprache als wesentlicher Faktor des Menschseins wurde der Mensch als Beziehungswesen beschrieben, das mit seinen Mitmenschen und der Umwelt im Austausch und im Dialog steht. In Kapitel 2.2.2 Kommunikation des Evangeliums wurde die Bedeutung des Dialogs als Teil der Verkündigung entfaltet. Hier wurden die verschiedenen Dimensionen des Dialogs im Rahmen der Kommunikation des Evangeliums eröffnet: Von Mensch zu Mensch, zwischen Mensch und (Bibel-)Text und zwischen Mensch und Gott. Eine wichtige Rolle spielt der Dialog im Bezugsfeld Elementarisierung (Kap. 2.2.3), wo die Anerkennung jedes Menschen in seiner Dialogfähigkeit beschrieben wurde. Nur in einem wertschätzenden und ernstnehmenden Miteinander kann ein solcher Dialog als Teil der Verständigung über Glaubens- und Lebensfragen gelingen und zu einer Horizonterweiterung auf allen Seiten führen. Dies wurde in Kapitel 2.2.4.3 an exemplarischen Beispielen für Vorläufer von Bibeltexten in Leichter Sprache noch einmal vertieft. Dialog gilt auch hier als maßgeblich für bibeldidaktisches Tun. Im Kapitel 3 (Teilhabe am Evangelium) taucht der Dialog erneut als Querschnittsbegriff auf. Er spielt an mehreren Stellen eine entscheidende Rolle: In Fragen der Selbstbestimmung und Sprachfähigkeit genauso wie im Bereich der Gemeinschaft und der Teilgabe. Im Zusammenhang mit Bibeltexten in Leichter Sprache kommt dem Dialog dabei eine besondere Bedeutung zu (vgl. Kap. 3.2). Die Bedeutung des Dialogs wird auch von den Antworten in den Expert*innen-Interviews bestätigt. Dabei lassen sich vor allem drei Antwortrichtungen erkennen.

1. **Bibeltexte in Leichter Sprache sollten nie für sich allein stehen, sondern sind immer Aufforderung zum Gespräch im Verwendungszusammenhang mit der Zielgruppe oder auch im fachlichen Diskurs.**

BLS02 schreibt: *„Von diesen [neu formulierten Texten; BL] ausgehend sind Menschen mit unterschiedlichen Verstehensmöglichkeiten oder Lesekompetenzen eingeladen, zusammen über die Texte und ihren Glauben zu sprechen und Hoffnung zu teilen."* (BLS02, 97-99). BLS03 sieht eine besondere Chance im Verwendungszusammenhang der Katechese: *„Wir verweisen im Kommentar darauf, dass in der Katechese offene Fragen und Deutungen angesprochen werden sollten."* (BLS03, 79-80) BLS03 sieht besonders in Widersprüchlichkeiten eine Chance: *„Sie bieten eine Möglichkeit, in der Katechese in die Tiefe zu gehen. Sie helfen, Fragen zu formulieren."* (BLS03, 146-147). BLS04 schreibt: *„Wir haben sehr positive Erfahrungen mit den Texten im Austausch mit Menschen mit Behinderungen gemacht."* (BLS04, 89-90) Dadurch komme es zu mehr Beteiligung z.B. bei der Gestaltung von Gottesdiensten (vgl. BLS04, 90-91). BLS06 sieht in Leichte Sprache-Texten eine besondere Chance, die Bibel überhaupt wieder ins Gespräch zu bringen: *„Wenn es dazu führt, dass die Menschen sich Gedanken machen und wieder anfangen, über die alten Texte zu reden, hat man sein Ziel erreicht."* (BLS06, 134-135)

2. **Bibeltexte in Leichter Sprache entstehen durch Dialog – zwischen den Übersetzenden und vor allem auch mit der Prüfgruppe. Dieser Prozess wird als besonders wertvoll eingestuft.**

Die meisten Hinweise ergeben sich in dieser Frage einerseits aus den Fragebögen und andererseits aus den Schilderungen der Übersetzungsprozesse. In fast allen Übersetzendengruppen entsteht Dialog bereits während des Übersetzens, entweder im Übersetzungsteam oder im Austausch mit theologischen Expert*innen, der manchmal als mühsam, aber immer als erkenntnisbringend beurteilt wird (vgl. die jeweiligen Unterkapitel zum Arbeitsprozess in Kap. 4). BLS07 schreibt dazu im Fragebogen: *„Der Austausch unter den Übersetzenden [...] kann [...] helfen, eine möglichst gute Übersetzung zu finden, bzw. diese immer wieder neu zu finden."* (BLS07, 38-39). Schwester M. Paulis Mels vom Katholischen Bibelwerk setzt bei jedem Text auf den Dialog mit den Prüfgruppen, um eine gute Übersetzung erstellen zu können.[93] Eine Möglichkeit, eine Übersetzungsentscheidung zu treffen, ist – wie sich aus den Interviews ergeben hat –, die Prüfgruppe zu fragen und bei attestierter Verständlichkeit ggfs. auch die Regeln zu ignorieren oder zu modifizieren. Dies wurde von allen aktiv mit Prüfgruppen arbeitenden Übersetzendengruppe bestätigt (vgl. v.a. Kap. 5.2.1.1 unter der Überschrift „Die Prüfgruppe entscheidet").

---

[93] Öffentlicher Teil der Interviews (Anhang C); Mels, 30-60, besonders 32-36.

3. **Bibeltexte in Leichter Sprache sind nie ‚fertig', sondern bleiben immer im Prozess. Jeder gedruckte Bibeltext in Leichter Sprache stellt nur ein vorläufiges Ergebnis dar.**

Die Zielrichtung, dass Bibeltexte in Leichter Sprache Beginn eines Dialogs sein sollen, impliziert, dass auch ein abgedruckter Bibeltext nur eine Zwischenstation in einem längeren Prozess darstellt. Auf diesen Umstand wurde im Kapitel 1.3.5 „Aktuelle Forschungsprojekte Leichte Sprache und Bibel" hingewiesen. Fuchs und Neumann schreiben:

> „Zielgruppen unterscheiden sich voneinander, und dementsprechend wird sich das Bemühen um eine verständliche Sprache kaum jemals als abgeschlossen betrachten lassen. Bibeltexte in Leichter Sprache zu formulieren bleibt ‚Work in Progress' [sic!]."[94]

Die Befragten bestätigten in den Expert*innen-Interviews diese Haltung. Anne Gidion schreibt: „*Ich finde den ÜbersetzungsPROZESS am Ergiebigsten.*"[95] Sie betont an anderer Stelle in einem Interview mit Birgit Mattausch den Umstand, dass eine Übersetzung in Leichte Sprache nie endgültig fertig sei und immer weiter entwickelt werde.[96] BLS07 meldet besonders für schwierige Textpassagen, z.B. bei vielen Verneinungen, einen längeren Bearbeitungszeitraum an (vgl. BLS07, 5).

Bibeltexte in Leichter Sprache stehen damit in einem permanenten Revisionsprozess, sofern sie nicht in vollständig abgeschlossenen Projekten entstanden sind. Das ist bei den von mir untersuchten Projekten nur beim Projekt der Lebenshilfe Bremen der Fall. Das Projekt „Leicht gesagt" ist zwar auch vorläufig abgeschlossen, nach Aussage von Anne Gidion wäre eine 2. Auflage des Buches in jedem Fall mit einer Revision und ggfs. Neuübersetzung verbunden.[97]

5.2.4.2 *Die Bedeutung von Leichter Sprache für Multiplikator*innen*

Die Zielgruppen Leichter Sprache werden in primäre und sekundäre Zielgruppen eingeteilt. Die primären Zielgruppen sind alle Menschen mit Lese- und Verständnisschwierigkeiten, die auf Texte in Leichter Sprache angewiesen sind, um sich Informationen und Wissen aneignen zu können. Sekundäre Zielgruppen sind all jene, die Leichte Sprache nutzen, obwohl sie schwierigere Texte lesen und verstehen könnten. Leichte Sprache gehört bei diesen Menschen in den meisten Fällen zum Arbeits- oder Forschungskontext, z.B. durch die Arbeit oder Forschung mit Menschen aus der primären Zielgruppe[98] (vgl. Kap. 1.1.3).

Im Kontext Bibeltexte in Leichter Sprache kommt besonders das korrigierende Moment zum Tragen, das bereits an verschiedenen Stellen dieser Arbeit

---

[94] FUCHS, MONIKA E.; NEUMANN, NILS, Bibeltexte in Leichter Sprache, 286.
[95] Öffentlicher Teil der Interviews (Anhang C); Gidion, 34.
[96] Vgl. MATTAUSCH, BIRGIT, „Nicht alles, was man nicht versteht, ist Poesie".
[97] Vgl. LAUENSTEIN, BRITTA ET AL., „Leicht gesagt" Korrekturversion, 11.
[98] Vgl. BREDEL, URSULA; MAAß, CHRISTIANE, Duden Leichte Sprache, 139.

beschrieben wurde. Besonders Anne Gidion verweist in mehreren Veröffentlichungen darauf, dass eine Übersetzung in Leichte Sprache immer dazu führt, die eigene Theologie zu hinterfragen und auf unreflektierte Floskeln hin zu untersuchen.[99] Die Befragten der Expert*innen-Interviews vertiefen den Aspekt des Nutzens für die Multiplikator*innen in zwei weitere Richtungen.

1. **Bibeltexte in Leichter Sprache regen dazu an, traditionelle Texte auf ihre Verständlichkeit zu überprüfen und nicht Vertrautheit und Verständlichkeit gleichzusetzen.**

BLS06 unterscheidet klar zwischen vertraut und verständlich und weist auf die subjektive Wahrnehmung hin, dass Bekanntes und z.B. durch die Tradition Überliefertes wie das Vater Unser gerade wegen der Vertrautheit ‚leicht' erscheinen. Die gelte für Texte und Lieder v.a. aus der Liturgie (vgl. BLS06, 143-151). Für Multiplikator*innen ist die Brückenfunktion daher von besonderem Wert (vgl. BLS03, 139-141).

2. **Bibeltexte in Leichter Sprache sollen im Anwendungszusammenhang einen Interpretationsspielraum offenlassen. Daraus erwächst eine spezifische Verantwortung, unter Umständen auch auf verschiedene Deutungsalternativen hinzuweisen.**

BLS03 weist auf die Nutzung der Bibeltexte in Leichter Sprache durch Multiplikator*innen hin und sieht besonders in ihnen die Zielgruppe für die den Texten beigefügten Erläuterungen (vgl. BLS03, 79-80), die dann wiederum beim Dialog mit der Zielgruppe über den Text hilfreich sein können. In diesem Zusammenhang weist Martin Merkens darauf hin, dass besonders für Multiplikator*innen eine Gesamtausgabe der Bibel in Leichter Sprache erstrebenswert wäre, um eine größere Textauswahl (Parallelstellen, andere Stellen zu einem Thema) zu haben.[100] Auch die Übersetzungsvielfalt in Leichter Sprache bietet besonders Mulitplikator*innen Nutzen.

Mit Bezug auf das vorhergehende Kapitel zum Thema Dialog ist festzustellen, dass der besondere Wert und Nutzen von Bibeltexten in Leichter Sprache auch für die Multiplikator*innen im Dialog liegt. Diese Bedeutung wurde auch schon in den Beiträgen aus der Praxis (vgl. Kap. 1.4) mit einer Vielzahl von Verwendungszusammenhängen von Bibeltexten in Leichter Sprache deutlich.

---

[99] Exemplarisch: Vgl. GIDION, ANNE; MARTINSEN, RAUTE, Einleitung (Leicht gesagt), 14.
[100] Vgl. Öffentlicher Teil der Interviews (Anhang C); Merkens, 33-34.

6. Außensichten: Kritik an Bibeltexten in Leichter Sprache

Beim Blick auf Bibeltexte in Leichter Sprache von außen gibt es nicht nur Begeisterung, sondern auch Kritik. Einige Kritikpunkte richten sich gegen allgemeine Übersetzungsaspekte, andere werden direkt oder besonders bei Bibeltexten angebracht.[1] Einen Überblick über den allgemeinen medialen Diskurs bietet Hajo Diekmannshenke.[2] Er kommt zu dem Fazit, dass die meisten Medien sachliche und um Konstruktivität bemühte Kritik an Leichter Sprache üben. Einige Kritiker äußerten sich abfällig, sie täten dies, ohne selbst Experten zu sein und arbeiteten damit populistischen Auffassungen zu, z.B. durch Lächerlichmachen einzelner Sätze oder das Heraufbeschwören von Sprachverfallsszenarien. Es gebe Parallelen zu Kritiken an der Rechtschreibreform. Auffällig sei die fehlende Sensibilität in der öffentlichen Diskussion. Ignoranz und Unwissenheit seien noch weit verbreitet.[3]

In diesem Kapitel werde ich mich auf die übersetzungsrelevanten v.a. negativen Kritikpunkte beschränken und sie unter der Leitfrage, welchen Ertrag die Kritik für die Betrachtung und Beurteilung von Bibeltexten in Leichter Sprache und in der Konsequenz daraus für den weiteren Übersetzungsprozess bringt, betrachten. Dazu werden in Kapitel 6.1 zunächst allgemeine negative Kritikpunkte an Texten in Leichter Sprache benannt und in Bezug auf Bibeltexte in Leichter Sprache ausgewertet. In Kapitel 6.2 werden einzelne Kritikpunkte aus der Perspektive der Kritik an kommunikativen Bibelübersetzungen beschrieben und auf ihre Relevanz für Bibeltexte in Leichter Sprache hin überprüft. In Kapitel 6.3 geht es dann um spezifische negative Kritik an Bibeltexten in Leichter Sprache, die entweder zusätzlich oder besonders verschärft benannt wird. In Kapitel 6.4 wird eine abschließende Bilanz für aktuelle und zukünftige Übersetzungsprozesse gezogen.

---

[1] Die Kritik ist auf Übersetzungsaspekte beschränkt, es gibt noch weitere Kritikpunkte an Leichter Sprache, die an dieser Stelle nicht berücksichtigt werden, z.B. Leichte Sprache als Stigma (vgl. dazu BREDEL, URSULA; MAAß, CHRISTIANE, Duden Leichte Sprache, 50-56).
[2] DIEKMANNSHENKE, HAJO, Der mediale Diskurs.
[3] Vgl. ebd., 125f.

6.1 Allgemeine Kritik an Leichter Sprache

6.1.1 Kritik an der Form von Leichter Sprache

Einige Kritiker setzen mit ihrer Kritik normativ wertend bei Form und Klang der Leichten Sprache an. So schreibt der evangelische Theologe Wolfgang Vögele:

> „Wer in Leichter Sprache formuliert, nimmt bewusst in Kauf, dass die gewählten Strategien der Vereinfachung von Sprache vieles verloren gehen lassen: bewusst vom Autor gesuchte Viel- oder Mehrdeutigkeit, vieles vom ästhetischen Gehalt, Schönheit, Satzmelodie, nicht zuletzt der individuelle Stil der Sprache. Gegenüber dem Gesichtspunkt der Verständlichkeit treten alle anderen Kriterien von Sprache zurück."[4]

Ebenso argumentiert der Philosoph und Germanist Konrad Paul Liessmann:

> „Dass in und mit Sprache gedacht und argumentiert, abgewogen und nuanciert, differenziert und artikuliert wird, dass es in einer Sprache so etwas wie Rhythmus, Stil, Schönheit und Komplexität als Sinn- und Bedeutungsträger gibt, wird schlicht unterschlagen oder als verzichtbares Privileg von Bildungseliten denunziert."[5]

Leichte Sprache wird als simpel und niveaulos oder auch als defizitäre Sprachform beschrieben, ebenso wird ein allgemeiner Sprachverfall beklagt.[6] Leichte Sprache wird also als Provokation wahrgenommen. Sie verstößt gegen die herrschenden Bildungs- und Sprachideale. Leichte Sprache entspricht durch ihren besonderen Schwerpunkt im Bereich Perzeptibilität und Verständlichkeit nicht den etablierten Normen und Konventionen von Sprache. Einige Eigenschaften der Leichten Sprache stören (wie in den Zitaten sichtbar) das Sprachgefühl der Menschen, die den Umgang mit Sprache gewohnt sind, z.B. in Bezug auf Reichtum der Register und Stile oder Vielfalt der Textsorten.[7]

> „Leichte Sprache wirkt darum (...) als Provokation, auf die sie mit Abwehr reagieren. Dies umso stärker, wenn sie als Vorschlag für eine neue standarddeutsche Norm missverstanden wird."[8]

Durch das Zusammenspiel bestimmter Vorurteile wird Leichte Sprache als Konkurrenz zur bisherigen Standardsprache wahrgenommen und mit Verachtung abgewehrt.[9]

Inhaltliche Gegenargumente zur Kritik an der Form findet man bei dem evangelischen Theologen Matthias Röhm, der schreibt:

---

[4] VÖGELE, WOLFGANG, Leichte Sprache – Schwerarbeit, 5.
[5] LIESSMANN, KONRAD PAUL, Schlechte Rechtschreibung.
[6] Vgl. BOCK, BETTINA M.; LANGE, DAISY, Was ist Leichte Sprache?, 70f.
[7] Vgl. BREDEL, URSULA; MAAß, CHRISTIANE, Duden Leichte Sprache, 45f.
[8] Ebd.
[9] Ebd.

„Das größte Missverständnis liegt in der Gleichsetzung von Leichter Sprache mit einfacher, an Niveau armer Sprache. [...] Ich wage zu behaupten, dass die wahre intellektuelle Leistung darin liegt, Dinge so zu sagen, dass alle Menschen sie verstehen können."[10]

Leichte Sprache klinge zu hart, meinen Walburga Fröhlich und Klaus Candussi. Wir seien es nicht gewohnt, die ungeschminkte Wahrheit zu hören. Die Botschaft werde auf die Appell-Ebene fokussiert und nicht durch die anderen Ebenen schonend verpackt.[11]

Auch wenn ein Großteil der Kritikpunkte aus dem Bereich der Vorurteile und der persönlichen Befindlichkeiten stammt, sind diese Beurteilungen ein wichtiger Faktor in der allgemeinen Wahrnehmung von Leichter Sprache. Das negative Image wirkt sich stark auf die allgemeine Akzeptanz von Leichter Sprache aus. Bibeltexte in Leichter Sprache müssen sich besonders bei traditionell verorteten Menschen genau dieser Kritik erwehren. Dass Leichte Sprache bei Bibeltexten die ‚schöne Sprache zerstöre', ist ein so oft genannter Einwand, dass dies in Kapitel 6.3.4 noch einmal ausführlich aufgenommen wird.

Insgesamt zeichnet diese Art von Kritik aus, dass Leichter Sprache ihr Wesenskern zum Vorwurf gemacht wird: Die maximale Vereinfachung. Diese Kritik hat zum größten Teil keinen konstruktiven Ansatz, sondern stellt Leichte Sprache generell in Frage. Sie ignoriert die (zumindest im begrenzten Maß) vorhandenen stilistischen und gestalterischen Möglichkeiten der Leichten Sprache. Durch ihre ablehnende Haltung zu Leichter Sprache generell nehmen die Kritiker im Umkehrschluss billigend in Kauf, dass ‚um schöner Sprache willen' Menschen prinzipiell aufgrund von zu schwieriger Sprache ausgeschlossen bleiben.

6.1.2 Kritik an den Regeln

Leichte Sprache geht auf ein Regelwerk zurück, das aus der Praxis heraus entstanden ist. Dies führt zu einer großen Praxis- und Anwendungsnähe, ruft aber auf verschiedenen Ebenen Kritik hervor, besonders aus den Reihen der Sprachwissenschaft. So bemängeln Bredel und Maaß, dass die Regeln von Leichter Sprache zum Erlernen von grammatisch falschem Deutsch führen. Dabei werden besonders Junktionen als Satzanfänge und alleinstehende Nebensätze kritisiert. Abhilfe könne geschaffen werden, indem z.B. Nebensätze auf andere Art und Weise vermieden würden. Auch die Bindestrich-Komposita werden in diesem Zusammenhang kritisiert.[12] Julia Kuhlmann und andere kritisieren, dass die Wirksamkeit der Regeln in Bezug auf die Verbesserung der Verständlichkeit noch nicht ausreichend erforscht sind. Es sei zu erwarten, dass einige Regeln

---

[10] Röhm, Matthias, Leichte Sprache als Herausforderung, 15.
[11] Vgl. Fröhlich, Walburga; Candussi, Klaus, Informationsbarrieren, 19.
[12] Vgl. Bredel, Ursula; Maaß, Christiane, Duden Leichte Sprache, 57.

Allgemeine Kritik an Leichter Sprache

überarbeitet werden müssten.[13] Eine Problematik liegt auch darin, dass es keine Gewichtung der Regeln gibt. Es ist aber nicht möglich, alle Regeln gleichberechtigt und mit der gleichen Konsequenz anzuwenden.[14] Insgesamt gibt es noch viele Forschungsdesiderate im Regelbereich, auf die alle genannten Autor*innen immer wieder hinweisen.[15]

Konflikte gibt es auch immer wieder zwischen dem Anspruch der leichten Lesbarkeit und der leichten Verständlichkeit. Verständlichkeit bezeichnet hierbei die Eigenschaft von Texten, der Vorgang des Verstehens liegt bei den Rezipient*innen. So vertritt Julia Kuhlmann die Meinung, dass Texte durch Leichte Sprache leichter verständlich sein sollen und nicht vorrangig leichter lesbar.[16] Dieser Meinung stehen die Aussagen anderer Autoren entgegen, die die Lesbarkeit in den Mittelpunkt stellen.[17] Die Bezeichnungen ‚Easy to Read', ‚Selkokieli' und ‚Lättläst' – alle drei bedeuten Leicht zu lesen – aus anderen Ländern weisen ebenfalls auf den Schwerpunkt der leichten Lesbarkeit hin. Es gilt jedoch zu beachten: Nicht alles, was leicht zu lesen ist, ist dadurch auch automatisch leicht verständlich. Verständlichkeit ist nicht textimmanent.[18] Verstehen bedeutet mehr als Leseverstehen. Bisher kann Leichte Sprache die verschiedenen Fähigkeitsstufen des Verstehens kaum berücksichtigen. Leichte Sprache ist durch die Regeln statisch angelegt. Dem hohen Lerneffekt kann dadurch keine Rechnung getragen werden.[19] Der Sprachwissenschaftler Andreas Baumert attestiert der Leichten Sprache in Anlehnung an Erhardt und Grüber

„grundsätzliche konzeptionelle Schwierigkeiten" [...]:
- *Leichte Sprache ist statisch, sie bietet Klienten keine Perspektive, wie es weitergeht; sie kann nicht auf eine wachsende Lesekompetenz reagieren.*
- *Sie ist ‚normativ' in dem Sinne, dass sie allen Klienten gleiche Verständnisschwierigkeiten unterstellt. Im Gegensatz dazu steht das ‚weite Spektrum kognitiver Einschränkungen'.*
- *Was geschieht mit denen, die einen Text in Leichter Sprache nicht verstehen?"*[20]

Es bleiben hinsichtlich der Regeln noch mehr Fragen offen:
- Wer generiert die Standards?
- Wer darf Regeln gewichten?
- Wer darf die Regeln ändern?

---

[13] Vgl. KUHLMANN, JULIA, Ein sprachwissenschaftlicher Blick, 90ff; SCHÄDLER, JOHANNES; REICHSTEIN, MARTIN F., „Leichte Sprache" und Inklusion, 45ff; EBERT, HELMUT, Leichte Sprache, 123; BOCK, BETTINA M.; LANGE, DAISY, Was ist Leichte Sprache?, 70ff; BOCK, BETTINA M., Barrierefreie Kommunikation, 121f.
[14] Vgl. KUHLMANN, JULIA, Ein sprachwissenschaftlicher Blick, 92.
[15] Vgl. ebd. alle Fußnoten auf dieser Seite.
[16] Vgl. KUHLMANN, JULIA, Ein sprachwissenschaftlicher Blick, 93.
[17] Vgl. WESSELS, CLAUDIA, So kann es jeder verstehen, 226ff.
[18] Vgl. KUHLMANN, JULIA, Ein sprachwissenschaftlicher Blick, 90f.
[19] Vgl. EBERT, HELMUT, Leichte Sprache, 123ff.
[20] BAUMERT, ANDREAS, Leichte Sprache – Einfache Sprache, 89.

– Wie kommen die wissenschaftlichen Erkenntnisse in der Praxis wirksam zum Tragen?

Diese Fragen können vom derzeitigen Forschungsstand nicht angemessen beantwortet werden.

Aus sprachphilosophischer Sicht lässt sich die Reduzierung der Leichten Sprache auf ihren Informationsaspekt kritisch anmerken. Fröhlich und Candussi beispielsweise stellen genau diesen Aspekt deutlich in den Vordergrund[21] und bleiben damit zu einseitig. Die Weitergabe von Informationen ist ein wichtiger Aspekt, je nach Textinhalt, z.B. bei Bibeltexten, kann dieser Aspekt deutlich in den Hintergrund treten.

Insgesamt lässt sich sagen, dass die in der Praxis entstandenen Regeln nach ihrer (teilweisen) Erforschung durch die Wissenschaft der Überarbeitung bedürfen. Grammatische Korrektheit, die tatsächliche Auswirkung der Regeln auf die Verständlichkeit, die Gewichtung der einzelnen Regeln (auch in Bezug auf die Textsorte) und die unterschiedlichen Intentionen Lesbarkeit und Verständlichkeit erfordern weitere Forschung und die Fortsetzung des Diskurses. Neuere Forschungen rund um die LeiSA-Studien von Bettina Bock und die zugehörigen Veröffentlichungen[22] zeigen erste Ergebnisse: Sie sprechen sich für eine Abkehr von den strikten Regeln aus und plädieren, wie bereits an anderer Stelle in dieser Arbeit ausgeführt, eher für die Orientierung an Angemessenheitsfaktoren (vgl. Kap. 1.3.1 und 2.2.5).

6.1.3 Kritik an der Deutungsmacht der Übersetzenden

Übersetzen ist in jeder Sprache eine Herausforderung, so auch in der Leichten Sprache. Durch die Verkürzungen gehen Inhalte verloren, den Übersetzenden kommt eine hohe Deutungsmacht zu. Es besteht die Möglichkeit, dass der Inhalt verfälscht wird und Manipulation stattfinden kann.[23]

Ziel der Leichten Sprache soll eine Essenz des Ausgangstextes in verständlichen Worten sein. Die Macht über die Entscheidung, was diese Essenz darstellt, bleibt jedoch im Ermessen des*der Übersetzer*in. Der*die Übersetzer*in entscheidet damit darüber, was die Lesenden erfahren sollen und was er*sie gemäß den Regeln der Leichten Sprache weglässt und damit unterschlägt. Es kann zu unangemessenen Eingriffen in den Text kommen.[24]

---

[21]   FRÖHLICH, WALBURGA; CANDUSSI, KLAUS, Informationsbarrieren, 10.
[22]   BOCK, BETTINA M., „Leichte Sprache" – Kein Regelwerk.
[23]   Vgl. KELLERMANN, GUDRUN, Leichte und Einfache Sprache – Versuch einer Definition, 9.
[24]   Vgl. EBERT, HELMUT, Leichte Sprache, 129; KELLERMANN, GUDRUN, Leichte und Einfache Sprache – Versuch einer Definition, 9; SCHÄDLER, JOHANNES; REICHSTEIN, MARTIN F., „Leichte Sprache" und Inklusion, 46.

Diese Problematik gilt besonders für die Übersetzung von Bibeltexten und ist dabei das Problem jeder Bibelübersetzung (auch außerhalb des Kontextes Leichte Sprache). Sie wurde sowohl in der Selbstbeschreibung der Übersetzendengruppen in Kapitel 4 (jeweils das Unterkapitel Selbst-Kritik) und 5 (Innensichten) schon ausführlich beschrieben. Einige Kritikaspekte (Verfälschung, Moralisierung, Banalisierung) spielen für Bibeltexte in Leichter Sprache auch in der Außenwahrnehmung eine besonders große Rolle und werden in Kapitel 6.3 noch einmal ausführlicher aufgenommen.

6.1.4 Kritik an der Qualitätssicherung

Problematisch ist, dass Leichte Sprache kein geschützter Begriff ist und auf der Grundlage der Selbstverpflichtung der Regeleinhaltung im Grunde jeder einen Text mit dem Label Leichte Sprache veröffentlichen kann.[25] Julia Kuhlmann hat in ihrer Masterarbeit 2013 eine Korpusanalyse von rund 50 Texten in Leichter Sprache erstellt. Neben Regelverstößen hat sie dabei auch festgestellt, dass Leichte Sprache durch ihren starken Bezug zu Menschen mit Behinderungen entgegen ihrem eigenen Anspruch eine Fachsprache entwickelt hat, die für Menschen außerhalb der Lebenswelt beispielsweise von Wohnheimen oder Werkstätten schwer verstehbar sein kann.[26] Die Einführung eines frei verfügbaren Leichte-Sprache-Logos ohne Bedingungen durch die Forschungsstelle Hildesheim[27] hat dabei nicht zu einer Lösung des Problems beigetragen, denn es bietet den Übersetzenden die Möglichkeit zu einer derzeit nicht regulierbaren Regelwillkür.[28]

In Bezug auf Bibeltexte in Leichter Sprache könnte eine gute Vernetzung der Übersetzungsprojekte und -gruppen und das gemeinsame Festlegen von Standards oder Schwerpunkten auch in Bezug auf die Angemessenheitsfaktoren hilfreich sein.

---

[25] Vgl. KELLERMANN, GUDRUN, Leichte und Einfache Sprache – Versuch einer Definition, 10.
[26] Vgl. KUHLMANN, JULIA, Ein sprachwissenschaftlicher Blick, 92f.
[27] Dieses Siegel kann ohne Prüfung durch Vertreter*innen der Zielgruppe oder eine anderweitige Qualitätsprüfung verwendet werden. Es stellt eine reine Selbstverpflichtung zur Einhaltung der Regeln dar. Vgl. MAAß, CHRISTIANE, Prüfsiegel „Leichte Sprache".
[28] Dies widerspricht den im vorherigen Kapitel genannten Tendenzen zur Lockerung der Regeln zugunsten der Zielgruppenorientierung und verschiedener Schwierigkeitsgrade, jedenfalls solange es keine Differenzierung im Schwierigkeitsgrad für Leichte Sprache gibt, die sich auch in unterschiedlichen Siegeln niederschlägt.

6.1.5 Kritik an der Ansprache der Rezipient*innen

Ein wichtiger Kritikpunkt an der Übersetzungspraxis ist die Ansprache der Menschen. Dabei ist der häufigste Kritikpunkt die infantilisierende Ansprache der Adressaten. Dies ist besonders dann der Fall, wenn als Anrede das kindgemäße „Du" gewählt wird und sich ein pädagogisierender Unterton in den Text einschleicht. Die Vermeidung der infantilisierenden Ansprache und des pädagogischen Untertons ist ein wichtiger Faktor zur Abgrenzung von Leichter Sprache gegenüber kindgemäßer Sprache.[29] Auch Bock und Lange sowie Schädler und Reichstein kritisieren diese unangemessene Ansprache der Zielgruppe von Texten in Leichter Sprache, v.a. in Kombination mit Bildern, die diesen Eindruck noch verstärken. Diese infantilisierenden Tendenzen führen bei der primären Adressat*innenschaft zur Ablehnung. Die Gefahr ist groß, dass sich die Menschen nicht ernstgenommen fühlen.[30]

Bei Bibeltexten in Leichter Sprache kommt hier besonders zum Tragen, dass in ihnen im Falle der Anrede immer das Du/Ihr zur Anwendung kommt. Dies ist aber keinesfalls infantilisierend gemeint, sondern eine Eigenheit biblischer Texte. Es besteht die Gefahr, dass Menschen, die mit Bibeltexten nicht vertraut sind, diese ‚familiäre' Anrede missverstehen. Dies gilt auch für das ‚liturgische Du' im Gottesdienst.

6.1.6 Kritik an der Praxis der Prüfung

Die Überprüfung der Texte durch Menschen mit Lernschwierigkeiten ist für das Netzwerk Leichte Sprache eine der zentralen Bedingungen für die Verwendung des Labels Leichte Sprache. Ein Verzicht auf die Prüfgruppen ist für diese Leichte-Sprache-Vertreter undenkbar. „*Lassen Sie den Text immer prüfen*"[31], heißt es im Ratgeber Leichte Sprache des Bundesministeriums für Arbeit und Soziales.

Die Prüfung durch Prüfgruppen steht jedoch unter verschiedenen Gesichtspunkten in der Kritik. Bereits als Leichte Sprache noch vorrangig Menschen mit Lernschwierigkeiten als Zielgruppe hatte, war die Zielgruppe so heterogen, dass jede Prüfgruppe nur einen kleinen Ausschnitt der Zielgruppe repräsentieren konnte.[32] Je mehr die Zielgruppe der Leichten Sprache ausgeweitet wurde, desto mehr hat sich dieses Problem verstärkt. Prüfgruppen werden als wichtig erach-

---

[29] Vgl. KELLERMANN, GUDRUN, Leichte und Einfache Sprache - Versuch einer Definition, 10; TERFLOTH, KARIN, Damit es alle verstehen, 87.
[30] Vgl. BOCK, BETTINA M.; LANGE, DAISY, Was ist eigentlich Leichte Sprache?, 72; SCHÄDLER, JOHANNES; REICHSTEIN, MARTIN F., „Leichte Sprache" und Inklusion, 45–55.
[31] BUNDESMINISTERIUM FÜR ARBEIT UND SOZIALES (Hrsg.), Leichte Sprache Ratgeber, 72.
[32] Vgl. SCHÄDLER, JOHANNES; REICHSTEIN, MARTIN F., „Leichte Sprache" und Inklusion, 46; STEFANOWITSCH, ANATOL, Leichte Sprache, komplexe Wirklichkeit, 11f.

tet, dürfen aber nicht für sich in Anspruch nehmen, alle Zielgruppen zu repräsentieren.[33]

Klaudia Erhardt und Katrin Grüber gehen noch strenger mit der Praxis des Prüfens ins Gericht. Mit dieser Art der Prüfung unterstelle Leichte Sprache allen das gleiche Defizit und missachte das große Spektrum der Zielgruppen.[34] Schwierigkeiten ergeben sich auch aus der wachsenden Menge der zu prüfenden Texte. Besonders in der Forschungsstelle für Leichte Sprache in Hildesheim wird erforscht, ob es nicht möglich ist, auf die Textprüfung durch eine Prüfgruppe zu verzichten, nämlich dann, wenn man Texte mit bereits geprüften und erprobten Textbausteinen zusammenstellen kann. In Hildesheim ist man zuversichtlich, dass diese Herausforderung bald zufriedenstellend bewältigt werden kann.[35] Diese Haltung ist umstritten und wird z.B. vom Netzwerk Leichte Sprache nicht geteilt. Für das Netzwerk ist die eigene Position auch politisch motiviert. Die Mitwirkung von Menschen mit Lernschwierigkeiten ist zentraler Bestandteil des Konzepts Leichte Sprache im Sinne des Slogans „Nichts über uns – ohne uns".

Die Kritik an den Prüfgruppen, lediglich einen subjektiven Ausschnitt der Zielgruppe darstellen zu können, gilt auch Bibeltexten in Leichter Sprache. Hier ist die Gefahr ungleich größer, dass bei vermehrter Beschäftigung mit religiösen Texten das religiöse Binnenvokabular zumindest teilweise doch zur unhinterfragten Selbstverständlichkeit wird. So werden oft benutzte Begriffe wie Jünger, Zöllner, Gleichnis, Psalm oder Schöpfung zur Gewohnheit. Hier hilft nur ein häufiger Wechsel der Mitglieder der Prüfgruppen oder ein gemeinsames reflektiertes Nachdenken, wo zu viel religiöse Binnensprache im Leichte-Sprache-Text enthalten ist.

6.1.7 Kritik an den Illustrationen zu Texten in Leichter Sprache

Besondere Kritik gilt den Bildern[36], die zur Ergänzung der Leichte-Sprache-Texte verwendet werden. Die Bilder werden multikodal verwendet und haben neben der Zeigefunktion (eine Vorstellung von einem Begriff bekommen) noch eine Situierungsfunktion (eine Vorstellung von einem Setting bekommen) und eine Konstruktionsfunktion (eine Vorstellung von einem komplexeren Handlungszusammenhang bekommen). Bilder sollen im Zusammenhang mit Leichter Sprache ja nicht nur illustrieren, sondern vor allem zum besseren Verständnis beitragen.[37]

---

33 Vgl. KUHLMANN, JULIA, Ein sprachwissenschaftlicher Blick, 90.
34 Vgl. ERHARDT, KLAUDIA; GRÜBER, KATRIN, Teilhabe, 68.
35 Vgl. MAAß, CHRISTIANE; RINK, ISABEL; ZEHRER, CHRISTIANE, Leichte Sprache in der Sprach- und Übersetzungswissenschaft, 80ff.
36 In diesem Kapitel geht es ausschließlich um Bilder als Illustrationen, nicht um Sprach-Bilder.
37 Vgl. BREDEL, URSULA; MAAß, CHRISTIANE, Duden Leichte Sprache, 290ff.

An den Illustrationen, die derzeit in der Leichten Sprache verwendet werden, gibt es grundsätzliche Kritik, dass der Aspekt der Multikodalität nicht ausreichend berücksichtigt wird. Bredel und Maaß gehen ausführlich auf die diesbezüglichen Kritikpunkte ein. Bilder in Leichte-Sprache-Texten sind oft redundant. Eine reine Duplikation von Informationen ist dabei nicht förderlich für das Verstehen. Nur in den Fällen, in denen eher unbekannte Begriffe durch Bilder verdeutlicht werden, ist die Redundanz dann doch eine Verstehenshilfe.[38] Bilder in Leichte-Sprache-Texten dienen oft nur der Illustration und lenken die Aufmerksamkeit ab. Einige Bilder sind auch uneindeutig in ihrer Aussage und erschweren dadurch das Verständnis, statt es zu erleichtern.[39]

Bilder sollen eigentlich ohne Lesekenntnisse verstanden werden können, auf manchen Bildern sind jedoch Buchstaben zu sehen, deren Bedeutung erkannt werden muss, um das Bild zu verstehen (z.B. ein Gebäude mit dem Schriftzug VHS).[40] Trotz der Regel, dass Metaphern vermieden werden sollen, werden auch Bildsymbole verwendet (z.B. eine Waage für Gerechtigkeit).[41]

Große Kritik wird an der infantilisierenden Art der Bilder geübt.[42] Dies führt auch bei der primären Adressat*innenschaft zu Ablehnung.[43] Einige Bilder werden als nicht mehr zeitgemäß oder einfach falsch kritisiert, z.B. die Darstellung von ‚Fieber' durch einen Menschen mit einem Fieberthermometer im Mund.[44]

Die Bilder sind andererseits mittlerweile auch charakteristisch für Leichte Sprache und ein Erkennungsmerkmal für Texte in Leichter Sprache. Dieses Dilemma ist derzeit nicht lösbar.[45]

Bilder zu Bibeltexten in Leichter Sprache wurden u.a. aus den herkömmlichen Arten der Illustration generiert. Die Lebenshilfe hat Bilder ihres Illustrators Stefan Albers verwendet und die Diakonie Mark-Ruhr hat auf Metacom-Bilder zurückgegriffen. Andere Übersetzendengruppen haben eigene Bilder entwickelt (Kath. Bibelwerk, Wittekindshof) oder sich zum Verzicht auf Bilder entschieden (DEKT, Leicht gesagt, Offene Bibel). Dies hat zu unterschiedlichen Arten von Kritik geführt.

Diese Kritikpunkte werden in einem eigenen Unterkapitel unter 6.3.5 aufgenommen.

---

[38] Vgl. ebd., 273f.
[39] Vgl. ebd., 275.
[40] Vgl. ebd., 276.
[41] Vgl. ebd.
[42] Vgl. SCHÄDLER, JOHANNES; REICHSTEIN, MARTIN F., „Leichte Sprache" und Inklusion, 45; BREDEL, URSULA; MAASS, CHRISTIANE, Duden Leichte Sprache, 50; BOCK, BETTINA M.; LANGE, DAISY, Was ist Leichte Sprache?, 72.
[43] Vgl. BREDEL, URSULA; MAASS, CHRISTIANE, Duden Leichte Sprache, 50; BOCK, BETTINA M.; LANGE, DAISY, Was ist Leichte Sprache?, 72.
[44] Vgl. MAASS, CHRISTIANE; RINK, ISABEL; ZEHRER, CHRISTIANE, Leichte Sprache in der Sprach- und Übersetzungswissenschaft, 73.
[45] Vgl. BREDEL, URSULA; MAASS, CHRISTIANE, Duden Leichte Sprache, 50.

6.2 Kritik an kommunikativen Bibelübersetzungen

Als kommunikative Bibelübersetzungen gelten Übersetzungen, die nicht nur notwendige Anpassungen des Textes an die Zielsprache vornehmen, sondern darüber hinaus eine *„von der Wörtlichkeit abweichende, ‚paraphrasierende' Verdeutlichung der Aussage bzw. implizierter Informationen."*[46] Im Gegensatz zu dem Begriff ‚freie Übersetzung' betont der Begriff ‚kommunikativ' die Verpflichtung, den Text funktional äquivalent (Nida) zu übersetzen, was ursprünglich beinhaltete, nach Möglichkeit mit der Übersetzung bei den heutigen Rezipient*innen die gleiche Wirkung hervorzurufen wie der Ausgangstext bei den ursprünglichen Rezipient*innen.[47]

Dabei müssen die besonderen Sprach- und Lebenswelten der Bibel allerdings immer hinreichend beachtet werden.[48] In den von Haug aufgelisteten deutschen Bibelübersetzungen werden die Gute Nachricht Bibel (GNB), die Neues Leben Bibel (NLB), die Hoffnung für alle (Hfa) und die Volxbibel als kommunikative Bibelübersetzungen charakterisiert. Die Neue Genfer Übersetzung (NGÜ, 2011), die Lutherbibel (1984) und die Einheitsübersetzung (1980) gelten bei Haug (zum Vergleich der Einordnung) als philologische Übersetzungen mit kommunikativen Anteilen. Die Basisbibel wird als ‚urtextnah, aber elementarisierend' bezeichnet.[49]

Bibeltexte in Leichter Sprache können als kommunikative Übersetzungen oder als Bearbeitungen von Bibeltexten eingeordnet werden. Auch als Bearbeitungen orientieren sich Bibeltexte in Leichter Sprache stark an den Ausgangstexten und können daher in Bezug zur Kritik an kommunikativen Bibelübersetzungen gebracht werden.

Zu Nidas Theorie der funktionalen Äquivalenz gibt es eine Reihe von kritischen Analysen und Stellungnahmen. Diese werden im folgenden (auf einige zentrale Publikationen beschränkt) berücksichtigt. Darüber hinaus fehlt eine breitere Forschung zu kommunikativen deutschen Bibelübersetzungen. Die GNB wurde nach Erscheinen ihrer revidierten Ausgabe in einigen Aufsätzen und Sammelwerken[50] diskutiert. Zur NLB und zur Hfa existieren nur vereinzelte Aufsätze[51] und die Volxbibel wurde in der Fachdiskussion bisher weitgehend ignoriert. Hier findet sich eine ernsthafte fachliche Auseinandersetzung lediglich

---

[46] HAUG, HELLMUT, Ein Vergleich, 334f.
[47] Vgl. ebd., 335.
[48] Vgl. HAUG, HELLMUT, Ein Vergleich, 335.
[49] Vgl. DERS., Deutsche Bibelübersetzungen. GNB 17ff.; NLB 28; Hfa 20; Volxbibel 33; NGÜ 27; Luther1984 34f.; EÜ 16; BasisBibel 11f. Zum Zeitpunkt der Veröffentlichung von Haug war die BasisBibel erst in ihrer ersten Form mit NT (2010) und Psalmen (2012) erschienen.
[50] Exemplarisch: JAHR, HANNELORE (Hrsg.), Die neue Gute-Nachricht-Bibel.
[51] Exemplarisch: HAUG, HELLMUT, Ein Vergleich.

beim Theologen und Sprachwissenschaftler Gerhard Tauberschmidt.[52] Zur BasisBibel hat der Diskurs mit dem Erscheinen der Gesamtausgabe Anfang 2021 erst begonnen. Da auch bei der Basisbibel die Verständlichkeit einen hohen Stellenwert genießt und sie diesen Anspruch mit den anderen kommunikativen Bibelübersetzungen und Bibeltexten in Leichter Sprache teilt, wird der dazu bisher vorhandene Diskurs ebenfalls einbezogen.

Kommunikative Bibelübersetzungen werden in den Veröffentlichungen meist anhand von Beispielen analysiert und kritisiert. Diese werden exemplarisch mit herangezogen. Dabei geht es in der Hauptsache um inhaltliche Fehler, Erklärungen und Auslassungen, Aktualisierungen und Verfremdungen, fehlende Kongruenz und eine zu starke Zielgruppen- oder Anlassorientierung.

6.2.1 Positive Beurteilung kommunikativer Bibelübersetzungen

Zunächst soll darauf hingewiesen werden, dass kommunikative Bibelübersetzungen durchaus auch positiv beurteilt werden. Hellmut Haug beschreibt kommunikative Übersetzungen als Übersetzungen, denen

> „alles an der Mitteilung des Sinnes, an der Kommunikation mit den Lesern oder Hörern als den Empfängern der Botschaft gelegen ist. Unter formalen Gesichtspunkten ist sie ‚frei', aber unter inhaltlichen kann sie, wenn sie gelungen ist, so genau und zuverlässig sein wie nur je eine ‚wörtliche' Übersetzung. Sie kürzt [...] für die Empfänger den Prozess des Verstehens ab, weil sie ihnen die Mühe erspart, die ‚Fremdsprache' eines Textes erst zu entziffern und zu lernen."[53]

Sogar der evangelische Theologe Stefan Felber, der sich ansonsten sehr kritisch äußert, hält den kommunikativen Übersetzungen allgemein zugute, dass sie durch ihre Niedrigschwelligkeit und Verständlichkeit sprachlich wenig versierten Menschen einen Zugang zur Bibel bieten, wenngleich er nach Möglichkeit immer einer wörtlicheren Übersetzung den Vorzug geben würde.[54] Im Zuge der Veröffentlichung der Basisbibel als Vollausgabe bescheinigt der Evangelische Theologe Frank Crüsemann der Basisbibel, dass sie das Versprechen der guten Lesbarkeit, einer klaren (Alltags-)Sprache und eines hohen Maßes an Verständlichkeit einhält. Auch er hebt den Vorteil einer solchen Bibelübersetzung für die Erstbegegnung mit der Bibel hervor.[55] Dies bestätigt auch Silke Petersen in ihrer kritischen Besprechung der Basisbibel: Sie sei einfach zu lesen und gut zu verstehen, besonders für die, denen die Bibel unvertraut und unbekannt ist.[56]

---

[52] Vgl. TAUBERSCHMIDT, GERHARD, Streit um die richtige Bibelübersetzung, 167–177.
[53] HAUG, HELLMUT, Deutsche Bibelübersetzungen, 5.
[54] Vgl. FELBER, STEFAN, Kommunikative Bibelübersetzung, 392.
[55] Vgl. CRÜSEMANN, FRANK, Halbherzig, mutlos, inkonsequent, 46.
[56] Vgl. PETERSEN, SILKE, Eine Bibel für den Nachwuchs, 42.

Neben diesen positiven Bewertungen und Empfehlungen gibt es jedoch grundsätzliche Kritik an kommunikativen Bibelübersetzungen sowie an einzelnen Aspekten der Übersetzung, die jede für sich zu Übersetzungsfehlern oder Missverständnissen führen oder führen können.

6.2.2 Grundsätzliche Kritik an kommunikativen Bibelübersetzungen

Felber analysiert und kritisiert die gesamte Theorie von Nida und kommt zu dem Schluss, dass die dynamische/funktionale Äquivalenz im strengen Sinne weder realisierbar noch wünschenswert ist. Er weist darauf hin, dass das geforderte Erreichen derselben Reaktion wie bei den Erstlesenden oder -hörenden aufgrund mangelnder Kenntnis der ursprünglichen Intention und Wirkung einerseits und der Unmöglichkeit der Vorhersage heutiger Reaktionen andererseits so spekulativ ist, dass sie weder realisierbar noch überprüfbar und aus ethischer Sicht nicht vertretbar ist.[57] Felber betont, dass es ein Irrtum sei, dass die Bibel im Original in der Alltagssprache der Menschen damals verfasst wurde und dass die Sprache des Neuen Testaments die ‚des Mannes auf der Straße' sei. Daher wendet er sich entschieden gegen die Aussage, dass moderne Bibelübersetzungen leicht verständlich für jedermann sein müssten, und bezeichnet Alltagssprache generell als ungeeignet zur Übersetzung religiöser Texte.[58] Felber befürchtet, dass Falschübersetzungen und starke Eingriffe in den Text Auswirkung auf seine Wirkmächtigkeit haben. Für ihn ist die Wirkmächtigkeit untrennbar mit der Wörtlichkeit der Übersetzung verbunden.[59]

Haug betont einerseits die Vorzüge kommunikativer Übersetzungen, sieht aber auch Gefahren. Die größte Gefahr liegt für ihn darin, dass die Rezipient*innen keinen Einblick in der Übersetzungsprozess haben und nur noch das Ergebnis der Entschlüsselung der Fremdsprache (s.o.) präsentiert bekommen, ohne die Möglichkeit der Überprüfung oder des Nachvollziehens zu haben.[60] Diese Kritik spitzt Felber noch einmal zu: Er kritisiert, dass kommunikative Bibelübersetzungen suggerierten, dass der Zugang zur Botschaft nur eine Frage der Übersetzung sei und demnach mit der richtigen Übersetzung ausnahmslos allen zugänglich sein müsste. Felber mahnt, den Rezipient*innen nicht die gesamte Verstehensarbeit abnehmen zu wollen. Stattdessen sollten die Schwierigkeiten des Übersetzens transparent gemacht und die Rezipient*innen an der

---

[57] Vgl. FELBER, STEFAN, Kommunikative Bibelübersetzung, 387f.
[58] Vgl. ebd., 388.
[59] Vgl. ebd., 388f.
[60] Vgl. HAUG, HELLMUT, Deutsche Bibelübersetzungen, 5.

Denkarbeit beteiligt werden. Erst durch den Dialog über das Gelesene entstehe Gemeinschaft im Glauben und damit Glaube.⁶¹

Bei kommunikativen Bibelübersetzungen geraten der Wert und die Wertschätzung der Fremdheit von Bibeltexten schnell aus dem Blickfeld. Felber setzt hier mit einem weiteren Kritikpunkt an und betont den Wert der „*heilsamen Fremdheit*"⁶² als sinnvolle Zu-Mutung für die Lesenden.⁶³ In der Zürcher Bibel von 2007 wird diese ‚Fremdheit' im Vorwort ausdrücklich als zu bewahrendes Gut gepriesen:

> „[...] *die kulturelle Differenz zwischen der damaligen Welt und der heutigen wird nicht eingeebnet. Das heißt auch, dass Mehrdeutiges nicht vereindeutigt, Fremdes nicht dem bekannten Eigenen angeglichen, Schwieriges nicht banalisiert und Erschreckendes nicht gemildert oder beschönigt wird.*"⁶⁴

Hier kommt erneut der Begriff der Angemessenheit ins Spiel, denn laut Haug ist es das Ziel kommunikativer Bibelübersetzungen, den Text nur von unnötigen Befremdlichkeiten zu befreien, nicht aber der biblischen Botschaft alles Befremdliche zu nehmen.⁶⁵

Bibeltexte in Leichter Sprache sind von diesen grundlegenden Kritikpunkten mitbetroffen. Die Übersetzenden müssen oft weitreichend in den Text eingreifen, um ihn in Leichte Sprache zu übersetzen. Die Rezipient*innen sind auf Texte angewiesen, deren Schwierigkeitsgrad noch unter dem der Alltagssprache liegt. Dadurch sind Bibeltexte in Leichter Sprache in vielen Fällen kompromisslos vereinfacht und stoßen damit im besonderen Maße auf die genannte Kritik. So wird Fremdes eher als hinderlich und nicht als sinnvoll empfunden. Für die Rezipient*innen von Leichter Sprache ist die deutsche Alltagssprache schon Herausforderung genug.

Für ein gewisses Maß an Zumutung plädiert Ulla Fix aber auch im Rahmen von Leichte-Sprache-Texten, wie bereits in Kapitel 1.3.1 zum aktuellen Forschungsstand benannt wurde. Sie spricht sich dafür aus, nicht alle Übersetzungsentscheidungen unter die Prämisse der Vermeidung zu stellen, sondern auch Zu-Mutungen zu bedenken. Sie weist darauf hin, dass gerade religiöse Texte durch ihre fremden Begriffe, den besonderen Sprachstil, einen Rhythmus oder Reime ihre Wirkung entfalten und diese Besonderheiten in Maßen auch als Zu-Mutungen in religiösen Texten, z.B. Bibeltexten in Leichter Sprache, erhalten bleiben können.⁶⁶

---

61 Vgl. FELBER, STEFAN, Kommunikative Bibelübersetzung, 381.
62 Ebd., 392, unter Bezugnahme auf das Geleitwort und die Einleitung der Zürcher Bibel 2007.
63 Vgl. ebd., 392.
64 KIRCHENRAT DER EVANGELISCH-REFORMIERTEN LANDESKIRCHE DES KANTONS ZÜRICH (Hrsg.), Einleitung (Zürcher Bibel).
65 Vgl. HAUG, HELLMUT, Ein Vergleich, 336.
66 Vgl. FIX, ULLA, „Schwere" Texte in „Leichter Sprache", 163.

Als letzter grundsätzlicher Kritikpunkt bleibt noch die (zu) starke Orientierung an einer Zielgruppe mit ihren spezifischen Eigenschaften zu nennen. Nach Felber wird eine so ausgerichtete Übersetzung den Anforderungen eines Bibeltextes nicht gerecht. Felber betont die Sinntreue als oberstes Gebot und bezweifelt, dass Bibeltexte ohne weiteres auf Universalien und Elementarsätze reduziert und dann für eine bestimmte Zielgruppe reformuliert werden können, ohne ihren Charakter als Bibeltexte zu verlieren.[67] Die Basisbibel hat im medialen Diskurs u.a. die Kritik ausgelöst, dass sie eine Anbiederung an die Zielgruppe betreiben würde. Bernd Beuscher wirft der Basisbibel vor, nicht mehr dem Volk aufs Maul zu sehen, sondern dem Volk nach dem Maul zu reden.[68]

Bei Bibeltexten in Leichter Sprache sollte hier die Alternative bedacht werden. Ohne Bibeltexte in Leichter Sprache blieben diese Texte allen Menschen mit Lese- und Lernschwierigkeiten verschlossen, zumindest für die selbstbestimmte Nutzung. Diese vermeintliche Anbiederung ist hier eher eine notwendige Bedingung, ohne die es sonst keine Möglichkeit gäbe, dass das Wort zu den Menschen gelangt.

6.2.3 Kritik an einzelnen Übersetzungsentscheidungen

An zahlreichen Beispielen wird in der Literatur belegt, welche Fehler bei der Erstellung von kommunikativen Übersetzungen gemacht werden. Diese Fehler betreffen die Wortwahl, Aktualisierungen, Vereinfachungen und Auslassungen sowie Ergänzungen und Erläuterungen. Außerdem wird kommunikativen Übersetzungen vorgeworfen, männerzentriert zu formulieren und damit das männliche Gottesbild wieder zu befördern. Dabei ist zu beachten, dass nicht nur kommunikative Bibelübersetzungen, sondern jede Bibelübersetzung hinsichtlich dieser Punkte kritisiert werden kann, da in allen Übersetzungen Entscheidungen getroffen werden müssen. Die Maßstäbe sollten daher nicht nur bei kommunikativen (Bibel-)Übersetzungen sondern bei allen geltend gemacht werden.

Wortwahl

Durch das Ersetzen eines Wortes durch ein nicht adäquates geläufigeres Wort kann es zu einer inhaltlichen Verschiebung kommen, die den Sinn des Textes verändert. Die Herausforderung der richtigen Wortwahl hängt eng mit der Deutung des Textes zusammen. An unzähligen Beispielen legen u.a. Haug und Tauberschmidt[69] mit ihrem jeweiligen Schwerpunkt dar, welche Auswirkungen die Übersetzungsentscheidung auf den Sinn eines Satzes, einer Perikope oder sogar

---

[67] Vgl. FELBER, STEFAN, Kommunikative Bibelübersetzung, 381.
[68] Vgl. BEUSCHER, BERND, Jäger des verlorenen Schatzes, 3.
[69] Vgl. alle in diesem Kapitel genannten Literaturverweise.

eines ganzen biblischen Buches haben. Allen Beispielen ist gemeinsam, dass sie sowohl den Wortsinn nicht treffen als auch negativ konnotiert sind.[70]

Unnötige Aktualisierungen

Bei kommunikativen Bibelübersetzungen stellt sich immer die Frage nach Aktualisierungen des Textes, um die Verständlichkeit zu erhöhen. Eine massive Anpassung z.B. an die jeweils aktuelle Lebenswelt ist schon bei Luther nachweisbar, der die gesamte Lebenswelt des 16. Jh. in seine Bibelübersetzung überträgt und z.B. Sklaven und Sklavinnen in der Regel mit ‚Knechte und Mägde' übersetzt hat, so dass man sich in den biblischen Geschichten eher in den gesellschaftlichen Verhältnissen aus Luthers Zeiten wiederfindet als in den Verhältnissen der biblischen Entstehungszeit.[71]

Gerade bei Sprachbildern, Kraftausdrücken oder Vergleichen sehen sich die Übersetzenden in der Notwendigkeit, die Lebenswelt der Rezipient*innen zu berücksichtigen. Aus dem ‚Brot des Lebens' kann so auch schon einmal die ‚Kokosnuss des Lebens'[72] werden, wenn die entsprechende Zielgruppe kein Brot kennt und die Kokosnuss kulturell einen ähnlichen, sogar noch zentraleren Stellenwert einnimmt.[73]

Aktualisierungen von Sprachbildern müssen immer auf ihre Sinnhaftigkeit überprüft werden. So stellt Tauberschmidt auch die Aktualisierung des Salz der Erde in der Volxbibel durch ein Kühlschrank für diese Welt (Mt 5,13) in Frage. Gerade weil Salz noch ein Bestandteil der heutigen Lebenswelt ist, ist die Ersetzung, die zwar den Aspekt des Haltbarmachens enthält, den des Würzens aber unterschlägt, fragwürdig.[74]

Besonders bei Bibeltexten in Leichter Sprache stellt sich die Frage nach der Zeitgemäßheit von Vergleichen und Sprachbildern, da diese nur bei fortwährender Bekanntheit übernommen werden können, wenn es überhaupt eine Chance auf Verstehen geben soll. Sogar das bekannte Bild von Gott als gutem Hirten wurde im Prozess der Kirchentagsübersetzung diskutiert und in der Textversion in Leichter Sprache von Zeile 1 in Zeile 4 verschoben.[75] Darauf werde ich im Kapitel 7 noch ausführlich zu sprechen kommen.
Solche Ersetzungen stellen immer einen schwerwiegenden Eingriff in den Text dar und müssen sorgfältig abgewogen werden. Es kann dadurch zu einer zu star-

---

[70] Vgl. TAUBERSCHMIDT, GERHARD, Streit um die richtige Bibelübersetzung, 168. 176.
[71] Vgl. LEUTZSCH, MARTIN, Luthers Bibelübersetzung, 455f.
[72] „Ich bin die Kokosnuß des Lebens. Wer zu mir kommt, den wird nicht hungern; und wer an mich glaubt, den wird nimmermehr dürsten." FATU, LETI, Ich bin die Kokosnuß des Lebens, 76.
[73] Vgl. HAVEA, SIONE AMANAKI, Die Theologie der Kokosnuß, 77.
[74] Vgl. TAUBERSCHMIDT, GERHARD, Streit um die richtige Bibelübersetzung, 173.
[75] Vgl. 37. DEUTSCHER EVANGELISCHER KIRCHENTAG DORTMUND 2019 E.V., Bibeltexte in Leichter Sprache, 30.

ken Verfremdung bis hin zu einer unangemessenen Verfälschung des Textes kommen.

Zu starke Vereinfachung oder Auslassungen

Die Verpflichtung zur Verständlichkeit zwingt die Übersetzenden kommunikativer Bibelübersetzungen in vielen Fällen dazu, aus einer Deutungsvielfalt nur eine mögliche Interpretation auszuwählen und zu benennen.

Kommunikative Bibelübersetzungen nehmen nach Haug für ihre Eindeutigkeit und Verständlichkeit das Risiko des Irrtums in Kauf. Wörtliche Übersetzungen verschieben einen Großteil der Interpretation auf die Seite der Rezipient*innen. Besonders Menschen ohne Vorkenntnisse im biblisch-christlichen Denken und Sprachgebrauch sind nicht in der Lage, diese Sinngebung vorzunehmen. Kommunikative Bibelübersetzungen sind zuweilen zu eindeutig oder können auch irren, sie ermöglichen aber häufig überhaupt einen Zugang zum Text. In einigen Fällen offenbart auch erst die Entscheidung für eine bestimmte Deutungsrichtung die Mehrdeutigkeit eines Textes.[76] Haug empfiehlt, alternative Übersetzungsmöglichkeiten in Fußnoten anzugeben und damit auf die Mehrdeutigkeit eines Textes hinzuweisen.[77] Dieser Empfehlung entspricht die GuteNachrichtBibel (GNB) mit ihren zahlreichen Fußnoten mit Worterklärungen und Parallelstellen.

Schwer verständliche Inhalte sind in jeder Hinsicht eine Herausforderung. Eine verlockende Möglichkeit bieten Auslassungen. Doch auch sie können die (theologische) Aussage eines Textes unzulässig verändern. Die Germanistin Waldtraut-Ingeborg Sauer-Geppert stellt Auslassungen als logische Folge für Formulierungen in einer leicht verständlichen Sprache in der GNB dar und fordert zur kritischen Reflexion der Auslassungen auf.[78] Tauberschmidt kritisiert im Zusammenhang mit der Volxbibel, dass es sich die Übersetzenden mitunter zu einfach machen, wenn sie die schwierigen Aspekte eines Textes auslassen. So werden die Dämonen in Mt 7,22b einfach ausgelassen.[79]
Alle Risiken inhaltlicher Fehler betreffen auch die Bibeltexte in Leichter Sprache. Das Thema Verfälschungen wird unter Kapitel 6.3.1 daher noch einmal aufgenommen.

(Falsche) Zusätze

Bei solchen Zusätzen handelt es sich um direkt im Text oder in einem Glossar befindliche ergänzende oder erklärende Texte sowie um eingefügte Zwischen-

---

[76] Vgl. HAUG, HELLMUT, Ein Vergleich, 357.
[77] Vgl. ebd., Fußnote 88.
[78] Vgl. SAUER-GEPPERT, WALDTRAUT INGEBORG, Die heute geläufigen Bibelübersetzungen, 158f.
[79] Vgl. TAUBERSCHMIDT, GERHARD, Streit um die richtige Bibelübersetzung, 172.

überschriften. Das ist in der Regel verständnisfördernd, aber es kann dabei auch zu Ungenauigkeiten und im ungünstigsten Fall zu Fehlern kommen.

In der Basisbibel werden schwierige Wörter in immer gleicher Weise am Seitenrand in Form eines Glossars erklärt.[80] Bernd Beuscher kritisiert die Erklärung des Begriffs ‚Gleichnis'. Die Erklärung von Gleichnis als *„eine Rede in Bildern und Vergleichen"*[81] geht ihm nicht weit genug und lässt seiner Meinung nach die Dimensionen der Wirkung und der Performanz der Gleichnisse vermissen.[82]

Auch Überschriften zu biblischen Abschnitten können kritisch, mitunter als irreführend oder missverständlich angesehen werden. In den ursprachlichen Ausgangstexten gibt es keine Überschriften. Bei allen Überschriften handelt es sich um bearbeitende Paratexte, die auf ihre Weise die Lesenden lenken. Ein Hinweis darauf fehlt in den meisten Bibelübersetzungen.[83]

Zusätzliche Erklärungen und Glossare sind auch in der Leichten Sprache immer kritisch zu betrachten. Sie werden in der Literatur aber nicht im Besonderen kritisiert, eher allgemein, wenn es um den Vorwurf der zu stark vereinfachten Erklärungen oder Banalisierungen geht. Darauf werde ich später noch einmal explizit eingehen (vgl. Kap. 6.3.3).

Kritik des Verzichts auf Erklärungen

In den kritischen Artikeln zur Gesamtausgabe der BasisBibel wird hervorgehoben, dass an einigen Stellen erklärende Texte unerlässlich zum Verständnis von Bibeltexten sind. So fehlten sowohl digital als auch in der Printausgabe einleitende Texte zu den biblischen Büchern. Dies wird besonders von Crüsemann bemängelt.[84] In der Printausgabe sind die Erläuterungen zu einzelnen Wörtern auf das Glossar am Rand beschränkt. Hier ist zu beachten, dass die Basisbibel auf digitalen Zugang ihrer Rezipient*innen setzt und das Online-Angebot an Sacherklärungen und anderen Paratexten ungleich größer ist. Dies ist zum Teil aber nur nach längerer Recherche auffindbar. So finden sich Einleitungen zu den Evangelien nur über den Umweg über die Startseite und nicht durch Anklicken der Überschrift.[85]

Bei Bibeltexten in Leichter Sprache ist diese Kritik nur selten vorhanden, da fast alle Bibeltexte in Leichter Sprache über einen Paratext zur Einleitung oder

---

[80] In den digitalen Ausgaben der Basisbibel ergeben sich hier ungleich mehr Möglichkeiten als zur Printversion. Die Onlineausgabe enthält durch Hyperlinks umfassende Sach- und Worterklärungen, die bei Bedarf angeklickt werden können. In der Printversion beschränken sich die Erklärungen auf das genannte Glossar am Rand jeder Seite.
[81] DEUTSCHE BIBELGESELLSCHAFT (Hrsg.), BasisBibel, 1611 zu Lk 13,6.
[82] Vgl. BEUSCHER, BERND, Jäger des verlorenen Schatzes, 9.
[83] Vgl. PETERSEN, SILKE, Eine Bibel für den Nachwuchs, 43.
[84] Vgl. CRÜSEMANN, FRANK, Halbherzig, mutlos, inkonsequent, 46.
[85] Vgl. https://www.die-bibel.de/bibeln/wissen-zur-bibel/inhalt-und-aufbau-der-bibel/neues-testament/geschichtsbuecher/, zuletzt abgerufen am 1.2.2022

im laufenden Text zur Erklärung verfügen. Unter der Bezeichnung ‚Rampe' oder ‚Exformation' sind diese sogar zu Markenzeichen der Bibeltexte in Leichter Sprache geworden (vgl. Kap. 5.2.2.2.2).

Fehlende Konkordanz

Es ist ein Kennzeichen besonders von kommunikativen Bibelübersetzungen, dass ein Wort aus dem Urtext, das an mehreren Stellen vorkommt, nicht immer gleich übersetzt wird. Im Grunde haben aber alle Bibelübersetzungen, auch die nicht kommunikativen, dieses Problem. Hellmut Haug bescheinigt nur wenigen Übersetzungen ausdrücklich, begriffskonkordant zu übersetzen: der Übersetzung der Schrift von Buber/Rosenzweig eine besondere Priorisierung der Begriffskonkordanz, der Interlinear-Übersetzung des Alten Testaments, der ‚Konkordanten Übersetzung' und der Übersetzung von Fridolin Stier. Andere, u.a. die Interlinear-Version des Neuen Testaments, erhalten nur das Prädikat ‚eingeschränkt begriffskonkordant'.[86] Im Nachwort der Gute-Nachricht-Bibel heißt es dazu:

> „[...] die Forderung, einen Begriff der fremden Sprache jeweils mit ein und demselben Begriff der eigenen Sprache wiederzugeben, geht an der Sprachwirklichkeit vorbei. [...] Wie beim Satzbau, so muss der Übersetzer daher auch bei der Wortwahl den Gesetzen der eigenen Sprache Rechnung tragen und aus den möglichen Bedeutungen eines fremdsprachigen Begriffs diejenige zum Ausdruck bringen, die im jeweiligen Zusammenhang des Originals beabsichtigt ist."[87]

Dies sei besonders bei einer Zielgruppe ohne besondere Vorkenntnisse erforderlich, um eine größtmögliche Verständlichkeit zu erzielen.[88]

Auch bei kommunikativen Übersetzungen bietet sich jedoch an passender Stelle die Einhaltung der Konkordanz an, z.B. wenn der Begriff des Lichts übersetzt wird, v.a. wenn bei fehlender Konkordanz eine Sinn- oder Wertverschiebung droht.[89] Gerade bei den synoptischen Evangelien mahnt Tauberschmidt an, bei Parallelstellen auf größtmögliche Konkordanz zu achten.[90] Dies kann auch für Parallelüberlieferungen aus dem Alten Testament geltend gemacht werden.

Die BasisBibel hat es sich zur Aufgabe gemacht, dem Anspruch zu entsprechen, theologische Leitbegriffe in der Übersetzung wiedererkennbar zu machen. Dabei folgt die BasisBibel wie die GNB der Maßgabe, zwar nicht konkordant zu übersetzen, bei der Auswahl des Begriffs in der Zielsprache aber im jeweiligen Kontext konsistent zu sein. Hannelore Jahr weist besonders auf die Möglichkeit

---

[86] Vgl. HAUG, HELLMUT, Deutsche Bibelübersetzungen.
[87] DEUTSCHE BIBELGESELLSCHAFT, Nachwort (Gute Nachricht Bibel), 345.
[88] Vgl. ebd.
[89] Vgl. TAUBERSCHMIDT, GERHARD, Streit um die richtige Bibelübersetzung, 175.
[90] Vgl. ebd., 176.

von Fußnoten hin, die einen Vergleich mit der wörtlichen Übersetzung bieten können.[91]

Bibeltexte in Leichter Sprache haben dieses Problem noch in besonderem Maße, da sie nicht die Möglichkeit einer erklärenden Fußnote und nur begrenzt die eines Glossars haben.

Rückschritt zu einseitig männlicher Sprache und dem damit verbundenen männlich konnotierten Gottesbild

Fehlende frauengerechte Sprache war einer der großen Kritikpunkte am Vorläufer der GNB, der „Bibel in heutigem Deutsch" von 1981. Bei der Revision wurden eigens mehrere Frauengruppen damit beauftragt, die Bibeltexte entsprechend zu überarbeiten. Die Arbeit dieser Gruppen führte bei der Revision u.a. zur Erwähnung von Jüngerinnen und zur Richtigstellung, dass Junia eine Apostelin und Phoebe eine Diakonin war. Um der einfacheren Lesart willen wurde auf ständige Dopplungen z.B. bei Völkerbezeichnungen wie den Moabitern verzichtet und generell die maskuline Form im Plural akzeptiert.[92]

In der BasisBibel entschieden sich die Übersetzenden durchgängig für die Gottesanrede HERR/Herr. Auch wenn dies im Anhang der BasisBibel ausführlich erklärt und begründet wird, hat diese Entscheidung besonders in feministisch-theologischen Kreisen und bei den Übersetzenden der ‚Bibel in gerechter Sprache' vehemente Kritik hervorgerufen.[93]

Crüsemann betont, dass es in der Gottesbeziehung um Befreiung und nicht um Herrschaft gehe und dass die Übersetzung des Gottesnamens mit ‚Herr' schlicht falsch sei.[94] Dieses Problem nimmt in der Übersetzung der Septuaginta seinen Anfang, wo der Gottesname zu Anfang noch durch das hebräische Tetragramm (im griechischen Text!) ausgedrückt wurden, in allen überlieferten vollständigen Handschriften durchgängig mit ‚kyrios' (= Herr) übersetzt wird.[95] Es ist damit ein Problem aller Bibelübersetzungen. Ansonsten merkt Crüsemann die Tendenz der BasisBibel, vermehrt Frauen zu nennen, positiv an.[96] Auch Petersen sieht in der BasisBibel zu viel ‚vermännlichte' Sprache. Sie kritisiert, dass an mehreren Stellen im Vergleich zum Ausgangstext zusätzlich maskuline Formen eingefügt wurden (z.B. im Johannesprolog). Positiv vermerkt Petersen die Verdeutlichung von bisherigen Formulierungen wie ‚erkennen', ‚berühren' oder ‚Unzucht'. Unverständlich erscheint ihr die nicht konkordante Übersetzung von 1 Kor 7,3, die ‚gegenseitige eheliche Pflicht' trotz gleichen Wortlauts unter-

---

[91] Vgl. JAHR, HANNELORE, Die BasisBibel, 326.
[92] Vgl. HAUG, HELLMUT, Die Gute Nachricht Bibel, 41ff.
[93] Vgl. CRÜSEMANN, FRANK, Halbherzig, mutlos, inkonsequent, 47.
[94] Vgl. ebd.
[95] Vgl. RÖSEL, MARTIN, Die Übersetzbarkeit des Gottesnamens, 89f.
[96] Vgl. CRÜSEMANN, FRANK, Halbherzig, mutlos, inkonsequent, 46.

schiedlich übersetzt und damit verschiedene Schwerpunkte setzt.[97] Sie regt für eine Revision die Auseinandersetzung mit sexueller Sprache und der Geschlechterdifferenz an.[98]

Der Vorwurf der ‚Vermännlichung' gilt auch Bibeltexten in Leichter Sprache. Leichte Sprache hat ein grundsätzliches Problem mit geschlechtergerechter Sprache, wenn sie zu Doppelnennungen oder ungebräuchlichen neutralen Formulierungen greift. Wegen der leichteren Lesbarkeit durch die kürzere Wortlänge wird in der Leichten Sprache in der Regel das generische Maskulinum verwendet. Die Rezipierbarkeit wird hier der Geschlechtergerechtigkeit vorgezogen. Es gibt einige wenige Möglichkeiten, auch in Leichter Sprache geschlechtergerecht zu sein. So kann z.B. durch eingeschobene Sätze auf mitgemeinte Frauen hingewiesen werden. Die Arbeitsgruppe Leichte Sprache des 3. ÖKT (gemeinsames Team des Kath. Bibelwerks und des DEKT) formuliert für Mk 6,35:

> „Es ist Abend.
> Da ist Jesus.
> Und da sind die Freunde von Jesus.
> Die Freunde sind Frauen und Männer.
> Und da sind sehr viele andere Menschen."[99]

Das Dilemma zwischen den Regeln der Leichten Sprache (mit einfachem Satzbau und kurzen Wörtern) und den Forderungen geschlechtergerechter Sprache (mit ihren langen und manchmal schwer zu lesenden Formulierungen) ist derzeit nicht auflösbar.

6.3 *Kritik an Bibeltexten in Leichter Sprache*

Zusätzlich zu dieser allgemeinen Übersetzungskritik an Leichter Sprache und der Kritik an kommunikativen Übersetzungen von Bibeltexten kommen folgende Punkte noch hinzu oder werden Bibeltexten in Leichter Sprache besonders vehement vorgeworfen.

6.3.1 Verfälschung

Den Übersetzenden von Bibeltexten in Leichte Sprache wird besonders vorgeworfen, unangemessen in den Text einzugreifen und ihn damit zu verfälschen.

---

[97] „Der Mann soll seine Frau nicht vernachlässigen und die Frau soll ihren Mann nicht zurückweisen" (BB 1 Kor 7,3). Im Vergleich dazu: „Der Mann soll seine Pflicht gegenüber der Frau erfüllen und ebenso die Frau gegenüber dem Mann (EÜ).
[98] Vgl. PETERSEN, SILKE, Eine Bibel für den Nachwuchs, 43f.
[99] 3. ÖKUMENISCHER KIRCHENTAG FRANKFURT 2021 E.V. (Hrsg.), Exegetische Skizzen, 7.

Gerade weil es bei der Übersetzung zu Kürzungen und Deutungsentscheidungen kommen muss, um den Text kurz und verstehbar zu gestalten, wird der Interpretationsspielraum der Rezipient*innen eingeschränkt und in eine bestimmte Richtung gelenkt. Jede*r Übersetzende muss seinen*ihren Text unter dem Stichwort Manipulation überprüfen: Wird die Interpretation in eine bestimmte Richtung gelenkt? Wie kann der Text auch in Leichter Sprache möglichst offen gehalten werden?

Auch Erklärungen im Text können Probleme verursachen. Zum einen gilt: Texte in Leichter Sprache sollen kurz sein. Zum anderen kann aufgrund der geringen Merkfähigkeit der Rezipient*innen nicht vorausgesetzt werden, dass bereits gelesene Textteile lange im Gedächtnis bleiben. Ein Text in Leichter Sprache muss also immer abwägen, ob eine Erklärung die Rezipient*innen eher ablenkt und vom eigentlichen Schwerpunkt des Textes wegführt oder ob es sich um einen elementaren Bestandteil des Textes handelt, der um des Gesamtverständnisses willen erklärt werden muss. Das gilt auch für verschiedene Deutungsalternativen von Worten oder Wendungen. Aufgrund der schwierigen Rezipierbarkeit können Fußnoten gar nicht und auch Glossare nur begrenzt eingesetzt werden. Es ist auch hier nicht davon auszugehen, dass die Rezipient*innen z.B. ein ihnen unbekanntes Wort im Glossar finden, die Erklärung lesen und verstehen und dann zum Ausgangspunkt im eigentlichen Text zurückfinden. Um durchgängig Verständlichkeit und Lesbarkeit zu gewährleisten, wird Einseitigkeit und damit die Deutung in eine bestimmte Richtung in Kauf genommen.

Der Vorwurf der Verfälschung kann auch damit begründet werden, dass es als nicht zulässig angesehen wird, Bibeltexte in Leichter Sprache mit deutschen Bibelübersetzungen als Ausgangstexte zu übersetzen. Hier wird eine für Bibelübersetzungen eher ungewöhnliche Priorisierung vorgenommen: Die Übersetzungskompetenz für Leichte Sprache wird gegenüber der Sprachkompetenz in den biblischen Sprachen priorisiert. Als Ausgleich zur fehlenden Sprachkompetenz in den biblischen Sprachen können Vers-für-Vers-Vergleiche bestehender deutscher Übersetzungen zu Rate gezogen werden, wie es einige der Befragten aus den Expert*innen-Interviews auch tun (vgl. BLS02, 56-58).

Jede Kritik muss sich die Rückfrage nach dem eigenen Hintergrund gefallen lassen. Übersetzungsentscheidungen, die den Sinn des Textes in die eine oder andere Richtung lenken, müssen für jede Übersetzung getroffen werden, nicht nur bei Übersetzungen in Leichte Sprache. Es bleibt also immer zu überprüfen, ob hier pauschal verurteilt oder begründet kritisiert wird.

6.3.2 Moralisierung

Ein weiterer Vorwurf gegenüber Bibeltexten in Leichter Sprache ist der gelegentlich vorhandene moralische Unterton. So heißt es in der Kirchentagsübersetzung in Leichter Sprache von Psalm 1:

> „*Gott nah sein.*
> ***Das ist gut.***
> *Glücklich ist der Mensch in der Nähe von Gott.*
> ***Das ist schlecht:***
> ***Von Gott weit weg sein.***
> *Manche Menschen sind von Gott weit weg.*
> *Menschen die über Gott lachen.*
> *Menschen die Böses tun.*
> *Menschen die schlecht reden [...]*"[100]

Im Vergleich dazu Psalm 1,1 nach der Luther-Übersetzung von 2017:
„*Wohl dem, der nicht wandelt im Rat der Gottlosen noch tritt auf den Weg der Sünder noch sitzt, wo die Spötter sitzen, [...]*",[101] und aus der Zürcher Bibel 2007 „*Wohl dem, der nicht dem Rat der Frevler folgt und nicht auf den Weg der Sünder tritt, noch sitzt im Kreis der Spötter, [...]*".[102] Beide Übersetzungen verwenden eindeutig negativ besetzte Personengruppenbezeichnungen wie Gottlose/Frevler, Sünder und Spötter, es wird aber keine so eindeutige moralische Zuweisung von gut und schlecht vorgenommen wie in der Übertragung in Leichte Sprache.

Die Frage ist hier berechtigt, inwieweit die zwar leicht verständlichen aber moralisch klar konnotierten Worte gut und schlecht eine unzulässige Moralisierung vornehmen oder ob der Bibeltext tatsächlich eine klare moralische Botschaft beinhaltet, die sonst hinter den negativ besetzten Personengruppenbezeichnungen verborgen bleibt und nur unbewusst wirkt. Moralisierung ist jedoch (wie sehr viele andere Kritikpunkte auch) nicht unbedingt ein genuines Problem beim Übersetzen in Leichte Sprache, sondern ein allgemeines Problem von Bibelübersetzungen.

Es ist denkbar, dass Bibeltexte in Leichter Sprache deshalb häufiger dafür kritisiert werden, weil sie klar auf den Punkt bringen, was andere Texte nicht so hart formulieren. Den Vorwurf, ‚zu hart' zu formulieren, haben Schädler und Reichstein allgemein als Kritikpunkt für Texte in Leichter Sprache benannt (vgl. Kap. 6.1.1).

---

[100] 35. DEUTSCHER EVANGELISCHER KIRCHENTAG STUTTGART 2015 E.V., Bibeltexte in Leichter Sprache, 32, Fettdruck wie im Original, Zeichensetzung wie im Original
[101] DEUTSCHE BIBELGESELLSCHAFT (Hrsg.), Die Bibel nach Martin Luthers Übersetzung.
[102] KIRCHENRAT DER EVANGELISCH-REFORMIERTEN LANDESKIRCHE DES KANTONS ZÜRICH (Hrsg.), Zürcher Bibel von 2007.

6.3.3 Banalisierung

Bauer und Ettl zitieren die ihnen vorgeworfene Kritik, Bibeltexte in Leichter Sprache seien „Evangelium light".[103] Heißt das: Leicht = seicht? Der Vorwurf der Simplifizierung und Banalisierung steht im Raum. Dieser Spagat zwischen Äquivalenz und Verständlichkeit ist in der Tat ein besonderes Thema bei der Übersetzung von Bibeltexten in Leichte Sprache. Laut Stefan Altmeyer gibt es bei Religion und religiösen Texten ein ‚doppeltes Unbehagen': Zu schwer und zu kompliziert sei genauso ungünstig wie zu simpel, zu leicht, zu banal.[104] *„Die Spannung zwischen einem Wunsch nach Einfachheit und einer Angst vor Vereinfachung ist typisch für religiöse Sprache."*[105] Dieses Dilemma hat nach Altmeyer immer etwas mit der Frage nach der Wahrheit zu tun. Denn leider sei das, was wahr ist, nicht immer auch leicht zu sagen. Gerade im kirchlichen Bereich habe sich die Sprache nicht mit den Menschen mitentwickelt. Das komme für Leichte Sprache besonders zum Tragen. Die ‚Sprachkrise' der Kirche werde in der Unfähigkeit deutlich, das Evangelium verständlich zu kommunizieren.[106]

6.3.4 Zerstörung von ‚schöner Sprache'

Bibeltexten in Leichter Sprache wird vorgeworfen, die ‚schönen Bibeltexte' zu verhunzen und durch die unendlichen Wortwiederholungen ein Graus für Deutschlehrer*innen und andere Kulturliebhaber*innen zu sein,[107] wobei beide Kritikpunkte auch für andere Übersetzungen von (literarischen) Texten in Leichte Sprache und auch für Bibelübersetzungen wie die Volxbibel gelten.[108] Die Übersetzenden von Bibeltexten in Leichter Sprache sind sich durchaus bewusst, dass Leichte Sprache nicht die Sprachgewalt eines Martin Luther, nicht die Poesie eines Martin Buber und nicht die literarische Qualität der Einheitsübersetzung hat:

> *„Bibeltexte in Leichter Sprache können und sollen kein Ersatz für andere, sprachlich meist schwierigere Bibelübersetzungen sein, Sie sind eine Ergänzung [...] Theologische Richtigkeiten und ästhetische Gesichtspunkte müssen notfalls auch mal hintenanstehen, damit die Botschaft bei den Menschen ankommt."*[109]

---

[103] Vgl. BAUER, DIETER; ETTL, CLAUDIO, Frohe Botschaft - ganz leicht?!, 266.
[104] Vgl. ALTMEYER, STEFAN, Was wahr ist, ist auch leicht zu sagen, 260–262.
[105] Ebd., 260
[106] Vgl. ebd., 259.
[107] Vgl. BAUER, DIETER; ETTL, CLAUDIO, Frohe Botschaft - ganz leicht?!, 266.
[108] Vgl. DOERRY, MARTIN, Maria in der Hängematte, 130.
[109] BAUER, DIETER; ETTL, CLAUDIO, Frohe Botschaft - ganz leicht?!, 266.

Kritik an Bibeltexten in Leichter Sprache

Gute Bibeltexte in Leichter Sprache entwickeln ihre ganz eigene Poesie und ihren eigenen Stil. Das zeigt die Übersetzung von Psalm 139,14-18 für den Kirchentag 2017:

> *„Du Gott: Du hast mich gemacht.*
> *Das ist gut.*
> *Du hast alle Dinge gut gemacht.*
> *Dafür danke ich dir, Gott.*
> *Du Gott: Du siehst mich.*
> *Und kennst mein Leben.*
> *Und kennst auch meine Zukunft.*
> *Du Gott: Du weißt so viel.*
> *So viel mehr als alle Menschen.*
> *Du Gott: Du bist so anders als wir Menschen.*
> *Aber trotzdem bist du den Menschen nah.*
> *Du Gott: Und ich bin dir nah."*[110]

Stil zu entwickeln und Poesie auch in Leichter Sprache zu erhalten, ist eine sehr große Herausforderung (nicht nur, aber besonders) bei der Übersetzung von Bibeltexten. Michael Hofmann aus der Arbeitsgruppe Leichte Sprache des Kirchentags formuliert hier hoffnungsvoll selbstkritisch:

> *„Poetische Rede und extrem verdichtete Sprache zu transformieren, ist aufgrund der Regelwerke der Leichten Sprache im Kern zum Scheitern verurteilt. Man darf hoffen, ehrenvoll zu scheitern."*[111]

6.3.5 Kritik an den Illustrationen von Bibeltexten in Leichter Sprache

Die Kritik an Bildern zu Bibeltexten deckt sich zunächst weitgehend mit der allgemeinen Kritik an den Bildern zu Leichte-Sprache-Texten. Einige Aspekte, die zum Teil schon in der Vorstellung der Übersetzendengruppen benannt wurden, werden hier noch einmal zusammenfassend genannt.

Der blonde Jesus von Stefan Albers

Nicht aus der Literatur belegt, aber aus der Übersetzendengruppe selbst überliefert ist die Kritik an der Jesusdarstellung von Stefan Albers in den Veröffentlichungen der Lebenshilfe. Wie in Kapitel 4.2.7 beschrieben, wurde die Jesusdarstellung in Zusammenarbeit mit den Prüferinnen und Prüfern entwickelt. Diese sahen in den blonden Haaren eine Möglichkeit, Jesus sofort wiedererkennbar

---

[110] 36. DEUTSCHER EVANGELISCHER KIRCHENTAG BERLIN 2017 E.V., Bibeltexte in Leichter Sprache, 8.
[111] Ebd., 8.

darzustellen.[112] Er ist die einzige Figur mit blonden langen Haaren und Vollbart. Auch wenn die Intention der Auswahl des blonden Jesus nicht absichtlich rassistisch gemeint ist, handelt es sich doch um strukturellen Rassismus, der der eurozentrischen Darstellung von Jesus entspringt.

Die Gemeindepädagogin und Rassismusaktivistin Sarah Vecera veröffentlichte 2022 ihr Buch „Wie ist Jesus weiß geworden?".[113] Hier fasst sie u.a. die Geschichte der Darstellung Jesu als ‚weißer' Europäer zusammen und beschreibt die Wechselwirkung dieser Darstellung mit der Verfestigung rassistischer Strukturen einer ‚weißen' Überlegenheit im Christentum.[114] Die Darstellung Jesu orientierte sich in den Anfängen an der Zielgruppe. Die ersten bekannten Darstellungen in den Katakomben Roms aus dem 4. Jahrhundert zeigen Jesus mit römischen Zügen. Dies setzte sich mit verschiedenen Darstellungen in verschiedenen Kulturen bis ins Mittelalter fort, wo sich die Darstellung Jesu als ‚weißer' Europäer so stark festigte, dass sie auch bei der Mission beibehalten wurde und maßgeblich dazu beitrug, eine Überlegenheit ‚weißer' Menschen zu konstruieren und zu festigen und alle ‚People of Color' (also alle, die nicht als ‚weiß' gelesen werden) zu Menschen zweiter Klasse zu machen.[115] Diese Darstellung findet sich dominant in den Jesusdarstellungen in aller Welt bis heute, von Kirchenfenstern bis zur Kinderbibel.[116]

Gerade weil Leichte Sprache sich für dis/ability-Sensibilität einsetzt, sollten die bildlichen Darstellungen Jesu zu Leichte-Sprache-Texten gründlich geprüft werden und nicht zu einer Diskriminierung auf einer anderen Ebene beitragen.

Das Metacom-Bild für Gott

Das Büro für Leichte Sprache der Diakonie Mark-Ruhr verwendet zur Illustration seiner Texte Bilder von Metacom (vgl. Kap. 4.7.4), die sonst v.a. in der Unterstützten Kommunikation verwendet werden.[117]

Metacom-Bilder sind klare und leicht verständliche Symbole, die besonders gut erkennbar und unterscheidbar sind. Sie wurden von der Graphikerin Annette Kitzinger für ihre Tochter Meta erfunden und dienen Menschen aller Altersgruppen zur verbesserten Kommunikation.[118] Das Bild für Gott zeigt eine Wolke mit einem Heiligenschein.

---

[112] LAUENSTEIN, BRITTA: Warum Jesus blond ist – Gedächtnisprotokoll eines Gesprächs mit Anne Wrede beim Netzwerktreffen Leichte Sprache in Marburg, März 2015.
[113] VECERA, SARAH, Wie ist Jesus weiß geworden?.
[114] Vgl. ebd., 120–124.
[115] Vgl. ebd., 121ff.
[116] Vgl. ebd., 124ff.
[117] KITZINGER, ANNETTE, METACOM 8 – Symbole zur Unterstützten Kommunikation, URL: http://metacom-symbole.de/ (zuletzt geprüft am 09.10.2022).
[118] Vgl. ebd.

Auch hier gibt es keine in der Literatur auffindbare Kritik. Die Darstellung ist aber theologisch zumindest diskussionswürdig.

Der Verzicht auf Illustration in Ermangelung geeigneter Bilder

Die Problematik, dass es keine *geeigneten* Illustrationen für Bibeltexte in Leichter Sprache gibt, führt bei den Veröffentlichungen von Leicht gesagt und des Kirchentags zu der Entscheidung, lieber keine Bilder als ungeeignete zu verwenden. Diese Entscheidung nimmt in Kauf, dass diese Texte damit gegen die Regel verstoßen, dass Texte in Leichter Sprache durch Bilder illustriert werden sollen, um das Verstehen zusätzlich zu unterstützen.

Die Bemühungen um die Schaffung eigener geeigneter Illustrationen

Das Katholische Bibelwerk hat zu den Veröffentlichungen seiner Bibeltexte mit zwei Künstlern und einer Künstlerin zusammengearbeitet, die jeweils die Bilder für ein Lesejahr neu geschaffen haben. Dieter Groß schuf die Bilder für das Lesejahr A, Jürgen Raff für das Lesejahr B und Anja Janik für das Lesejahr C. In Kapitel 4.6.4 wurde dies bereits ausführlich beschrieben.

Kritisch kann hier angemerkt werden, dass pro veröffentlichtem Text nur jeweils ein Bild existiert. Dies ist einerseits nach den Regeln der Leichten Sprache zu wenig und stellt die Künstler*innen andererseits vor die Herausforderung, einen Text mit seiner Botschaft in einem einzigen Bild darzustellen. Zudem kann die Interpretation der Bibelstelle durch den*die Künstler*in von der durch die Übersetzung formulierten abweichen.

Aktuelle Erkenntnisse zu Bildern zu Bibeltexten in Leichter Sprache werden in Kapitel 8.6 im Zuge der Forschungsdesiderate benannt.

6.4 Ertrag für aktuelle und zukünftige Bibelübersetzungen in Leichte Sprache

Kritik dient im besten Falle dazu, Verbesserungen herbeizuführen und der Sache konstruktiv zu dienen. Aus der genannten Kritik an (Bibel-) Texten in Leichter Sprache und an kommunikativen Bibelübersetzungen lassen sich einige Empfehlungen aufgreifen.

Zunächst einmal lässt sich feststellen, dass auch Bibeltexte in Leichter Sprache der Revision bedürfen. An mehreren Stellen wird betont, dass Bibeltexte in Leichter Sprache auch mit ihrer Veröffentlichung nicht fertig, sondern weiterhin im Prozess seien (vgl. Kap. 5.2.4.1). Dabei sind die Kritikpunkte an Übersetzungsfehlern zu beachten, Erklärungen zu überarbeiten und immer wieder die Frage nach dem angemessenen Maß zwischen Vereinfachung und Zumutung zu stellen. Die Zielgruppe und ihr Vorwissen spielen eine ebenso entscheidende Rolle wie ihre kognitiven und rezeptiven Möglichkeiten, ebenso der Verwendungszusammenhang.

Die Bilder zu Bibeltexten in Leichter Sprache könnten in ihrer Qualität und Bedeutung noch gewinnen, bedürfen dazu allerdings noch viel Forschungsarbeit.

Für die Übersetzendengruppen empfiehlt sich ein Miteinander von Linguistik, Theologie, Translationswissenschaft, Bibeldidaktik und die Einbeziehung barrierefreier Technologien.

7. Perikopenvergleich

Um noch detaillierter auf Bibeltexte in Leichter Sprache einzugehen, findet in diesem Kapitel ein Perikopenvergleich statt. Einige Bibeltexte existieren in mehreren Versionen in Leichter Sprache und können daher hinsichtlich formaler Aspekte, der Umsetzung des Regelwerks von Leichter Sprache und inhaltlicher Aspekte miteinander verglichen werden.

In Kapitel 7.1 wird zunächst dargelegt, welche Perikopen aus welchen Gründen ausgewählt wurden und es werden die verwendeten Vergleichsparameter dargestellt und begründet. Kapitel 7.2 vergleicht dann die verschiedenen Versionen von Psalm 23 in Leichter Sprache untereinander und mit den Ausgangstexten. In Kapitel 7.3 folgt der Vergleich der Geburtsgeschichte Jesu nach Lk 2,1-20. In Kapitel 7.4 werden die Erkenntnisse aus den Vergleichen abschließend dargestellt.

7.1 Perikopenauswahl und Vergleichsparameter

Die Auswahl der Perikopen wurde durch mehrere Faktoren beeinflusst. Bedingung war, dass es mehrere (mindestens drei) Leichte-Sprache-Versionen des Textes gibt. Die Perikopen sollten nicht zu lang sein und verschiedene Textgattungen abbilden. Jede Übersetzendengruppe sollte mit einer Übersetzung von mindestens einer der Perikopen vertreten sein. Die drei in den Expert*innen-Interviews herausgearbeiteten Herausforderungen Verneinung, bildhafte Sprache/Metaphern und Deutungsvielfalt sollten in den gewählten Perikopen gegeben sein. Wünschenswert war das Vorkommen der Leichte-Sprache-Version in der Literatur oder in der Kritik. Zum Vergleich wurden die jeweils nachgewiesenen oder (aus guten Gründen) angenommenen Ausgangstexte, also verschiedene deutsche Übersetzungen, und eine weitere deutsche Übersetzung herangezogen. Die beiden gewählten Perikopen Psalm 23 und Lukas 2 entsprechen diesen Kriterien. Die folgende Tabelle bietet dazu einen Überblick:

Tabelle 5: Perikopenauswahl und Vergleichsparameter

	Psalm 23	Lukas 2
Text in Leichter Sprache liegt vor von	DEKT-Gruppe Anne Gidion Offene Bibel Diakonie Mark-Ruhr EKiBa-Projekt	DEKT-Gruppe Kath. Bibelwerk Diak. Stiftung Wittekindshof Leicht gesagt Lebenshilfe Bremen
Textgattung	Lied/Lyrik/Gebet	narrativer Text
Textlänge	6 Verse	20 Verse, daher Schwerpunkt auf Vers 8-20
Verneinung	Vers 1 (nichts mangeln) Vers 4 (kein Unglück)	Vers 7 (keinen Raum) Vers 10 (Fürchtet euch nicht)
Metapher	Vers 1 (Hirte)	Vers 4 (Stadt Davids)
Deutungsvielfalt	u.a. Vers 3b Vers 4 Vers 5a und b Vers 6a und b	Schwerpunkt Vers 8-20 Vers 9 Vers 14 Vers 19
Erwähnung in der Literatur o. Kritik	keine Erwähnung	Ulla Fix Kritik Lebenshilfe
zugeordnete deutsche Ausgangstexte	Luther 1984 Kirchentagsübersetzung (KTÜ) Studienfassung Offene Bibel	Luther 1984 Einheitsübersetzung 1980
ausgewählte weitere Übersetzung	Buber/Rosenzweig	Berger/Nord

Bei den Vergleichsparametern kann zwischen der formalen/grammatischen Analyse, Verständlichkeitsindikatoren und dem inhaltlichen Vergleich unterschieden werden.

Zu den formalen/grammatischen Parametern gehören Aspekte der Korpusanalyse wie die Anzahl der Wörter, die Anzahl der Sätze, der Umfang des Wortschatzes, die Anzahl der Haupt- und Nebensätze sowie Länge der Wörter und Sätze. Um die Verständlichkeit zu überprüfen, ist auch die Analyse der Einhaltung der Regeln von Leichter Sprache sinnvoll.

Beim inhaltlichen Vergleich wird zum einen das Verhältnis zum Ausgangstext in Bezug auf Auslassungen, Zusätze, Zusammenfassungen und Veränderungen in der Reihenfolge untersucht. Zum anderen wird der Zieltext mit dem jeweiligen Ausgangstext verglichen und zum dritten wird der Umgang mit den Herausforderungen Verneinung, Metapher und Deutungsvielfalt an einzelnen Beispielen untersucht.

Nach Betrachtung dieser Parameter kann bilanziert werden, inwieweit Regelkonformität vorliegt, eine hohe Verständlichkeit der Texte erreicht wird, in welchem Maße Loyalität zum Ausgangstext besteht und exegetische Korrektheit vorliegt.

7.2 Psalm 23

Für die Synopse werden folgende Texte herangezogen: Luther 1984[1] (in der Version aus der Stuttgarter Erklärungsbibel als allgemeiner Referenztext und Vorlage der evangelischen Übersetzungen), Buber/Rosenzweig[2] (als jüdische urtextnahe Übersetzung), Studienfassung Offene Bibel[3] (als Ausgangstext der Leichte-Sprache-Version der Offenen Bibel) und die offizielle Kirchentagsübersetzung[4] (als Ausgangstext der Leichte-Sprache-Version des DEKT), dazu fünf Versionen in Leichter Sprache: DEKT[5], Offene Bibel[6], Diakonie Mark-Ruhr[7], Anne Gidion[8] und die Version der Evangelischen Kirche von Baden aus dem Leichte-Sprache-Projekt (EKiBa).[9] Zu Gidion ist anzumerken, dass Psalm 23 nicht in „Leicht gesagt!" veröffentlicht wurde, sondern in dem Buch „Du höre". Dort ist der Text in eine fiktive Predigt in einer Beispielerzählung eingebaut und nicht zum Selbstlesen durch die Zielgruppe gedacht. Der Text entspricht dadurch nicht dem Format einer Veröffentlichung in einem Lektionar und/oder für die primäre Zielgruppe.

Die erste Tabelle stellt die vier gewählten deutschen Übersetzungen – drei Ausgangstexte und eine urtextnahe Übersetzung – in ‚schwerer Sprache' dar. In der zweiten Tabelle folgen die Textversionen in Leichter Sprache.

---

[1] Psalm 23, in: DEUTSCHE BIBELGESELLSCHAFT (Hrsg.): Stuttgarter Erklärungsbibel, 682.
[2] BUBER, MARTIN, XXIII. Ein Harfenlied Dawids, 37–38. Hierbei wird im Folgenden Martin Buber als alleiniger Übersetzer genannt, da Buber die Psalmen erst nach dem Tod Franz Rosenzweigs 1929 übersetzte (vgl. KUSCHMIERZ 2007, 81).
[3] OFFENE BIBEL E.V., Psalm 23 – Die Offene Bibel. Studienfassung und Lesefassung.
[4] 37. DEUTSCHER EVANGELISCHER KIRCHENTAG DORTMUND 2019 E.V. (Hrsg.), Exegetische Skizzen, 21.
[5] Ebd.
[6] OFFENE BIBEL E.V., Psalm 23 in Leichter Sprache – Die Offene Bibel.
[7] BRÖSNER, MANDY, Heft für die Aussegnung.
[8] GIDION, ANNE, Er ist mein Hirte.
[9] EVANGELISCHE LANDESKIRCHE IN BADEN, Psalmen zum Kirchenjahr in Leichter Sprache.

Tabelle 6: Synoptische Darstellung von vier ausgewählten deutschen Übersetzungen (Psalm 23)

	Luther 1984	Buber	Studienfassung Offene Bibel[10]	Kirchentagsübersetzung (KTÜ)
	Der gute Hirte	Psalm 23	Studienfassung Psalm 23	Psalm 23
V. 1	Ein Psalm Davids Der HERR ist mein Hirte, mir wird nichts mangeln.	Ein Harfenlied Dawids. ER ist mein Hirt, mir mangelts nicht.	Ein Psalm (begleitetes Lied) von (für, über, nach Art von) David JHWH ist mein Hirte. Nichts fehlt mir (wird mir fehlen).	Ein Psalm, David zu eigen. Gott ist meine Hirtin. Nichts mangelt mir.
V. 2	Er weidet mich auf einer grünen Aue und führet mich zum frischen Wasser.	Auf Grastriften lagert er mich, zu Wassern der Ruh führt er mich.	Er sorgt dafür (macht es möglich, erlaubt mir), dass ich mich auf Weiden im saftigen Gras (grünen/frischen Wiesen/Auen/Weiden) ausruhen (hinlegen, rasten) kann. Zu ruhigen (stillen) Gewässern (einem Gewässer, Gewässern der Rast, natürlichen Tränken, murmelnden Bächen) führt er mich (wird er mich führen).	Auf frischem Grün lässt Gott mich lagern und leitet mich zu Wassern der Ruhe.
V. 3	Er erquicket meine Seele. Er führet mich auf rechter Straße um seines Namens willen.	Die Seele mir bringt er zurück, er leitet mich in wahrhaftigen Gleisen um seines Namens willen.	Meine Lebenskraft (meine Kehle, meinen Lebensatem, mein innerstes Wesen, mich selbst) bringt er zurück (wird er erneuern, erfrischt er). Er führt mich (wird mich führen) auf richtigen Pfaden (Pfaden der Gerechtigkeit) zur [Wahrung] seines Namens (guten Rufs).	Meine Kraft gibt Gott mir zurück, führt mich in gerechten Spuren – so liegt es in Gottes Namen.
V. 4	Und ob ich schon wanderte im finsteren Tal, fürchte ich kein Unglück; denn du bist bei mir, dein Stecken und Stab trösten mich.	Auch wenn ich gehn muss durch die Todschattenschlucht, fürchte ich nichts Böses, denn du bist bei mir, dein Stab, deine Stütze – die trösten mich.	Auch wenn ich durch (in) das Tal des Todesschattens (das von tödlicher Gefahr überschattete Tal, das extrem finstere Tal) gehe (gehen werde/muss/sollte, gerate), fürchte (werde ich fürchten) ich keine Gefahr (Unheil, Übel Unglück, nichts Böses, das Böse nicht, den Bösen nicht), denn du [bist] bei mir. Deine Keule (Rute, Knüppel, Stock) und dein Stab [sie] geben mir Zuversicht (trösten, beruhigen mich, werden mir Zuversicht geben).	Wenn ich auch gehen muss durchs Todschattental, fürcht' ich kein Unheil. Du bist ja bei mir. Dein Stab, deine Stütze trösten mich.
V. 5	Du bereitest vor mir einen Tisch im Angesicht meiner Feinde. Du	Du rüstest den Tisch mir meinen Drängern zugegen,	Du deckst (bereitest vor, wirst decken) vor mir einen Tisch (eine Matte, ein Festmahl) direkt vor	Du deckst vor mir einen Tisch, im Angesicht derer, die mir feind sind.

[10] Für die Textkorpusanalyse wurden in dieser Textversion die Textteile in Klammern nicht berücksichtigt.

	Luther 1984	Buber	Studienfassung Offene Bibel[10]	Kirchentagsübersetzung (KTÜ)
	salbest mein Haupt mit Öl und schenkst mir voll ein.	streichst das Haupt mir mit Öl, mein Kelch ist Genügen.	(gegenüber von) meinen Feinden (meines Feindes). Du hast (salbst) meinen Kopf mit Öl (Olivenöl, Fett) gesalbt (erfrischt, eingefettet). Mein Becher [ist] randvoll (fließt über).	Du salbst mir den Kopf mit Öl, mein Becher ist übervoll.
V. 6	Gutes und Barmherzigkeit werden mir folgen mein Leben lang und ich werde bleiben im Hause des HERRN immerdar.	Nur Gutes und Holdes verfolgen mich nun alle Tage meines Lebens, ich kehre zurück zu DEINEM Haus für die Länge der Tage.	Nur (ja, nichts als) Güte (Gutes) und Liebe (Gnade) werden mir folgen (verfolgen mich) [an] allen Tagen meines Lebens, und (und dann, und so) ich werde wohnen (halte mich auf, werde [immer wieder] zurückkehren) im (ins) Haus JHWHs für die Länge meiner Tage.	Nur Güte und Treue verfolgen mich alle Tage und ich bleibe in Gottes Haus mein Leben lang.

Folgende Doppelseite:
Tabelle 7: Darstellung der Textversionen in Leichter Sprache (Psalm 23)

	DEKT LS	Offene Bibel	Diakonie Mark/Ruhr	Anne Gidion	EKiBa
Überschrift	Psalm 23	Psalm 23 in Leichter Sprache	Psalm 23		Monatspsalm April (Psalm vom guten Hirten): Psalm 23
					Zwischentext Ein Hirte passt auf seine Schafe auf. Er ist immer da. Auch wenn wilde Tiere kommen. So ist Gott für uns.
1	Gott ist bei mir. Ich vertraue Gott. Gott sorgt für mich. Gott ist wie ein Hirte. Von allem habe ich genug.	Das ist ein Lied von David: Gott ist immer bei mir. Darum geht es mir gut. Ich habe alles, was ich brauche.	Der Herr ist mein Hirte. Ich habe alles, was ich brauche. Darum geht es mir gut.	Er ist mein Hirte. Und er ist für mich da.	Der Herr ist mein Hirte. Ich habe alles, was ich brauche.
2	Ich vertraue Gott. Gott hat einen Platz für mich. Da liege ich im grünen Gras. Ich habe frisches Wasser. Mir geht es gut.	Gott sorgt für mich. Ich esse und trinke und werde satt. Ich finde Ruhe. Das tut mir gut.	Gott sorgt für mich. Ich esse und trinke. Ich werde satt. Ich finde Ruhe. Das tut mir gut.	Er gibt mir Luft zum Atmen und Brot zum Essen. Er zeigt mir, wo ich Wasser finde, das meinen Durst stillt.	Wie ein Schaf auf einer grünen Wiese. Dort gibt es saftiges Gras. Der Hirte bringt mich zum Wasser. Zu ganz frischen Quellen.
3	Gott gibt meinem Atem Kraft. Ich freue mich. Gott zeigt mir den guten Weg. Ich traue mich, den Weg zu gehen.	Mein Atem wird kräftig. Ich lebe. Gott zeigt mir den richtigen Weg. Gott macht mir Mut. Gott macht mich stark. Er hat es versprochen. Davon will ich erzählen.	Mein Atem wird kräftig. Ich lebe. Gott zeigt mir den richtigen Weg. Gott macht mir Mut. Gott macht mich stark. Er hat es versprochen. Davon will ich erzählen.	(Satz 1 siehe Vers 2) Ich suche einen Weg. Er führt mich. Auf diesen Gott habe ich gehofft.	
4	Und wenn mein Weg dunkel ist: Wenn ich Angst habe. Oder bei Not und Gefahr. Du Gott:	Manchmal habe ich Angst. Manchmal bin ich krank. Manchmal habe ich Schmerzen. Auch dann weiß ich:	Manchmal habe ich Angst. Manchmal bin ich krank.	Auch wenn es richtig dunkel ist, wie mitten in der Nacht, bin ich mutig.	Manchmal muss ich durch dunkle Schluchten gehen. Aber Gott ist bei mir. Er tröstet mich und hilft mir. Sein Stab vertreibt wilde Tiere.

Psalm 23

Dann habe ich Vertrauen. Dann habe ich Mut. Was auch geschieht: Du Gott bist bei mir. Du Gott gibst mir Schutz und Trost.	Gott ist da. Gott hilft mir. Gott beschützt mich.	Manchmal habe ich Schmerzen. Dann weiß ich: Gott ist da. Gott hilft mir. Gott beschützt mich.	Ich fühle mich stark. Denn Gott ist bei mir: Ja, genau du, Gott, ich darf dich anreden. Du gehst vor mir her. Du zeigst mir, wo es gut ist.	Und sein Stock gibt mir Sicherheit.
5 Gott lädt mich ein. Ich bin willkommen. Wer mir Böses wünscht, sieht: Ich bin ein Gast bei Gott. Ich bin willkommen. Gott berührt mich: Der Segen von Gott schenkt mir Würde. Es gibt das beste Essen. Und genug zu trinken.	Gott deckt einen Tisch für mich. Von Allem ist genug da. Ich darf essen und trinken. Meine Feinde beneiden mich. Gott gibt mir schöne Kleider und duftendes Parfüm. Von Allem ist genug da.	Gott deckt einen Tisch nur für mich. Von Allem ist genug da. Ich darf essen und trinken. Und meine Feinde müssen zugucken. Gott gibt mir schöne Kleider. Und gut riechendes Öl. Von Allem ist genug da.	Du deckst den Tisch für mich wie bei einem Fest. Auch die, die mich hassen, sehen das. Sie können nichts machen. Du schenkst mir Kleider und wäschst mich mit edler Seife.	Gott ist auch wie ein großzügiger Gastwirt. Er deckt mir den Tisch. Auch vor bösen Leuten. Er salbt mich mit kostbarem Duftöl. Er schenkt mein Glas immer wieder voll ein.
6 Jeden Tag erlebe ich Gutes. Liebe ist mit mir. Und bei Gott bin ich zuhause. Ich vertraue Gott. Heute. Morgen. Immer.	Gott gibt mir nur Gutes und Liebes. Ich fühle mich wohl und bin fröhlich, mein Leben lang. Ich wohne mit Gott in seinem Haus. Ich bin bei Gott, jeden Tag.	Gott gibt mir nur Gutes und Liebes. Ich fühle mich wohl. Ich bin fröhlich. Mein Leben lang. Ich wohne mit Gott in seinem Haus. Ich bin jeden Tag bei Gott.	Es ist ein besonderer Tag! Und so bleibt es für mich, bis ich sterbe. Und auch dann noch darf ich bleiben – bei Gott.	Gott ist gut und warmherzig. So bleibt er bei mir für immer. Was auch kommt, ich darf bei Gott sein. In seinem Haus bin ich Gast und Freund. Für immer und ewig.

7.2.1 Formale Vergleichsparameter und grammatische Analyse

Dieses Kapitel ist zweigeteilt. Zunächst wird eine formale Textanalyse von Psalm 23 mit Hilfe des Natural Language Toolkit (NLTK)[11] vorgenommen.[12] Die Bezeichnungen der Wortarten richten sich nach dem Stuttgart Tübingen Tagset (STTS).[13] Zu allen erhobenen Zahlen[14] werden im Vorhinein Annahmen formuliert, die sich aus den Regeln für Leichte Sprache[15] ergeben. Die Zahlen geben Aufschluss darüber, ob diese Annahmen sich bestätigen lassen oder nicht. Danach werden noch einige Aspekte des Layouts und der Veröffentlichung miteinander verglichen.

7.2.1.1 Formale Textanalyse mit dem Natural Language Toolkit (NLTK)

Wortarten

Aufgrund der Regeln *„Benutzen Sie Wörter, die etwas genau beschreiben"*[16] und *„Benutzen Sie Verben"*[17] wird davon ausgegangen, dass die Zieltexte prozentual mehr Nomen und Verben enthalten als die Ausgangstexte.

Aufgrund der Debatte um die Verwendung von Personalpronomen der 3. Person, besonders des dreideutigen Personalpronomens ‚sie' (Anrede, 3. Pers. Sing., 3. Pers. Plural), wird davon ausgegangen, dass es weniger dieser Pronomen in den Zieltexten gibt.

Aufgrund der Regeln *„Schreiben Sie kurze Sätze"*[18] und *„Benutzen Sie einfachen Satzbau"*[19] wird angenommen, dass die Zahl der verwendeten Konjunktionen in den Zieltexten niedriger ist als in den Ausgangstexten.

Bei den Nomen ergibt sich ein gemischtes Bild: Die Zieltextversionen des Kirchentags, der Offenen Bibel, der Diakonie Mark-Ruhr und der EKiBa haben prozentual betrachtet ähnlich viele Nomen wie die Ausgangstexte (zwischen 18 und 26%), die Version von Gidion mit 12,7% deutlich weniger. Bei den Verben findet eine leichte bis deutliche Steigerung im Vergleich zu den Ausgangstexten statt.

---

[11] BIRD, STEVEN; LOPER, EDWARD; KLEIN, EWAN, Natural Language Processing with Python 2009.
[12] Für die Hilfe bei der Erstellung danke ich der Mathematikerin und Sprachwissenschaftlerin Annika Nietzio, Leiterin des Büros für Leichte Sprache der Ev. Stiftung Volmarstein, sehr herzlich!
[13] Siehe Anhang.
[14] Alle Zahlen befinden sich in Tabellenform im Anhang.
[15] Alle Regelzitate aus: BUNDESMINISTERIUM FÜR ARBEIT UND SOZIALES (Hrsg.), Leichte Sprache Ratgeber.
[16] Ebd., 23.
[17] Ebd., 28.
[18] Ebd., 44.
[19] Ebd., 45.

Sie liegt zwischen 1,65 Prozentpunkten (DEKT LS im Vergleich zu KTÜ) und 8,5 Prozentpunkten (DMR im Vergleich zu Luther 1984). Nur der Text der EKiBa hat eine ähnliche Verbhäufigkeit wie die Ausgangstexte. Bei der Verwendung von Konjunktionen ist keine oder nur punktuelle Reduzierung festzustellen, am ehesten bei den Zieltexten der Offenen Bibel und der Diakonie Mark-Ruhr. Bei der Verwendung von Personalpronomen ist sogar eine deutliche Steigerung festzustellen. Eine Ausnahme bildet der Text der EKiBa, der keine deutliche Steigerung der Personalpronomen aufweist. Die Steigerungen betreffen vor allem die unstrittigen Pronomen ‚ich' und ‚du', die in Psalm 23 eine zentrale Rolle spielen. Das umstrittene Pronomen ‚sie' wird nur ein einziges Mal bei Anne Gidion (V5) verwendet.

Anzahl der Wörter, Wortschatz und Wortlänge

Aufgrund der Erfahrung, dass Texte in Leichter Sprache oft länger sind, weil in ihnen noch Erklärungen eingefügt sind, wird erwartet, dass die Leichte-Sprache-Texte dieses Vergleichs mehr Wörter umfassen als die Ausgangstexte.

Aufgrund der Regel „*Benutzen Sie immer die gleichen Wörter für die gleichen Dinge*"[20] wird angenommen, dass der Wortschatz aber im Verhältnis zur Wortmenge kleiner ist als bei den Ausgangstexten. Aufgrund dieser Regel lässt sich auch die Erwartung formulieren, dass es mehr Wortwiederholungen innerhalb des Textes gibt.

Aufgrund der Regel „*Benutzen Sie kurze Wörter*"[21] wird davon ausgegangen, dass die durchschnittliche Wortlänge in den Zieltexten kürzer ist als in den Ausgangstexten und dass auch das längste Wort nicht zu lang ist.

Die Annahme, dass Textversionen in Leichter Sprache länger sind als die Ausgangstexte, wird hier von allen Zieltexten bestätigt. Die Zieltexte sind fast eineinhalb mal so lang (z.B. DEKT LS, 168 Wörter) wie die Ausgangstexte (KTÜ, 108 Wörter). Eine Ausnahme bildet der Text EKiBa (125 Wörter), der nur 25% länger ist als der Ausgangstext (LUT84, 102 Wörter). Absolut gesehen verringert sich der benötigte Wortschatz nicht, sondern erhöht sich leicht, relativ gesehen gibt es aber eine deutliche Reduktion, da die Texte länger geworden sind.

Bei der Betrachtung der Worthäufungen wird sehr deutlich, dass das Wort ‚Gott' in den Zieltexten eine zentrale Bedeutung bekommt. So nennt die DEKT-Leichte-Sprache-Version ‚Gott' 17mal im Vergleich zu KTÜ-Ausgangstext (5mal). Anzumerken ist hier noch, dass bei Buber JHWH als Wort fehlt, weil er den Gottesnamen in seiner Übersetzung immer mit ‚ER' angibt, was vom (nicht denkenden) Algorithmus des Programms als Personalpronomen gerechnet wurde. Bedingt durch die Kürze des Textes insgesamt kommt es über das Wort

---

[20] Ebd., 25.
[21] Ebd., 26.

‚Gott' hinaus nur zu wenigen Wortdopplungen. Im Vergleich zu den Ausgangstexten, wo fast alle Verben (außer ‚führen' bei Luther 1984) nur einmal vorkommen, gibt es in den Zieltexten Doppel- oder Dreifachnennungen von Verben (z.B. ‚essen', ‚trinken', ‚machen', ‚geben'). Bei der DEKT-Leichte-Sprache-Version sticht dabei das Wort ‚vertrauen' heraus, das in keinem der Ausgangstexte vorkommt.

Bezüglich der Reduktion der Wortlängen bestätigt sich die Annahme kürzerer Wörter, was sich auf den Wortlängendurchschnitt nur marginal auswirkt. Die längsten Wörter der Zieltexte sind zwar nicht länger als 11 Buchstaben (OB LS und DMR, ‚versprochen'), aber im Durchschnitt gibt es nur geringe Auswirkungen. Den größten Unterschied kann man zwischen Gidion (Durchschnitt 3,7 Buchstaben pro Wort) und dem Ausgangstext Luther 1984 (Durchschnitt 4,6 Buchstaben pro Wort) erkennen. Rechnerisch ist das immerhin eine Reduktion um 20%. Absolut macht es sich nur gering bemerkbar.

Satzlänge

Aufgrund der Regel *„Schreiben Sie kurze Sätze. Machen Sie in jedem Satz nur eine Aussage"*[22] wird erwartet, dass die Zieltexte wesentlich kürzere, dafür aber auch wesentlich mehr Sätze als die Ausgangstexte haben.

Hier werden die Annahmen voll bestätigt. Die Satzanzahl wird zum Teil mehr als verdoppelt (z.B. Gidion, 19 Sätze zu LUT84, 9 Sätze), während die Satzlänge bis zu mehr als der Hälfte reduziert wird (z.B. OB SF 24 Worte zu OB LS 11 Worte). Lediglich bei Gidion finden sich einige wenige längere Sätze. Dies ist bei Gidion auf den Verwendungszusammenhang (Beerdigungspredigt) zurückzuführen. Insgesamt sind Gidions Sätze durchschnittlich kürzer als die Sätze der Ausgangstexte.

Nebensätze

Die Regel *„Benutzen Sie einen einfachen Satz-Bau"*[23] legt nahe, dass der Text möglichst nur aus kurzen Hauptsätzen bestehen soll. Die Regeln der Leichten Sprache erlauben auch, dass ein Satz unvollständig ist und mit einer Konjunktion (z.B. oder, wenn, weil, und, aber) beginnen darf. Dies führt zu der Erwartung, dass es möglichst keine Satzkonstruktionen mit Nebensätzen in Leichter Sprache geben sollte.

In der Frage der Nebensätze gibt es ein gemischtes Bild. Die Textversionen in Leichter Sprache der Offenen Bibel und der Diakonie Mark-Ruhr kommen mit einem Nebensatz aus („Ich habe alles, was ich brauche"). Sie heben zumindest den Konditionalsatz aus Vers 4 („ob ich schon wanderte im finstern Tal") auf.

---

[22] Ebd., 44.
[23] Ebd., 45.

Das gelingt den Leichte-Sprache-Versionen des Kirchentags und Gidion nicht. Beim Kirchentag wird der Konditionalsatz in Vers 4 in zwei Sätze umgewandelt, hinzu kommen noch zwei Relativsätze. Bei Gidion werden mehrere Nebensätze hinzugefügt, hier ist erneut auf das Setting des Textes hinzuweisen. Sprechpausen können auch hier zur Verständlichkeit beitragen. Die EKiBa verwendet auch den Nebensatz „Ich habe alles, was ich brauche." Im Einleitungstext wurde ein Konditionalsatz hinzugefügt, der aber ohne Hauptsatz dasteht („Auch wenn wilde Tiere kommen"). Im Psalmtext selbst wurde der Konditionalsatz umgangen. In Vers 6 wurde der Nebensatz „Was auch kommt" eingefügt.

Verneinung

Die Regel „*Benutzen Sie positive Sprache*"[24] lässt erwarten, dass es möglichst keine Verneinungen im Text gibt. Dabei ist zwischen einer N-Verneinung mit ‚nicht' und einer K-Verneinung z.B. mit ‚keine' zu unterscheiden. Diese Regel ist in neuerer Forschung umstritten. Die N-Verneinung gilt als verständlicher als die K-Verneinung und sollte daher, wenn eine Verneinung formuliert wird, der K-Verneinung vorgezogen werden.

Da alle Zieltexte in Leichter Sprache gänzlich ohne Verneinung auskommen, wird diese Annahme in vollem Umfang erfüllt.

Zusammenfassung:

Hinsichtlich der Verminderung der Satzlängen, der Erhöhung der Anzahl der Sätze, der Verminderung des Wortschatzes und der Vermeidung von Verneinungen bestätigen die Zahlen der Analyse die Annahmen. In Bezug auf Nebensätze und Wortarten konnten die Zahlen die Annahmen nur teilweise bestätigen, in Bezug auf Nebensätze war das Ergebnis sogar völlig gegensätzlich zur Annahme. Die Schlussfolgerungen aus den Regeln für Leichte Sprache müssen hier unter verschiedenen Gesichtspunkten modifiziert werden:

Psalm 23 ist ein recht kurzer Text, was bei der Worthäufigkeitsanalyse deutlich zum Ausdruck kommt. Darüber hinaus ist er ein poetischer Text, was sich in der Analyse besonders in den Personalpronomen ‚ich' und ‚du' niederschlägt (um deren Verhältnis es im Psalm besonders geht), was wiederum die allgemeinen Aussagen zur Verwendung von Personalpronomen unmöglich macht.

Poesie in Leichter Sprache ist noch einmal eine besondere Herausforderung, für die die Regeln für Leichte Sprache nicht gemacht sind, da sie ursprünglich für die Vereinfachung von Informationen formuliert wurden.[25] Für die Übersetzungsentscheidungen spielt gerade bei Poesie der eigene Stil, die Nähe zum Ausgangstext und die Gewichtung der Regeln für deren Umsetzung eine Rolle.

---

[24] Ebd., 32.
[25] Vgl. FRÖHLICH, WALBURGA; CANDUSSI, KLAUS, Informationsbarrieren, 11.

	Luth 1984	Buber	Studienfassung Offene Bibel	DEKT (allg. KTÜ)	DEKT LS	Offene Bibel	Diakonie Mark/Ruhr	Anne Gidion	EKiBa
Versnummern	ja	nein	ja	ja	nein	ja, aber am rechten Bildschirmrand, nicht direkt im Text	nein	nein	nein
Paralleltexte	Parallelstellen am Ende der Spalte; Erklärungstext	nein	Fußnoten mit weiteren Erklärungen, grundsätzliche Anmerkungen zum Aufbau des Psalms	keine; im Zusammenhang des DEKT-Liederbuchs #lautstärke abgedruckt	in der Veröffentlichung des Zentrums Barrierefrei: Inhaltsangabe und Hinweis auf die Bibelstelle	nein	nein, Kopf- und Fußzeile mit redaktionellen Hinweisen	eingebettet in einen Aufsatz als Anwendungsbeispiel	kleiner Einleitungstext; insgesamt in einer Abfolge von 12 Monatspsalmen abgedruckt
Layout	Stuttgarter Erklärungsbibel: zweispaltiger Text; eine Zeile pro Versteil, Absatz nach Vers 4; HERR in Kapitälchen; Sinnzeilen	eine Zeile pro Versteil, Seitenumbruch nach Vers 1, Er und DEINEM in Kapitälchen; Sinnzeilen	Internetseite: ausführliche Darstellung mit allen Übersetzungsvarianten in Klammern; eher als Fließtext als in Versform durch die vielen Variationen. Bei Verswechsel auch neue Zeile	eine Zeile pro Versteil, große Versnummern; Sinnzeilen	eine Zeile pro Satz; Absätze, die den Text in mehrere Teile gliedern; Sinnzeilen	eine Zeile pro Satz; Sinnzeilen	Tabellenform mit zwei Spalten: links Bild, rechts Text; ein Satz pro Zeile	kein besonderes Layout, da der Text innerhalb einer fiktiven Predigt gesprochen wird	Fließtext ohne Absätze; Einleitungstext ist nicht klar vom Psalmtext getrennt
Illustration	keine	keine	keine	keine	keine (in der Veröffentlichung des Zentrums Barrierefrei)	keine	metacom, sieben Bilder (eins pro Sinnabschnitt)	keine	keine

7.2.1.2 Vergleich einiger Aspekte des Layouts und der Veröffentlichung

Vorherige Seite:
Tabelle 8: Vergleich einiger Aspekte des Layouts und der Veröffentlichung in den Ausgangstexten (Psalm 23)

Im Vergleich (siehe Tabelle auf der vorherigen Seite) der Parameter zum Layout und den Paratexten fällt auf, dass sich fast alle Versionen bemühen, die poetische Form des Textes auch im Layout darzustellen. Ausnahmen bilden die Studienfassung der Offenen Bibel, die durch ihre Darstellung möglichst aller Übersetzungsmöglichkeiten gar nicht beabsichtigt, flüssig lesbar zu sein. Bei Buber fällt auf, dass alle ‚Preisungen' (Bubers Ausdruck für die Psalmen) einfach hintereinander gedruckt sind und dadurch bei Psalm 23 ein Seitenumbruch nach Vers 1 entsteht. Die Gedichtform ist zwar vorhanden, doch der Seitenumbruch zerstört den optischen Gesamteindruck. Dies ist kein Buber-Spezifikum, sondern in vielen Übersetzungen zu finden, fällt aber an dieser Stelle besonders auf.

Im Bereich der Leichten Sprache ist die Diakonie Mark-Ruhr die einzige Version, die überhaupt Bilder zum Text anbietet. Dafür nutzt sie für das Layout die für alle Texte der Diakonie Mark-Ruhr typische Tabellenform, die die Besonderheit der Textgattung nicht erkennen lässt. Die Textversion der EKiBa entspricht nicht den Layoutvorgaben für Leichte Sprache. Sie ist im Internet zwar im Rahmen des Projekts veröffentlicht worden, im Layout und in der Ansprache jedoch eher für Multiplikator*innen als für die Zielgruppe. Sie bemüht sich nicht um eine der Gedichtform entsprechende Darstellung.

Paratexte gibt es bei den Ausgangstexten in Form von Fußnoten und Anmerkungen (außer bei Buber, der darauf vollständig verzichtet). Besonders ausgeprägt sind die Erklärungstexte in der Stuttgarter Erklärungsbibel und in der Studienfassung der Offenen Bibel. Bei den Leichte-Sprache-Versionen gibt es (erwartungsgemäß) keine begleitenden Texte. Bei Gidion besteht der Sonderfall, dass der Text innerhalb einer fiktiven Predigt vorkommt und dabei die Regeln für das Layout von Texten in Leichter Sprache nicht beachtet werden. Das ist damit zu erklären, dass der Aufsatz in „Du, höre" kein Text für die primäre Zielgruppe, sondern für Multiplikator*innen ist. Die Psalmversion der EKiBa hat vier Einleitungssätze, die optisch nicht vom Psalm getrennt sind.

Die Darstellung der Texte fällt unterschiedlich aus. Sie richten sich an verschiedene primäre und/oder sekundäre Zielgruppen. Jeweils danach richtet sich auch die Textdarstellung.

7.2.2 Vergleich der fünf LS-Texte mit einem der Ausgangstexte

Nun geht es um die inhaltliche Ebene. Als Referenztext wird für das Teilkapitel 7.2.2.1 (Auslassungen, Zusätze, Zusammenfassungen und Änderung der Reihenfolge) zunächst nur Luther 1984 benötigt, da es noch nicht um den genauen Vergleich von Ausgangstext und Zieltext geht, sondern die inhaltliche Orientierung der Übersetzung an den Inhalten des Ausgangstextes. Es ist hierbei relevanter, die Leichte-Sprache-Texte miteinander zu vergleichen als mit dem tatsächlichen Ausgangstext, weil dadurch die Gemeinsamkeiten und Unterschiede der verschiedenen Leichte-Sprache-Versionen besser betrachtet werden können. In Kapitel 7.2.2.2 (Verhältnis zum jeweiligen Ausgangstext) werden dann einzelne Aspekte benannt und genauer betrachtet.

7.2.2.1 Auslassungen, Zusätze, Zusammenfassungen, Änderung der Reihenfolge

Auslassungen

Die vier Textversionen in Leichter Sprache halten sich durchgängig an die Inhalte der Ausgangstexte. Einige wenige Auslassungen sind zu beobachten.
– Vers 1: Nur die Übersetzung der Offenen Bibel nimmt den einleitenden Satz „Ein Psalm Davids" auf und übersetzt „Das ist ein Lied von David." Das Bild des Hirten wird in drei der vier Übersetzungen beibehalten. Es fehlt in der Übersetzung der Offenen Bibel. Bei Gidion fehlt die Übersetzung von „Mir wird nichts mangeln".
– Vers 2: Die „grüne Aue" wird nur in der Kirchentagsversion als „ich liege im grünen Gras" übersetzt, alle anderen wählen die Bedeutung des Grases für ein Schaf, also das Sattwerden, für ihre Übersetzung. Ähnlich verhält es sich mit dem „frischen Wasser". Die Kirchentagsversion, Anne Gidion und die EKiBa benutzen den Begriff Wasser. Die beiden anderen wählen stattdessen das Tätigkeitswort trinken.
– Vers 3 wird von allen Übersetzenden unterschiedlich übersetzt. Er fehlt in der Version der EKiBa.
– Vers 4: Das „finstere Tal" kommt in keiner Übersetzung als „Tal" vor. In der Kirchentagsversion und bei Gidion und bei der EKiBa findet sich das Adjektiv dunkel. DEKT, Offene Bibel und die Diakonie Mark-Ruhr beschreiben die damit verbundenen Gefühle. „Dein Stecken und Stab trösten mich" wird sinngemäß mit den damit verbundenen Tätigkeiten übertragen: beschützen, helfen, trösten, vorangehen, den Weg zeigen. Die EKiBa behält die Begriffe

Psalm 23

   Stock und Stab bei und vebindet sie mit den Tätigkeiten des Hirten: Wilde
   Tiere vertreiben und Sicherheit geben.
− Vers 5: „Du salbst mein Haupt mit Öl" wird von allen sehr frei übersetzt. „Du
   schenkst mir voll ein" wird bei der DEKT-Version mit Essen und Trinken in
   Verbindung gebracht, von Offene Bibel und Diakonie Mark-Ruhr sogar er-
   weitert auf „von allem ist genug da" und bei Gidion ausgelassen.
− Vers 6 wird von allen Übersetzenden frei, aber vollständig übersetzt.

Zusätze

Zusätze sind in allen Übersetzungen beigefügt. Es handelt sich in der Regel um
Erläuterungen und Ausschmückungen, z.B. für die Bedeutung des Bildes vom
Hirten, für die Gefühle im „finstern Tal", für die Beschreibung des von Gott ge-
deckten Tischs und die dadurch bei den „Feinden" hervorgerufenen Gefühle.
Um Gefühle geht es auch „im Hause des Herrn". Die EKiBa stellt dem Psalm vier
einleitende Sätze voran.

Zusätze, die frei hinzugefügt sind, finden sich besonders im Zusammenhang
mit Vers 5: Du salbst mein Haupt mit Öl. Hier werden bei der Offenen Bibel, der
Diakonie Mark-Ruhr und bei Gidion Kleider und gut riechende Pflegeprodukte
ins Spiel gebracht. Die EKiBa betont die Rolle Gottes als Gastgeber.

Der Text von Anne Gidion enthält darüber hinaus einige weitere Zusätze. In
Vers 2 formuliert Gidion: „Er gibt mir Luft zum Atmen und Brot zum Essen." Mit
der Erwähnung von Brot verlässt sie das Bild von Schaf und Hirten, da Schafe
kein Brot fressen. Das Brot ist aber deutlich näher an der Lebenswelt der Menschen als das von Schafen gefressene Gras und erfordert zum Verstehen nicht
die Transferleistung von der Wiese, Weide oder Aue und dem Gras zur menschlichen Ernährung. In Vers 4 schreibt Anne Gidion: „Du zeigst mir, wo es gut ist."
Dieser Satz nimmt Bezug auf die guten Orte in Vers 2, im Ausgangstext kommt
diese Wendung aber so nicht vor. Schließlich heißt es in Vers 6 bei Gidion: „Es
ist ein besonderer Tag!" Die Heraushebung des (aktuellen) Tages als Beginn einer
guten Zukunft bis in die Ewigkeit kommt so ebenfalls im Ausgangstext nicht vor.

Auch die EKiBa nimmt mehrere zusätzliche Ausschmückungen vor: In Vers
2 wird das „Wasser" näher beschrieben: „Zu ganz frischen Quellen". In Vers 3
wird der Mensch ausdrücklich mit einem Schaf verglichen. Stock und Stab werden durch Tätigkeiten ergänzt und in Vers 6 wird der Satz „Was auch kommt,
ich darf bei Gott sein" eingefügt, um den Ausdruck „bei Gott bleiben" zu erläutern.

Zusammenfassungen

Alle Übersetzungen verzichten auf Zusammenfassungen.

Änderung der Reihenfolge

Die Reihenfolge der Verse wird fast immer eingehalten. Es gibt nur an zwei Stellen Abweichungen:
- Die Kirchentagsversion verschiebt das Bild vom Hirten von Vers 1 in den dritten Satz und beginnt mit drei erklärenden Zusätzen zur Erläuterung der gemeinsamen Eigenschaften von Gott und einem Hirten.
- Anne Gidion verschiebt Vers 3, Satz 1 in Vers 2, Satz 1 und interpretiert das „Erquicken der Seele" wie die anderen Übersetzungen mit „Atmen" und bringt es in einen Zusammenhang mit „Essen und Trinken" in Vers 2.

7.2.2.2 Verhältnis zum jeweiligen Ausgangstext

Vers für Vers werden nun Ausgangstext und Zieltext gegenübergestellt. Der Fokus liegt auf den Entsprechungen und Differenzen zwischen Ausgangstext und Zieltext. Dabei werden einige Aspekte der weiteren Kapitel schon angesprochen, später aber noch einmal im Vergleich der Leichte-Sprache-Versionen im Detail wieder aufgenommen.

Psalm 23 in Leichter Sprache (DEKT)

Der Leichte-Sprache-Text des DEKT hat neben der Kirchentagsübersetzung noch mehrere andere deutschsprachige Übersetzungen als Ausgangstext zugrunde gelegt. Die Übersetzendengruppe hat die Übersetzung jedes einzelnen Verses in einem Werkstattbericht begründet. Dieses hohe Maß an Reflexion der Übersetzungsentscheidungen ist einzigartig. Es wird später im Unterkapitel 7.2.3 im inhaltlichen Vergleich gewürdigt und zitiert.

Tabelle 9: Gegenüberstellung von Ausgangstext (KTÜ) und Zieltext (DEKT LS) (Psalm 23)

Kirchentagsübersetzung (KTÜ)	DEKT LS	Vergleich
Überschrift		
Psalm 23	Psalm 23	wörtlich gleich
1 Ein Psalm, David zu eigen. Gott ist meine Hirtin. Nichts mangelt mir.	Gott ist bei mir. Ich vertraue Gott. Gott sorgt für mich. Gott ist wie ein Hirte. Von allem habe ich genug.	Hinweis auf David fehlt. Die Bezeichnung von Gott als Hirt<u>in</u> wird in Leichter Sprache nicht übernommen. Das Bild des Hirten wird allerdings beibehalten, aber erst in Satz 4 formuliert. Die Verneinung wird aufgelöst.
2 Auf frischem Grün lässt Gott mich lagern und leitet mich zu Wassern der Ruhe.	Ich vertraue Gott. Gott hat einen Platz für mich. Da liege ich im grünen Gras. Ich habe frisches Wasser. Mir geht es gut.	Vor und nach dem eigentlichen Verstext werden Gefühlsbeschreibungen eingefügt (Satz 1 und 5). Frisches Grün wird konkretisiert zu Gras. Wasser wird übernommen.

Kirchentagsübersetzung (KTÜ)	DEKT LS	Vergleich
3 Meine Kraft gibt Gott mir zurück, führt mich in gerechten Spuren – so liegt es in Gottes Namen.	Gott gibt meinem Atem Kraft. Ich lebe. Ich freue mich. Gott zeigt mir den guten Weg. Ich traue mich, den Weg zu gehen.	Der Begriff der Kraft wird übernommen. Es werden wieder Gefühls- und Zustandsbeschreibungen hinzugefügt (Satz 2,3 und 5).
4 Wenn ich auch gehen muss durchs Todschattental, fürcht' ich kein Unheil. Du bist ja bei mir. Dein Stab, deine Stütze trösten mich.	Und wenn mein Weg dunkel ist: Wenn ich Angst habe. Oder bei Not und Gefahr. Du Gott: Dann habe ich Vertrauen. Dann habe ich Mut. Was auch geschieht: Du Gott bist bei mir. Du Gott gibst mir Schutz und Trost.	Das Todschattental (in der KTÜ in Anlehnung an Buber) wird durch das Bild des „dunklen Wegs" ersetzt. Gefühls- und Situationsbeschreibungen werden erläuternd ergänzt. Der Wechsel der Anrede wird übernommen. Stab und Stütze werden nicht als Bild verwendet, sondern deren Bedeutung Schutz und Trost.
5 Du deckst vor mir einen Tisch, im Angesicht derer, die mir feind sind. Du salbst mir den Kopf mit Öl, mein Becher ist übervoll.	Gott lädt mich ein. Ich bin willkommen. Wer mir Böses wünscht, sieht: Ich bin ein Gast bei Gott. Ich bin willkommen. Gott berührt mich: Der Segen von Gott schenkt mir Würde. Es gibt das beste Essen. Und genug zu trinken.	Das Bild des gedeckten Tischs wird umgewandelt in eine Einladung Gottes. „Die mir feind sind" wird als Nebensatzkonstruktion beibehalten, aber neu formuliert: „Wer mir Böses wünscht". Der Aspekt der Berührung bei der Salbung wird betont und in den Mittelpunkt gestellt. Salbung wird mit Segen gleichgesetzt. Das (schwere) Wort Würde wird hinzugefügt. Der gedeckte Tisch wird ausgeschmückt mit dem „besten Essen". Der übervolle Becher wird vermindert zu „genug zu trinken".
6 Nur Güte und Treue verfolgen mich alle Tage und ich bleibe in Gottes Haus mein Leben lang.	Jeden Tag erlebe ich Gutes. Liebe ist mit mir. Und bei Gott bin ich zuhause. Ich vertraue Gott. Heute. Morgen. Immer.	Die „Treue" wird nicht beibehalten. Der Satz „Liebe ist in mir" wird hinzugefügt. Der Aufenthalt bei Gott wird im Vergleich zur KTÜ ausgeweitet von „mein Leben lang" auf „Heute. Morgen. Immer." Dies entspricht mehr dem lutherischen „immerdar". Es gibt keinen Bezug des Begriffs ‚Haus Gottes' zum Tempel (→ Enttemplisierung); das ist keine jüdisch-sensible Sprache

Zwischenfazit: Jeder Vers des Psalms wird gründlich reflektiert übertragen. Jedes Wort ist durchdacht. Es entsteht eine freie Übersetzung, die erläuternde Gefühle und Situationen formuliert und dem Ausgangstext dennoch stringent folgt. Der Zusatz in Vers 5: *„Der Segen von Gott schenkt mir Würde"* ist zwar leicht lesbar, aber nicht leicht verständlich.

Psalm 23 in Leichter Sprache (Offene Bibel)

Der Ausgangstext der Offenen Bibel ist die eigene Studienfassung der Internetplattform.

Tabelle 10: Gegenüberstellung von Ausgangstext (OB SF) und Zieltext (OB LS) (Psalm 23)

Studienfassung Offene Bibel	Offene Bibel	Vergleich
Überschrift		
Studienfassung Psalm 23	Psalm 23 in Leichter Sprache	Psalm 23 als Titel übereinstimmend, Titelzusätze weisen auf die Übersetzungsversion hin.
1 Ein Psalm (begleitetes Lied) von (für, über, nach Art von) David JHWH ist mein Hirte. Nichts fehlt mir (wird mir fehlen).	Das ist ein Lied von David: Gott ist immer bei mir. Darum geht es mir gut. Ich habe alles, was ich brauche.	Lied als Vereinfachung von Psalm. Bild vom Hirten nicht übersetzt, sondern ersetzt durch die zentrale Funktion des Hirten, immer da zu sein. Positive Formulierung der Verneinung.
2 Er sorgt dafür (macht es möglich, erlaubt mir), dass ich mich auf Weiden im saftigen Gras (grünen/frischen Wiesen/Auen/Weiden) ausruhen (hinlegen, rasten) kann. Zu ruhigen (stillen) Gewässern (einem Gewässer, Gewässern der Rast, natürlichen Tränken, murmelnden Bächen) führt er mich (wird er mich führen).	Gott sorgt für mich. Ich esse und trinke und werde satt. Ich finde Ruhe. Das tut mir gut.	Das Motiv der „Fürsorge" wird beibehalten und unabhängig vom Bild des Hirten konkretisiert in Essen, Trinken und Ausruhen. „Das tut mir gut" wird als Gefühlsbeschreibung hinzugefügt.
3 Meine Lebenskraft (meine Kehle, meinen Lebensatem, mein innerstes Wesen, mich selbst) bringt er zurück (wird er erneuern, erfrischt er). Er führt mich (wird mich führen) auf richtigen Pfaden (Pfaden der Gerechtigkeit) zur [Wahrung] seines Namens (guten Rufs).	Mein Atem wird kräftig. Ich lebe. Gott zeigt mir den richtigen Weg. Gott macht mir Mut. Gott macht mich stark. Er hat es versprochen. Davon will ich erzählen.	Atem wird als Ausdruck des Lebendigseins ausgewählt und betont. „Pfade der Gerechtigkeit" werden zum „richtigen Weg". Das Konstrukt „zur Wahrung seines Namens" wird übertragen und gedeutet mit dem Versprechen von Mut und Stärke. „Davon will ich erzählen" ist ergänzend eingefügt und gehört mit zum Deutungshorizont des Erinnerns.
4 Auch wenn ich durch (in) das Tal des Todesschattens (das von tödlicher Gefahr überschattete Tal, das extrem finstere Tal] gehe (gehen werde/muss/sollte, gerate), fürchte (werde ich fürchten) ich keine Gefahr (Unheil, Übel Unglück, nichts Böses, das Böse nicht, den Bösen nicht), denn du [bist] bei mir.	Manchmal habe ich Angst. Manchmal bin ich krank. Manchmal habe ich Schmerzen. Auch dann weiß ich: Gott ist da. Gott hilft mir. Gott beschützt mich.	Das Tal des Todesschattens wird als Bild nicht aufgenommen, sondern durch Gefühls- und Situationsbeschreibungen ersetzt. Die Verneinung „fürchte ich keine Gefahr" wird positiv umformuliert in die Sicherheit von Gottes Nähe, Hilfe und Schutz. Auf jegliche bildhafte Sprache wird verzichtet.

Studienfassung Offene Bibel	Offene Bibel	Vergleich
Deine Keule (Rute, Knüppel, Stock) und dein Stab [sie] geben mir Zuversicht (trösten, beruhigen mich, werden mir Zuversicht geben).		
5 Du deckst (bereitest vor, wirst decken) vor mir einen Tisch (eine Matte, ein Festmahl) direkt vor (gegenüber von) meinen Feinden (meines Feindes). Du hast (salbst) meinen Kopf mit Öl (Olivenöl, Fett) gesalbt (erfrischt, eingefettet). Mein Becher [ist] randvoll (fließt über).	Gott deckt einen Tisch für mich. Von Allem ist genug da. Ich darf essen und trinken. Meine Feinde beneiden mich. Gott gibt mir schöne Kleider und duftendes Parfüm. Von Allem ist genug da.	Das Bild des gedeckten Tisches wird beibehalten und ausgeschmückt. Die Gefühle der Feinde (Neid) werden frei und interpretierend hinzugefügt. Die Salbung wird in eine Zuwendung Gottes in Form von Kleidern und Parfüm umgedeutet. Der überfließende Becher wird reduziert auf „Von allem ist genug da." Gleichzeitig wird das genug betont durch doppelte Nennung.
6 Nur (ja, nichts als) Güte (Gutes) und Liebe (Gnade) werden mir folgen (verfolgen mich) [an] allen Tagen meines Lebens, und (und dann, und so) ich werde wohnen (halte mich auf, werde [immer wieder] zurückkehren) im (ins) Haus JHWHs für die Länge meiner Tage.	Gott gibt mir nur Gutes und Liebes. Ich fühle mich wohl und bin fröhlich, mein Leben lang. Ich wohne mit Gott in seinem Haus. Ich bin bei Gott, jeden Tag.	Gutes und Liebes sind als Übersetzungsalternativen auch im Ausgangstext zu finden. Der Text wird um die Gefühle im Haus Gottes ergänzt. Die „Länge meiner Tage" wird in „jeden Tag" umformuliert.

Zwischenfazit: Auffallend ist der Verzicht auf das Bild des Hirten. Die damit verbundenen Eigenschaften Gottes und Gefühle des Menschen werden leicht verständlich ohne die Verwendung des Hirtenbildes formuliert. Der Wiedererkennungseffekt zum Ausgangstext geht verloren. Die Interpretation der Feinde als ‚neidisch' ist kritisch zu betrachten. Dies wird später noch einmal aufgenommen (Kap. 7.2.3.3). Der Text kommt mit nur einem Nebensatz aus und entspricht in hohem Maße den Regeln der Leichten Sprache. Auffallend sind die wortgleichen Formulierungen zum Text der Diakonie Mark-Ruhr, die Luther 1984 als Ausgangstext angibt. Es ist nicht sicher festzustellen, welche Textversion zuerst da war. Es ist anzunehmen, dass eine von beiden als Vorlage für die andere gedient hat. Einige Anzeichen sprechen dafür, dass der Text der Offenen Bibel der Diakonie Mark-Ruhr als Vorbild gedient hat (s. nächster Abschnitt).

Psalm 23 in Leichter Sprache (Diakonie Mark-Ruhr)

Tabelle 11: Gegenüberstellung von Ausgangstext (LUT84) und Zieltext (DMR) (Psalm 23)

Luther 1984	Diakonie Mark-Ruhr	Vergleich
Überschrift Der gute Hirte	Psalm 23	Die Überschrift von Luther wird nicht übernommen.
1 Ein Psalm Davids. Der HERR ist mein Hirte, mir wird nichts mangeln.	Der Herr ist mein Hirte. Ich habe alles, was ich brauche. Darum geht es mir gut.	Hinweis auf David fehlt. „Der Herr ist mein Hirte" wird wörtlich beibehalten. Die Verneinung wird in positive Sprache umgewandelt. Dazu wird ein Relativsatz eingefügt.
2 Er weidet mich auf einer grünen Aue und führet mich zum frischen Wasser.	Gott sorgt für mich. Ich esse und trinke. Ich werde satt. Ich finde Ruhe. Das tut mir gut.	Das Hirtenbild wird nicht weiter aufgenommen. Stattdessen wird beschrieben, wie Gott konkret für den Menschen sorgt: Essen, Trinken und Ruhe. Das Gefühl „Das tut mir gut" wird hinzugefügt.
3 Er erquicket meine Seele. Er führet mich auf rechter Straße um seines Namens willen.	Mein Atem wird kräftig. Ich lebe. Gott zeigt mir den richtigen Weg. Gott macht mir Mut. Gott macht mich stark. Er hat es versprochen. Davon will ich erzählen.	Freie Übersetzung. Gleichsetzung der Seele mit dem Atem. Modernisierung von Luthers „rechter Straße" zum „richtigen Weg". Das Konstrukt „zur Wahrung seines Namens" wird übertragen und gedeutet mit dem Versprechen von Mut und Stärke. „Davon will ich erzählen" ist ergänzend eingefügt und gehört mit zum Deutungshorizont.
4 Und ob ich schon wanderte im finstern Tal, fürchte ich kein Unglück; denn du bist bei mir, dein Stecken und Stab trösten mich.	Manchmal habe ich Angst. Manchmal bin ich krank. Manchmal habe ich Schmerzen. Dann weiß ich: Gott ist da. Gott hilft mir. Gott beschützt mich.	Das Tal des Todesschattens wird als Bild nicht aufgenommen, sondern durch Gefühls- und Situationsbeschreibungen ersetzt. Die Verneinung „fürchte ich keine Gefahr" wird positiv umformuliert in die Sicherheit von Gottes Nähe, Hilfe und Schutz. Auf jegliche bildhafte Sprache wird verzichtet.
5 Du bereitest vor mir einen Tisch im Angesicht meiner Feinde. Du salbest mein Haupt mit Öl und schenkst mir voll ein.	Gott deckt einen Tisch nur für mich. Von Allem ist genug da. Ich darf essen und trinken. Und meine Feinde müssen zugucken. Gott gibt mir schöne Kleider. Und gut riechendes Öl. Von Allem ist genug da.	Das Bild des gedeckten Tisches wird beibehalten und ausgeschmückt. „Im Angesicht meiner Feinde" wird modernisiert zu „meine Feinde müssen zugucken". Die Salbung wird in eine Zuwendung Gottes in Form von Kleidern und gut riechendem Öl umgedeutet. Die Bedeutung des Öls bleibt unklar. „Du schenkst mir voll ein" wird leicht reduziert auf „Von allem ist genug da."

Luther 1984	Diakonie Mark-Ruhr	Vergleich
6 Gutes und Barmherzigkeit werden mir folgen mein Leben lang und ich werde bleiben im Hause des HERRN immerdar.	Gott gibt mir nur Gutes und Liebes. Ich fühle mich wohl. Ich bin fröhlich. Mein Leben lang. Ich wohne mit Gott in seinem Haus. Ich bin jeden Tag bei Gott.	„Gutes" wird übernommen und Barmherzigkeit durch „Liebes" übersetzt. Der Text wird um die Gefühle im Haus Gottes ergänzt. Die „Länge meiner Tage" wird in „jeden Tag" umformuliert.

Zwischenfazit: Das Bild des Hirten spielt nur in Vers 1 eine Rolle. Danach sind alle Formulierungen unabhängig von diesem Bild gewählt. Der Wiedererkennungseffekt bleibt erhalten. Der Text entspricht bis auf den Relativsatz in Vers 1 durchgehend den Regeln der Leichten Sprache. Auffallend sind die wortgleichen Formulierungen zum Text der Offenen Bibel, die die eigene Studienversion als Ausgangstext angibt. Es ist nicht festzustellen, welche Textversion zuerst da war. Es ist anzunehmen, dass eine von beiden als Vorlage für die andere gedient hat. Zwei entscheidende Unterschiede zur Version der Offenen Bibel fallen ins Auge: Das Bild des Hirten wird beibehalten (Luthers „Der Herr ist mein Hirte" wird wörtlich übernommen) und den Feinden wird in Vers 5 kein Neid zugeschrieben, sondern neutral formuliert: „Meine Feinde müssen zugucken." Es kann vermutet werden, dass der Text der Offenen Bibel zu den Vorlagen dieser Version gehört hat und weiterentwickelt wurde.

Psalm 23 in Leichter Sprache (Anne Gidion)

Die Textversion von Anne Gidion wurde nicht in dem Buch „Leicht gesagt", sondern innerhalb des Beitrags von Anne Gidion zu Psalm 23 in dem Buch „Du, höre"[26] veröffentlicht. Der Ausgangstext steht nicht sicher fest, allerdings wurde Luther 1984 in „Leicht gesagt" als Ausgangstext verwendet. Anne Gidion stammt aus der evangelisch-lutherischen Tradition, auch deshalb ist die Lutherübersetzung als Ausgangstext wahrscheinlich. Zur Entstehungszeit von Psalm 23 in Leichter Sprache von Anne Gidion gehört die Lutherübersetzung von 1984. Daher wird Luther 1984 als Ausgangstext angenommen. Aufgrund ihres Theologiestudiums hätte Anne Gidion auch die Möglichkeit zur Verwendung des hebräischen Textes gehabt.

---

[26] GIDION, ANNE, Er ist mein Hirte.

Tabelle 12: Gegenüberstellung von Ausgangstext (LUT84) und Zieltext (Gidion) (Psalm 23)

Luther 1984	Anne Gidion	Vergleich
Überschrift Der gute Hirte		Der Text hat keine Überschrift, was der Art der Veröffentlichung zuzuschreiben ist.
1 Ein Psalm Davids Der HERR ist mein Hirte, mir wird nichts mangeln.	Er ist mein Hirte. Und er ist für mich da.	Der Hinweis auf David fehlt. In „Leicht gesagt" formulieren Gidion und Martinsen eine mögliche Einleitung zu Psalm 23.[27] „Mir wird nichts mangeln" wird sehr frei übersetzt mit „Und er ist für mich da."
2 Er weidet mich auf einer grünen Aue und führet mich zum frischen Wasser.	Er gibt mir Luft zum Atmen und Brot zum Essen. Er zeigt mir, wo ich Wasser finde, das meinen Durst stillt.	Das Bild des Hirten wird teilweise aufgegeben. Brot als Grundnahrungsmittel trifft nur auf Menschen zu. Beim Wasser wird Gidion wieder bildhafter: „Gott zeigt mir, wo ich Wasser finde, das meinen Durst stillt." Dieser Satz kann sich auf das tatsächliche Finden und Trinken von Wasser beziehen, aber auch gemäß Off 21,6 auf das Erlösungshandeln Gottes.
3 Er erquicket meine Seele. Er führet mich auf rechter Straße um seines Namens willen.	(Satz 1 siehe Vers 2) Ich suche einen Weg. Er führt mich. Auf diesen Gott habe ich gehofft.	Satz 1 ist nach Vers 2 verschoben und setzt die Seele mit der Luft zum Atmen gleich. Gottes Führung wird nicht auf die „rechte Straße" begrenzt. „Um seines Namens willen" wird frei übersetzt mit „Auf diesen Gott habe ich gehofft."
4 Und ob ich schon wanderte im finsteren Tal, fürchte ich kein Unglück; denn du bist bei mir, dein Stecken und Stab trösten mich.	Auch wenn es richtig dunkel ist, wie mitten in der Nacht, bin ich mutig. Ich fühle mich stark. Denn Gott ist bei mir: Ja, genau du, Gott, ich darf dich anreden. Du gehst vor mir her. Du zeigst mir, wo es gut ist.	Das Bild des Tals wird nicht beibehalten, nur die Dunkelheit. Diese wird auf die Nacht bezogen, nicht auf Not und Gefahr. Die Verneinung „fürchte ich kein Unglück" wird positiv umformuliert in „bin ich mutig. Ich fühle mich stark." Die Änderung der Anrede von der dritten in die zweite Person wird übernommen.
5 Du bereitest vor mir einen Tisch im Angesicht meiner Feinde. Du salbest mein Haupt mit Öl und schenkst mir voll ein.	Du deckst den Tisch für mich wie bei einem Fest. Auch die, die mich hassen, sehen das. Sie können nichts machen. Du schenkst mir Kleider und wäschst mich mit edler Seife.	Das Bild von Gott als Gastgeber wird beibehalten. Die Feinde werden zu „die, die mich hassen". Diese Nebensatzkonstruktion ist umständlich und entspricht nicht den Regeln der Leichten Sprache. Die Situation der Feinde wird ausgeschmückt und die Machtlosigkeit der Feinde betont.

---

[27] „Psalmen wurden früher gesungen. Zum Beispiel zuhause, in der Natur oder am Palast eines Königs. Aber auch im Tempel. Viele Psalmen hat (wohl) David geschrieben. Der war erst Hirtenjunge. Später wurde er König. David singt für den kranken König Saul Psalmen. Manchmal spielt er dazu Harfe. In seinen Liedern singt er von Gott. Er singt von Gottes Macht. Er beschreibt, wie Gott ist. Was Gott für Menschen tut. Wie Menschen Gott erleben. David war Hirtenjunge. Mit Schafen kennt er sich aus. Gott als guter Hirte – das kann er sich gut vorstellen. Davon singt er. Davon singen Menschen bis heute." GIDION, ANNE u. MARTINSEN, RAUTE, Einleitung (Leicht gesagt!), 11.

Luther 1984	Anne Gidion	Vergleich
		Die Salbung wird durch das Schenken von Kleidung und edler Seife ersetzt. Gott wird zu dem, der den Gast wäscht.
6 Gutes und Barmherzigkeit werden mir folgen mein Leben lang und ich werde bleiben im Hause des HERRN immerdar.	Es ist ein besonderer Tag! Und so bleibt es für mich, bis ich sterbe. Und auch dann noch darf ich bleiben – bei Gott.	Gutes und Barmherzigkeit werden nicht übersetzt, sondern auf die Besonderheit der Situation am Tisch bei Gott verwiesen. Dies wird zum Dauerzustand erklärt. Dieser endet nicht mit dem Tod. Der Text erhält sich an dieser Stelle eine gewisse Offenheit. Es gibt keinen Bezug des Begriffs ‚Haus Gottes' zum Tempel (→ Enttemplisierung); das ist keine jüdisch-sensible Sprache.

Zwischenfazit: Der Text hat von allen Texten in Leichter Sprache die kompliziertesten Wendungen. Er baut ganz auf die mündliche Sprache und entspricht bewusst nicht dem Schriftdeutsch. Der Text ist dennoch leicht zu verstehen (wenn man davon ausgeht, dass er gehört und nicht gelesen wird). Einige Verse sind sehr frei übersetzt. Gidion, der DEKT-Text und die EKiBa verändern die Perspektive in Vers 4b und übersetzen den letzten Satz des Psalms mit einer Ewigkeitsperspektive.

Psalm 23 in Leichter Sprache (aus dem Projekt der EKiBa)

Die Textversion aus dem Projekt der Evangelischen Kirche in Baden wurde auf der Internetseite der EKiBa im Rahmen der Präsentation der Ergebnisse aus dem Projekt[28] veröffentlicht. Der Ausgangstext steht nicht sicher fest, allerdings kann man aufgrund des landeskirchlichen Zusammenhangs davon ausgehen, dass Luther 1984 zugrunde gelegt wurde. Zu den an der Übersetzung beteiligten Personen und dem Entstehungszusammenhang gibt es keine Angaben auf der Homepage.

Tabelle 13: Gegenüberstellung von Ausgangstext (LUT84) und Zieltext (EKiBa) (Psalm 23)

Luther 1984	EKiBa	Vergleich
Überschrift Der gute Hirte	Monatspsalm April (Psalm vom guten Hirten): Psalm 23	Sowohl die Stellenangabe (Psalm 23) als auch der Titel von Luther (Der gute Hirte) bleiben erhalten, hinzu kommt der Hinweis auf Psalm 23 als Monatspsalm April.
	Ein Hirte passt auf seine Schafe auf. Er ist immer da. Auch wenn wilde Tiere kommen. So ist Gott für uns.	Vier Einleitungssätze, die die Bedeutung des Hirten erklären.

---

[28] EVANGELISCHE LANDESKIRCHE IN BADEN, Psalmen zum Kirchenjahr in Leichter Sprache.

Luther 1984	EKiBa	Vergleich
1 Ein Psalm Davids. Der HERR ist mein Hirte, mir wird nichts mangeln.	Der Herr ist mein Hirte. Ich habe alles, was ich brauche.	Hinweis auf David fehlt. Der Herr ist mein Hirte wird wörtlich beibehalten. Die Verneinung wird in positive Sprache umgewandelt. Dazu wird ein Relativsatz eingefügt.
2 Er weidet mich auf einer grünen Aue und führt mich zum frischen Wasser.	Wie ein Schaf auf einer grünen Wiese. Dort gibt es saftiges Gras. Der Hirte bringt mich zum Wasser. Zu ganz frischen Quellen.	Das Hirtenbild wird beibehalten und durch das Schaf ergänzt. Das Wort „Quellen" ist ungewöhnlich im Plural und ein schwer lesbares Wort.
3 Er erquicket meine Seele. Er führet mich auf rechter Straße um seines Namens willen.		Der Vers wird ausgelassen.
4 Und ob ich schon wanderte im finstern Tal, fürchte ich kein Unglück; denn du bist bei mir, dein Stecken und Stab trösten mich.	Manchmal muss ich durch dunkle Schluchten gehen. Aber Gott ist bei mir. Er tröstet mich und hilft mir. Sein Stab vertreibt wilde Tiere. Und sein Stock gibt mir Sicherheit.	Das leicht lesbare und verständliche Wort „Tal" wird durch „Schluchten" ersetzt, das eher mit Gefahr verbunden ist. Es wird auf den Wechsel der Anrede Gottes mit „Du" verzichtet. Die Bedeutung von Stab und Stock werden hinzugefügt.
5 Du bereitest vor mir einen Tisch im Angesicht meiner Feinde. Du salbest mein Haupt mit Öl und schenkst mir voll ein.	Gott ist auch wie ein großzügiger Gastwirt. Er deckt mir den Tisch. Auch vor bösen Leuten. Er salbt mich mit kostbarem Duft-Öl. Er schenkt mein Glas immer wieder voll ein.	Gott wird als Gastgeber vorgestellt. „Feinde" werden zu „bösen Leuten". Vers 5b wird fast unverändert beibehalten. In Bezug auf die Salbung bleibt der Text fremd.
6 Gutes und Barmherzigkeit werden mir folgen mein Leben lang und ich werde bleiben im Hause des HERRN immerdar.	Gott ist gut und warmherzig. So bleibt er bei mir für immer. Was auch kommt, ich darf bei Gott sein. In seinem Haus bin ich Gast und Freund. Für immer und ewig.	Gutes und Barmherzigkeit werden zu den Adjektiven gut und warmherzig. Bei Gott zu bleiben wird durch zwei neue Sätze beschrieben. „Für immer und ewig" eröffnet die Perspektive über den Tod hinaus.

Zwischenfazit: Der Text der EKiBa enthält einige Erweiterungen, die das Bild des Hirten erklären und plausibel machen oder verdeutlichen, was „bei Gott bleiben" bedeutet. Anderes wie die Tradition des Salbens bleiben unerklärt stehen. Der Wechsel vom „dunklen Tal" zu „Schluchten" ist aus Sicht der Leichten Sprache nicht nachvollziehbar. Insgesamt macht sich bemerkbar, dass es zu dieser Übertragung keine Rückfragemöglichkeit gab, da diese Übersetzungsversion nicht in gleicher Weise nachvollziehbar wie die anderen Versionen in ihrer Entstehung ist.

7.2.3 Regel trifft Inhalt: Umgang mit Verneinung, Sprachbildern, Deutungsmacht

In diesem Unterkapitel geht es um die in Kapitel 5.2 herausgearbeiteten besonderen Herausforderungen Verneinung, Sprachbilder/Metaphern und Deutungsvielfalt und die Frage, wie die Regeln für Leichte Sprache mit der inhaltlichen Aussage zusammengebracht werden. Zur einheitlichen Vergleichbarkeit wird auch hier Luther 1984 als Referenztext herangezogen. Bei den Textnachweisen werden in diesem Kapitel Kürzel verwendet: DEKT LS für Kirchentagsversion in Leichter Sprache, OB LS für Offene Bibel-Version in Leichter Sprache, DMR für Diakonie Mark-Ruhr und Gidion für Anne Gidions Textversion.

7.2.3.1 Verneinung am Beispiel von Vers 1b und 4a

In Vers 1b heißt es: *„Mir wird nichts mangeln."* (Luther 1984). In vier von fünf Variationen in Leichter Sprache wird die Verneinung durch positive Sprache ersetzt:

Die Kirchentagsversion (DEKT LS) wählt die Formulierung ‚von allem genug haben' als positive Entsprechung des Mangels: *„Von allem habe ich genug."* (DEKT LS). Offene Bibel (OB LS) und die Diakonie Mark-Ruhr (DMR) benutzen denselben Wortlaut in jeweils anderer Reihenfolge:

– *„Darum geht es mir gut. Ich habe alles, was ich brauche."* (OB LS)
– *„Ich habe alles, was ich brauche. Darum geht es mir gut."* (DMR)

Die EKiBa übersetzt nur *„Ich habe alles, was ich brauche"* und verzichtet auf eine Beschreibung des dabei empfundenen Gefühls.

Hier wird (gegen die Regeln) ein Nebensatz genutzt. ‚Ich habe alles, was ich brauche' trifft keine Aussage über die Menge dessen, was da ist. Der Aspekt des Genügens bzw. der genau richtigen Menge ist nicht so stark wie in der Kirchentagsversion. Die Verbindung mit dem Gefühl ‚Darum geht es mit gut' ist ein Zusatz, der so nicht im Ausgangstext zu finden ist (s.o.). Gidion übersetzt den Satz nur indirekt. Die Erklärung der Funktionen des Hirten wird mit dem Satz ‚Und er ist für mich da' begonnen. Dadurch, dass Gott da ist, fehlt der betenden Person nichts.

Alle Textversionen in Leichter Sprache erfüllen die Regel, negative Sprache zu vermeiden. Um dies zu erreichen, wird von der Offenen Bibel, der Diakonie Mark-Ruhr und der EKiBa allerdings der Bruch der Nebensatz-Regel in Kauf genommen.

Der Psalm enthält in Vers 4 eine weitere Verneinung: *„Und ob ich schon wanderte im finsteren Tal, fürchte ich kein Unglück."* (Luther 1984). Um diese Verneinung zu umgehen, wählen die Übersetzenden verschiedene Wege.

Die DEKT-Gruppe und Anne Gidion wählen eine Formulierung mit dem Gegenteil von Angst und Furcht, dem Mut:
- „Du Gott: Dann habe ich Vertrauen. Dann habe ich Mut." (DEKT LS)
- „[...], bin ich mutig. Ich fühle mich stark." (Gidion).

Die Offene Bibel, die Diakonie Mark-Ruhr lassen den Vers aus und gehen direkt über zum Satz ‚Du bist bei mir' und beschreiben das Wissen um Gottes Nähe als Gegensatz zur Furcht in den Ausgangstexten. Die EKiBa beschreibt die Situation, durch Schluchten gehen zu müssen (ohne das Bild bzw. das schwierige Wort zu erklären) und setzt den Text dann mit einer ausführlichen Beschreibung von Gottes Aktivität als Hirte und Beschützer fort. Dabei kommt der Text ohne Verneinung aus.

Es ist also festzustellen, dass auch hier durch eine positive Entsprechung oder Auslassung die Vermeidung der Verneinung gelingt.

7.2.3.2 Bildhafte Sprache am Beispiel des Hirtenbildes (Vers 1-4)

Die Metapher vom Hirten bezeichnet nach Erich Zenger grundsätzlich Gottes „innerstes Wesen, [das darin besteht,] so da zu sein".[29] Die Metapher kann aus zwei Erfahrungsbereichen heraus gedeutet werden. Zum einen baut sie auf Erfahrungen des Volkes Israel als Halbnomaden auf, zum anderen ist sie Sinnbild für den Befreiungsweg des Volkes Israel aus Ägypten.[30]

Mit Bezug auf die Lebenswelt der Halbnomaden wird kein idyllisch verklärtes Hirtenleben geschildert, sondern ein Leben voller Herausforderungen und Gefahren. Es geht um die alltägliche Rund-um-die-Uhr-Versorgung der Herden mit Nahrung, Wasser und Ruhe genauso wie um den Schutz vor Gefahren wie wilden Tieren oder konkurrierenden Herden. Dabei spielt die Fähigkeit des Hirten, die Herde an den richtigen Ort zu führen, eine genauso große Rolle wie das tatkräftige Beschützen vor Feinden und das Unterstützen in schwierigem Gelände. Nur so können die Schafe so kräftig und widerstandsfähig bleiben, dass sie auch den nächsten Tag überleben können.[31] Der Hirte braucht dazu eine gute Ortskenntnis und gutes Werkzeug („Stecken und Stab"), mit denen er ängstlichen und leidenden Mitgliedern seiner Herde mehr handfest hilft, als dass er sie tröstet.[32]

Die Bezüge zur Exodus-Geschichte liegen in der parallelen Nutzung einiger Ausdrücke. So wird das gelobte Land mehrfach als ‚Weide' bezeichnet (z.B. Jer 23,3). Die in Ps 23,2 genannte ‚Ruhe' ist genau jener Zustand von Frieden und Heil, der auch dem gelobten Land zugeschrieben wird (z.B. 1 Kön 8,56). Die Wanderung der Israeliten durch die Wüste war auch ein Weg durch düsteres Land

---

[29] ZENGER, ERICH, Psalmen, 228.
[30] Vgl. ebd.
[31] Vgl. NACHAMA, ANDREAS; GARDEI, MARION, Du bist mein Gott, 76; ZENGER, ERICH, Psalmen, 229.
[32] Vgl. DEUTSCHE BIBELGESELLSCHAFT (Hrsg.), Stuttgarter Erklärungsbibel, AT 682.

(vgl. Jer 2,6) und die Bilanz in Dtn 2,7 ähnelt den Psalmworten: „*Vierzig Jahre ist der Herr, dein Gott, bei dir gewesen. An nichts hast du Mangel gehabt.*" (Luther 1984) In Psalm 23 wird deutlich, dass Gott nicht nur das Volk als Ganzes, sondern jeden einzelnen Menschen im Blick hat. Jede*r wird individuell wahrgenommen, beschützt, geleitet und mit Nahrung, Mut und Kraft versorgt.[33] Diese Aspekte des Führens, Behütens, Versorgens und Rettens betont auch Klaus Seybold in seinem Psalmenkommentar. Er weist besonders auf die Eigenschaft der Metapher hin, ein Wort mit einem anderen gleichzusetzen und dadurch ein neues Verständnis des Ausgangswortes zu schaffen. Die Eigenschaften des Hirten sind bekannt und werden durch Gott als Hirten auch auf das eigene Leben übertragen.[34] Das Unsagbare, das mit Gott verbunden ist, wird durch die Metapher sagbar und damit greifbar.[35]

Vier von fünf Leichte-Sprache-Texten behalten das Bild des Hirten bei. Die offene Bibel verzichtet auf das Bild des Hirten, behält aber alle damit verbundenen Eigenschaften (Immer-da-Sein, Leitung und Begleitung, Versorgung, Schutz, Hilfe und Trost) bei. Diese Eigenschaften werden in den fünf Leichte-Sprache-Versionen unterschiedlich stark vermittelt.

Immer-da-sein

Dieses „*innerste Wesen*" Gottes (Zenger[36]) kommt in den Texten durch die Sätze „*Gott ist bei mir*" (DEKT LS, V1), „*Gott ist immer bei mir*" (OB LS, V1; EKiBa V1) und „*Und er ist für mich da*" (Gidion, V1; EKiBa Einleitungssatz 2) zum Ausdruck. Dabei betonen nur die Offene Bibel und die EKiBa ausdrücklich das ‚Immer'. In der Version der Diakonie Mark-Ruhr fehlt ein entsprechender Satz.

Leitung und Begleitung

Leitung und Begleitung finden sich in allen Leichte-Sprache-Versionen des Psalms: Ausdruck findet das Gefühl der Leitung und Begleitung in den Sätzen „*Ich vertraue Gott. Gott hat einen Platz für mich.*" (DEKT LS, V2), „*Gott zeigt mir den guten Weg.*" (DEKT LS, V3), „*Gott zeigt mir den richtigen Weg*" (OB LS und DMR, jew. V3), „*Ich suche einen Weg. Er führt mich.*" (Gidion, V3) und „*Du gehst vor mir her. Du zeigst mir, wo es gut ist.*" (Gidion, V4)

---

[33] Vgl. ZENGER, ERICH, Psalmen, 230.
[34] Vgl. SEYBOLD, KLAUS, Die Psalmen, 121f.
[35] Vgl. ebd., 58.
[36] ZENGER, ERICH, Psalmen, 228.

Versorgung

Alle Textversionen beschreiben die versorgenden Tätigkeiten des Hirten (auch wenn der Hirte nicht überall benannt wird). Dieser versorgt die Schafe mit Essen, Trinken, einem Ruheplatz und einem kräftigen Atem.

Die Versorgung mit Essen fehlt bei der Kirchentagsversion, dort wird nur die allgemeine Versorgung „*Gott sorgt für mich*" (DEKT LS, V1) und später die Versorgung mit Wasser beschrieben: „*Ich habe frisches Wasser.*" (DEKT LS, V2) Die Offene Bibel und die Diakonie Mark-Ruhr schreiben fast wortgleich „*Ich esse und trinke und / ich werde satt.*" (OB LS und DMR, V2) Die EKiBa betont das ‚saftige Gras' und die ‚ganz frischen Quellen' (EKiBa, V2). Gidion formuliert: „*Er gibt mir Luft zum Atmen und Brot zum Essen. Er zeigt mir, wo ich Wasser finde, das meinen Durst stillt.*" (Gidion, V2) Die Stärkung des Atems folgt bei den anderen erst in V3: „*Gott gibt meinem Atem Kraft*" (DEKT LS, V3) bzw. nun gänzlich wortgleich bei der Offenen Bibel und der Diakonie Mark-Ruhr: „*Mein Atem wird kräftig.*" (V3)

Der Ruheplatz wird bei allen außer bei Gidion und bei der EKiBa beschrieben: „*Gott hat einen Platz für mich. Da liege ich im grünen Gras*" (DEKT LS, V2) und „*Ich finde Ruhe*" (OB und DMR, jeweils V2).

Alle (außer der EKiBa) beschreiben die Folgen dieser guten Versorgung: „*Mir geht es gut*" (DEKT LS, V2), „*Ich lebe. Ich freue mich*" (DEKT LS, V3), „*Darum geht es mir gut*" (OB LS und DMR, jeweils V1), „*Das tut mir gut*" (OB LS und DMR, V2), „*Ich lebe. [...] Gott macht mir Mut. Gott macht mich stark*" (OB LS und DMR, V3) sowie „*...bin ich mutig. Ich fühle mich stark*" (Gidion, V4).

Schutz, Hilfe und Trost

Trost wird nur in der Kirchentagsversion und in der Version der EKiBa ausdrücklich benannt. Dort heißt es: „*Du Gott gibst mir Schutz und Trost.*" (DEKT LS V4, Zeichensetzung im Original) bzw. „*Er tröstet mich und hilft mir*" (EKiBa V4). Bei der Kirchentagsversion fehlt der Hilfebegriff. Offene Bibel und Diakonie Mark-Ruhr formulieren wieder im selben Wortlaut: „*Gott hilft mir. Gott beschützt mich.*" (OB und DMR, jeweils V4) Die EKiBa betont die Bedeutung von Stock und Stab als Werkzeuge für Hilfe und Sicherheit. Gidion nutzt keinen der drei Begriffe und betont noch einmal das Geleitetwerden durch Gott: „*Du gehst vor mir her. Du zeigst mir, wo es gut ist.*" (Gidion, V4). Als Folge dieses Verhaltens wird deutlich, dass der*die Betende weiß: Gott ist da. Dies wird ausgedrückt durch die Sätze „*Du Gott bist bei mir*" (DEKT LS V4, Zeichensetzung im Original), „*Gott ist da.*" (OB LS und DMR, jeweils V4), „*Denn Gott ist bei mir*" (Gidion, V4) und „*Aber Gott ist immer bei mir.*" (EKiBa V4).

Besonderheiten:

Perspektiv-Wechsel von Gott als „Er" zu Gott als „Du":

Psalm 23 ist ein spiegelbildlich (chiastisch) aufgebauter Psalm, dessen vier Abschnitte folgendermaßen aufeinander bezogen sind:

„Verse 1b-3	Bekenntnis über Gott als Hirte	
	(er - ich): Geborgenheit: ‚Lagern', ‚Ruhe'	
Vers 4	Gebet zu Gott als Hirte	
	(ich - du): Bedrohung: ‚finsteres Tal'	
Vers 5	Gebet zu Gott als Gastgeber	
	(du - ich): Bedrohung: ‚Feinde'	
Vers 6	Bekenntnis über Gott als Gastgeber	
	(ich - er): Geborgenheit: ‚Bleibendes Wohnen'"[37]	

Zwischen Vers 3 und 4 wechselt die Perspektive vom Bekenntnis zum Gebet und damit von der Rede in der 3. Person zur Anrede Gottes mit ‚Du'. Zwischen Vers 5 und 6 wechselt die Perspektive wieder zurück vom Gebet zum Bekenntnis und auch die Anrede wechselt wieder zur Rede in der 3. Person von Gott.

Die DEKT-Version und der Text von Gidion vollziehen den Wechsel zur Anrede Gottes in Vers 4b. Die DEKT-Version führt dieses „*Gebet zu Gott als Hirte*"[38] ein mit der Anrede „*Du Gott:*" (V4, Satz 4) und wiederholt diese Anrede noch zweimal in Vers 4 (V4, Satz 8+9). Anne Gidion leitet den Wechsel der Anrede mit einem frei formulierten eingeschobenen Satz ein: „*Ja, genau du, Gott, ich darf dich anreden*" (V4, Satz 4) und beginnt die nächsten drei Sätze mit dem Wort ‚du'.

Zentraler Begriff ‚Vertrauen' als Folge des Verhaltens des Hirten:

Der Text der DEKT-Gruppe betont als Folge des Verhaltens des Hirten den Begriff des Vertrauens. Dieser wird mehrfach sowohl als Verb als auch als Substantiv verwendet: „*Ich vertraue Gott*" (DEKT LS, V1.3), „*Ich traue mich den Weg zu gehen*" (DEKT LS, V3), „*Dann habe ich Vertrauen.*" (DEKT LS, V4)

Das Bild des Gastgebers, von dem Psalm 23 ab Vers 5 geprägt ist, wird hier nicht weiter betrachtet, weil der Begriff des Gastgebers als Metapher nicht wörtlich vorkommt. Einige Aspekte dieses Sprachbildes werden im folgenden Teilkapitel wieder aufgenommen.

---

[37] NACHAMA, ANDREAS; GARDEI, MARION, Du bist mein Gott, 75.
[38] Ebd.

7.2.3.3 Deutungsmacht am Beispiel ausgewählter Verse

In diesem Unterkapitel sollen einzelne Verse und ihre Übersetzungen genauer betrachtet werden. Als Referenztext für die Überschriften wurde Luther 1984 gewählt. Insgesamt bezieht sich der Vergleich aber auf alle in der Tabelle genannten Übersetzungsvariationen. Dabei werden die Bezeichnungen KTÜ (für Kirchentagsübersetzung), Studienfassung (für die Studienfassung von Psalm 23 der Offenen Bibel) und Buber (für Buber/Rosenzweig) verwendet. DEKT LS steht für die Leichte-Sprache-Version des Kirchentags, OB LS für Offene Bibel und DMR für Diakonie Mark-Ruhr (vorm. Netzwerk Diakonie), Gidion für Anne Gidions Psalm 23-Variation und EKiBa für die Textversionen aus dem Leichte-Sprache-Projekt der Evangelischen Kirche in Baden. Bezugstexte der exegetischen Ausführungen sind Texte von Erich Zenger[39], Klaus Seybold[40], Andreas Nachama und Marion Gardei[41] und die Stuttgarter Erklärungsbibel[42] sowie die Anmerkungen zum Übersetzungsprozess im Werkstattbericht der DEKT-Gruppe[43] und die Fußnoten der Studienfassung der Offenen Bibel.[44]

Es werden jeweils zunächst die Übersetzungsvarianten der Ausgangstexte und anschließend die Variationen der Zieltexte in Leichter Sprache zitiert. Diesen folgen relevante Erkenntnisse aus der Literatur. Abschließend wird verglichen, ob und inwiefern diese Erkenntnisse in den Zieltexten sichtbar werden.

Vers 3b „Er führet mich auf rechter Straße um seines Namens Willen." (Luther 1984)

In den Ausgangstexten heißt es:

> „Er führet mich auf rechter Straße um seines Namens Willen." (Luther 1984)
> „Er leitet mich in wahrhaftigen Gleisen um seines Namens Willen." (Buber)
> „Er führt mich auf richtigen Pfaden zur Wahrung seines Namens." (Studienfassung)
> „[Er] führt mich in gerechten Spuren – so liegt es in Gottes Namen." (KTÜ)

In den Zieltexten wird daraus:

> „Gott zeigt mir den guten Weg. Ich traue mich, den Weg zu gehen." (DEKT LS)
> „Gott zeigt mir den richtigen Weg. Gott macht mir Mut. Gott macht mich stark. Er hat es versprochen. Davon will ich erzählen." (OB LS und DMR)
> „Ich suche einen Weg. Er führt mich. Auf diesen Gott habe ich gehofft." (Gidion)
> (Keine Entsprechung bei der EKiBa)

---

[39] ZENGER, ERICH, Psalmen.
[40] SEYBOLD, KLAUS, Die Psalmen.
[41] NACHAMA, ANDREAS; GARDEI, MARION, Du bist mein Gott.
[42] DEUTSCHE BIBELGESELLSCHAFT (Hrsg.), Stuttgarter Erklärungsbibel.
[43] HOFMANN, MICHAEL ET AL., Psalm 23 Werkstattbericht.
[44] OFFENE BIBEL E.V., Psalm 23 – Die Offene Bibel. Studienfassung und Lesefassung.

Die exegetische Literatur unterscheidet zwischen dem ersten Teil des Satzes ‚Er führt mich auf rechter Straße' und dem zweiten Teil ‚um seines Namens willen'. Die Stuttgarter Erklärungsbibel weist auf die wörtliche Übersetzung ‚Straße der Gerechtigkeit' und ihre Bedeutung hin:[45] Die Straße der Gerechtigkeit sei eine Straße, „die zu einem guten, heilsamen Ziel führt."[46] In dieselbe Richtung weisen die Übersetzungsalternativen der Studienfassung der Offenen Bibel: Hier stehen „Pfade der Gerechtigkeit" als Alternative zu „auf richtigen Pfaden". (Studienfassung Ps 23, 3b). Dabei wird auf Psalm 5,9 als Parallelstelle verwiesen: „JHWH, führe mich in deiner Gerechtigkeit um meiner Feinde willen, ebne vor mir deinen Weg." (Offene Bibel Studienfassung Ps 5,9). Auch Nachama und Gardei interpretieren den Weg des Hirten und der Schafe als Lebensweg, der „zur Fülle des Heils führt."[47] Diese Auslegung wird in den Leichte-Sprache-Variationen durch die Adjektive ‚gut' (DEKT LS) und ‚richtig' (OB LS und DMR) ausgedrückt. Gidion verzichtet darauf, den Weg zu charakterisieren. Ihre Formulierung „Ich suche einen Weg. Er führt mich" weist eher auf die Interpretation des Wegs als Lebensweg hin. Damit hat sie das ‚Heil' als Ziel am wenigsten im Blick.

‚Um seines/deines Namens willen' ist eine Formulierung, die in den Psalmen an vielen Stellen zu finden ist (Ps 25,11; Ps 31,4b; Ps 79,9; Ps 106,8; Ps 109,21; Ps 138,2; Ps 143,11). Hier geht es immer um die hilfreiche und rettende Gegenwart Gottes, die heilbringende Folgen für die betende Person hat.[48] Wenn Gottes Name auf diese Weise ‚beschworen' wird, „steht Gottes Ehre auf dem Spiel."[49] Hier klingt das Versprechen an, das im Tetragramm JHWH steckt. Gott geht mit, nach Nachama und Gardei „bleibt [er] seinem Namen treu, wie er ihn einst Mose offenbart hat."[50] Nachama und Gardei übersetzen JHWH mit „Der Ich-werde-Dasein"[51]. Gemäß den Erläuterungen der Studienfassung der Offenen Bibel kann JHWH zeitlich Vergangenheit, Gegenwart und Zukunft bedeuten und sogar als Modalkonstruktion gelesen werden. JHWHs Da-Sein bedeutet also: Ich war, der ich war; ich bin, der ich bin; ich werde sein, der ich sein werde sowie ich kann sein, der ich sein kann (vgl. Ex 3,15).[52] Zenger bezieht sich noch einmal auf das Bild des Hirten: Ein Hirte ist rund um die Uhr für seine Herde da. Er teilt sein Leben mit der Herde.[53] Wie bereits zitiert, ist es nach Zenger „Gottes innerstes Wesen, so da zu sein".[54]

---

[45] Vgl. Psalm 23, in: DEUTSCHE BIBELGESELLSCHAFT (Hrsg.): Stuttgarter Erklärungsbibel, 682.
[46] Ebd.
[47] NACHAMA, ANDREAS; GARDEI, MARION, Du bist mein Gott, 76.
[48] Vgl. DEUTSCHE BIBELGESELLSCHAFT (Hrsg.), Stuttgarter Erklärungsbibel, AT 687, Erklärung zu Ps 31,4b
[49] Ebd., 687.
[50] NACHAMA, ANDREAS; GARDEI, MARION, Du bist mein Gott, 76.
[51] Ebd., 164; Fußnote 109.
[52] Vgl. OFFENE BIBEL E.V., Exodus 3 – Die Offene Bibel, Fußnote zu Ex 3,17.
[53] Vgl. ZENGER, ERICH, Psalmen, 228.
[54] Ebd.

Den Aspekt des Mutes bringt der Werkstattbericht der DEKT-Gruppe ein: Den Weg ‚in Gottes Namen' zu gehen, bedeute, auf Gott zu vertrauen und loszugehen.[55] Damit spielt auch die wörtliche Bedeutung der bis heute gebräuchlichen Redewendungen „um Gottes willen!" oder in der leicht resigniert klingenden Seufzer-Variante „[Wenn du meinst, dann geh] in Gottes Namen [und mach, was du willst]" mit ihren Bedeutungen eine Rolle. Der Zusatz ‚im Namen Gottes' oder ‚im Namen des Herrn' hat mit seiner Wirkmächtigkeit Kreuzzügen, kirchlichen Ritualen und nicht zuletzt den Blues Brothers Nachdruck verliehen.

In den Leichte-Sprache-Texten kommen die Deutungsspielräume verschieden stark zum Tragen: Die DEKT-Version betont den Mut: „*Ich traue mich den Weg zu gehen.*" Die Erinnerung an Gottes Versprechen, da zu sein, wird an dieser Stelle nicht noch einmal betont. Auch OB LS und DMR betonen den Mut-Aspekt „*Gott macht mir Mut. Gott macht mich stark.*" Aber hier wird auch auf die Erinnerung und die Weitergabe an andere verwiesen: „*Gott hat es versprochen. Davon will ich erzählen.*" Die Weitergabe gehört zur Erinnerungstradition an das, was Gott versprochen hat. Erinnern kann sich nur der, der es irgendwann einmal erzählt bekommen hat oder der es selbst erlebt hat. Das Versprechen, da zu sein, ist hier allerdings nicht direkt abzulesen. Im Text scheint sich das Versprechen eher auf Mut und Stärke zu beziehen. Aber auch dies sind Auswirkungen der Nähe Gottes, selbst wenn sie so nicht direkt im Ausgangstext stehen.

„*Auf diesen Gott habe ich gehofft*" formuliert Anne Gidion. Diese Formulierung lässt sich nur im Zusammenhang mit dem Versprechen, das in dem Namen JHWH steckt, nachvollziehen. Diese Formulierung erfordert, dass bei den Rezipient*innen schon eine gewisse ‚Erwartung' an Gott besteht, eine Vorstellung der ‚Hoffnung', die mit Gott verbunden ist. Die Konkretisierung der Hoffnung ist das ‚Geführt-Werden' aus dem vorangehenden Satz „*Er führt mich.*"

Alle Texte wirken auf den ersten Blick sehr frei übersetzt. Bei näherer Betrachtung stellen sich jedoch alle Formulierungen als durchdacht und gut begründet heraus.

Vers 4 „Und ob ich schon wanderte im finsteren Tal" (Luther 1984)

In den Ausgangstexten heißt es:

> „*Und ob ich schon wanderte im finsteren Tal, ...*" (Luther 1984)
> „*Auch wenn ich gehen muss durch die Todschattenschlucht...*" (Buber)
> „*Wenn ich auch gehen muss durch's Todschattental...*" (KTÜ)
> „*Auch wenn ich durch das Tal des Todesschattens gehe...*" (Studienfassung Offene Bibel)

In den Zieltexten wird daraus:

> „*Und wenn mein Weg dunkel ist. Wenn ich Angst habe. Oder bei Not und Gefahr...*" (DEKT LS)

---

55 Vgl. HOFMANN, MICHAEL ET AL., Psalm 23 Werkstattbericht, 9.

"Manchmal habe ich Angst. Manchmal bin ich krank. Manchmal habe ich Schmerzen." (OB LS und DMR)
"Auch wenn es richtig dunkel ist, wie mitten in der Nacht, ..." (Gidion)
"Manchmal muss ich durch Schluchten gehen." (EKiBa)

Zenger verweist unter Berufung auf Jer 2,6 auf den Exodus als *"Weg durch die Finsternis"*.[56] Hier wird die bereits benannte Parallele zu Israels Geschichte, der Befreiung aus Ägypten, sichtbar. Diesen Gedankengang bestätigen auch Nachama/Gardei: Sie erweitern die Rettung aus Ägypten um den Aspekt der Rettung aus dem babylonischen Exil.[57]

Neben dieser geschichtlichen Interpretation kann das ‚finstere Tal' aber auch geographisch verstanden werden. Laut Nachama und Gardei verweist das finstere Tal auf die Schluchten der Bergregion Judas. Die dortigen geographischen Verhältnisse sind so unwegsam, dass eine Assoziation zu Gefahr und Tod nahe liegt. Dabei geht es nicht nur um die tatsächliche Konfrontation mit dem Tod, sondern auch mit persönlichen Krisen.[58]

Die Kommentare in der Studienversion der Offenen Bibel bestätigen die Interpretation als Tal mit *"lebensgefährlich tiefen Schatten"*,[59] als Bild für die Gefahren des Lebens bzw. ein extrem dunkles Tal.[60] Drei der vier Ausgangstexte (Buber, Studienfassung und KTÜ) versuchen, dies auch mit dem poetischen Wort des Todschattentals bzw. der Todschattenschlucht auszudrücken.

Nachama/Gardei weisen darauf hin, dass Vers 4 deutlich mache, dass ein Leben mit Gott nicht bedeute, immer auf der Sonnenseite des Lebens zu stehen. Die dunklen Zeiten gehörten zum Leben dazu. Gott könne uns nicht davor bewahren, hineinzugeraten, aber er könne uns in den dunklen Zeiten auf allen Wegen bewahren und begleiten.[61] Der Werkstattbericht des DEKT betont ebenfalls die Wichtigkeit des Gegensatzes zwischen dem guten Dasein in Vers 2 und der Gefahr in Vers 4. In jeder Phase unseres Lebens sei Gott an unserer Seite. Im Mittelpunkt stehe das Vertrauen auf Gott, der uns in guten wie in schlechten Zeiten leite und begleite.[62]

Die Textvariationen in Leichter Sprache nehmen fast alle das Motiv der Dunkelheit auf und verbinden es mit dem Motiv der Angst. OB und DMR nehmen auch noch den Aspekt der Schmerzen auf. Die EKiBa-Version benutzt den Begriff ‚Schluchten', was gefährlicher klingt als ‚Tal', den Dunkelheitsaspekt aber nicht ausdrücklich benennt. Den Aspekt des Todes oder der Todesangst nimmt keine Variante explizit auf. Dadurch werden die Texte alltäglicher und lebensweltnäher. Gott ist auch für die ‚normale Angst im Dunkeln' zuständig. Die Rezipi-

---

[56] ZENGER, ERICH, Psalmen, 230.
[57] Vgl. NACHAMA, ANDREAS; GARDEI, MARION, Du bist mein Gott, 77.
[58] Vgl. ebd.
[59] OFFENE BIBEL E.V., Psalm 23 – Die Offene Bibel. Studienfassung und Lesefassung, Fußnote i.
[60] Vgl. ebd.
[61] Vgl. NACHAMA, ANDREAS; GARDEI, MARION, Du bist mein Gott, 81.
[62] Vgl. HOFMANN, MICHAEL ET AL., Psalm 23 Werkstattbericht, 9f.

ent*innen von Leichter Sprache müssen sich in der Regel nicht auf geographisch gefährlichen Wegen bewegen, kennen aber dennoch schwierige oder dunkle ‚echte' Wege ihres Alltags. Umso mehr ist der Bezug zur alltäglichen Angst (in der Dunkelheit, bei Krankheit und Schmerzen, in der Einsamkeit) wichtig. Dieser Bezug gelingt allen Textvariationen in Leichter Sprache. Die DEKT-LS-Version und die EKiBa bleiben dabei beim Bild des Weges. OB und DMR verzichten außer in Vers 3 völlig auf das Weg-Bild. Bei Gidion wird das Bild am Ende von Vers 4 noch einmal aufgenommen, in Bezug auf die Angst aber nicht erwähnt.

Vers 5a „...im Angesicht meiner Feinde" (Luther 1984)

In den Ausgangstexten heißt es:

> „... im Angesicht meiner Feinde." (Luther 1984)
> „... meinen Drängern zugegen." (Buber)
> „...im Angesicht derer, die mir feind sind." (KTÜ)
> „...direkt vor meinen Feinden." (Studienfassung Offene Bibel)

In den Zieltexten wird daraus:

> „Wer mir Böses wünscht" (DEKT LS)
> „Meine Feinde beneiden mich." (Offene Bibel)
> „Und meine Feinde müssen zugucken." (DMR)
> „Auch die, die mich hassen, sehen das. Sie können nichts machen." (Gidion)
> „Auch vor bösen Leuten." (EKiBa)

Auffällig ist hier, dass Offene Bibel und DMR voneinander abweichen.

Nach Zenger stellen Feinde die Personifizierung der Finsternis dar. Wie beim ‚finsteren Tal' gilt: Auch sie gibt es einfach im Leben.[63] Das Leben mit Gott sei kein Leben ohne Feinde, aber der Psalm „weist einen Weg, mit dieser Realität zu leben."[64] Von Gott an seinen Tisch eingeladen zu werden, sei die größte Auszeichnung, die es gibt, das mache alle Feindseligkeiten ertragbar.[65] Zenger verweist auch auf eine Parallele zum Magnificat (Lk 1,52.53), wo die Gewaltigen unterliegen und die Reichen leer ausgehen.[66] Im Psalm vollzieht sich nach Nachama/Gardei ein Perspektivwechsel vom (geleiteten und gehorsamen) Schaf zum Gast auf Augenhöhe. Dieser Gast werde vor den Augen der Gegner geehrt.[67] Im Werkstattbericht der DEKT-Gruppe wird die Zuschauerrolle der Feinde betont. Schadenfreude passe nicht in ein Gebet.[68]

In den Leichte-Sprache-Texten wird zunächst unterschiedlich mit dem Wort ‚Feinde' umgegangen. DEKT LS und Gidion nutzen einen Nebensatz, um den Be-

---

[63] Vgl. ZENGER, ERICH, Psalmen, 230.
[64] Ebd.
[65] Vgl. ebd., 231.
[66] Vgl. ebd.
[67] Vgl. NACHAMA, ANDREAS; GARDEI, MARION, Du bist mein Gott, 77.
[68] Vgl. HOFMANN, MICHAEL ET AL., Psalm 23 Werkstattbericht, 10.

griff zu umschreiben. Bei der DEKT LS-Variante heißt es „wer mir Böses wünscht" und bei Gidion „die, die mich hassen". Beide Texte verstoßen damit gegen die Nebensatzregel der Leichten Sprache, brechen aber im Gegenzug den als fremd oder schwer verständlich eingeschätzten Begriff der ‚Feinde' auf. Dabei ist die Formulierung „wer mir Böses wünscht" noch etwas offener formuliert als „die mich hassen". Bei der EKiBa übernimmt ein unvollständiger Satz („Auch vor bösen Leuten") die Funktion des Nebensatzes. Die Versionen von OB und DMR gehen davon aus, dass die Rezipient*innen mit dem Begriff ‚Feinde' noch etwas anfangen können. Interessant ist, dass in keinem Text der Begriff des Gegners verwendet wird, obwohl dieser aus Sportzusammenhängen als bekannt vorausgesetzt werden könnte. Die Gegnerschaft setzt allerdings eine symmetrische Beziehung zwischen zwei Personen oder Gruppen voraus, die Bedrohung durch einen Feind kann einseitig sein. Die OB-Version interpretiert Neid in das ‚Angesicht der Feinde'. Dies ist eine Zuschreibung, die dem Text so nicht zu entnehmen ist. Die Feinde im Ausgangstext sind eher passive Zuschauer. Buber übersetzt Feinde mit ‚Dränger'. Dass diese in dieser Situation nicht ‚drängen' können (sondern sich das Ganze nur ansehen können), betont ihre Machtlosigkeit. Die Machtlosigkeit nehmen auch die Textversionen von DMR und Gidion auf: „Und meine Feinde müssen zugucken" (DMR). Gidion verstärkt diesen Aspekt mit der Formulierung: „Sie können nichts machen." Die DMR-Version, die, abgesehen von wenigen Stellen, sehr ähnlich zur OB-Version ist, hat hier offenbar bewusst eine andere Formulierung gewählt.

Das Bild des ‚Angesichts' wird von keiner der Gruppen ausdrücklich aufgenommen, eher das Gegenüber oder die passive Anwesenheit, die in den Ausgangstexten in den Worten „zugegen" (Buber) und „direkt vor/gegenüber von" (Studienfassung) ausgedrückt werden. Bei DMR und Gidion kann allerdings ein Zusammenhang zwischen dem Sehen/Zusehen der Feinde und dem Angesicht hergestellt werden.

Vers 5b „Du salbest mein Haupt mit Öl..." (Luther 1984)

In den Ausgangstexten heißt es:

> „Du salbest mein Haupt mit Öl..." (Luther 1984)
> „... streichst das Haupt mir mit Öl" (Buber)
> „Du salbst mir den Kopf mit Öl, ..." (KTÜ)
> „Du hast meinen Kopf mit Öl gesalbt." (Studienfassung)

In den Zieltexten wird daraus:

> „Gott berührt mich. Der Segen von Gott schenkt mir Würde." (DEKT LS)
> „Gott gibt mir schöne Kleider und duftendes Parfüm." (OB LS)
> „Gott gibt mir schöne Kleider und gut riechendes Öl." (DMR)
> „Du schenkst mir Kleider und wäschst mich mit edler Seife." (Gidion)
> „Er salbt mich mit kostbarem Duft-Öl." (EKiBa)

Zunächst einmal ist auffällig, dass hier in den Ausgangstexten keine grundsätzliche Übersetzungsproblematik erkennbar ist. Die vier Ausgangstexte sind einander sehr ähnlich. Dennoch ist dieser Vers vom Verständnis her und damit für die Übersetzung in Leichte Sprache eine Herausforderung. Der Kommentierung der Studienfassung der Offenen Bibel ist zu entnehmen, dass die Salbung an dieser Stelle nicht kultisch gemeint sei (wie z.B. bei der Salbung Davids durch Samuel in 1 Sam 17,13), sondern in Bezug auf den jüdischen Brauch der damaligen Zeit, einen Gast zu empfangen, indem man ihm zur Erfrischung den Kopf einölte.[69] Zenger weist auf die Parallele zum damaligen, durch Bilder belegten, ägyptischen Brauch hin, dass Gästen vor Festessen ein aus parfümierten Fetten und Ölen bestehender ‚Salbkegel' auf den Kopf gebunden wurde, der dann in der Hitze des Mahls schmolz, am Kopf herunterlief und Wohlgerüche verbreitete.[70] Der Werkstattbericht der DEKT-Gruppe differenziert zwischen den verschiedenen Empfangsritualen der damaligen Zeit und identifiziert Salbung als Wertschätzung, während Fußwaschung für Demut und ein Kuss für besondere Nähe und Vertrautheit stehe.[71] Nach Seybold gehören Salbung, der gedeckte Tisch, die Anwesenheit der Feinde und der übervolle Becher (also der gesamte Vers 5) in dieser Kombination zu den Riten eines Freispruchs im sogenannten ‚Gottesgerichtsprozess'.[72] Der Gottesgerichtsprozess war „*Teil der [jüdischen] Rechtssprechung und für unklärbare Fälle zuständig.*"[73] Der Psalmist von Psalm 23 wird von Gott freigesprochen und gefeiert.[74] Insgesamt steht die Salbung (und die gesamte Gastgeberszene) demnach als Sinnbild für würdigen Empfang auf Augenhöhe, Wertschätzung und Erfrischung.

Der kommentierenden Literatur ist nicht zu entnehmen, dass zu dem Ritual auch neue Kleider gehörten. Es kann allerdings eine Parallele zum Gleichnis vom verlorenen Sohn gezogen werden, wo dieser nach seiner Rückkehr vom Vater mit einem Festgewand, einem Ring und Schuhen wieder als Sohn aufgenommen und zu seinen Ehren ein Festmahl veranstaltet wird (vgl. Lk 15,22.23).

In den Zieltexten in Leichter Sprache wird das Bild des Salbens unterschiedlich aufgenommen. Die DEKT-LS-Version wählt einen Aspekt der Begrüßung und Wertschätzung aus, der auch heute noch gilt: Die Berührung als Zeichen der Nähe. „*Gott berührt mich. Der Segen von Gott schenkt mir Würde*" heißt es in der DEKT LS-Version. Der zweite Satz wird von der Gruppe im Werkstattbericht ausführlich erklärt und begründet:

> „*Wir haben – weil die Salbung nicht der wesentliche Inhalt des Psalms ist – im Rahmen einer didaktischen Reduktion die Salbung einem Segen gleichgesetzt. Zugleich sollte jedoch deutlich*

---

[69] Vgl. OFFENE BIBEL E.V., Psalm 23 – Die Offene Bibel. Studienfassung und Lesefassung, Fußnote q.
[70] Vgl. ZENGER, ERICH, Psalmen, 231.
[71] Vgl. HOFMANN, MICHAEL ET AL., Psalm 23 Werkstattbericht, 10.
[72] Vgl. SEYBOLD, KLAUS, Die Psalmen, 123.
[73] Ebd.
[74] Vgl. ebd.

> werden, dass es hier nicht um einen allgemeinen Gottesdienstlichen [sic!] Segen geht, sondern auch um Berührungen und Wertschätzung."[75]

Die Gruppe geht dabei davon aus, dass die Rezipient*innen sowohl das Wort Segen als auch das Wort Würde mit Bedeutung füllen können. Dies setzt ein hohes Maß an Vorwissen voraus.

Die anderen drei Gruppen (bis auf die EKiBa) übertragen die Salbung in ein anderes Empfangsritual: Das Schenken schöner Kleider und Öl/Parfüm/Seife mit gutem Duft. Es ist weiterhin ein fremd anmutendes Ritual, das nicht unserer Zeit entspricht, aber nachvollziehbar und verständlich ist und das Gefühl von Respekt vor dem Gast vermittelt. Mit dem guten Duft bleibt auch ein Aspekt der Salbung erhalten. Bei Gidion bleibt sogar der Gastgeber in der aktiven Rolle des Waschenden, was in unserer Kultur zusätzlich fremd anmutet. Die EKiBa bleibt sehr nah am Ausgangstext und löst die Fremdheit der Tradition des Salbens nicht auf.

Vers 6a „Gutes und Barmherzigkeit werden mir folgen..." (Luther 1984)

In den Ausgangstexten heißt es:

> „Gutes und Barmherzigkeit werden mir folgen mein Leben lang..." (Luther 1984)
> „Nur Gutes und Holdes verfolgen mich nun..." (Buber)
> „Nur Güte und Treue verfolgen mich alle Tage..." (KTÜ)
> „Nur Güte und Liebe werden mir folgen..." (Studienfassung)

In den Zieltexten wird daraus:

> „Jeden Tag erlebe ich Gutes. Liebe ist mit mir." (DEKT LS)
> „Gott gibt mir nur Gutes und Liebes. Ich fühle mich wohl und bin fröhlich, mein Leben lang" (OB LS)
> „Gott gibt mir nur Gutes und Liebes. Ich fühle mich wohl. Ich bin fröhlich. Mein Leben lang." (DMR)
> Keine Entsprechung bei Anne Gidion.
> „Gott ist gut und warmherzig. So bleibt er bei mir für immer. Was auch kommt, ich darf bei Gott sein." (EKiBa)

Vers 6a bleibt in der exegetischen Literatur weitgehend unbeachtet. Die Stuttgarter Erklärungsbibel weist darauf hin, dass die betende Person des Psalms nun nicht mehr von Feinden, sondern in wörtlicher Übersetzung von Güte und Liebe ‚verfolgt wird'.[76] Im Werkstattbericht der DEKT-Gruppe heißt es: „*Nach dem Ankommen bei Gott und dem Erleben seiner Gastfreundschaft verändert sich das Leben, es gibt jeden Tag mehr Gutes und mehr in vielfältigen Dimensionen erlebte Liebe.*"[77] Bei Zenger schließlich findet sich eine sehr poetische Interpretation des Begriffspaares Glück und Güte (in Zengers eigener Übersetzung) bzw. Gu-

---

[75] HOFMANN, MICHAEL ET AL., Psalm 23 Werkstattbericht, 10.
[76] Vgl. DEUTSCHE BIBELGESELLSCHAFT (Hrsg.), Stuttgarter Erklärungsbibel, AT 682.
[77] HOFMANN, MICHAEL ET AL., Psalm 23 Werkstattbericht, 11.

tes/Barmherzigkeit (Luther 1984), Gutes/Holdes (Buber), Güte/Treue (KTÜ) und Güte/Liebe (Studienfassung). Zenger bezeichnet die beiden Begriffe als „*königliche Wegbegleiter*",[78] die Gott uns für den Lebensweg schenkt. Glück ist demnach „*das Wissen, von JHWH anerkannt und geliebt zu sein*",[79] und Güte die „*Erfahrung, dass JHWH alles teilt*".[80] Hier ist ein Unterschied zum Werkstattbericht zu erkennen, der das Begriffspaar nicht als Wegbegleiter des Lebenswegs, sondern als Kennzeichen des Zustands nach dem Ankommen bei Gott ansieht.

In den Leichte-Sprache-Texten fällt zunächst auf, dass Anne Gidion diesen Teil des Verses gar nicht übersetzt. Sie bleibt im Bild des Festmahls und kehrt nicht zum Bild des Weges zurück. Das Festmahl bei Gott ist ein Ankommen bei Gott. Der Weg ist zu Ende. Die anderen drei Textversionen wählen alle das Begriffspaar Gutes und Liebe(s). Dabei klingt nur in der DEKT LS-Version eine Wegbegleitung an: „*Liebe ist mit mir*", wobei diese Satzkonstruktion durchaus auf ihre Verständlichkeit (nicht auf ihre Lesbarkeit hin) zu überprüfen wäre. Bei OB LS und DMR hingegen ist eher die Lesbarkeit zu kritisieren, denn das substantivische ‚Liebes' (für das ‚Liebe') ist im Vergleich zur geläufigeren ‚Liebe' eher ungewohnt zu lesen und kann leicht als ‚Liebe' gelesen werden, auch wenn dort ‚Liebes' steht. Die fast identischen Fassungen OB LS und DMR lassen offen, wo dem betenden Menschen das Gute und Liebe widerfährt. Der Text legt aber nahe, dass in Gottes Haus das Lebensziel erreicht und der Weg zu Ende ist. Das gleichzeitige ‚Auf-dem-Lebensweg-Sein' und ‚bei-Gott-Sein' kann nicht abgebildet werden und wird allenfalls in der DEKT LS-Version angedeutet.

Interessant ist das Gewicht, das die EKiBa-Version diesem Vers gibt. Er wird auf zwei Sätze ausgeweitet: „*Gott ist gut und warmherzig. So bleibt er bei mir für immer. Was auch kommt, ich darf bei Gott sein.*" Aus den Nomen Gutes und Barmherzigkeit werden die Adjektive gut und warmherzig, wobei letzteres eine spannende Vereinfachung oder Neuübersetzung darstellt. Der zweite Satz ist eine Veranschaulichung für „*mein Leben lang*", die besonders die Gottesnähe in schlechten Zeiten betont.

Vers 6b „...immerdar." (Luther 1984)

In den Ausgangstexten heißt es:

„*... immerdar.*" (Luther 1984)
„*... für die Länge der Tage.*" (Buber)
„*... mein Leben lang.*" (KTÜ)
„*... für die Länge meiner Tage.*" (Studienfassung)

In den Zieltexten wird daraus:

---

[78] ZENGER, ERICH, Psalmen, 232.
[79] Ebd.
[80] Ebd.

„Heute. Morgen. Immer." (DEKT LS)
„Ich bin bei Gott jeden Tag." (OB LS)
„Ich bin jeden Tag bei Gott." (DMR)
„Und so bleibt es für mich, bis ich sterbe. Und auch dann noch darf ich bleiben - bei Gott." (Gidion)
„Für immer und ewig." (EKiBa)

Die Stuttgarter Erklärungsbibel erläutert, dass das lebenslange Bleiben im Haus Gottes eigentlich nur Priestern und Leviten im Tempel vorbehalten sei. Die Ausweitung auf die betende Person stelle daher eine weitere Wertschätzung dar. Daraus sei zu schließen, dass Gottes Güte grenzenlos ist und am Ende alle Menschen umfassen wird.[81] Zenger leitet eine Mitwirkungspflicht im Hause des Herrn für den erlösten Menschen ab: „Es ist eine Herausforderung, dem Hirten und Gastgeber bei seiner Arbeit und bei seinen Festen zu helfen. Die Gottesmystik befreit zur Theopolitik."[82] Die Version der EKiBa stellt dem letzten Satz voraus: „In seinem Haus bin ich Gast und Freund" und lässt damit verschiedene Interpretationsmöglichkeiten zu, die sich sowohl auf das ‚Zuhause-Fühlen' bei Gott als auch im Tempel beziehen können.

‚Für die Länge der Tage' ist die wörtliche Übersetzung des letzten Ausdrucks. Laut Nachama/Gardei steht er für die „Zeit Gottes, die über die menschliche Lebenszeit hinausreicht."[83] Das Zuhause bei Gott sei ewig, auch der Tod könne es nicht zerstören.[84]

Die Textversionen in Leichter Sprache wählen unterschiedliche Schwerpunkte für diese letzte Zeitangabe. OB und DMR bleiben diesseitig: „Ich bin jeden Tag bei Gott". Ein Ewigkeitsbezug ist nicht erkennbar. Die DEKT-LS-Version bleibt etwas offener. Durch die Wortfolge „Heute. Morgen. Immer" kann sowohl das irdische Leben als auch die Ewigkeit gemeint sein. Eine eindeutige Verheißung über den Tod hinaus formuliert nur Anne Gidion: „Und so bleibt es für mich, bis ich sterbe. Und auch dann noch darf ich bleiben - bei Gott." Auch die EKiBa-Version hat eine Ewigkeitsperspektive und benennt dies mit der bekannten Wendung „Für immer und ewig". Damit treffen Gidion und EKiBa als einzige die Bedeutung des Ausdrucks ‚für die Länge der Tage', die auch Nachama/Gardei interpretieren.

---

[81] Vgl. DEUTSCHE BIBELGESELLSCHAFT (Hrsg.), Stuttgarter Erklärungsbibel, AT 682.
[82] ZENGER, ERICH, Psalmen, 232.
[83] NACHAMA, ANDREAS; GARDEI, MARION, Du bist mein Gott, 77.
[84] Vgl. ebd., 77f.

7.3 Die Geburtsgeschichte Jesu nach Lukas (Lk 2,1-20, bes. 8-20)

Dieses Kapitel behandelt schwerpunktmäßig die Perikope der Hirten auf dem Felde (Lk 2,8-20), bezieht aber nach Möglichkeit auch die Verse 1-7 mit ein. Die Textauswahl für dieses Kapitel umfasst drei deutsche Übersetzungen als Ausgangstexte und fünf Leichte-Sprache-Versionen als Zieltexte. Die Ausgangstexte sind Luther 1984[85] (in der Version aus der Stuttgarter Erklärungsbibel als allgemeiner Referenztext und Vorlage der evangelisch geprägten Übersetzungen[86]), die Einheitsübersetzung 1980[87] (als Vorlage katholisch geprägter Übersetzungen[88]) und als weitere Übersetzung Berger/Nord 2005[89]. Bei Luther und der Einheitsübersetzung wurden bewusst nicht die neuesten revidierten Ausgaben gewählt, da diese zum Entstehungszeitpunkt der Leichte-Sprache-Texte noch nicht veröffentlicht waren.

Leichte-Sprache-Versionen der Geburtsgeschichte Jesu gibt es von Simone Pottmann[90] und Raute Martinsen[91] aus „Leicht gesagt!", von der Lebenshilfe Bremen,[92] vom Katholischen Bibelwerk,[93] von der Diakonischen Stiftung Wittekindshof[94] und von Michael Hofmann et al.[95] aus der Projektgruppe Leichte Sprache des DEKT.

Folgende Vorbemerkungen sind für die angemessene Einordnung der Texte in Leichter Sprache vonnöten: Die Geburtsgeschichte Jesu wird sowohl nach der evangelischen Perikopenordnung als auch nach der katholischen Leseordnung an zwei verschiedenen Tagen als Evangeliumstext gelesen. Die Veröffentlichungen, die sich an diesen Ordnungen orientieren, haben den Text daher in zwei Teilen an verschiedenen Stellen positioniert.

Die Textversion in „Leicht gesagt" stammt dazu auch noch von zwei verschiedenen Autorinnen aus der Projektgruppe Leicht gesagt. Simone Pottmann

---

[85] DEUTSCHE BIBELGESELLSCHAFT (Hrsg.), Stuttgarter Erklärungsbibel.
[86] Leicht gesagt!, Hofmann et al., Diak. Stiftung Wittekindshof.
[87] KATHOLISCHES BIBELWERK IM AUFTRAG DER BISCHÖFE DEUTSCHLANDS, ÖSTERREICHS UND DER SCHWEIZ ET AL. (Hrsg.), Die Bibel (Einheitsübersetzung).
[88] Kath. Bibelwerk, Lebenshilfe Bremen und auch Diak. Stiftung Wittekindshof, die sich an beiden orientiert haben.
[89] BERGER, KLAUS; NORD, CHRISTIANE, Das Neue Testament und frühchristliche Schriften.
[90] POTTMANN, SIMONE, Christvesper. Lukas 2, 1-14.
[91] MARTINSEN, RAUTE, Christfest - 1. Feiertag. Lukas 2, 15-20.
[92] LEBENSHILFE BREMEN E.V., Die Weihnachts-Geschichte in Leichter Sprache, Bremen 2010.
[93] BAUER, DIETER; ETTL, CLAUDIO; MELS, SCHWESTER M. PAULIS, Bibel in Leichter Sprache. Evangelien der Sonn- und Festtage im Lesejahr A, Weihnachten – Heilige Nacht: Jesus wird geboren; Weihnachten – Am Morgen: Die Hirten sehen, dass Jesus geboren ist.
[94] DIAK. STIFTUNG WITTEKINDSHOF E.V., Lk 2,8-20.
[95] HOFMANN, MICHAEL ET AL., Die Geschichte von der Geburt von Jesus.

steht für die Verse 1-14, die der Christvesper zugeordnet sind. Raute Martinsen hat die Verse 15-20 übersetzt, die zum Christfest (1. Feiertag) gehören. Der hier behandelte Schwerpunkt (Vers 8-20) enthält also Textteile beider Autorinnen. Die Texte sind allerdings so konzipiert, dass sie problemlos aneinander anschließen.

Auch in der katholischen Leseordnung gehört Lk 2,1-14 zur ‚Heiligen Nacht' (24.12.) und 15-20 zu ‚Weihnachten am Morgen' (25.12.). Als Vorgeschichte zur Lesung am 25.12. wird in der Version in Leichter Sprache des Katholischen Bibelwerks eine Zusammenfassung der Geburtsgeschichte vorangestellt. Diese Zusammenfassung wird in dieser Arbeit in einer Fußnote zitiert, aber nicht weiter analysiert. Ohne die Zusammenfassung ergeben die beiden Textteile (beide in der Übersetzung von Schwester M. Paulis Mels) einen zusammenhängenden Text.

Die Lebenshilfe Bremen hat ihre Version der Geburtsgeschichte Jesu als Evangelienharmonie veröffentlicht. Dadurch stellt Lukas 2,1-20 nur einen Ausschnitt aus der gesamten Geschichte dar. Sie wird eingerahmt durch eine Vorgeschichte, in der die Verheißung des Messias als König (nach Jesaja 9) und die Verkündigungsgeschichte nach Matthäus (Mt 1,18-25) und die Nachgeschichte mit dem Besuch der Weisen und der Flucht nach Ägypten ebenfalls nach Matthäus (Mt 2,1-15) übertragen werden. Die Version der Lebenshilfe hat über weite Züge nacherzählenden Charakter, jedoch weisen die Verse 8-20 eine Vers-für-Vers-Orientierung am lukanischen Text auf. Dies ist einer der Gründe für die Fokussierung auf die Verse 8-20.

Ein weiterer Grund für die Fokussierung liegt darin, dass die Diakonische Stiftung Wittekindshof nur die Verse 15-20 zur Verfügung gestellt hat. Dem Text geht ebenfalls eine Zusammenfassung des weihnachtlichen Geschehens nach Lukas voraus, die ab Vers 8 schon Vers für Vers vorgeht und daher zugeordnet und in den Vergleich einbezogen werden kann. Zu den Versen 1-8 liegt kein Text vor.

Die Version der DEKT-Gruppe um Michael Hofmann ist keine offizielle Übersetzung des Deutschen Evangelischen Kirchentags, sondern ein interner Übersetzungsentwurf, der für diese Arbeit im Rahmen der Befragung zur Verfügung gestellt wurde. Zu diesem Text existiert – anders als zu den Kirchentagspsalmen in Leichter Sprache – kein Werkstattbericht, mit dem die Übersetzungsentscheidungen erläutert werden. Da es sich nicht um eine offizielle Kirchentagsübersetzung handelt, werden im Folgenden Hofmann et al. als Urheber*innen genannt.

Damit hat jede Leichte-Sprache-Version einen speziellen Rahmen, der bei den nachfolgenden Ausführungen berücksichtigt werden muss. Die folgende Tabelle stellt die beiden Ausgangstexte und eine zusätzliche Übersetzung synoptisch dar:

Tabelle 14: Synoptische Darstellung von drei ausgewählten deutschen Übersetzungen (Geburtsgeschichte Jesu, Lk 2,1-20)

Luther 1984	EÜ 1980	Berger/Nord 2005
Überschrift		
Geburt Jesu	Die Geburt Jesu	Die Geburt Jesu
1 Es begab sich aber zu der Zeit, dass ein Gebot von dem Kaiser Augustus ausging, dass alle Welt geschätzt würde.	In jenen Tagen erließ Kaiser Augustus den Befehl, alle Bewohner des Reiches in Steuerlisten einzutragen.	Zu ebendieser Zeit erging von Kaiser Augustus ein Erlass, dass jedermann sich in Steuerlisten eintragen lassen sollte.
2 Und diese Schätzung war die allererste und geschah zu der Zeit, als Quirinius Statthalter in Syrien war.	Dies geschah zum ersten Mal; damals war Quirinius Statthalter von Syrien.	Dies war die erste derartige Erfassung, und sie fand in der Amtsperiode des Quirinius als Legat von Syrien statt.
3 Und jedermann ging, dass er sich schätzen ließe, ein jeder in seine Stadt.	Da ging jeder in seine Stadt, um sich eintragen zu lassen.	Daraufhin gingen alle Leute zu dem Ort, wo ihre Familie herkam, um sich dort registrieren zu lassen.
4 Da machte sich auf auch Josef aus Galiläa, aus der Stadt Nazareth, in das jüdische Land zur Stadt Davids, die da heißt Bethlehem, weil er aus dem Hause und Geschlechte Davids war,	So zog auch Josef von der Stadt Nazaret in Galiläa hinauf nach Judäa in die Stadt Davids, die Betlehem heißt; denn er war aus dem Haus und Geschlecht Davids.	Joseph, der von David abstammte, ging daher aus Nazareth in Galiläa hinauf in Davids Geburtsort Bethlehem in Judäa,
5 damit er sich schätzen ließe mit Maria, seinem vertrauten Weibe, die war schwanger.	Er wollte sich eintragen lassen mit Maria, seiner Verlobten, die ein Kind erwartete.	um sich zusammen mit seiner Verlobten Maria, die ein Kind erwartete, registrieren zu lassen.
6 Und als sie dort waren, kam die Zeit, dass sie gebären sollte.	Als sie dort waren, kam für Maria die Zeit ihrer Niederkunft,	Als sie in Bethlehem waren, kam der Zeitpunkt der Geburt,
7 Und sie gebar ihren ersten Sohn und wickelte ihn in Windeln und legte ihn in eine Krippe; denn sie hatten sonst keinen Raum in der Herberge.	und sie gebar ihren Sohn, den Erstgeborenen. Sie wickelte ihn in Windeln und legte ihn in eine Krippe, weil in der Herberge kein Platz für sie war.	und Maria gebar ihren ersten Sohn. Sie wickelte ihn in Windeln und legte ihn in eine Futterkrippe, denn sie hatten keine Unterkunft in der Herberge gefunden.
8 Und es waren Hirten in derselben Gegend auf dem Felde bei den Hürden, die hüteten des Nachts ihre Herde.	In jener Gegend lagerten Hirten auf freiem Feld und hielten Nachtwache bei ihrer Herde.	Zu derselben Zeit hielten gerade einige Hirten auf freiem Feld in der Umgebung von Bethlehem Nachtwache bei ihrer Herde,
9 Und der Engel des Herrn trat zu ihnen, und die Klarheit des Herrn leuchtete um sie; und sie fürchteten sich sehr.	Da trat der Engel des Herrn zu ihnen und der Glanz des Herrn umstrahlte sie. Sie fürchteten sich sehr,	als plötzlich ein Engel des Herrn vor ihnen erschien und ein gleißender Glanz vom Himmel her rings um sie aufleuchtete. Sie standen starr vor Schrecken.
10 Und der Engel sprach zu ihnen: Fürchtet euch nicht! Siehe, ich verkündige euch große Freude, die allem Volk widerfahren wird;	der Engel aber sagte zu ihnen: Fürchtet euch nicht, denn ich verkünde euch eine große Freude, die dem ganzen Volk zuteil werden soll:	Da sagte der Engel: „Habt keine Angst, denn was ich euch zu sagen habe, wird euch mit großer Freude erfüllen und gilt dem ganzen Volk.

Luther 1984	EÜ 1980	Berger/Nord 2005
11 denn euch ist heute der Heiland geboren, welcher ist Christus, der Herr, in der Stadt Davids.	Heute ist euch in der Stadt Davids der Retter geboren; er ist der Messias, der Herr.	In der Stadt Davids ist heute einer geboren worden, der euer Retter sein wird: Christus der Herr.
12 Und dies habt zum Zeichen: Ihr werdet finden das Kind in Windeln gewickelt und in einer Krippe liegen.	Und das soll euch als Zeichen dienen: Ihr werdet ein Kind finden, das, in Windeln gewickelt, in einer Krippe liegt.	Und so werdet ihr ihn erkennen: Er ist ein kleines Kind in Windeln, das in einer Futterkrippe liegt."
13 Und alsbald war da bei dem Engel die Menge der himmlischen Heerscharen, die lobten Gott und sprachen:	Und plötzlich war bei dem Engel ein großes himmlisches Heer, das Gott lobte und sprach:	Und plötzlich war der Engel umringt von einer unüberschaubaren Schar von anderen Engeln, die lobten Gott und riefen:
14 Ehre sei Gott in der Höhe und Friede auf Erde bei den Menschen seines Wohlgefallens.	Verherrlicht ist Gott in der Höhe und auf Erden ist Friede bei den Menschen seiner Gnade.	„Alle Ehre Gott im Himmel und Frieden den Menschen auf Erden, die Gott erwählt hat."
Zwischenüberschrift		Die Hirten gehen nach Bethlehem
15 Und als die Engel von ihnen gen Himmel fuhren, sprachen die Hirten untereinander: Lasst uns nun gehen nach Bethlehem und die Geschichte sehen, die da geschehen ist, die uns der Herr kundgetan hat.	Als die Engel sie verlassen hatten und in den Himmel zurückgekehrt waren, sagten die Hirten zueinander: Kommt, wir gehen nach Betlehem, um das Ereignis zu sehen, das uns der Herr verkünden ließ.	Als dann die Engel wieder zum Himmel aufgefahren waren, sagten die Hirten zueinander: „Wir wollen nach Bethlehem gehen und sehen, was dort geschehen ist, wie der Herr uns hat wissen lassen."
16 Und sie kamen eilend und fanden Maria und Josef, dazu das Kind in der Krippe liegen.	So eilten sie hin und fanden Maria und Josef und das Kind, das in der Krippe lag.	Sie machten sich sogleich auf den Weg nach Bethlehem, und dort fanden sie Maria und Joseph und das Kind in der Krippe.
17 Als sie es aber gesehen hatten, breiteten sie das Wort aus, dass zu ihnen von diesem Kinde gesagt war.	Als sie es sahen, erzählten sie, was ihnen über dieses Kind gesagt worden war.	Als sie das Kind sahen, berichteten sie, was der Engel zu ihnen über dieses Kind gesagt hatte,
18 Und alle, vor die es kam, wunderten sich über das, was ihnen die Hirten gesagt hatten.	Und alle, die es hörten, staunten über die Worte der Hirten.	und alle, die dabei waren, hörten es voller Staunen.
19 Maria aber behielt alle diese Worte und bewegte sie in ihrem Herzen.	Maria aber bewahrte alles, was geschehen war, in ihrem Herzen und dachte darüber nach.	Maria aber merkte sich jedes Wort, und tief in ihrem Herzen erinnerte sie sich an das, was sie selbst gehört hatte.
20 Und die Hirten kehrten wieder um, priesen und lobten Gott für alles, was sie gehört und gesehen hatten, wie denn zu ihnen gesagt war.	Die Hirten kehrten zurück, rühmten Gott und priesen ihn für das, was sie gehört und gesehen hatten; denn alles war so gewesen, wie es ihnen gesagt worden war.	Dann kehrten die Hirten zu ihren Herden zurück, und sie lobten Gott und dankten ihm für alles, was sie gehört und, der Weisung des Engels folgend, gesehen hatten.

Die Zieltexte sind in der folgenden Tabelle synoptisch angeordnet:

Tabelle 15: Synoptische Darstellung der Zieltexte (Geburtsgeschichte Jesu)

Leicht gesagt!	Lebenshilfe Bremen	Katholisches Bibelwerk	Diak. Stiftung Wittekindshof	Hofmann (et al.)
Vers 1-14 Simone Pottmann Vers 15-20 Raute Martinsen **Überschrift** Lukas 2,1-14 Weihnachtsgeschichte	Die Weihnachtsgeschichte in Leichter Sprache **Zwischenüberschrift** Die Reise nach Betlehem	Lukas 2,1-14 Jesus wird geboten	Evangelium für den 1. Weihnachtstag in Leichter Sprache	Die Geschichte von der Geburt von Jesus nach dem Text von Lukas
1 Es geschah zu der Zeit, als Augustus Kaiser war. Er befahl: Alle Menschen sollen gezählt werden.	In der Zeit von Josef und Maria gibt es einen Kaiser. Der Kaiser heißt Augustus. Kaiser Augustus herrscht über viele Länder. Er herrscht auch über das Land Israel. Er bestimmt über die Menschen. Darum geht es den Menschen nicht gut. Augustus sagt: Ich will wissen, wie viele Menschen in meinen Ländern leben. Darum befehle ich: Alle Menschen sollen gezählt werden.	Als Jesus geboren wurde, lebte ein Kaiser. Der Kaiser hieß Augustus. Kaiser Augustus wollte über die ganze Welt herrschen. Dazu brauchte er viel Geld. Darum sollten die Menschen viele Steuern bezahlen. Kaiser Augustus sagte: Alle Menschen sollen in einer Liste aufgeschrieben werden. In der Liste kann ich sehen: Haben alle Menschen die Steuern bezahlt?		Maria und Josef müssen in die Stadt Bethlehem. Maria ist schwanger. Schon bald bekommt sie ein Kind. Dies ist lange her. Damals hat der Kaiser Augustus gelebt. Augustus braucht Geld. Aber nur manche Menschen geben ihm Steuern. Doch alle Menschen sollen Steuern geben. Deshalb zählt man alle Menschen.
2 Das war die erste Volkszählung im römischen Reich.				

Die Geburtsgeschichte Jesu nach Lukas

	Leicht gesagt!	Lebenshilfe Bremen	Katholisches Bibelwerk	Diak. stiftung Wittekindshof	Hofmann (et al.)
3	Alle Menschen machten sich auf, um sich zählen zu lassen. Jeder reiste in seine Geburtsstadt.	Augustus schickte seine Soldaten in alle seine Städte. Auch in die kleine Stadt Nazaret. Ein Soldat stellt sich dort auf den Markt-Platz. Der Soldat ruft: Ihr müsst in die Stadt gehen, wo ihr geboren seid. Dort werdet ihr gezählt. Das ist ein Befehl von Kaiser Augustus.	Maria und Josef wohnten in Nazaret. Maria und Josef mussten für die Liste bis nach Betlehem laufen. Das ist ein weiter Weg.		Josef ist in der Stadt Bethlehem geboren. Deshalb zählt man ihn dort.
4	Auch Josef aus Nazareth machte sich auf den Weg. Er ging nach Bethlehem in die Geburtsstadt von König David. Josef gehörte zu Davids Familie.	Das hört auch Josef. Er redet mit Maria: Ich bin in der Stadt Betlehem geboren. Wir müssen dort hin gehen.			
5	Hier sollte er gezählt werden, zusammen mit seiner Frau Maria. Maria war schwanger.	Aber Betlehem ist sehr weit weg. Wie soll das gehen? Das Baby kommt doch bald! Maria sagt: Wir müssen tun, was Augustus sagt. Das Kind ist von Gott. Gott wird uns beschützen. Darum wird alles gut gehen. Maria und Josef reisen nach Betlehem. Maria sitzt auf dem Esel. Josef geht zu Fuß und führt den Esel. Die Reise dauert mehrere Tage.	Für Maria war der Weg sehr schwer. Weil Maria ein Kind bekam.		

Zwischenüberschrift
Die Geburt

6	Als sie in Bethlehem ankamen, setzten die Wehen ein.	Maria und Josef kommen in Betlehem an. In Betlehem sind viele Menschen. Alle wollen sich zählen lassen. Maria hat	Endlich waren Maria und Josef in Betlehem. Es war schon sehr spät. Maria und Josef suchten einen Platz		Maria und Josef gehen den langen Weg dorthin. Maria und Josef sind in Bethlehem. Sie

	Leicht gesagt!	Lebenshilfe Bremen	Katholisches Bibelwerk	Diak. Stiftung Wittekindshof	Hofmann (et al.)
		Schmerzen. Sie merkt, dass das Baby bald kommt.	zum Schlafen. Aber alle Plätze waren besetzt.		brauchen einen Platz zum Schlafen. Und für die Geburt. Aber alle Plätze sind belegt.
7	Maria brachte ihren ersten Sohn zur Welt. Sie wickelte ihn und legte ihn in eine Krippe. Aus einer Krippe fressen sonst die Tiere. Denn sie hatten nur diesen Platz in der Unterkunft.	Maria sagt: Josef, das Baby kommt bald. Wir müssen schnell ein Zimmer finden. Josef klopft an einem Haus. Ein Mann öffnet die Tür. Josef fragt: Habt ihr ein Zimmer für meine Frau und mich? Sie bekommt ein Baby. Der Mann sagt: Es ist kein Zimmer mehr frei. Es sind so viele Menschen in der Stadt. Josef klopft an viele Türen. Keiner hat ein Zimmer für sie. Zu viele Menschen suchen auch ein Zimmer. Maria und Josef sind verzweifelt. Sie brauchen für die Geburt ein Zimmer. Josef klopft wieder an eine Tür. Der Mann hat auch kein Zimmer. Der Mann will aber helfen. Er sagt: Ihr könnt in meinem Stall bleiben! Maria bekommt ihr Baby im Stall. Es ist ein Junge. Im Stall gibt es kein Bett. Maria legt das Baby in die Futter-Krippe. Aus der Krippe fressen sonst die Tiere. Maria sagt: Mein Sohn heißt Jesus. Jesus bedeutet Retter. Jesus wird später alle Menschen retten. Das hat mir der Engel erzählt. **Zwischenüberschrift/-text** Die Hirten	Maria und Josef gingen in einen Stall. Im Stall wurde Jesus geboren. Maria wickelte Jesus in Windeln. Maria hatte kein Kinderbettchen für Jesus. Darum legte Maria Jesus in den Futtertrog für die Tiere. Der Futtertrog heißt Krippe.		Nur im Stall ist noch Platz. Die Geburt von dem Kind ist im Stall. Es ist ein Junge: Es ist Jesus. Im Stall ist wenig Platz. Maria und Josef legen das Kind in eine Kiste mit Futter.

Die Geburtsgeschichte Jesu nach Lukas

	Leicht gesagt!	Lebenshilfe Bremen	Katholisches Bibelwerk	Diak. Stiftung Wittekindshof	Hofmann (et al.)
				Evangelium nach Lukas Kapitel 2 Verse 15 bis 20	
				Maria hatte mitten in der Nacht ein Kind bekommen. Maria hat das Kind in einem Stall in Bethlehem bekommen. Das Kind war Jesus.	
8	Ganz in der Nähe waren Hirten auf dem Feld. Die hüteten ihre Herde in der Nacht.	In der Nähe ist eine Wiese. Auf der Wiese sind Hirten. Hirten sind arme Menschen. Die Hirten passen auf Schafe und Ziegen auf. Es ist Nacht.	In der Nähe von dem Stall waren viele Schafe. Und Männer, die auf die Schafe aufpassten. Die Männer waren Hirten.	Hirten waren in derselben Nacht bei Bethlehem. Die Hirten passten auf Schafe auf.	In der Nähe von der Stadt Bethlehem sind Männer. In der Nacht passen sie auf Tiere auf. Die Männer sind Hirten.
9	Zu ihnen kam ein Engel des Herrn. Plötzlich leuchtete ihnen ein helles Licht von Gott. Da bekamen die Hirten furchtbare Angst.	Auf einmal sehen die Hirten ein sehr helles Licht. Am Himmel ist ein Engel. Der Engel leuchtet so hell. Die Hirten haben Angst. Sie haben noch nie einen Engel gesehen.	Gott schickte einen Engel vom Himmel zu den Hirten. Der Engel sollte den Hirten sagen: Jesus ist geboren. Der Engel ging zu den Hirten. Der Engel leuchtete und glänzte hell. Die Hirten bekamen Angst.	Gott schickte einen Engel zu den Hirten.	Plötzlich wird es hell. Und die Hirten haben Angst. Sie sehen einen Engel von Gott.
10	Aber der Engel sagte zu ihnen: Ruhig. Vertraut auf Gott! Denn ich sage euch: Freut euch! Diese Freude	Der Engel sagt. Habt keine Angst. Ich habe eine gute Nachricht für euch:	Aber der Engel sagte zu den Hirten: Ihr braucht keine Angst haben. Ihr könnt euch freuen.	Der Engel sagte den Hirten die gute Nachricht von dem Kind.	Der Engel sagt: Ihr könnt vertrauen. Ihr könnt Euch freuen! Alle können sich freuen!

	Leicht gesagt!	Lebenshilfe Bremen	Katholisches Bibelwerk	Diak. Stiftung Wittekindshof	Hofmann (et al.)
	soll allen Menschen gelten:				
11	Euch wurde heute der Retter geboren. Das ist Christus, der Herr. Er ist geboren in Bethlehem, der Stadt Davids.	Euch ist heute der Heiland geboren! Heiland ist ein anderes Wort für Retter.	Jesus ist geboren. Jesus ist euer Retter. Jesus hilft euch. Jesus will allen Menschen helfen.	Der Engel sagte: Ein Kind wurde für euch geboren. Das Kind ist von Gott. Das Kind ist der Retter. Das Kind ist der Herr. Das Kind wird allen Menschen helfen.	Ein Kind ist heute geboren. Das Kind ist der Retter für die Menschen.
12	Und das ist euer Zeichen: Ihr werdet ein kleines Kind finden. Es liegt in einer Krippe.	Der Engel sagt auch: Hirten, ihr sollt nach Betlehem gehen. Dort findet ihr das Kind Jesus in einer Futter-Krippe	Ihr könnt hingehen und gucken. So sieht Jesus aus: Jesus ist ein kleines Baby. Jesus hat Windeln um. Jesus liegt im Futtertrog.	Geht hin und seht euch das Kind an.	Der Engel sagt: Das Kind liegt in einem Stall. In einer Kiste für Futter.
13	Und plötzlich waren viele Engel da. Sie alle lobten Gott und sangen:	Dann kommen noch mehr Engel. Die Engel singen:	Und es kamen noch viel mehr Engel. Alle Engel glänzten und leuchteten. Die Engel sangen herrliche Lieder. Die Engel sagten:	Dann waren alle Engel da. Die Engel lobten Gott.	Dann kommen noch mehr Engel. Und alle Engel sagen:
14	Gott ist wunderbar in der Höhe. Und sein Friede wohnt bei den Menschen auf der Erde, die er lieb hat.	Ehre sei Gott in der Höhe und Friede auf Erden.	Jetzt können alle sehen, wie gut Gott ist. Jetzt ist Friede auf der Erde. Jetzt ist Friede bei allen Menschen, die auf Gott gewartet haben.		Lobt Gott! Und Friede soll auf der Erde sein! Wenn die Menschen sich von Gott lieben lassen!
	(Zwischen-)Überschrift Lukas 2,15-20 Weihnachtsgeschichte II		Lukas 2,15-20		

Die Geburtsgeschichte Jesu nach Lukas

	Leicht gesagt!	Lebenshilfe Bremen	Katholisches Bibelwerk	Diak. Stiftung Wittekindshof	Hofmann (et al.)
			Die Hirten besuchen Maria und Josef und Jesus im Stall[96]		
15	Dann kehrten die Engel in den Himmel zurück. Da sprachen die Hirten zueinander: Auf, wir gehen nach Bethlehem. Wir wollen selbst sehen, was geschehen ist. Wir wollen erfahren, was Gott uns schenkt.		Die Hirten freuten sich, dass Jesus geboren ist. Die Hirten sagten: Kommt schnell. Wir gehen nach Betlehem. Wir sehen uns alles an.	Die Engel kehrten zurück in den Himmel. Die Hirten sagten: Wir gehen nach Bethlehem. Wir sehen uns alles an.	Die Hirten reden über die Engel. Und denken: Wir wollen das Kind sehen.
16	Sie gingen dorthin, so schnell sie konnten. Und sie fanden Maria und Josef und das Kind in der Krippe.	Die Hirten gehen nach Betlehem. Sie finden Maria, Josef und das Kind.	Die Hirten rannten los. Die Hirten fanden Maria. Und Josef. Und das Kind. Das Kind lag in einem Futtertrog. Alles war genau so, wie der Engel gesagt hatte.	Die Hirten liefen schnell nach Bethlehem. Die Hirten fanden Maria und Josef und das Kind. Das Kind lag in einer Krippe. Eine Krippe ist eine Futter-Wanne für Tiere. Alles war genauso, wie der Engel gesagt hatte.	Sie gehen in die Stadt. Und finden den Stall. Und finden das Kind in der Kiste für Futter.

[96] Die Verse 15–20 werden auf der entsprechenden Internetseite zum 25.12. mit folgendem zusammenfassendem Text eingeleitet: „Jesus wurde mitten in der Nacht geboren. Alle anderen Leute schliefen. Nur einige Männer mussten auf die Schafe aufpassen. Das waren die Hirten. Die Hirten wussten nicht, dass Jesus geboren ist. Darum schickte Gott einen Engel vom Himmel. Der Engel sagte den Hirten Bescheid. Der Engel sagte zu den Hirten: Jesus ist in Betlehem geboren. Jesus hilft euch. Jesus will allen Menschen helfen." Diese Textversion wird nicht in den Vergleich einbezogen.

	Leicht gesagt!	Lebenshilfe Bremen	Katholisches Bibelwerk	Diak. Stiftung Wittekindshof	Hofmann (et al.)
17	Später erzählten sie alles weiter, was sie von dem Kind wussten.	Die Hirten freuen sich sehr und sagen: Die Engel haben uns von dem Kind Jesus erzählt. Das Kind ist der Sohn von Gott. Das Kind ist unser Retter!	Die Hirten erzählten Maria und Josef alles, was der Engel gesagt hatte.	Die Hirten erzählten Maria und Josef, was der Engel über das Kind gesagt hatte.	Die Hirten erzählten Maria und Josef von den Engeln.
18	Und alle wunderten sich darüber.		Maria und Josef staunten. Und freuten sich.	Maria und Josef staunten.	
19	Aber Maria merkte sich alle Worte genau und nahm sie sich zu Herzen.	Maria freut sich sehr über diese Worte.	Maria bewahrte alles in ihrem Herzen. Und dachte in ihrem Herzen über alles nach.	Maria merkte sich genau, was die Hirten erzählten. Maria dachte viel in ihrem Herzen darüber nach.	Maria hört: Das Kind ist der Retter für die Menschen. Und Maria freut sich.
20	Die Hirten kehrten zurück. Sie lobten Gott für alles, was sie gehört und gesehen hatten. Es war genauso, wie der Engel es ihnen gesagt hatte.	Die Hirten gehen zurück zu ihren Schafen und Ziegen. Sie beten zu Gott: Vielen Dank für deinen Sohn Jesus.	Die Hirten gingen zu den Schafen zurück. Unterwegs sangen die Hirten frohe Lieder. Die Hirten beteten laut zu Gott. Die Hirten dankten Gott. Die Hirten waren glücklich. Weil die Hirten Jesus selber gesehen hatten. Und weil die Engel Bescheid gesagt hatten.	Die Hirten liefen zu den Schafen zurück. Die Hirten dankten Gott. Die Hirten lobten Gott. Alles war genauso, wie der Engel gesagt hatte.	

7.3.1 Formale Vergleichsparameter und grammatische Analyse

Dieser Vergleich berücksichtigt die Verse 8-20. Formal folgt er denselben Regeln wie der Vergleich in 7.2.1 und geht auch von denselben Annahmen aus, die sich aus den Regeln für Leichte Sprache ableiten lassen. Diese sind hier daher nur verkürzt dargestellt und können ausführlich im Kapitel 7.2.1 nachgelesen werden. Alle Tabellen mit den Zahlen befinden sich im Anhang. Nach der Analyse mit Hilfe von NLTK werden noch einige Aspekte des Layouts und der Veröffentlichung miteinander verglichen.

7.3.1.1 Formale Textanalyse mit Natural Language Toolkit (NLTK)

Wortarten

Es wird erwartet, dass die Zieltexte prozentual mehr Nomen und Verben enthalten als die Ausgangstexte. Außerdem wird davon ausgegangen, dass es weniger Pronomen in den Zieltexten gibt. Es wird angenommen, dass die Zahl der verwendeten Konjunktionen in den Zieltexten niedriger ist als in den Ausgangstexten.

Die Verwendung von Nomen ist tatsächlich um bis zu 11,5 Prozentpunkte gestiegen (z.B. Lebenshilfe 28,65% zu EÜ 17,15%). Die Textversion von Leicht gesagt stellt hier eine Ausnahme dar. Dieser Text orientiert sich sehr stark an seinem Ausgangstext Luther 1984 und weist damit auch eine ähnliche Anzahl an Nomen (+0,1 Prozentpunkte) auf.

Die Verwendung von Verben hat weniger als erwartet zugenommen. Die prozentuale Verwendung ist jeweils ähnlich wie im Ausgangstext (zwischen 20 und 25%). Die Lebenshilfe Bremen weist hier sogar eine prozentual niedrigere Verwendung um 7 Prozentpunkte im Vergleich zur Einheitsübersetzung und um ca. einen Prozentpunkt im Vergleich zu Luther 1984 auf.

Bei den Konjunktionen fällt die Reduktion unterschiedlich stark aus. Dabei ist zu berücksichtigen, dass die Konjunktion ‚und' auch als Satzanfang erlaubt ist. Texte, die dies als Stilmittel nutzen (z.B. Hofmann et al.), können nur eine geringere Reduktion verzeichnen. Bei denen, die dies nicht tun, ist eine stärkere Reduktion zum Ausgangstext (um bis zu 5,25 Prozentpunkte bei der Lebenshilfe Bremen im Vergleich zur Einheitsübersetzung) zu verzeichnen.

Die Zahl der Personalpronomen wurde in vier der fünf Leichte-Sprache-Versionen reduziert, in den Versionen des Katholischen Bibelwerks und der Diakonischen Stiftung Wittekindshof sogar wesentlich (um knapp 7 Prozentpunkte) im Vergleich zu den Ausgangstexten. Hier stellt wieder die Version von „Leicht gesagt" eine Ausnahme dar. Es macht sich bemerkbar, dass „Leicht gesagt" einige Regeln, z.B. die Vermeidung von Personalpronomen, in den Anfangszeiten nicht konsequent umgesetzt hat. Auch die große Nähe zum Ausgangstext und die Aufteilung der dortigen langen Sätze hat eine vermehrte Verwendung von Pronomen verursacht.

Anzahl der Wörter, Wortschatz und Wortlänge

Es wird erwartet, dass die Leichte-Sprache-Texte dieses Vergleichs mehr Wörter umfassen als die Ausgangstexte. Es wird angenommen, dass der Wortschatz aber im Verhältnis zur Wortmenge kleiner ist als bei den Ausgangstexten. Es wird auch erwartet, dass es mehr Wortwiederholungen innerhalb des Textes gibt. Es wird davon ausgegangen, dass die durchschnittliche Wortlänge in den Zieltexten kürzer ist als in den Ausgangstexten und dass auch das längste Wort nicht zu lang ist.

Die Annahme, dass die Texte länger geworden sind, bestätigt sich in diesem Beispiel bei vier von fünf Texten nicht. Beim Text des Katholischen Bibelwerks ist als einziges eine deutliche Verlängerung um 37 Wörter (Ausgangstext EÜ 239 Wörter) feststellbar. Der Wortschatz wurde in fast allen Zieltexten kleiner (z.B. Lebenshilfe 87 Wörter zu EÜ 120 Wörter); eine Ausnahme bildet hier erneut der Text aus Leicht gesagt, der durch seine Ausgangstextorientierung den Wortschatz in einem sehr ähnlichen Umfang beibehält.

In allen Zieltexten sind die zentralen Nomen Engel, Hirte, Gott, Jesus häufiger in Gebrauch, im Text des Katholischen Bibelwerks sogar ausgesprochen deutlich. Hier werden die Begriffe Hirte (17x), Engel (12x), Jesus (11x), Gott (5x) deutlich öfter genannt als im Ausgangstext der Einheitsübersetzung, in dem Hirte, Engel und Herr (nicht Gott!) je viermal genannt werden und Jesus gar nicht. Diese Worthäufung wird auch durch die Vermeidung von Pronomina verursacht.

Die durchschnittliche Wortlänge hat entgegen den Erwartungen nicht stark abgenommen, nur um etwa 0,2 Prozentpunkte (4,5 zu 4,7 Buchstaben). Die Anzahl langer Wörter und deren Länge sind hingegen zurückgegangen. Die Wörter ‚Futter-Wanne'/‚Futter-Krippe'/‚Futter·trog' sind durch den Bindestrich oder den Mediopunkt in zwei kürzere Wörter aufgeteilt, werden aber von der Bearbeitungssoftware als ganze (und damit lange) Wörter gezählt. Bethlehem ist als Eigenname kaum zu vermeiden. Damit sind die längsten Wörter ‚zueinander' (KathB) und ‚aufpassten' (Leicht gesagt) mit zehn Buchstaben zu notieren.

Wegen des Umstands, dass in Leichter Sprache die Namen nicht durch Pronomen ersetzt werden sollen (v.a. in der 3. Person), kommt es durch die Wiederholung der Namen auch zur Wiederholung der (im Vergleich zu den Pronomen) längeren Wörter. Dies wirkt sich auf die durchschnittliche Wortlänge aus.

Satzlänge

Es wird davon ausgegangen, dass die Zieltexte durchschnittlich wesentlich kürzere Sätze, aber dafür auch wesentlich mehr Sätze als die Ausgangstexte haben.

Hier wird die Vorannahme voll und ganz bestätigt. Die Anzahl der Sätze hat sich mindestens verdoppelt, beim Katholischen Bibelwerk sogar mehr als verdreifacht (51 Sätze zu 16 Sätzen in der EÜ). Dafür hat die durchschnittliche Satzlänge mindestens um 50%, bei Hofmann et al. sogar um fast zwei Drittel (5,4 Wörter zu 15,3 Wörter LUT84) abgenommen.

Nebensätze

Es liegt nahe, dass der Text möglichst nur aus Hauptsätzen bestehen soll. Die Regeln der Leichten Sprache erlauben auch, dass ein Satz unvollständig ist und mit einer Konjunktion (z.B. oder, wenn, weil, und, aber) beginnen darf. Dies führt zu der Annahme, dass es möglichst keine Satzkonstruktionen mit Nebensätzen in Leichter Sprache geben sollte.

Hier ist das Ergebnis unterschiedlich. Die Lebenshilfe Bremen benutzt keinen Nebensatz und im Text von Hofmann et al. findet sich ein einziger Nebensatz, der mit einem Punkt vom vorangegangenen Satz abgetrennt ist und damit nach den Regeln der Leichten Sprache als zulässiger kurzer Satz gilt. Die anderen drei benutzen weiterhin Nebensätze. Im Text von „Leicht gesagt" sind es besonders viele Relativsätze (5), was fast der Menge im Ausgangstext Luther 1984 (7) entspricht. Das Katholische Bibelwerk beginnt zwei Sätze mit ‚weil', was wie bei Hofmann et al. als zulässige kurze Sätze zu werten ist. Drei der verbleibenden sechs weiteren Nebensätze sind Relativsätze, die auch in den Ausgangtexten sehr häufig vorkommen. Auch bei der Diakonischen Stiftung Wittekindshof werden Nebensätze verwendet (4), davon sind die Hälfte Relativsätze.

Verneinung

Es wird erwartet, dass es möglichst keine Verneinungen im Text gibt.

Das Ergebnis entspricht der unklaren Lage in der Forschung. Drei Zieltexte (Leicht gesagt, Diakonische Stiftung Wittekindshof, Hofmann et al.) enthalten keine Verneinung, bei den anderen bleibt sie erhalten. In beiden Texten wird eine K-Verneinung (‚keine Angst') verwendet, was angesichts der Erkenntnisse der Verständlichkeitsforschung verwundert.

Zusammenfassung

Es zeigt sich, dass die Regeln der Leichten Sprache nur bedingt in den Zieltexten umgesetzt sind. Die zentrale Forderung nach kurzen Sätzen wird erfüllt, alle anderen Annahmen müssen aus verschiedenen Gründen modifiziert werden. Modifikationsfaktoren sind dabei die Orientierung am Ausgangstext, der eigene Schreibstil und der Grad der Gewichtung und damit der Umsetzung der Regeln. Überraschend ist, dass der Textumfang der untersuchten Verse nicht wesentlich zugenommen hat.

7.3.1.2 Vergleich einiger Aspekte des Layouts und der Veröffentlichung

Tabelle 16: Vergleich einiger Aspekte des Layouts und der Veröffentlichung in den Ausgangstexten (Geburtsgeschichte Jesu)

	LUT84	EÜ80	B/N
Versnummern	ja	ja	ja, am Rand, Verswechsel durch „/"
Paratexte	Parallelstellen am jew. Vers	Parallelstellen am Ende der Spalte	Fußnoten mit Erklärungen und Parallelstellen
Layout	Fließtext im Rahmen der Vollbibel; wörtliche Rede kursiv	Fließtext im Rahmen der Vollbibel; Engelhymnus (V14) als Lied durch „/" kenntlich gemacht	Fließtext; Verse durch „/" getrennt, wörtliche Rede in „"
Illustration	keine	keine	keine

Tabelle 17: Vergleich einiger Aspekte des Layouts und der Veröffentlichung in den Zieltexten (Geburtsgeschichte Jesu)

	LG	KathB	LHB	DSW	Hofm
Versnr.n	nein	nein	nein	nein	nein
Paratexte	Einbettung in Kirchenjahr	Einbettung in Kirchenjahr	Vorgeschichte, Evangelienharmonie	Angaben zum Büro für LS	Teil der Befragung
Layout	kein Zeilenumbruch innerhalb eines Satzes, linksbündig, keine Kennzeichnung von wörtl. Rede	Ein Satz pro Zeile; Unterteilung in Sinnabschnitte, wörtliche Rede eingerückt, Liste mit Aufzählungszeichen für die Zeichen des Engels	Zeilenumbrüche innerhalb eines Satzes an „Lesepausen"; viele Absätze; Sinnabschnitte deutlich visuell getrennt; Unterteilung in drei „Kapitel"	nicht bekannt; Text wurde nur zur Verfügung gestellt	nicht bekannt; Text wurde nur zur Verfügung gestellt
Illustration	keine	2 Bilder (eins zu V1-14, eins zu V15-20)	je 1 großes Bild zu den „Kapiteln"; zu jedem Sinnabschnitt ein Bild	nicht bekannt	nicht bekannt

Die ergänzenden Vergleichsparameter geben bei den Ausgangstexten ein gewohnt einheitliches Bild ab. Die Perikopen sind dort im Zusammenhang der jeweiligen Vollbibel bzw. des Evangeliums abgedruckt. Dabei wird nur in Ansätzen auf den Inhalt des Textes eingegangen. Wörtliche Rede und der Gesang der Engel sind erkennbar, aber dennoch als Fließtext gedruckt. Es gibt Hinweise auf Parallelstellen und in Fußnoten oder Einschüben Erklärungen und Übersetzungsalternativen.

Bei den Textversionen in Leichter Sprache ergibt sich ein unterschiedliches Bild. Der Text aus „Leicht gesagt" entspricht nur in Ansätzen dem regelgerechten Layout für Leichte-Sprache-Texte. Dieser Text soll der primären Zielgruppe durch Vorlesen in Andacht und Gottesdienst zugänglich gemacht werden und wurde daher nicht den Regeln entsprechend layoutet.

Die Textversionen der Lebenshilfe Bremen und des Katholischen Bibelwerks sind auch zum Selbstlesen durch die primäre Zielgruppe gedacht und entsprechen daher dem regelgerechten Layout. Der Text der Lebenshilfe Bremen ist mit vielen Illustrationen ausgestattet und regt damit zum Selbstlesen an. Der Text des Katholischen Bibelwerks ist auch zur Verwendung in Gottesdienst und Andacht gedacht. Die Veröffentlichung der Texte nach der Ordnung der katholischen Lesejahre weist ebenfalls darauf hin. Die Textversion des Katholischen Bibelwerks ist auf einer barrierearmen Internetseite zugänglich. Die Illustrationen stammen je nach Lesejahr von drei verschiedenen Illustrator*innen (vgl. Kap. 4.6).

Da die Texte der Diakonischen Stiftung Wittekindshof und von Hofmann et al. nur als reine Texte zur Verfügung gestellt (und nicht veröffentlicht) wurden, entsprechen die Texte in dieser Form nicht den Layoutvorgaben für Leichte Sprache, behaupten dies aber auch nicht von sich.

Die Leichte-Sprache-Versionen haben keine Versnummern und weisen nur geringfügig Paratexte zur Einordnung auf. Diese Informationen richten sich eher an die Multiplikator*innen als an die primäre Zielgruppe. Insgesamt richten sich diese Faktoren alle nach dem Verwendungszusammenhang aus. Texte, die eher für Multiplikator*innen veröffentlicht wurden, entsprechen deutlich weniger den Layoutregeln für Leichte Sprache als Texte für die primäre Zielgruppe.

7.3.2 Vergleich der fünf LS-Texte mit einem der Ausgangstexte

Wie in Kapitel 7.2.2.1 ist im ersten Teilkapitel 7.3.2.1 zunächst Luther 1984 der Referenztext für die Ausführungen zu Auslassungen, Zusätzen, Zusammenfassungen und der Änderung der Reihenfolge. Auch für die Geburtsgeschichte Jesu gilt, dass der Vergleich der Leichte-Sprache-Texte untereinander in diesem Kapitel mehr bringt als der Bezug auf den direkten Ausgangstext. In diesem Kapitel werden die Verse 1-20 berücksichtigt. Kapitel 7.3.2.2 betrachtet dann die Verse 8-20 noch einmal genauer im Verhältnis des Zieltextes zu seinem jeweiligen Ausgangstext.

7.3.2.1 Auslassungen, Zusätze, Zusammenfassungen und Änderung der Reihenfolge

Auslassungen, Zusätze, Zusammenfassungen und die Änderung der Reihenfolge sind nach den Regeln der Leichten Sprache zulässige Maßnahmen, um einen Text verständlicher zu gestalten. Bei der Geburtsgeschichte in Lk 2,1-20 sind zahlreiche Eingriffe in den Text zu beobachten.[97]

Auslassungen

Auslassungen betreffen im Gesamtüberblick fast jeden Vers. Einige Auslassungen sind begründet, z.B. durch Irrelevanz des Inhalts bei gleichzeitiger Komplexität (z.B. Umstände der Volkszählung) oder Konzentration auf Maria und Josef (statt auch auf andere von der Volkszählung Betroffene). Einige sind unerklärlich.

— Vers 2 wird in vier der fünf Versionen in Leichter Sprache ausgelassen: *„Diese Schätzung war die allererste und geschah zu der Zeit als Quirinius Statthalter in Syrien war"* (Luther 1984) wird offenbar als irrelevant und komplex eingestuft. Eine Übersetzung in Leichte Sprache würde eine Vielzahl von Erklärungen erfordern, noch dazu ist Quirinius ein unbekannter und schwer zu lesender Name. Nur Simone Pottmann erwähnt in ihrer Version in „Leicht gesagt", dass es sich um die erste Volkszählung handelt, aber auch sie verzichtet auf den Hinweis auf Quirinius. Alle Versionen in Leichter Sprache verkürzen damit die geschichtliche Einordnung auf den Hinweis auf die Eintragung in Steuerlisten.
— In Vers 3 fehlt bei den Versionen des Katholischen Bibelwerks, der Lebenshilfe Bremen und Hofmann et al. die Aufforderung an alle Menschen, in ihre Geburtsstädte zu ziehen. Nur im Text von „Leicht gesagt" findet sich der Hinweis auf einen allgemeinen Aufbruch der Menschen in ihre Geburtsstädte.
— In Vers 6 kommen Maria und Josef in Bethlehem an. Dies wird in allen Versionen vermerkt. Der Hinweis auf den Beginn der Wehen und damit der Geburt fehlt in der Version des Katholischen Bibelwerks und bei Hofmann et al. Es ist die Frage, ob hier nicht doch eine gewisse Kenntnis der Gesamtge-

---

[97] Die Textversion der Diak. Stiftung Wittekindshof beginnt erst bei Vers 8 mit einer Zusammenfassung und erst ab Vers 15 mit der eigentlichen Übersetzung. Die fehlenden Textteile werden nicht als Auslassungen gewertet.

schichte vorausgesetzt wird, um von der in Vers 7 folgenden Geburt nicht vollkommen überrascht zu werden.
- In Vers 7 geht es u.a. um die Beschreibung der Geburt; Windeln und Krippe werden später vom Engel den Hirten als Zeichen genannt. Bei der Lebenshilfe und bei Hofmann et al. wird die Beschreibung auf die Krippe beschränkt, der Hinweis auf die Windeln fehlt. Bestätigung für diese Kürzung finden die Lebenshilfe und Hofmann et al. z.B. im Kommentar von Gerhard Schneider, der die Windeln lediglich als Hinweis auf das Alter des Kindes und nicht als direktes Zeichen einordnet.[98] Bei allen Versionen außer der „Leicht-gesagt"-Version fehlt in Vers 7 auch der Hinweis auf die Erstgeburt. Die Bedeutung der Erstgeburt als solche – das besondere Verhältnis[99] und die besondere Zugehörigkeit zu Gott[100] – spielt zwar im Verständnis der jüdischen Familientradition eine Rolle, wird hier aber offenbar von den meisten Übersetzendengruppen als vernachlässigbar eingestuft.
- In Vers 9 weisen alle Versionen außer der der Diakonischen Stiftung Wittekindshof auf die Furcht der Hirten hin. In der Version der DSW kann dies der Tatsache geschuldet sein, dass die Verse vor Vers 15 einleitend zusammengefasst sind.
- In Vers 10 wird die Freude nicht nur den Hirten, sondern *allem Volk* verkündigt. Die (von Luther eigenmächtig vorgenommene) Ausweitung auf die ganze Welt (die dem ursprachlichen Text nicht zu entnehmen ist) fehlt in der Version der Lebenshilfe Bremen. Beim Katholischen Bibelwerk und bei der DSW fehlt diese Öffnung in Vers 10, wird aber in Vers 11 nachgeholt mit dem Hinweis, dass Jesus gekommen ist, um allen Menschen zu helfen.
- In Vers 11 verzichten die Versionen des Katholischen Bibelwerks und der DSW auf die Ortsangabe Bethlehem, als die Hirten von den Engeln aufgefordert werden, das Kind zu suchen. Offenbar wird dies als bekannt oder als einzig möglicher Ort, den die Hirten erreichen können, vorausgesetzt.
- In Vers 11 verzichten das Katholische Bibelwerk und die Lebenshilfe Bremen auf die Übertragung des Satzteils ‚Christus, der Herr'.
- Als Zeichen bekommen die Hirten in Vers 12 in den Versionen von „Leicht gesagt", der Lebenshilfe und von Hofmann et al. nur den Hinweis auf die Krippe. Damit setzen die Versionen der Lebenshilfe und von Hofmann ihre Auslassung aus Vers 7 logisch fort, auch bei der Version von Leicht gesagt kommt es nun zu einer Konzentration auf das wesentliche Zeichen der Krippe.[101] Nur das Katholische Bibelwerk bleibt bei beiden Zeichen. In der Version der DSW fehlt der Hinweis auf Zeichen; auch hier ist zu vermuten, dass dies der Zusammenfassung geschuldet ist.

---

[98] Vgl. SCHNEIDER, GERHARD, Das Evangelium nach Lukas (ÖTBK III/1), 66.
[99] Vgl. BOVON, FRANÇOIS, Evangelisch-Katholischer Kommentar zum Neuen Testament (EKK III/1), 122.
[100] Vgl. SCHNEIDER, GERHARD, Das Evangelium nach Lukas (ÖTBK III/1), 66.
[101] Vgl. ebd.

- In der Version der DSW fehlt das Lob der Engel in Vers 14 vollständig. Auch dies könnte darin begründet sein, dass für Vers 8-14 nur eine Zusammenfassung vorliegt (s. Vers 9).
- In Vers 15 kommt es bei der Lebenshilfe, beim Katholischen Bibelwerk und bei Leicht gesagt zu einer theologisch folgenschweren Auslassung: Die Engel kehren nicht in den Himmel zurück. Diese Auslassung ist nicht nachvollziehbar und stellt eine zu kritisierende Lücke im Verlauf der Geschichte dar. Nach Schneider ist die Rückkehr der Engel in den Himmel elementar wichtig. Die Rückkehr beweise erst, dass die Engel vorher wirklich irdisch-gegenwärtig seien.[102] In der Version der Lebenshilfe brechen die Hirten in Vers 15 sofort auf, ohne die Lage miteinander zu besprechen.
- In Vers 16 fehlt bei der Lebenshilfe und Hofmann et al. die Eile der Hirten. Damit verzichten beide Versionen auf den einzigen spannunggebenden Faktor dieses Verses[103] und bringen sich um das wenige vorhandene Maß an Dramaturgie.
- Vers 18 wird im Kapitel 7.3.3.2 noch ausführlich betrachtet, es ist aber bemerkenswert, dass bei Lebenshilfe und Hofmann et al. niemand staunt oder sich wundert und beim Katholischen Bibelwerk und der DSW nur Maria und Josef staunen. Lediglich in der Version von „Leicht gesagt" wundern sich alle.
- Vers 20 fehlt bei Hofmann et al. ganz. Dieses Fehlen ist nicht nachvollziehbar, der Version fehlt dadurch das Ende der Geschichte.

Vertretbar sind alle Auslassungen, die die Geschichte kürzen, ohne wichtige Inhalte zu vernachlässigen. Die Auslassungen in Vers 10 (Freude allem Volk, eigentlich ein Zusatz im Lutherischen Ausgangstext) und 15 (Rückkehr der Engel in den Himmel) haben theologische Folgen und sollten bei einer Revision kritisch hinterfragt werden. Auch das Ende der Geschichte (Vers 20) sollte in keiner Version fehlen.

Zusätze

Die verschiedenen Versionen in Leichter Sprache weisen Zusätze an unterschiedlichen Stellen und in unterschiedlicher Ausführlichkeit auf. Dabei muss zwischen notwendigen Erklärungen zum Verständnis und fantasievollen Ausschmückungen unterschieden werden. Teilweise kommt es allerdings auch zur Vermischung von beidem.
- So erklären in Vers 1 die Lebenshilfe, das Katholische Bibelwerk und Hofmann et al., warum es eine Volkszählung gibt. Die Lebenshilfe fügt noch eine

---

[102] Vgl. ebd., 67.
[103] Vgl. BOVON, FRANÇOIS, Evangelisch-Katholischer Kommentar zum Neuen Testament (EKK III/1), 130.

Bewertung der Situation hinzu: „*Darum geht es den Menschen nicht gut.*" (LHB V1). Diese Bewertung wirkt an dieser Stelle und ohne weitere Erläuterung zusammenhanglos und trägt nicht zum Verständnis des Textes bei.
- Der Text der Lebenshilfe bietet in den Versen 1-7 mehrere lange Passagen, die eher an einen Krippenspieltext erinnern als den Charakter einer Vers-für-Vers-Übersetzung haben. So wird die Verkündung der Volkszählung durch einen Soldaten auf dem Markt vorgenommen (zu Vers 3) und eine fiktive Beratung zwischen Maria und Josef vor der Reise nach Bethlehem (zu Vers 4+5) formuliert. Damit entfernt sich diese Textversion sehr weit vom Ausgangstext.
- In Vers 4, in dem der Beginn der Reise nach Bethlehem beschrieben wird, fügt das Katholische Bibelwerk hinzu, dass Maria und Josef nach Bethlehem laufen mussten, die Lebenshilfe Bremen beschreibt ausführlich eine Reise mit Esel über mehrere Tage und bei Hofmann et al. wird auf die Länge des Wegs hingewiesen. Die Erklärungen der Art der Reise sind sinnvoll, um die Beschwerlichkeit zu betonen, der Esel ist jedoch ein im Ausgangstext nicht belegter Zusatz.
- Die Ankunft in Bethlehem und die biblisch nicht belegte Herbergssuche werden von der Lebenshilfe Bremen, dem Katholischen Bibelwerk und Hofmann et al. viel ausführlicher beschrieben als es das Original hergibt, die Lebenshilfe Bremen nutzt dazu 18 (!) Sätze, statt in einem halben Satz wie im Ausgangstext den Ort der Unterkunft zu beschreiben, den Maria und Josef gefunden haben. Dies wird unter 7.3.3.1 noch einmal ausführlich betrachtet.
- In Vers 7 wird das Wort Krippe im Text von „Leicht gesagt", im Text von der DSW (Vers 16), im Text von der Lebenshilfe und im Text vom Katholischen Bibelwerk erklärt, Hofmann et al. schreiben in ihrem Text statt Krippe ‚Kiste mit Futter'. Dieser Begriff wird auch später bei der Zeichengebung durch den Engel konkordant weiterverwendet.
- In Vers 8 schmücken alle bis auf die Version von „Leicht gesagt" den Begriff der Herde aus. Bei der Lebenshilfe werden Schafe und Ziegen beschrieben, beim Katholischen Bibelwerk und der DSW sind es Schafe und bei Hofmann et al. Tiere statt einer Herde. Mit der Erwähnung der Tiere und Tierarten veranschaulichen die verschiedenen Versionen den Begriff der Herde. An verschiedenen Stellen der Bibel werden Schafe als Herdentiere genannt, u.a. im Zusammenhang mit David (z.B. 1 Sam 17,15). Die Lebenshilfe Bremen fügt in Vers 8 hinzu, Hirten seien arme Menschen.
- In Vers 9 fügt die Lebenshilfe Bremen eine Begründung für die Angst der Hirten hinzu: „*Die Hirten haben noch nie einen Engel gesehen.*" (LHB V9)
- In Vers 13 erweitert die Version des Katholischen Bibelwerks die zweite Erscheinung insofern, als alle Engel leuchten.
- In Vers 15 schmückt Pottmann in „Leicht gesagt" aus, was die Hirten zu tun beschließen: „*Wir wollen erfahren, was Gott uns schenkt.*" (Leicht gesagt V15) Von einem Geschenk war in den vorangehenden Versen v.a. Vers 11 noch

nicht die Rede, es kann allerdings aus der Formulierung „*Euch wurde heute der Retter geboren*" (Leicht gesagt V11) herausgelesen werden.
- In der Version der Lebenshilfe Bremen verfügen die Hirten in Vers 17 über Wissen, das nicht aus der Verkündigung des Engels stammt: „*Jesus ist Sohn von Gott*" (LHB V17) berichten die Hirten an der Krippe, obwohl dies nicht exegetisch begründbar ist und im Lebenshilfe-Text so nicht genannt wird, da dort das Wort Heiland/Retter im Mittelpunkt der Verkündigung des Engels steht (vgl. LHB V12 und 17).
- In Vers 20 schließlich schmückt das Katholische Bibelwerk in seiner Version aus, wie die Hirten Gott loben: Sie singen frohe Lieder und beten zu Gott und danken ihm für das, was sie gesehen und gehört haben. Die Hirten werden als glücklich beschrieben. Als Begründung wird angegeben, dass sie Jesus gesehen haben und dass sie die Verkündigung des Engels erlebt haben. Damit fasst die Version des Katholischen Bibelwerks das von den Hirten Erlebte noch einmal abschließend zusammen. Vers 20 wird teilweise etwas ausführlicher dargestellt: Die Hirten kehren nicht nur um oder zurück, sondern es wird auch gesagt, wohin: Zu den Schafen und Ziegen (Lebenshilfe) bzw. zu den Schafen (beim Katholischen Bibelwerk und der DSW). „Leicht gesagt" folgt der neutraleren Formulierung „*Die Hirten kehrten zurück*" (Leicht gesagt V20), und bei Hofmann et al. fehlt der Vers ganz (s.o.).

Zusammenfassungen

Insgesamt gibt es keine Zusammenfassungen größerer Textteile. Einige Auslassungen der DSW können allerdings mit Zusammenfassungen begründet werden (von Vers 8-14), da die übersetzte Perikope nur die Verse 15-20 umfasst und alles andere als Einleitung mit zusammenfassendem Charakter angesehen werden kann. Die Verse 4 und 5 sowie 6 und 7 sind teilweise zusammengefasst im Sinne von vermischt und werden abweichend vom Ausgangstext ausgeschmückt.

Änderung der Reihenfolge

Die Reihenfolge wird weitgehend am Bibeltext orientiert. Nur in Vers 7 wird die Abfolge der Ereignisse in eine chronologische Reihenfolge gebracht und der Flashback des Versteils ‚denn sie hatten sonst keinen Raum in der Herberge' aufgehoben. Diese Änderung entspricht der Empfehlung für Texte in Leichter Sprache, die chronologische Reihenfolge einzuhalten.

Darüber hinaus sind zwei kleine Änderungen zu verzeichnen: Die Version von Hofmann et al. verlegt die zentrale Information, dass Maria schwanger ist und dass Maria und Josef nach Bethlehem reisen müssen, von Vers 4 und 5 nach Vers 1. Diese Änderung erhöht den Informationsgehalt des ersten Satzes und allen Lesenden wird sofort klar, dass es hier um die Weihnachtsgeschichte geht.

In Vers 9 ändern Hofmann et al. die versinterne Reihenfolge des Ausgangstextes. Die Spannung wird erhöht, weil zunächst nicht klar ist, warum die Hirten Angst haben. Die Auflösung, dass es ein Engel ist, der ihnen erscheint, ist erst ans Ende des Verses verschoben. Die Ausgangsreihenfolge Engel – Licht – Angst wird verändert zu Licht – Angst – Engel. Wie bereits erwähnt, wird beim Katholischen Bibelwerk und der DSW die Ausweitung der Verkündigung der guten Botschaft von den Hirten auf ‚alles Volk‘ von Vers 10 nach Vers 11 verschoben.

Das Katholische Bibelwerk nimmt noch eine weitere Änderung der Reihenfolge vor: Die Übersetzung von *„wie denn zu ihnen gesagt war"* aus Vers 20 wird bereits in Vers 16 formuliert: *„Alles war genau so, wie der Engel gesagt hatte."* (Katholisches Bibelwerk V16) In Vers 20 wird zwar der Inhalt, aber nicht der Wortlaut wieder aufgenommen. Diese Verschiebung betont die Erfüllung der Zeichenankündigung des Engels an der Stelle, wo sie geschieht und wird später zur besseren Erinnerung noch einmal aufgenommen.

Insgesamt finden außer der Beschreibung der fiktiven Herbergssuche besonders im Text der Lebenshilfe Bremen keine verständnisverändernden oder verfälschenden Eingriffe durch die Veränderungen der Reihenfolge statt. In Vers 7 ist die Verschiebung nach den Regeln der Leichten Sprache sogar zwingend erforderlich.

7.3.2.2 Verhältnis zum jeweiligen Ausgangstext

Vers für Vers werden nun die Verse 8-20 gegenübergestellt und die Zieltexte auf Unterschiede zu ihrem jeweiligen Ausgangstext untersucht.

Lukas 2,8-20 in Leichter Sprache von Simone Pottmann und Raute Martinsen in „Leicht gesagt" im Vergleich zu Luther 1984

Tabelle 18: Gegenüberstellung von Ausgangstext (LUT84) und Zieltext (LG) (Geburtsgeschichte Jesu)

Luther 1984	Leicht gesagt!	Vergleich
	Vers 8-14 Simone Pottmann Vers 15-20 Raute Martinsen	
8 Und es waren Hirten in derselben Gegend auf dem Felde bei den Hürden, die hüteten des Nachts ihre Herde.	Ganz in der Nähe waren Hirten auf dem Feld. Die hüteten ihre Herde in der Nacht.	Sehr nah am Ausgangstext. Unterteilung in zwei Sätze statt einen. Modernere Satzstellung. Verwendung des Pronomens „Die" entspricht nicht den Regeln der Leichten Sprache

Luther 1984	Leicht gesagt!	Vergleich
9 Und der Engel des Herrn trat zu ihnen,	Zu ihnen kam ein Engel des Herrn.	Engel des Herrn ist ein Genitiv, der nicht den Regeln der Leichten Sprache entspricht.
und die Klarheit des Herrn leuchtete um sie; und sie fürchteten sich sehr.	Plötzlich leuchtete ihnen ein helles Licht von Gott. Da bekamen die Hirten furchtbare Angst.	Satzkonstruktion mit „ihnen" ungewöhnlich. Weiterhin sehr nah am Ausgangstext.
10 Und der Engel sprach zu ihnen: Fürchtet euch nicht! Siehe, ich verkündige euch große Freude, die allem Volk widerfahren wird;	Aber der Engel sagte zu ihnen: Ruhig. Vertraut auf Gott! Denn ich sage euch: Freut euch! Diese Freude soll allen Menschen gelten:	Verneinung wird in positive Sprache umgewandelt. Gute Nachricht für Hirten und „alles Volk". Unreflektierte Übernahme von Luthers Ausweitung auf alles Volk. Große Nähe zum Ausgangstext.
11 denn euch ist heute der Heiland geboren, welcher ist Christus, der Herr, in der Stadt Davids.	Euch wurde heute der Retter geboren. Das ist Christus, der Herr. Er ist geboren in Bethlehem, der Stadt Davids.	Retter ersetzt das Wort Heiland. Die lukanische Konstruktion „Christus, der Herr" wird beibehalten. Stadt Davids wird beibehalten. Große Nähe zum Ausgangstext. Passiv wird beibehalten (gegen die Regeln, aber gemäß dem allgemeinen Sprachgebrauch.)
12 Und dies habt zum Zeichen: Ihr werdet finden das Kind in Windeln gewickelt und in einer Krippe liegen.	Und das ist euer Zeichen: Ihr werdet ein kleines Kind finden. Es liegt in einer Krippe.	Weiter nah am Ausgangstext. Die Windeln als Zeichen werden ausgelassen.
13 Und alsbald war da bei dem Engel die Menge der himmlischen Heerscharen,	Und plötzlich waren viele Engel da.	Starke Vereinfachung der „himmlischen Heerscharen" zu „viele Engel" Umdeutung: sprechen wird zu singen
die lobten Gott und sprachen:	Sie alle lobten Gott und sangen:	
14 Ehre sei Gott in der Höhe und Friede auf Erde bei den Menschen seines Wohlgefallens.	Gott ist wunderbar in der Höhe. Und sein Friede wohnt bei den Menschen auf der Erde, die er lieb hat.	Weiterhin starke Orientierung am Ausgangstext. Das schwere Wort Ehre wird durch „Gott ist wunderbar" ersetzt. „Seines Wohlgefallens" erfährt eine bestimmte Deutung, vgl. 7.3.3.2
15 Und als die Engel von ihnen gen Himmel fuhren, sprachen die Hirten untereinander: Lasst uns nun gehen nach Bethlehem und die Geschichte sehen, die da geschehen ist, die uns der Herr kundgetan hat.	Dann kehrten die Engel in den Himmel zurück. Da sprachen die Hirten zueinander: Auf, wir gehen nach Bethlehem. Wir wollen selbst sehen, was geschehen ist. Wir wollen erfahren, was Gott uns schenkt.	Zunächst sehr starke Orientierung am Ausgangstext. Ausschmückung mit Erwartungen, was die Hirten in Bethlehem sehen möchten. Der Begriff Geschenk ist vorher nicht aufgetaucht und nicht aus dem Ausgangstext.
16 Und sie kamen eilend und fanden Maria und Josef, dazu das Kind in der Krippe liegen.	Sie gingen dorthin, so schnell sie konnten.	Das Pronomen „sie" wird nur für die Hirten verwendet. Nah am Ausgangstext.

Die Geburtsgeschichte Jesu nach Lukas

Luther 1984	Leicht gesagt!	Vergleich
	Und sie fanden Maria und Josef und das Kind in der Krippe.	
17 Als sie es aber gesehen hatten, breiteten sie das Wort aus, dass zu ihnen von diesem Kinde gesagt war.	Später erzählten sie alles weiter, was sie von dem Kind wussten.	Durch das Wort „später" wird das Weitererzählen von der Krippenszene getrennt. Damit folgt die Übersetzung der Interpretation Wolters, die Hirten hätten von der Geburt Jesu in ganz Bethlehem erzählt[104]
18 Und alle, vor die es kam, wunderten sich über das, was ihnen die Hirten gesagt hatten.	Und alle wunderten sich darüber.	Nah am Ausgangstext, Vermeidung eines Nebensatzes
19 Maria aber behielt alle diese Worte und bewegte sie in ihrem Herzen.	Aber Maria merkte sich alle Worte genau und nahm sie sich zu Herzen.	Ersetzen des einen Sprachbildes durch ein ähnliches, das aber den Sinn leicht verändert. Wird in 7.3.3.2 noch einmal aufgenommen.
20 Und die Hirten kehrten wieder um, priesen und lobten Gott für alles, was sie gehört und gesehen hatten, wie denn zu ihnen gesagt war.	Die Hirten kehrten zurück. Sie lobten Gott für alles, was sie gehört und gesehen hatten. Es war genauso, wie der Engel es ihnen gesagt hatte.	Sehr nah am Ausgangstext. Dafür mussten zwei Nebensätze (gegen die Regeln) in Kauf genommen werden.

Zwischenfazit: Die Textversion aus „Leicht gesagt" bleibt sehr nah am Ausgangstext von Luther 1984 und damit am traditionell in evangelischen Kreisen bekannten Text der Geburtsgeschichte Jesu. Die Brückenfunktion wird maximal erfüllt. Dafür nehmen Pottmann und Martinsen in Kauf, dass sie an mehreren Stellen nicht den Regeln der Leichten Sprache entsprechen. Passiv, Genitiv und Nebensätze sollten in Leichter Sprache nicht vorkommen.

---

[104] Vgl. WOLTER, MICHAEL, Das Lukasevangelium (HNT 5), 131.

Lukas 2,8-20 in Leichter Sprache von der Lebenshilfe Bremen im Vergleich zur Einheitsübersetzung 1980

Tabelle 19: Gegenüberstellung von Ausgangstext (EÜ80) und Zieltext (LHB) (Geburtsgeschichte Jesu)

EÜ 1980	Lebenshilfe Bremen 2010	Vergleich
8 In jener Gegend lagerten Hirten auf freiem Feld und hielten Nachtwache bei ihrer Herde.	In der Nähe ist eine Wiese. Auf der Wiese sind Hirten. Hirten sind arme Menschen. Die Hirten passen auf Schafe und Ziegen auf. Es ist Nacht.	Zusatz: Erklärung zu den Hirten, Hinweis auf Armut und auf Schafe und Ziegen als Herde.
9 Da trat der Engel des Herrn zu ihnen und der Glanz des Herrn umstrahlte sie. Sie fürchteten sich sehr,	Auf einmal sehen die Hirten ein sehr helles Licht. Am Himmel ist ein Engel. Der Engel leuchtet so hell. Die Hirten haben Angst. Sie haben noch nie einen Engel gesehen.	Engel bleibt Engel.
10 der Engel aber sagte zu ihnen: Fürchtet euch nicht, denn ich verkünde euch eine große Freude, die dem ganzen Volk zuteil werden soll:	Der Engel sagt: Habt keine Angst. Ich habe eine gute Nachricht für euch:	Verneinung wird beibehalten (gegen die Regeln). Gute Nachricht nur für die Hirten, nicht für das ‚ganze Volk'.
11 Heute ist euch in der Stadt Davids der Retter geboren; er ist der Messias, der Herr.	Euch ist heute der Heiland geboren! Heiland ist ein anderes Wort für Retter.	Heiland/Retter wird benannt. „Messias, der Herr" wird ausgelassen.
12 Und das soll euch als Zeichen dienen: Ihr werdet ein Kind finden, das, in Windeln gewickelt, in einer Krippe liegt.	Der Engel sagt auch: Hirten, ihr sollt nach Betlehem gehen. Dort findet ihr das Kind Jesus in einer Futter-Krippe.	Windeln als Zeichen werden ausgelassen.
13 Und plötzlich war bei dem Engel ein großes himmlisches Heer, das Gott lobte und sprach:	Dann kommen noch mehr Engel. Die Engel singen:	Das himmlische Heer wird zu „noch mehr Engel" (schwächerer Ausdruck).
14 Verherrlicht ist Gott in der Höhe und auf Erden ist Friede bei den Menschen seiner Gnade.	Ehre sei Gott in der Höhe und Friede auf Erden.	Angleichung an liturgische Formulierung.
15 Als die Engel sie verlassen hatten und in den Himmel zurückgekehrt waren, sagten die Hirten zueinander: Kommt, wir gehen nach Betlehem, um das Ereignis zu sehen, das uns der Herr verkünden ließ.		Wird ausgelassen.
16 So eilten sie hin und fanden Maria und Josef und das Kind, das in der Krippe lag.	Die Hirten gehen nach Betlehem. Sie finden Maria, Josef und das Kind.	Die „Eile" wird ausgelassen, sonst nah am Ausgangstext.

Die Geburtsgeschichte Jesu nach Lukas

EÜ 1980	Lebenshilfe Bremen 2010	Vergleich
17 Als sie es sahen, erzählten sie, was ihnen über dieses Kind gesagt worden war.	Die Hirten freuen sich sehr und sagen: Die Engel haben uns von dem Kind Jesus erzählt. Das Kind ist der Sohn von Gott. Das Kind ist unser Retter!	Das, was die Hirten sagen, wird wörtlich formuliert. Es entspricht nicht dem, was in Vers 11 steht. „Das Kind ist der Sohn von Gott" wird frei hinzugefügt. Kann u.U. auf die Bedeutung von Christus/Messias zurückgeführt werden. (Vgl. 7.3.3.2)
18 Und alle, die es hörten, staunten über die Worte der Hirten.		Wird ausgelassen.
19 Maria aber bewahrte alles, was geschehen war, in ihrem Herzen und dachte darüber nach.	Maria freut sich sehr über diese Worte.	Starke Vereinfachung.
20 Die Hirten kehrten zurück, rühmten Gott und priesen ihn für das, was sie gehört und gesehen hatten; denn alles war so gewesen, wie es ihnen gesagt worden war.	Die Hirten gehen zurück zu ihren Schafen und Ziegen. Sie beten zu Gott: Vielen Dank für deinen Sohn Jesus.	Rückkehr wird präzisiert.

Zwischenfazit: Die Verse 8-20 folgen (anders als die Verse 1-7) Vers für Vers dem Ausgangstext. Die Art der Übersetzung ist recht frei. In Vers 9 gibt es eine inhaltliche Verschiebung, da der Glanz auf die Engel beschränkt bleibt und nicht auch die Hirten umfasst. Es kommt zu einigen Auslassungen: Die Windeln als Zeichen (V12) werden übergangen und die Verse 15 und 18 vollständig ausgelassen. Vers 19 wird sehr stark vereinfacht. Zu bestimmten theologischen Fragen wird dadurch keine Aussage mehr getroffen und keine Botschaft vermittelt. Dies ist zumindest in Bezug auf die Botschaft der Engel (V10 und 11), das Nicht-Zurückkehren der Engel in den Himmel (V15), die von den Hirten verbreiteten Worte (V17) und Marias Umgang/Reaktion (V19) kritisch zu hinterfragen. Ein genereller Unterschied zum Ausgangstext besteht in der Zeitform: Die Lebenshilfe erzählt die Geschichte im Präsens.

Lukas 2,8-20 in Leichter Sprache vom Katholischen Bibelwerk im Vergleich zur Einheitsübersetzung 1980

Tabelle 20: Gegenüberstellung von Ausgangstext (EÜ80) und Zieltext (KathB) (Geburtsgeschichte Lk2)

EÜ 1980	Katholisches Bibelwerk	Vergleich
8 In jener Gegend lagerten Hirten auf freiem Feld und hielten Nachtwache bei ihrer Herde.	In der Nähe von dem Stall waren viele Schafe. Und Männer, die auf die Schafe aufpassten. Die Männer waren Hirten.	Zusatz: Hinweis auf den Stall, Verbindung zu Vers 1-7.
9 Da trat der Engel des Herrn zu ihnen und der Glanz des Herrn umstrahlte sie.	Gott schickte einen Engel vom Himmel zu den Hirten. Der Engel sollte den Hirten sagen: Jesus ist geboren. Der Engel ging zu den Hirten. Der Engel leuchtete und glänzte hell.	Zwischentext mit der Begründung, warum der Engel zu den Hirten geschickt wird. Der Genitiv „Gottes" wird aufgelöst, indem Gott als handelnde Person auftritt.
Sie fürchteten sich sehr,	Die Hirten bekamen Angst.	
10 der Engel aber sagte zu ihnen: Fürchtet euch nicht, denn ich verkünde euch eine große Freude, die dem ganzen Volk zuteil werden soll:	Aber der Engel sagte zu den Hirten: Ihr braucht keine Angst haben. Ihr könnt euch freuen.	Beibehaltung der Verneinung (Regelverstoß). Freude nur für die Hirten, nicht für das ‚ganze Volk'.
11 Heute ist euch in der Stadt Davids der Retter geboren; er ist der Messias, der Herr.	Jesus ist geboren. Jesus ist euer Retter. Jesus hilft euch. Jesus will allen Menschen helfen.	Ortsangabe Bethlehem fehlt; Jesus als Helfer zur Erklärung von Retter, Auweitung auf „alles Volk" (entspricht nicht dem Ausgangstext). Auslassung von „Messias, der Herr".
12 Und das soll euch als Zeichen dienen: Ihr werdet ein Kind finden, das, in Windeln gewickelt, in einer Krippe liegt.	Ihr könnt hingehen und gucken. So sieht Jesus aus: Jesus ist ein kleines Baby. Jesus hat Windeln um. Jesus liegt im Futtertrog.	Zeichen Krippe und Windeln werden beibehalten, Baby wird hinzugefügt. Krippe wird mit Futtertrog ersetzt.
13 Und plötzlich war bei dem Engel ein großes himmlisches Heer, das Gott lobte und sprach:	Und es kamen noch viel mehr Engel. Alle Engel glänzten und leuchteten. Die Engel sangen herrliche Lieder. Die Engel sagten:	Das große himmlische Heer wird zu „viel mehr Engel" Glänzen und leuchten wird hinzugefügt. Loben wird zu singen. Sprechen wird zu sagen.
14 Verherrlicht ist Gott in der Höhe und auf Erden ist Friede bei den Menschen seiner Gnade.	Jetzt können alle sehen, wie gut Gott ist. Jetzt ist Friede auf der Erde. Jetzt ist Friede bei allen Menschen, die auf Gott gewartet haben.	„bei den Menschen seiner Gnade" wird zu „Menschen, die auf Gott gewartet haben". Vers 14 wird später noch einmal genau analysiert → 7.3.3.2.
15 Als die Engel sie verlassen hatten und in den Himmel zu-	Die Hirten freuten sich, dass Jesus geboren ist. Die Hirten sag-	Die Engel kehren nicht in den Himmel zurück.

EÜ 1980	Katholisches Bibelwerk	Vergleich
rückgekehrt waren, sagten die Hirten zueinander: Kommt, wir gehen nach Betlehem, um das Ereignis zu sehen, das uns der Herr verkünden ließ.	ten: Kommt schnell. Wir gehen nach Betlehem. Wir sehen uns alles an.	Zusatz: Die Hirten freuen sich.
16 So eilten sie hin und fanden Maria und Josef und das Kind, das in der Krippe lag.	Die Hirten rannten los. Die Hirten fanden Maria. Und Josef. Und das Kind. Das Kind lag in einem Futtertrog. Alles war genau so, wie der Engel gesagt hatte.	Zusatz und Vorgriff auf Vers 20: „Alles war genau so, wie der Engel gesagt hatte."
17 Als sie es sahen, erzählten sie, was ihnen über dieses Kind gesagt worden war.	Die Hirten erzählten Maria und Josef alles, was der Engel gesagt hatte.	Maria und Josef sind die einzigen, die von der Rede der Hirten angesprochen werden.
18 Und alle, die es hörten, staunten über die Worte der Hirten.	Maria und Josef staunten. Und freuten sich.	Siehe V17.
19 Maria aber bewahrte alles, was geschehen war, in ihrem Herzen und dachte darüber nach.	Maria bewahrte alles in ihrem Herzen. Und dachte in ihrem Herzen über alles nach.	Sehr nah am Ausgangstext.
20 Die Hirten kehrten zurück, rühmten Gott und priesen ihn für das, was sie gehört und gesehen hatten; denn alles war so gewesen, wie es ihnen gesagt worden war.	Die Hirten gingen zu den Schafen zurück. Unterwegs sangen die Hirten frohe Lieder. Die Hirten beteten laut zu Gott. Die Hirten dankten Gott. Die Hirten waren glücklich. Weil die Hirten Jesus selber gesehen hatten. Und weil die Engel Bescheid gesagt hatten.	Zusatz: zu den Schafen Rühmen und Preisen wird zu singen, beten und danken. Ausschmückung und Benennung der Freude der Hirten.

Zwischenfazit: Der Text folgt Vers für Vers dem Ausgangstext. Die Übersetzung ist frei und gut verständlich. Sie entfernt sich nie weit vom Ausgangstext. Die Übersetzung folgt in Vers 10 der korrekten Übersetzung der EÜ „dem ganzen Volk" (V10) und nimmt keine Ausweitung auf alles Volk (entjudende Übersetzung bei Luther) vor. An einigen Stellen sind erklärende Ergänzungen vorgenommen worden. Es gibt kleinere Regelverstöße gegen das Negationsverbot und das Nebensatzverbot. Die kritischen Stellen gehören größtenteils zu den Stellen, die in Kapitel 7.3.3.1 und 2 noch einmal aufgenommen werden (Verse 7; 9; 10; 11; 12; 14; 17).

Lukas 2,8-20 in Leichter Sprache vom Büro für Leichte Sprache der Diak. Stiftung Wittekindshof im Vergleich zu Luther

Tabelle 21: Gegenüberstellung von Ausgangstext (LUT84) und Zieltext (DSW) (Geburtsgeschichte Jesu)

Luther 1984	DSW	Vergleich
		Vorbemerkung: Die Übertragung von 8-14 ist eine einleitende Zusammenfassung zur eigentlichen Perikope 15-20.
8 Und es waren Hirten in derselben Gegend auf dem Felde bei den Hürden, die hüteten des Nachts ihre Herde.	Hirten waren in derselben Nacht bei Bethlehem. Die Hirten passten auf Schafe auf.	Nah am Text kurz zusammengefasst.
9 Und der Engel des Herrn trat zu ihnen, und die Klarheit des Herrn leuchtete um sie; und sie fürchteten sich sehr.	Gott schickte einen Engel zu den Hirten.	Sehr kurz dargestellt (s. Vorbemerkung); Größe der Erscheinung kommt nicht zum Ausdruck; Furcht fehlt.
10 Und der Engel sprach zu ihnen: Fürchtet euch nicht! Siehe, ich verkündige euch große Freude, die allem Volk widerfahren wird;	Der Engel sagte den Hirten die gute Nachricht von dem Kind.	Sehr kurz zusammengefasst. Gute Nachricht nur für die Hirten.
11 denn euch ist heute der Heiland geboren, welcher ist Christus, der Herr, in der Stadt Davids.	Der Engel sagte: Ein Kind wurde für euch geboren. Das Kind ist von Gott. Das Kind ist der Retter. Das Kind ist der Herr. Das Kind wird allen Menschen helfen.	Trotz aller Kürze hier Ausführlichkeit. Passiv (Regelverstoß). Hinweis auf Bethlehem fehlt.
12 Und dies habt zum Zeichen: Ihr werdet finden das Kind in Windeln gewickelt und in einer Krippe liegen.	Geht hin und seht euch das Kind an.	Jetzt wieder sehr kurz. Kein Hinweis auf Zeichen.
13 Und alsbald war da bei dem Engel die Menge der himmlischen Heerscharen, die lobten Gott und sprachen:	Dann waren alle Engel da. Die Engel lobten Gott.	Gewählte Entsprechung für himmlische Heerscharen: alle Engel, keine Übernahme des militärisch geprägten Begriffs der Heerscharen.
14 Ehre sei Gott in der Höhe und Friede auf Erde bei den Menschen seines Wohlgefallens.		Hymnus fehlt.
15 Und als die Engel von ihnen gen Himmel fuhren, sprachen die Hirten untereinander: Lasst uns nun gehen nach Bethlehem und die Geschichte se-	Die Engel kehrten zurück in den Himmel. Die Hirten sagten: Wir gehen nach Bethlehem. Wir sehen uns alles an.	Kurze und nüchterne Formulierung.

Luther 1984	DSW	Vergleich
hen, die da geschehen ist, die uns der Herr kundgetan hat.		
16 Und sie kamen eilend und fanden Maria und Josef, dazu das Kind in der Krippe liegen.	Die Hirten liefen schnell nach Bethlehem. Die Hirten fanden Maria und Josef und das Kind. Das Kind lag in einer Krippe. Eine Krippe ist eine Futter-Wanne für Tiere. Alles war genauso, wie der Engel gesagt hatte.	Eilend wird mit schnell übersetzt. Da das Wort Krippe nun zum ersten Mal auftaucht, wird es erklärt. Hinweis auf Erfüllung der Zeichen (die vorher aber gar nicht genannt werden).
17 Als sie es aber gesehen hatten, breiteten sie das Wort aus, dass zu ihnen von diesem Kinde gesagt war.	Die Hirten erzählten Maria und Josef, was der Engel über das Kind gesagt hatte.	Die Übersetzung folgt der Auslegung, dass nur Maria und Josef von den Hirten etwas mitgeteilt bekommen und vorher ahnungslos sind, was die Besonderheit ihres Sohnes ausmacht.[105]
18 Und alle, vor die es kam, wunderten sich über das, was ihnen die Hirten gesagt hatten.	Maria und Josef staunten.	Das Staunen von Maria und Josef kann ebenfalls auf ihre Ahnungslosigkeit hinweisen (vgl. V17).
19 Maria aber behielt alle diese Worte und bewegte sie in ihrem Herzen.	Maria merkte sich genau, was die Hirten erzählten. Maria dachte viel in ihrem Herzen darüber nach.	Nah am Ausgangstext.
20 Und die Hirten kehrten wieder um, priesen und lobten Gott für alles, was sie gehört und gesehen hatten, wie denn zu ihnen gesagt war.	Die Hirten liefen zu den Schafen zurück. Die Hirten dankten Gott. Die Hirten lobten Gott. Alles war genauso, wie der Engel gesagt hatte.	Nah am Ausgangstext. Nebensatz (gegen die Regeln).

Zwischenfazit: Nach genauem Vergleich kann davon ausgegangen werden, dass die Verse 8-14 als Zusammenfassung und zum Verständnis der Perikope 15-20 verfasst wurden. Damit würde sie dem Evangeliumstext des 1. Weihnachtstags entsprechen. Die Zusammenfassung von 8-14 ist zum Teil sehr kurz geraten. Auffällig ist Vers 11, der im Vergleich zu den anderen Versen ausführlich übersetzt wurde. Ab Vers 15 wird eine genauere Übersetzung mit starker Orientierung am Ausgangstext geboten. Auffällig ist die Interpretation von Vers 17 und 18 in einer Deutungsalternative bei Schneider, die davon ausgeht, dass in der ‚Ur-Variante' der Geschichte Maria und Josef über die Besonderheit ihres Kindes ahnungslos sind, bis die Hirten ihnen von den Engeln berichten.[106] Der Text verstößt durch eine Passivkonstruktion und einen Nebensatz gegen die Regeln der Leichten Sprache.

---

[105] Vgl. SCHNEIDER, GERHARD, Das Evangelium nach Lukas (ÖTBK III/1), 67.
[106] Vgl. ebd.

Lukas 2,8-20 in Leichter Sprache von Michael Hofmann, Ulrike Kahle, Peter Köster und Christian Möring

Anders als bei den offiziellen Texten des Kirchentags in Leichter Sprache war Lk 2 nie ein Text des Kirchentags. Die Gruppe um Michael Hofmann hat vermutlich mehr als einen Text als Vorlage benutzt. Analog zu den Kirchentagsübersetzungen, die immer mit Luther-Übersetzungen gemeinsam veröffentlicht werden, wird auch hier Luther 1984 als Referenztext gewählt. Außerdem wurde der Text in der Befragung an einer Stelle zitiert, an der es um die Übertragung besonders traditioneller Texte ging. Gerade weil es kein offizieller Text des Kirchentags ist, kann es sein, dass es sich um eine experimentelle Übertragung im Rahmen der Befragung handelt. Dies wird bei der Analyse berücksichtigt.

Tabelle 22: Gegenüberstellung von Ausgangstext (LUT84) und Zieltext (Hofm) (Geburtsgeschichte Jesu)

Luther 1984	Michael Hofmann et al.	Vergleich
8 Und es waren Hirten in derselben Gegend auf dem Felde bei den Hürden, die hüteten des Nachts ihre Herde.	In der Nähe von der Stadt Bethlehem sind Männer. In der Nacht passen sie auf Tiere auf. Die Männer sind Hirten.	Umstellung der Reihenfolge. Verwendung des Pronomens ‚sie'.
9 Und der Engel des Herrn trat zu ihnen, und die Klarheit des Herrn leuchtete um sie; und sie fürchteten sich sehr.	Plötzlich wird es hell: Und die Hirten haben Angst. Sie sehen einen Engel von Gott.	Erneute Umstellung der Reihenfolge innerhalb des Verses. Vermeidung des Genitivs. Der Zusammenhang, dass die Helligkeit von dem Engel ausgeht, ist nur implizit gegeben und setzt eine gewisse Vorkenntnis des Szenarios voraus.
10 Und der Engel sprach zu ihnen: Fürchtet euch nicht! Siehe, ich verkündige euch große Freude, die allem Volk widerfahren wird;	Der Engel sagt: Ihr könnt vertrauen. Ihr könnt Euch freuen! Alle können sich freuen!	Vermeidung der Verneinung Freude für die Hirten und Freude ‚allem Volk'. Unreflektierte Übernahme von Luthers Ausweitung auf ‚alles Volk'.
11 denn euch ist heute der Heiland geboren, welcher ist Christus, der Herr, in der Stadt Davids.	Ein Kind ist heute geboren. Das Kind ist der Retter für die Menschen.	‚Christus, der Herr' wird ausgelassen, Heiland mit Retter übersetzt
12 Und dies habt zum Zeichen: Ihr werdet finden das Kind in Windeln gewickelt und in einer Krippe liegen.	Der Engel sagt: Das Kind liegt in einem Stall. In einer Kiste für Futter.	Auslassen der Windeln als Zeichen; Kiste für Futter ist kein äquivalenter Ersatz für das Wort Krippe.
13 Und alsbald war da bei dem Engel die Menge der himmlischen Heerscharen, die lobten Gott und sprachen:	Dann kommen noch mehr Engel. Und alle Engel sagen:	Himmlische Heerscharen werden zu ‚noch mehr Engel'

Die Geburtsgeschichte Jesu nach Lukas

Luther 1984	Michael Hofmann et al.	Vergleich
14 Ehre sei Gott in der Höhe und Friede auf Erde bei den Menschen seines Wohlgefallens.	Lobt Gott! Und Friede soll auf der Erde sein! Wenn die Menschen sich von Gott lieben lassen!	Hymnus wird mit Aufforderungscharakter interpretiert. Statt des Lobes der Engel werden die Menschen zum Lob aufgefordert. Frieden wird an eine Bedingung geknüpft. Wird unter 7.3.3.2 noch einmal aufgenommen.
15 Und als die Engel von ihnen gen Himmel fuhren, sprachen die Hirten untereinander: Lasst uns nun gehen nach Bethlehem und die Geschichte sehen, die da geschehen ist, die uns der Herr kundgetan hat.	Die Hirten reden über die Engel. Und denken: Wir wollen das Kind sehen.	
16 Und sie kamen eilend und fanden Maria und Josef, dazu das Kind in der Krippe liegen.	Sie gehen in die Stadt. Und finden den Stall. Und finden das Kind in der Kiste für Futter.	Krippe wird konkordant mit Kiste für Futter bezeichnet.
17 Als sie es aber gesehen hatten, breiteten sie das Wort aus, dass zu ihnen von diesem Kinde gesagt war.	Die Hirten erzählen Maria und Josef von den Engeln.	Die Hirten reden von den Engeln, es wird nicht ausdrücklich gesagt, dass dies auch das beinhaltet, was der verkündigende Engel gesagt hat.
18 Und alle, vor die es kam, wunderten sich über das, was ihnen die Hirten gesagt hatten.		Ausgelassen.
19 Maria aber behielt alle diese Worte und bewegte sie in ihrem Herzen.	Maria hört: Das Kind ist der Retter für die Menschen. Und Maria freut sich.	Die Hirten haben offenbar doch die Worte des Engels erzählt (kleiner Widerspruch zu V17). Interpretation: Maria freut sich.
20 Und die Hirten kehrten wieder um, priesen und lobten Gott für alles, was sie gehört und gesehen hatten, wie denn zu ihnen gesagt war.		Ausgelassen.

Zwischenfazit: Hofmann et al. übersetzen Vers für Vers, nehmen aber (wie in Psalm 23) versinterne Änderungen der Reihenfolge vor. Die Sprache ist einfach. Jeder Satz entspricht den Regeln der Leichten Sprache. Die Auslassungen führen teilweise zu einer zu verkürzten Darstellung. Vers 14 wird mit Aufforderungscharakter interpretiert. Dies wird unter 7.3.3.2 noch näher betrachtet. Ein weiterer genereller Unterschied zum Ausgangstext besteht darin, dass die Geschichte im Präsens erzählt wird. Insgesamt kann dem Text bereits in dieser unveröffentlichten Arbeitsversion ein hohes Maß an Verständlichkeit und Regelkonformität bescheinigt werden.

7.3.3 Regel trifft Inhalt: Umgang mit Verneinung und Deutungsvielfalt

Auch für die Geburtsgeschichte Jesu bieten sich einige Stellen an, um die in den Expert*innen-Interviews herausgearbeiteten Herausforderungen an Beispielen zu erläutern und Übersetzungsentscheidungen zu diskutieren. Da dieser Text keine Metapher aufweist und nur wenig bildhafte Sprache benutzt, wird dieser Aspekt im Zusammenhang mit der Deutungsvielfalt mit berücksichtigt. Als einheitlicher Referenztext dient wie im vorangegangenen Kapitel Luther 1984. Hintergrundtexte der exegetischen Ausführungen sind die Kommentare zu Lk 2,1-20 von Walter Schmithals,[107] Eduard Schweizer,[108] François Bovon,[109] Gerhard Schneider,[110] Michael Wolter[111] und Christiane von Boehn.[112]

7.3.3.1 Verneinungen am Beispiel von Vers 7 und Vers 10

Die Geburtsgeschichte nach Lukas weist eine N-Verneinung („Fürchtet euch **nicht**") und eine K-Verneinung („denn sie hatten sonst **keinen** Raum in der Herberge") auf. Der Umgang mit den beiden Stellen zeigt die in der Befragung ermittelten Umgangsmöglichkeiten mit der Herausforderung Verneinung beispielhaft auf.

Vers 7: „...denn sie hatten sonst keinen Raum in der Herberge."

Inhaltlich muss zunächst angemerkt werden, dass die Ableitung einer *Herbergssuche* aus diesem Vers nicht belegbar ist und in der Literatur z.B. von Eduard Schweizer für nicht existent erklärt wird.[113] Das griechische Wort, das Luther mit Herberge übersetzt, steht allgemein für Wohnraum. Walter Schmithals erklärt den Aufbau eines jüdischen (Bauern-)Hauses und identifiziert den Wohnraum als Gemeinschaftsort in der Mitte des Hauses, der durch eine Art Terrasse etwas erhöht angeordnet war und die Tiere darum herum auf ebener Erde ebenfalls in

---

[107] SCHMITHALS, WALTER, Das Evangelium nach Lukas (ZBK 3/1).
[108] SCHWEIZER, EDUARD, Das Evangelium nach Lukas (NTD 3).
[109] BOVON, FRANÇOIS, Evangelisch-Katholischer Kommentar zum Neuen Testament (EKK III/1).
[110] SCHNEIDER, GERHARD, Das Evangelium nach Lukas (ÖTBK III/1).
[111] WOLTER, MICHAEL, Das Lukasevangelium (HNT 5).
[112] VON BOEHN, CHRISTIANE, Neukirchener Bibel. Die Evangelien. Übersetzt und erklärt.
[113] Vgl. SCHWEIZER, EDUARD, Das Evangelium nach Lukas (NTD 3), 36.

dem Raum waren.[114] Andere Kommentatoren (z.B. Schweizer[115]) beschreiben Ställe, Felshöhlen oder einfach den Wohnraum der dort ansässigen Familie, der mit vorbeireisenden Menschen geteilt wurde. Schneider vermutet sogar einen längeren Aufenthalt von Maria und Josef in Bethlehem, der nicht zu der in die Geschichte interpretierten Notsituation passt, aber aus dem Satz ‚als sie dort waren' herausgelesen werden kann.[116] Wolter differenziert Herberge noch etwas allgemeiner als einen Ort, an dem man sich vorübergehend aufhält, wenn man unterwegs und nicht zuhause ist.[117] Der Begriff des Stalls ist aus dem urspachlichen Text nicht herleitbar.

Drei Texte in Leichter Sprache („Leicht gesagt", Katholisches Bibelwerk und Hofmann et al.) vermeiden die Beschreibung einer Herbergssuche und entsprechen damit den exegetischen Erkenntnissen. Am nächsten zum Ausgangstext übersetzt Simone Pottmann in „Leicht gesagt": „Denn sie hatten nur diesen Platz in der Unterkunft." Das Katholische Bibelwerk formuliert „Alle Plätze waren besetzt.", ähnlich Hofmann et al. „Aber alle Plätze sind belegt. Nur im Stall ist noch Platz". Dies klingt auch nicht nach Herbergssuche, ist aber nicht so nah am Ausgangstext wie bei Pottmann. Hofmann et al. nehmen den traditionell in die Geburtsgeschichte hineingelesenen Stall unreflektiert auf. Der Text der Lebenshilfe Bremen hingegen erzählt in 18 Sätzen ausführlich von der Herbergssuche. Damit entspricht die Version der Geschichte den Erwartungen der meisten Rezipient*innen, da die Herbergssuche in vielen Krippenspielen und anderen Darbietungen der Weihnachtsgeschichte im westlichen Christentum eine zentrale Rolle spielt und zur Dramaturgie der erinnerten Geburtsgeschichte Jesu gehört. In dieser langen Episode vermeidet der Text der Lebenshilfe ebenfalls erfolgreich eine negative Formulierung. Hier wird die Herausforderung ‚Verneinung' also durch eine Umformulierung des (negativen) Inhalts gelöst, die ohne Verneinung auskommt.

Vers 10: „Fürchtet euch nicht!"

Hierbei ist die theologische Bedeutung des Satzes zunächst einmal zu betonen. Der Satz ‚Fürchtet euch nicht' oder ‚Fürchte dich nicht' gehört zu den spezifischen Kennzeichen einer Erscheinung (s.u.) und macht die Menschen überhaupt erst empfänglich für die Botschaft (der Engel). Ohne den Zuspruch, der den

---

[114] Vgl. SCHMITHALS, WALTER, Das Evangelium nach Lukas (ZBK 3/1), 40. Diese Sichtweise ist philologisch fragwürdig, da das Wort katalyma nicht notwendig ein überdachtes Gebäude und eine Bewirtschaftung impliziert. Es kann sich ebenso gut um ein ummauertes Areal handeln, das Menschen auf Reisen einen gewissen Schutz vor Räubern und wilden Tieren in der Nacht bieten konnte (vgl. CARLSON, STEPHEN C., Joseph and Mary in Bethlehem, 326-342).

[115] Vgl. SCHWEIZER, EDUARD, Das Evangelium nach Lukas (NTD 3), 36.

[116] Vgl. ebd., 66.

[117] Vgl. WOLTER, MICHAEL, Das Lukasevangelium (HNT 5), 126.

‚Schock' der Herrlichkeit aufhebt,[118] bliebe der Mensch ohnmächtig und handlungsunfähig.[119] Die Übersetzungsvarianten zeigen bei einigen Übersetzendengruppen die Umwandlungstrategie und bei anderen die Nichtbeachtung der Regel.

Positive Sprache finden Simone Pottmann in „Leicht gesagt" und Michael Hofmann et al. Pottmann übersetzt: *„Ruhig! Vertraut auf Gott!"* (Leicht gesagt, V10) und Hofmann et al. formulieren: *„Ihr könnt vertrauen."* (Hofmann et al., V10)

Die Versionen der Lebenshilfe Bremen und die des Katholischen Bibelwerks behalten die Verneinung bei, wandeln sie aber von einer N- in eine K-Verneinung um (was nach Erkenntnissen der Verständlichkeitsforschung die schwerer zu verstehende Art der Verneinung ist): *„Habt keine Angst"* heißt es im Text der Lebenshilfe und *„Ihr braucht keine Angst haben"* im Text des Katholischen Bibelwerks. Eine der im Interview befragten Personen begründet diese Entscheidung mit der Abwägung zwischen der Verneinung mit N und dem schweren Verb ‚fürchten', die zugunsten der K-Verneinung getroffen wurde (BLS03, 10-12). Je nach Verständnis der Wichtigkeit einer Verneinung an dieser Stelle haben die Übersetzenden unterschiedliche Entscheidungen getroffen.

7.3.3.2 *Deutungsvielfalt am Beispiel ausgewählter Verse*

Einleitend sollen hier zunächst einige Erkenntnisse zur Entstehungsgeschichte und zum Aufbau von Lk 2,1-20 zusammengetragen werden, um dann einzelne Stellen noch genauer zu betrachten und die Übersetzungsentscheidungen unter die Lupe zu nehmen.

Zum Aufbau vom Lk 2,1-20 ist zu sagen, dass sich die Geschichte in mehrere Teile einteilen lässt. Zunächst ist eine grobe Einteilung in zwei Teile möglich: So wird z.B. von François Bovon[120] und Gerhard Schneider[121] angenommen, dass die Verse 8-20 die ursprüngliche Erzählung darstellen, die später von dem Evangelisten Lukas durch die Verse 1-7 ergänzt wurde.

Die Verse 1-7 können noch einmal in zwei Teile unterteilt werden. Vers 1-3 handelt von der Volkszählung auf Anordnung durch den Kaiser Augustus. Hier wird die Geburt Jesu in einen weltgeschichtlichen Rahmen gesetzt.[122] Christiane von Boehn bezeichnet Jesus als *„Gottes Sprengkapsel, um den Lauf der Dinge grundlegend zu ändern."*[123] Erst die Volkszählung ermöglicht die Darstellung der Geburt

---

[118] Vgl. ebd.
[119] Vgl. SCHMITHALS, WALTER, Das Evangelium nach Lukas (ZBK 3/1), 42.
[120] Vgl. BOVON, FRANÇOIS, Evangelisch-Katholischer Kommentar zum Neuen Testament (EKK III/1), 115.
[121] Vgl. SCHNEIDER, GERHARD, Das Evangelium nach Lukas (ÖTBK III/1), 65.
[122] Vgl. ebd., 66.
[123] BOEHN, CHRISTIANE VON, Neukirchener Bibel - Die Evangelien. Übersetzt und erklärt, 261.

Jesu in Bethlehem bei gleichzeitiger Heimatstadt Nazareth[124] und bringt damit die spätere Biographie Jesu mit der Prophezeiung in Micha 5,1 schlüssig zusammen. Gleichzeitig wird sie u.a. von Schmithals und von Boehn als Verdeutlichung des Kontrasts des willkürlichen Weltherrschers Augustus und Jesus als wahrem Retter in Ohnmacht und Niedrigkeit interpretiert.[125] Schneider sieht in dieser Darstellung auch ein Gegenbild zur Erwartung eines kriegerischen davidischen Messias,[126] der dennoch der erwartete Messias ist, der von David abstammt und auf den das Volk Israel seit 1000 Jahren wartet.[127]

Die Verse 4-6 rücken den Blick vom allgemeinen Weltgeschehen auf Maria und Josef. Nüchtern wird von der Reise, der Ankunft in Bethlehem und von der Geburt erzählt. In diesen Versen gibt es keine *„wunderbaren Züge"*[128] oder überirdische Vorkommnisse.[129] Die Normalität der Geburt Jesu steht im Mittelpunkt, das wird auch durch die Erwähnung der Windeln (V7) ausgedrückt.[130]

Ab Vers 8 beginnt eine in sich geschlossene Geschichte, in der mehr die Hirten als die heilige Familie im Mittelpunkt stehen. Es ist nach Bovon eine Verkündigungsgeschichte und keine Geburtsgeschichte. Die Hirtengeschichte will Jesus als Retter bezeugen. Die Verse 8-12 berichten von der Erscheinung eines Engels und der Verkündigung der frohen Botschaft an die Hirten auf dem Feld und in den Versen 15-20 von der Bestätigung der Botschaft durch das Erleben der Hirten im Stall. Dazwischen steht der Hymnus der „Himmlischen Heerscharen" in den Versen 13 und 14.[131] Dabei zeigt der Erscheinungsbericht die spezifischen Merkmale eines solchen: Die Erscheinung löst Furcht aus (V 9c), die durch die Aufforderung des „Fürchtet euch nicht" (V 10a) erst wieder aufgelöst werden muss, bevor die Verkündigungsrede (V 10b-11) gehalten werden kann. In diesem Fall wird der Erscheinungsbericht erweitert durch eine Zeichenbenennung und eine weitere Erscheinung.[132] Diese Stelle weist mehrere Parallelismen auf: Die Herrlichkeit – in der Höhe – bei und für Gott geht mit Friede – auf Erden – bei den Menschen einher. Nach Schneider ist dies kein Wunsch, sondern eine Tatsache: In der Geburt verherrlicht sich Gott und damit ereignet sich Heil (Frieden, Schalom) bei den Menschen.[133] Wolter vergleicht diesen Frieden mit dem herbeigesehnten Neubeginn des ‚goldenen Zeitalters' (aurea aetas) der Menschen

---

[124] Vgl. WOLTER, MICHAEL, Das Lukasevangelium (HNT 5), 122; BOEHN, CHRISTIANE VON, Neukirchener Bibel – Die Evangelien. Übersetzt und erklärt, 261.263.
[125] Vgl. SCHMITHALS, WALTER, Das Evangelium nach Lukas (ZBK 3/1), 41.
[126] Vgl. SCHNEIDER, GERHARD, Das Evangelium nach Lukas (ÖTBK III/1), 65.
[127] Vgl. SCHWEIZER, EDUARD, Das Evangelium nach Lukas (NTD 3), 35.
[128] SCHNEIDER, GERHARD, Das Evangelium nach Lukas (ÖTBK III/1), 65.
[129] Vgl. ebd., 66.
[130] Vgl. WOLTER, MICHAEL, Das Lukasevangelium (HNT 5), 125.
[131] Vgl. BOVON, FRANÇOIS, Evangelisch-Katholischer Kommentar zum Neuen Testament (EKK III/1), 115.
[132] Vgl. ebd., 126.
[133] Vgl. SCHNEIDER, GERHARD, Das Evangelium nach Lukas (ÖTBK III/1), 66.

der damaligen Zeit. Die Hirten stehen stellvertretend für alle, die auf den universalen Frieden durch Gott warten.[134]

Das Auftreten der ‚himmlischen Heerscharen', also einer sehr großen Menge von Engeln, als zweite Erscheinung betont nach Wolter das Noch-nie-Dagewesene einer solchen Situation. Zu keiner anderen Zeit sind sich Himmel und Erde so nah.[135] Wolter schreibt:

> *„Lukas beschreibt noch nie Dagewesenes und bringt dadurch die Bedeutung der Geburt Jesu zum Ausdruck: Die Distanz, die Himmel und Erde voneinander trennt, ist für einen Moment aufgehoben; die Erde wird zum Ort, und die Menschen werden zu Ohrenzeugen des himmlischen Gotteslobs."*[136]

Die Verse 15-20 erzählen wiederum sehr nüchtern, wie es weitergeht. Die Engel kehren in den Himmel zurück. Die Hirten gehen nach Bethlehem, um die Zeichen des Engels zu suchen. Sie finden Maria und Josef und das Kind. Sie, die bis dahin Staunenden, geben das Wort weiter und machen die, die es hören, zu Staunenden.[137] Je nach Betrachtungsweise der Geschichte wissen Maria und Josef bereits von der Besonderheit ihres Kindes[138] oder sie erfahren erst durch die Hirten davon.[139] Auf dem Rückweg vom Stall werden die Hirten wiederum Nachfolger der Engel und stimmen in das Lob Gottes ein. Hören und sehen, die beiden wichtigsten Zugänge zur Geburtsgeschichte, werden noch einmal betont.[140] Durch die Rückkehr der Hirten zu den Herden verbindet sich die Gotteserfahrung mit dem Alltag.[141] Nach Schneider werden die Lesenden zur Nachahmung der Hirten, also zum Sehen, Hören und Glauben und zum Gotteslob angestiftet.[142] Als Sinn der Geburtsgeschichte formuliert Bovon *„die Verbindung von Himmel und Erde durch die liebevolle Tat Gottes."*[143]

Eduard Schweizer fasst die populären Irrtümer der Geburtsgeschichte Jesu am Ende seines Kommentars noch einmal zusammen: Die Geburt fand nicht im Winter statt, es gab keine Herbergssuche in dem Sinne, Maria und Josef waren nicht besonders arm, die Krippe war ein Steintrog (und nicht aus Holz), Ochse und Esel waren nicht dabei und die Hirten waren zwar eher arm, aber keine Außenseiter.[144] Für Schweizer ist klar, dass die Historizität der Ereignisse gegen-

---

[134] Vgl. WOLTER, MICHAEL, Das Lukasevangelium (HNT 5), 127.
[135] Vgl. ebd., 130.
[136] Ebd.
[137] Vgl. BOVON, FRANÇOIS, Evangelisch-Katholischer Kommentar zum Neuen Testament (EKK III/1), 130.
[138] Vgl. WOLTER, MICHAEL, Das Lukasevangelium (HNT 5), 131.
[139] Vgl. SCHNEIDER, GERHARD, Das Evangelium nach Lukas (ÖTBK III/1), 67.
[140] Vgl. WOLTER, MICHAEL, Das Lukasevangelium (HNT 5), 132.
[141] Vgl. SCHWEIZER, EDUARD, Das Evangelium nach Lukas (NTD 3), 38.
[142] Vgl. SCHNEIDER, GERHARD, Das Evangelium nach Lukas (ÖTBK III/1), 68.
[143] BOVON, FRANÇOIS, Evangelisch-Katholischer Kommentar zum Neuen Testament (EKK III/1), 115.
[144] Vgl. SCHWEIZER, EDUARD, Das Evangelium nach Lukas (NTD 3), 38.

Die Geburtsgeschichte Jesu nach Lukas

über der Botschaft zurücktreten muss. Wichtig ist, dass Gott der Welt in dem Kind Jesus begegnet und dass dies im Himmel Jubel auslöst. Dieses Geschehen öffnet die Menschen für Gottes Frieden. Dadurch ist Gott in einmaliger Art und Weise zur Welt gekommen, der genaue Zeitpunkt, der Ort und die Umstände werden dadurch unwichtig.[145]

Vor dem Hintergrund dieser grundsätzlichen Erkenntnisse und der Ergebnisse der Vergleiche der Zieltexte mit ihrem jeweiligen Ausgangstext ist ein Blick auf vier Verse besonders aussagekräftig in Bezug auf Chancen und Grenzen der Leichten Sprache.

Vers 9 „Und der Engel des Herrn trat zu ihnen und die Klarheit des Herrn leuchtete um sie und sie fürchteten sich sehr."

In den beiden Ausgangstexten und in der Übersetzung von Berger/Nord heißt es:

> „Und der Engel des Herrn trat zu ihnen und die Klarheit des Herrn leuchtete um sie und sie fürchteten sich sehr." (Luther 1984)
> „Da trat der Engel des Herrn zu ihnen und der Glanz des Herrn umstrahlte sie. Sie fürchteten sich sehr, ..." (EÜ 1980)
> „..., als plötzlich ein Engel des Herrn vor ihnen erschien und ein gleißender Glanz vom Himmel rings um sie aufleuchtete." (Berger/Nord)

In den Zieltexten wird daraus:

> „Zu ihnen kam ein Engel des Herrn. Plötzlich leuchtete ihnen ein helles Licht von Gott. Da bekamen die Hirten furchtbare Angst." (Leicht gesagt)
> „Auf einmal sehen die Hirten ein sehr helles Licht. Am Himmel ist ein Engel. Der Engel leuchtet so hell. Die Hirten haben Angst. Sie haben noch nie einen Engel gesehen." (LHB)
> „Gott schickte einen Engel vom Himmel zu den Hirten. Der Engel sollte den Hirten sagen: Jesus ist geboren. Der Engel ging zu den Hirten. Der Engel leuchtete und glänzte hell. Die Hirten bekamen Angst." (Katholisches Bibelwerk)
> „Plötzlich wird es hell. Und die Hirten haben Angst. Sie sehen einen Engel von Gott." (Hofmann et al.)

Die Erscheinung des verkündigenden Engels gehört zu den stärksten Offenbarungen Gottes in der Bibel. Wolter sieht diese Offenbarung auf einer Stufe mit der Erscheinung Gottes am Sinai oder als Wolken- und Feuersäule in der Wüste.[146] Die Größe des Ereignisses spiegelt sich in den Kontrasten der Erzählung: Dunkelheit und Licht, große Furcht und große Freude.[147] Die vorangegangene Alltagsszene der Hirten (V8) wird plötzlich zu himmlischer Großartig-

---

[145] Vgl. ebd., 34.
[146] Vgl. WOLTER, MICHAEL, Das Lukasevangelium (HNT 5), 127.
[147] Vgl. SCHWEIZER, EDUARD, Das Evangelium nach Lukas (NTD 3), 124; BOVON, FRANÇOIS, Evangelisch-Katholischer Kommentar zum Neuen Testament (EKK III/1), 124.

keit.[148] Die Herrlichkeit Gottes erstrahlt auf dem Felde – und nicht im Stall, wie Bovon[149] und Schweizer[150] herausarbeiten. Die Offenbarung Gottes findet durch die Erscheinung des Engels und die von ihm verkündeten Worte statt. *„Nicht die Geschichte, sondern das Wort hat Glanz."*[151] Licht, Glanz und Helligkeit sind Erkennungszeichen der Herrlichkeit Gottes. Diese Art der Offenbarung Gottes folgt immer dem Schema Erscheinung (hier Vers 9) – Furcht der Menschen (hier Vers 9) – Aufhebung der Furcht durch den Zuspruch ‚Fürchtet euch nicht' (hier Vers 10).[152] Als zentrale Begriffe für Vers 9 können also Engel, Licht, Helligkeit und Angst gelten.

Diese vier zentralen Begriffe kommen in allen Leichte-Sprache-Versionen vor. Die Dramatik der Szene wird allerdings unterschiedlich stark betont. In „Leicht gesagt" wird durch die Nutzung des Wortes ‚plötzlich' der Moment des Erschreckens betont. Die Lebenshilfe Bremen fügt einen Satz ein, der die Angst begründet: *„Die Hirten haben noch nie einen Engel gesehen."* Damit wird die Fremdheit der Situation in den Mittelpunkt gestellt. Der Zusatz ist jedoch frei hinzugefügt. Das Katholische Bibelwerk formuliert eher sachlich und fügt weder Erklärungen noch Ausschmückungen ein. Hofmann et al. nutzen neben dem Wort ‚plötzlich' die Reihenfolge innerhalb des Verses als Mittel, um Spannung aufzubauen. Dass es sich um einen Engel handelt, der den Hirten erscheint, wird erst am Ende des Verses benannt.

Vers 11 „denn euch ist heute der Heiland geboren, welcher ist Christus, der Herr, in der Stadt Davids."

In den beiden Ausgangstexten und in der Übersetzung von Berger/Nord heißt es:

> *„…, denn euch ist heute der Heiland geboren, welcher ist Christus, der Herr, in der Stadt Davids."* (Luther 1984)
> *„Heute ist euch in der Stadt Davids der Retter geboren; er ist der Messias, der Herr."* (EÜ 1980)
> *„In der Stadt Davids ist heute einer geboren worden, der euer Retter sein wird: Christus, der Herr."* (Berger/Nord)

In den Zieltexten wird daraus:

> *„Euch wurde heute der Retter geboren. Das ist Christus, der Herr. Er ist geboren in Bethlehem, der Stadt Davids."* (Leicht gesagt)
> *„Euch ist heute der Heiland geboren. Heiland ist ein anderes Wort für Retter."* (LHB)

---

[148] Vgl. ebd., 123.
[149] Vgl. ebd., 124.
[150] Vgl. Schweizer, Eduard, Das Evangelium nach Lukas (NTD 3), 38.
[151] Bovon, François, Evangelisch-Katholischer Kommentar zum Neuen Testament (EKK III/1), 123.
[152] Vgl. Wolter, Michael, Das Lukasevangelium (HNT 5), 126.

„*Jesus ist geboren. Jesus ist euer Retter. Jesus hilft euch. Jesus will allen Menschen helfen.*"
(Kath. Bibelwerk)
„*Der Engel sagte: Ein Kind wurde für euch geboren. Das Kind ist von Gott. Das Kind ist der Retter. Das Kind ist der Herr. Das Kind wird allen Menschen helfen.*" (DSW)
„*Ein Kind ist heute geboren. Das Kind ist der Retter für die Menschen.*" (Hofmann et al.)

In diesem Vers finden sich mehrere Titel und Bezeichnungen für das Kind, für Jesus. In den Ausgangstexten begegnen uns die Titel und Bezeichnungen Heiland/Retter, Christus/Messias und Herr. Alle diese Titel haben selbst eine Deutungsgeschichte und repräsentieren kein einheitliches Konzept. Sie dienen der Betonung der Besonderheit Jesu und werden in den Evangelien aus nachösterlicher Perspektive in den Geschichten verwendet.[153]

Heiland bedeutet der Rettende/der Heilende und wird synonym zum Wort Retter oder Erlöser benutzt.[154] Der Titel Messias stammt aus der davidischen Königstradition des Alten Testaments. Das Wort bedeutet „Gesalbter" und spielt auf das Ritual des Salbens an, mit dem in der Königszeit in Israel die Könige, Richter und Propheten eingesetzt wurden. Durch die Salbung wurde der Gesalbte zu einer geweihten, unantastbaren und bevollmächtigten Person, die im Namen Gottes handelte.[155] Diese Person wurde auch als Sohn Gottes bezeichnet, wobei ergänzt werden muss, dass der Titel Sohn Gottes in der hebräischen Bibel kein exklusiver Titel war, sondern nicht nur die Könige Israels als Söhne Gottes bezeichnet wurden (2 Sam 7,14), sondern alle Israelit*innen Söhne und Töchter bzw. Kinder des Höchsten genannt wurden (Ps 82,6).[156] Nach dem Ende der Königszeit wandelte sich der Titel in einen Hoffnungstitel. Messias und Sohn Davids wurden zu Bezeichnungen für die Hoffnung auf einen neuen König, der „*endlich das Schweigen Gottes bricht und den Armen Gerechtigkeit schafft*",[157] also als Titel für den, der die davidische Königsherrschaft wieder aufrichtet.[158] Diese Erwartung wandelte sich dann fließend in eine Endzeithoffnung, die mit der Erwartung eines endzeitlichen Krieges, gefolgt von einem unzerstörbaren universalen Friedensreich, einherging.[159] Diese Hoffnung sahen die ersten Christen in Jesus erfüllt, auch wenn er nicht kriegerisch-kämpferisch, sondern gewaltlos agierte.[160] Zu den jüdischen Messiaserwartungen besteht allerdings der Unterschied, dass in Jesu Kreuzigung die Unantastbarkeit des Messias (die durch die Salbung hätte gegeben sein müssen) gebrochen wird und die Auferstehung in

---

[153] Vgl. SOLYMAR, MONIKA, Jesus Christus, 237f.
[154] Vgl. SALLER, MARGOT, Artikel: Heiland (LThK), 1264f.
[155] Vgl. HOSSFELD, FRANK-LOTHAR, Artikel: Messias (LThK), 169.
[156] Vgl. BALDERMANN, INGO, Jesus von Nazaret - Jesus Christus, geschlechtergerechte Ergänzung durch die Vf. in Anlehnung an die Übersetzung in der BIGS.
[157] Ebd., 119.
[158] Vgl. HOSSFELD, FRANK-LOTHAR, Artikel: Messias (LThK), 169.
[159] Vgl. ebd., Sp. 170.
[160] Vgl. GNILKA, JOACHIM, Artikel Messias III (LThK), 173.

diesem Zusammenhang als zentraler Grund für die Erhöhung Jesu und Einsetzung zum Messias angesehen wird.[161]

Der Titel Herr wird in der Septuaginta durchgehend als Übersetzung für den Gottesnamen JHWH verwendet. Nach Baldermann ist dies der theologisch-politische Ausdruck für das Gegenprogramm Gottes zu den weltlichen Herrschern.[162] Dieser Titel wurde dann auf Jesus als Herrn und Heiland übertragen.[163]

Die historisch-kritische Forschung ist der Ansicht, dass die Worte „Christus, der Herr" später von Lukas eingefügt wurden, um genau diesem Verständnis Ausdruck zu verleihen. Nach Wolter sind drei Bedeutungsvarianten möglich: a) Christus als Eigenname Jesu, b) adjektivisch: gesalbter Herr/König oder c) gleichgeordneter Titel Gesalbter/Messias, Herr. Nach Wolter ist die dritte Variante an dieser Stelle die Wahrscheinlichste.[164] Von Boehn schreibt, dass Jesus „*als Kyrios [...] nicht nur dem Kaiser Rang und Namen ab[läuft], sondern auf geheimnisvolle Weise [...] sich sein Titel ‚Heiland' und ‚Kyrios' auch mit den Gottesnamen im AT [AT hier: Altes Testament, nicht Ausgangstext; BL] [überschneiden].*"[165] Der Begriff ‚heute' kennzeichnet laut Wolter die Zeitenwende nicht als Zeitangabe, sondern als „*Punktualität eines wirklichkeitsverändernden historischen Einschnitts*".[166]

In den Zieltexten gibt es eine Übernahme der einzelnen Versteile: Alle fünf Versionen verkündigen eine Geburt. Dabei benutzen alle regelwidrig das Passiv. Alle fünf Versionen sprechen von einem Retter, die Lebenshilfe auch mit dem Ausdruck Heiland. Den Titel Christus benutzt nur die Version von „Leicht gesagt". Diese Version bleibt insgesamt sehr nah am Ausgangstext Luther 1984. Den Titel Herr benutzen „Leicht gesagt" und die DSW. Bei „Leicht gesagt" wird die lukanische Formel ‚Christus, der Herr' vollständig beibehalten. Die DSW und Hofmann et al. benutzen den Ausdruck ‚Kind', die DSW sogar zusätzlich die Erweiterung ‚Kind von Gott'. Das Katholische Bibelwerk nutzt auch noch den Namen Jesus. Das Katholische Bibelwerk und die DSW nutzen das Verb ‚helfen', um zu beschreiben, was das Besondere an dem Kind ist. Das Wort Helfen kann als Aspekt des Rettens verstanden werden. Die Beschreibungen dienen damit einer bestimmten Bedeutung des ebenfalls verwendeten Wortes ‚Retter'. Die Formulierung ‚Jesus/das Kind wird/will allen Menschen helfen' weitet die Verkündigung doch noch auf ‚alles Volk' aus, was im Ausgangstext Luther 1984 schon in Vers 10 geschieht und nicht dem griechischen Text entspricht. Die unreflektierte Übernahme von Luthers Ausweitung des Heils auf ‚alles Volk' statt die Her-

---

[161] Vgl. KÜGLER, JOACHIM, Artikel: Messias (HGANT), 318.
[162] Vgl. BALDERMANN, INGO, Jesus von Nazaret – Jesus Christus, 119.
[163] Vgl. GNILKA, JOACHIM, Artikel Messias III (LThK), 173.
[164] Vgl. WOLTER, MICHAEL, Das Lukasevangelium (HNT 5), 128.
[165] BOEHN, CHRISTIANE VON, Neukirchener Bibel – Die Evangelien. Übersetzt und erklärt, 262.
[166] WOLTER, MICHAEL, Das Lukasevangelium (HNT 5), 129.

aushebung der Juden als das auserwählte Volk Gottes tradiert die in Luthers Übersetzung enthaltene Entjudungstendenz.[167]

Alle Versionen übernehmen eine Aufzählung von mindestens zwei ‚Titeln' für den neugeborenen Jesus. Die meisten ‚Titel' benutzt die DSW-Version, nämlich vier: Kind, Kind von Gott, Retter und Herr. Mit dem Begriff ‚Retter' herrscht in allen Versionen Übereinstimmung, welcher Titel zentrale Bedeutung hat. Einen Hinweis auf Bethlehem geben nur „Leicht gesagt" und die Lebenshilfe Bremen (verschoben in Vers 12). Die anderen gehen davon aus, dass die Hirten keine andere Alternative zur Suche nach dem Kind haben und lassen diese Ortsangabe aus. Das Wort ‚heute' wird nur in den Versionen von „Leicht gesagt", Lebenshilfe Bremen und Hofmann et al. verwendet. Das Katholische Bibelwerk und die Diakonische Stiftung Wittekindshof verzichten auf diese Angabe.

Insgesamt finden sich in jedem Zieltext Bestandteile der klassischen Übersetzung. Es beginnt mit dem passivischen ‚Ein Kind ist euch geboren' in den verschiedenen Variationen und setzt sich in der Nennung von mindestens zwei Namen oder Titeln für Jesus fort. Die Bedeutung der Ortsangabe und des Zeitpunkts wird unterschiedlich bewertet und dementsprechend unterschiedlich übersetzt.

Vers 14 „Ehre sei Gott in der Höhe und Friede auf Erden bei den Menschen seines Wohlgefallens"

In den beiden Ausgangstexten und in der Übersetzung von Berger/Nord heißt es:

> „Ehre sei Gott in der Höhe und Friede auf Erden bei den Menschen seines Wohlgefallens" (Luther 1984)
> „Verherrlicht ist Gott in der Höhe und auf Erden ist Friede bei den Menschen seiner Gnade." (EÜ 1980)
> „Alle Ehre Gott im Himmel und Frieden den Menschen auf Erden, die Gott erwählt hat." (Berger/Nord)

In den Zieltexten wird daraus:

> „Gott ist wunderbar in der Höhe. Und sein Friede wohnt bei den Menschen auf der Erde, die er lieb hat." (Leicht gesagt)
> „Ehre sei Gott in der Höhe und Friede auf Erden." (LHB)
> „Jetzt können alle sehen wie gut Gott ist. Jetzt ist Friede auf der Erde. Jetzt ist Friede bei allen Menschen, die auf Gott gewartet haben." (Kath. Bibelwerk)
> „Lobt Gott! Und Friede soll auf der Erde sein! Wenn die Menschen sich von Gott lieben lassen." (Hofmann et al.)

In der Literatur finden sich verschiedene Ausführungen zum hier erwähnten Frieden und zu der schwer zu übersetzenden Wortkombination, die in der Lutherrevision von 1984 mit „den Menschen seines Wohlgefallens" wiedergegeben

---

[167] Das Griechische *panti to lao* 'dem ganzen Volk' bezieht sich auf das Volk Israel und wird von Luther als entjudende Fehlinterpretation übersetzt.

wird. Bei dem hier verkündeten Frieden handelt es sich nach Schweizer um den sogenannten ‚Gottesfrieden', der sich dadurch ausdrückt, dass die Menschen untereinander in Frieden leben *und* dass Gott selbst bei den Menschen ist.[168] Nach Wolter geben hier zunächst die Engel Gott die Ehre, was eine ihrer zentralen Aufgaben darstellt. Danach rufen sie Gottes Wohlgefallen über alle Menschen, sogar über alle Lebewesen aus und bringen damit den Frieden auf die Erde.[169]

Über das Wohlgefallen Gottes gibt es allerdings unterschiedliche Meinungen. Nach Bovon gilt Gottes Wohlgefallen und damit der göttliche Friede allen Menschen. Diese Allgemeingültigkeit begründet Bovon mit der Gewissheit der Gnade Gottes. Nach Bovons Meinung setzt Gott auf gegenseitige Anerkennung und Liebe und das für jeden Menschen.[170] Die Ansicht, dass es hier keine partikularische Interpretation geben sollte, vertritt auch Schneider.[171] Eine solche partikularische Auffassung vertreten allerdings Schweizer und Schmithals: Schweizer schreibt, dass Menschen des Wohlgefallens die von Gott aus Gnade Erwählten sind, nicht aber das ganze Volk.[172] Nach Schmithals sind Menschen des Wohlgefallens alle die, die Gott die Ehre geben.[173] Bemerkenswert ist hier die Weiterführung des Gedankens: Nach Schmithals kehren die Hirten als Menschen des Wohlgefallens in den Alltag zurück und sollen als Vorbild für alle dienen.[174]

Die Interpretation, dass Gottes Wohlgefallen allen Menschen gilt, ist nur (und das auch nicht eindeutig) der Version von „Leicht gesagt" zuzuschreiben. Die Formulierung „*bei den Menschen auf der Erde, die er liebt hat*", kann so interpretiert werden, dass sich das ‚die' auf die ‚Erde' bezieht, dass also Frieden bei den Menschen auf der Erde ist, und zwar auf der Erde, die Gott liebt. Diese Lesart würde dann der Interpretation von Wolter entsprechen. Zwei der anderen Versionen nehmen eine Einschränkung vor bzw. charakterisieren die Menschen, denen Gottes Frieden gilt.

„*Jetzt ist Friede bei allen Menschen, die auf Gott gewartet haben.*" So formuliert das Katholische Bibelwerk. In der genutzten Literatur gibt es keine Hinweise auf diese Deutung. Entfernt ist sie mit Schmithals' Interpretation zu verbinden, da von den Menschen, die auf Gott warten, auch anzunehmen ist, dass sie Gott die Ehre geben. Es ist außerdem eine Parallele zur Erfüllung der Messiaserwartung durch die Geburt Jesu zu ziehen. Diese ist dem Ausgangstext an dieser Stelle aber nicht zu entnehmen.

„*Lobt Gott! Und Friede soll auf der Erde sein! Wenn die Menschen sich von Gott lieben lassen.*" (Hofmann et al. V14) Der Text von Hofmann et al. unterscheidet sich von

---

[168] Vgl. SCHWEIZER, EDUARD, Das Evangelium nach Lukas (NTD 3), 37.
[169] Vgl. WOLTER, MICHAEL, Das Lukasevangelium (HNT 5), 130.
[170] Vgl. BOVON, FRANÇOIS, Evangelisch-Katholischer Kommentar zum Neuen Testament (EKK III/1), 129.
[171] Vgl. SCHNEIDER, GERHARD, Das Evangelium nach Lukas (ÖTBK III/1), 66.
[172] Vgl. SCHWEIZER, EDUARD, Das Evangelium nach Lukas (NTD 3), 37.
[173] Vgl. SCHMITHALS, WALTER, Das Evangelium nach Lukas (ZBK 3/1), 42.
[174] Vgl. ebd., 43.

den anderen Texten in zweierlei Hinsicht. Zum einen ist er in Bezug auf das Gotteslob als Aufforderung formuliert (gegensätzlich zu Schneider, der den ganzen Hymnus als Tatsache charakterisiert[175]), und auch die Verkündigung des Friedens klingt eher wie ein Wunsch als eine Tatsache. Schließlich wird alles noch einmal an eine Bedingung geknüpft: „*Wenn die Menschen sich von Gott lieben lassen.*" Das ‚wenn' könnte auch zeitlich gelesen werden: ‚zu dem Zeitpunkt, wenn…'. Egal wie sie gelesen wird: Diese Konstruktion entspricht nicht den Regeln der Leichten Sprache und geht weit über die Aussage der Geburtsgeschichte Jesu hinaus. Dieser Satz könnte für eine ganze Theologie stehen.

Die Lebenshilfe Bremen lässt den schwierigen Satzteil aus und beschränkt sich auf das (überraschend liturgisch formulierte) „*Ehre sei Gott in der Höhe und Friede auf Erden*" mit einem in Leichter Sprache nach den Regeln nicht vorgesehenen Konjunktiv. In der Zusammenfassung der DSW wird der Engelshymnus auf die indirekte Erwähnung des Gotteslobs beschränkt, das gar nicht wörtlich formuliert wird, sondern nur aus dem Satz „*Die Engel lobten Gott*" in Vers 13 besteht.

Die Textversionen in Leichter Sprache zeigen damit sehr unterschiedliche Ausrichtungen der Interpretation. Auch wenn zu einer vollständigen Übersetzung alle Versbestandteile gehören, ist hier jedoch auch eine Kürzung auf die unstrittigen Versteile sinnvoll, wie sie die Lebenshilfe Bremen vorgenommen hat. Gerade weil auch die Fachwelt sich über diese Interpretation nicht einig ist und die verschiedenen Meinungen fundamental voneinander abweichen, ist ein Offenlassen des Geltungsbereichs des Friedens eine akzeptable Lösung des Übersetzungsproblems.

Vers 19 „*Maria aber behielt alle diese Worte und bewegte sie in ihrem Herzen*"

In den beiden Ausgangstexten und in der urtextnahen Übersetzung heißt es:

> „*Maria aber behielt alle diese Worte und bewegte sie in ihrem Herzen.*" (Luther 1984)
> „*Maria aber bewahrte alles, was geschehen war, in ihrem Herzen und dachte darüber nach.*" (EÜ 1980)
> „*Maria aber merkt sich jedes Wort, und tief in ihrem Herzen erinnerte sie sich an das, was sie selbst gehört hatte.*" (Berger/Nord)

In den Zieltexten wird daraus:

> „*Aber Maria merkte sich alle Worte und nahm sie sich zu Herzen.*" (Leicht gesagt)
> „*Maria freute sich sehr über diese Worte.*" (Lebenshilfe Bremen)
> „*Maria bewahrte alles in ihrem Herzen. Und dachte in ihrem Herzen über alles nach.*" (Kath. Bibelwerk)
> „*Maria merkte sich genau, was die Hirten erzählten. Maria dachte viel in ihrem Herzen darüber nach.*" (DSW)

---

[175] Vgl. SCHNEIDER, GERHARD, Das Evangelium nach Lukas (ÖTBK III/1), 66.

"Maria hört: Das Kind ist der Retter für die Menschen. Und Maria freut sich." (Hofmann et al.)

In der Literatur findet sich eine recht klare Linie zum Verständnis der beiden Begriffspaare ‚Worte behalten' und ‚im Herzen bewegen'. Nach Bovon bedeutet ‚Worte behalten', sie im *„Gedächtnis lebendiger Glaubensinhalte"*[176] zu speichern, und ‚im Herzen bewegen', eine *„klare und richtige Interpretation der göttlichen Intervention"*[177] vorzunehmen. Nach Bovon ist dies kein Akt des Intellekts, sondern des Herzens.[178] Schweizer formuliert, dass Maria alle gehörten Worte zusammenfügt und *„Gottes Plan auf die Spur kommen"*[179] will. Wolter interpretiert das ‚Worte behalten' ebenfalls als ‚im Gedächtnis speichern' und das ‚im Herzen bewahren' als das Verstehen des tieferen Zusammenhangs.[180] Wolter weist außerdem darauf hin, dass Maria nicht zu den Personen gehört, die sich wundern. Er geht davon aus, dass sie bereits von den Besonderheiten ihres Kindes weiß und setzt die Erfahrungen aus Lk 1 voraus. Maria hat bisher mit niemandem darüber geredet und dieses Verhalten setzt sie auch nach der Begegnung mit den Hirten fort. Die Hirten erzählen alles, was sie gehört haben, und Maria schweigt. Sie behält weiterhin alles für sich.[181] Schneider geht als einziger davon aus, dass Maria und Josef nichts wussten[182] und stellt Marias Verhalten als Vorbild dar: Sie hört zu, um dann die: *„Geschehnisse gläubig [zu] meditieren"*[183] und richtig zu interpretieren.[184] Schon in den Ausgangstexten ist eine gewisse Tendenz in der Interpretation zu erkennen. Berger/Nord gehen jedenfalls fest davon aus, dass Maria schon Bescheid weiß, wenn sie übersetzen: *„Maria aber merkte sich jedes Wort und tief in ihrem Herzen erinnerte sie sich an das, was sie selbst gehört hatte."* (Berger/Nord V19)

Auch in den Zieltexten werden bestimmte Tendenzen sichtbar. Leicht gesagt, DSW und katholisches Bibelwerk nutzen für ‚Worte behalten' das Verb ‚sich merken' (Leicht gesagt und DSW) oder ‚im Herzen bewahren' (Kath. Bibelwerk). Damit ist die Version des Katholischen Bibelwerks sehr nah an ihrem Ausgangstext der Einheitsübersetzung 1980.

‚Im Herzen bewegen' wird von diesen drei Gruppen auch einheitlich übersetzt: DSW und Katholisches Bibelwerk wählen das Verb ‚nachdenken'. Beide verbinden es mit dem Herzen als Ort des Nachdenkens. „Leicht gesagt" wählt die Formulierung ‚nahm sie sich zu Herzen', was im allgemeinen Sprachgebrauch

---

[176] BOVON, FRANÇOIS, Evangelisch-Katholischer Kommentar zum Neuen Testament (EKK III/1), 130.
[177] Ebd.
[178] Vgl. ebd.
[179] SCHWEIZER, EDUARD, Das Evangelium nach Lukas (NTD 3), 38.
[180] Vgl. WOLTER, MICHAEL, Das Lukasevangelium (HNT 5), 132.
[181] Vgl. ebd., 131.
[182] Vgl. SCHNEIDER, GERHARD, Das Evangelium nach Lukas (ÖTBK III/1), 67.
[183] Ebd.
[184] Vgl. ebd., 68.

eher negativ (als Mahnung) konnotiert ist. Die Verwendung dieses zusätzlichen Sprachbildes (Verstehen vorausgesetzt) kann die Rezipient*innen auch zu einer falschen Interpretation verleiten. Die Lebenshilfe Bremen wählt einen zusammenfassenden Satz: „*Maria freute sich sehr über diese Worte.*" Auch Hofmann et al. schreiben „*Und Maria freut sich*", setzen dem aber eine Wiederholung des tatsächlich von den Hirten Gesagten voraus: „Maria hört: Das Kind ist der Retter für die Menschen." Beide Zieltexte bilden damit nicht die Deutungsvielfalt der Ausgangstexte ab.

Beim Vergleich aller fünf Versionen entsteht ein gemischtes Bild, das dem Ausgangstext mal mehr mal weniger gerecht wird und auch in Bezug auf die Verständlichkeit verschiedene Ergebnisse erzielt.

7.4 Fazit

Durch den detaillierten Vergleich von Bibeltexten in Leichter Sprache am Beispiel von Psalm 23 und Lk 2,1-20 werden verschiedene Aspekte aus vorangegangenen Kapiteln noch einmal konkretisiert.

Anhand der formalen Analyse konnte nachgewiesen werden, dass die Annahmen, die sich aus den Regeln der Leichten Sprache ergeben, nur zum Teil bestätigt werden konnten. Es wurde deutlich, dass die Regeln für Leichte Sprache unterschiedlich gewichtet und dadurch unterschiedlich konsequent umgesetzt werden. Die Zielgruppe und der Verwendungszusammenhang werden deutlich stärker gewichtet und die Texte danach ausgerichtet. Die Forderungen nach kurzen Worten und Sätzen und nach der Vermeidung von Verneinungen wurden größtenteils umgesetzt. Auf bildhafte Sprache konnte nicht verzichtet werden. Nebensätze, v.a. kurze Relativsätze, wurden weiterhin verwendet. Auf komplizierte Satzkonstruktionen wurde allerdings verzichtet.

Bei der Betrachtung der in den Expert*innen-Interviews herausgearbeiteten Herausforderungen bei der Übersetzungsarbeit Verneinung, bildhafte Sprache/Metaphern und Deutungsvielfalt wurde deutlich, dass die Übersetzendengruppen überwiegend sorgfältig und wohlüberlegt formulieren. Bei den Verneinungen konnten alle in der Befragung ermittelten Umgangsmöglichkeiten mit den Regeln nachgewiesen werden. Auch bei der Bildsprache wurde an den Beispielen klar, dass leicht verständliche Sprachbilder verwendet und fremde Sprachbilder aktualisiert werden. Die Überfrachtung mit Sprachbildern und bildlicher Sprache wird vermieden. Es konnten deutliche Zusammenhänge zur exegetischen Forschung und den Übersetzungsentscheidungen nachgewiesen werden. Die Revision einiger Texte ist nach dieser genauen Betrachtung dennoch zu empfehlen.

In Bezug auf die in Kapitel 2.2.5 benannten Angemessenheitsfaktoren für ‚gute' Leichte Sprache und den daraus abgeleiteten Verpflichtungen ist festzustellen, dass die Übersetzungspraxis von 2017 die Ergebnisse von Bettina M. Bock von 2019 zum Teil vorwegnimmt. Die Texte berücksichtigen bereits einige der Angemessenheitsfaktoren und die daraus resultierenden Verpflichtungen: Die Verpflichtung gegenüber den Adressat*innen und die Verpflichtung gegenüber dem Inhalt des Textes werden von den Übersetzenden deutlich priorisiert. Dafür sprechen die Fokussierung auf Verständlichkeit bei gleichzeitiger möglichst hoher theologischer Korrektheit, die sowohl in den Expert*innen-Interviews als auch im Perikopenvergleich nachgewiesen werden konnte. Ein weiterer Fokus liegt deutlich auf dem Anwendungszusammenhang, der je nach Übersetzendengruppe mal konkreter und mal offener benannt wird. Ob Kirchentag, katholische Messe und evangelischer Gottesdienst, einrichtungsinterne Veranstaltungen oder einfach eine vermutete Marktlücke und vermutetes Interesse bei der Zielgruppe – der Anwendungszusammenhang beeinflusst v.a. die Textauswahl. Die Textfunktion, also die Wirkung des Textes auf seine Rezipient*innen und der Bezug zu (den biblischen) Autor*innen bzw. den (heutigen) Auftraggeber*innen, spielt zumindest bisher nur eine untergeordnete Rolle im Übersetzungsprozess.

8. Offene Fragen und Forschungsdesiderate

Die Forschung zu Bibeltexten in Leichter Sprache steht noch ganz am Anfang. Es könnte noch in viele Richtungen weiter geforscht werden. Im Verlaufe der Forschung im Rahmen dieser Arbeit traten eine Frage und neun weitgehend unerforschte Themenfelder besonders hervor:

8.1 Vollausgabe einer Bibel in Leichter Sprache?

Mittlerweile existiert eine Fülle von Bibeltexten in Leichter Sprache, so dass die Frage nach einer Vollbibel in Leichter Sprache im Raum steht. Die Evangeliumstexte der katholischen Lesejahre A-C firmieren bereits unter dem Titel „Bibel in Leichter Sprache". Liegt es also nahe, diesen Ansatz zur Veröffentlichung einer Vollbibel auszuweiten?

In den Expert*innen-Interviews wurde auch nach der Meinung der Übersetzenden zu einer Gesamtausgabe der Bibel in Leichter Sprache gefragt. Es gab eher verhaltene Reaktionen: Insgesamt wird die Übersetzung aller biblischen Texte zwar befürwortet, einige Aspekte einer Gesamtausgabe in Leichter Sprache werden allerdings doch eher kritisch gesehen. Als schwierig empfinden Mandy Brösner und Schwester M. Paulis Mels bei aller Faszination des Projekts den immensen Zeit- und Kostenaufwand und die große Verantwortung der Übersetzenden.[1] Michael Hofmann geht eine Bibelausgabe in Leichter Sprache noch nicht weit genug. Er schlägt vor, sogar in den Sprachniveaus A1, A2 und B1 Bibelausgaben zu erstellen, um den Lesenden eine Entwicklungsmöglichkeit zu bieten. Leichte Sprache wäre dann mit der A1-Fassung vergleichbar.[2] Anne Gidion befürchtet, dass eine Gesamtausgabe aus der Feder einer Gruppe oder von einer Person ähnlich sprachprägend für Leichte Sprache werden würde wie die Lutherbibel für die deutsche Sprache. Es könnte der Eindruck erweckt werden, die Leichte Sprache dieser Bibel sei *die* einzig wahre Leichte Sprache im biblischen Kontext.[3] Martin Merkens fragt skeptisch „*Wer liest denn die Bibel von A-Z?*"[4] und sieht den Sinn einer Gesamtausgabe bzw. der Übersetzung aller Texte am ehesten für die Multiplikator*innen.[5]

---

[1] Vgl. Öffentlicher Teil der Interviews (Anhang C); Brösner, 37-39; Mels, 80-83.
[2] Vgl. ebd.; Hofmann, 131-138.
[3] Vgl. ebd.; Gidion, 33-34.
[4] Ebd.; Merkens, 33-34.
[5] Vgl. ebd.

Es muss hier mit Sicherheit zielgruppenspezifisch gedacht und der Anwendungszusammenhang bedacht werden. Die Veröffentlichung einer Vollbibel in einem einzigen Buch (als Printausgabe), die die Layoutregeln von Leichter Sprache erfüllt, ist allein schon durch Umfang und Gewicht nicht umsetzbar. Denkbar wäre allerdings die Veröffentlichung der einzelnen biblischen Bücher als einzelne Bücher, die Evangelien oder die Briefe könnten gemeinsam herausgegeben werden. So könnten auch die verschiedenen Übersetzungstraditionen in den verschiedenen Büchern zum Ausdruck kommen. Zu klären wäre auch die Frage der Illustration und nicht zuletzt der Finanzierung und der Herausgeberschaft sowie die Auswahl der zu beteiligenden Übersetzendengruppen.

Sollte eine Gesamtausgabe der Bibel in Leichter Sprache jemals umgesetzt und z.B. nach dem Vorbild der Bibel in gerechter Sprache von verschiedenen Übersetzenden(-teams) verteilt auf die biblischen Bücher durchgeführt werden, wären gemeinsame Standards und die Einigung auf Regelgewichtungen ratsam.

8.2 *Internationaler Vergleich*

Der deutsche Sprachraum ist nicht der einzige Sprachraum, in dem versucht wird und wurde, Bibeltexte leichter verständlich zu übersetzen.[6] Aus der englisch-amerikanischen Easy-to-Read-Bewegung haben sich im englischsprachen Raum auch im kirchlichen Bereich seit Anfang des 18. Jahrhunderts mehrere ‚leichtere' Bibelübersetzungen entwickelt. Dabei gibt es mit Simple English, Basic English, Plain English, Easy English, Simplyfied English, Elementary English und Global English verschieden schwierige Ansätze von ‚Leichtem Englisch', die in Bezug auf Bibeltexte nur teilweise wissenschaftlich diskutiert wurden und bei denen sich ein Vergleich lohnen würde.[7] Exemplarisch ist Ervin Bishop zu nennen, der als Hauptübersetzer 1978 das Neue Testament in ‚leichtes Englisch' unter dem Titel „The New Testament. English Version for the deaf" übersetzte. Diese ‚Easy-to-Read'-Version wurde bis 1987 zur Vollausgabe erweitert und war die Vorlage für viele weitere leicht verständliche Bibelübersetzungen (als Relaisübersetzung) in mindestens 30 weitere Sprachen, darunter Vietnamesisch und Ungarisch.[8] In Frankreich gibt es zwei bekanntere Bibelübersetzungen in einfacher Sprache: Die Version populaire aus den 1960er Jahren und „La Bible Parole

---

[6] Alle Quellenangaben dieses Unterkapitels sind bis auf wenige Ausnahmen der bibliographischen Materialsammlung von Martin Leutzsch zum Forschungsfeld ‚Bibeltexte in Leichter Sprache' mit Literaturrecherchen für den englischen und französischen Sprachraum entnommen. Für die Überlassung danke ich recht herzlich.
[7] Vgl. ebd.
[8] Vgl. ebd.

de Vie" aus dem Jahr 2000.[9] Auch in Spanien und in den Niederlanden gibt es (weitgehend wissenschaftlich nicht weitergehend untersuchte) Bibelausgaben in einfacher Sprache.[10] In Schweden gibt es eine lange Tradition des „Lättläst", des leicht zu lesenden Schwedisch. In der dortigen säkularisierten Gesellschaft hat Leichte Sprache aber nur in geringem Maße Eingang in das christlich-religiöse Leben gefunden. Der einzige Nachweis in der Literatur ist eine Leichte-Sprache-Version des gesamten Neuen Testament von Hanna Wallsten und Mikael Tellbe, die 2018 erschien.[11]

Bisher gibt es kein Forschungsvorhaben, das diese Entwicklungen miteinander vergleicht. Zum großen Teil gibt es auch keine landesinterne Forschung. Lediglich der englischsprachige Raum verfügt über umfangreiche begleitende Literatur zu den Bibelübersetzungen in die verschiedenen Englisch-Versionen.[12]

8.3 Religiöse Literalität

Die LEO.Level One-Studien arbeiten mit dem Begriff der Literalität (vgl. Kap. 2.1.3). Literalität meint dabei das Verständnis von Literalität als Literalität der korrekten Rechtschreibung und schriftsprachlichen Konventionen, an die die öffentliche Verwaltung, Schulen und Universitäten gebunden sind und die dadurch als vermeintlich ‚richtige' Literalität in der deutschen Gesellschaft etabliert ist. Diese Literalität wird auch als ‚dominante Literalität' bezeichnet.[13] Die Beschäftigung mit diesem Begriff hat die Frage aufgeworfen, ob es in Bezug auf Bibeltexte so etwas wie eine religiöse Literalität geben kann, also einen Standard an Vokabular und Konventionen, die zum Verständnis von religiöser Literatur nötig sind. Diese Frage eröffnet ein weites Feld, das gerade im religiösen Zusammenhang und der Annahme des ‚Unverfügbaren' besondere Brisanz gewinnt.

---

[9] Vgl. ebd.
[10] Vgl. ebd.
[11] WALLSTEN, HANNA, Nya testamentet.
[12] Alle Quellenangaben dieses Unterkapitels sind bis auf wenige Ausnahmen der bibliographischen Materialsammlung von Martin Leutzsch zum Forschungsfeld ‚Bibeltexte in Leichter Sprache' mit Literaturrecherchen für den englischen und französischen Sprachraum entnommen. Für die Überlassung danke ich recht herzlich.
[13] Vgl. GROTLÜSCHEN, ANKE u.a., LEO 2018, 4.

8.4 Bedeutung von Klang, Resonanz und Stimme

In vielen Interviews und auch in den Artikeln in den Fachzeitschriften hat besonders Schwester M. Paulis Mels[14], aber auch Anne Gidion[15] immer wieder auf die Bedeutung des gehörten Wortes hingewiesen. Zwar gibt es einige Hinweise zur gesprochenen Leichten Sprache in den Regeln, aber gerade in Bezug auf Bibeltexte in Leichter Sprache besteht hier noch ein großes Forschungsdesiderat. Hartmut Rosas „Resonanz"[16], Forschungserkenntnisse aus der Musik und der Bibeldidaktik[17] und die Beachtung des Lautlesens als Kulturtechnik des Menschen[18] bieten Ansätze, an denen auch in Bezug auf Bibeltexte in Leichter Sprache weitergearbeitet werden könnte.

8.5 Paratexte

Paratexte zu Bibeltexten in Leichter Sprache sind gänzlich unerforscht. Hier wird vor allem die Bibeldidaktik, aber auch die Translationswissenschaft tangiert. Einleitungstexte, Diskussionsfragen, die Einbettung in einen Zusammenhang und das Forschungsfeld der ‚Vorreden' zu biblischen Büchern wären hier Ansatzpunkte.

8.6 Illustrationen zu Bibeltexten in Leichter Sprache

Leichte Bilder stellen ein Forschungsdesiderat dar. Bisher fehlen weitgehend Kriterien zur Produktion und Gestaltung. Erste Forschungen stammen von Marion Keuchen, die v.a. in Kooperation mit Dieter Bauer vom Katholischen Bibelwerk damit begonnen hat, bestehende Bilder zu analysieren und daraus Kriterien für Leichte Bilder zu entwickeln. Auf einer Tagung in Nürnberg wurden erste Kriterien für Bilder in Leichter Sprache entwickelt:

- „klare Erkennbarkeit der Personen
- ein hinzugefügtes Element/Ding mit religiöser Dimension (z.B. Blume, Kerze …) passend zur Geschichte

---

[14] HEINEMANN, CHRISTOPH, Frohmachende Botschaft, 8–11.
[15] GIDION, ANNE, Selig bist du, wenn du weißt, wie du sprichst (Themenheft Gottesdienst).
[16] ROSA, HARTMUT, Resonanz.
[17] Exemplarisch: Vgl. SCHROETER-WITTKE, HARALD, Bibel als Klangraum.
[18] SAGERT, DIETRICH, Lautlesen.

- *nicht zwei Geschichten in einem Bild unterbringen*
- *Figuren altersangemessen darstellen (12jähriger Jesus, Taufe,...)*
- *Jünger als wiedererkennbare Typen darstellen (Petrus, Johannes...)*
- *symbolische Bilder sind zu offen und damit zu schwierig*
- *eindeutige Körperhaltungen*
- *Übereinstimmung von Körperhaltung und Mimik*
- *Dynamik („Jesus ist sauer")*
- *nichts Konkretes und Abstraktes vermischen."*[19]

Keuchen konzentriert sich in ihren Betrachtungen bisher vor allem auf die Darstellung Jesu. Diese Darstellung wird mehrfach elementarisiert:
— Das Jude-Sein Jesu wird bisher nicht auf den Bildern dargestellt. Es ist zu diskutieren, inwieweit diese Information für die Lesenden relevant zu wissen ist. Bisher wird Jesus in der Regel mit einem langen weißen Gewand dargestellt, ein Visiotyp, wie ihn schon Kees de Kort benutzt. Die Ergänzung durch einen Gebetsmantel würde das Jude-Sein Jesu in den Blick nehmen, ohne zu viele Fragen aufzuwerfen.
— Jesus ist auf den Bildern häufig von Männern umgeben. Hier ist Geschlechtervielfalt mit der Gefahr, die Bilder optisch zu überladen, abzuwägen. Dies gilt auch für die Darstellung von Menschen mit und ohne Behinderungen und die Darstellung der Menschen gemäß ihrer Herkunftsumgebung. Auf den bisherigen Darstellungen muten Jesus, die Jünger und die sie umgebenden Menschen oft europäisch an.[20]

Darüber hinaus formuliert Keuchen folgende Anfragen an Leichte Bilder und zeigt ihre Chancen auf:
— Ein grundsätzliches Problem inklusiver Bibeldidaktik ist die Darstellbarkeit oder Nicht-Darstellbarkeit von metaphorischer Rede. Einige Künstler*innen, z.B. Anja Janik, Künstlerin der Bilder in der „Bibel in Leichter Sprache Lesejahr C"[21], nutzen die Bedeutung und Wirkung von Farben.
— Die Problematik der Leichten Bilder weist auf die Unterschiede zwischen den Zielgruppen hin; hier werden neue Wege in religionspädagogischer Vermittlung und Verkündigung ermöglicht.
— Leichte Bilder werden von Menschen ohne Lernschwierigkeiten für die Zielgruppe gemacht. Die durch diesen Umstand bedingten Wissens- und Rezeptionsunterschiede sind problematisch.
— Leichte Bilder sind allerdings auch eine Chance, Glaubenserfahrungen in Bilder zu bringen und einen visuellen Zugang zu eröffnen.
— Visiotype sind immer an das kulturelle Umfeld gebunden. Unberücksichtigt bleiben Menschen mit anderen Bild- und Sehgewohnheiten.

---

[19] BAUER, DIETER; KEUCHEN, MARION, Das Evangelium in leichter Sprache, 221.
[20] Vgl. ebd., 222.
[21] BAUER, DIETER; ETTL, CLAUDIO; MELS, SCHWESTER M. PAULIS, Bibel in Leichter Sprache. Lesejahr C.

– Leichte Bilder zeigen keine Vielfalt von Menschen und erfüllen damit nur sehr begrenzt den Anspruch, inklusiv zu sein. Die Frage ist, inwieweit sie das müssen/sollen/können.[22]

Es wird interessant sein zu beobachten, wie sich dieser Ansatz weiterentwickelt.[23]

8.7 Leichte Lieder

Wenn es Bibeltexte in Leichter Sprache gibt, ist der Schritt zu ‚Leichten Liedern' für Andacht und Gottesdienst nicht weit. Auch und gerade die alten Choräle bedürften heute der Übersetzung, was zu Beginn dieser Arbeit als ein Zugang zum Thema beschrieben wurde. Lieder können aber nicht einfach in Leichte Sprache übersetzt werden, weil sie nicht nur aus Text, sondern auch aus einer Melodie bestehen.

2021 hat der Robert Haas Musikverlag zusammen mit dem Referat Seelsorge für Menschen mit Behinderungen im Bistum Limburg und dem gleichnamigen Referat im Bistum Münster und dem Referat für Musik und Jugendkultur im Bistum Münster (namentlich: Daniel Frinken, Martin Merkens, Jochen Straub und Robert Haas) ein Leichtes Gotteslob (LeiGoLo) herausgegeben.[24] Die Herausgeber versuchen eine erste Orientierung im Thema: Was ein Lied ‚leicht' macht, sei erst einmal schwer zu sagen. Leichter zu sagen sei, was ein Lied schwer mache: Unbekannte Lieder mit schwierigen Texten, einer schwierigen Melodie und einem ungewohnten Rhythmus.[25]

Was leichte Lieder ausmacht, wird im Nachwort dieses Gesangbuchs thematisiert. Hier entfalten die Herausgeber verschiedene Kriterien, nach denen ein Lied als ‚leicht' bewertet werden kann. Zunächst sind die Lieder in dem Liederbuch in sechs Kategorien eingeteilt:

„1. Ganz leichte Lieder
2. Lieder, die schon älter sind
3. Lieder mit einem leichten Kehrvers
4. Lieder, zu denen man gut gebärden kann
5. Lieder, bei denen man etwas machen kann
6. Lieder, in denen es um eine Stelle in der Bibel geht"[26]

---

[22] Vgl. KEUCHEN, MARION, Bibel - Bilder - Barrierefrei, 258.
[23] Vgl. auch die in Kap. 6.3.5 genannten Veröffentlichungen
[24] ROBERT HAAS MUSIKVERLAG et al. (Hrsg.), Gemeinsam bunt. Leichtes Gotteslob.
[25] Vgl. ebd., 3.
[26] Ebd.

Jede Kategorie weist einige Eigenschaften auf, die ein Lied ‚leicht' machen können.

Ganz leichte Lieder haben einen kurzen einfachen Text und eine leicht erlernbare Melodie. Sie können schnell auswendig mitgesungen werden und erfordern keine oder nur wenig Lesekompetenz.[27]

Lieder, die schon älter sind, sind oft schwierig. Weil sie aber sehr bekannt sind und viele Menschen sie auswendig können, werden sie als leicht wahrgenommen.[28]

Manche Lieder haben komplizierte, wortlastige Strophen, aber **leichte Kehrverse**. Hier können alle schnell den Refrain mitsingen und die Strophe einer Band oder anderen vortragenden Sänger*innen überlassen. Der Kehrvers kann auch ohne die Strophen als Lied verwendet werden.[29]

Gebärden zu Liedern können eine Alternative sein für Menschen, die nicht gerne singen oder denen das Singen zu schwer ist. Diese Lieder können auch eine Brücke zu gehörlosen Menschen bilden. Die Gebärden unterstützen das Verständnis und können dadurch auch schwierige Lieder zumindest leicht verständlich machen.[30]

Bewegungen zu Liedern sind ebenfalls eine gute Möglichkeit, das gemeinsame Singen und Bewegen zu fördern. Bewegungen unterscheidet von Gebärden, dass sie kein Bestandteil der Gebärdensprache sind. Die Bewegungen ahmen oft nach, was im Lied geschieht.[31]

Lieder zu Bibeltexten können durch das gemeinsame Lesen der Bibelstelle (in einer leicht verständlichen Version) und das Zeigen von Bildern unterstützt werden.[32]

Darüber hinaus geben die Herausgeber Tipps, selbst Lieder in schwer und leicht einzuordnen. Es wird dazu geraten, die Fähigkeiten der Musizierenden einzuschätzen, die Lieder vorher einzuüben, nur den Refrain zu verwenden oder leichte Instrumente (z.B. Rhythmusinstrumente oder Orffsche Instrumente) einzubeziehen.[33]

Auch von Seiten des Deutschen Evangelischen Kirchentags gibt es Bestrebungen, leichte Lieder zu etablieren bzw. Lieder als ‚leicht' zu deklarieren. 2017 gab es im Liederbuch für den Kirchentag in Berlin und Wittenberg ein Register, wo Lieder nach verschiedenen Kriterien mit ihren Nummern aufgelistet wurden. Hier gab es auch die Kategorie „Lieder mit leichter [sic!] Sprache", unter der sieben Lieder aufgezählt waren.[34] Die Texte von drei dieser Lieder (Nr. 97, 123 und

---

[27] Vgl. ebd., 225.
[28] Vgl. ebd., 226.
[29] Vgl. ebd., 227.
[30] Vgl. ebd., 228.
[31] Vgl. ebd., 229.
[32] Vgl. ebd., 230.
[33] Vgl. ebd., 230f.
[34] freiTöne Nr. 48, 97, 121, 123, 124, 136, 171

124) stammen von Ulrike Kahle und Michael Hofmann aus der Arbeitsgruppe Leichte Sprache. Bei allen Liedern handelt es sich um neue Lieder mit bewusst einfachen Texten und eingängigen Melodien (mindestens im Refrain), die fast alle ausdrücklichen Bezug zur Kirchentagslosung haben. Eine Ausnahme bildet das „Kindercredo" von Jochen Arnold (Melodie) und Ute Passarge (Text) (Nr. 121). Die Melodien der Lieder wurden von bekannten Musikern wie Nico Szameitat (Nr. 48), Fritz Baltruweit (Nr. 97), Eddi Hüneke von der Band „Wise Guys" (Nr. 123) und Peter Hamburger (Nr. 124 und 171) geschrieben.[35] 2019 wurde für den Kirchentag in Dortmund kein solches Register erstellt und auch nicht im selben Umfang neues Liedgut geschaffen. Es wurde aber die Kategorie ‚Lieder in Leichter Sprache' in die allgemeine Tabelle zur thematischen Liedersuche aufgenommen. Unter dieser Kategorie war genau ein Lied verzeichnet (Nr. 47, „Weit war dein Weg") mit einem Text von Ulrike Kahle und Michael Hofmann und einer Melodie von Rüdiger Glufke. Auch dies ist ein neues Lied, das eigens für den Kirchentag in Dortmund geschrieben wurde.[36]

Neu komponierte ‚Leichte Lieder' von Jochen Straub inklusive Noten, Text und einem QR-Code zu einer Audioversion finden sich auch in der Andachtsreihe „Lebenszeichen" des Bistums Limburg, die auf der Internetseite www.lebenszeichen.bistumlimburg.de veröffentlicht sind und von denen auch ein Liederbuch und die Lieder auf einem USB-Stick verfügbar sind.[37]

Insgesamt lässt sich feststellen, dass in diesem Forschungsfeld noch sehr viele ungeklärte Fragen bestehen. Die Grundannahmen der katholischen Seite, was ein Lied ‚leicht' macht, sind noch nicht empirisch, (musik-)wissenschaftlich oder (lern-)pychologisch erforscht worden. Der Ansatz von Seiten des Kirchentags, neue Lieder mit Texten in Leichter Sprache zu schaffen, ist ebenfalls nicht wissenschaftlich begleitet, sondern zum aktuellen Zeitpunkt noch eine Initiative der Projektgruppe Leichte Sprache. Auch die Lieder von Jochen Straub (Lebenszeichen) beruhen mehr auf Praxiserfahrung als auf wissenschaftlichen Erkenntnissen.

8.8 Leichte Sprache im Gottesdienst (Liturgie, Gebet, Predigt)

In Kapitel 1.3.4 wurde schon ausführlich ausgeführt und gewürdigt, dass Anne Gidion auf diesem Gebiet forschend tätig ist, und die gemeinsamen Forschungs-

---

[35] 36. DEUTSCHER EVANGELISCHER KIRCHENTAG BERLIN 2017 E.V. (Hrsg.), Liederbuch freiTöne.
[36] 37. DEUTSCHER EVANGELISCHER KIRCHENTAG DORTMUND 2019 E.V. (Hrsg.), Liederbuch #lautstärke.
[37] Vgl. BISTUM LIMBURG, Lebenszeichen.

anteile mit dem Thema dieser Arbeit beschrieben. In Kapitel 1.3.5 wurde auf ihre gerade abgeschlossene Dissertation zum Thema „Leichter Beten. Leichte Sprache in der Liturgie. Argumente, Anschauungen, Auswirkungen" hingewiesen.

Neben diesem Spezialthema bleiben noch viele Aspekte Leichter Sprache im Gottesdienst, z.B. Predigt, Abendmahl oder Segen offen.

8.9 Theologisieren in oder mit Leichter Sprache

Das Themenfeld ‚Theologisieren' tangiert die Religionspädagogik genauso wie die Bibeldidaktik und die Elementarisierung. Es nimmt die religiöse Kommunikation in katechetischen und religionspädagogischen Kontexten in den Blick und ist bisher vor allem unter dem Stichwort ‚Theologisieren mit Kindern' bekannt. Es ist zu fragen, ob es auch ein ‚Theologisieren in oder mit Leichter Sprache' im Zielgruppenkontext gibt. In der Praxis ist dies vermutlich bereits an vielen Orten Realität, doch eine wissenschaftliche Begleitung oder Analyse gibt es bisher nicht.

Ansätze für Theologisieren im Religionsunterricht finden sich bei Julia Baaden (geb. Kraft), Andreas Menne und Stefan Altmeyer, die im Zusammenhang mit der Tagung „Theologie in Übersetzung" (Februar 2018 in Augsburg) im Tagungsband einen Aufsatz mit dem Titel „Übersetzen im Religionsunterricht. Von Bruno Latour und Jürgen Habermas zu einer Didaktik der Leichten Sprache"[38] veröffentlicht haben. Dieser wurde bereits im Kapitel 1.3.3 beschrieben. Julia Baaden und Stefan Altmeyer stehen auch für das Projekt „Sag's doch einfach!! ... in deinen eigenen Worten", das sie ins Leben gerufen haben und auch wissenschaftlich begleiten. „Sag's doch einfach..." ist ein Projekt, das auf die Regeln von Leichter Sprache aufbaut, sie aber für Projekt weiterentwickelt und sich verselbständigen lässt.

Julia Baaden hat das Projekt in ihrer Masterarbeit an der Universität Mainz entwickelt und dann zusammen mit Stefan Altmeyer in die Tat umgesetzt. Es ist für den Religionsunterricht entwickelt, kann aber auch in Jungschargruppen, Glaubenskursen oder in der Arbeit mit Konfirmand*innen eingesetzt werden. Im Internet wird das Projekt so beschrieben:

> „Sag's doch einfach! verfolgt die Idee, die Regeln der Leichten Sprache auch für den Religionsunterricht fruchtbar zu machen, und zwar nicht als Inklusionsinstrument, sondern als didaktisches Konzept. Schüler/-innen übersetzen religiöse Sprache und theologische Konzepte selbst in für sie einfache Sprache. Sie selbst versuchen, Begriffe wie zum Beispiel Nächstenliebe, Auferstehung, Gebet, Gewissen etc. so verständlich wie möglich und in ihren eigenen

---

[38] ALTMEYER, STEFAN; BAADEN, JULIA; MENNE, ANDREAS, Übersetzen im Religionsunterricht.

> Worten zu erklären. Sag's doch einfach! ist ein Projekt, das selbständig im Religionsunterricht und der Katechese durchgeführt werden kann."[39]

Es finden sich Materialien zum Download (Regeln, Schülerheft, Konzeptheft, Postkarte), die eine Durchführung des Projekts mit einer eigenen Gruppe sehr unkompliziert möglich machen. Die Internetseite fordert sogar ausdrücklich dazu auf, dieses Projekt selbst durchzuführen und bietet einen Upload-Bereich für die Ergebnisse.[40]

Es wäre auch danach zu fragen, ob und inwiefern Gemeinsamkeiten und Unterschiede zum Theologisieren mit Kindern einen weiteren Erkenntnisgewinn schaffen könnten.

8.10 Inklusive bzw. partizipative Forschung

In dieser Arbeit wurde nur die Sichtweise von Übersetzenden und Fachleuten berücksichtigt, nicht aber die Sichtweise von Vertreter*innen der Zielgruppe selbst. Im Sinne der Dis/ability Studies ist eine partizipative Forschung, wie sie im LeiSA-Projekt[41] bereits umgesetzt wurde, auch im kirchlichen Zusammenhang unbedingt nötig und bisher nicht erfolgt. Hierzu gibt es erste Veröffentlichungen, z.B. „Inklusive Forschung"[42] von 2016, herausgegeben vom Sozialforscher Tobias Buchner, dem Bildungswissenschaftler Oliver König und der Erziehungswissenschaftlerin Saskia Schuppener. Forschungsprojekte oder Beiträge aus dem kirchlich-religiösen Bereich existieren nicht. Hier besteht ein besonders großes Forschungsdesiderat.

---

[39] KRAFT, JULIA; ALTMEYER, STEFAN, Sag's doch einfach.
[40] Vgl. ebd.
[41] BOCK, BETTINA M., „Leichte Sprache" – Kein Regelwerk.
[42] BUCHNER, TOBIAS; KOENIG, OLIVER; SCHUPPENER, SASKIA (Hrsg.), Inklusive Forschung; Vgl. GOLDBACH, ANNE; SCHUPPENER, SASKIA, Die Bedeutung des partizipativen Vorgehens.

9. Schlussfazit und Ausblick

Von 2014 bis 2022 habe ich im Rahmen dieser Dissertation zu Bibeltexten in Leichter Sprache geforscht. Ausgangspunkt waren die in den 2010er Jahren vermehrt entstehenden Bibeltexte in Leichter Sprache, besonders wahrnehmbar im Kontext des Kirchentags, der Offenen Bibel und der Lebenshilfe Bremen (ab 2010) und durch die Veröffentlichungen von Anne Gidion et. al und dem Katholischen Bibelwerk (ab 2013). Weitere Übersetzungen folgten und bereicherten die Übersetzungslandschaft.

Zu Beginn meiner Forschungen zum Thema ‚Bibeltexte in Leichter Sprache' 2014 waren die verfügbare wissenschaftliche Literatur und auch die Textmenge an Bibeltexten in Leichter Sprache sehr gering. So begann ich damit, Bibeltexte in Leichter Sprache und Texte über Bibeltexte in Leichte Sprache zu sammeln und baute ein Netzwerk mit Menschen auf, die sich in irgendeiner Weise mit Bibeltexten in Leichter Sprache beschäftigten. Schnell war klar, dass es hier eine Forschungslücke gab, die es zu schließen galt. Der Forschungsstand in den korrespondierenden Disziplinen entwickelte sich in diesen acht Jahren enorm. Besonders in den Jahren 2018 und 2019 erschienen entscheidende Beiträge aus der Sprachwissenschaft, die in dieser Arbeit im Kapitel 1.3.1 referiert wurden. Auch Bibeltexte und kirchliche Sprache und Didaktik gerieten mehr und mehr in den Fokus des Interesses, was auch hier zumindest zu einigen Aufsätzen und Ansätzen (Kap. 1.3.2 und 1.3.3) sowie zu vereinzelten Forschungsprojekten (Kap. 1.3.4) führte. Hinzu kamen weitere Impulse aus der religions- und gemeindepädagogischen Praxis (Kap. 1.4) Daraus ergab sich für diese Arbeit die zentrale Frage nach einer grundlegenden Darstellung der deutschsprachigen Übersetzungslandschaft für Bibeltexte in Leichter Sprache und zu besonderen Herausforderungen in der Übersetzungspraxis.

In der Beschäftigung mit Bibeltexten in Leichter Sprache treffen sich die Intention Leichter Sprache, durch verständliche Sprache Teilhabe für alle Menschen zu ermöglichen oder zumindest zu erleichtern, und die Intention von Bibelübersetzungen, das Wort Gottes verstehbar zu den Menschen zu bringen. Dabei wurde auch der Begriff der Angemessenheit als pragmatisches Kriterium hinzugezogen. Diese Gedankengänge wurden in Kapitel 2.1 und 2.2 ausgeführt und münden in dem neu entfalteten Begriff **der Teilhabe am Evangelium** (Kap. 3).

‚Teilhabe am Evangelium' wurde in fünf Dimensionen entfaltet (Kap. 3.1):
1. Die biblische Dimension
2. Die Dimension der Zugänglichkeit und der Selbstbestimmtheit
3. Die Dimension der Bildung und der religiösen Sprachfähigkeit
4. Die Dimension der Gemeinschaft und der Spiritualität
5. Die Dimension der Teilgabe

Diese fünf Dimensionen wurden in Kapitel 3.2 jeweils auf Bibeltexte in Leichter Sprache fokussiert. Für alle Dimensionen lassen sich positive Auswirkungen von Bibeltexten in Leichter Sprache feststellen.

Im zweiten Teil dieser Arbeit stand die praktische Übersetzungsarbeit im Fokus. Um die Vielfalt der Hintergründe, Intentionen und Arbeitsweisen herauszuarbeiten und zu würdigen, widmet sich Kapitel 4 der Übersetzungslandschaft im deutschsprachigen Raum und stellt sieben Übersetzungsprojekte oder -gruppen vor. Die Auswahl erfolgte nach bestimmten Kriterien und entspricht der Situation, wie sie 2016 zum Zeitpunkt der Planung des praktischen Teils gegeben war. Die sieben Übersetzendengruppen (Arbeitsgruppe Leichte Sprache des Deutschen Evangelischen Kirchentags, das Projekt „Leicht gesagt", das Projekt „Evangelium in Leichter Sprache" des Katholischen Bibelwerks, das Büro für Leichte Sprache der Lebenshilfe Bremen, das Internetprojekt Offene Bibel, das Büro für Leichte Sprache der Diakonie Mark-Ruhr und das Büro für Leichte Sprache der Diakonischen Stiftung Wittekindshof) werden ausführlich vorgestellt. Dabei wird deutlich, dass die Intentionen der einzelnen Gruppen sehr ähnlich sind und auf Teilhabe und Inklusion auch im Hinblick auf und durch Bibeltexte abzielen, die Gruppen aber durch ihre sehr unterschiedlichen Arbeitsumstände (wie z.B. die finanzielle Ausstattung oder die Verbreitungsmöglichkeiten) unterschiedliche Arbeitsweisen entwickelt haben, die bei jeder Gruppe nach ihren Möglichkeiten den Vorgaben der Leichten Sprache folgen und sich gleichzeitig im Feld der unterschiedlichen Verpflichtungen (s.o.) verorten.

Um einzelne Herausforderungen der Übersetzungsarbeit noch genauer untersuchen zu können, wurde mit je einem Mitglied dieser Gruppen ein Expert*innen-Interview in Form eines Fragebogen-Interviews geführt und die Ergebnisse mittels einer Inhaltsanalyse nach Mayring ausgewertet (Kap. 5). Zentrale Frage der Expert*innen-Interviews waren die Lösungsansätze für die zunächst vermuteten und dann auch nachgewiesenen Diskrepanzen zwischen den Regeln Leichter Sprache und den sprachlichen Eigenheiten und der Botschaft von Bibeltexten. Die Befragten stellten dabei ihre Kompetenz eindrücklich unter Beweis und nahmen in ihren Antworten von 2017 schon Erkenntnisse voraus, die wissenschaftlich erst etwa zwei Jahre später nachgewiesen wurden. Besonders deutlich wird dies am Umgang mit Verneinungen (Kap. 5.2.1), aber auch in der Verwendung von bildhafter Sprache (Kap. 5.2.2). In Bezug auf die vieldiskutierte Frage nach der Deutungsmacht wurde bereits in Kapitel 2.2 klar, dass dies nicht nur ein Problem von Bibeltexten in Leichter Sprache, sondern eine entscheidende Frage aller Bibelübersetzungen ist. Diese Auffassung wird durch die Antworten der Expert*innen noch einmal verstärkt (Kap. 5.2.3). Es wird deutlich, dass keine Übersetzungsentscheidung leichtfertig getroffen wird und die Interviewten sich ihrer spezifischen Verantwortung deutlich bewusst sind.

Als besonderer Ertrag der Expert*innen-Interviews sind die Themen Dialog und die Rolle und Bedeutung von Multiplikator*innen (Kap. 5.2.4) zu benennen. Die Auffassung, dass Bibeltexte in Leichter Sprache immer in einem Prozess und damit in ihrer Übersetzung immer nur vorläufig bleiben, kommt deutlich zum Ausdruck. Die Rolle der Multiplikator*innen, also von Menschen, die Bibeltexte in Leichter Sprache selbst nicht zwingend brauchen, diesen aber durch die Verwendung nicht nur zu einer größeren Reichweite verhelfen, sondern auch zu einem hilfreichen Reflexionsinstrument für das eigene und das allgemeine Textverständnis von Bibeltexten beitragen, ist nach den Antworten der Expert*innen in ihrer besonderen Tragweite erkennbar.

Kapitel 6 geht auf die kritischen Stimmen zu Leichter Sprache allgemein, kommunikativen Bibelübersetzungen und Bibeltexten in Leichter Sprache im Besonderen ein. Dabei wird deutlich, dass an vielen Stellen nicht ersichtlich ist, welche Maßstäbe für die Kritik angesetzt werden, und dass die Kritiker*innen Leichte Sprache nicht an den (selbstgesetzten) Zielen der Übersetzenden, sondern an ihren persönlichen Maßstäben messen und beurteilen. Dadurch bleibt die Kritik zumeist oberflächlich. Bei der Kritik an kommunikativen Bibelübersetzungen wird deutlich, dass die meisten Kritikpunkte zu Unrecht allein kommunikativen Bibelübersetzungen zugeschrieben werden. Übersetzungsentscheidungen aller Bibelübersetzungen beeinflussen das Verständnis und die Deutung eines Textes, auch wenn sie für sich eine besondere Nähe zum Ausgangstext beanspruchen. Bei jeder Übersetzung finden Anpassungen statt, dies ist daher kein genuines Problem kommunikativer Übersetzungen. Dies trifft auch auf die spezifische Betrachtung von Bibeltexten in Leichter Sprache zu. Die konstruktiven und daher bedenkenswerten Kritikpunkte werden zum großen Teil bereits von den Übersetzenden selbst erkannt und benannt und durch die Kritik von außen bestätigt und ergänzt.

Um Bibeltexte in Leichter Sprache detailliert hinsichtlich ihrer Übersetzungsentscheidungen zu untersuchen, wird in Kapitel 7 ein Vergleich von Textversionen in Leichter Sprache von Psalm 23 und Lk 2,(1-7)8-20 unternommen. Hier wird anhand einer formalen Analyse überprüft, inwieweit sich die Annahmen zur Wort-, Satz- und Textlänge sowie zum Layout in der Praxis bestätigen. Durch einen inhaltlichen Vergleich der Textversionen in Leichter Sprache untereinander und mit ihrem jeweiligen Ausgangstext mit den aktuellen exegetischen Erkenntnissen wird deutlich gemacht, dass in Bibeltexten in Leichter Sprache viel „*erhalten bleibt*"[1] von dem, was die Exegese in den Texten enthalten sieht. Dabei wird aber auch deutlich, dass zwischen den Übersetzendengruppen Unterschiede in der theologischen Begleitung, im eigenen theologischen Hintergrundwissen und in den Rahmenbedingungen (u.a. Verwendungszusammenhang und finanzielle Ausstattung) bestehen, die sich auf die Übersetzungsarbeit und deren Ergebnisse auswirken.

In Bezug auf das Forschungsfeld „Bibeltexte in Leichter Sprache" sind zahlreiche Forschungsdesiderate zu benennen. Hierbei sind einerseits die bestehenden Anfänge der Forschung zu würdigen (vgl. auch Kap. 1.3.5), andererseits ist

---

[1] ALBRECHT, JÖRN, Übersetzung und Linguistik, 31.

aber auch der Bedarf an weiterer umfassender Forschung, vor allem in Form von inklusiver Forschung, deutlich hervorzuheben (Kap. 8).

Abschließend stelle ich Bibeltexte in Leichter Sprache noch einmal in das Spannungsfeld der verschiedenen, nicht ohne weiteres auflösbaren Dilemmata ihrer Entstehung, Verwendung und Wirkung, in dem sie sich immer wieder neu verorten und verantworten müssen.

Bibeltexte in Leichter Sprache bewegen sich in besonderem Maße

- **zwischen Paternalismus und Partizipation**
  Das Prinzip Leichte Sprache ist so konstruiert, dass Texte von Menschen ohne Lernschwierigkeiten für Menschen mit Lernschwierigkeiten inhaltlich und strukturell so aufbereitet werden, dass sie selbständig rezipiert werden können. Paternalistisch bleiben die Auswahl der Ausgangstexte und die Auswahl der Schwerpunkte der zu übertragenden Inhalte. Partizipativ ist die Beteiligung der Zielgruppe am Übersetzungsprozess. Zu bedenken wäre, ob die Partizipation auf die Auswahl der Inhalte ausgeweitet werden könnte;
- **zwischen Loyalität und Freiheit**
  Wie alle anderen Bibelübersetzungen bewegen sich Bibeltexte in Leichter Sprache im Feld der verschiedenen Loyalitäten. Zwischen diesen gilt es eine Balance zu finden und Prioritäten zu setzen. Diese sind in unterschiedlichem Maße von der Zielgruppe, den Auftraggebenden und dem Verwendungszusammenhang bestimmt und bleiben doch in größtmöglichem Maße dem Inhalt und der Funktion des Textes verpflichtet;
- **zwischen Vereinfachung und Zumutung**
  Bibeltexte in Leichter Sprache sollen verstehbar sein und gleichzeitig herausfordern. Die Balance zwischen diesen beiden Polen ist besonders anspruchsvoll angesichts der Heterogenität der Zielgruppe in ihren kognitiven Möglichkeiten und ihrem Vorwissen. Hier kommt der Didaktik des Verwendungszusammenhangs eine besondere Bedeutung zu, die immer wieder reflektiert und neu justiert werden muss;
- **zwischen Stereotypisierung und Inklusion**
  Ist Leichte Sprache eine Sondersprache für Menschen mit Lernschwierigkeiten oder ein Inklusionsinstrument? Stigmatisierend oder inkludierend? Leichte Sprache hat an vielen Stellen ein Imageproblem, und doch ist nicht von der Hand zu weisen, dass sie für Teilhabe unverzichtbar ist.

Ebenso bewegen sich Bibeltexte in Leichter Sprache
- **im Spannungsfeld von Voraussetzungslosigkeit und wachsendem religiösen Wissen**
  Dieses Spannungsfeld korreliert mit dem Dilemma zwischen Vereinfachung und Zumutung. Leichte Sprache bildet und kann durch ihre Selbstverpflichtung zur maximalen Einfachheit nur schwer mit den Lernfortschritten der Zielgruppen mitgehen. Hier hilft nur, die starre Bindung an die Regeln zu-

gunsten einer Lerndynamik zu verlassen und die Regeln mit Bettina M. Bock eher als ‚Faustregeln'[2] zu verstehen;
- **im Spannungsfeld von theologischem Anspruch und dem Anspruch, verstanden zu werden**
Bibeltexte in Leichter Sprache haben einen Anspruch auf exegetische Korrektheit wie alle anderen Bibelübersetzungen. Komplexe theologische Zusammenhänge müssen daher elementarisiert und u.U. auch auf Teilaspekte reduziert werden. Dabei dürfen diese nicht banalisierend wirken, sondern müssen die Komplexität im Blick behalten und in geeigneter Weise benennen;
- **im Spannungsfeld der unterschiedlichen Bedürfnisse der Zielgruppen**
Die Zielgruppen von Leichter Sprache und damit auch ihre Bedürfnisse und Erwartungen an Bibeltexte in Leichter Sprache sind ausgesprochen heterogen. Sie bewegen sich zwischen leichter Lesbarkeit und leichter Verständlichkeit genauso wie zwischen den verschiedenen Fähigkeiten und Möglichkeiten zur Rezeption. Hier hilft die Vielfalt der Übersetzungen in Leichter Sprache, die je nach Herkunft und Verwendungszusammenhang unterschiedliche Zielgruppen bedienen kann. Es ist daher nicht davon auszugehen, dass eine Übersetzung in Leichter Sprache die einzig Richtige für alle darstellen kann;
- **im Spannungsfeld der unterschiedlichen Anforderungen der Verwendungszusammenhänge**
Ähnlich wie im gerade beschriebenen Spannungsfeld sind auch die Verwendungszusammenhänge so heterogen, dass auch hier kein ‚ein-Text-für-alle'-Prinzip gelten kann. Bibeltexte in Leichter Sprache sind immer ein Ausgangspunkt für weitere Entwicklungen und Dialog – dies kam bei den Expert*innen-Interviews deutlich heraus. Sie fordern zur Anpassung an den jeweiligen Verwendungszusammenhang und die Bedürfnisse der Zielgruppe gleichermaßen heraus;
- **im Spannungsfeld der Diskrepanz zwischen Anspruch und Wirklichkeit**
Leichte Sprache braucht ein hohes Maß an Ambiguitätstoleranz. Die Verortung in den nicht-auflösbaren Dilemmata und in den sich immer wieder verändernden Spannungsfeldern braucht Geduld, Lernbereitschaft und Konfliktfähigkeit. Das Austarieren der verschiedenen Angemessenheitsfaktoren und Verpflichtungen wird nur selten zur Zufriedenheit aller gelingen. Es gilt, immer den Dialog zu suchen, kompromissbereit offen zu sein und sich immer wieder neu daran zu machen, sich neu zu verorten und einen noch besseren Weg zu finden.

Aus der vorliegenden Arbeit ergeben sich für die Zukunft einige Empfehlungen: Für zukünftige Übersetzungen von Bibeltexten sei noch einmal auf Ulla Fix hin-

---

[2] Vgl. BOCK, BETTINA M., „Leichte Sprache" – Kein Regelwerk, 19.

gewiesen, die, wie in Kapitel 1.3.1 beschrieben, dafür plädiert, bei Bibeltexten sprachliche Signale oder Merkmale beizubehalten, die die Rezipient*innen auf die besonderen Eigenschaften von Bibeltexten hinweisen. Durch solche Signalwörter wie (nach Luther) ‚Siehe' oder ‚es begab sich aber' sieht sie für Leichte-Sprache-Texte einen großen Gewinn.[3] Auch Stefan Felber spricht sich dafür aus, bei allem Willen zur Verständlichkeit die Fremdheit von Bibeltexten wertzuschätzen und Oberflächenstrukturen und literarische Gestalt zu bewahren.[4] In Kombination mit den Regeln für Leichte Sprache müssen hier immer wieder neue Kompromisse gefunden werden.

Ich plädiere außerdem dafür, mehr als bisher Kompetenzen aus den verschiedenen Bereichen wie der Theologie, Linguistik, Germanistik und der Literaturwissenschaft sowie der Inklusionswissenschaft und der Lernpsychologie zusammenzuführen.

Zukünftige Übersetzungen werden sich auch im Feld der Angemessenheit noch besser orientieren und verorten müssen. Bettina M. Bocks Angemessenheitsfaktoren für gute Leichte Sprache[5] und die daraus resultierenden Verpflichtungen werden in Zukunft Maßstab für die Qualität von Bibeltexten in Leichter Sprache sein.

Bibeltexte in Leichter Sprache leisten einen maßgeblichen Beitrag zu allen Dimensionen der Teilhabe am Evangelium und wirken damit am Reich Gottes schon jetzt mit.

---

[3] Vgl. FIX, ULLA, „Schwere" Texte in „Leichter Sprache", 178f.
[4] Vgl. FELBER, STEFAN, Kommunikative Bibelübersetzung, 391.
[5] Vgl. BOCK, BETTINA M., „Leichte Sprache" – Kein Regelwerk, 15.

Literatur

3. ÖKUMENISCHER KIRCHENTAG FRANKFURT 2021 E.V. (Hrsg.): Exegetische Skizzen zu den biblischen Texten, o.O. 2020.
35. DEUTSCHER EVANGELISCHER KIRCHENTAG STUTTGART 2015 E.V. (Hrsg.): Bibeltexte in Leichter Sprache, URL: https://dxz7zkp528hul.cloudfront.net/production/htdocs/fileadmin/dateien/zzz_NEUER_BAUM/Service/Downloads/Publikationen/DEKT35_Bibeltexte_Leichte_Sprache.pdf (zuletzt geprüft am 20.07.2019).
36. DEUTSCHER EVANGELISCHER KIRCHENTAG BERLIN 2017 E.V. (Hrsg.): Bibeltexte in Leichter Sprache, URL: https://dxz7zkp528hul.cloudfront.net/production/htdocs/fileadmin/dateien/zzz_NEUER_BAUM/Service/Downloads/Publikationen/DEKT36_Bibeltexte_Leichte_Sprache.pdf (zuletzt geprüft am 11.10.2022).
36. DEUTSCHER EVANGELISCHER KIRCHENTAG BERLIN 2017 E.V.; Evangelische Kirche in Deutschland (Hrsg.): freiTöne. Liederbuch zum Reformationssommer 2017, Kassel 2017.
36. DEUTSCHER EVANGELISCHER KIRCHENTAG BERLIN-WITTENBERG 2017 E.V. (Hrsg.): Exegetische Skizzen, Berlin/Wittenberg 2017.
37. DEUTSCHER EVANGELISCHER KIRCHENTAG DORTMUND 2019 E.V. (Hrsg.): Programmheft Dortmund, 2019.
37. DEUTSCHER EVANGELISCHER KIRCHENTAG DORTMUND 2019 E.V. (Hrsg.): Liederbuch #lautstärke, München 2019.
37. DEUTSCHER EVANGELISCHER KIRCHENTAG DORTMUND 2019 E.V. (Hrsg.): Bibeltexte in Leichter Sprache. Deutscher Evangelischer Kirchentag Dortmund 19.-23. Juni 2019, URL: https://dxz7zkp528hul.cloudfront.net/production/htdocs/fileadmin/dateien/zzz_NEUER_BAUM/Programm/DEKT37_Bibeltexte_in_leichter_Sprache.pdf (zuletzt geprüft am 11.10.2022).
37. DEUTSCHER EVANGELISCHER KIRCHENTAG DORTMUND 2019 E.V. (Hrsg.): Exegetische Skizzen zu den Biblischen Texten, Fulda 2018.
ADAM, GOTTFRIED; LACHMANN, RAINER (Hrsg.): Kinder- und Schulbibeln. Probleme ihrer Erforschung, Göttingen 1999.
AG DISABILITY STUDIES (Hrsg.): Über uns. AG Disability Studies - Wir forschen selbst, URL: https://www.disabilitystudies.de (zuletzt geprüft am 11.10.2022).
AHRENS, SABINE et al.: Da kann ja jede(r) kommen. Inklusion und kirchliche Praxis, o.O. 2012, URL: https://pti.ekir.de/wp-content/uploads/2022/06/Da-kann-ja-jeder-kommen.pdf (zuletzt geprüft am 09.12.2023).
AICHELE, VALENTIN: Leichte Sprache - Ein Schlüssel zu „Enthinderung und Inklusion", in: BUNDESZENTRALE FÜR POLITISCHE BILDUNG (Hrsg.): Leichte und Einfache Sprache (Aus Politik und Zeitgeschichte [APuZ] 64) 9-11/2014, 19–25.
AKADEMIE CARITAS-PIRCKHEIMER-HAUS (CPH) NÜRNBERG (Hrsg.): Unser Team, URL: https://www.cph-nuernberg.de/akademie/unser-team (zuletzt geprüft am 11.10.2022).
AKADEMIE FRANZ-HITZE-HAUS (Hrsg.): Die Bibel leichter verstehen. 33. Studientag Behinderung und Glaube, URL: https://www.franz-hitze-haus.de/fileadmin/backenduser/download/flyer/18-673.pdf (zuletzt geprüft am 11.10.2022).
ALBERT, ANIKA CHRISTINA: Fremd im vertrauten Quartier. Perspektiven einer kritischen Theologie des Helfens unter den Bedingungen von Alter(n), Demenz und Technik, in: Ethik und Gesellschaft 2: Kritik des Helfens, 2016, URL: https://www.ethik-und-gesellschaft.de/ojs/index.php/eug/article/view/2-2016-art-3 (zuletzt geprüft am 11.10.2022).
ALBRECHT, JÖRN: Übersetzung und Linguistik (Grundlagen der Übersetzungsforschung II), Tübingen ²2013.

ALKIER, STEFAN: Über Treue und Freiheit - oder: Vom Desiderat einer Ethik der Übersetzung in den Bibelwissenschaften, in: Zeitschrift für Neues Testament, Jg. 13, Nr. 26, 2010, 60-69.

ALTMEYER, STEFAN et al. (Hrsg.): Sprachsensibler Religionsunterricht (Jahrbuch der Religionspädagogik 2021), Göttingen 2021.

ALTMEYER, STEFAN et al. (Hrsg.): Schöpfung, Göttingen 2018.

ALTMEYER, STEFAN: Zum Umgang mit sprachlicher Fremdheit in religiösen Bildungsprozessen, in: SCHULTE, ANDREA (Hrsg.): Sprache. Kommunikation. Religionsunterricht. Gegenwärtige Herausforderungen religiöser Sprachbildung und Kommunikation über Religion im Religionsunterricht (Studien zur Religiösen Bildung 15), Leipzig 2018, 191-205.

ALTMEYER, STEFAN: Was wahr ist, ist auch leicht zu sagen - oder?, in: Katechetische Blätter, Jg. 142, Nr. 04, 2017, 259-262.

ALTMEYER, STEFAN (Hrsg.): Katechese 2025. Standards und Ziele der Katechese in sich verändernden Zeiten, URL: https://www.relpaed.kath.theologie.uni-mainz.de/files/2017/10/Katechese2025.pdf (zuletzt geprüft am 03.10.2022).

ALTMEYER, STEFAN: Fremdsprache Religion? Sprachempirische Studien im Kontext religiöser Bildung (Praktische Theologie heute, Jg. 114), Stuttgart 2011.

ALTMEYER, STEFAN; BAADEN, JULIA; MENNE, ANDREAS: Übersetzen im Religionsunterricht. Von Bruno Latour und Jürgen Habermas zu einer Didaktik der Leichten Sprache, in: VAN OORSCHOT, FRIEDERIKE; ZIERMANN, SIMONE (Hrsg.): Theologie in Übersetzung? Religiöse Sprache und Kommunikation in heterogenen Kontexten (Öffentliche Theologie 36), Leipzig 2019.

ALTMEYER, STEFAN; KRAFT, JULIA: Sag's doch einfach! In deinen eigenen Worten, in: Katechetische Blätter, Jg. 142, Nr. 4, 2017, 281-283.

ANTOS, GERD: Leichte Sprache als Politolekt - Anmerkungen zu den Einflussfaktoren: Verständlichkeit, Fremdheit und Transaktionskosten, in: BOCK, BETTINA M.; FIX, ULLA; LANGE, DAISY (Hrsg.): „Leichte Sprache" im Spiegel theoretischer und angewandter Forschung (Kommunikation - Partizipation - Inklusion Band 1), Berlin 2017, 129-144.

ARBEITSGEMEINSCHAFT DISABILITY STUDIES (AGDS) (Hrsg.): Hintergrund, URL: https://disabilitystudies.de/hintergrund/ (zuletzt geprüft am 11.10.2022).

ARNOLD, JOCHEN: Inklusion als Chance für Gottesdienste und eine Kirche ohne Barrieren, in: EVANGELISCHE KIRCHE IN DEUTSCHLAND; EVANGELISCHE AKADEMIE BERLIN (Hrsg.): Offen für alle? Anspruch und Realität einer inklusiven Kirche, Berlin 2018, 64-67.

ARNOLD, JOCHEN: Geleitwort, in: GIDION, ANNE; ARNOLD, JOCHEN; MARTINSEN, RAUTE (Hrsg.): Leicht gesagt! Biblische Lesungen und Gebete zum Kirchenjahr in Leichter Sprache (gemeinsam gottesdienst gestalten 22), Hannover 2013, 6-8.

ARNOLD, JOCHEN: Was geschieht im Gottesdienst? Zur theologischen Bedeutung des Gottesdienstes und seiner Formen, Göttingen u.a. ^{2}2011.

ARNOLD, JOCHEN; SCHWARZ, CHRISTIAN: Vorwort, in: SCHWARZ, CHRISTIAN; ARNOLD, JOCHEN (Hrsg.): Elementares Kirchenjahr und Kasualien in Leichter Sprache. Arbeitshilfe für die Gestaltung von Gottesdiensten zu Kasualien, Feiertagen und besonderen Anlässen (Gottesdienstpraxis Serie B), Gütersloh 2019, 7-9.

BACH, ULRICH: Ohne die Schwächsten ist die Kirche nicht ganz. Bausteine einer Theologie nach Hadamar, Neukirchen-Vluyn 2006.

BACH, ULRICH: Getrenntes wird versöhnt. Wider den Sozialrassismus in Theologie und Kirche, Neukirchen-Vluyn 1991.

BACH, ULRICH: Boden unter den Füßen hat keiner. Plädoyer für eine solidarische Diakonie, Göttingen ^{2}1986.

BACHMANN, CHRISTIAN: Die Fleschformel, URL: http://leichtlesbar.ch/html/fleschformel.html (zuletzt geprüft am 11.10.2022).

BAIL, ULRIKE et al. (Hrsg.): Bibel in gerechter Sprache, Gütersloh ^{4}2014.

Literatur

BAIL, ULRIKE et al.: Einleitung, in: BAIL, ULRIKE et al. (Hrsg.): Bibel in gerechter Sprache, Gütersloh 2014, 9–26.

BALDERMANN, INGO: Wer hört mein Weinen? Kinder entdecken sich selbst in den Psalmen, Neukirchen-Vluyn ¹¹2013.

BALDERMANN, INGO: Jesus von Nazaret - Jesus Christus, in: BITTER, GOTTFRIED (Hrsg.): Neues Handbuch religionspädagogischer Grundbegriffe, München 2002, 117–123.

BALZ, HORST ROBERT; KRAUSE, GERHARD; MÜLLER, GERHARD (Hrsg.): Theologische Realenzyklopädie (TRE), Berlin 1997-2001.

BARCLAY, WILLIAM: Markusevangelium, Wuppertal 1981.

BARGHEER, FRIEDRICH-WILHELM: Befreiung - Orientierung - Gemeinschaft. Elementare Theologie für Helfende Berufe, Waltrop 2006.

BAUER, DIETER: Pressespiegel | Evangelium in leichter Sprache, URL: https://www.evangelium-in-leichter-sprache.de/pressespiegel (zuletzt geprüft am 09.10.2022).

BAUER, DIETER et al. (Hrsg.): Gott sei Dank! Gebete, Geschichten, Gebärden, Stuttgart 2020.

BAUER, DIETER: „Darum geht zu allen Menschen!" Schwere Bibel in Leichter Sprache, in: Heiliger Dienst, Nr. 72, 2018, 63–68.

BAUER, DIETER (Hrsg.): Allgemeine Hinweise zum Projekt | Evangelium in leichter Sprache, URL: http://www.evangelium-in-leichter-sprache.de/node/5 (zuletzt geprüft am 04.02.2016).

BAUER, DIETER; ETTL, CLAUDIO: Frohe Botschaft - ganz leicht?!, in: Katechetische Blätter, Jg. 214, Nr. 04, 2017, 263–266.

BAUER, DIETER; ETTL, CLAUDIO; MELS, SCHWESTER M. PAULIS: Jesus begegnet den Menschen (Bibel in Leichter Sprache kompakt), Stuttgart 2019.

BAUER, DIETER; ETTL, CLAUDIO; MELS, SCHWESTER M. PAULIS: Bibel in Leichter Sprache. Evangelien der Sonn- und Festtage im Lesejahr C, Stuttgart 2018.

BAUER, DIETER; ETTL, CLAUDIO; MELS, SCHWESTER M. PAULIS: Jesus hilft den Menschen. Bibel in Leichter Sprache (Bibel in Leichter Sprache kompakt), Stuttgart 2018.

BAUER, DIETER; ETTL, CLAUDIO; MELS, SCHWESTER M. PAULIS: Bibel in Leichter Sprache. Evangelien der Sonn- und Festtage im Lesejahr B, Stuttgart 2017.

BAUER, DIETER; ETTL, CLAUDIO; MELS, SCHWESTER M. PAULIS: Jesus erzählt von Gott. Bibel in Leichter Sprache (Bibel in Leichter Sprache kompakt), Stuttgart 2017.

BAUER, DIETER; ETTL, CLAUDIO; MELS, SCHWESTER M. PAULIS: Bibel in Leichter Sprache. Evangelien der Sonn- und Festtage im Lesejahr A, Stuttgart 2016.

BAUER, DIETER; KEUCHEN, MARION: Das Evangelium in leichter Sprache mit leichten Bildern. Ein Projekt im Bereich Inklusion, in: Deutsches Pfarrerblatt, Nr. 2, 2016, 214-222.

BAUMERT, ANDREAS: Einfache Sprache. Internetseite von Andreas Baumert, 2020, URL: http://www.einfache-sprache.info/ (zuletzt geprüft am 11.10.2022).

BAUMERT, ANDREAS (Hrsg.): Ratgeber Einfache Sprache, URL: https://einfachebuecher.de/WebRoot/Store21/Shops/95de2368-3ee3-4c50-b83e-c53e52d597ae/MediaGallery/Downloads/Ratgeber_Einfache_Sprache.pdf (zuletzt geprüft am 07.04.2021).

BAUMERT, ANDREAS: Leichte Sprache - Einfache Sprache, 2016, URL: http://serwiss.bib.hs-hannover.de/frontdoor/index/index/docId/697 (zuletzt geprüft am 19.02.2016).

BEAUFTRAGTER DER BUNDESREGIERUNG FÜR DIE BELANGE BEHINDERTER MENSCHEN (Hrsg.): Die UN-Behindertenrechtskonvention. Übereinkommen über die Rechte von Menschen mit Behinderungen, URL: https://www.behindertenbeauftragter.de/DE/AS/rechtliches/unbrk/un-brk.html (zuletzt geprüft am 11.10.2022).

BECKER, UWE: Die Inklusionslüge. Behinderung im flexiblen Kapitalismus, Bielefeld ²2015.

BECKER, WIBKE: Salziges Salz, in: Frankfurter Allgemeine Sonntagszeitung, Nr. 12, 2014, 9.

BEINTKER, MICHAEL: Evangelium III. Dogmatisch, in: BETZ, HANS DIETER (Hrsg.): Religion in Geschichte und Gegenwart (RGG⁴). Handwörterbuch für Theologie und Religionswissenschaft, Tübingen 1999-2004, Band 2, 1999, 1741–1742.

BELL, DESMOND: Wie „gendergerecht" ist die Schöpfungstheologie?, in: ALTMEYER, STEFAN et al. (Hrsg.): Schöpfung, Göttingen 2018, 60–70.
BELL, DESMOND: Wortsalat oder Götterspeise? Chancen und Probleme aktueller Bibelübersetzungen. Antrittsvorlesung, Bochum 17.02.2007, unveröffentlichtes Manuskript.
BERGER, KLAUS; NORD, CHRISTIANE: Das Neue Testament und frühchristliche Schriften. Vollständige Sammlung aller ältesten Schriften des Urchristentums, Frankfurt am Main/Leipzig ³2017.
BERLEJUNG, ANGELIKA; FREVEL, CHRISTIAN (Hrsg.): Handbuch theologischer Grundbegriffe zum Alten und Neuen Testament (HGANT), Darmstadt ³2012.
BETHKE, HANNAH: Entmündigung ist kein Seelentrost, in: Frankfurter Allgemeine Zeitung, 02.02.2021, o.S., URL: https://www.faz.net/aktuell/feuilleton/debatten/verfehlt-die-basisbibel-der-deutschen-bibelgesellschaft-17176187.html (zuletzt geprüft am 11.10.2022).
BETZ, HANS DIETER (Hrsg.): Religion in Geschichte und Gegenwart (RGG⁴). Handwörterbuch für Theologie und Religionswissenschaft, Tübingen ⁴1999-2004.
BEUERS, CHRISTOPH: Projekt: „Wie Licht in der Nacht". Elementarisierung ausgewählter biblischer Texte in Wort und Bild für Menschen mit und ohne Behinderung. In: Behinderung & Pastoral Nr. 02, Juni 2003, 24-26.
BEUERS, CHRISTOPH: Die frühe religiöse Sozialisation von Kindern mit geistiger Behinderung (Religionspädagogische Perspekiven 25), Essen 1996.
BEUERS, CHRISTOPH; BÜSCH, KARL-HERMANN; STRAUB, JOCHEN: Wie Licht in der Nacht. Elementarisierung biblischer Texte für Menschen mit und ohne Behinderung, Kevelaer ²2004.
BEUERS, CHRISTOPH; STRAUB, JOCHEN; WEIGEL, KURT: Vom Rand die Mitte sehen. Kirchenraum elementar erleben mit Menschen mit und ohne Behinderung, Kevelaer 2013.
BEUSCHER, BERND: Jäger des verlorenen Schatzes. Vom Wesen und Wandel bei allem, was einem lieb, teuer und heilig ist, Duisburg 2021, URL: https://theofy.de/?dl_id=24 (zuletzt geprüft am 11.10.2022).
BEUSCHER, BERND: #Bildung. Beitrag aus der theologischen Bildungsapp theofy, in: theofy - die app als handout zum schmökern, kopieren und diskutieren, 2018, 110–111.
BEUSCHER, BERND: #Luther. Reformation, Kommunikation, Medien (Studienreihe Luther 4), Bielefeld 2015.
BEUSCHER, BERND: Set me free. Jugendarbeit als Lebens- und Berufsorientierung (Jugend in der Kirche), Göttingen u.a. 2011.
BIBLIOGRAFISCHES INSTITUT, DUDENVERLAG (Hrsg.): Duden online. Stichwort „wohl", URL: https://www.duden.de/rechtschreibung/wohl_gut_besser_durchaus (zuletzt geprüft am 11.10.2022).
BIEHL, PETER: Theologische Aspekte des Bildungsverständnisses, in: Der Evangelische Erzieher, Nr. 43, 1991, 575–591.
BIRD, STEVEN; LOPER, EDWARD; KLEIN, EWAN: Natural Language Processing with Python, o.O. 2009.
BIRMELÉ, ANDRÉ: Mysterium III. Evangelisch, in: BETZ, HANS DIETER (Hrsg.): Religion in Geschichte und Gegenwart (RGG⁴). Handwörterbuch für Theologie und Religionswissenschaft, Tübingen 1999-2004, Band 5, 2002, 1650.
BISTUM LIMBURG (Hrsg.): Lebenszeichen für Ihren Alltag, URL: https://lebenszeichen.bistumlimburg.de/ (zuletzt geprüft am 5.1.2024).
BITTER, GOTTFRIED (Hrsg.): Neues Handbuch religionspädagogischer Grundbegriffe, München 2002.
BITV 2.0 – Verodnung zur Schaffung barrierefreier Informationstechnis nach dem Behindertengleichstellungsgesetz (Barrierefreie-Informationstechnik-Verordnung BITV 2.0), URL: https://www.gesetze-im-internet.de/bitv_2_0/BJNR184300011.html (zuletzt geprüft am 14.11.2023)
BLIEK, ILGA: Neue Entwicklungen des Projekts. Email vom 07.03.2021.

Literatur

BLIEK, ILGA: Interview: Bibeltexte in Leichte Sprache übersetzen, Interviewmaterial (Offene Bibel e.V.), o.O. 2017, siehe Online-Anhang C und D.

BOCK, BETTINA M.: „Leichte Sprache" – Kein Regelwerk. Sprachwissenschaftliche Ergebnisse und Praxisempfehlungen aus dem LeiSA-Projekt (Kommunikation – Partizipation – Inklusion, Jg. 5), Berlin 2019.

BOCK, BETTINA M.: Barrierefreie Kommunikation als Voraussetzung und Mittel für die Partizipation benachteiligter Gruppen. Ein (polito-)linguistischer Blick auf Probleme und Potenziale von „Leichter" und „einfacher Sprache", Leipzig 2015, URL: https://bop.unibe.ch/linguistik-online/article/view/2196 (zuletzt geprüft am 11.10.2022).

BOCK, BETTINA M.; DREESEN, PHILIPP (Hrsg.): Sprache und Partizipation in Geschichte und Gegenwart (Sprache – Politik – Gesellschaft 25), Bremen 2018.

BOCK, BETTINA M.; DREESEN, PHILIPP: Zur Einleitung: Sprache und Partzipation, in: BOCK, BETTINA M.; DREESEN, PHILIPP (Hrsg.): Sprache und Partizipation in Geschichte und Gegenwart (Sprache – Politik – Gesellschaft 25), Bremen 2018, 5–16.

BOCK, BETTINA M.; FIX, ULLA; LANGE, DAISY (Hrsg.): „Leichte Sprache" im Spiegel theoretischer und angewandter Forschung (Kommunikation – Partizipation – Inklusion 1), Berlin 2017.

BOCK, BETTINA M.; LANGE, DAISY: Was ist eigentlich Leichte Sprache? Der Blick der Sprachwissenschaft, in: CANDUSSI, KLAUS; FRÖHLICH, WALBURGA (Hrsg.): Leicht Lesen. Der Schlüssel zur Welt, Wien 2015, 63–79.

BOCK, BETTINA M.; LANGE, DAISY; FIX, ULLA: Das Phänomen „Leichte Sprache" im Spiegel aktueller Forschung - Tendenzen, Fragestellungen und Herangehensweisen, in: BOCK, BETTINA M.; FIX, ULLA; LANGE, DAISY (Hrsg.): „Leichte Sprache" im Spiegel theoretischer und angewandter Forschung (Kommunikation – Partizipation – Inklusion 1), Berlin 2017, 11–31.

BOEHN, CHRISTIANE VON: Neukirchener Bibel - Die Evangelien. Übersetzt und erklärt, Neukirchen-Vluyn 2019.

BOGNER, ALEXANDER; LITTIG, BEATE; MENZ, WOLFGANG: Interviews mit Experten. Eine praxisorientierte Einführung (Lehrbuch), Wiesbaden 2014.

BONHOEFFER, DIETRICH: Widerstand und Ergebung. Briefe und Aufzeichnungen aus der Haft, München [16]1997.

BORNKAMM, KARIN; EBELING, GERHARD (Hrsg.): Martin Luther. Ausgewählte Schriften, Frankfurt am Main 1990.

BOSSE, KATRIN: Unverfügbarkeit II. Dogmatisch, in: BETZ, HANS DIETER (Hrsg.): Religion in Geschichte und Gegenwart (RGG⁴). Handwörterbuch für Theologie und Religionswissenschaft, Tübingen 1999-2004, Band 8, 2004, 812–813.

BOVON, FRANÇOIS: Das Evangelium nach Lukas. 1. Teilband Lk 1,1-9,50 (Evangelisch-Katholischer Kommentar zum Neuen Testament [EKK] III/1), Zürich/Neukirchen-Vluyn 1989.

BRACK, NANCY; VICTOR, CHRISTOPH: Leichtes über Gott. Gedanken über Gott und die Welt in Leichter Sprache, Weimar 2014.

BREDEL, URSULA; MAAß, CHRISTIANE: Leichte Sprache, in: MAAß, CHRISTIANE; RINK, ISABEL (Hrsg.): Handbuch Barrierefreie Kommunikation (Kommunikation – Partizipation – Inklusion 3), Berlin 2018, 251–271.

BREDEL, URSULA; MAAß, CHRISTIANE: Duden Leichte Sprache. Theoretische Grundlagen, Orientierung für die Praxis, Berlin 2016.

BRÖSNER, MANDY: Zusatzfragen zum Interview, Iserlohn 2020, unveröffentlichtes Material.

BRÖSNER, MANDY: Hör-Weg zur Reformation in Leichter Sprache, 2017, URL: https://www.dmr-teilhabeundwohnen.de/1/beraten-lernen-leichte-sprache/buero-fuer-leichte-sprache/hoer-weg-zur-reformation#c1383 (zuletzt geprüft am 15.10.2020).

BRÖSNER, MANDY: Homepage Büro für Leichte Sprache Iserlohn. Übersetzung in Leichter Sprache, URL: https://www.dmr-teilhabeundwohnen.de/1/beraten-lernen-leichte-sprache/buero-fuer-leichte-sprache (zuletzt geprüft am 11.10.2022).

BRÖSNER, MANDY: Interview: Bibeltexte in Leichte Sprache übersetzen – Interviewmaterial (Büro für Leichte Sprache DMR Iserlohn), siehe Online-Anhang C und D.

BRÖSNER, MANDY: Heft für die Aussegnung. Röm 8; Psalm 23 u.a., Iserlohn 2015, unveröffentlichtes Heft für den internen Gebrauch.

BRUMLIK, MICHA (Hrsg.): Luther, Rosenzweig und die Schrift. Ein deutsch-jüdischer Dialog, Hamburg 2017.

BRÜSKE, MARTIN: Mysterium I. Katholisch, in: BETZ, HANS DIETER (Hrsg.): Religion in Geschichte und Gegenwart (RGG⁴). Handwörterbuch für Theologie und Religionswissenschaft, Tübingen 1999-2004, Band 5, 2002, 1646–1648.

BUBER, MARTIN: Das dialogische Prinzip, Gütersloh ¹³2014.

BUBER, MARTIN: XXIII. Ein Harfenlied Dawids, in: BUBER, MARTIN; ROSENZWEIG, FRANZ (Hrsg.): Die Schrift, Band 4, Stuttgart 1992, 37–38.

BUBER, MARTIN; ROSENZWEIG, FRANZ (Hrsg.): Die Schrift, Stuttgart ⁶1992.

BUBMANN, PETER: Die Zeit der Gemeinde. Kirchliche Bildungsorte zwischen Kirche auf Dauer und Kirche bei Gelegenheit, in: BUBMANN, PETER et al. (Hrsg.): Gemeindepädagogik, Berlin/Boston ²2019, 95–117.

BUBMANN, PETER et al.: Einleitung, in: BUBMANN, PETER et al. (Hrsg.): Gemeindepädagogik, Berlin/Boston ²2019, 1–33.

BUBMANN, PETER et al. (Hrsg.): Gemeindepädagogik, Berlin/Boston ²2019.

BUCHNER, TOBIAS; KOENIG, OLIVER; SCHUPPENER, SASKIA (Hrsg.): Inklusive Forschung. Gemeinsam mit Menschen mit Lernschwierigkeiten forschen, Bad Heilbrunn 2016.

BUNDESANZEIGER VERLAG (Hrsg.): Bundesgesetzblatt: Gesetz zur Umsetzung der Richtlinie (EU) 2019/882 des Europäischen Parlaments und des Rates über die Barrierefreiheitsanforderungen für Produkte und Dienstleistungen und zur Änderung anderer Gesetze. Vom 16. Juli 2021, URL: https://www.bgbl.de/xaver/bgbl/start.xav?startbk=Bundesanzeiger_BGBl&jumpTo=bgbl121s2970.pdf#__bgbl__%2F%2F*%5B%40attr_id%3D%27bgbl121s2970.pdf%27%5D__1649523143206 (zuletzt geprüft am 11.10.2022).

BUNDESMINISTERIUM DER JUSTIZ (Hrsg.): § 11 BGG, URL: https://www.gesetze-im-internet.de/bgg/__11.html (zuletzt geprüft am 11.10.2022).

BUNDESMINISTERIUM DER JUSTIZ: BITV 2.0 - Verordnung zur Schaffung barrierefreier Informationstechnik nach dem Behindertengleichstellungsgesetz (Barrierefreie-Informationstechnik-Verordnung BITV 2.0). BITV 2.0, 2011.

BUNDESMINISTERIUM FÜR ARBEIT UND SOZIALES (Hrsg.): Die UN-Behindertenrechtskonvention (in Leichter Sprache). Übereinkommen über die Rechte von Menschen mit Behinderungen, URL: https://www.behindertenbeauftragter.de/SharedDocs/Downloads/DE/LS/UN-Konvention_leichteSprache.pdf;jsessionid=D1AD8008B5283C78D9118D9FE8B709D6.intranet231?__blob=publicationFile&v=5 (zuletzt geprüft am 11.10.2022).

BUNDESMINISTERIUM FÜR ARBEIT UND SOZIALES (Hrsg.): „Unser Weg in eine inklusive Gesellschaft". Nationaler Aktionsplan 2.0 der Bundesregierung zur UN-Behindertenrechtskonvention (UN-BRK), URL: http://www.bmas.de/SharedDocs/Downloads/DE/PDF-Schwerpunkte/inklusion-nationaler-aktionsplan-2.pdf?__blob=publicationFile&v=4 (zuletzt geprüft am 24.07.2016).

BUNDESMINISTERIUM FÜR ARBEIT UND SOZIALES (Hrsg.): Leichte Sprache. Ein Ratgeber, Berlin/Rostock 2014.

BUNDESMINISTERIUM FÜR ARBEIT UND SOZIALES (Hrsg.): Nationaler Aktionsplan. Erklärt in leichter Sprache, URL: http://www.bmas.de/SharedDocs/Downloads/DE/PDF-Publikationen/a740L-nationaler-aktionsplan-leichte-sprache.pdf;jsessionid=F64BE690A0F324C9FED5D3E0E1A9E571?__blob=publicationFile&v=2 (zuletzt geprüft am 23.05.2016).

Literatur

Bundeszentrale für politische Bildung (Hrsg.): Leichte und Einfache Sprache (Aus Politik und Zeitgeschichte [APuZ] 64), 2014.

Büro für Leichte Sprache der Diak. Stiftung Wittekindhof (Hrsg.): Büro für Leichte Sprache, URL: https://www.leichte-sprache-wittekindshof.de (zuletzt geprüft am 11.10.2022).

Büro für Leichte Sprache der Diak. Stiftung Wittekindhof: Evangelium für den 1. Weihnachtstag in Leichter Sprache. Evangelium nach Lukas, Kapitel 2, Verse 15-20, o.J., unveröffentlichtes Manuskript.

Büro für Leichte Sprache der Diak. Stiftung Wittekindhof: Flyer Büro für Leichte Sprache, Bad Oeynhausen 2017, URL: https://www.wittekindshof.de/fileadmin/downloads/Wittekindshof-Flyer-Buero-Leichte-Sprache-09_2017.pdf.

Büro für Leichte Sprache in der Diak. Stiftung Wittekindhof (Hrsg.): Büro für Leichte Sprache. Internetseiten in Leichter Sprache, URL: https://www.leichte-sprache-wittekindshof.de/leichte-sprache/ (zuletzt geprüft am 11.10.2022).

Büro für Leichte Sprache Lebenshilfe Bremen (Hrsg.): Das Büro für Leichte Sprache - Die Geschichte vom Büro, URL: https://leichte-sprache.de/leichte-sprache/das-buero-fuer-leichte-sprache/ (zuletzt geprüft am 11.10.2022).

Büro für Leichte Sprache Lebenshilfe Bremen (Hrsg.): Gute Leichte Sprache - Regeln, URL: https://leichte-sprache.de/leichte-sprache/gute-leichte-sprache/ (zuletzt geprüft am 11.10.2022).

Büro für Leichte Sprache Lebenshilfe Bremen (Hrsg.): Was ist Leichte Sprache?, URL: https://leichte-sprache.de/leichte-sprache/was-ist-leichte-sprache/ (zuletzt geprüft am 11.10.2022).

Büro für Leichte Sprache Volmarstein: Eltern-Handbuch Teil 2, unveröffentlichte Prüfvorlage, Volmarstein 2016.

Candussi, Klaus; Fröhlich, Walburga (Hrsg.): Leicht Lesen. Der Schlüssel zur Welt, Wien 2015.

Candussi, Klaus; Fröhlich, Walburga: Vorwort, in: Candussi, Klaus; Fröhlich, Walburga (Hrsg.): Leicht Lesen. Der Schlüssel zur Welt, Wien 2015.

Capito Netzwerk (Hrsg.), Qualitätsstandard für barrierefreie Information. Stand 2020, URL: https://www.capito.eu/wp-content/uploads/sites/3/Qualitaets-Standard_2020_BF.pdf (zuletzt geprüft am 02.12.2022).

Carlson, Stephen C.: The Accommodations of Joseph and Mary in Bethlehem: Katalyma in Luke 2.7. In: New Testament Studies 56 (2010), 326-342

Centrum för Lättläst (Hrsg.): Vår historia (Unsere Geschichte), URL: www.lattlast.se/om-lattlast/var-historia (zuletzt geprüft am 27.07.2016).

Centrum för Lättläst (Hrsg.): Ett dokument om lättläst, URL: https://projektbegripligtext.se/sites/default/files/bifogade_filer/sprakdokument_feb_2014.pdf (zuletzt geprüft am 11.10.2022).

Cicero, Marcus Tullius: De oratore / Über den Redner. Lateinisch/deutsch, Stuttgart 2016.

Crüsemann, Frank: Halbherzig, mutlos, inkonsequent. Zum Erscheinen der gesamten „Basisbibel", in: Junge Kirche.Unterwegs für Gerechtigkeit, Frieden und Bewahrung der Schöpfung, Nr. 2, 2021, 46–47.

Deeg, Alexander; Sagert, Dietrich (Hrsg.): Evangelische Predigtkultur. Zur Erneuerung der Kanzelrede (Kirche im Aufbruch 1), Leipzig 2011.

Degener, Theresia et al. (Hrsg.): Menschenrecht Inklusion. Umsetzung der UN-Behindertenrechtskonvention in sozialen Diensten und diakonischen Handlungsfeldern, Neukirchen-Vluyn 2016.

Degener, Theresia: Völkerrechtliche Grundlagen und Inhalt der UN-BRK, in: Degener, Theresia et al. (Hrsg.): Menschenrecht Inklusion. Umsetzung der UN-Behindertenrechtskonvention in sozialen Diensten und diakonischen Handlungsfeldern, Neukirchen-Vluyn 2016, 11–51.

DEUTSCHE BIBELGESELLSCHAFT (Hrsg.): BasisBibel. Altes und Neues Testament: die Kompakte, Stuttgart 2021.
DEUTSCHE BIBELGESELLSCHAFT (Hrsg.): Die Bibel nach Martin Luthers Übersetzung. Lutherbibel revidiert 2017 mit Apokryphen, Stuttgart 2016.
DEUTSCHE BIBELGESELLSCHAFT (Hrsg.): Gute-Nachricht-Bibel. Altes und Neues Testament; mit den Spätschriften des Alten Testaments (Deuterokanonische Schriften, Apokryphen), revidierte Fassung von 1997, Stuttgart 2000.
DEUTSCHE BIBELGESELLSCHAFT: Nachwort, in: DEUTSCHE BIBELGESELLSCHAFT (Hrsg.): Gute-Nachricht-Bibel. Altes und Neues Testament; mit den Spätschriften des Alten Testaments (Deuterokanonische Schriften, Apokryphen), revidierte Fassung von 1997, Stuttgart 2000, NT 345-348.
DEUTSCHE BIBELGESELLSCHAFT (Hrsg.): Stuttgarter Erklärungsbibel. Die Heilige Schrift nach der Übersetzung Martin Luthers mit Einführungen und Erklärungen. Revidierte Fassung von 1984, Stuttgart ²1992.
DEUTSCHE BIBELGESELLSCHAFT (Hrsg.): Psalm 23 in: DIES.: Stuttgarter Erklärungsbibel. Die Heilige Schrift nach der Übersetzung Martin Luthers mit Einführungen und Erklärungen. Revidierte Fassung von 1984, Stuttgart 1992, Psalm 23, 682.
DEUTSCHE BIBELGESELLSCHAFT, Lizenzausgabe der Niederländischen Bibelgesellschaft, Haarlem zusammen mit der Katholischen Bibelstiftung Boxtel (Hrsg.): Bibelbilderbuch. Mit Zeichnungen von Kees de Kort, Stuttgart 1999.
DEUTSCHER EVANGELISCHER KIRCHENTAG (Hrsg.): Allgemeines | Deutscher Evangelischer Kirchentag, URL: https://www.kirchentag.de/ueber_uns/organisation/allgemeines/ (zuletzt geprüft am 19.01.2020).
DEUTSCHER EVANGELISCHER KIRCHENTAG (Hrsg.): Kirchentag Barrierefrei. Geschichte, URL: https://www.kirchentag.de/ueber_uns/kirchentag_barrierefrei/geschichte.html (zuletzt geprüft am 16.06.2018).
DIAKONIE HIMMELSTHÜR (Hrsg.): Büro für Leichte Sprache. Startseite, URL: https://www.diakonie-himmelsthuer.de/pages/presse__service/leichte_sprache/buero_fuer_leichte_sprache/index.html (zuletzt geprüft am 11.10.2022).
DIAKONIE MARK RUHR - TEILHABE UND WOHNEN (Hrsg.): Büro für Leichte Sprache, URL: https://www.dmr-teilhabeundwohnen.de/fileadmin/user_upload/buero_leichte-sprache/fl_bls_250215.pdf (zuletzt geprüft am 23.10.2022).
DIAKONISCHE STIFTUNG WITTEKINDSHOF: Die Passions-Geschichte aus dem Evangelium nach Markus in Leichter Sprache. 1. Teil, Bad Oeynhausen o.J., unveröffentlichtes Manuskript.
DIAKONISCHE STIFTUNG WITTEKINDSHOF E.V.: Lk 2, 1-20, Bad Oeynhausen 2017, unveröffentlichtes Manuskript.
DIEKMANNSHENKE, HAJO: Zwischen „Leicht kompliziert" und „Deutsch light" - Der mediale Diskurs um die „Leichte Sprache", in: BOCK, BETTINA M.; FIX, ULLA; LANGE, DAISY (Hrsg.): „Leichte Sprache" im Spiegel theoretischer und angewandter Forschung (Kommunikation - Partizipation - Inklusion 1), Berlin 2017, 111-127.
DIN - DEUTSCHES INSTITUT FÜR NORMUNG (Hrsg.): Projekt DIN SPEC 33429 Empfehlungen für Deutsche Leichte Sprache, URL: https://www.din.de/de/wdc-proj:din21:317755446 (zuletzt geprüft am 23.10.2022).
DÖBLER, STEFAN; VIERE, SIMONE (Hrsg.): Hamburger Pastorin Anne Gidion wird Rektorin des Pastoralkollegs Ratzeburg, URL: https://www.nordkirche.de/nachrichten/nachrichten-detail/nachricht/hamburger-pastorin-anne-gidion-wird-rektorin-des-pastoralkollegs-ratzeburg/ (zuletzt geprüft am 23.10.2022).
DOERRY, MARTIN: Maria in der Hängematte, in: Der Spiegel, Nr. 29, 2016, 128-130.
DÖNGES, CHRISTOPH; STEGKEMPER, JAN MARKUS; WAGNER, MICHAEL: Sprache als Barriere politischer Partizipation von Menschen mit geistiger Behinderung, in: BOCK, BETTINA M.; DREESEN, PHI-

LIPP (Hrsg.): Sprache und Partizipation in Geschichte und Gegenwart (Sprache – Politik – Gesellschaft 25), Bremen 2018, 177–192.

DOYÉ, GÖTZ; BÖHME, THOMAS: Von der Katechetik zur Gemeindepädagogik, in: BUBMANN, PETER et al. (Hrsg.): Gemeindepädagogik, Berlin/Boston 2019, 123–148.

DRESSLER, BERNHARD: Menschen bilden? Theologische Einsprüche gegen pädagogische Menschenbilder, in: Evangelische Theologie, Jg. 63, 2003, 261–271.

DUDENREDAKTION (Hrsg.): Stichwort Hebraismus, URL: https://www.duden.de/rechtschreibung/Hebraismus (zuletzt geprüft am 23.10.2022).

DWORSKI, ANJA: Leichte Sprache: Vielfalt als gesellschaftliche Realität anerkennen, in: Katechetische Blätter, Jg. 142, Nr. 04, 2017, 253–256.

DWORSKI, ANJA: Geschichte der Leichten Sprache, 2011.

EBACH, JÜRGEN: „Übersetzen – üb' Ersetzen!" Von der Last und Lust des Übersetzens, in: Bibel und Kirche, Jg. 69., Nr. 1, 2014, 2–7, URL: www.bibel-in-gerechter-sprache.de/wp-content/uploads/BiKi-14-1-Ebach.pdf.

EBACH, JÜRGEN: Die Übersetzung der Bibeltexte für den Kirchentag, in: Junge Kirche – Unterwegs für Gerechtigkeit, Frieden und Bewahrung der Schöpfung, Jg. 66, 2005, URL: https://www.jungekirche.de/2005/005/ebach.html (zuletzt geprüft am 23.10.2022).

EBERL, KLAUS: Aus theologischer Perspektive: Inklusion im kirchlich-diakonischen Selbstverständnis, in: DEGENER, THERESIA et al. (Hrsg.): Menschenrecht Inklusion. Umsetzung der UN-Behindertenrechtskonvention in sozialen Diensten und diakonischen Handlungsfeldern, Neukirchen-Vluyn 2016, 104-122.

EBERT, HELMUT: Leichte Sprache. Nachdenken über das spannungsreiche Verhältnis von Sprache, Bildung und Kommunikationskultur, in: CANDUSSI, KLAUS; FRÖHLICH, WALBURGA (Hrsg.): Leicht Lesen. Der Schlüssel zur Welt, Wien 2015, 123–135.

EBINGER, THOMAS et al. (Hrsg.): Handbuch Konfi-Arbeit. Eine Veröffentlichung des Comenius-Instituts und der ALPIKA-AG Konfirmandenarbeit, Gütersloh 2018.

ECO, UMBERTO: Quasi dasselbe mit anderen Worten. Über das Übersetzen, München ³2014.

ECO, UMBERTO; MARTINI, CARLO MARIA (Hrsg.): Woran glaubt, wer nicht glaubt?, München 1999.

EIESLAND, NANCY L.: Der behinderte Gott. Anstöße zu einer Befreiungstheologie der Behinderung, Würzburg 2018.

EIESLAND, NANCY L.: Dem behinderten Gott begegnen. Theologische und soziale Anstöße einer Befreiungstheologie der Behinderung, in: LEIMGRUBER, STEPHAN; PITHAN, ANNEBELLE; SPIECKERMANN, MARTIN (Hrsg.): Der Mensch lebt nicht vom Brot allein (Forum für Heil- und Religionspädagogik 1), Münster 2001, 7–25.

EISEN, UTE E.: „Quasi dasselbe?" Vom schwierigen und unendlichen Geschäft des Bibelübersetzens – Neuere deutsche Bibelübersetzungen, in: Zeitschrift für Neues Testament, Jg. 13. Jahrgang, Nr. 26, 2010, 3–15.

ELTROP, BETTINA: Lectio divina / Bibelteilen, in: ZIMMERMANN, MIRJAM; ZIMMERMANN, RUBEN (Hrsg.): Handbuch Bibeldidaktik, Tübingen 2013, 483–490.

ERHARDT, KLAUDIA; GRÜBER, KATRIN: Teilhabe von Menschen mit geistiger Behinderung am Leben in der Kommune. Ergebnisse eines Forschungsprojekts, Freiburg 2011.

ESCHRAGHI, ARMIN: „Eine der schwierigsten Künste". Einige Anmerkungen zum Übersetzen heiliger Schriften, in: Zeitschrift für Bahá'í-Studien, Band 2013, 71–118.

E-TRAFFIX TRAVELPLUS GROUP GMBH (Hrsg.): Gemeinsamer Europäischer Referenzrahmen (GER) für Sprachen, URL: http://www.europaeischer-referenzrahmen.de/ (zuletzt geprüft am 23.10.2022).

ETTL, CLAUDIO: Artikel: Bibel in Leichter Sprache. Wissenschaftlich-Religionspädagogischen Lexikon (WiReLex), 2022, URL: https://www.bibelwissenschaft.de/wirelex/das-wissenschaftlich-religionspaedagogische-lexikon/wirelex/sachwort/anzeigen/details/ bibel-in-leichter-sprache/ch/4b48731c7eb72bdf6af46431a4d34921/ (zuletzt geprüft am 23.10.2022).

EV.-LUTHERISCHE KIRCHE IN NORDDEUTSCHLAND (Hrsg.): Pastorin Raute Martinsen - nordkirche.de, URL: https://www.nordkirche.de/adressen/personen/detailansicht/person/raute-martinsen/ (zuletzt geprüft am 10.10.2022).

EVANGELISCH.DE (Hrsg.): Christian Stäblein wird neuer Bischof in Berlin, URL: https://www.evangelisch.de/inhalte/155785/06-04-2019/christian-staeblein-zum-berliner-bischof-gewaehlt (zuletzt geprüft am 23.10.2022).

EVANGELISCHE AKADEMIE ARNOLDSHAIN (Hrsg.): Bibel in gerechter Sprache. Sonderdruck zum Projekt, Gütersloh 2002.

EVANGELISCHE KIRCHE IM RHEINLAND (Hrsg.): Partizipative Kirche werden - Teilgabe, Teilhabe, Teilnahme, 74. Landessynode 2021, Beschluss 54 vom 15.1.2021, URL: https://landessynode.ekir.de/wp-content/uploads/sites/2/2021/01/Partizipative-Kirche-werden.pdf (zuletzt geprüft am 23.10.2022).

EVANGELISCHE KIRCHE IN DEUTSCHLAND (Hrsg.): Barmer Theologische Erklärung (1934), URL: https://www.ekd.de/Barmer-Theologische-Erklarung-Thesen-11296.htm (zuletzt geprüft am 12.1.2024)

EVANGELISCHE KIRCHE IN DEUTSCHLAND (Hrsg.): EKD Texte 118: Perspektiven für diakonisch-gemeindepädagogische Ausbildungs- und Berufsprofile. Tätigkeiten - Kompetenzmodell - Studium, Hannover 2014.

EVANGELISCHE KIRCHE IN DEUTSCHLAND (Hrsg.): Es ist normal, verschieden zu sein. Inklusion leben in Kirche und Gesellschaft. Eine Orientierungshilfe des Rates der Evangelischen Kirche in Deutschland, Gütersloh 2014.

EVANGELISCHE KIRCHE IN DEUTSCHLAND (Hrsg.): Kirche und Bildung. Herausforderungen, Grundsätze und Perspektiven evangelischer Bildungsverantwortung und kirchlichen Bildungshandelns. Eine Orientierungshilfe des Rates der Evangelischen Kirche in Deutschland, Gütersloh 2009.

EVANGELISCHE KIRCHE IN DEUTSCHLAND (Hrsg.): Anne Gidion als neue EKD-Bevollmächtigte eingeführt. Pressemitteilung, URL: https://www.ekd.de/nav/art-collection/anne-gidion-als-neue-ekd-bevollmaechtigte-eingefuehrt-75705.htm (zuletzt geprüft am 01.11.2022).

EVANGELISCHE KIRCHE IN DEUTSCHLAND; EVANGELISCHE AKADEMIE BERLIN (Hrsg.): Offen für alle? Anspruch und Realität einer inklusiven Kirche, Berlin 2018.

EVANGELISCHE LANDESKIRCHE IN BADEN (Hrsg.): Besondere Gottesdienste, URL: https://www.ekiba.de/diakonie-und-teilhabe/inklusion-hoeren-sehen-verstehen/kirche-verstehen-leichte-sprache/leichte-sprache-fuer-die-gemeindearbeit/besondere-gottesdienste/ (zuletzt geprüft am 23.10.2022).

EVANGELISCHE LANDESKIRCHE IN BADEN (Hrsg.): Leichte Sprache im Gottesdienst, URL: https://www.ekiba.de/diakonie-und-teilhabe/inklusion-hoeren-sehen-verstehen/kirche-verstehen-leichte-sprache/leichte-sprache-fuer-die-gemeindearbeit/leichte-sprache-im-gottesdienst/ (zuletzt geprüft am 23.10.2022).

EVANGELISCHE LANDESKIRCHE IN BADEN (Hrsg.): Psalmen in Leichter Sprache, URL: https://www.ekiba.de/diakonie-und-teilhabe/inklusion-hoeren-sehen-verstehen/kirche-verstehen-leichte-sprache/leichte-sprache-fuer-die-gemeindearbeit/psalmen-in-leichter-sprache/ (zuletzt geprüft am 23.10.2022).

EVANGELISCHE LANDESKIRCHE IN BADEN (Hrsg.): Termine und Veranstaltungen, URL: https://www.ekiba.de/diakonie-und-teilhabe/inklusion-hoeren-sehen-verstehen/termine-und-veranstaltungen/ (zuletzt geprüft am 06.03.2022).

EVERS, DIRK: Transsexualität. Menschliche Vielfalt und die Aufgabe theologischer Anthropologie, in: KRANNICH, LAURA-CHRISTIN; REICHEL, HANNA; EVERS, DIRK (Hrsg.): Menschenbilder und Gottesbilder. Geschlecht in theologischer Reflexion, Leipzig 2019, 185–214.

FABER, EVA-MARIA et al. (Hrsg.): Lebenswelt und Theologie. Herausforderungen einer zeitsensiblen theologischen Lehre und Forschung (Schriftenreihe der Theologischen Hochschule Chur 9), Fribourg 2012.

FABER, RICHARD; PUSCHNER, UWE (Hrsg.): Luther zeitgenössisch, historisch, kontrovers (Zivilisationen und Geschichte 50), Frankfurt u.a. 2017.

FAßBENDER, DAVID: Leichte Sprache? Wege zu einer inklusiven Arbeit mit biblischen Texten im Unterricht, in: ALTMEYER, STEFAN et al. (Hrsg.): Sprachsensibler Religionsunterricht, 2021, 231–239.

FAßBENDER, DAVID: Voll schwer?! Bibeltexte in Leichter Sprache für den inklusiven RU, in: Katechetische Blätter, Jg. 214, Nr. 04, 2017, 277–280.

FAßBENDER, DAVID: Barrierefreie Bibel. Bibeltexte in Leichter Sprache für Menschen mit Lernschwierigkeiten, in: Pastoralblatt für die Diözesen Aachen, Berlin, Hildesheim, Köln und Osnabrück, Jg. 66\502014\51, Nr. 50, 2014, 259–265.

FATU, LETI: Ich bin die Kokosnuß des Lebens, in: GROESCHKE, HANNS F. (Hrsg.): Baum des Lebens. Alles über die Kokosnuß, Wuppertal 1990, 76.

FEHRS, KIRSTEN: Predigt zum NDR-Eröffnungsgottesdienst des DEKT am 1. Mai 2013 in der Hafencity, 2013, URL: https://www.evangelisch-in-blankenburg.de/uploads/tx_mit download/predigtfehrs_hamburg.pdf (zuletzt geprüft am 23.10.2022).

FELBER, STEFAN: Kommunikative Bibelübersetzung. Eugene A. Nida und sein Modell der dynamischen Äquivalenz, Stuttgart 2013.

FEUSER, GEORG: Was braucht der Mensch? Teilhabe und Inklusion - eine humanwissenschaftliche Begründung, 2013a, URL: http://www.georg-feuser.com/conpresso/_data/Feuser_ G_-_Was_braucht_der_Mensch_-_Teilhabe_und_Inklusion_Moskau_24_06_2013.pdf (zuletzt geprüft am 26.12.2016).

FISCHER, IRMTRAUD: Inklusion und Exklusion - Biblische Perspektiven, in: PITHAN, ANNEBELLE; WUCKELT, AGNES; BEUERS, CHRISTOPH (Hrsg.): "... dass alle eins seien". Im Spannungsfeld von Exklusion und Inklusion (Forum für Heil- und Religionspädagogik 7), Münster 2013, 9–23.

FISCHER, JOHANNES: Heil IV. Ethisch, in: BETZ, HANS DIETER (Hrsg.): Religion in Geschichte und Gegenwart (RGG[4]). Handwörterbuch für Theologie und Religionswissenschaft, Tübingen 1999-2004, Band 3, 2000, 1526–1527.

FIX, ULLA: „Schwere" Texte in „Leichter Sprache" - Voraussetzungen, Möglichkeiten und Grenzen (?) aus textlinguistischer Sicht, in: BOCK, BETTINA M.; FIX, ULLA; LANGE, DAISY (Hrsg.): „Leichte Sprache" im Spiegel theoretischer und angewandter Forschung (Kommunikation – Partizipation – Inklusion Band 1), Berlin 2017, 163–188.

FLATSCHER, MATTHIAS; POSSELT, GERALD; SEITZ, SERGEJ: Sprachphilosophie. Eine Einführung, Wien 2016.

FLÜGGE, ERIK: Der Jargon der Betroffenheit. Wie die Kirche an ihrer Sprache verreckt, München [3]2016.

FOITZIK, KARL (Hrsg.): Gemeindepädagogik. Prämissen und Perspektiven; Beiträge zum Fünften Gemeindepädagogischen Symposium Hannover 2001, Darmstadt 2002.

FOITZIK, KARL: Gemeindepädagogik ein „Container-Begriff", in: FOITZIK, KARL (Hrsg.): Gemeindepädagogik. Prämissen und Perspektiven; Beiträge zum Fünften Gemeindepädagogischen Symposium Hannover 2001, Darmstadt 2002, 11–46.

FORSCHUNGSSTELLE LEICHTE SPRACHE (Hrsg.), Prüfsiegel der Foschungsstelle Leichte Sprache, URL: https://www.uni-hildesheim.de/leichtesprache/forschung-und-projekte/pruefsiegel/ (zuletzt geprüft am 02.12.2022).

FRANK, JOACHIM: Aufhören, „Kirchisch" zu sprechen - (wie) geht das?, in: Katechetische Blätter, Jg. 142, Nr. 4, 2017, 244–247.

FREYHOFF, GEERT et al.: Sag es einfach. Europäische Richtlinien für die Erstellung von leicht lesbaren Informationen für Menschen mit geistiger Behinderung für Autoren, Herausgeber,

Informationsdienste, Übersetzer und andere interessierte Personen, Brüssel 1998, URL: http://www.webforall.info/wp-content/uploads/2012/12/EURichtlinie_sag_es_einfach.pdf (zuletzt geprüft am 23.10.2022).

FRICKE, MICHAEL; LANGENHORST, GEORG; SCHLAG, THOMAS (Hrsg.): Jugendbibeln. Konzepte, Konkretionen, religionspädagogische Chancen, Freiburg u.a. 2020.

FRÖHLICH, WALBURGA; CANDUSSI, KLAUS: Informationsbarrieren und Wege zu ihrer Überwindung. Das Konzept „Barrierefreie Information", seine Herleitung und Funktionen, in: CANDUSSI, KLAUS; FRÖHLICH, WALBURGA (Hrsg.): Leicht Lesen. Der Schlüssel zur Welt, Wien 2015, 9–38.

FUCHS, GOTTHARD: „Alle Worte haben Kraft vom ersten Wort". Mehrsprachig und übersetzungsstark, in: Lebendige Seelsorge. Zeitschrift für praktisch-theologisches Handeln, Jg. 57., Nr. 6, 2006, 427–434.

FUCHS, MAX: Partizipation als Reflexionsanlass, 2015, URL: https://www.kubi-online.de/artikel/partizipation-reflexionsanlass (zuletzt geprüft am 23.10.2022).

FUCHS, MONIKA E.; NEUMANN, NILS: Bibeltexte in Leichter Sprache zwischen Unterkomplexität und Exklusivität, in: Zeitschrift für Pädagogik und Theologie, Nr. 71(3), 2019, 272–286, URL: https://doi.org/10.1515/zpt-2019-0033.

FUCHS, OTTMAR: Für wen übersetzen wir?, in: GNILKA, JOACHIM; RÜGER, HANS-PETER (Hrsg.): Die Übersetzung der Bibel. Aufgabe der Theologie, Bielefeld 1985, 84–130.

GADAMER, HANS-GEORG: Wahrheit und Methode. Grundzüge einer philosophischen Hermeneutik, Tübingen ⁷2010.

GEHLEN, ARNOLD: Der Mensch. Seine Natur und seine Stellung in der Welt, Wiesbaden ¹²1978.

GERBER, CHRISTINE; JOSWIG, BENITA; PETERSEN, SILKE (Hrsg.): Gott heißt nicht nur Vater. Zur Rede über Gott in den Übersetzungen der „Bibel in gerechter Sprache" (Biblisch-theologische Schwerpunkte 32), Göttingen 2008.

GIDION, ANNE: Bestattung - Siehe, ich mache alles neu, in: SCHWARZ, CHRISTIAN; ARNOLD, JOCHEN (Hrsg.): Elementares Kirchenjahr und Kasualien in Leichter Sprache. Arbeitshilfe für die Gestaltung von Gottesdiensten zu Kasualien, Feiertagen und besonderen Anlässen (Gottesdienstpraxis Serie B), Gütersloh 2019, 150–157.

GIDION, ANNE: Mai - Gott alles in allem, in: SCHWARZ, CHRISTIAN; ARNOLD, JOCHEN (Hrsg.): Elementares Kirchenjahr und Kasualien in Leichter Sprache. Arbeitshilfe für die Gestaltung von Gottesdiensten zu Kasualien, Feiertagen und besonderen Anlässen (Gottesdienstpraxis Serie B), Gütersloh 2019, 47–53.

GIDION, ANNE: Interview: Bibeltexte in Leichte Sprache übersetzen, Interviewmaterial (Projektgruppe „Leicht gesagt"), Hamburg 2017, siehe Online-Anhang C und D.

GIDION, ANNE: Leichte Sprache im Gottesdienst. Impuls 1, Bad Herrenalb 11.2.2016, unveröffentlichtes Manuskript.

GIDION, ANNE: Leichte Sprache als ein Weg zur religiösen Rede. Wie kann das gehen?, in: CANDUSSI, KLAUS; FRÖHLICH, WALBURGA (Hrsg.): Leicht Lesen. Der Schlüssel zur Welt, Wien 2015, 201–209.

GIDION, ANNE: Überlegungen zur Leichten Sprache in Predigt (und Liturgie), in: Herrnhuter Bote, Nr. September, 2015.

GIDION, ANNE: Im weiten Raum der Leichten Sprache, in: OXEN, KATHRIN; SAGERT, DIETRICH (Hrsg.): Mitteilungen. Zur Erneuerung evangelischer Predigtkultur (Kirche im Aufbruch 5), Leipzig 2013, 69–84.

GIDION, ANNE: Verstehen leicht gemacht. Was die Übertragung eines Predigttextes in „Leichte Sprache" leistet, o.O., 2013, URL: https://www.landeskirche-hannovers.de/evlka-de/presse-und-medien/frontnews/2013/03/21.

GIDION, ANNE: Er ist mein Hirte. Über Psalmen und Leichte Sprache im Gottesdienst, in: JOACHIM-STORCH, DORIS (Hrsg.): Du, höre! Psalmen entdecken - singen, beten, predigen (Materialbücher des Zentrums Verkündigung der Evangelischen Kirche in Hessen und Nassau 117), Frankfurt am Main 2012, 28–31.

GIDION, ANNE: Selig bist du, wenn du weißt, wie du sprichst. Leichte Sprache als Anregung für die Predigtrede, in: Nordelbische Stimmen, Monatszeitschr. für haupt- u. ehrenamtl. kirchl. Mitarb. in Hamburg u. Schleswig-Holstein, Nr. 5, 2011, 29–36.

GIDION, ANNE: Selig bist du, wenn du weißt, wie du sprichst. Leichte Sprache als Anregung für die Predigtrede, in: DEEG, ALEXANDER; SAGERT, DIETRICH (Hrsg.): Evangelische Predigtkultur. Zur Erneuerung der Kanzelrede (Kirche im Aufbruch 1), Leipzig 2011, 125–130.

GIDION, ANNE: Selig bist du, wenn du weißt, wie du sprichst. Leichte Sprache im Gottesdienst, in: Themenheft Gottesdienst der EKBO und EKiR, Nr. 32, 2010, 29–35.

GIDION, ANNE: Leichte Sprache im Gottesdienst, o.O., o.J., Manuskript.

GIDION, ANNE; ARNOLD, JOCHEN; MARTINSEN, RAUTE (Hrsg.): Leicht gesagt! Biblische Lesungen und Gebete zum Kirchenjahr in Leichter Sprache (gemeinsam gottesdienst gestalten 22), Hannover 2013.

GIDION, ANNE; MARTINSEN, RAUTE: Einleitung. Leicht gesagt! Biblische Lesungen und Gebete in Leichter Sprache, in: GIDION, ANNE; ARNOLD, JOCHEN; MARTINSEN, RAUTE (Hrsg.): Leicht gesagt! Biblische Lesungen und Gebete zum Kirchenjahr in Leichter Sprache (gemeinsam gottesdienst gestalten 22), Hannover 2013, 9–17.

GNILKA, JOACHIM: Artikel Messias III. Neues Testament, in: KASPER, WALTER et al. (Hrsg.): Lexikon für Theologie und Kirche, Freiburg im Breisgau, Band 7, 2006, Sp. 172-174.

GNILKA, JOACHIM; RÜGER, HANS-PETER (Hrsg.): Die Übersetzung der Bibel. Aufgabe der Theologie, Bielefeld 1985.

GÖBEL, SUSANNE: „Wir vertreten uns selbst". Arbeitsbuch zum Aufbau von Selbsthilfegruppen für Menschen mit Lernschwierigkeiten, Jena 1995.

GOLDBACH, ANNE; SCHUPPENER, SASKIA: Die Bedeutung des partizipativen Vorgehens in der Erforschung Leichter Sprache, in: BOCK, BETTINA M.; FIX, ULLA; LANGE, DAISY (Hrsg.): „Leichte Sprache" im Spiegel theoretischer und angewandter Forschung (Kommunikation – Partizipation – Inklusion 1), Berlin 2017, 301–315.

GRAUMANN, SIGRID: Menschenrechtsethische Überlegungen zum notwendigen Paradigmenwechsel im Selbstverständnis von Sozialpolitik und sozialen Diensten, in: DEGENER, THERESIA u.a. (Hrsg.): Menschenrecht Inklusion. Umsetzung der UN-Behindertenrechtskonvention in sozialen Diensten und diakonischen Handlungsfeldern, Neukirchen-Vluyn 2016, 52–73.

GRETHLEIN, CHRISTIAN: Praktische Theologie, Berlin/Boston 2012.

GROESCHKE, HANNS F. (Hrsg.): Baum des Lebens. Alles über die Kokosnuß, Wuppertal 1990.

GROSS, SUSANNE: Regeln und Standards für leicht verständliche Sprache, in: CANDUSSI, KLAUS; FRÖHLICH, WALBURGA (Hrsg.): Leicht Lesen. Der Schlüssel zur Welt, Wien 2015, 81–105.

GROSS, WALTER (Hrsg.): Bibelübersetzung heute. Geschichtliche Entwicklungen und aktuelle Herausforderungen; Stuttgarter Symposion 2000; in memoriam Siegfried Meurer (Arbeiten zur Geschichte und Wirkung der Bibel 2), Stuttgart 2001.

GROTLÜSCHEN, ANKE et al. (Hrsg.): LEO 2018 – Leben mit geringer Literalität. Pressebroschüre, URL: http://blogs.epb.uni-hamburg.de/leo (zuletzt geprüft am 07.04.2021).

GROTLÜSCHEN, ANKE; RIEKMANN, WIBKE (Hrsg.): leo - Level-One-Studie. Presseheft, URL: http://blogs.epb.uni-hamburg.de/leo/files/2011/12/leo-Presseheft_15_12_2011.pdf (zuletzt geprüft am 12.05.2018).

GRÜNSTÄUDL, WOLFGANG; SCHIEFER FERRARI, MARKUS (Hrsg.): Gestörte Lektüre. Disability als hermeneutische Leitkategorie biblischer Exegese (Behinderung - Theologie - Kirche: Beiträge zu diakonisch-caritativen Disability Studies 4), Stuttgart 2012.

GÜMÜŞAY, KÜBRA: Sprache und Sein, München 2021.

HACKE, AXEL: Über den Anstand in schwierigen Zeiten und die Frage, wie wir miteinander umgehen, München 2018.

HALBFAS, HUBERTUS: Fundamentalkatechetik. Sprache und Erfahrung im Religionsunterricht (Arbeiten zur Pädagogik 8), Düsseldorf 1968.

HAUBECK, WILFRIED: Neue kommunikative deutsche Bibelübersetzungen: Gute Nachricht Bibel, Hoffnung für alle und Neue Genfer Übersetzung. Ein Vergleich am Beispiel von Matthäus 5-7 und Römer 3-5, in: JAHR, HANNELORE (Hrsg.): Die neue Gute-Nachricht-Bibel. Siegfried Meurer zum Abschied gewidmet (Bibel im Gespräch 5), Stuttgart 1998, 76–92.

HAUG, HELLMUT: Deutsche Bibelübersetzungen. Das gegenwärtige Angebot; Information und Bewertung von Hellmut Haug (Wissenswertes zur Bibel 6), Stuttgart 2012.

HAUG, HELLMUT: Ein Vergleich zwischen den großen „Gebrauchsbibeln": Lutherbibel - Einheitsübersetzung - Gute Nachricht, in: GROSS, WALTER (Hrsg.): Bibelübersetzung heute. Geschichtliche Entwicklungen und aktuelle Herausforderungen; Stuttgarter Symposion 2000; in memoriam Siegfried Meurer (Arbeiten zur Geschichte und Wirkung der Bibel 2), Stuttgart 2001, 329–364.

HAUG, HELLMUT: Die Gute Nachricht Bibel. Geschichte - Prinzipien - Beispiele, in: JAHR, HANNELORE (Hrsg.): Die neue Gute-Nachricht-Bibel. Siegfried Meurer zum Abschied gewidmet (Bibel im Gespräch 5), Stuttgart 1998, 20–47.

HAVEA, SIONE AMANAKI: Die Theologie der Kokosnuß. Pazifische Theologie, in: GROESCHKE, HANNS F. (Hrsg.): Baum des Lebens. Alles über die Kokosnuß, Wuppertal 1990, 76–77.

HEINEMANN, CHRISTOPH: Wir wollen eine frohmachende Botschaft verkündigen. Ein Gespräch mit Sr. M. Paulis Mels FSGM und Pater Felix Rehbock OMI, in: Der Weinberg, Nr. 11, 2017, 8–11.

HEINTEL, ERICH: Sprache/Sprachwissenschaft/Sprachphilosophie I. Sprachphilosophie, in: BALZ, HORST ROBERT; KRAUSE, GERHARD; MÜLLER, GERHARD (Hrsg.): Theologische Realenzyklopädie (TRE), Berlin 1997-2001, Band XXXI, 2000, 730–744.

HEPPENHEIMER, HANS (Hrsg.): Christliche Spiritualität gemeinsam leben und feiern. Praxisbuch zur inklusiven Arbeit in Diakonie und Gemeinde (Was Menschen bewegt), Stuttgart 2007.

HERMES, GISELA; ROHRMANN, ECKHARD (Hrsg.): Nichts über uns - ohne uns! Disability Studies als neuer Ansatz emanzipatorischer und interdisziplinärer Forschung über Behinderung, Neu-Ulm 2006.

HEYDEN, KATHARINA; MANUWALD, HENRIKE: Einführung, in: HEYDEN, KATHARINA; MANUWALD, HENRIKE (Hrsg.): Übertragungen heiliger Texte in Judentum, Christentum und Islam. Fallstudien zu Formen und Grenzen der Transposition (Hermeneutische Untersuchungen zur Theologie 75), Tübingen 2019, 1–16.

HEYDEN, KATHARINA; MANUWALD, HENRIKE (Hrsg.): Übertragungen heiliger Texte in Judentum, Christentum und Islam. Fallstudien zu Formen und Grenzen der Transposition (Hermeneutische Untersuchungen zur Theologie 75), Tübingen 2019.

HOBURG, RALF (Hrsg.): Kommunizieren in sozialen und helfenden Berufen, Stuttgart 2017.

HOFHEINZ, MARCO; MATHWIG, FRANK; ZEINDLER, MATTHIAS (Hrsg.): Wie kommt die Bibel in die Ethik? Beiträge zu einer Grundfrage theologischer Ethik; für Wolfgang Lienemann, Zürich 2011.

HOFMANN, MICHAEL: Detailfragen zu Bibeltexten in Leichter Sprache III, Dortmund 2020, unveröffentlichtes Material.

HOFMANN, MICHAEL: Detailfragen zu Bibeltexten in Leichter Sprache II, Dortmund 2020, unveröffentlichtes Material.

HOFMANN, MICHAEL: Detailfragen zu Bibeltexten in Leichter Sprache I, Dortmund 2020, unveröffentlichtes Material.

HOFMANN, MICHAEL: Kirchentage und die Entwicklung der Aktivitäten mit dem Label Leichte Sprache, Dortmund 2020, unveröffentlichtes Manuskript.

Literatur

HOFMANN, MICHAEL: Textkorpus Bibel-Texte in Leichter Sprache. Kirchentage 2013-2019, Dortmund 2019, unveröffentlichtes Manuskript.

HOFMANN, MICHAEL: Interview: Bibeltexte in Leichte Sprache übersetzen – Interviewmaterial (Arbeitsgruppe Leichte Sprache DEKT), Dortmund 2017, siehe Online-Anhang C und D.

HOFMANN, MICHAEL: Wie wird ein gutes Leben möglich? Kluge Gedanken zu einer schweren Frage. Bibelarbeit in Leichter Sprache zu Prediger 3, 9-13, 2015, URL: https://dxz7zkp528hul.cloudfront.net/production/htdocs/fileadmin/dateien/zzz_NEUER_BAUM/Service/Archiv/Stuttgart_2015/Alle_Manuskripte/Bibelarbeit_in_Leichter_Sprache_-_Hofmann__Michael_-_150605.pdf (zuletzt geprüft am 23.10.2022).

HOFMANN, MICHAEL: Perspektive Inklusion, Dortmund 2012, unveröffentlichtes Manuskript.

HOFMANN, MICHAEL et al.: Psalm 23 in Leichter Sprache. Werkstattbericht zur Text-Transformation, Dortmund 2019, unveröffentlichtes Manuskript.

HOFMANN, MICHAEL et al.: Lesbarkeitsindex und Wortschatz bei Bibeltexten in Leichter Sprache, Dortmund 2017, unveröffentlichtes Manuskript.

HOFMANN, MICHAEL et al.: Die Geschichte von der Geburt von Jesus. In Leichter Sprache nach dem Text von Lukas, 2017, unveröffentlichtes Manuskript.

HOFMANN, MICHAEL et al.: Psalm 139 in Leichter Sprache. Werkstattbericht, Dortmund 2016, unveröffentlichtes Manuskript.

HOFMANN, MICHAEL et al.: Psalm 90 in Leichter Sprache. Werkstattbericht, Dortmund 2014, unveröffentlichtes Manuskript.

HOFMANN, MICHAEL et al.: Psalm 1 in Leichter Sprache. Werkstattbericht, Dortmund 2014, unveröffentlichtes Manuskript.

HOFMANN, MICHAEL et al..: Psalm 104, 24-31 in Leichter Sprache. Werkstattbericht, Dortmund o.J., unveröffentlichtes Manuskript.

HOFMANN, MICHAEL et al.; ZENTRUM BARRIEREFREI DES DEKT: KT36 - Alle LS-Texte 2013-2017, Dortmund 2017, unveröffentlichtes Manuskript

HOLCH, CHRISTINE: Heiliges Rauschen. Interview mit Anne Gidion, 2013, URL: http://chrismon.evangelisch.de/artikel/2013/heiliges-rauschen-19974 (zuletzt geprüft am 03.10.2022).

HOLLENBACH, MICHAEL: Die Pionierin. Die Franziskanerin Paulis Mels übersetzt die Bibel in Leichte Sprache, in: Publik Forum, Nr. 14, 2014, 34.

HOLLENBACH, MICHAEL: Weg vom Bibel-Sprech, in: Publik Forum, Nr. 8, 2014, 30–31, URL: https://evangelium-in-leichter-sprache.de/sites/default/files/content/pdf/PR_PublikForum_8_2014.pdf (zuletzt geprüft am 23.10.2022).

HOSSFELD, FRANK-LOTHAR: Artikel: Messias, in: KASPER, WALTER et al. (Hrsg.): Lexikon für Theologie und Kirche, Freiburg im Breisgau 2006, Band 7, 2006, 168-172.

HUIZINGA, JOHAN: Homo Ludens. Vom Ursprung der Kultur im Spiel (Rowohlts deutsche Enzyklopädie 21), Hamburg 1981 (niederländische Erstveröffentlichung 1938), 102-109.000.

HURRAKI.DE (Hrsg.): Nachgefragt: Büro für Leichte Sprache Wittekindshof. Interview mit Annika Lange-Kniep, URL: https://hurraki.de/blog/nachgefragt-buero-fuer-leichte-sprache-wittekindshof/ (zuletzt geprüft am 09.10.2022).

INCLUSION EUROPE (Hrsg.): Easy-to-read-Logo, URL: https://www.inclusion-europe.eu/easy-to-read/ (zuletzt geprüft am 23.10.2022).

INCLUSION EUROPE: Informationen für alle. Europäische Regeln, wie man Informationen leicht lesbar und leicht verständlich macht. Entwickelt im Rahmen des Projektes Pathways - Wege zur Erwachsenenbildung für Menschen mit Lernschwierigkeiten, Brüssel 2009.

INSOS SCHWEIZ (Hrsg.): UN-Behindertenrechtskonvention - Begriffsklärungen, URL: https://www.stiftung-leben-pur.de/fileadmin/Webdata/Uploads/Empfehlungen/slp_empfehlung-teilhabe-und-teilgabe_06.20.pdf#:~:text=Teilhabe%20und%20Teilgabe%20als%20Grundbed%C3%BCrfnis%20Selbst%20am%20gesellschaftlichen,Elementen%20h oherLebensqualit%C3%A4t.%20Teilhabebarrieren%20f%C3%BCr%20Menschen%20mit%20Komplexer%20Behinderung (zuletzt geprüft am 23.10.2022).

INSTITUT FÜR RELIGIONSPÄDAGOGIK (Hrsg.): Wie Religion verstehen? Theologische, didaktische und methodische Impulse (Information und Material für den katholischen Religionsunterricht an Grund-, Haupt-, Werkreal-, Real- und Gemeinschaftsschulen sowie an Sonderpädagogischen Bildungs- und Beratungszentren 1), Freiburg 2018.

ISERLOHNER KREISANZEIGER: Politische Themen werden verständlich aufbereitet, in: Iserlohner Kreisanzeiger, URL: https://www.dmr-teilhabeundwohnen.de/fileadmin/user_upload/Iserlohner_Kreisanzeiger_11.07.2015.pdf (zuletzt geprüft am 10.10.2022).

JAGER, CORNELIA: Gottesdienst ohne Stufen. Ort der Begegnung für Menschen mit und ohne geistige Behinderung (Behinderung - Theologie - Kirche: Beiträge zu diakonisch-caritativen Disability Studies 11), Stuttgart 2018.

JAHR, HANNELORE: Die BasisBibel. Herausforderungen einer Bibelübersetzung im digitalen Zeitalter, in: LANGE, MELANIE; RÖSEL, MARTIN (Hrsg.): „Was Dolmetschen für Kunst und Arbeit sei". Die Lutherbibel und andere deutsche Bibelübersetzungen, Stuttgart 2014, 315–330.

JAHR, HANNELORE (Hrsg.): Die neue Gute-Nachricht-Bibel. Siegfried Meurer zum Abschied gewidmet (Bibel im Gespräch 5), Stuttgart 1998.

JANSSEN, DOROTHEE: Psalm 23 in Leichter Sprache, URL: https://offene-bibel.de/wiki/Psalm_23_in_Leichter_Sprache/Dorothee_Janssen (zuletzt geprüft am 09.10.2022).

JEKAT, SUSANNE JOHANNA et al.: Barrierefreie Sprache in der digitalen Kommunikation für Öffentlichkeit, Institutionen und Unternehmen. Eine Einführung in das trans.com Themenheft, Nr. ISSN 1867-4844, 2015, URL: http://www.trans-kom.eu/bd08nr01/transkom_08_01_01_Jekat_ua_Einfuehrung.20150717.pdf (zuletzt geprüft am 09.10.2022).

JEKAT, SUSANNE JOHANNA et al. (Hrsg.): Sprache barrierefrei gestalten: Perspektiven aus der angewandten Linguistik, Berlin 2014.

JEROSENKO, ANNA: Fokus Teilhabe und Teilgabe von Menschen mit komplexer Behinderung, URL: https://www.stiftung-leben-pur.de/fileadmin/Webdata/Uploads/Empfehlungen/slp_empfehlung-teilhabe-und-teilgabe_06.20.pdf#:~:text=Teilhabe%20und%20Teilgabe%20als%20Grundbed%C3%BCrfnis%20Selbst%20am%20gesellschaftlichen,Elementen%20hoherLebensqualit%C3%A4t.%20Teilhabebarrieren%20f%C3%BCr%20Menschen%20mit%20Komplexer%20Behinderung (zuletzt geprüft am 09.10.2022).

JOACHIM-STORCH, DORIS (Hrsg.): Du, höre! Psalmen entdecken - singen, beten, predigen (Materialbücher des Zentrums Verkündigung der Evangelischen Kirche in Hessen und Nassau 117), Frankfurt am Main 2012.

JOHANSSON, SVERKER: På spaning efter språkets ursprung [Auf der Suche nach dem Ursprung der Sprache], Stockholm 2019.

KASPER, WALTER et al. (Hrsg.): Lexikon für Theologie und Kirche, Freiburg im Breisgau Sonderausgabe 2006 (^{3}1993-2001).

KASSÜHLKE, RUDOLF: Eine Bibel - viele Übersetzungen. Ein Überblick mit Hilfen zur Beurteilung (ABC-Team 560), Wuppertal 1998.

KATHOLISCH.DE: Bibel in Leichter Sprache: Eigenständiger Zugang zur Heiligen Schrift. Bibelwerkreferentin Lara Mayer im Interview, URL: https://www.katholisch.de/artikel/46016-bibel-in-leichter-sprache-eigenstaendiger-zugang-zur-heiligen-schrift (zuletzt geprüft am 13.10.2023)

KATHOLISCHES BIBELWERK E. V., STUTTGART; CARITAS-PIRCKHEIMER-HAUS (CPH) NÜRNBERG (Hrsg.): 2. Sonntag nach Weihnachten | Evangelium in leichter Sprache, URL: https://www.evangelium-in-leichter-sprache.de/lesejahr-b-2-sonntag-nach-weihnachten (zuletzt geprüft am 09.10.2022).

KATHOLISCHES BIBELWERK E. V., STUTTGART; CARITAS-PIRCKHEIMER-HAUS (CPH) NÜRNBERG (Hrsg.): Evangelium in Leichter Sprache. Sonntagslesungen für jeden Sonn- und Feiertag, URL: www.evangelium-in-leichter-sprache.de (zuletzt geprüft am 09.10.2022).

KATHOLISCHES BIBELWERK im Auftrag der Bischöfe Deutschlands, Österreichs und der Schweiz et al. (Hrsg.): Die Bibel. Einheitsübersetzung der Heiligen Schrift, Stuttgart ²1982 (1980).

KEESDEKORT.COM (Hrsg.): Kees de Kort - Über ‚Was die Bibel erzählt', URL: https://keesde kort.com/de/pag/ueber-was-die-bibel-erzaehlt (zuletzt geprüft am 09.10.2022).

KEHREN, BERND: Psalm 23 in Leichter Sprache, URL: https://offene-bibel.de/wiki/ Psalm_23_in_Leichter_Sprache/Bernd_Kehren (zuletzt geprüft am 11.02.2021).

KELLERMANN, GUDRUN: Leichte und Einfache Sprache - Versuch einer Definition, in: BUNDESZENTRALE FÜR POLITISCHE BILDUNG (Hrsg.): Leichte und Einfache Sprache (Aus Politik und Zeitgeschichte [APuZ] 64) 2014, 7-10.

KEUCHEN, MARION: Vereinfachung als Herausforderung der inklusiven Bilddidaktik – Analyse von Leichten Bildern auf Basis des religionsdidaktischen Konzepts der Elementarisierung, in: LEHNER-HARTMANN, ANDREA; KROBATH, THOMAS; PETER, KARIN; JÄGGLE, MARTIN (HG.): Inklusion in/durch Bildung? Religionspädagogische Zugänge. (Wiener Forum für Theologie und Religionswissenschaft 15). Göttingen 2018, 203-220

KEUCHEN, MARION: Bibel - Bilder - Barrierefrei. Zur Bildserie in diesem Heft, in: Katechetische Blätter, Jg. 142, Nr. 4, 2017, 257–258.

KEUCHEN, MARION: Bild-Konzeptionen in Bilder- und Kinderbibeln. Die historischen Anfänge und ihre Wiederentdeckung in der Gegenwart (Arbeiten zur Religionspädagogik 61), Göttingen 2016.

KIENPOINTNER, MANFRED: Dimensionen der Angemessenheit. Theoretische Fundierung und praktische Anwendung linguistischer Sprachkritik, in: aptum. Zeitschrift für Sprachkritik und Spachkultur, Jg. 1, Sammelband 2005, 193-219.

KIRCHENRAT DER EVANGELISCH-REFORMIERTEN LANDESKIRCHE DES KANTONS ZÜRICH (Hrsg.): Zürcher Bibel von 2007. 2019 um deuterokanonische Schriften des Alten Testaments ergänzt, Zürich 2019.

KITZINGER, ANNETTE: METACOM 8 – Symbole zur Unterstützten Kommunikation, URL: http://metacom-symbole.de/ (zuletzt geprüft am 09.10.2022).

KLAIBER, WALTER: Schöpfung. Urgeschichte und Gegenwart (Biblisch-theologische Schwerpunkte, Jg. 27), Göttingen 2005.

KLUGE: Etymologisches Wörterbuch, Berlin 1975.

KLUMBIES, PAUL-GERHARD: Das Markusevangelium, in: ZIMMERMANN, MIRJAM; ZIMMERMANN, RUBEN (Hrsg.): Handbuch Bibeldidaktik, Tübingen 2013, 171–179.

KNAUTH, THORSTEN; MÖLLER, RAINER; PITHAN, ANNEBELLE (Hrsg.): Inklusive Religionspädagogik der Vielfalt. Konzeptionelle Grundlagen und didaktische Konkretionen (Religious diversity and education in Europe Volume 42), Münster/New York 2020.

KOESTER, HELMUT: Evangelium I. Begriff, in: BETZ, HANS DIETER (Hrsg.): Religion in Geschichte und Gegenwart (RGG⁴). Handwörterbuch für Theologie und Religionswissenschaft, Tübingen 1999-2004, Band 2, 1999, 1735–1736.

KOESTER, HELMUT: Evangelium II. Gattung, in: BETZ, HANS DIETER (Hrsg.): Religion in Geschichte und Gegenwart (RGG⁴). Handwörterbuch für Theologie und Religionswissenschaft, Tübingen 1999-2004, Band 2, 1999, 1736–1741.

KÖHLER, HANNE: Gerechte Sprache als Kriterium von Bibelübersetzungen. Von der Entstehung des Begriffes bis zur gegenwärtigen Praxis, Gütersloh 2012.

KONTERMANN, JÖRG: Du bist Gott wichtig. Gute Gedanken für jeden Tag in leichter Sprache, Witten 2014.

KORT, KEES DE: Bibelbilderbuch. Zacharias und Elisabet. Jesus ist geboren. Der zwölfjährige Jesus. Die Hochzeit in Kana. Jesus und der Sturm (Bibelbilderbuch 3), Stuttgart 1999.

KORT, KEES DE: Jesus ist geboren (Was uns die Bibel erzählt 4151), Stuttgart 1987.

KORT, KEES DE; HAUG, HELLMUT: Jesus und seine Jünger (Was uns die Bibel erzählt 4720), Stuttgart 2016.

KÖRTNER, ULRICH H. J.: Im Anfang war die Übersetzung. Transformation am Beispiel von Bibelübersetzungen, URL: https://sciencev2.orf.at/stories/1681651/index.html (zuletzt geprüft am 09.10.2022).

KOSCHORKE, ALBRECHT: Wahrheit und Erfindung. Grundzüge einer Allgemeinen Erzähltheorie, Frankfurt am Main ⁴2017.

KRAFT, JULIA; ALTMEYER, STEFAN: Sag's doch einfach - in deinen eigenen Worten. Internetseite zum Projekt, URL: https://www.relpaed.kath.theologie.uni-mainz.de/sags-doch-einfach/ (zuletzt geprüft am 09.10.2022).

KRANNICH, LAURA-CHRISTIN; REICHEL, HANNA; EVERS, DIRK (Hrsg.): Menschenbilder und Gottesbilder. Geschlecht in theologischer Reflexion, Leipzig 2019.

KRAUS, KARL: Warum die Fackel nicht erscheint, in: Die Fackel, Jg. 36, Nr. 890, 1934.

KRAUß, ANNE: Barrierefreie Theologie. Das Werk Ulrich Bachs vorgestellt und weitergedacht (Behinderung - Theologie - Kirche 8), Stuttgart 2014.

KÜGLER, JOACHIM: Artikel: Messias, in: BERLEJUNG, ANGELIKA; FREVEL, CHRISTIAN (Hrsg.): Handbuch theologischer Grundbegriffe zum Alten und Neuen Testament (HGANT), Darmstadt 2012, 315–319.

KUHLMANN, JULIA: Ein sprachwissenschaftlicher Blick auf das Konzept der „Leichten Sprache", Bremen 2013.

KUNZ, RALPH: Inklusive Gottesdienste. Eine Vision und Mission der Gemeinde, in: Pastoraltheologie, Jg. 101, 2012, 87–101.

KUSCHMIERZ, RAINER; KUSCHMIERZ, MONIKA: Handbuch Bibelübersetzungen. Von Luther bis zur Volxbibel, Wuppertal 2007

LANDGRAF, MICHAEL: Bibelausgaben damals und heute, in: ZIMMERMANN, MIRJAM; ZIMMERMANN, RUBEN (Hrsg.): Handbuch Bibeldidaktik, Tübingen 2013.

LANDGRAF, MICHAEL: Die Bibel als Lehrbuch, in: ZIMMERMANN, MIRJAM; ZIMMERMANN, RUBEN (Hrsg.): Handbuch Bibeldidaktik, Tübingen 2013, 71–76.

LANDGRAF, MICHAEL: Kinderbibel damals - heute - morgen. Zeitreise, Orientierungshilfen und Kreativimpulse, Neustadt/Weinstraße 2009.

LANGE, ERNST: Versuch einer Bilanz, in: LANGE, ERNST; SCHLOZ, RÜDIGER (Hrsg.): Kirche für die Welt. Aufsätze zur Theorie kirchlichen Handelns (Lese-Zeichen), München 1981, 66–160.

LANGE, ERNST; SCHLOZ, RÜDIGER (Hrsg.): Kirche für die Welt. Aufsätze zur Theorie kirchlichen Handelns (Lese-Zeichen), München 1981.

LANGE, MELANIE; RÖSEL, MARTIN (Hrsg.): „Was Dolmetschen für Kunst und Arbeit sei". Die Lutherbibel und andere deutsche Bibelübersetzungen, Stuttgart 2014.

LANGE-KNIEP, ANNIKA: Interview: Bibeltexte in Leichter Sprache, Büro für Leichte Sprache der Diakonischen Stiftung Wittekindshof, Bad Oeynhausen 2017, Interviewmaterial, siehe Onnline-Anhang C und D.

LANGENHORST, GEORG: Jugendbibeln. Eine literarische Gattung auf der Suche nach eigenem Profil, in: FRICKE, MICHAEL; LANGENHORST, GEORG; SCHLAG, THOMAS (Hrsg.): Jugendbibeln. Konzepte, Konkretionen, religionspädagogische Chancen, Freiburg/Basel/Wien 2020, 55–69.

LANGER, INGHARD; SCHULZ VON THUN, FRIEDEMANN; Tausch, Reinhard: Sich verständlich ausdrücken, München/Basel ¹¹2019.

LASCH, ALEXANDER: Zum Verständnis morphosyntaktischer Merkmale in der funktionalen Varietät ‚Leichte Sprache', in: BOCK, BETTINA M.; FIX, ULLA; LANGE, DAISY (Hrsg.): „Leichte Sprache" im Spiegel theoretischer und angewandter Forschung (Kommunikation - Partizipation - Inklusion 1), Berlin 2017, 275–300.

LATOUR, BRUNO: Jubilieren. Über religiöse Rede, Berlin 2011.

Literatur

LAUENSTEIN, BRITTA: Warum Jesus blond ist – Gedächtnisprotokoll eines Gesprächs mit Anne Wrede beim Netzwerktreffen Leichte Sprache in Marburg März 2015.

LAUENSTEIN, BRITTA et al.: Arbeitsgruppe Leichte Sprache des DEKT, kommentierte Korrekturversion, Dortmund Mai 2021, unveröffentlichtes Material.

LAUENSTEIN, BRITTA et al.: Diakonie Mark-Ruhr Teilhabe und Wohnen, kommentierte Korrekturversion, Januar 2021, Iserlohn Januar 2021, unveröffentlichtes Material.

LAUENSTEIN, BRITTA et al., Diakonische Stiftung Wittekindshof/Büro für Leichte Sprache, kommentierte Korrekturversion, März 2021, unveröffentlichtes Material.

LAUENSTEIN, BRITTA et al.: „Evangelium in Leichter Sprache", kommentierte Korrekturversion, Dingelstädt/Wendlingen am Neckar Januar 2021, unveröffentlichtes Material.

LAUENSTEIN, BRITTA et al.: Lebenshilfe Bremen, kommentierte Korrekturversion März 2021, Bremen/Osnabrück März 2021, unveröffentlichtes Material.

LAUENSTEIN, BRITTA et al.: „Leicht gesagt", kommentierte Korrekturversion, Hamburg/Ratzeburg Januar 2021, unveröffentlichtes Material.

LAUENSTEIN, BRITTA et al.: Offene Bibel, kommentierte Korrekturversion, Januar 2021, unveröffentlichtes Material.

LAUSTER, JÖRG: Loyalität und Freiheit, in: Evangelische Theologie, Jg. 76, Nr. 4, 2016, 294–305.

LEBEDEWA, JEKATHERINA (Hrsg.): Tabu und Übersetzung (Ost-West-Express 26), Berlin 2016.

LEBENSHILFE BREMEN (Hrsg.): Büro für Leichte Sprache, URL: https://lebenshilfe-bremen.de/angebote/buero-fuer-leichte-sprache/ (zuletzt geprüft am 09.10.2022).

LEBENSHILFE BREMEN E.V. (Hrsg.): Geschichten von Jesus in Leichter Sprache, Bremen 2016.

LEBENSHILFE BREMEN E.V. (Hrsg.): Gott macht die Welt. Gott rettet Menschen und Tiere. 2 Geschichten aus der Bibel in Leichter Sprache, Bremen 2015.

LEBENSHILFE BREMEN E.V. (Hrsg.): Die Geschichte über Josef in Leichter Sprache, Bremen 2014.

LEBENSHILFE BREMEN E.V. (Hrsg.): Die Oster-Geschichte in Leichter Sprache, Bremen 2014.

LEBENSHILFE BREMEN E.V. (Hrsg.): Leichte Sprache. Die Bilder, Marburg 2013.

LEBENSHILFE BREMEN E.V. (Hrsg.): Die Weihnachts-Geschichte in Leichter Sprache, Bremen 2010.

LEBENSHILFE GESELLSCHAFT FÜR LEICHTE SPRACHE E.G. (Hrsg.): Geprüfte Qualität - Lebenshilfe Gesellschaft für Leichte Sprache e.G, URL: https://dg-ls.de/gepruefte-qualitaet/ (zuletzt geprüft am 09.10.2022).

LEIMGRUBER, STEPHAN; PITHAN, ANNEBELLE; SPIECKERMANN, MARTIN (Hrsg.): Der Mensch lebt nicht vom Brot allein (Forum für Heil- und Religionspädagogik 1), Münster 2001.

LEIMGRUBER, UTE: Mehr als Symptombehandlung. Was Verkündigung wirklich braucht, in: Lebendige Seelsorge, Jg. 67, Nr. 5, 2016, 307–311.

LESKELÄ, LEEALAURA: Von Selko zu Leicht Lesen. Ein nordischer Blick auf die Durchsetzung eines Bürgerrechts, in: CANDUSSI, KLAUS; FRÖHLICH, WALBURGA (Hrsg.): Leicht Lesen. Der Schlüssel zur Welt, Wien 2015, 170–185.

LEUTZSCH, MARTIN: Übersetzungstabus als Indikatoren normativer Grenzen in der Geschichte der christlichen Bibelübersetzung, in: HEYDEN, KATHARINA; MANUWALD, HENRIKE (Hrsg.): Übertragungen heiliger Texte in Judentum, Christentum und Islam. Fallstudien zu Formen und Grenzen der Transposition (Hermeneutische Untersuchungen zur Theologie 75), Tübingen 2019, 33–62.

LEUTZSCH, MARTIN: Luthers Bibelübersetzung. Mythen und Fakten - Strukturen und Funktionen - Verharmlosungen, in: FABER, RICHARD; PUSCHNER, UWE (Hrsg.): Luther zeitgenössisch, historisch, kontrovers (Zivilisationen und Geschichte 50), Frankfurt/Main/Bern/ Bruxelles/New York/Oxford/Warszawa/Wien 2017, 447–464.

LEUTZSCH, MARTIN: Biblisch-theologische Perspektiven auf Heterogenität, Inklusion und Exklusion, in: LIEDKE, ULF et al. (Hrsg.): Inklusion. Lehr- und Arbeitsbuch für professionelles Handeln in Kirche und Gesellschaft, Stuttgart 2016, 54–70.

LEUTZSCH, MARTIN: Enteignung und Aneignung. Jüdische Übersetzungen des Neuen Testaments, in: LEBEDEWA, JEKATHERINA (Hrsg.): Tabu und Übersetzung (Ost-West-Express 26), Berlin 2016, 35–82.

LEUTZSCH, MARTIN: Was heißt übersetzen? Probleme und Lösungen beim Übersetzen der Bibel am Beispiel von Lk 2, 1-20, in: Lebendige Seelsorge, Jg. 57., Nr. 6, 2006, 378–384.

LEUTZSCH, MARTIN: Dimensionen gerechter Bibelübersetzung, in: EVANGELISCHE AKADEMIE ARNOLDSHAIN (Hrsg.): Bibel in gerechter Sprache. Sonderdruck zum Projekt, Gütersloh 2002, 5–32.

LIEDKE, ULF et al. (Hrsg.): Inklusion. Lehr- und Arbeitsbuch für professionelles Handeln in Kirche und Gesellschaft, Stuttgart 2016.

LIESSMANN, KONRAD PAUL: Schlechte Rechtschreibung: Analphabetismus als geheimes Bildungsziel, Frankfurt am Main, 24.9.2014, URL: http://www.faz.net/aktuell/feuilleton/forschung-und-lehre/schlechte-rechtschreibung-analphabetismus-als-ziel-13167836-p2.html?printPagedArticle=true#pageIndex_2 (zuletzt geprüft am 09.10.2022).

LORENZ, NILS; WILL-ARMSTRONG, JOHANNA: Bibelarbeit zu Lukas 19, 1-10, in: RENTSCH, STEFANIE; STAUFF, HEIDE (Hrsg.): Deutscher Evangelischer Kirchentag Berlin - Wittenberg 2017. Dokumente, Gütersloh 2018, 155–161.

LUTHER, MARTIN: Das schöne Confitemini, hrsg. von Wolfgang Metzger (Calwer Luther Ausgabe 7) 1996.

LUTHER, MARTIN: Ein Sendbrief D. Martin Luthers vom Dolmetschen und Fürbitte der Heiligen 1530, in: BORNKAMM, KARIN; EBELING, GERHARD (Hrsg.): Martin Luther. Ausgewählte Schriften, Frankfurt am Main 1990, 140–161.

MAAß, CHRISTIANE: Übersetzen in Leichte Sprache, in: MAAß, CHRISTIANE; RINK, ISABEL (Hrsg.): Handbuch Barrierefreie Kommunikation (Kommunikation – Partizipation – Inklusion 3), Berlin 2018, 273–302.

MAAß, CHRISTIANE: Leichte Sprache. Das Regelbuch (Barrierefreie Kommunikation, Jg. 1), Münster 2015.

MAAß, CHRISTIANE (Hrsg.): Prüfsiegel „Leichte Sprache", URL: https://www.uni-hildesheim.de/leichtesprache/forschung-und-projekte/pruefsiegel/ (zuletzt geprüft am 09.10.2022).

MAAß, CHRISTIANE; RINK, ISABEL (Hrsg.): Handbuch Barrierefreie Kommunikation (Kommunikation – Partizipation – Inklusion 3), Berlin ³2018.

MAAß, CHRISTIANE; RINK, ISABEL; ZEHRER, CHRISTIANE: Leichte Sprache in der Sprach- und Übersetzungswissenschaft, in: JEKAT, SUSANNE JOHANNA et al. (Hrsg.): Sprache barrierefrei gestalten: Perspektiven aus der angewandten Linguistik, Berlin 2014, 53–86.

MACINTYRE, ALASDAIR: Der Verlust der Tugend. Zur moralischen Krise der Gegenwart, Frankfurt am Main 1995.

MARTIN, ARIANE: Sehnsucht - der Anfang von allem. Dimensionen zeitgenössischer Spiritualität, Ostfildern 2005.

MARTINI, CARLO MARIA: Die Kirche befriedigt nicht Erwartungen, sie feiert Geheimnisse, in: ECO, UMBERTO; MARTINI, CARLO MARIA (Hrsg.): Woran glaubt, wer nicht glaubt?, München 1999, 64–73.

MARTINSEN, RAUTE: Christfest - 1. Feiertag. Lukas 2, 15-20, in: GIDION, ANNE; ARNOLD, JOCHEN; MARTINSEN, RAUTE (Hrsg.): Leicht gesagt! Biblische Lesungen und Gebete zum Kirchenjahr in Leichter Sprache (gemeinsam gottesdienst gestalten 22), Hannover 2013, 36–37.

MATTAUSCH, BIRGIT (Hrsg.): „Nicht alles, was man nicht versteht, ist Poesie". Ein Gespräch über Leichte Sprache, URL: http://gottesdienstinstitut-nordkirche.de/wp-content/uploads/2015/03/Interview_AG.pdf (zuletzt geprüft am 18.02.2018).

MAYRING, PHILIPP: Qualitative Inhaltsanalyse. Grundlagen und Techniken, Weinheim ¹²2015.

Literatur

MEISTER ECKHART: Werke I (Deutscher Klassiker Verlag im Taschenbuch, Bd. 24), Frankfurt am Main 2008, (herausgegeben von Niklaus Largier)

MELS, SCHWESTER M. PAULIS: Die Bibel in Leichter Sprache, in: INSTITUT FÜR RELIGIONSPÄDAGOGIK (Hrsg.): Wie Religion verstehen? Theologische, didaktische und methodische Impulse (Information und Material für den katholischen Religionsunterricht an Grund-, Haupt-, Werkreal-, Real- und Gemeinschaftsschulen sowie an Sonderpädagogischen Bildungs- und Beratungszentren 1), Freiburg 2018, 48–53.

MELS, SCHWESTER M. PAULIS: Interview: Bibeltexte in Leichte Sprache übersetzen – Interviewmaterial (Projekt Evangelium in Leichter Sprache), siehe Online-Anhang C und D.

MENSCH ZUERST - NETZWERK PEOPLE FIRST DEUTSCHLAND E.V: Die Geschichte der Leichten Sprache, Kassel, 2015.

MERKENS, MARTIN: Interview: Bibeltexte in Leichte Sprache übersetzen – Interviewmaterial (Lebenshilfe Bremen), siehe Online-Anhang C und D.

MERKENS, MARTIN: Bibel-Geschichten in Leichter Sprache, in: Katechetische Blätter, Jg. 214, Nr. 04, 2017, 267–269.

MERKENS, MARTIN; HÖING, ANNETTE; WINTER, MATTHIAS: Fragen zum Glauben-Lernen in Leichter Sprache, in: Katechetische Blätter, Jg. 142, Nr. 4, 2017, 288–289.

MERKENS, MARTIN; HOLLENHORST, HANS-GEORG: Zusammen in der Bibel lesen. Anleitung zum Bibel-Teilen in Leichter Sprache, Münster, o.J. [2015].

MERRIAM WEBSTER DICTIONARY (Hrsg.): Theologism. Definition and meaning, URL: https://www.merriam-webster.com/dictionary/theologism (zuletzt geprüft am 09.10.2022).

METHUEN, CHARLOTTE: „novam sprach, celeste deudsch". Eine Untersuchung der theologischen Sprache von Luthers Bibelübersetzung, in: Zeitschrift für Neues Testament, Jg. 13, Nr. 26, 2010, 38–49.

METZ, JOHANN BAPTIST: Unterbrechungen. Theologisch-politische Perspektiven und Profile, Gütersloh 1981.

METZGER, WOLFGANG: Vorbemerkung, in: LUTHER, MARTIN: Das schöne Confitemini, hrsg. von Wolfgang Metzger (Calwer Luther Ausgabe 7) 1996, 7–9.

MEURER, SIEGFRIED (Hrsg.): Eine Bibel, viele Übersetzungen. Not oder Notwendigkeit? (Die Bibel in der Welt 18), Stuttgart 1978.

MEYER-BLANCK, MICHAEL: Exegese VI. Praktisch-theologisch, in: BETZ, HANS DIETER (Hrsg.): Religion in Geschichte und Gegenwart (RGG⁴). Handwörterbuch für Theologie und Religionswissenschaft, Tübingen 1999-2004, Band 2, 1999, 1794-1796.

MORGENTHALER, CHRISTOPH: Einleitung: Menschen und Lebenswelten, in: WEGENAST, KLAUS; LÄMMERMANN, GODWIN (Hrsg.): Bibeldidaktik in der Postmoderne. Klaus Wegenast zum 70. Geburtstag, Stuttgart 1999, 107–109.

MÜLLER, INA: Die Übersetzung von Abstracts aus translationswissenschaftlicher Sicht. (Russisch, Deutsch, Englisch) (Ost West Express 5), Berlin 2007.

MÜLLER-FRIESE, ANITA: „Verstehst du auch, was du liest?". Sonderpädagogische Impulse für eine adressatenorientierte Bibeldidaktik, in: GRÜNSTÄUDL, WOLFGANG; SCHIEFER FERRARI, MARKUS (Hrsg.): Gestörte Lektüre. Disability als hermeneutische Leitkategorie biblischer Exegese (Behinderung - Theologie - Kirche: Beiträge zu diakonisch-caritativen Disability Studies 4), Stuttgart 2012, 219–235.

MUSCIONICO, DANIELE: Seine Bilder kennen alle. Aber wer kennt Kees de Kort? Portrait eines Malers, in: bref - Das Magazin der Reformierten, Nr. 14+15, 2020, o.S., URL: https://keesdekort.com/de/pag/bref-das-magazin-der-reformierten-no.-14+15-2020-daniele-muscionico (zuletzt geprüft am 09.10.2022).

NACHAMA, ANDREAS; GARDEI, MARION: Du bist mein Gott, den ich suche. Psalmen lesen im jüdisch-christlichen Dialog, Gütersloh 2012.

NETZWERK ARTIKEL 3 E.V. (Hrsg.): Selbstdarstellung, URL: http://www.netzwerk-artikel-3.de/index.php/selbstdarstellung (zuletzt geprüft am 09.10.2022).

NETZWERK KIRCHE INKLUSIV (Hrsg.): Gottesdienst für alle. Impulse für einen inklusiven Gottesdienst, URL: https://netzwerkkircheinklusiv.nordkirche.de/fileadmin/ user_upload/ baukaesten/Baukasten_Netzwerk_Kirche_Inklusiv/Dokumente/Impulse_fuer_einen_inklusiven_Gottesdienst_Endfassung.pdf (zuletzt geprüft am 11.10.2022).

NETZWERK LEICHTE SPRACHE E.V. (Hrsg.), Qualität, URL: https://www.leichte-sprache.org/leichte-sprache/qualitaet/ (zuletzt geprüft am 2.12.2022).

NETZWERK LEICHTE SPRACHE E.V. (Hrsg.): Leichte Sprache verstehen. Mit Beispielen aus dem Alltag, Tipps für die Praxis und zahlreichen Texten in Leichter Sprache, Wiesbaden 2021.

NICOL, MARTIN: Weg im Geheimnis. Plädoyer für den evangelischen Gottesdienst, Göttingen ²2010.

NIDA, EUGENE A.; TABER, CHARLES R.: Theorie und Praxis des Übersetzens unter besonderer Berücksichtigung der Bibelübersetzung, o.O. 1969.

NIPKOW, KARL ERNST: Elementarisierung, in: BITTER, GOTTFRIED (Hrsg.): Neues Handbuch religionspädagogischer Grundbegriffe, München 2002, 451–456.

NORD, CHRISTIANE: Funktionsgerechtigkeit und Loyalität. Theorie, Methode und Didaktik des funktionalen Übersetzens (TransÜD, Bd. 32), Berlin 2011.

OFFENE BIBEL E.V. (Hrsg.): Arbeitsversion Mk 4, 1.2 – Die Offene Bibel, URL: https://offene-bibel.de/wiki/Markus_4,1-2_in_Leichter_Sprache (zuletzt geprüft am 10.10.2022).

OFFENE BIBEL E.V. (Hrsg.): Benutzerin: Akelei – Die Offene Bibel, URL: https://offene-bibel.de/wiki/Benutzerin:Akelei (zuletzt geprüft am 10.10.2022).

OFFENE BIBEL E.V. (Hrsg.): Benutzerin: Dorothee – Die Offene Bibel, URL: https://offene-bibel.de/wiki/Benutzer:Dorothee (zuletzt geprüft am 10.10.2022).

OFFENE BIBEL E.V. (Hrsg.): Exodus 3 – Die Offene Bibel, URL: https://offene-bibel.de/wiki/Exodus_3 (zuletzt geprüft am 10.10.2022).

OFFENE BIBEL E.V. (Hrsg.): Kurzinfo – Die Offene Bibel, URL: https://offene-bibel.de/drupal/kurzinfo (zuletzt geprüft am 10.10.2022).

OFFENE BIBEL E.V. (Hrsg.): Leichte Sprache – Die Offene Bibel, URL: https://offene-bibel.de/wiki/Leichte_Sprache (zuletzt geprüft am 10.10.2022).

OFFENE BIBEL E.V. (Hrsg.): Markus 4,1-2 in Leichter Sprache – Die Offene Bibel, URL: https://offene-bibel.de/wiki/Markus_4,1-2_in_Leichter_Sprache (zuletzt geprüft am 10.10.2022).

OFFENE BIBEL E.V. (Hrsg.): Psalm 23 – Die Offene Bibel. Studienfassung und Lesefassung, URL: https://offene-bibel.de/mediawiki/?title=Spezial%3ABibelstelle&abk=psalm+23 (zuletzt geprüft am 10.10.2022).

OFFENE BIBEL E.V. (Hrsg.): Psalm 23 in Leichter Sprache – Die Offene Bibel, URL: https://offene-bibel.de/wiki/Psalm_23_in_Leichter_Sprache (zuletzt geprüft am 18.02.2022).

OFFENE BIBEL E.V. (Hrsg.): Stichwort Hebraismus – Die Offene Bibel, URL: https://offene-bibel.de/wiki/Hebraismus (zuletzt geprüft am 06.01.2022).

OFFENE BIBEL E.V. (Hrsg.): Über Leichte Sprache – Die Offene Bibel, URL: https://offene-bibel.de/wiki/%C3%9Cber_Leichte_Sprache (zuletzt geprüft am 15.04.2022).

OFFENE BIBEL E.V. (Hrsg.): Übersetzungskriterien – Die Offene Bibel, URL: https://offene-bibel.de/wiki/%C3%9Cbersetzungskriterien (zuletzt geprüft am 10.10.2022).

OFFENE BIBEL E.V. (Hrsg.): Unsere Ziele – Die Offene Bibel, URL: https://offene-bibel.de/wiki/Unsere_Ziele (zuletzt geprüft am 10.10.2022).

OFFENE BIBEL E.V. (Hrsg.): Verein | Offene Bibel, URL: https://offene-bibel.de/drupal/verein (zuletzt geprüft am 16.03.2022).

Literatur

OMAG, CLARA: Wieso kommt es immer wieder zu Neuübersetzungen von Klassikern? Eine kritische Analyse am Beispiel von Shakespeares „Hamlet", 2010, URL: https://www.grin.com/document/339452 (zuletzt geprüft am 10.10.2022).

OTTO, RUDOLF: Das Heilige. Über das Irrationale in der Idee des Göttlichen und sein Verhältnis zum Rationalen, München ³2013 (Erstveröff. 1917).

OXEN, KATHRIN; SAGERT, DIETRICH (Hrsg.): Mitteilungen. Zur Erneuerung evangelischer Predigtkultur (Kirche im Aufbruch 5), Leipzig 2013.

PEMSEL-MAIER, SABINE: Der Kanon im Kanon, in: ZIMMERMANN, MIRJAM; ZIMMERMANN, RUBEN (Hrsg.): Handbuch Bibeldidaktik, Tübingen 2013, 91–99.

PENG-KELLER, SIMON: Spirituelle Erfahrung als locus theologicus – Theologische Reflexion auf gelebte christliche Spiritualität, in: FABER, EVA-MARIA et al. (Hrsg.): Lebenswelt und Theologie. Herausforderungen einer zeitsensiblen theologischen Lehre und Forschung (Schriftenreihe der Theologischen Hochschule Chur 9), Fribourg 2012, 261–292.

PETERSEN, SILKE: Eine Bibel für den Nachwuchs. Die neue BasisBibel verbindet Verständlichkeit mit Treue zum Ausgangstext, in: zeitzeichen, Nr. 3, 2021, 42–44.

PEZZOLI-OLGIATI, DARIA: Exegese III. Altertum (griechisch-römisch), in: BETZ, HANS DIETER (Hrsg.): Religion in Geschichte und Gegenwart (RGG⁴). Handwörterbuch für Theologie und Religionswissenschaft, Tübingen 1999-2004, Band 2, 1999, 1778–1779.

PIRNER, MANFRED L.: Religiöse Bildung zwischen Sprachschulung und Übersetzung im Horizont einer öffentlichen Religionspädagogik, in: SCHULTE, ANDREA (Hrsg.): Sprache. Kommunikation. Religionsunterricht. Gegenwärtige Herausforderungen religiöser Sprachbildung und Kommunikation über Religion im Religionsunterricht (Studien zur Religiösen Bildung 15), Leipzig 2018, 55–70.

PITHAN, ANNEBELLE; WUCKELT, AGNES; BEUERS, CHRISTOPH (Hrsg.): "...dass alle eins seien". Im Spannungsfeld von Exklusion und Inklusion (Forum für Heil- und Religionspädagogik 7), Münster 2013.

PLASGER, GEORG: Zum Ebenbild Gottes geschaffen und berufen, in: HOFHEINZ, MARCO; MATHWIG, FRANK; ZEINDLER, MATTHIAS (Hrsg.): Wie kommt die Bibel in die Ethik? Beiträge zu einer Grundfrage theologischer Ethik; für Wolfgang Lienemann, Zürich 2011, 25–40.

PLATZBECKER, PAUL: Artikel: Freiheit. Wissenschaftlich-Religionspädagogischen Lexikon (WiReLex), 2015, URL: https://www.bibelwissenschaft.de/stichwort/100067/ (zuletzt geprüft am 10.10.2022).

POHL-PATALONG, UTA: Bibeldidaktik in der Konfi-Arbeit, in: EBINGER, THOMAS et al. (Hrsg.): Handbuch Konfi-Arbeit. Eine Veröffentlichung des Comenius-Instituts und der ALPIKA-AG Konfirmandenarbeit, Gütersloh 2018, 180–189.

POKRANDT, ANNELIESE: Die „Elementarbibel". Kriterien der Auswahl, Gliederung sowie der sprachlichen und bildnerischen Gestaltung, in: ADAM, GOTTFRIED; LACHMANN, RAINER (Hrsg.): Kinder- und Schulbibeln. Probleme ihrer Erforschung, Göttingen 1999, 158–178.

POKRANDT, ANNELIESE; HERRMANN, REINHARD: Elementarbibel, Lahr 1998.

PÖRKSEN, BERNHARD; SCHULZ VON THUN, FRIEDEMANN: Kommunikation als Lebenskunst. Philosophie und Praxis des Miteinander-Redens, Heidelberg, Neckar ²2016.

POSCHMANN, ANDREAS: Nur was verstanden wird... „Leichte Sprache" – eine Anregung für die Liturgie, in: Gottesdienst: Information u. Handreichung der liturgischen Institute Deutschlands, Österreichs und der Schweiz, Jg. 44, 2010, 181–183.

POTTMANN, SIMONE: Christvesper. Lukas 2, 1-14, in: GIDION, ANNE; ARNOLD, JOCHEN; MARTINSEN, RAUTE (Hrsg.): Leicht gesagt! Biblische Lesungen und Gebete zum Kirchenjahr in Leichter Sprache (gemeinsam gottesdienst gestalten 22), Hannover 2013, 32–33.

PROJEKTGRUPPE LEISA (Hrsg.): Leichte Sprache im Arbeitsleben, URL: http://research.uni-leipzig.de/leisa/de/ (zuletzt geprüft am 10.10.2022).

RAGAZ, LEONHARD: Sollen und können wir die Bibel lesen und wie? Anhang: Falsche Übersetzungen der Bibel von welt- und reichsgeschichtlicher Bedeutung, Zürich ²1948.
RAMMSTEDT, BEATRICE ET AL. (Hrsg.): PIAAC_Zusammenfassung. Die wichtigsten Ergebnisse im Überblick, URL: http://www.gesis.org/fileadmin/piaac/Downloadbereich/PIAAC_Zusammenfassung.pdf (zuletzt geprüft am 10.10.2022).
REENTS, CHRISTINE; MELCHIOR, CHRISTOPH: Die Geschichte der Kinder- und Schulbibel. Evangelisch – katholisch – jüdisch (Arbeiten zur Religionspädagogik 48), Göttingen 2011.
REIß, KATHARINA: Was heißt Übersetzen?, in: GNILKA, JOACHIM; RÜGER, HANS-PETER (Hrsg.): Die Übersetzung der Bibel. Aufgabe der Theologie, Bielefeld 1985, 33–47.
RENTSCH, STEFANIE; STAUFF, HEIDE (Hrsg.): Deutscher Evangelischer Kirchentag Berlin - Wittenberg 2017. Dokumente, Gütersloh 2018.
RICŒUR, PAUL: Wege der Anerkennung. Erkennen, Wiedererkennen, Anerkanntsein (IWM-Vorlesungen zu den Wissenschaften vom Menschen), Frankfurt am Main 2006.
RICŒUR, PAUL: Stellung und Funktion der Metapher in der biblischen Sprache, in: RICŒUR, PAUL; GISEL, PIERRE; JÜNGEL, EBERHARD (Hrsg.): Metapher. Zur Hermeneutik religiöser Sprache (Evangelische Theologie. Sonderheft), München 1974, 45–70.
RICŒUR, PAUL; GISEL, PIERRE; JÜNGEL, EBERHARD (Hrsg.): Metapher. Zur Hermeneutik religiöser Sprache (Evangelische Theologie. Sonderheft), München 1974.
ROBERT HAAS MUSIKVERLAG et al. (Hrsg.): Gemeinsam bunt. Leichtes Gotteslob, Kempten 2021.
ROEBBEN, BERT: Religion und Verletzbarkeit. Standort und Herausforderungen einer integrativen Religionspädagogik, in: WUCKELT, AGNES; PITHAN, ANNEBELLE; BEUERS, CHRISTOPH (Hrsg.): „Was mein Sehnen sucht…" - Spiritualität und Alltag (Forum für Heil- und Religionspädagogik 5), Münster 2009, 37–56.
RÖHM, MATTHIAS: Leichte Sprache als Herausforderung für die gemeindepädagogische Praxis, in: Praxis Gemeindepädagogik, Jg. 66., Nr. 3, 2013, 14–15.
RÖHSER, GÜNTER: Kriterien einer guten Bibelübersetzung – produktions- oder rezeptions-orientiert?, in: Zeitschrift für Neues Testament, Jg. 13, Nr. 26, 2010, 16–26.
ROSA, HARTMUT: Resonanz. Eine Soziologie der Weltbeziehung, Berlin ⁴2016.
RÖSEL, MARTIN: Die Übersetzbarkeit des Gottesnamens. Die Septuaginta und ihre Theologie, in: GERBER, CHRISTINE; JOSWIG, BENITA; PETERSEN, SILKE (Hrsg.): Gott heißt nicht nur Vater. Zur Rede über Gott in den Übersetzungen der „Bibel in gerechter Sprache" (Biblisch-theologische Schwerpunkte 32), Göttingen 2008, 87–103.
ROSENAU, HARTMUT: Unverfügbarkeit I. Religionsphilosophisch, in: BETZ, HANS DIETER (Hrsg.): Religion in Geschichte und Gegenwart (RGG⁴). Handwörterbuch für Theologie und Religionswissenschaft, Tübingen 1999-2004, Band 8, 2004, 811–812.
ROSENZWEIG, FRANZ: Die Schrift und Luther (1926), in: BRUMLIK, MICHA (Hrsg.): Luther, Rosenzweig und die Schrift. Ein deutsch-jüdischer Dialog, Hamburg 2017, 15–47.
ROTHGANGEL, MARTIN; SIMOJOKI, HENRIK; KÖRTNER, ULRICH H. J. (Hrsg.): Theologische Schlüsselbegriffe. Subjektorientiert – biblisch – systematisch – didaktisch (Theologie für Lehrerinnen und Lehrer 1), Göttingen ⁶2019.
SAGERT, DIETRICH: Lautlesen. Eine unterschätzte Praxis (Kirche im Aufbruch 28), Leipzig 2020.
SALEVSKY, HEIDEMARIE: Übersetzen, Übersetzungstheorie und Bewertung von Bibelübersetzungen (Ein Beitrag aus übersetzungstheoretischer Sicht), in: GROSS, WALTER (Hrsg.): Bibelübersetzung heute. Geschichtliche Entwicklungen und aktuelle Herausforderungen; Stuttgarter Symposion 2000; in memoriam Siegfried Meurer (Arbeiten zur Geschichte und Wirkung der Bibel 2), Stuttgart 2001, 119–165.
SALLER, MARGOT: Artikel: Heiland, in: KASPER, WALTER et al. (Hrsg.): Lexikon für Theologie und Kirche, Freiburg im Breisgau 2006, Band 4, 1995, 1264-1265.

Literatur

SAUER-GEPPERT, WALDTRAUT INGEBORG: Die heute geläufigen Bibelübersetzungen. Eindrücke - Fragen - Überlegungen, in: MEURER, SIEGFRIED (Hrsg.): Eine Bibel, viele Übersetzungen. Not oder Notwendigkeit? (Die Bibel in der Welt 18), Stuttgart 1978, 141–172.

SCHÄDLER, JOHANNES; REICHSTEIN, MARTIN F.: „Leichte Sprache" und Inklusion. Fragen zu Risiken und Nebenwirkungen, in: CANDUSSI, KLAUS; FRÖHLICH, WALBURGA (Hrsg.): Leicht Lesen. Der Schlüssel zur Welt, Wien 2015, 39–61.

SCHAMBECK, MIRJAM: Bibeltheologische Didaktik, in: ZIMMERMANN, MIRJAM; ZIMMERMANN, RUBEN (Hrsg.): Handbuch Bibeldidaktik, Tübingen 2013, 439–446.

SCHENK, WOLFGANG: Sprache/Sprachwissenschaft/Sprachphilosophie III. Altes Testament, in: BALZ, HORST ROBERT; KRAUSE, GERHARD; MÜLLER, GERHARD (Hrsg.): Theologische Realenzyklopädie (TRE), Berlin 1997-2001, Band XXXI, 2000, 748–752.

SCHIEFER FERRARI, MARKUS: Artikel Dis/ability Studies (2019) in: Das wissenschaftlich-religionspädagogische Lexikon im Internet (WiReLex), URL: http://www.bibelwissenschaft.de/stichwort/200578/ (zuletzt geprüft am 14.11.2023)

SCHIEFER FERRARI, MARKUS: Einladung zur gestörten Lektüre, 2020, URL: https://www.feinschwarz.net/einladung-zur-gestoerten-lektuere/ (zuletzt geprüft am 10.10.2020).

SCHIEFER FERRARI, MARKUS: Exklusive Angebote. Biblische Heilungsgeschichten inklusiv gelesen, Ostfildern 2017.

SCHIEFER FERRARI, MARKUS: (Un-)gestörte Lektüre von Lk 14,12-14. Deutung, Differenz und Disability, in: GRÜNSTÄUDL, WOLFGANG; SCHIEFER FERRARI, MARKUS (Hrsg.): Gestörte Lektüre. Disability als hermeneutische Leitkategorie biblischer Exegese (Behinderung - Theologie - Kirche: Beiträge zu diakonisch-caritativen Disability Studies Bd. 4), Stuttgart 2012, 13–47.

SCHIEWE, JÜRGEN: „Leichte Sprache" aus der Perspektive von Sprachkritik und Sprachkultur - Überlegungen zur Anwendbarkeit der Kategorie „Angemessenheit", in: BOCK, BETTINA M.; FIX, ULLA; LANGE, DAISY (Hrsg.): „Leichte Sprache" im Spiegel theoretischer und angewandter Forschung (Kommunikation - Partizipation - Inklusion 1), Berlin 2017, 71–85.

SCHLEIERMACHER, FRIEDRICH: Über die Religion. Reden an die Gebildeten unter ihren Verächtern, Stuttgart 1969 (Erstveröff. 1799).

SCHLEIERMACHER, FRIEDRICH: Ueber die verschiedenen Methoden des Übersetzens (1813), in: STÖRIG, HANS-JOACHIM (Hrsg.): Das Problem des Übersetzens (Wege der Forschung 8), Darmstadt 1969, 38–70.

SCHLIEPHAKE, DIRK: Kindergottesdienst in Leichter Sprache (KIMMIK-Praxis 01), Hildesheim ³2019.

SCHLIEPHAKE, DIRK: Die unendliche Leichtigkeit der Sprache. Chancen und Grenzen von Leichter Sprache in der Gemeinde, in: Praxis Gemeindepädagogik, Nr. 70/502016/51, 2016, 8–11.

SCHMITHALS, WALTER: Das Evangelium nach Markus. Kapitel 9,2-16,20 (Ökumenischer Taschenbuchkommentar zum Neuen Testament [ÖTBK], Bd. 2/2), Gütersloh ²1986.

SCHMITHALS, WALTER: Das Evangelium nach Lukas (Zürcher Bibelkommentare [ZBK] Bd. 3/1), Zürich 1980.

SCHMITT, MARINA, Schulungen und Qualität in der Leichten Sprache, in: NETZWERK LEICHTE SPRACHE (Hrsg.), Leichte Sprache verstehen, Wiesbaden 2021, 37-43.

SCHNEIDER, ANDREA: Leicht und schön gesagt! Die Sprache in Kirche und Gottesdienst, 2018, URL: https://rundfunk.evangelisch.de/kirche-im-radio/am-sonntagmorgen/leicht-und-schoen-gesagt-9456 (zuletzt geprüft am 10.10.2022).

SCHNEIDER, GERHARD: Das Evangelium nach Lukas. Kapitel 1 - 10 (Ökumenischer Taschenbuch-Kommentar zum Neuen Testament [ÖTBK] 3/1), Gütersloh/Würburg ³1992.

SCHNEIDER, MICHAEL: Die Bibel als Text, Schrift und Übersetzung. Exegetische Skizzen zur Bibeldidaktik, in: Zeitschrift für Pädagogik und Theologie, Jg. 71, Nr. 3, 2019, 242–256.

SCHNEIDER, MICHAELA: Frohe Botschaft, leicht gesagt. Wie lassen sich die Texte der Bibel so formulieren, dass sie einfacher werden - ohne dass ein Kuschelevangelium entsteht?, in: Publik Forum, Nr. 24, 2017, 40.

SCHÖPFER, DOROTHEE: Leicht kann schwer sein. Interview mit Michael Hofmann, in: Evangelisches Gemeindeblatt für Württemberg, Nr. 34, 2015, URL: https://www.evangelisches-gemeindeblatt.de/publikationen/detailansicht/leicht-kann-schwer-sein-1069/ (zuletzt geprüft am 11.10.2022).

SCHRAGE, WOLFGANG: Der 1. Brief an die Korinther. 2. Teilband: 1 Kor 6,12-11,16. (Evangelisch-Katholischer Kommentar zum Neuen Testament [EKK] VII/2), Zürich/Neukirchen-Vluyn 1995.

SCHROETER-WITTKE, HARALD: Bibel als Klangraum - Bibliodrama und Musik, in: Text Raum, Nr. 26, 2020, 31–33 (zuletzt geprüft am 11.03.2022).

SCHULTE, ANDREA (Hrsg.): Sprache. Kommunikation. Religionsunterricht. Gegenwärtige Herausforderungen religiöser Sprachbildung und Kommunikation über Religion im Religionsunterricht (Studien zur Religiösen Bildung 15), Leipzig 2018.

SCHULZ VON THUN, FRIEDEMANN: Miteinander reden: Störungen und Klärungen. Psychologie der zwischenmenschlichen Kommunikation, Reinbek bei Hamburg 1981.

SCHWARZ, CHRISTIAN; ARNOLD, JOCHEN (Hrsg.): Elementares Kirchenjahr und Kasualien in Leichter Sprache. Arbeitshilfe für die Gestaltung von Gottesdiensten zu Kasualien, Feiertagen und besonderen Anlässen (Gottesdienstpraxis Serie B), Gütersloh 2019.

SCHWEITZER, FRIEDRICH: Elementarisierung und Bibeldidaktik, in: ZIMMERMANN, MIRJAM; ZIMMERMANN, RUBEN (Hrsg.): Handbuch Bibeldidaktik, Tübingen 2013, 409–415.

SCHWEIZER, EDUARD: Das Evangelium nach Lukas (Das Neue Testament Deutsch [NTD], Teilband 3), Berlin 1982.

SEITZ, SIMONE: Leichte Sprache? Keine einfache Sache, in: BUNDESZENTRALE FÜR POLITISCHE BILDUNG (Hrsg.): Leichte und Einfache Sprache (Aus Politik und Zeitgeschichte [APuZ] 64) 2014, 3–6.

SEITZ, SIMONE et al. (Hrsg.): Ist Inklusion gerecht? Inklusionsforschung in leichter Sprache, Bremen 2013.

SEITZ, SIMONE et al., (Hrsg.): Inklusiv gleich gerecht? Inklusion und BIldungsgerechtigkeit, Bad Heilbrunn 2012.

SEYBOLD, KLAUS: Die Psalmen. Eine Einführung, Stuttgart/Berlin/Köln ²1991.

SÖDERBLOM, KERSTIN: Queere Theologie als Dimension einer inklusiven Religionspädagogik der Vielfalt, in: KNAUTH, THORSTEN; MÖLLER, RAINER; PITHAN, ANNEBELLE (Hrsg.): Inklusive Religionspädagogik der Vielfalt. Konzeptionelle Grundlagen und didaktische Konkretionen (Religious diversity and education in Europe Volume 42), Münster/New York 2020, 147–157.

SÖDERBLOM, KERSTIN: Queersensible Seelsorge, Göttingen 2023.

SÖDING, THOMAS: Die Bibel leichter verstehen. Vortrag im Franz-Hitze-Haus am 27.11.2018, 2018, URL: https://www.franz-hitze-haus.de/fileadmin/backenduser/download/Die%20Bibel%20leichter%20verstehen%20FHH%202018.pdf (zuletzt geprüft am 11.10.2022).

SOLYMAR, MONIKA: Jesus Christus, in: ROTHGANGEL, MARTIN; SIMOJOKI, HENRIK; KÖRTNER, ULRICH H. J. (Hrsg.): Theologische Schlüsselbegriffe. Subjektorientiert – biblisch – systematisch – didaktisch (Theologie für Lehrerinnen und Lehrer 1), Göttingen 2019, 230–242.

STADTSPIEGEL ISERLOHN: Teilhabe ermöglichen. Netzwerk Diakonie hat Büro für Leichte Sprache eingerichtet, in: Stadtspiegel Iserlohn, URL: https://www.dmr-teilhabeundwohnen.de/fileadmin/user_upload/buero_leichte-sprache/Stadtspiegel_21.03.2015.pdf (zuletzt geprüft am 10.10.2022).

STÄNDIGER AUSSCHUSS FÜR ABENDMAHL, GOTTESDIENST, FEST UND FEIER: Protokoll der Sitzung vom 13./14. September 2011, Fulda 2011, unveröffentlichtes Protokoll.

Literatur

STARNITZKE, DIERK: Kommunikation im Alltag einer Wohlfahrtsorganisation, in: HOBURG, RALF (Hrsg.): Kommunizieren in sozialen und helfenden Berufen, Stuttgart 2017, 170–187.

STEFANOWITSCH, ANATOL: Leichte Sprache, komplexe Wirklichkeit, in: BUNDESZENTRALE FÜR POLITISCHE BILDUNG (Hrsg.): Leichte und Einfache Sprache (Aus Politik und Zeitgeschichte [APuZ] 64) 2014, 11–18.

STEFFENSKY, FULBERT: Schwarzbrot-Spiritualität, Stuttgart 2010.

STEINKÜHLER, MARTINA: Die neue Erzählbibel, Stuttgart 2015.

STEINKÜHLER, MARTINA: Bibelgeschichten sind Lebensgeschichten. Erzählen in Familie, Gemeinde und Schule, Göttingen 2011.

STÖBENER, ANDRÉ PAUL; EIGEL, SABINE: Leicht gesagt - Leichte Sprache in der Kirchengemeinde, 2016, URL: https://www.ekiba.de/media/download/integration/181706/_leicht_gesagt__arbeitshilfe_fuer_kirchengemeinden.pdf (zuletzt geprüft am 11.10.2022).

STÖBENER, ANDRÉ PAUL; PROJEKTSTELLE INKLUSION DER EVANGELISCHEN LANDESKIRCHE BADEN (Hrsg.): Abschlussbericht zum Projekt Leichte Sprache - ein Beitrag zur Inklusion, URL: http://www.ekiba.de/html/media/dl.html?i=125424&stichwortsuche=Abschlussbericht%2CLeichte%2CSprache.pdf%2CSprache%2Cwww.ekiba.de%2Fleichtesprache%2Cekiba.de%2Fleichtesprache%2CLeichten (zuletzt geprüft am 11.10.2022).

STOLT, BIRGIT: Martin Luthers Rhetorik des Herzens, Tübingen 2000.

STÖRIG, HANS-JOACHIM (Hrsg.): Das Problem des Übersetzens (Wege der Forschung 8), Darmstadt ²1969.

STRAßMANN, BURKHARD: Leichte Sprache: Deutsch light | ZEIT ONLINE, Nr. 6, 2014, URL: https://www.zeit.de/2014/06/leichte-sprache-deutsch/komplettansicht (zuletzt geprüft am 11.10.2022).

STRAUB, JOCHEN: Mit Gutem mehr Menschen erreichen, in: Katechetische Blätter, Jg. 214, Nr. 04, 2017, 274–276.

STRÖBL, JOSEF: Behinderung und gesellschaftliche Teilhabe aus Sicht von Menschen mit so genannter geistiger Behinderung, in: HERMES, GISELA; ROHRMANN, ECKHARD (Hrsg.): Nichts über uns – ohne uns! Disability Studies als neuer Ansatz emanzipatorischer und interdisziplinärer Forschung über Behinderung, Neu-Ulm 2006, 42–49.

STROTMANN, ANGELIKA: Übersetzung von Jesus Sirach, in: BAIL, ULRIKE et al. (Hrsg.): Bibel in gerechter Sprache, Gütersloh 2014, 1625–1697.

TAUBERSCHMIDT, GERHARD: Streit um die richtige Bibelübersetzung. Warum können Bibelausgaben so verschieden sein?, Wuppertal 2007.

TERFLOTH, KARIN: Damit es alle verstehen. Hinweise zu leichter Sprache, in: HEPPENHEIMER, HANS (Hrsg.): Christliche Spiritualität gemeinsam leben und feiern. Praxisbuch zur inklusiven Arbeit in Diakonie und Gemeinde (Was Menschen bewegt), Stuttgart 2007, 85–88.

TIEFENSEE, EBERHARD: Im Reden über Gott überanstrengt sich Sprache endgültig. Vom Sprechen an der Grenze des Sagbaren, in: SCHULTE, ANDREA (Hrsg.): Sprache. Kommunikation. Religionsunterricht. Gegenwärtige Herausforderungen religiöser Sprachbildung und Kommunikation über Religion im Religionsunterricht (Studien zur Religiösen Bildung 15), Leipzig 2018, 115–134.

TIETZ, CHRISTIANE: Sprache Religionsphilosophisch, in: BETZ, HANS DIETER (Hrsg.): Religion in Geschichte und Gegenwart (RGG⁴). Handwörterbuch für Theologie und Religionswissenschaft, Tübingen 1999-2004, Band 7, 2004, 1610–1612.

TIGGES, FABIAN: Aus Netzwerk Diakonie wird „Diakonie Mark-Ruhr Teilhabe und Wohnen" / Sommerfest am Samstag (29. Juni) | Diakonie Mark-Ruhr, 2020, URL: https://www.diakonie-mark-ruhr.de/aktuelles/aus-netzwerk-diakonie-wird-diakonie-mark-ruhr-teilhabe-und-wohnen-sommerfest-am-samstag-29-jun/ (zuletzt geprüft am 12.10.2020).

TILLICH, PAUL: Systematische Theologie Band I, Frankfurt am Main ⁷1983.

TILLICH, PAUL: Systematische Theologie Band II, Frankfurt am Main ⁷1981.

UNION EVANGELISCHER KIRCHEN; VEREINIGTE EVANGELISCH-LUTHERISCHE KIRCHE DEUTSCHLANDS (Hrsg.): Evangelisches Gottesdienstbuch. Agende für die Union Evangelischer Kirchen in der Evangelischen Kirche in Deutschland (UEK) und für die Vereinigte Evangelisch-Lutherische Kirche Deutschlands (VELKD), Leipzig/Bielefeld 2020.

UNIVERSITÄT HAMBURG (Hrsg.): Publikationen (LEO 2018), URL: https://leo.blogs.uni-hamburg.de/publikationen/ (zuletzt geprüft am 14.11.2023).

VALLBRACHT, SOPHIA: Die normative Kraft des Decorum, Berlin 2018.

VAN OORSCHOT, FRIEDERIKE; ZIERMANN, SIMONE (Hrsg.): Theologie in Übersetzung? Religiöse Sprache und Kommunikation in heterogenen Kontexten (Öffentliche Theologie 36), Leipzig 2019.

VECERA, SARAH: Wie ist Jesus weiß geworden? Mein Traum von einer Kirche ohne Rassismus, Ostfildern 2022.

VEDD - VERBAND EVANGELISCHER DIAKONEN-, DIAKONINNEN UND DIAKONATSGEMEINSCHAFTEN IN DEUTSCHLAND E.V. (Hrsg.): Impuls 3/2019: Kompetenzmatrix 2.0, URL: https://www.vedd.de/impuls-kompetenzmatrix/ (zuletzt geprüft am 11.10.2022).

VÖGELE, WOLFGANG: Leichte Sprache – Schwerarbeit. Warum „leichte Sprache" kein religiöses Therapeutikum in post-christlicher Zeit sein kann, in: Deutsches Pfarrerblatt, Nr. 02, 2014.

VROOM, HENK M.: Heilig und profan IV. Religionsphilosophisch, in: BETZ, HANS DIETER (Hrsg.): Religion in Geschichte und Gegenwart (RGG⁴). Handwörterbuch für Theologie und Religionswissenschaft, Tübingen 1999-2004, Band 3, 2000, 1533–1534.

WACHINGER, LORENZ: „Die Eröffnung deiner Reden leuchtet" (Ps 119,130). Die Schrift, verdeutscht von Martin Buber und Franz Rosenzweig, in: Lebendige Seelsorge. Zeitschrift für praktisch-theologisches Handeln, Jg. 57, Nr. 6, 2006, 412–416.

WALLSTEN, HANNA: Nya testamentet. På lätt svenska [Das Neue Testament. In Leichtem Schwedisch], Johanneshov 2018.

WANSING, GUDRUN: Der Inklusionsbegriff zwischen normativer Programmatik und kritischer Perspektive, in: Archiv für Wissenschaft und Praxis der sozialen Arbei, Nr. 3, 2013, 16–27.

WEGENAST, KLAUS; LÄMMERMANN, GODWIN (Hrsg.): Bibeldidaktik in der Postmoderne. Klaus Wegenast zum 70. Geburtstag, Stuttgart 1999.

WEISS, ROLAND; HAAS, TOBIAS (Hrsg.): Du gefällst mir. Inklusive Firmvorbereitung für Jugendliche mit und ohne Behinderung, München 2013.

WESSELS, CLAUDIA: So kann es jeder verstehen. Das Konzept der leichten Lesbarkeit, in: Geistige Behinderung. Fachzeitschrift der Bundesvereinigung Lebenshilfe für Menschen mit geistiger Behinderung e.V., Jg. 44, Nr. 03/2005, 2005, 226–239.

WETH, IRMGARD: Die Bibel. einfach lesen: Gottes Weg mit den Menschen, Neukirchen-Vluyn 2018.

WETH, IRMGARD: Neukirchener Kinderbibel, Neukirchen-Vluyn ¹⁹2016.

WETH, IRMGARD: Neukirchener Bibel. Das Alte Testament neu erzählt und kommentiert, Neukirchen-Vluyn 2014.

WETH, IRMGARD; KORT, KEES DE: Neukirchener Vorlese-Bibel, Neukirchen-Vluyn 2008.

WETH, IRMGARD; KORT, KEES DE; KORT, MICHIEL DE: Neukirchener Erzählbibel. Die Bücher der Bibel neu erschlossen und erzählt, Neukirchen-Vluyn ²2008.

WOLTER, MICHAEL: Das Lukasevangelium (Handbuch zum Neuen Testament [HNT] 5), Tübingen 2008.

WUCKELT, AGNES; PITHAN, ANNEBELLE; BEUERS, CHRISTOPH (Hrsg.): „Was mein Sehnen sucht..." - Spiritualität und Alltag. Forum für Heil- und Religionspädagogik 5, Münster 2009.

ZAUGG, ALINE: Leichte Sprache in der Schweiz. Eine Bestandsaufnahme. Herausforderungen und Perspektiven auf Bundesebene und aus der Sicht von Leichte-Sprache-DienstleisterInnen. Masterarbeit an der Universität Genf, Genf, 2018, URL: https://archive-ouverte.unige.ch/unige:112148/ATTACHMENT01 (zuletzt geprüft am 11.10.2022).

ZEHNER, JOACHIM: Heil III. Dogmatisch, in: BETZ, HANS DIETER (Hrsg.): Religion in Geschichte und Gegenwart (RGG⁴). Handwörterbuch für Theologie und Religionswissenschaft, Tübingen 1999-2004, Band 3, 2000, 1524–1526.

ZENGER, ERICH: Psalmen. Auslegungen, Band 1, ²2006.

ZIMMERMANN, MIRIAM: Artikel: Sünde/Schuld, 2016, URL: https://www.bibelwissenschaft.de/wirelex/das-wissenschaftlich-religionspaedagogische-lexikon/wirelex/sachwort/anzeigen/details/suendeschuld/ch/387cda5faeeb4210d7904336bdc777cc/ (zuletzt geprüft am 18.04.2022).

ZIMMERMANN, MIRJAM; ZIMMERMANN, RUBEN (Hrsg.): Handbuch Bibeldidaktik, Tübingen 2013.

ZULEHNER, PAUL: GottesSehnsucht. Spirituelle Suche in säkularer Kultur, Ostfildern 2008.